한국전쟁과 동북아 국가 정책

한국전쟁과 동북아 국가 정책

_ 양영조 _

先人

한국전쟁과 동북아 국가 정책

초판 1쇄 발행 2007년 6월 15일

저　자 ┃ 양영조
펴낸이 ┃ 윤관백
편　집 ┃ 김지학
표　지 ┃ 김지학
교정·교열 ┃ 김은혜 · 이수정
펴낸곳 ┃
인　쇄 ┃ 선경그라픽스
제　본 ┃ 과성제책
등　록 ┃ 제5-77호(1998. 11. 4)
주　소 ┃ 서울시 마포구 마포동 324-1 곶마루B/D 1층
전　화 ┃ 02)718-6252
팩　스 ┃ 02)718-6253
E-mail ┃ sunin72@chol.com

정가 ┃ 28,000원
ISBN 978-89-5933-087-4 93900

■저자와의 협의에 의해 인지 생략.
■잘못된 책은 바꾸어 드립니다.

한국전쟁과 동북아 국가 정책

차례

머리말 8

제1부 한국전쟁과 동북아

제1장 동북아의 냉전과 전쟁으로의 길 15

1. 머리말 15
2. 동북아의 냉전 17
3. 태평양연맹 제기와 한·미·일 관계 21
4. 북·중·소의 결속과 전쟁으로의 길 37
5. 맺음말 44

제2부 한국전쟁과 남북한

제2장 김일성의 무력통일론과 조국전선 결성 49

1. 머리말 49
2. 정부수립 직후 통일론 논의 51
3. 무력통일론과 화전양면론 68
4. 맺음말 77

제3장 북한 게릴라의 조직과 활동 81

1. 머리말 81
2. 전쟁 이전 게릴라 운용 83
3. 개전 초기 게릴라 형태와 활동 92
4. 퇴각 시기 게릴라 조직과 운용 106
5. 맺음말 112

Contents

제4장 이승만 정부의 북진통일론 | 115
1. 머리말 | 115
2. 정부수립 직후 통일론 인식 | 117
3. 평화통일론과 실지회복론 | 128
4. 북진통일론 전개의 국면별 특징 | 134
5. 맺음말 | 143

제5장 이승만 정부의 군부 통제와 성격 | 147
1. 머리말 | 147
2. 전쟁 초기 이승만의 군부 재편 | 149
3. 미국의 정계개편 구상과 '반정' 군부의 대두 | 158
4. 이승만의 재선 이후 군부의 사적지배 강화 | 162
5. 맺음말 | 166

제6장 남북한 피난민 상황과 피난정책 | 169
1. 머리말 | 169
2. 1차 피난민과 피난정책 | 172
3. 2차 피난민과 피난정책 | 209
4. 맺음말 | 245

제7장 이승만 정부의 민간노무자 동원정책 | 253
1. 머리말 | 253
2. 전쟁 초기 노무조직과 운용 | 258
3. 노무조직의 확대 개편과 운용 | 294
4. 맺음말 | 324

제3부 한국전쟁과 미국·일본

제8장 미국의 한반도 전쟁억지 정책 | 329

1. 머리말 | 329
2. 주한미군 철수와 한국의 내부 안정화 | 330
3. 대한 군원 확대 논의와 성격 | 338
4. 맺음말 | 345

제9장 미국의 종전전략과 현상유지 정책 | 349

1. 머리말 | 349
2. 새로운 전략의 모색과 갈등 | 351
3. 38선 부근에서의 현상유지 전략 | 364
4. 유엔의 휴전 노력과 미국의 입장 | 374
5. 맺음말 | 381

제10장 일본의 전쟁지원 활동과 성격 | 385

1. 머리말 | 385
2. 평화헌법과 경찰예비대 창설 | 388
3. 경찰예비대의 창설 | 394
4. 전쟁지원 활동 | 399
5. 맺음말 | 415

제4부 한국전쟁과 소련·중국

제11장 소련의 북한 전쟁준비 지원과 성격 | 421
1. 머리말 | 421
2. 소련군 철수와 북한 지원 | 423
3. 북한군 증강과 기지 강화 | 430
4. 극동정책의 전환과 남침 지지 | 437
5. 맺음말 | 445

제12장 중국의 참전전략과 군사 현대화 | 447
1. 머리말 | 447
2. 전쟁개입 전망과 내부 준비 | 449
3. 소극적 참여에서 적극적 참여로 변경 | 453
4. 장기전으로의 전환과 중국군 현대화 | 457
5. 맺음말 | 465

찾아보기 | 467

책을 내면서

필자는 해방 직후 동북아 지역에 잠재되어 있던 냉전의 기운이 국제 정세와 동북아 각국들에 어떻게 영향을 미쳤으며, 그것이 한국전쟁과 어떤 관련을 갖는가에 관심을 가져왔다. 특히 동북아 정세 속에서 한국·미국·일본과 북한·중국·소련이 서로의 관계를 어떻게 설정해 왔으며, 소련의 핵실험 성공과 중국 공산정부 수립 등 정세의 변화가 한반도에 어떤 영향을 미쳤는지에 대해 관심을 기울여 왔다.

한국전쟁은 냉전사의 중요한 전환점이 된 사건이었다. 이 전쟁은 동서가 이미 수년전부터 대결구조로 치닫고 있던 과정에서 발생한 최초의 무력충돌이었으며, 동아시아 지역의 냉전구조를 형성한 동기가 되었다. 이 전쟁은 남북한 외에도 동서진영 내지는 동아 지역의 다수 국가들이 관련된 전쟁이었다.

제2차 세계대전 종전 직후부터 동북아 국제 정세는 대내외의 다양한 요인들로 인해 복잡하게 전개되고 있었다. 이 지역의 국가들은 국제정치적 관계뿐만 아니라 국내적인 갈등에 있어서도 미·소의 정책에 중요한 영향을 받고 있었다. 특히 미국의 세력권 내에 있던 남한, 중국국민당은 각기 소련의 세력권 내에 있던 북한, 중공과 직접적으로 군사적인 갈등을 겪고 있었다.

대체로 동북아의 정세는 1949년을 기점으로 중요한 전환을 가져온다. 그때까지만 해도 미·소는 외형적으로나마 상호 얄타체제를 준수하여 상대를 자극하지 않으려는 의지를 보이고 있었으나, 소련의 원폭실험 성공과 중공정부의 수립 등 동북아의 정세의 변화를 계기로 미·소 양국은 동아정책 전반을 재검토하기 시작하였다.

미국은 그동안의 중국 불간섭주의, 일본의 비무장화, 한국의 경제부흥정책 등을 전면 재검토하였다. 소련도 내부적으로 동아정책을 재검토하고 중공과 협의하여 동북아에서의 역할분담을 논의하였으며, 소련의 지원이 절실했던 중공도 중·소회담을 계기로 대미정책을 재검토하게 되었다.

이러한 과정에서 발생한 한국전쟁은 동아시아 지역의 복합적인 국제관계가 원인이 되어 표출된 것이었다. 즉, 미·소의 동북아 정책, 중국대륙의 공산화 과정과 공산정부 수립, 중국의 대만 및 티벳 점령 계획, 남북한 단독정부의 수립과 무력통일방안의 대두, 태평양연맹안의 제기, 동북아 지역에 중국과 북한 등 두 개의 공산국가의 출현과 군사 대립, 그리고 소련·중국·북한의 연계 등은 모두가 한국전쟁을 몰고 온 동북아의 냉전 징후들이었다.
　한국전쟁 이후 동북아 지역 국가들은 미·소를 중심으로 동맹체제를 결성함으로써 냉전체제를 형성하였다. 소련은 소·중 조약에 이어 소련과 중공이 각각 북한과 동맹조약을 체결함으로써 자본주의 진영에 대항하는 체제를 구축하였고, 미국은 일본을 시작으로 한국, 대만, 그리고 필리핀 등과 상호방위조약을 각각 체결하여 동아 지역에서의 공산주의 팽창에 대응하는 체제를 구축했다.
　이 책은 동북아 국가들이 한국전쟁기 한반도를 둘러싸고 각각 어떤 대내외 정책을 펼치고 있었는가를 정리한 것이다. 그러나 이 내용들은 처음부터 미리 하나의 주제로 기획되어 집필된 것이 아니라 필자가 그동안 작성한 논문들 가운데 관련된 글들만 모아 일부를 보완하여 묶은 것이다. 그러므로 동북아 국가들의 정책 전반을 짜임새 있게 망라하지 못한 측면이 있으며 다소 엉성한 부분도 없지 않다.
　이 책의 전체 구성은 서설의 형태로 먼저 동북아 정세를 둘러싼 한·미·일, 북·중·소 관계의 변화과정을 전반적으로 정리하고, 그 뒤 각 장에 남한과 북한, 미국과 일본, 그리고 소련과 중국 등의 한반도 또는 전쟁과 관련한 국가정책들을 정리한 것으로 편성되었다.
　미국은 전쟁을 계기로 중국과 소련, 북한 관계가 결합된 상황에서는 대만과 한반도의 현상을 유지해야 하며 나아가 즉시 일본을 재무장시켜야 한다는 새로운 판단을 하

기에 이르렀다. 이러한 기류는 동아 지역 여타국가로 확산되기 시작하였으며, 이 과정에서 한반도는 동북아 지역 냉전의 핵심적 역할을 수행하게 되었다.

북·중·소 간의 전쟁 결정은 북한 지도부의 무력통일 의지, 소련의 핵 보유, 중국 공산정부 수립, 중·소 유대강화 등이 복합적으로 작용하여 이루어진 것이지만, 당시 국제 정세를 고려하면 이외에도 태평양연맹안, 지역통합전략 등 집단동맹 결성의 움직임 등에 일정한 자극을 받은 것이었으며, 특히 소련이 한반도의 공산화를 통해 당시 꿈틀거리고 있던 동아 지역의 집단안보 결성 움직임에 적극 대처하려 한 측면이 있었다고 보여 진다.

따라서 한국전쟁은 국내외적으로 복잡한 정치적 갈등 속에서 전개되었기 때문에 그 성격도 다양한 측면을 내포하고 있다. 먼저 이 전쟁은 민족전쟁인 동시에 침략전쟁이며 이념전쟁의 성격을 띤다. 이것은 북한정권이 남북한 내부의 민족갈등 속에서 한반도를 무력으로 통일하려고 구상한 데서 비롯되었고 또 자유민주주의와 자본주의 체제의 한국정부를 타도하고 대신 통일된 공산주의국가 수립을 목표로 하여 개시한 것이다.

이 전쟁은 기원과 배경, 그리고 전개과정 면에서 국제전적 성격을 갖고 있다. 전쟁의 준비, 결정, 개시, 전개 등의 모든 과정이 스탈린의 지도와 지원하에 이루어졌다는 점에서 그러하며, 특히 유엔군과 중국군이 참전한 후에는 지원의 차원을 넘어 유엔군사령관과 중국군사령관이 남한과 북한군을 포함한 유엔군과 공산군에 대한 작전지휘권을 행사하거나 주도하였다는 점에서도 역시 국제전적 성격을 띤다.

그리고 한국전쟁은 자유진영과 공산진영이 충돌한 세계적 규모의 전쟁이었다. 미국을 비롯한 자유진영으로 구성된 유엔군이 전쟁의 개시와 더불어 침략자를 격퇴하고 평화를 회복하기 위해 참전하였고, 이에 대응해 소련을 중심으로 한 중국군

등 공산군이 침략전선에 가세함으로써 20개국의 전투부대와 그 밖의 여러 국가의 지원부대가 양대 진영으로 나뉘어 열전을 벌인 세계적인 규모의 전쟁이었다.

그럼에도 불구하고 이 전쟁은 제2차 세계대전 후 핵무기의 시대에서 치러진 국지전이며 제한전이었다. 군사적으로 당시 미·소 양국이 핵무기를 보유하였고 미국이 전술 핵무기를 개발하였음에도 이의 사용을 억제하였으며, 또 유엔군이 전쟁을 한반도 내에 국한시키고 전쟁의 목표를 공산군 침략의 격퇴에 한정했다는 점에서도 제한전의 성격을 띠었다.

근래에 들어 한국전쟁에 관한 연구경향은 이전보다 비교적 연구주제가 다양해지고 연구 폭도 넓어지고 있다. 특히 정치학이나 국제관계 연구자들뿐만 아니라 역사학을 비롯한 인문학 연구자들이 관심을 갖게 됨으로써 새로운 자료들이 다양하게 발굴되고 또 이를 바탕으로 한 실증적인 연구들이 축적되고 있다. 신진연구자들이 새로운 분야에 관한 후속 연구들을 잇달아 발표함으로써 질적 수준이 한층 제고되고 있는 것이다.

이러한 분위기 속에서 이 책의 출간이 한국전쟁 내지 한국현대사 연구에 작은 관심이라도 촉발할 수 있는 계기가 될 수 있기를 소망해 본다. 끝으로 출판을 맡아 주신 선인출판사 윤관백 사장님께 감사드리며 쉽지 않은 글을 성심성의껏 주야로 읽어가며 수고하신 김지학 팀장을 비롯한 편집팀 여러분들에게도 고마운 마음을 표한다.

2007. 5. 17
양영조

제1부

한국전쟁과 동북아

제1부
한국전쟁과 동북아

제1장
동북아의 냉전과 전쟁으로의 길

1. 머리말

한국전쟁은 냉전사의 중요한 전환점이 된 사건이었다. 이 전쟁은 동서가 이미 수년 전부터 대결구조로 치닫고 있던 과정에서 발생한 최초의 무력충돌이며, 동아시아 지역의 냉전구조를 형성한 동기가 되었다. 이 전쟁은 남북한 외에도 동서진영 내지는 동아 지역의 다수 국가들이 관련된 전쟁이었다.[1]

제2차 세계대전 종전 직후 동아시아 국제정세는 대내외 요인으로 인해 복잡하게 전개되고 있었다. 대체로 영국의 세력권에 있던 동남아 국가들은 적어도 6·25 이전까지 동서의 체제 갈등이 내화되지 않은 상태에 있었고, 동북아 지역에는 대내적인 갈등뿐만 아니라 국제정치적으로도 미·소의 정책이 중요한 영향을 미치고 있었다. 미국의 세력권 내에 있던 남한과 중국국민당은 각기 소련의 세력권 내에 있던 북한, 그리고 중공과 직접적인 군사적 갈등을 겪고 있었다.

미·소의 동아시아 정책은 1949년을 기점으로 크게 변화하게 된다. 그

---

1) 와다 하루끼, 서동만 역, 『한국전쟁』, 창작과비평사, 1999, p.7.

때까지 미·소는 상호 얄타체제를 준수하여 상대를 자극하지 않으려는 의지를 보이고 있었다. 그러나 1949년 소련의 원폭실험 성공과 중공정부의 수립 등 동북아의 정세 변화를 계기로 미·소 양국은 동아시아 정책 전반을 재검토하기 시작하였다. 미국은 그동안의 중국 불간섭주의, 일본의 비무장화, 한국의 경제부흥정책 등을 전면 재검토하였다. 소련도 내부적으로 동아시아 정책을 재검토하고 중공과 협의하여 동북아에서의 역할분담을 논의하였으며, 소련의 지원이 절실했던 중공도 중·소 회담을 계기로 대미정책을 재검토하게 되었다.

이러한 과정에서 발생한 한국전쟁은 동아시아 지역의 복합적인 국제관계가 원인이 되어 표출된 것이었다. 즉, 미·소의 동북아 정책, 중국대륙의 공산화 과정과 공산정부의 수립, 중국의 대만 및 티베트 점령 계획, 남북한 단독정부의 수립과 무력통일방안의 대두, 태평양연맹안의 제기, 동북아 지역에 중국과 북한 등 두 개의 공산국가의 출현과 군사 대립, 그리고 소련·중국·북한의 연계 등은 모두가 한국전쟁을 몰고 온 동아시아 냉전 징후군이었다.[2]

한국전쟁 이후 동아 지역 국가들은 미·소를 중심으로 동맹체제를 결성함으로써 냉전체제를 형성하였다. 소련은 소·중 조약에 이어 중공과 함께 각각 북한과 동맹조약을 체결함으로써 자본주의 진영에 대항하는 체제를 구축하였고, 미국은 일본을 시작으로 한국과 대만, 그리고 필리핀 등과 상호방위조약을 각각 체결하여 동아 지역에서의 공산주의 팽창에 대응하는 체제를 구축하였다.

본 고에서는 동아시아 지역에 잠재되어 있던 냉전의 기운이 국제 정세

---

[2] 이러한 문제에 관해서는 다음의 연구들이 참조된다. 이호재, 『한국외교정책의 이상과 현실』, 법문사, 1969 ; 조의홍, 「태평양동맹안 연구」, 고려대 정치학과 석사학위논문, 1974 ; Bruce Cumings, *The Origin of the Korean War Vol. II*(The Roaring of the Contract 1947~1950), Princeton Univ. Press, 1990 ; 李鍾元, 『東亞冷戰と韓米日關係』, 東京大出版社, 1996 ; 박명림, 『한국전쟁의 발발과 기원』 1·2, 나남, 1996 ; 노기영, 「이승만 정권의 태평양동맹과 한·미·일 관계」, 부산대 사학과 석사학위논문, 1998 ; 최영호, 「이승만 정부의 태평양동맹 구상과 아시아민족반공연맹 결성」『국제정치논총』 제39집 2호, 1999.

와 동아시아 각국들에 어떻게 영향을 미쳤으며, 그것이 한국전쟁과 어떤 관련을 갖는가를 중심으로 분석하고자 한다. 이를 위해 우선 제2차 세계대전 종전 이후 동아시아 정세의 재편과 특징을 살펴보고, 동아 냉전형성의 한 부분으로 기능했던 태평양연맹안의 제기과정과 의미를 분석하여, 그것이 미국의 동아시아 정책과 어떻게 결합 내지 상충하였는지를 평가하고자 한다.

아울러 동아시아 정세 속에서 북한, 중국, 소련이 서로의 관계를 어떻게 설정해 가는지를 살펴보려 한다. 소련의 핵실험 성공과 중국 공산정부 수립 등 정세의 변화가 북한에게 어떤 영향을 미쳤는지, 그리고 북한이 그 정세변화에 따라 어떻게 전쟁을 결정하게 되는지 등을 중심으로 분석하고자 한다.

2. 동북아의 냉전

세계 제2차 대전 종전 이후 세계의 판도는 소련을 중심으로 하는 사회주의 세력, 미국을 중심으로 하는 자본주의 세력, 그리고 전쟁을 경험하면서 급속히 성장한 민족해방운동 세력 등으로 나누어졌다.[3] 동아시아 지역에서도 제국주의 국가의 이해관계가 중첩되었으며, 식민주의와 봉건제를 타파하려는 기운이 고양되어 있었다.

종전 전후 심화되던 동아시아 민족운동은 각국의 현실적인 상황과 조건 속에서 촉발된 것이었으나, 미국 등 서구국가들은 그것을 단순한 민족운동이 아니라 소련의 지도와 지시에 의한 소비에트 세력의 팽창으로 간주하고 있었으며,[4] 중국대륙의 정세변화로 공산주의에 대한 두려움은 더욱 커져갔다.

---

3) Thomas H. Etzold and John Lewis Gaddis, eds., *Containment; Documents on American Policy and Strategy, 1945~1950*(New York ; Columbia Univ. Press, 1978), pp.1~31.
4) 「NSC 20/ 4」(1948.11.23), *FRUS* 1948, Vol. Ⅵ part2, pp.663~669.

종전 직후의 동아시아 국제 정세를 살펴보면 동북아와 동남아의 상황이 각기 상이하게 전개되고 있었다. 동남아 지역에서 구 제국주의 국가들은 각각 자신의 구 질서를 회복시키는 데 진력하고 있었고 미국이 영국, 프랑스, 그리고 네덜란드 등에 대한 경제적·군사적 지원을 제공하여 이 지역에 대한 공산주의 세력의 침투를 방어하고자 하였다. 미국은 동남아 국가들에게 독립과 경제적 문제에 있어서 "가장 큰 적은 식민주의가 아니라 공산주의"라는 점을 분명히 인식시키는 것을 대외정책의 중요한 과제로 선정하고 있었다.[5]

그리하여 미국은 영국 등과 갈등을 겪지 않으면서 동남아 지역에서 공산주의를 봉쇄하고 또 각 국가들의 내부 문제를 해소시키기 위해 노력을 기울이고 있었다. 그러나 영국의 세력권에 있던 동남아 국가들은 대체로 아직 동서의 체제 갈등이 내화되지 않은 상태였으므로 미국의 동아시아 정책에 그다지 관심을 보이지 않고 있었다.[6]

반면 지리적으로 한반도를 중심으로 하는 극동소련, 중국, 일본 등이 포함되는 동북아 지역은 국제정치적으로 태평양국가로서 깊은 이해관계를 갖고 있던 미국의 동북아시아 정책에 크게 영향을 받고 있었다. 동북아에서는 미국이 자신의 식민지였던 필리핀 이외에도 일본과 그 식민지로 예속되어 있던 국가들을 점령했다.

미국은 한반도에 38도선을 설정하여 소련을 견제하는 한편 중국에 대한 영향력도 점차 높여갔다. 중국 문제는 이후 미국의 극동정책에 있어서 중요 변수로 작용했다. 소련 역시 세계 공산주의 건설을 목표로 점령지역의 공산당에 대하여 일정한 영향력을 행사하고 있었다.

그러나 한국전쟁 이전까지 동아시아 각국의 조건이 각기 상이하였고 또 미·소의 개입 범위와 정도도 어느 정도 제한적이었다. 각국의 국제 정치

---

5) 「버터워스의 대화비망록」(1949.12.12), *FRUS 1949*, Vol. Ⅶ, p.1199.
6) 노기영, 앞의 논문, pp.12~13.

적 역할과 위치가 정확히 인식되거나 설정된 상황이 아니었으며, 각 국가 간의 관계 역시 집단적으로 묶여져 있는 것도 아니었다. 당시 동아시아 지역에는 대내외적으로 다음과 같은 복잡한 문제들이 중첩되어 있는 상황이었다.

첫째, 동아시아 민족주의운동이 다양하게 전개되고 있었다. 즉, 중국대륙의 국공내전, 필리핀의 후크단 활동, 인도네시아의 내부갈등, 베트남의 게릴라전, 말레이반도에서의 공산 활동, 버마에서의 무장봉기 등이 각국의 현실적인 조건 속에서 다양하게 전개되고 있었다.[7] 1949년 3월 동북아 집단안보체제 결성이 제기되었을 때, 미국은 "아세아사태는 구주사태와는 달리 많은 국가가 정치·경제적으로 식민지 혹은 반식민지 지위에 있거나 인민의 지지와 신뢰를 받는 정부를 갖지 못하고 내란상태에 있다. 국가들 간의 동맹이 결성되려면 아세아 및 태평양 방면 제 국가들 간에 이해관계의 일치를 우선 얻어야 하는데 그것이 현재로서는 시기상조다"라고 인식하였다.[8]

둘째, 중국 공산정부 수립이 선포되었을 때 인도, 버마, 인도네시아 등 국가들은 중국 공산정부를 승인하고 지지하였다.[9] 이에 미국은 동아 지역에서 고립을 탈피하기 위해 부분적으로 대외정책을 조정하게 되었다. 미국은 동북아 지역 지도국으로서 중공의 영향력을 의식하게 되었고, 중공의 세력 확장과 소련과의 관계 결속 등으로 동북아 정책을 전면적으로 다시 검토하지 않을 수 없었다.

셋째, 대만과 한국은 중공, 그리고 북한과 직접 군사적으로 대치하고 있었으나, 다른 나라는 그렇지 않았다. 군사상황의 차이로 인해 대만과 한국 이외의 국가들은 냉전의 주요한 특징인 군사적 결속이나 집단안보체제 문제에는 큰 관심을 보이지 않고 있었다.

---

7) 김종휘, 「아시아 집단방위체제와 한국의 안보」 『국토통일』 1973년 10월호, pp.42~43.
8) 『조선일보』 1949년 5월 17일자.
9) 김성주, 「국제정치와 한국전쟁」 『사회과학』 제27호 제1호, p.110.

넷째, 일본과 대부분의 국가들 사이에는 과거청산 문제가 남겨져 있었는데, 이것은 미국이 적극적으로 추진하고 있던 대일강화에 큰 장애가 되고 있었다. 집단안보체제를 실현하기 위해서는 먼저 미국이 중시하고 있던 일본과의 강화 및 국교정상화가 필요했지만, 동아 국가들 사이에는 의견이 분분한 상황이었다.

이 밖에도 미국과 소련은 적어도 상호 세력충돌로 인해 야기될지도 모르는 전쟁을 예방하기 위해 대단히 유의하고 있는 시점이었다. 트루먼은 중국 불간섭주의를 기본정책으로 채택하였고, 스탈린은 국민당 정부와의 외교관계를 마지막까지 유지하려 했다. 소련은 동서냉전하에도 동아 지역에서 미국과의 협조체제를 유지해 왔으며, 일본 문제에 관해서도 미국의 독점권을 인정하면서 다른 한편 대일이사회를 통해 부분적으로 통제하려는 정책을 수행하였다.[10]

그러나 1949년 후반 소련의 원폭실험 성공과 중국 공산정부 수립 등의 새로운 조건은 미국과 자본주의체제의 위기를 한층 심화시키고 있었다.[11] 그것은 지금까지 유지된 동아관계를 근본적으로 변화시키는 계기가 되었으며, 언제든지 분쟁을 야기할 수 있는 불안정 요인으로 작용했다. 중국 공산화는 동아 국가들 내의 상호 적대감을 자극하였고 결과적으로 냉전체제의 저변을 확대시켜 갔다.

당시 동북아가 안고 있던 가장 두드러진 냉전적 단초는 중국의 대만과 티베트 해방 문제, 한반도 통일 문제 등이었다. 그 문제는 당사자뿐만 아니라 미·소 공동의 관심문제였다. 특히 한반도의 경우 미국의 영향권하에 있던 한국과 소련의 강력한 지지를 받고 있던 북한의 미묘한 대립으로 이러한 국제환경의 변화에 민감하게 반응하고 있었다.

그러나 한국전쟁 이전 동북아 정세를 보면 냉전체제의 잠재적 요인들이

---

10) 와다 하루끼, 앞의 책, pp.114~115.
11) 1949년 소련의 원폭실험 성공은 미국의 대외정책에서 반격(Roll-back)의 성향이 나타나도록 하였다. Bruce Cumings, Ibid., pp.166~168.

점차 커져가고는 있었으나, 엄밀한 의미에서 냉전체제가 존재했다고는 할 수 없다. 전쟁이 발발하고 나서야 동아시아 관계는 양대 진영으로 확연히 나뉘어져 대립하게 되었다.

3. 태평양연맹 제기와 한·미·일 관계
1) 태평양연맹안의 제기

1949년 3월 18일 북대서양조약기구(NATO) 결성의 내용이 미 국무장관 애치슨에 의해 공개되자, 아시아 태평양지역에서도 그와 유사한 지역동맹이 결성되어야 한다는 주장이 제기되었다. 필리핀의 퀴리노 대통령은 그로부터 이틀 뒤인 20일 AP통신과의 인터뷰에서 아시아에 대한 미국의 관심을 촉구하면서 아시아에도 북대서양조약기구와 같은 지역동맹체가 필요하다고 주장하였다.[12] 미국으로부터 안전보장을 얻기 위해서는 미국의 안보체제에 얽어맬 틀이 필요하다고 생각한 것이다.

이에 이승만 대통령은 퀴리노의 의견에 적극 찬동하는 지지의사를 표명하였고,[13] 이어 조병옥 특사과 장면 대사에게 비밀리에 미 성부에 군원을 요청함과 아울러 태평양연맹 결성을 제안하도록 지시하였다. 미·소냉전의 전초기지를 자처하고 있던 이승만은 대공봉쇄의 방벽으로 태평양연맹(이하 '태맹')이 가장 적합하다고 생각했으며, 미국도 적극적으로 지지할 것으로 내다보았다.[14]

이어 외무장관 임병직도 동년 5월 18일 태맹의 필요성을 역설하였다. "세계 정세는 민주주의와 공산주의의 2대 세력의 싸움으로 인하여 고래싸움에 새우등 터지는 격으로 약소국가만이 희생되니 각 구역이나 지방에서는 자위수단을 강구하지 않으면 아니 될 것이다. 그것이 곧 태맹이다. 그

---

12) 「로켓이 애치슨에게」(1949.3.21), *FRUS 1949*, Vol.Ⅶ part2, pp.1224~1226.
13) 공보처, 『대통령 이승만 박사 담화집』 제1집, 1953, p.143.
14) 『조선일보』 1949년 5월 3일자.

양대 세력은 상호포위로서 상대세력을 방해 내지 배격하려함에 있어 마땅히 장벽을 쌓아야 함은 물론이나 그 장벽은 사방이 모두 견고해야지 동방은 약하고 서방만 강해서도 안 될 것인 만큼 대서양연맹이 성립된 금일에 있어서는 태평양연맹도 또한 긴요한 것이다"[15]라고 주장하였다.

당시 한국정부는 태맹 참가 국가를 동아시아와 태평양연안의 모든 국가 즉 한국, 필리핀, 오스트레일리아, 뉴질랜드, 버마, 인도, 파키스탄, 실론, 태국, 캐나다, 그리고 중남미 서부 연안국가 등으로 설정하고 있었기 때문에 미국도 당연히 참가할 것으로 기대했다. 이승만이 외교공세를 병행하여 반공 블럭을 강화하기 위해 태맹 결성을 적극적으로 주장하고 나선 것은 중국에서 국민당 정부를 포기하고 한국에도 깊이 말려들지 않으려는 미국을 끌어들이려는 적극적 전략이었다.[16]

이승만은 미국의 소극적 대한정책에 불만을 갖고 있었으며, 미국의 관심을 유발시켜 한반도를 냉전의 전초기지로 삼고자 하였다. 그는 "한국정부가 알고 싶은 것은 미국이 한국을 방위선에 포함시키고 있는지 여부이며, 한국이 외부로부터 침공을 받을 경우 미국의 대한공약이 어느 정도인지의 문제가 철군 문제보다 더 중요하고, 그렇다고 북한과 전쟁을 하려는 것은 아니며 평화적 방법에 의해 통일을 이룩하도록 계속 노력할 것이다"라고 하였다.[17] 이러한 입장은 미·소의 냉전체제에 조응하면서 북한을 견제하고 한·미 안보관계를 결속시키기 위한 정략으로서의 의미를 내포하고 있었다.[18]

반면 미국은 이미 한반도를 군사 방위선에서 제외하고 있었기 때문에

---

15) 『조선일보』 1949년 5월 19일자.
16) 이호재, 『한국외교정책의 이상과 현실』, 법문사, 1969, pp.301~305.
17) 「무초가 국무장관에게 보낸 전문」(1949.5.7), FRUS 1949, Vol.Ⅶ part2, pp.1011~1012 ; 1949년 5월 19일 외무부장관 임병직과 국방부장관 신성모는 한국 및 외국특파원 기자회견에서 "주한 미군철수에 관한 보도 내용은 한국정부가 미국의 한국안보에 관한 충분한 조치 없이 주한 미군철수에 동의하는 것을 의미하는 것은 아니다"라는 입장을 피력하였다.
18) 홍석률, 『1953~61년 통일논의의 전개와 성격』, 서울대 국사학과 박사학위논문, 1997, p.168.

한반도에 대한 안보공약은 미국의 전략 범위를 넘어서는 것이었다. 이승만은 38선 문제를 한반도 차원이 아니라 국제적인 차원으로 부상시키고자 하였다. 한반도의 위기상황을 세계에 알리면 미국이 더 이상 손을 빼지 못하고 세계평화를 위해서라도 한반도 문제에 관여하게 될 것이라는 구도를 기대한 것이었다.[19]

한편 필리핀과 한국에 이어 주미 중화민국 대사도 5월 11일 정식으로 태맹 결성을 미 국무부에 제안하였고, 호주 대표도 이것을 미국에 제안하였다.[20] 미국의 외교정책이 대공봉쇄를 추구하는 것이었기 때문에 소련이 지원하는 공산 세력에 의하여 압박을 받는 국가들은 미국과의 관계를 긴밀하게 함으로써 자국의 안전을 확보하려 한 것이다. 이들은 세계적인 공산주의 위협, 정권의 불안정 등으로 인해 미국의 도움이 절실한 입장이었다.

그러나 당시 미국을 비롯한 서방 제 국가들은 태맹안에 대해 대단히 냉담한 반응을 보였다. 퀴리노의 주장이 있은 지 3일 후(21일) 미국은 태맹에 대해 부정적인 견해를 표명하였다.[21] 미국의 이러한 태도는 복잡한 동아정세 즉, 동남아시아 민족주의운동, 중국 국공내전, 그리고 대일강화조약 체결의 불확실함 등을 고려하여 취해진 것이었다. 미국으로서는 여러 가지 현실적인 어려움이 있었던 것이다. 여기에 더하여 미국은 중공에 대해 유화적인 정책을 추진하고 있었기 때문에 반공적·군사적 집단안보동맹은 인정할 수 없는 상황이었다. 지역동맹보다 중공의 견인 내지는 소련으로부터의 분리가 더욱 중요한 문제였다.

이에 대해 버터웍스 극동국장은 지역동맹은 "정치적·경제적·사회적 연합을 결성한 이후 반공동맹으로 바뀌어야 하는데, 현재 인도·버마·인도네시아 등이 받아들이지 않을 것이기 때문에 아시아 지역의 분열을 일

---

19) 『서울신문』 1949년 7월 30일자.
20) 『조선일보』 1949년 5월 3일자. 호주는 참가한다고 했다가 얼마 후 국내문제로 인해 불참을 표명했다.
21) 「애치슨이 로켓에게」(1949.3.23), *FRUS 1949*, Vol.Ⅶ part2, p.1126.

으킬 것이다"라고 하였으며, 또 "한국, 일본, 필리핀, 오스트레일리아, 뉴질랜드 등과 안보동맹을 결성한다면 미국이 이들 국가는 방어하고 나머지 국가는 단념한 것처럼 비치게 될 것이다"라고 반대 입장을 표명하였다.[22]

태평양연맹안이 제기된 이후 미 국무부 정책기획실은 동아 지역에 대한 면밀한 검토를 진행시켜 그 결과 「PPS 51」(미국의 동남아 정책)을 작성하였다.[23] 여기에는 동남아 정책의 기본원칙이 동아 지역 전체와 관련하여 체계적으로 분석되었으며, 결론으로 동남아 지역에서 미국은 제국주의적 개입 인상을 최소화하고 후진국에 대한 기술원조 계획인 Point-Four계획의 선전가치를 충분히 활용해야 하며 필리핀을 매개로 정책을 수행해야 한다고 권고하였다.[24] 미국이 이 지역의 안보를 보장했을 경우 지역단결보다는 오히려 불화를 야기할 것이며 당시 군사동맹 문제에 관심을 집중하는 것은 시기상조라고 판단하였던 것이다.

미국 정부당국이 그런 방위동맹을 맺을 의사가 전혀 없다는 것을 밝히자, 퀴리노는 "미국이 극동에서 실질적인 친구를 소홀히 하는 실수를 범하고 있다"라고 비난했다.[25] 장개석 총통도 미국이 중국을 포함한 아시아 지역에 대해 어떤 형태로든 공약을 해 주기를 재차 촉구했다.[26]

미국의 부정적인 견해에도 불구하고 필리핀, 대만, 한국정부는 주한미군이 철군한 1949년 7월 초부터 집중적인 움직임을 보였다. 7월 2일 이 대통령은 장 총통과 퀴리노 대통령에게 정상회담 개최를 요청하였고, 7월 6일 장 총통이 한국을 비공식 방문하였다.[27] 이어 7월 10일 장 총통이 퀴

---

22) 「버터워스가 애치슨에게」(1949.11.18), *FRUS 1949*, Vol.Ⅶ part2, pp.1023~1024.
23) PPS51(1949.3.29), *FRUS 1949*, Vol.Ⅶ part2, pp.1129~1133.
24) 1949년 트루먼 대통령의 연두교서를 통해 발표되었던 Point Ⅳ 계획은 저개발국에 대한 기술 원조를 통한 경제개발계획의 실시와 그에 대한 지원을 규정하고 있다. Robert A. Packenham, *Liberal America and the Third World* (Princeton Univ. Press, 1973), pp.11~15.
25) 「로켓이 애치슨에게」(1949.7.14), *FRUS 1949*, Vol.Ⅶ part2, p.1157.
26) 「버터워스와의 비망록」(1949.7.18), *FRUS 1949*, Vol.Ⅶ part2, p.1161.
27) 『조선일보』1949년 7월 8일자.

리노의 초청으로 '바기오(Baguio) 정상회담'에 참여하였다.

바기오 회담에서 논의된 내용은 명칭, 참가국, 목표 등에 관한 것이었다. 명칭은 필리핀이 제시한 태평양연맹(Pacific Union)으로 채택되었다. 예비단계에서는 중국국민당·필리핀·한국만이 참가하기로 하고, 태국·인도네시아·인도차이나 등이 회의 참가를 희망하였다. 회의 목적에 대해서는 국민당 정부가 군사적인 면에 중점을 둔 데 비하여, 필리핀은 사회경제적인 면을 강조하였다. 결과적으로 이 회담에서는 서로의 의견차이만 드러냈을 뿐 구체적 내용에 대해서는 전혀 합의가 이루어지지 않았다.[28]

그러나 당시 이러한 움직임에 대해 미국뿐만 아니라 동아시아 일부 국가들도 아시아 반공연맹의 조직화로 보지 않고, 이 대통령과 장 총통의 정치적 책략이 미묘하게 얽혀 있다고 의심하고 있었다.[29] 즉, 대만은 미국이 참가함으로써 그의 적극적인 원조를 받아 잃어버린 본토를 회복할 수 있을 것으로 기대했고, 한국은 미국의 공동방위조약이나 남한방위에 대한 미국의 보장을 얻기 위해 책동한다는 것이었다. 바기오 회담 직후 미국은 "다수의 아세아 국가들이 아직 태평양연맹을 결성할 시기에 도달하지 못했다"고 분명히 표명하였다.[30]

한편 미국은 한국과 대만이 태맹 문제를 국제사회에 부각시키지 못하도록 모종의 조치를 취하고 있었다. 7월 26일 UP통신이 장 총통의 서울방문 예정을 보도하자, 미 국무장관 애치슨은 3일 후 한국주재 무초 대사를 통해 "현 시점에서 중국국민당과 주도적으로 연결하려는 것은 미국 내 한국 지원계획을 통과시키는 데 어려움을 가중시킬 것"이라는 점을 한국정부에 주지시키도록 지시했다.[31] 당시 미국 의회에는 한국원조법안이 상정되어 있었다.

---

28) 조의홍, 앞의 논문, p.49 ; 노기영, 앞의 논문, p.20.
29) 이호재, 앞의 책, p.268에서 재인용.
30) 『조선일보』 1949년 7월 16일자.
31) 「애치슨이 한국주재 대사에게」(1949.7.29), *FRUS 1949*, Vol.Ⅶ part2, p.1977.

또한 장 총통이 이승만과의 진해 회담에 참석하기 바로 전날인 8월 5일 미국은 중국백서를 발표하여 태맹에 참가할 의사가 전혀 없음을 분명히 밝혔다. 때문에 그 발표는 필리핀, 대만, 한국정부에게 큰 충격으로 받아들여졌다.[32]

중국백서가 발표된 후 퀴리노의 태도는 유엔주재 필리핀 대사인 로물로의 설득으로 점차 변화되었다. 8월 9일, 퀴리노는 미국을 방문했을 때 미 상하 양원에서 "아세아는 공산세력의 확장을 막아야 하겠으나 미국이 막중한 의미를 갖고 이끌어 가고 있는 계획이 있으므로 우리는 다만 그 이유만을 깊이 이해하고자 한다. (중략) 아세아제국은 밀접히 협력하여 정치·경제·문화 방면의 공동이익을 촉진시켜야 하며, 군사계획은 아직 필요 없다"라고 하며 태맹이나 반공에 대해서는 전혀 언급하지 않았다.[33] 여기에서 '계획'이라고 언급한 것도 지금까지 그가 주장했던 군사적 성격의 태맹과는 완전히 다른 것이다.

이 시점에 미국은 군사적·반공적 연맹 결성이 적절하지 않다고 지적하면서 경제적 지역연합을 추진하도록 퀴리노에게 요구하고 있었다. 미국의 의도와 계획에 설득된 퀴리노는 "현재 체결을 지향하고 있는 태평양연맹은 군사적 협약을 포함하지 않고 아시아 극동위원회와 상호 경제협조의 노선을 따라 경제적·정치적·문화적인 면에서 서로 협력하려는 공통된 신념에 입각한 것"이라고 발표하였다.[34]

그러나 장 총통과 이 대통령은 초지일관 군사동맹을 주장했다. 장 총통은 미국의 적극적인 원조를 받아 잃어버린 국토를 회복한다는 기대에서 태맹안을 추진하였으며, 이 대통령도 태맹 결성이 제대로 추진되지 않을 경우 한국이 주도할 것임을 표명하는 등 강력한 의지를 보이고 있었다.[35]

---

32) 이호재, 앞의 책, pp.273~274.
33) 조의홍, 앞의 논문, p.70에서 재인용.
34) 『동아일보』 1949년 8월 6일자.
35) 『동아일보』 1949년 9월 10일자.

그리하여 그에 대한 견제로 필리핀이 주도하는 태맹 논의에서 국민당 정부와 한국을 제외시킬 것이라는 관측마저 나돌았다.

퀴리노는 1950년 2월 "아시아 지역의 정치·경제적 연합에 대한 미국의 지지를 확약받았으며, 그것은 반공주의가 아닌 비공산주의 성격을 띨 것이다"라고 표명하여 미국을 쫓아 한국과 대만을 제외시키려 했다.[36] 이 시기 미국은 이승만 대통령의 북진발언과 같은 호전적인 태도를 크게 경계하였고 남한 내부 경제안정에 비중을 두고 대한정책을 추진하고 있었다.

이승만은 맥아더의 초청으로 1950월 2월 14일 일본을 방문했을 때 다시 태맹 문제를 제기하였으나, 맥아더로부터 긍정적인 회답을 듣지 못하였다. 맥아더는 직접 논평하기 어려운 문제라고 전제하면서 관계국가와 신중히 검토하는 것이 좋을 것이라는 뜻을 말하고, 아울러 공산국가에 자극을 주는 방법은 현명한 대책이 아니라고 덧붙였다.[37]

그리하여 이승만은 동년 3월 1일에 "태맹은 군사적 동맹의 성격을 띠어서는 안 될 것이며 경제적·문화적 및 사회적 수준으로부터 개시할 것"이라 하여 그간의 입장을 양보할 뜻을 내비쳤다.[38] 이러한 입장의 표명은 그것이 비록 비공산주의 국가의 모임이라 하더라도 한국이 고립되는 상황을 피해야 한다는 것을 우려한 것이었다. 그는 지역연합을 먼저 체결한 후에 반공 군사동맹체로 변화시킬 수 있을 것으로 기대하고 한발 물러선 것이었다.

그러나 장 총통과 이 대통령의 주장은 미국은 물론 아시아 지역 국가들로부터도 외면당하는 결과를 가져왔다. 필리핀은 미국의 군사적·경제적

---

36) 『조선일보』 1950년 2월 15일자.
37) 임병직, 『임정에서 인도까지』, 여원사, 1964, p.343. 이승만은 맥아더의 방일 요청으로 임병직 외무장관 등 몇몇 정부요인을 대동하고 1950년 2월 16일부터 18일까지 일본을 방문하였다. 외무부장관 임병직은 일본방문을 마치고 귀국한 후 "한·일 반공협의에는 동등한 무장력이 필요하다"는 입장을 밝히고 있다. 『조선일보』 1950년 2월 22일자 ; 국토통일원, 『북한년표』, 1980, p.178.
38) 임병직, 위의 책, p.340.

지원을 꾀하며 호주와 동남아시아 국가와의 결속을 꾀했다. 퀴리노는 1950년 2월 호놀루루에서의 기자회견에서 "나는 중국이나 일본이 공산화 되는 것에 개의치 않는다"라며 전혀 이해하기 어려운 태도를 표명했다.[39]

중공정부의 수립을 승인했던 인도, 버마, 인도네시아 역시 태맹에 반대하거나 중립적인 입장을 취하였다. 특히 네루 수상이 적극적으로 반대하는 입장에 있었다. 그는 "아주에는 아직 북대서양조약기구와 유사한 태맹이 성립할 조건이 미숙하여 시기상조다"라고 주장하였고, 오히려 이 회담에 중공을 포함시키되 한국과 국민당은 제외하도록 영향력을 미쳤다.[40]

그 결과 동년 5월 26일 퀴리노가 주관하는 바기오 예비회담에 대만과 한국이 제외된 채 인도네시아, 태국, 인도, 파키스탄, 호주, 실론, 필리핀 등 7개국만이 참가하게 되었다.[41] 이 회담에서는 경제적·문화적인 사안만이 토의되었고 군사 문제는 포함되지 않았다. 퀴리노는 "한국과 대만이 품고 있는 계획 속에 필리핀이 쓸려 들어가는 것을 막기 위해" 초청하지 않았다고 했으나,[42] 이승만은 "이 회담은 원래의 반공목적에 위배되며 참가국 중에는 공산당과 타협하고 있는 나라도 있기 때문에 참가하지 않는다"라고 했다.[43]

어찌되었든 한국과 국민당 정부가 제외된 이유는 호전적인 성향으로 인해 자칫 동아 지역에서 소련을 자극할 위험이 있다고 판단한 때문이며, 특히 중국을 자극하여 중·소가 결합하는 결과를 초래하지 않도록 유의하고 있었기 때문이었다. 이때까지 미국은 동아 지역 내에서 '반공적'·'군사적' 결집에 대해 상당히 조심스런 입장이었으며, 필리핀 등에 한국과 국민당 정부를 배제하도록 권고하였던 것이다.

---

39) 최영호, 앞의 논문, p.172에서 재인용.
40) 조의홍, 앞의 논문, p.70에서 재인용.
41) 「주한 미대사 무초가 러스크에게」(1950.5.25), *FRUS 1950*, Vol.Ⅶ part2, p.88.
42) 외무부, 『외교통보』 창간호, 1953, p.67.
43) 조의홍, 앞의 논문, p.52에서 재인용.

이 회담에 대해 미국은 "아시아 지역 비공산국가의 지역연합을 형성하려는 아시아 지도자의 노력을 알고 있으며, 만약 이러한 연합이 형성되고 미국이 초대된다면 원조할 것"이라고 천명했다. 그리고 "아시아지역연합은 지역의 정치적 · 경제적 · 사회적 · 문화적 문제를 해결하기 위해 상호 협력하고자 하는 참여국의 간절한 열망의 결과여야 한다"라고 하여 군사적인 문제를 제외하도록 재차 강조했다.[44]

결과적으로 태맹안은 미국의 반대로 실현되지 못했으나 전쟁 이후 미국의 동아정책은 시기와 방법의 차이만 있었을 뿐 이 대통령과 장 총통의 구상과 본질적으로는 대동소이하게 전개되었다고 할 수 있다. 그런 점에서 그들의 동아 정세에 대한 인식은 대체로 옳았다고 할 수 있다. 그러나 그들은 이 시기 미국이 취하고 있던 정책방향은 전혀 고려하지 못한 결정적인 한계를 안고 있었던 것이다.

이후 동아시아 각국의 방위문제는 미국과 일본, 필리핀, 한국, 대만 등과의 개별적인 상호방위조약을 맺는 것으로 일단락되었다. 대신 집단안보체제는 호주가 일본의 군사적 위협에 대한 방위를 이유로 제창한 또 다른 형태의 태평양협정안이 대일강화조약 체결 직전 1951년 9월 1일 미국 · 호주 · 뉴질랜드 3국의 태평양안전보장조약(ANZUS)으로 체결되었고 그 후 1954년 동남아조약기구(SEATO) 등의 동맹 체결로 이어졌다.[45]

2) 미국의 동아시아 정책
① 지역통합전략의 구상과 추진

미국은 동아시아 지역의 복합적인 어려움을 해소하여 이 지역의 민족주의를 반공산주의로 전환시키려는 구상을 갖고 있었다. 이를 위해 동아시아 지역의 군사동맹의 전 단계라 할 수 있는 일본을 중심으로 하는 정치 ·

---

44) 「NSC 48/2」(1949.12.30), *FRUS 1949*, Vol.Ⅶ part2, pp.1215~1216.
45) 외무부, 앞의 책, p.70.

경제·문화적 지역통합전략을 계획하였다.[46)]

이는 필리핀과 기타 동아 국가들에게 권유하던 비군사적 연맹과 일맥상통한 것이었다. 일본의 재건을 위해서는 아시아의 경제적 배후지가 요구되었고 한국, 대만, 인도차이나 등 동아시아 각국이 배후지로 설정되었다. 그것은 비공산주의 아시아 국가를 자본주의체제에 편입시키는 경제적 지역통합을 설정하고 나아가 단계적으로 집단안보체제를 결성하려는 구상까지 담고 있는 것이었다.

당시 미국은 동남아 지역을 경제적으로 상호 의존하는 원자재 공급지로서, 그리고 일본·서유럽·인도는 완제품 공급지로서 경제적으로 통합하고자 하였다. 일본은 군사전략상 매우 중요한 지리적 위치에 있었을 뿐만 아니라 그 산업잠재력은 동아 지역에서 미국의 부담을 덜어줄 수 있는 유일한 국가로 평가되었다.[47)] 미국은 일본을 서구와 같이 재건시켜 미국의 강력한 동맹국이자 전략거점으로 만들고자 했으며, 일본을 거점으로 하여 아시아 전역에 지배권을 확대하고자 하였다.

이 계획은 대일강화조약의 체결 가능성이 보이기 시작한 1948년 10월부터 크게 진전되었다. 중국주재 대사 스튜어트는 1949년 2월 15일 국무장관에게 보낸 보고전문에서 "아시아 지역에서 소련의 팽창을 효과적으로 봉쇄하는 것은 경제적 혹은 군사적 수단보다는 새로운 접근이 요구된다"라고 보고, "영국, 프랑스, 네덜란드는 물론이고 인도, 필리핀 등 이 지역의 다른 국가들이 포함되는 어떤 연합이 필요하다"라고 주장했다.[48)]

스튜어트의 주장은 미국이 이 지역에서 소련의 영향력을 봉쇄하고 그 영향력을 확실하게 감소시키기 위해서는 지역연맹을 구성해야 한다는 것

---

46) 李鍾元,「戰後美國の極東政策と韓國の脫植民地化」, 岩波講座,『近代日本と植民地』8, 岩波書店, 1993, pp.21~24에 의하면, 전후 미국에 의해 일본중심의 지역통합전략이 1950년에 급진전되었으며, 脫식민지 과정에 있던 남한은 통합전략으로 인하여 그 후 종속적 발전을 겪게 된다고 평가하였다.
47) PPS 23(1948.2.24), *FRUS 1948*, Vol.Ⅵ, pp.700~702.
48)「스튜어트가 애치슨에게」(1949.2.15), *FRUS 1949*, Vol.Ⅶ, p.1117.

이었다. 그러나 「PPS 51」(미국의 동남아시아 정책)은 이 개념을 동남아에 한정된 것이 아니라 주위의 비공산주 중심 및 그 주변을 포함하는 보다 큰 지역과의 관련 속에서 보아야 한다는 점을 강조하고 있다.[49]

1949년 6월 9일 군부의 견해를 집약한 「NSC 49」에서는 일본의 전략적 중요성을 설명한 뒤, 강화조약체결에 앞서 일본과 부속도서에 미군 기지를 확보할 것을 제시하고 있다.[50] 미국은 자신의 독점적 영향권으로 편입된 일본을 전략거점으로 성장시킴으로써 동북아에서 우세를 확보하려 한 것이다. 동아 지역에서 일본만 확보되면 큰 위협에 직면하지 않을 것으로 판단하였고, 그 결과 일본에 대한 '민주화' · '비무장화'라는 점령정책은 점차 퇴색될 수밖에 없었다.

전후 중국대륙이 점차 공산화되어감에 따라 미국은 극동전략상 일본의 정치적 중요성을 강화해 나갔으며 일본중심의 지역통합전략을 구체화하였다. 아시아 지역통합전략 방안은 국무부 정책기획실이 준비한 1949년 7월 8일 메모에 잘 드러난다. 여기에서 지역통합을 기정사실화하고, 강력하고 신속한 작전보다는 포괄적이고 긴밀하게 조성된 행동이 필요하다는 점을 강조했다.

극동국장 버터워스의 동년 11월 18일 메모에 의하면, "연합은 정치적 · 경제적, 그리고 사회적 협력을 위한 기구로부터 반공산주의 동맹으로 전환될 것이다"라고 하여, 그것이 앞에서 필리핀 등 동아국가들을 설득하던 단순한 경제적인 측면에서의 전략범위를 넘어서는 것임을 시사하였다.[51]

이러한 내용은 아시아정책 기본문서인 「NSC 48」에 반영되었다. 이 계획의 핵심은 미국이 조속한 대일강화를 통해 일본과 아시아의 전쟁 피해국들 사이의 화해를 주선하고 아시아 경제를 일본중심으로 통합한다는 것이었다. 이는 수정을 거쳐 「NSC 48/2」(1949.12.30)의 형태로 최종적인

---

49) PPS 51(1949.3.29), *FRUS 1949*, Vol.Ⅶ, pp.1129~1133.
50) 「NSC 49」(1949.6.15), *FRUS 1949*, Vol.Ⅶ, pp.774~777.
51) 「버터워스의 메모」(1949.11.18), *FRUS 1949*, Vol.Ⅶ part2, pp.901~902.

정책으로 채택되었다.[52]

　아시아 지역에 소련과 공산주의의 침입을 막기 위해서는 아시아에서 선택된 비공산주의 국가에 충분한 군사력을 발전시켜야 한다는 것으로 궁극적으로는 소련의 힘과 영향력을 제거하는 것이 아시아에 대한 미국의 기본적인 안보목적이라고 설정하고 있다. 일본을 더 이상 점령하의 패전국이 아니라 미국의 강력한 군사동맹국으로서 대우하기로 한 것이었다. 이 전략을 주도하고 있던 애치슨은 일본을 '아시아에서 실질적인 전략적 중요성을 가진 유일한 나라'로 평가했다.

　이어 애치슨은 1950년 1월 12일 태평양방위선을 선언하였다. 애치슨의 의도는 태평양연안에서 미국의 방위선을 설정하는 것이었다. 이들 불퇴 방위선 바깥 지역에 관해서는 공산주의 침략을 묵인한다는 것이 아니었고, 거기서는 우선 현지의 방위노력이 필요하고 나아가 유엔의 역할도 포함하여 중층적인 대응이 필요하다고 되어 있다.[53]

　이와 함께 그는 동아시아 지역을 봉쇄선에 포함시키기에는 다양한 난제가 있음을 강조하였다. 즉, 봉쇄선의 바깥에 있는 비공산주의 지역은 미국의 영향력 아래 통합되어야 하는데도 불구하고 내부 혼돈상태가 중국 정세와 더불어 계속되고 있다고 여긴 것이다.

　1950년에 들어서자 미국의 전략은 보다 적극적으로 재편되었다. 세계전략에 관한 문서인 「NSC 68」을 통해 소비에트 세력이 한층 더 팽창하는 것을 막고, 소련의 영향력을 축소시키는 적극적인 반격 전략을 수행한다는 내용을 결정하였다.[54] 이것의 핵심은 지금까지 미국의 대외정책이 서구와 일본 중심으로 구성되어 있었으나 앞으로 한국과 대만을 포함하여

---

52) 「NSC 48/2」(1949.12.30), *FRUS 1949*, Vol.Ⅶ part2, pp.1215~1216. 커밍스는 이것을 국무부와 국방부 간 충돌의 최종성과물이며 반격과 봉쇄의 미묘한 결합이라고 하였다. Bruce Cumings, Ibid., pp.166~168.
53) 와다 하루끼, 앞의 책, p.144.
54) 「NSC 68」(1950.4.18), *FRUS 1950*, Vol.Ⅰ, pp.237~255. 이것의 결론은 1950년 9월 「NSC 68/2」(1950.9.30)의 형태로 수정 없이 대통령의 재가를 받아 정책으로 채택된다. 이

어느 비공산주의 국가도 소련으로부터 침략을 받을 경우 그대로 좌시하지 않고 적극적으로 반격한다는 것이었다.

그럼에도 불구하고 미국은 동아시아 지역에서 대만과 한국의 군사동맹 문제 제기에 대해서는 지극히 부정적인 태도로 일관하고 있었다. 그 이유는 당시 동아 지역의 조건이 각기 상이하고 중국정책이 아직 유동적이었으며 일본과의 강화 문제가 주요 쟁점으로 부각되어 있었기 때문이었다.

반면 대만과 한국정부는 미국으로부터 지나치게 공세적이고 도발적이라는 비판을 받고 있었음에도 불구하고 동아 지역의 집단안보 문제를 지속적으로 제기하고 있었다. 이러한 태도는 미국의 동아정책과 마찰을 빚게 되고 일본중심 정책을 기조로 한 아시아 지역통합전략과 기본적으로 상충될 수밖에 없었다.[55]

미국은 최종적으로는 일본을 중심으로 하는 반공적 · 군사적 지역통합전략의 체제 구축을 원했으나, 아시아 방위의 주도국으로 설정한 일본이 재건되지 못한 상황에서는 포괄적이고 집단적인 방위체제를 결성할 수 없었다. 결과적으로 아시아 집단안보체제는 일본재건에 대한 아시아 국가의 불안을 해소하고 아시아 국가의 요구를 일정 정도 수용하는 형태로 등장했다.

② 대중국 유화정책

중국내전은 국제정치의 흐름에 큰 영향을 미쳤고 동북아 냉전체제의 기반을 형성하고 있었다. 그러나 미국은 중국 문제에 대해 확고한 태도를 취하지 못하고 미온적인 자세를 취하고 있었기 때문에 동아 지역에서는 미국을 중심으로 하는 세력권이 형성되지 못하였다.

당시 미국과 소련은 동아시아 지역에서 적어도 표면적으로는 크게 대립

는 미국이 냉전을 전쟁의 하나로 규정하는 기본노선을 견지한 것으로, 냉전에 대응하기 위해 국내동원, 국방비증액, 롤백전략 등을 공식적으로 규정하고 있었다.
55) 노기영, 앞의 논문, p.19에서는 미국이 태평양동맹에 부정적 입장을 취한 더 근본적인 이유는 아시아의 경제적 지역통합을 계획하고 있었기 때문이라고 하였다.

하지 않았다. 그 원인 중에 가장 핵심적인 것은 미국이 일본을 중심으로 하는 아시아 지역통합전략을 추진하면서 중공에게는 유화정책을 취하고 있었기 때문이었다. 미국은 내부적으로 중공을 인정할 것인가, 아니면 반공정책에 따라 대만을 계속 지지할 것인가 하는 문제에 봉착하여 갈등을 겪고 있었던 것이다.

이러한 갈등은 1948년 10월 13일 국무부가 제출한 「NSC 34」(미국의 대중정책)에 잘 나타나 있다.[56] 여기에서 미국은 국민당을 계속 지원하는 문제를 논의하였고, 대만의 장 총통이 공산주의자와의 싸움에 미국을 깊이 끌어들이려 한다며 우려하고 있었다. 국무부 정책기획실장인 케난은 국민당에 대규모로 원조해 주는 것에 대해 대단히 부정적인 견해를 나타내었다.

아울러 「NSC 34」에서는 중공을 적대시하지 말아야 한다는 견해를 제시하였다.[57] 즉, 유고의 티토가 코민포름으로부터 추방되어 소련과 결별하였듯이, 소련지배로부터 자립할 가능성이 있는 공산주의체제와 적대하지 않아야 한다는 것이었다. 그 결론부분에 "중국에는 근대적인 경제력과 군사기술이 없기 때문에 중국 공산주의체제가 미국의 안전보장에 큰 위협이 되지 않는다"라고 하였으며, "중공은 중국영토에 대해 야심을 갖고 있는 소련의 이익과 일치될 수 없을 것이며 소련도 그들이 점령한 만주를 중국에 반환하지 않을 것"이라고 판단하였다.

이러한 견해는 중공이 국제 공산주의와 연결되어 있지 않다고 판단하고 있었기 때문이었다. 중국과 소련은 상호 접경하여 갈등이 잠재되어 있기 때문에 미국이 중공을 효과적으로 이용하면 유고의 티토처럼 국제 공산주의로부터 떼어낼 수 있다고 생각한 것이다. 대체로 이후의 대중정책은 거의 대부분 이러한 정책기조 위에서 검토되었다.

그러므로 이 무렵 일본을 중심으로 하는 지역통합전략은 자연 미국의 '중공의 티토화' 내지는 유화정책이란 입장으로 인해 조심스럽게 다루어

---

56) 「NSC 34」(1948.10.13), *FRUS 1948*, Vol.Ⅷ, pp.146~155.
57) 위의 자료.

질 수밖에 없었다. 미국의 대일정책이 신속하게 추진되지 않은 원인은 미국이 중공을 자극하거나 위협하는 일을 가능한 피하여 중공과의 우호관계를 수립하거나 또는 소련으로부터 분리해 내려고 노력하였기 때문이었다. 이 시기에는 국민당 정부의 붕괴가 시간문제라는 인식이 지배적이었다.

1949년 1월 애치슨이 신임 국무장관에 부임하여 대중정책을 다시 검토하였다. 애치슨은 「NSC 34」를 기초로 중국정책의 초안을 작성하도록 케난에게 지시하였고, 그 결과 「PPS 39/2」(1949.2.28)가 승인되어 「NSC 34/2」(미국의 대중정책)의 형태로 정책이 결정되었다.[58]

이후 미국은 중공의 적의를 최소화하기 위해 국민당에 대한 원조를 삭감하는 동시에 중공과의 접촉을 시도하였다. 여기에는 국민당이 패하여 전 중국이 공산주의 지배하에 들어갈 것이라는 예측이 전제되었으며, 중공과의 관계에 있어서는 중공 내 소련파와 국내파의 세력을 균열시켜 정치·경제적으로 이용해야 한다는 점이 강조되었다.

이 같은 미국의 유화적 태도는 1949년 미국이 취한 행동에도 나타난다. 1949년 3월 당시 스탈린은 중국내전에 대한 미군의 개입을 두려워하여 중공군이 양쯔강을 도하해서 난징의 국민당 정부를 공격하는 것을 단념하고 국공평화 회담을 계속하도록 강력하게 권고하고 있었다. 그러나 동년 4월 21일 중공군은 진군 명령을 내려 양쯔강을 건너 이틀 뒤 난징을 점령하고 말았는데, 국민당 정부를 구원하기 위해 미군이 개입할 것이라는 스탈린의 우려와 달리 미국은 끝까지 출병하지 않았다.[59]

중공과의 접촉을 위한 미국의 이 같은 시도들에도 불구하고 중공 측은 미국에게 국민당 지원을 즉각 중지하고 외교승인을 철폐할 것을 강력하게 요구하고 나섰다.[60] 그 결과 미국의 중공에 대한 유화적인 접근이 번번이 좌절되었으며, 결국 주중대사 스튜어트는 동년 7월 14일 메모에서, 중공

---

58) 「NSC 34/2」(1949.2.28), *FRUS 1949*, Vol.Ⅶ, pp.491~495.
59) 와다 하루끼, 앞의 책, p.78.
60) 「스튜어트가 애치슨에게」(1949.5.3), *FRUS 1949*, Vol.Ⅶ, pp.14~15.

은 마르그스·레닌주의에 완진히 물들있다고 최종 평가하기에 이른다.[61] 중국공산당은 태평양연맹 결성 움직임에 대해서도 7월 18일 New China News Agency의 논평을 통해 "이 범죄적인 행동은 중국인민뿐 아니라 필리핀, 한국, 그리고 다른 극동국가들의 인민을 반대하는 것을 목적"으로 하고 있다고 비난했다.[62]

그리하여 미 국무부는 「PPS 51」(미국의 동남아정책)과 관련해 "아시아 및 동남아시아에서의 행동방책"을 작성하여 검토하였고, 동년 7월 중순 러스크도 "아시아에서 미국의 정책과 행동"이란 메모를 작성하였다. 이 자료들에 의하면, 그것은 중국 공산주의를 배척하고 국민당에 대한 공감과 이해를 표명한 것이었다.[63] 즉, 공산주의 지배 지역으로부터 모든 미국인 철수, 국민당 정권의 승인 표명, 공산중국의 비승인 선언, 만주에 대한 소련의 특권 부정, 중국본토의 비공산주의 세력 지원 등이 권고되어 있었다.

그러나 러스크의 권고가 최종적인 중국정책에 그대로 반영된 것은 아니었다. 국무부는 최종적으로 포괄적인 아시아정책이 필요하다고 판단하였고, 중국 문제에 대해서는 몇몇 불만적인 문제제기에도 불구하고 이전의 정책기조가 「NSC 48」문서에 그대로 옮겨졌다. 중국 정치지도자들 가운데 소련추종자와 국내파 사이를 이용해야 하며, 대만에 관해서는 공공연한 군사지원 활동을 피해야 한다는 것이었다.

「NSC 48/1」(아시아에 있어서 미국의 입장)에는 중국대륙에서 세력균형을 유지하는 것이 아시아에서 미국의 이익이라고 정의되었다. 이것은 중국에 대한 유화정책 내지 분리정책이 계속 추진되고 있었음을 보여준다. 소련이 세력균형을 유지하는 데 위협적이지 않지만, 미국이 아시아 민족운동에 대해 효과적으로 대처하지 않으면 소련의 팽창주의에 의해 밀릴 수 있다는 점이 강조되었다. 최종 채택된 「NSC 48/2」에 의하면 중국 내

---

61) 「스튜어트가 애치슨에게」(1949.7.18), *FRUS 1949*, Vol.Ⅶ, pp.766~767.
62) 「스튜어트가 애치슨에게」(1949.8.2), *FRUS 1949*, Vol.Ⅶ, p.1180.
63) PPS 51(1949.3.29), *FRUS 1949*, Vol.Ⅶ, pp.1129~1133.

친소파와 국내파의 대립에 정치·경제적 수단을 이용하고, 공식적·비공식적 모든 수단을 활용해야 한다고 정리되어 있다.[64]

1950년 1월 트루먼 대통령은 미국이 국민당 정부를 방어하기 위해 무력을 사용하거나 군사원조 및 군사고문단을 파견하지 않겠다고 했으며,[65] 또 애치슨 장관은 태평양방어선에서 대만과 한국을 제외시켰다고 선언했다. 이 시기는 마오를 포함한 중국 지도부가 모스크바를 방문하고 있던 시점이었다. 미국은 여전히 대만을 견제하고 중공을 끌어들이려는 유화정책을 표명하였던 것이다.

그러나 미국의 대중국 유화정책 내지 티토화 정책은 동년 2월 14일 조·중 상호방위조약 체결로 인해 한순간에 물거품이 되었다. 미국은 장기간에 걸친 중국과 소련의 일련의 회담으로 중·소가 결합되어 가는 과정을 지켜보면서 그동안의 중국 유화정책이 착오였다는 것을 인식하기 시작하였고, 북한의 남침이 개시되자 동아시아에 대한 큰 위기감을 갖게 되었다.

4. 북·중·소의 결속과 전쟁으로의 길
1) 북·중·소 회담과 북한기지의 강화

1948년 12월 25일 소련은 북한에 주둔한 소군의 최종 철수를 보도하였다. 그 후 북한 내부에서는 '소련군 철퇴는 전 세계 인민의 평화를 실현하고 미 제국주의의 야망을 폭로하는 길'을 주요 주제로 하는 군중집회가 전국적으로 개최되었다.[66] 그러나 최근에 공개된 러시아 국방문서에 의하면 군사고문단과는 별도로 소련군 군사전문가 등 4,000여 명이 북한에 잔류하여 지원한 것으로 확인된다.

---

64) 「NSC 48/2」(1949.12.30), *FRUS 1949*, Vol.Ⅶ part2, pp.1215~1216.
65) 김성주, 앞의 논문, p.111에서 재인용.
66) 「북조선노동당 인제군당 당조회의록」(1949.1~3), SN.849-1.(SN은 군사편찬연구소 자료등록번호).

즉, 당시 군사전문가 잔류 상황은 소련군 총참모부가 작성한 1949년 2월 18일자 보고서 '군 철수 이후 잔류인원'에 따르면 총 4,298명이 북한에 남아 있었으며, 이 중 4,020명은 군인이고 나머지 273명은 군무원이었다.[67] 소련군의 북한 잔류는 인민군의 전력증강을 위한 조치였다고 분석된다.

소련군 철수 보도를 전후하여 김일성은 스티코프 대사를 통해 모스크바를 방문하겠다고 문의하였고, 1949년 1월 17일 스탈린의 수락을 받게 된다.[68] 그런데 김일성이 사전에 제출한 방문목적 가운데 한반도의 무력통일 방안에 대해 문의하고 있는 것이 주목된다. 이것은 스탈린을 방문하여 한반도 무력통일 방안에 대해 토의하겠다는 것이었다. 이를 통해 미루어 보면, 김일성이 이미 1948년 말 시점부터 무력통일 방안을 구상하고 있었고, 또 실제 방문 시 박헌영과도 동행한 점으로 미루어 보아, 그 방안에 관해 이미 내부적으로 사전합의가 있었음을 알 수 있다.

김일성은 1949년 신년사에서도 "전 조선인민은 조선민주주의인민공화국 중앙정부의 주위에 일층 단결하여 국내의 전체 민주력량과 애국적 역량을 더욱 결집함으로써 국토의 완정을 보장하는 거족적 구국투쟁을 일층 맹렬히 전개하여야 하겠습니다"라고 하였다.[69] 이 같은 무력통일 방안은 남한에서 민중봉기 등을 통하여 사회주의화한다는 것이 사실상 어렵다는 것을 파악하여 무력통일 전략으로 전환한데서 비롯된 것이었다.

1949년 3월 5일 김일성은 박헌영을 대동하고 소련으로부터의 지원 문제를 논의하기 위해 모스크바를 방문하였다. 김일성과 스탈린은 북한의 경제지원, 군사력 증강 문제를 구체적으로 논의하고,[70] 1차 모스크바 회

---

67) 러시아 국방부중앙문서고, 자료번호 23, 목록번호 173346, 문서번호 73, 195.
68) 『러시아 외교문서』 제3권, pp.2~3.
69) 「1949년을 맞이하면서 전 인민에게 보내는 신년사」(1949.1.1), 김준엽 외 편, 『북한연구자료집』 제1집(1945~1950), 고려대출판부, 1969, pp.474~475.
70) 수행단 구성은 외상 박헌영, 부총리 홍명희, 국가계획위원장 정준택, 교육상 백남운, 통신상 김연주, 상업상 장시우, 주소대사 주영하 등이었다. 유문화 편, 『해방후 4년간의 국내외 중요일지』, 민주조선사, 1949, p.237 ; 볼코고노프, 한국전략문제연구소 역, 『스탈린』 세경사, 1993, pp.365~369.

담에서 소련과 북한은 경제협력과 무역, 기술지원, 문화교육 분야의 협력, 북·소 간 철도 건설, 군사력 건설 등에 관한 광범위한 협의를 가졌다.

특히 이때 김일성과 박헌영 일행이 제의한 무력통일안에 대한 스탈린의 반응이 주목된다.[71] 스탈린은 북한군이 한국군에 대해 절대적인 우위를 확보하지 못한 상황에서 '선제공격'을 해서는 안 된다는 입장이었다. 즉, "아직은 소련과 미국의 38선 분할에 관한 협정이 유효한 상황이기 때문에 먼저 위반하면 미군개입을 막을 명분이 없다"는 것이었다.[72] 그는 제한된 반격작전만을 허용하는 입장을 피력하였다. 이는 소련이 이미 1939년 핀란드와의 전쟁에서 시도했던 방식이었다.[73] 소련의 구체적인 북한군 지원 사항은 며칠 뒤인 3월 12일 개최된 김일성과 국방상 불가닌과의 회담에서 논의되었다.[74]

북한 지도부는 이어 김일을 중국에 파견하여 중국과의 회담에서도 무력통일 방안에 대해 협의하였다.[75] 1949년 4월 28일 북한인민군 정치지도부 대표자 김일은 가오강, 주더, 저우언라이뿐만 아니라 마오쩌둥을 만나 한반도의 무력통일 방안 등에 대하여 협의하고 중공군 내의 한인사단의 북한 인민군 편입 문제를 확정지었다.

이때 모택동은 한반도 정세에 대하여 "조선에서의 전쟁은 언제든지 일어날 수 있으며 빨리 끝날 수도 오래 끌 수도 있다. 지구전은 북조선에 유리하지 않을 것이다. 일본이 끼어들어 남조선을 지원해 줄 수도 있기 때문이다.

---

71) 「중앙위원회 정치국 제68회 회의 의사록」(1949.3.18), 『러시아 외교문서』제3권, p.15 ; 「스탈린동지와 해결해야 할 김일성의 질문」(수기로 기록), 같은 자료 제3권, p.11.
72) 「모스크바의 새 증언」(1), 『서울신문』1995년 5월 15일자.
73) 와다 하루끼, 앞의 책, p.88.
74) 「김일성-불가닌회담록」(1949.3.12), 국방군사연구소 소장(사본) ; 군사지원에 관한 구체적인 내용은 6개 보병사단과 3개 기계화부대 편성에 필요한 무기 및 장비의 추가원조, 7개 기동보안대대 편성에 필요한 장비의 추가 원조, 공군이 충분히 훈련되었을 시 정찰기 20대, 전투기 100대, 폭격기 30대를 추가원조, 120명의 특별군사고문단을 1949년 5월 20일까지 파견, 동일까지 10억 원에 해당하는 물자지원 등이다. 「모스크바가 스티코프에게」(1949.6.4), 같은 자료 제4권, pp.28~31.
75) 「스티코프가 스탈린에게」(1949.5.15), 『러시아 외교문서』제3권, pp.19~22.

그러나 당시들 바로 곁에 소련이 있고 동북지구에 우리들이 있으므로 걱정할 필요는 없다"라고 말하고, 일본군이 참전할 경우 "중국군을 파병하여 일본군을 격퇴시킬 것"이라고 하였다. 그러나 그는 김일이 제기한 무력통일안에 대해 "국제정세가 별로 유리한 상황이 아니며, 중국공산당이 국민당군과 전투 중에 있으므로 행동을 유보"하도록 권고하였다. 조선의용군 입북에 대해서는 두 개 사단의 이관에 동의하였으며, 나머지 한 개 사단은 중국남부에서 국민당군과 전투 중에 있으므로 후에 인계할 것을 약속하였다.

모택동으로부터 회담 내용을 통고받은 주중 소련대사 코발료프가 스탈린에게 보낸 비밀전문에 의하면, 김일과의 회담에서 모택동은 "병력과 장비가 필요하면 조선의용군 병력과 장비를 지원해 줄 것이지만, 아직 공격을 기다려야 할 것이며 만약 1950년 초 국제정세가 유리해지면 전쟁을 지원할 가능성을 배제하지 않고 있다"라고 하였다.[76]

이 회담은 만약 일본군이 투입된다면 이에 대응하여 중국군도 파병하겠다는 분명한 의지가 천명된 점에서 특히 중요한 의미를 갖는다. 이때의 회담 내용은 모택동이 5월 14일에, 김일성이 5월 17일에 각각 주소련 대사를 통하여 스탈린에게 전달하였다. 이로써 북한, 소련, 중국 간에는 1949년 3~4월부터 한반도 무력통일 방안이 논의되고 있었음을 알 수 있다.

주한미군이 철수한 직후인 1949년 8월 12일 김일성은 "미군이 철수한 이후 38도선은 의미가 없고 인민군의 전력이 우세하며, 더욱이 남한이 조국전선의 평화제의를 거부하고 있으므로 우세한 인민군의 전력을 바탕으로 공격할 수밖에 없다"라고 제의하였다.[77]

이에 대해 스탈린은 "전투적인 시각에서 이를 승인하기 매우 어렵다. 한국의 통일투쟁을 위한 현안의 과제는 반동체제의 파괴와 전 한국의 통일과제 달성을 위한 남한에서의 전 인민 무장봉기 확산전개와 향후 북한인

---

76) 「코발료프가 필리포프에게」(1949.5.18), 『소련 외교문서』 제3권, pp.20~21.
77) 「스티코프의 보고」(1949.8.12), 『러시아 외교문서』 제2권, pp.10~11 ; 「툰킨의 전보」(1949.9.14), 같은 자료 제3권, pp.31~32.

민군의 강화에 최대한의 힘을 집중시켜야 한다"라고 강조하였다.[78] 이는 당시까지 소련이 갖고 있는 기본정책이었다.

소련은 군사작전 면에서 전쟁이 지구전이 될 경우 미군의 개입 동기를 제공하게 된다는 점에 유의하고 있었다. 오히려 소련 공산당은 중앙인민위원회 회의를 통해 남한공격 시기가 적절하지 못함을 지적하면서 평화통일의 가능성을 너무 도외시 하지 말 것을 강조하였다.[79]

소련은 이 시점에서 미·소 공동위원회에서 합의된 사항에 관하여 조심스런 입장을 견지하고 있었으며 특히 북한의 공세로 인하여 미국이 자극을 받을 수도 있다는 점에 대단히 유의하고 있었다. 소·중·북한으로 묶어지는 공산 세력의 등장은 동북아에 큰 위협이 되었으며, 동북아의 지역적 대립구조는 한반도 내부에 존재하는 남북한 대결을 더욱 자극하였다.

2) 동북아시아의 정세 변화와 전쟁

중국 대륙의 공산화와 공산정부 수립은 중국에서의 국민당 통치를 승인한 얄타체제의 파괴를 의미했기 때문에 미·소는 상호 세력충돌로 인해 야기될지 모르는 전쟁을 예방하기 위해서 대단히 조심스런 태도를 보였다. 트루먼은 중국 불간섭주의를 기본정책으로 채택하였고, 스탈린은 국민당 정부와의 외교관계를 마지막까지 유지하려 했다.

그리하여 소련은 동서냉전하에도 동아 지역에서 미국과의 협조체제를 유지해 왔으며, 일본 문제에 관해서도 미국의 독점권을 인정하면서 대일이사회를 통해 부분적으로 통제하려는 정책을 수행하였다. 한반도 문제에 있어서도 소련은 1949년 가을 북한이 옹진 지역을 공격하자 미·소 공동위원회에서의 합의사항을 준수하도록 몇 차례 당부함으로써 미국을 자극하지 않으려는 조심스런 입장을 보이고 있었다.

---

78) 「주북한소련대사에게 보내는 지시」, 같은 자료 제3권, pp.51~52.
79) 「소연방공산당 중앙위원회 회의록」(1949.9.24), 『러시아 외교문서』 제3권, pp.50~52.

그러나 1949년 후반에 접어들면서 동서진영은 소련의 원폭 보유, 중·소 회담 등의 문제로 큰 변화를 맞는다. 소련의 핵개발은 미국이 더 이상 핵무기의 독점국이 아님을 의미하는 것이었으며, 소련과 동북아의 새로운 상황에 직면한 미국은 전반적인 대외전략을 재검토하게 된다.[80]

이러한 국제적 긴장 속에서 소련은 북한이 스탈린의 방침과 무관하게 1949년 10월 14일 대규모 병력을 동원하여 옹진을 공격하자, 이 사태처리에 대해서 미국보다 훨씬 더 조심스런 입장을 취하고 있었다.[81] 소련 중앙위는 11월 20일 재차 스티코프에게 "38선 상의 충돌을 일으키지 말라는 본부명령을 충실히 이행할 것"을 재삼 강조하였다.[82]

1949년 말의 시점은 미국과 소련이 각기 유럽과 아시아에서뿐 아니라 세계전략의 구도를 재편하고 있었던 중요한 시기였다. 따라서 그와 같은 소련의 대북방침은 성급한 북한의 국지적인 공세로 인하여 사태를 그르치지 않으려는 입장을 반영한 것이라고 볼 수 있다.

소련은 내부적으로 전쟁에 대비하여 대북 지원에 관한 우발계획을 수립하면서[83] 중국과도 이 문제를 협의하였다. 즉, 스탈린은 1949년 12월 16일 모스크바를 방문한 중국 마오쩌둥과 1950년 2월 17일까지 2개월 동안 회담을 가지고 '중·소 우호동맹상호 조약', '장춘 철도·여순 및 대련에 관한 협정', '차관 협정' 등을 체결하였다.[84]

스탈린과 마오쩌둥의 회담은 표면적으로는 발표된 바와 같이 '중·소'

---

80) 「NSC 48/2」(1949.12.30), *FRUS 1949*, Vol.Ⅶ, pp.1215~1220.
81) 「모스크바가 스티코프」(1949.10.26), 『러시아 외교문서』제3권, p.54.
82) 「그로미코가 스티코프에게」(1949.11.20), 『러시아 외교문서』제3권, p.57.
83) 「모스크바 새 증언」1, 『서울신문』 1955년 5월 15일자. 소련은 내부적으로 전쟁의 가능성을 예상하고 전쟁이 발발할 경우 대외 명분상 소련의 개입흔적을 남기지 않는다는 등 계획을 검토하고 있었다.
84) 국방군사연구소 역, 『중공군의 한국전쟁』, 신오성, 1994, p.93 ; 마오쩌둥 자신도 대만해방이 북한에 대한 군사지원과 밀접히 관련되었음을 강조하였다. 미국의 한국침략은 대만, 베트남 및 아시아에서의 침략활동의 일부분으로 연결되었기 때문에 미국을 조선에서 저지시킬 수 없을 때 그 마수가 대만에까지 뻗어 그 해방이 어려워진다는 것이다. 姚旭, 「抗美援助的英明決」, 한양대 중·소연구소 편, 『중·소연구』제8권 4호, 1984, p.22.

양국 간 문제에 국한된 것 같으나, 당시 국제 및 동아시아 정세로 보아 냉전체제하의 양국 간 결속 다짐은 물론 세계 공산혁명을 위한 역할 분담이 협의되었을 것이라고 추정된다.

회담 직후 스탈린이 스티코프에 하달한 전문에 의하면, 즉 "마오쩌둥 동지와의 회담에서 우리는 북조선의 군사력과 방어능력을 증대시키기 위해 이를 도울 필요성과 방안에 대해 논의했음을 통보했다"[85]라고 한 것으로 보아 소·중 간에 긴밀하게 북한군의 병력 증강에 대해 협의하였음을 알 수 있다.

그 후 1950년 4월 스탈린은 비밀리에 방문한 김일성과의 남북한 통일의 방법 등에 관하여 협의하였다. 이때 스탈린의 입장은 "국제환경이 유리하게 변하고 있음"을 언급하고 "북한의 통일과업을 위한 선제 남침을 개시하는 데 동의"하였으며, 이 문제의 최종결정은 "북한과 중국에 의해 공동으로 이루어져야 하며 만일 중국 측의 의견이 부정적이면 새로운 협의가 이루어질 때까지 결정을 연기"하기로 합의하였다.[86]

스탈린의 조건적인 수용에 따라 김일성은 다시 5월 13일 마오쩌둥을 방문히서 전쟁을 위한 구체적인 행동지침 등에 관하여 토의하였다.[87] 김일성 일행은 스탈린의 조건사항인 마오쩌둥으로부터 합의를 얻었으며 그 밖에 '조·중 우호동맹상호원조 조약'은 통일 후에 체결하기로 합의하고 5월 16일 평양으로 돌아왔다.[88]

이보다 앞서 마오쩌둥은 주중 북한대사 이주연을 만난 자리에서 "조선의 통일은 평화로운 방법으로는 불가능하며 전쟁을 통하는 길밖에 없다"라고 하였으며, 미국에 대해서는 "이렇게 작은 영토를 위해 미국은 세계대전을 일으키지 않을 것이므로 두려워할 필요가 없다"라고 한 바 있었다.[89]

---

85) 「스티코프가 비신스키에게」(1950.1.19), 『러시아 외교문서』 제3권, pp.60~62.
86) 『러시아 외교문서』 제2권, p.9, pp.23~24 ; 「모스크바의 새 증언」(1), 『서울신문』 1995년 5월 15일자.
87) 「주중대사 로신이 필로포프에게」(1950.5.13), 『러시아 외교문서』 제3권, p.70.
88) 「주중대사 로신이 스탈린에게」(1950.5.15), 『러시아 외교문서』 제2권, pp.24~27.
89) 「스티코프가 비신스키에게」(1950.5.12), 『러시아 외교문서』 제3권, pp.68~69.

당시 중국지도부는 한반도의 공산혁명을 환영하고 가능한 범위에서 지원해야 한다고 생각하여 국제주의에 보다 충실하였음을 볼 수 있다.

소련과 중국의 한국전쟁 결정은 북한 지도부의 남침의지와 더불어 핵의 보유, 중국과의 유대강화 문제 이외에도 당시 논의되던 미국과 일본 사이의 평화조약에 자극을 받았을 것이며, 전 한반도로 공산통제를 확대하여 미·일 동맹체제의 전략적 가치를 상쇄하려는 의도에서였다고 분석된다.

5. 맺음말

세계 제2차 대전 종전 이후부터 한국전쟁 이전까지 동아시아 정세는 제국가들의 대내외 조건이 상이하였고 또 미·소의 개입 범위와 정도도 차이가 있었으므로 여러 가지 문제가 중첩되어 있었다. 각국의 동아 지역에서의 정치적 역할과 위치가 정확히 설정된 상황이 아니었으며, 각 국가 간의 관계 역시 대단히 유동적인 상황이었다.

당시 동아 지역이 안고 있던 문제 중 가장 두드러진 냉전적 단초는 역시 중국 국공내전과 남북한의 대립이었다. 그 문제는 당사자뿐만 아니라 미·소 공동의 관심문제였다. 특히 한반도의 경우 미국의 영향권하에 있던 한국과 소련의 강력한 지지를 받고 있던 북한의 미묘한 대립으로 이러한 국제환경의 변화에 민감하게 반응하고 있었다.

당시 미국은 동남아시아 민족주의운동, 중국 국공내전, 그리고 대일강화조약 체결의 불확실함 속에서 동아정책에 대한 현실적인 어려움이 있었다. 미국은 중공에 대해 유화적인 정책을 추진하고 있었기 때문에 반공적·군사적 지역동맹은 고려하지 않고 있었다. 이는 지역동맹보다 중공의 견인 내지는 소련으로부터의 분리가 더욱 중요한 문제였기 때문이었다. 그러므로 트루먼은 한국전쟁 직전까지 중국 불간섭주의를 기본정책으로 채택하고 있었다.

장개석과 이승만이 주장한 태평양연맹안은 한국전쟁 이후 미국이 추진한 동아정책과 본질적으로 대동소이한 것이었으나, 미국이 취하고 있던 중국정책의 방향을 전혀 고려하지 못한 한계를 안고 있었다. 미국의 동아시아 지역통합전략도 자연 중공 유화정책으로 인해 조심스럽게 다루어질 수밖에 없었다. 이것 역시 경제적인 측면으로 제한될 수밖에 없었으며, 중공을 자극하거나 위협하지 않는 범위 내에서 서서히 추진되었다. 이것은 필리핀, 인도, 인도네시아, 타이 등의 국가들에게 권유하던 비군사적 비공산주의 지역연맹체의 형태와 거의 같은 것이었다.

반면 소련은 북한과 중공을 경제적인 측면에서뿐만 아니라 군사적으로도 지원하고 있었으나, 적어도 표면적으로 미·소의 합의사항을 준수하면서 미국을 자극하지 않으려는 조심스런 입장이었다. 스탈린은 국민당 정부와의 외교관계를 마지막까지 유지하려 했으며, 일본 문제에 대한 미국의 독점권을 인정하면서 대일이사회에 참여하고 있었고, 북한의 김일성이 옹진을 공격했을 때 미·소 공동위원회의 합의사항을 준수하도록 강조하였다.

그러나 1949년 후반에 접어들면서 동북아 정세는 소련의 원폭 보유, 중·소회담 등의 문제로 큰 변화를 맞게 된다. 소련의 핵개발은 미국이 더 이상 핵무기의 독점국이 아님을 의미하는 것이었으며, 그 결과 소·중·북한으로 묶어지는 공산 세력의 등장은 동북아에 큰 위협이 되었다. 동북아의 지역적 대립구조는 한반도 내부에 존재하는 남북한 대결을 더욱 자극하였다.

결국 북·중·소 간의 한국전쟁의 결정은 북한 지도부의 무력통일 의지, 소련의 핵 보유, 중공 정부수립, 중·소 유대강화 이외에도 당시 논의되던 태평양연맹안, 지역통합전략 등 집단동맹 결성의 움직임 등에 자극을 받은 것이었으며, 한반도의 공산화로 동아 지역의 집단안보 결성 움직임에 적극적으로 대처하려 한 것이었다고 분석된다.

따라서 동아시아 지역의 냉전구조는 한국전쟁을 계기로 구체화된 것이었다. 미국은 중국과 소련과 북한의 관계가 결합된 상황에서는 대만과 한반도의 현상을 유지해야 하며 나아가 즉시 일본을 재무장시켜야 한다는 새로운 편딘을 하기에 이르렀다. 이러한 기류는 동아 지역의 여타 국가로 확산되기 시작하였으며, 이 과정에서 한반도는 동아 지역 냉전의 핵심적 역할을 수행하게 되었다.

제2부

한국전쟁과 남북한

한국전쟁과 남북한

제2부
한국전쟁과 남북한

제2장
김일성의 무력통일론과 조국전선 결성

1. 머리말

　1947년 7월 제2차 미·소공동위원회의 결렬 이후 단독정부의 수립은 더욱 가속화되었다. 1948년 남북의 정치지도자들은 통일 민족국가를 수립하는 데 실패하였고, 남북 간에는 결국 각기 체제를 달리하는 정부가 수립되었다. 따라서 이후 남북의 정치상황은 평화통일을 실현할 수 있는 조건에서 상당히 멀어지고 있었으며, 38선은 관념의 선에서 점차 유형의 선으로 고착되었다.
　결국 북한에 의해 시작된 전쟁은 '내전적 국제전'의 형태로 발전하였으며, 민족은 일대 비극을 맞게 되었다. 일반적으로 지금까지 한국전쟁의 배경에 관한 연구는 주로 해방 이후 냉전의 격전장이란 측면과 강대국 간의 전략적 배경 안에서 이해되어 왔다. 그러나 전쟁은 복잡한 이해관계의 대립에서 나타난 결과이므로 어떤 의미에서는 오히려 타의에 의한 외적 조건보다도 남북 갈등이라는 내적 조건이 더 큰 비중을 갖는다고 할 수 있을 것이다.
　따라서 본 고에서는 먼저 전쟁을 결정하는 데 배경이 되었던 북한 정권의 통일론을 분석하고자 하며, 아울러 정당·사회단체의 통일전선체의 형태로 결성된 조국통일민주주의전선(이하 조국전선)이 제기한 통일론을 그것과 비교하여 살펴보고자 한다.

이를 위해 먼지 북한 정권이 어느 시점에서 무력통일론을 구상하게 되었는지 그리고 어떠한 합의과정을 거쳤는지, 그리고 시기별로 국내외 정세와 관련하여 어떤 특징을 갖고 있는지, 소련·중국과는 어떤 관련을 갖고 있는지, 북한이 평화통일의 가능성을 완전히 배제하고 있었는지 등을 살펴보고자 한다. 아울러 무력통일론을 실현하기 위한 군사력의 축적과정, 대내외 명분 확보과정, 정세에 대한 평가와 대남·대미전략 등을 살펴본다.

이와 관련하여 조국전선의 결성 취지, 활동과 역할 및 성격을 비교 고찰하고자 한다. 북한은 당시 한국정부와 유엔을 인정할 수 없다는 입장에서 통일 문제에 접근했기 때문에 이들에 의한 평화통일 논의는 거의 의미를 갖지 못하였다. 그럼에도 불구하고 조국전선에서 제시된 평화통일론은 실현가능성은 차치하더라도 그것이 결성된 1949년 6월부터 북한의 통일론이 새로운 단계로 접어들고 있음을 의미하기 때문에 통일론을 분석하는 데 반드시 비교 접근이 필요하다고 생각된다.

지금까지 이에 관한 연구는 몇 편이 발표되었으나[1], 대체로 자료의 한계로 인하여 그 실상을 파악하기엔 부족한 편이며 특히 북한의 통일론과 관련한 연구는 지극히 소략하다. 따라서 본 고에서는 기존 연구를 바탕으로 『러시아 외교문서』, 『노획문서』, 『북한관계사료집』, 『조국의 통일독립을 위한 조국통일민주주의전선의 문헌집』, 『조선중앙년감』 등의 자료[2]를 기본으로 하고 관련 기타 자료를 통하여 제기된 문제에 접근하고자 한다.

---

1) Bruce Comings, *The Origin of the Korean War Vol.2*, Princeton Univ. 1990 ; 박명림, 「한국전쟁의 발발과 기원」, 고려대정치학박사학위논문, 1994 ; 심지연, 「조국통일민주주의전선과 한국전쟁-김두봉의 활동과 역할을 중심으로」, 경남대학교 극동문제연구소, 『한국전쟁과 북한사회주의체제건설』, 1992 ; 심지연, 『허헌연구』, 역사비평사, 1994 ; 이신철, 「조국통일민주주의전선 연구」, 성균관대 사학석사학위논문, 1994.

2) 『러시아 외교문서』는 1993년 12월 14일 비밀 해제되었으며, 한국전쟁 관련 부분은 대한민국 외무부에서 총 4권으로 번역되어 미 발간된 자료이다. 『노획문서』는 한국전쟁 당시 미군이 북한으로부터 노획한 자료로서 미국 국립문서보관소에 등록된 것을 국방군사연구소에서 재수집 정리한 자료이다. 이외 자료로 국사편찬위원회, 『북한관계사료집』 제6권, 1988(조국통일민주주의전선, 『조국통일민주주의전선결성대회문헌집』, 조선민보사, 1949에 수록) ; 조선중앙통신사, 『조선중앙년감』, 1950·1951~1952 ; 조선로동당출판사, 『조국의 통일독립을 위한 조국통일민주주의전선의 문헌집』, 1951 등이 있다.

2. 정부수립 직후 통일론 논의
1) 김일성의 무력통일론 구상

1948년 12월 25일 소련은 북한에 주둔한 소련군의 최종 철수를 보도하였다. 그 후 북한 내부에서는 '소련군 철퇴는 전 세계 인민의 평화를 실현하고 미 제국주의의 야망을 폭로하는 길'을 주요 주제로 하는 군중집회가 전국적으로 개최되었다.[3] 또한 주북한 소련군 철수 보도를 접한 남한의 상당수 지도자들도 미군 철수를 강력하게 주장하고 있었다. 그만큼 남북에 각기 다른 정부가 수립된 이후의 주한외국군 철수 문제는 중요한 사안으로 부각되고 있었던 것이다.

그러나 앞 장에서 언급한 바와 같이 러시아 국방문서에 의하면 소련군의 철수 문제에 큰 의혹이 제기되고 있다. 이 문서에 보면 군사고문단과는 별도로 북한에 머물면서 전쟁준비를 지원한 소련의 군사전문가나 군무원 수는 4,000명을 넘어선 것으로 기록되어 있다.

즉, 당시 군사전문가 잔류상황은 소련군 총참모부가 작성한 1949년 2월 18일자 보고서 '군 철수 이후 잔류인원'에 총 4,298명이 북한에 남아 있었으며, 이 중 4,020명은 군인이고 나머지 273명은 군무원이었다고 기록되어 있다.[4] 당시 같은 시점에 남한에 잔류한 미군병력이 한 개 연대전투단임을 고려할 때 이 숫자는 결코 적지 않음을 알 수 있다.

주북한 소련군이 잔류하고 있을 가능성에 관해서는 미군 보고서에 의해서도 일부 확인되고 있다. 미 육군보고서에 의하면, 소련은 1948년 12월 25일 북한으로부터 점령군을 완전히 철수시켰다고 보도하였으나, 2,000명의 군사고문 요원과 1,000여 명의 경비 병력이 북한에 잔류한다는 증거가 있다고 분석하였다.[5] 그리고 또 다른 정보보고서에 의하면, 1949년 2

---

[3] 「북조선노동당 인제군당 당조회의록」(1949.1~3), SN.849-1.(SN은 군사편찬연구소 자료등록번호, 이하 같음).

[4] 러시아국방부중앙문서고, 자료번호 23, 목록번호 173346, 문서번호 73, 195.

[5] General Correspondence Security Classified July 1947-Dec 1950, 「육군부장관이 국방부장관에게」(1949.1.25), SN.623.

2부 한국전쟁과 동북아 국가 정책

월 소련군 1,500명이 평양에서 확인되고, 이반 메시코프의 지휘를 받는 소련 공군요원 211명이 주둔한다는 것과 기타 신천·차령·양양·철원·원산·연포·함흥·나남·청진에서 소련군이 관측되고 있다고 보고되었다.[6]

당시 남한 국회에서도 소련군 철수보도는 근거 없는 것이라는 주장이 있었고,[7] 이승만 정부에서도 이에 대한 검증을 강력히 주장하였으며, 월남자들의 진술을 통해서도 일부 소련군 잔류사실을 확인할 수 있다.[8] 그러나 당시 이러한 주장들은 단순한 정치적 비난이나 근거 없는 것으로 받아들여졌다.

한편, 1948년 말 모스크바에서는 인민군 전력증강에 관한 구체적 대책을 마련하기 위하여 소련 국방상 주제하에 북한·소련·중공의 군사대표자 전략회담이 개최되었으며, 이 회담에서 향후 18개월 내에 북한 인민군을 강력한 군사력으로 육성하기로 합의하고 있었다.[9] 이러한 사실은 일부 소련군의 잔류가 인민군 전력증강의 일환이라는 점을 방증한다고 볼 수 있다.

소군의 북한 잔류 문제는 인민군의 전력 문제와 직결된 것이기도 하지만 또한 김일성의 통일방안과도 그렇게 무관하다고 여겨지지 않는다. 왜냐하면 북한이 이미 1949년 3월 5일 스탈린 방문 시에 무력통일론을 제기하고 있는 것이 주목되기 때문이다. 김일성은 스탈린 방문을 요청하여 1949년 1월 17일 수락받게 되는데, 이를 통해 김일성이 적어도 1월 17일 이전에 무력통일 방안을 구상하고 있었다는 추론이 가능하다.[10]

이는 김일성이 남한의 민중봉기 등을 통하여 전 한반도를 사회주의화한다는 것이 어렵다고 판단하고, 무력으로 통일을 달성해야 한다고 전략을

---

6) FEC, *Intell. Summary NO.2486* (1949.6.30), SN.223.
7) 대한민국 국회, 『국회속기록』 제2회 24호(1949.2.7).
8) 『조선일보』 1949년 7월 1일자, 8월 20일자.
9) 국방부 전사편찬위원회, 『한국전쟁사』 제1권(구판), 1976, p.705.
10) 『러시아 외교문서』 제3권, pp.2~3.

전환한 데서 비롯된 것이었다. 최근 연구에 의해서도 소련공산당 내부 자료를 근거로 하여, "1948년 분단국가 수립 이후 김일성과 지도자들은 평화통일을 위한 가능성에 주의를 기울이지 않고 군사적 수단에 의하여 통일하려고 굳게 결심하고 있었다"라고 지적된 바 있다.[11]

1949년 초부터 김일성이 이승만 정권에서 표출되는 북진발언에 대하여 "남조선 매국노중 어떤 놈들은 하루강아지 범 무서운 줄 모른다는 격으로 북벌 운운하고 있다"[12]라고 말한 것은 잔류 소군과 인민군 전략증강 계획에 나타난 일정한 자신감에서 비롯된 것이 아닌가 생각된다.

왜냐하면, 이 무렵 김일성은 소련에 무력통일의 가능성에 관하여 조심스럽게 의견을 제시하고 있기 때문이다. 이에 관하여 먼저 1949년 3월 초 김일성과 스탈린의 회담 내용을 구체적으로 검토하기로 한다. 1949년 3월 5일 김일성은 박헌영을 대동하고 경제지원과 군사력증강 문제를 논의하기 위해 모스크바로 스탈린을 방문하였다.

이 회담에서 경제협력과 무역, 1949~1950년도 무역협정, 기술지원, 문화교육 분야의 협력, 북한 아오지-소련 크라스키노 사이 철도 건설, 군사력 건설 등의 협의를 가졌다. 특히 이때 주목되는 것은 김일성이 스탈린에게 무력통일에 관한 그의 의견을 제시하고 있다는 사실이다.[13]

즉, 김일성은 '무력에 의한 조선통일 방안'을 스탈린에게 문의하였으며, 이에 대해 스탈린은 북한군이 한국군에 대해 절대적인 우위를 확보하지 못한 상황에서 선제공격을 해서는 안 된다는 입장을 밝히고 있다. 그 이유는 남한에는 아직 미군이 주둔하고 있으며, 미·소 공동위원회에서 38도선 분할에 관한 합의가 있었다는 것이었다. 또한 스탈린은 남한에 대한 공세적 군사 활동은 남한의 침략을 격퇴하는 경우에만 이루어질 수 있다고 강조하였다. 스탈린의 입장은 북한이 방어에 비중을 두어야 한다는 것이었다.

---

11) 박명림, 앞의 논문, p.30.
12) 『김일성저작선집』 제2권, 조선노동당출판사, 1953, p.316.
13) 『러시아 외교문서』 제2권, p.4.

이러한 사실은 북한이 비록 스탈린으로부터는 무력통일론에 관한 합의를 얻지 못하였으나, 그것이 내부적으로 군과 내각 일부에서 일찍부터 구상·논의되었다는 것을 짐작케 한다. 즉, 김일성이 적어도 방소 이전에 북한지도자들과 무력통일론에 관하여 심각하게 논의하였으며, 특히 같이 동석한 박헌영과도 사전에 합의가 이루어졌음을 의미한다.

이 김일성·스탈린 회담에서 북한은 소련으로부터 경제부흥발전계획지원을 위해 4,000만 달러의 차관, 기술지원, 전문가 파견 등을 합의하였으며, 이때의 차관은 상당부분 인민군의 무기 및 장비수입에 사용되었다.[14]

회담에서 김일성과 박헌영은 스탈린으로부터 남한의 군사력, 주한미군, 38도선 무력충돌 등에 관한 질문을 받았으며, 북한의 해군과 공군 지원, 북한군 중 일부를 소련군사학교에 위탁하여 실시할 것 등을 약속받았다.[15] 여기에서 합의된 구체적인 지원사항은 곧이어 3월 12일 개최된 김일성과 국방상 불가닌과의 회담에서 논의되었음이 확인되고 있다.[16]

이와 같은 합의 내용을 골격으로 3월 17일에는 소위 '전쟁지원의 성격, 소련에서의 북한군 교육 및 경제관계의 발전과 기타 문제들에 관한 조·소협정'이 체결되었다. 당시에는 이들 간에 '경제·문화협정'이 체결된 것으로만 공식 발표되었다. 그러나 지금까지 학계 일부에서 당시 군사비밀협정도 체결되었을 것이라는 추론이 있어 왔고, 이번에 공개된 크레믈린 문서에 의해 당시 회담과 협정의 중점이 군사력 지원에 있었음이 밝혀졌다.[17] 북한과 소련과의 협정에 의해 지원된 군사장비의 내역은 다음과 같다.[18]

항공기 및 공군장비로는 일류신-10 30대, 일류신 연습기-10 4대, 야

---

14)『러시아 외교문서』제2권, p.2, 제3권, pp.2~8.
15)『러시아 외교문서』제3권, pp.9~10, 제4권, pp.28~31.
16) 국방군사연구소 소장, 「김일성-불가닌 회담록」(1949.3.12).
17)『러시아 외교문서』제3권, pp.8~11.
18)『러시아 외교문서』제4권, pp.28~31.

크-9 30대, 야크-11 6대, 야크-18 24대, PO-2 4대, 예비모터 AM-42 6대, 낙하산 250개, 예비부품가격 350,000루블 등이며, 기갑장비로는 전차 T-34 87대, 자주포 SU-76 102대, 장갑차 BA-64 57대, 사이드카 M-72 122대, 예비부품가격 200,000루블이며, 소총 및 포병화기로는 7.62mm 소총 10,000정, 7.62mm 저격소총 1,000정, 7.62mm 칼빈소총 4,000정, 45mm 대전차포 48문, 76mm ZIS-3포 73문, 122mm 포 18문 등이다.

이로써 북한은 1949년도에 소련으로부터 소총 15,000정, 각종 포 139문, T-34 전차 87대, 항공기 94대 등 많은 군사장비를 인도받게 되었으며 특히 항공기와 전차 등의 지원은 이미 남한과 현격한 전력격차를 유발시키고 있었다. 1950년 초 김일성이 대남전력을 낮게 평가하고 있었던 것[19]도 이러한 군사장비를 보유하게 된 자신감에서 비롯된 것이었다.

한편 김일성·스탈린 회담에서 조·중 문제는 양국 간의 회담을 통해 논의하기로 합의하였다. 이에 관한 내용은 스티코프가 스탈린에게 보낸 보고서에서 구체적으로 확인되며, 북한·중국과의 회담에서도 무력통일론이 협의되고 있음을 볼 수 있다.[20] 즉, 1949년 4월 28일 북한 노동당 중앙위원회 대표 김일이 중국을 방문하였다. 그는 고강, 주덕, 주은래뿐만 아니라 모택동과 3월 스탈린과의 합의내용 및 북한의 무력통일 방안 등에 대하여 협의하고 중공군 내의 한인사단의 북한 인민군 편입문제를 확정지었다.

이때 모택동은 한반도 정세에 대하여 "한국에서의 전쟁은 언제든지 일어날 수 있으며 빨리 끝날 수도 오래 끌 수도 있다. 지구전은 북한에 유리하지 않을 것이다. 일본이 끼어들어 남한정부를 지원해 줄 수도 있기 때문이다. 그러나 당신들 바로 곁에 소련이 있고 우리들이 만주에 있으므로 걱정할 필요 없다"라고 말하고, 이 경우 "중공군을 파병하여 일본군을 격퇴

---

19) 『러시아 외교문서』 제3권, p.32.
20) 『러시아 외교문서』 제2권, pp.6~7, 제3권, pp.19~22.

시킬 것이다"라고 하였다. 또한 그는 당시 국제 정세가 별로 유리한 상황이 아니며, 중국공산당이 국민당군과 전투 중에 있으므로 행동을 유보하도록 김일성에게 권고하였다. 한인사단에 대하여는 2개 사단의 이관에 동의하였으며 나머지 1개 사단은 중국남부에서 국민당과 전투 중에 있으므로 후에 인계할 것을 약속하였다.

코발료프가 스탈린에게 보낸 전문에 의하면, 모택동과 김일 회담에서 모택동은 "남침 시기는 기다려야 할 것이며 만약 1950년 초 국제 정세가 유리해지면 남침 가능성을 배제하지 않고 있다"라고 하였다.[21] 한편 이 회담은 만약 일본군이 투입된다면 이에 대응하여 중국군도 파병하겠다는 결연한 의지가 천명된 점에서 특히 중요한 의미를 갖는다.

이때의 회담 내용은 모택동과 김일성이 각각 5월 14일과 17일에 소련 대사에게 전달함으로써 스탈린에게 전해졌다. 이로써 북한, 소련, 중국 간에는 1949년 3~4월 일찍부터 한반도 무력통일 방안이 논의되고 있었음을 알 수 있다. 따라서 조국전선이 창설된 직후인 1949년 6~7월 집중적으로 이루어진 북한의 평화통일 제의가 군사적 공격을 위한 명분의 축적이었다는 분석은 보다 설득력을 가진다고 평가된다.[22]

이후 김일성의 무력통일 주장은 대내외적으로 변함없이 지속되고 있음을 볼 수 있다. 그것은 6월 25일부터 4일간 개최된 조국전선결성대회에서 김일성의 연설 해프닝 속에서도 찾아볼 수 있다. 즉 26일 김일성이 통일계획에 관해 성명을 발표하자, 예상 밖으로 이것이 조국전선중앙위원회 위원들로 하여금 당혹감을 제기케 하였으며, 김일성의 적절한 해명 후에 이 제의는 만장일치를 보게 되었다는 것이다. 이 자료는 김일성이 중앙위원회 위원들과 통일론에 있어 어떤 입장 차이가 있었는지에 대해서는 밝히고 있지 않아 구체적으로 알 수는 없지만, 김일성의 통일구상이 조국전선의 각 정

---

21) 『러시아 외교문서』 제2권, pp.6~7.
22) 박명림, 앞의 논문, p.41.

당·사회단체의 대표들과 일정한 괴리가 있었음을 시사하는 것으로 생각된다.[23]

김일성은 적어도 1949년 초부터 무력통일론을 전제로 하고 있으면서 꾸준히 군사력을 강화하였으며 또 이를 외부적으로 표출하지 않고 오히려 대외적 명분을 축적하기 위해 평화통일 문제를 제기하고 있었다. 이는 상대적으로 유엔과 미국의 입장과 국민들의 정서를 고려하여 평화통일을 제기하는 한편, 미국으로부터 군원을 제한받고 있었음에도 불구하고 무력통일론을 공공연하게 내외신에 공언하고 있었던 이승만과 대조된다고 할 수 있다.

한편, 3월 모스크바 회담 이후 인민군의 전력은 크게 증강되었다. 이에 고무된 김일성은 1949년 8월 12일 일시 귀국하는 스티코프 대사에게 대남 선제공격을 준비해야겠다는 문제를 제안하였다. 그 요지는 미군이 철수함으로써 38도선은 더 이상 의미가 없고 또 38도선 분계선 충돌로 인해 인민군의 전력이 우세하다는 것이 입증되었으며, 더욱이 남한이 조국전선의 평화제의를 거부하고 있으므로 무력침공을 할 수밖에 없다는 주장이었다.[24]

그러나 소련의 반대로 실현될 수 없게 되자 김일성은 38도선에 가까운 강원도 삼척에 '해방구' 건설 문제를 제기하였다.[25] 이 문제 역시 소련의 반대에 부딪히자, 또 옹진반도 점령 계획을 제시하였다. 옹진 지역의 확보는 장차 공격작전에 유리한 발판이 될 뿐만 아니라 전선을 120km나 축소할 수 있다는 것이었다.

이 문제 역시 북한의 전력이 아직 미비하다는 소련의 반대에 부딪혀 무산되었으며,[26] 소련은 전쟁이 지구전이 될 경우 미군에게 개입 동기를 제

---

23) 『러시아 외교문서』 제4권, pp.38~39.
24) 『러시아 외교문서』 제2권, pp.10~11.
25) 『러시아 외교문서』 제2권, p.11, 제3권, p.31.
26) 『러시아 외교문서』 제2권, p.12, 제3권, p.32. 1949년 9월 12일 툰킨 공사의 분석보고에 의하면, 내전은 시기적으로 부적절하고 인민군은 승리할 만큼 강하지 않다고 분석되었으며, 당시 김일성은 남한전력을 높지 않게 평가하고 있었음을 알 수 있다.

공하게 된다는 점에 유의하였다. 스탈린은 소위 민주기지를 강화 즉, 남한 내에 빨치산 활동을 강화하고 '반동체제'의 파괴와 남한에서 인민봉기의 확산, 인민군의 증강에 최대한 힘을 집중-하도록 스티코프 대사를 통하여 지령하였다.[27]

한편 소련공산당 중앙위는 9월 24일 남한공격 시기가 적절하지 못함을 지적하면서 평화통일 가능성을 너무 도외시 하지 말 것을 강조하였다.[28] 이러한 사실은 소련이 1949년 9월까지도 미·소 공동위원회에서 합의된 사항에 관하여 대단히 조심스런 입장이었으며 특히 미국을 자극하지 않으려는 입장이었음을 엿볼 수 있다. 소련의 이러한 태도에도 불구하고 김일성과 박헌영은 미군철수 후 장애물은 존재하지 않고 평화통일의 가능성은 없으며 무력통일만이 유일한 수단이라는 점을 반복적으로 강조하고 있었다.[29]

이와 같은 경향은 하부 기관에도 간접적으로 전달되고 있었음이 확인된다. 1949년 10월경 북한의 주재지 사업(대남공작원 사업)에 관해 그들의 임무가 "평화체제에서 전시체제로 이행을 강화"하는 데 있음을 밝히고 있다. 이 주재지는 1949년 초부터 출범하여 활동하였으나 1949년 10월경부터 원산·양양·화천·인제·양구·부산·진해·포항·묵호·주문진 등의 루트 확보강화와 적정탐지 공작이 강화되고 있음이 확인된다.[30] 연천주재지의 보고서에 의하면, "적진에 침투하여 진보적인 인사들을 규합하며 반동분자들을 분열·와해시키고 납치함으로써 국토완정의 결정적 역할을 높일 임무"을 명시하고 있다.[31]

김일성은 소련의 합의와 무관하게 10월 14일 대규모 병력을 동원하여 옹진을 공격하였다. 이 사태처리에 대해서는 미국보다 소련이 훨씬 더 조

---

27) 『러시아 외교문서』 제2권, p.17, 제3권, pp.51~53.
28) 『러시아 외교문서』 제2권, pp.17~18.
29) 『러시아 외교문서』 제3권, pp.32~33.
30) 「주재지사업」, 「원산주재지 사업보고서」(1949.10), 노획문서, SN.02.
31) 「연천주재지 사업보고서」(1949.8), 위의 문서, SN.02.

심스런 입장을 갖고 있었다. 모스크바는 스티코프에게 옹진공격의 사전계획과 행동에 관하여 보고하지 않은 사실을 두 차례나 강도 높게 질책하였다.[32]

스티코프는 "내무상 박일의 지령에 따라 제3국경경비여단장이 남한이 점령하고 있는 38도 이북에 위치한 주요 두 개의 고지를 탈취할 준비 중"이라는 사실을 보자긴 대령으로부터 보고받았다고 하였으며, 또 10월 31일 보자긴 대령이 감제고지이자 38선으로의 유일한 연락로인 은파산을 탈취할 필요가 있다고 하였다고 보고하였다. 이에 모스크바는 11월 20일 재차 스티코프에게 "38선상의 충돌을 일으키지 말라는 본부의 명령을 충실히 이행할 것"을 강조하였다.[33]

이렇듯 김일성은 1949년 초부터 무력통일론에 관한 분명한 입장을 갖고 있었으며, 이것을 실천하기 위해 북한군 군사력 증강과 아울러 북한 내부와 소련, 중국으로부터 지원 내지는 합의를 얻기 위해서 노력하고 있었음을 알 수 있다.

2) 조국통일민주주의전선 결성과의 관계

지금까지 1949년 김일성과 박헌영이 내부적으로 무력통일론의 입장을 견지하고 있었음을 살펴보았다. 여기에서는 동년 6월 결성된 조국통일민주주의전선이 제시한 평화통일론에 관해 살펴보고 그것이 김일성과 박헌영의 구상과 어떤 차이가 있는지 그리고 그것과 어떤 관련이 있는지 등을 중심으로 살펴보고자 한다.

---

32) 『러시아 외교문서』 제3권, pp.34~35.
33) 『러시아 외교문서』 제3권, pp.35~36. 김일성의 무력통일론에 관한 평가에서 "김일성이 1949년부터 전쟁을 구상하고 추진하였지만, 9월까지는 전쟁을 적극적으로 시도하려고 하지 않았고 북한 리더십은 1949년 말에 내부적으로 전쟁에 대한 합의나 결정이 이루어졌다고 추정되고 있다"는 분석이 있다. (박명림, 앞의 논문, p.57, 93) 그러나 김일성과 박헌영은 적어도 1949년 1월 17일 이전부터 입장을 분명히 갖고 있었으며 다만 선제공격에 관해 스탈린의 합의를 얻지 못해 그 이후 지속적으로 합의를 얻어내기 위하여 노력하고 있었다.

2부 ─ 한국전쟁과 동북아 국가 정책

북한은 소위 인민정권을 수립한 이후 혁명의 근거지로서 정치·경제·군사적으로 강화한다는 입장을 갖고 있었는데, 그러한 입장에서 남북한의 정치 세력을 정비한다는 것이었다. 그 일환으로 표출된 것이 조국통일민주주의전선의 결성이었다.

그러나 이러한 제의는 먼저 1949년 5월 12일 남로당, 민주독립당, 조선인민공화당, 근민당, 남조선청우당, 사회민주당, 남조선민주녀성동맹, 전국로동조합평의회 등 8개의 정당·사회단체의 명의로 제기되었다.

즉, 이들은 "민족적 중대한 당면과업인 조국통일과 외군철퇴를 위하여 싸우는 모든 정당·사회단체들은 자기들의 역량을 총집결하여 일층 광범한 전조선적 민족통일전선을 결성"할 것을 역설하면서, "민족적 과업에 조응하여 북조선 급 남조선 제 정당·사회단체들에 대하여 단일한 조국통일민주전선을 결성하고 미군철퇴와 조국의 통일을 위한 투쟁에 더욱 조직적으로 일치 협력할 것을 제안"하였다.[34]

이에 지지를 표명한 북조선 민전은 다시 조국전선결성준비위원회를 구성할 것과 1차 회의를 5월 25일 평양에서 개최할 것을 제의함으로써 남한 민전이 이를 수락하는 형식을 갖추었다.[35]

조국전선결성준비위원회는 북조선 민전의 제의 대로 1차로 평양에서 5월 25일 회의를 가졌다. 이날 회의에는 51개 정당·사회단체 대표 68명이 참여하여 준비위원회 위원장에 김두봉, 부위원장에 허헌·홍명희·김달현·이영 등이 선출되었으며, 이어 6월 7일 2차 회의에서 결성안이 결정되었다.[36]

---

34) 『조선중앙년감』, 1950, pp.86~88.
35) 남한 민전이 결성준비위원으로 선정한 인물은 다음과 같다. 남조선노동당 허헌·박헌영·김삼룡·이기석, 조선인민공화당 김원봉·성주식, 조선노동조합전국평의회 허성택, 전국농민총연맹 이구훈, 남조선민주여성동맹 유영준, 남조선민주애국청년동맹 조희영, 조선문화단체총연맹 김남천, 기독교민주동맹 김창준, 유교연맹 김응섭, 전국협동조합중앙협의회 박경수, 반일운동자구원회 정홍석, 반팟쇼투쟁위원회 정운영, 재일본조선인연맹 송성철 등이었다. 『조국통일민주주의전선결성대회문헌집』, pp.159~160.
36) 『북한관계사료집』 제6권, p.311 ; 『조선중앙년감』, 1950, p.233.

2차에 걸친 준비회의에 이어 조국전선결성대회는 1949년 6월 25일부터 6월 28일까지 평양에서 개최되었으며, 남북한의 71개 정당·사회단체의 대표 704명이 참석하였다. 당시 남한에서는 남한 좌익 대표들의 월북을 저지하기 위해 단호한 조치를 취하고 있었음에도 불구하고 남한 좌익 정당·사회단체 대표 80여 명이 월북하였으며 그 밖에 남로당을 비롯한 정당 대표들은 그 이전 해부터 북한 정권에 참여 중이거나 활동 중이었다.[37]

결성대회에서 채택된 문제는 '현하 국내외 정치 정세와 우리의 임무' 보고, 조국전선 계획에 관한 보고, 조국전선의 조선인민에 대한 관심표명, 위원회의 보고, 중앙위원 선출 등이었다.[38] 준비위원장인 김두봉은 개회사에서 투쟁목표로 '미군을 즉시 철수' 시키며 '남한정부를 타도하고 국토완정과 통일독립을 쟁취' 하는 것이라고 강조하였으며, 개회사에 이어 41명의 주석을 선출하였다.[39]

조국전선결성대회는 27일 강령 초안을 통과시키고 중앙위원회 의장단으로 김두봉·허헌·김달현·이영·유영준·정노식·이극로 등을 선출하였다. 조국전선 중앙상무위원으로는 김일성·김두봉·허헌·박헌영 등 27명이 선출되었으며, 중앙위원회 위원으로 김일성·김두봉 등 99명이 각각 구성되었다.[40] 따라서 조국전선 의결기관으로 조국전선대회·중앙

---

37) 『러시아 외교문서』 제4권, p.38.
38) 『러시아 외교문서』 제4권, pp.38~39.
39) 주석 41명의 명단은 다음과 같다. 김일성(북조선노동당), 김두봉(북조선노동당), 허헌(남조선노동당), 박헌영(남조선노동당), 김책(북조선노동당), 홍명희(민주독립당), 최용건(북조선민주당), 김달현(북조선청우당), 김원봉(조선인민공화당), 이영(근로인민당), 최경덕(북조선직업총동맹), 강진건(북조선농민동맹), 장권(사회민주당), 박정애(북조선민주여성동맹), 김병제(남조선청우당), 강순(근로대중당), 이용(신진당), 나승규(민중동맹), 헌정민(북조선민주청년동맹), 한설야(북조선문화예술동맹), 이극로(건민회), 박세영(전평), 이구훈(전농), 유영준(남조선여성동맹), 조희영(민주애국청년동맹), 김남천(남조선문화단체총연맹), 김량욱(북조선기독교도연맹), 김창준(남조선기독교도연맹), 김세률(북조선불교연맹), 김룡담(남조선불교연맹), 전운영(반팟쇼투쟁위원회), 이두산(조선대중당), 이용선(민족자주연맹), 이기석(남조선노동당), 임기준(신생회), 김익두(북조선기독교도연맹), 구제창(민족공화당준비위원회), 이병호(사회당), 정노식(남조선협동조합), 이종만(조선산업건설협의회), 박승병(민족대동회), 『북한관계사료집』 제6권, pp.312~313.
40) 『조선중앙년감』, 1950, p.237.

위원회·중앙확대위원회·상무위원회·의장단회의가 중심이었으며, 의결사항은 지방의 각 도 위원회와 시·군 위원회를 통해 하달되었다.[41]

조국전선은 미군과 유엔한위의 철수, 조국통일, 민주개혁 강화, 인민공화국 절대지지 등을 주요 내용으로 하는 13가지의 기본강령을 발표하였다.[42]

1. 남조선으로부터 미군을 즉시 철거케 하며 소위 '유엔위원단'을 물러가게 하고 조국의 완전독립을 위하여 투쟁한다.
2. 통일을 방해하는 조국의 반역자들을 반대하며 조국의 통일을 급속히 달성하기 위한 투쟁에 인민들의 총력량을 동원한다.
3. 우리조국의 북반부에서 이미 실시된 민주개혁들을 일층 확고·발전시키기 위하여 투쟁한다.
4. 1948년 8월 25일 총선거 결과 수립된 조선민주주의인민공화국 정부를 지지하며 복리향상을 위한 공화국 정부의 활동을 협조한다.
5. 전조선적으로 광범한 민주개혁을 실시하며 전체 조선인민에게 공민의 동등권과 언론 출판 집회 시위 결사의 자유와 신앙의 자유 등 민주주의적 권리와 자유를 보장하기 위하여 투쟁한다.
6. 남조선에서 미제국주의자들과 조선반동분자들에게 탄압당한 인민들의 자치기관인 인민위원회를 부활시키며 그 합법화를 위하여 투쟁한다.
7. 일본국가 일본인 개인 법인 및 조선인민의 반역자들에게 소유되었던 토지를 무상몰수하여 농민들에게 무상분배하는 원칙에 의하여 남조선에서 토지개혁을 실시하기 위하여 투쟁한다.
8. 일본국가 일본인 개인 법인 또는 조선인 반역자들에게 산업 기타 기업소들의 국유화를 남조선에서 실시하기 위하여 투쟁한다.
9. 남조선 민주운동에 대한 탄압과 테로를 반대하여 남조선 감옥들에 투옥된 애국

---

41) 이신철, 앞의 논문, p.55.
42) 『조선중앙년감』, 1950, pp.88~89.

자들의 석방을 위하여 투쟁한다.
10. 소련과 민주주의 중국과 인민민주주의 제 국가들과 기타 자유애호 국가들과의 친선관계를 발전·강화시키기 위하여 노력한다.
11. 일본을 제국주의적 일본으로 부활시키려는 정책에 반대하여 투쟁한다.
12. 침략적 동맹을 조직하며 새 전쟁도발목적을 가진 제국주의 국가들의 정책을 반대하며 평화와 국제적 협동의 강화를 위하여 투쟁한다.
13. 민족경제와 민족문화를 발전시키며 조선인민들 속에서 문맹을 퇴치하며 지식을 널리 보급시키기 위하여 노력하며 일본제국주의 사상 잔재와 기타 온갖 반민주주의적 사상을 반대하여 투쟁한다.

조국전선이 제시한 강령은 미군과 유엔한위의 철수, 조국의 반역자 반대, 조국통일, 민주개혁 강화, 인민공화국 지지 협조, 반제노선 등이 중요한 실천 강령이었다. 즉, 조국전선은 북한정부를 적극 지지하여야 한다는 것을 전제로 조국통일이라는 공동목표로 모든 정당·사회단체들을 결집시켜야 한다는 것을 강조하였다.

조국전선은 결성대회에서의 보고에서는 "어느 당과 단체이고 조국전선에 참가하였다고 해서 자기들의 독자적 활동에 있어 조국전선으로부터 간섭을 받는 것이 결코 아니다"라고 천명하였지만,[43] 강령에서 나타나듯이 조국전선에 참가한 정당·사회단체는 북한정부를 지지해야만 하는 것이었다. 따라서 조국전선의 강령은 직접적으로 북한정부의 정강 실현과 연결된 것이며, 그것과 분리하여 이해될 수 없는 것이었다.

한편, 조국전선은 결성 시 남한 측에 총선거를 통한 평화통일안을 제시하였다. 이에 대해 일부 정당·사회단체 대표들은 선거 실시에 관해 현재의 조건하에서는 남쪽에서의 자유선거는 불가능하다고 지적하였으며 또 다른 몇몇은 이것이 인민과 북한정부로 하여금 이승만 정부를 남한의 합

---

43)『조국통일민주주의전선결성대회문헌집』, p.61.

법적인 국가로 인정하는 것과 같지 않는가 하는 의구심을 표명하기도 하였지만, 최종적으로는 만장일치로 합의되었다.[44] 여기에서 제시된 통일안의 내용은 다음과 같다.[45]

1. 조국의 평화적 통일사업을 조선인민들이 자기의 수중에 틀어쥐고 우리인민 자체로 반드시 실천하자.
2. 우리는 조국의 평화적 통일에 방해를 주는 미군이 우리조선에서 즉시 철퇴할 것을 요구한다.
3. 우리는 비법적기관인 소위 '유엔조선위원단'이 우리강토로부터 즉시 물러갈 것을 요구한다.
4. 우리는 남북조선을 통하여 통일적 입법기관 선거를 동시에 실시할 것을 제의한다.
5. 조국의 평화적 통일을 원하는 민주주의 제 정당·사회단체 대표들로 구성된 위원회의 지도하에 선거를 실시하자.
6. 조국의 평화적 통일계획을 토의하기 위하여 남북조선 제 정당·사회단체 대표자들의 협의회를 소집하고 협의회에서 선거지도위원회를 구성하자.
7. 입법기관 선거는 1949년 9월에 실시하며 선거는 일반적·평등적 비밀투표의 원칙에서 실시하자. 일제통치 시대에 일제와 열성적으로 협력한 자들은 선거권을 박탈당한다.
8. 선거의 자유를 보장하기 위하여 다음과 같은 대책들을 반드시 실천하자.
    가. 민주주의 제 정당·사회단체들과 그의 활동가들에 대한 탄압을 금지할 것.
    나. 전체민주주의 제 정당·사회단체들을 합법화하며 그들에게 자유적 활동을 보장할 것.
    다. 민주주의 제 정당·사회단체 출판기관들의 폐간에 대한 지령을 취소하고 민주주의 제 정당·사회단체들에게 자기의 출판기관을 가질 권리를 보장할 것.
    라. 언론 출판 집회 군중대회 시위의 자유를 보장할 것.
    마. 전체 정치범들을 즉시 석방할 것.

---

44) 『러시아 외교문서』 제4권, p.59.
45) 『조선중앙년감』, 1950, p.93.

9. 선거지도위원회는 다음과 같은 권한을 가진다.
   가. 남북조선의 현존 정부와 그의 기관들에 선거준비와 실시에 필요한 지시들을 줄 것.
   나. 자기 결정과 지시실행을 검열할 것.
   다. 선거지도위원회가 구성하는 위원회를 통해 조선에서 외국군대의 철거를 감시할 것.
10. 총선거지도위원회의 구성과 함께 남북조선에 현존하여 있는 경찰 보안기관들을 선거지도위원회의 직접 관할하에로 넘어온다. 선거지도위원회는 경찰대로부터 친일파 일본경찰과 헌병대에 복무하였던 자들을 제대시키며 제주도인민항쟁과 남조선유격운동탄압에 참가한 경찰대들을 해산시킨다.
11. 총선거의 결과에 수립된 최고 입법기관은 조선공화국의 헌법을 채택하여 그 헌법에 기초하여 정부를 구성하며 정부는 남북조선에 지금 현존하여 있는 정부들로부터 정권을 접수하며 그 정부들은 해산된다.
12. 남북조선에 현존하여 있는 군대들은 민주주의 기초 위에서 조선공화국정부가 연합시킨다.

이 제의의 요점은 조국의 평화적 통일사업을 우리인민 자체로 실천, 주한 미군 철퇴, 유엔조선위원단 철수, 남북 통일적 입법기관 선거 동시실시, 평화적 통일을 원하는 민주주의 제 정당·사회단체 대표들로 구성된 위원회의 지도하에 선거 실시 등을 주요 내용으로 하였다.

이 제의에서는, 물론 전술적 의미에서이겠지만, 남북한에 현존한 정부와 기관들이 선거준비를 지원해 주되, 선거 결과에 따라 기존 정부는 해체하고 신 정부를 구성하자고 하였다. 이것은 선거가 끝날 때까지 남북한 정부의 실체를 인정하자는 의미로 해석될 수 있었다. 또한 여기에는 민족반역자 배제 조건이 들어있지 않다. 이는 북한이 4월 최고인민회의 제3차 회의에서 내부적으로 '반동매국노들의 괴뢰정권타도'를 선언하고 있음을 고려할 때 다소 의외의 제안이었다. 그러나 그것은 보다 많은 지지 세력을 확보하고 대외정당성을 얻기 위한 전술적 고려였다.

북한 정치지도자들은 남한이 그들의 제의를 거부할 것으로 예상하고 있었으며 또 그로 인하여 북한이 정치적으로 승리할 것이라는 양면적인 목적을 갖고 있었다. 당시 북한이 자체 내에서 좌파의 승리에 관해 북한에서 80%, 남한에서 70%의 득표가 가능하다고 평가하고 있었음은 그와 같은 사실을 잘 보여주고 있다.[46]

결국 김일성과 박헌영은 남한의 정치 세력들이 조국전선이 제의한 선거를 거부할 것을 예상하고 있었으며, 그 제의가 거절될 경우 북한이 정치적으로 승리하리라는 것을 확신하고 있었다. 또 김구와 김규식 세력을 조국전선 내에 끌어들이지 못하더라도 평화적 통일과 협상이라는 틀 속으로 끌어들이기는 보다 쉬운 일일 것이므로 북한 지도부는 낙관적으로 생각할 수 있었던 것이다.[47]

조국전선은 중앙상무위원회 서기국 명의로 "민주적이며 평화적인 이 방책을 방해하는 자가 있다면 결코 그들을 용서하지 않을 것"을 역설하고, 또 "평화의 방법으로서 조국의 통일을 해결하지 못할 때에는 투쟁의 방법으로서 이것을 해결하지 아니하면 안될 것"이라고 주장하였다.[48] 당시 북한이 남파한 유격대는 1948년 11월 4일~1950년 3월 28일까지 10여 차례에 걸쳐 2,400여 명에 달하고 있었으며, 그중 2,000여 명이 사살 또는 생포된 것으로 나타났다.[49] 조국전선이 결성된 후 북한은 한편으로는 평화통일에 대한 선전공세를 대대적으로 벌이고 다른 한편으로는 남한에서의 무장 유격투쟁을 본격적으로 전개시키는 길에 들어섰던 것이다.[50]

---

46) 『러시아 외교문서』 제2권, p.2.
47) 이신철, 앞의 논문, p.67. 허헌은 김구와 김규식에 대해, "양씨는 작년 남북 제 정당·사회단체 연석회의에서 자기들의 손으로 서명한 모든 결의를 한 가지도 실천하지 아니하였습니다. (중략) 양씨가 리승만을 반대하는 것은 이승만 매국정권을 반대하는 것이 아니라 리승만이가 틀어쥐고 있는 그 정권을 자기들의 것으로 탈취하기 위하여 반대하는 것입니다"라고 비난하였다. 『조국통일민주주의전선 결성대회 문헌집』, pp.36~37.
48) 『조국통일민주주의전선결성대회문헌집』, p.62.
49) 국방부 전사편찬위원회, 『한국전쟁사』 제1권(구판), 1967, pp.94~95; 한국홍보협회, 『한국동란』, 1973, pp.148~149. 강동정치학원에서는 대남 지하공작요원으로 파견할 정치요원과 유격훈련을 받고 유격대로 파견할 군사요원, 지하조직과 유격활동을 겸할 혼합요원 등으로 나누어 훈련시켰다.
50) 심지연, 앞의 논문, p.86.

이와 같이 북한이 각 정당·사회단체를 결합하여 정치 세력으로 만들었다는 것은 여러 가지 측면에서 새로운 차원의 투쟁을 전개하려 했다고 볼 수 있다. 즉, 조국전선의 결성은 북한의 평화통일안 제안과 남한의 거부로 이어지는 결과인 대외 정당성을 확보하면서 무력통일을 위한 대내 명분확보 및 전시동원체제 강화를 위한 이중의 목적을 지닌 것이었다고 볼 수 있다.

조국전선의 활동목적은 평화통일안 제안 및 실천에 있었으나, 그것이 실현되기 위해서는 무엇보다도 역시 북한 정권으로부터 자유로울 수가 있어야 했다. 그러나 앞에서 살펴본 바와 같이 조국전선의 독자성이 얼마나 보장되었겠는가 하는 것은 대단히 회의적일 수밖에 없다.

내각수상인 김일성은 조국전선 결성식에서부터 지지발언을 표명하고, 또 1949년 8월 북한정부가 조국전선의 선언서를 전적으로 지지찬동하며 평화적 통일방책을 실현함에 있어서 제 정당·사회단체들에게 온갖 협조를 다하여 줄 것이라고 약속한 바 있다.[51] 그러나 앞에서 살펴보았듯이 이 무렵 김일성은 박헌영과 함께 평화통일론 가능성을 주목하지 않은 채 무력통일론을 견지하고 그것을 실현하기 위한 군사력확보와 소련으로부터의 합의를 위해 모든 노력을 경주하고 있었던 것이다.

한편, 남한에서는 조국전선의 제의에 대해 반응을 보일 만한 세력들이 월북했거나 남한 내 조직이 와해된 상태였기 때문에 별 반응이 없었다.[52] 조국전선이 북한정권 절대 지지 강령을 전면에 내세우는 한 그 실현가능성이 애초부터 고려되지 않았던 것이다.

그럼에도 불구하고 북한 내부에서는 조국전선 호소문 지지운동에 대하여 군중대회를 대대적으로 개최하고 있었다. 북로당 인제군당 회의록에 의하면, 이들은 결의문을 채택하여 각 면에 33명을 파견하고 선전활동을

---

51) 『북한관계사료집』 제6권, p.314.
52) 심지연, 앞의 논문, p.91. 남한 내 좌익 당조직은 현실적으로 조직적인 세력이 와해된 상황이었으며, 1950년 3월 27일 서울지도부의 김삼용과 이주하 등이 체포됨으로써 최종적으로 파괴되었다.

전개하여 출판사업을 보다 강화하고 있었나.[53]

3. 무력통일론과 화전양면론

김일성은 1949년 10월 중국이 내전에 승리하여 정부를 수립하게 되자 "이제 남조선 해방의 차례"라고 하며 중국과 소련을 설득하는 작업에 박차를 가하였다. 그는 1950년 1월 17일 외상 박헌영 주재 만찬에서 소련의 스티코프 대사와 참사관들에게 선제 공격계획에 관한 승인을 얻기 위해 스탈린과의 회담을 주선해 주도록 요청하였다. 이 자리에서 제기된 다음과 같은 김일성의 발언은 대단히 중요한 의미를 지닌다고 생각된다.[54]

> 남한 인민은 나를 믿고 있으므로 우리의 군사적 지원을 원하고 있다. 빨치산 문제로 해결할 수 없다. 남한 인민은 우리에게 좋은 군대가 있다는 것을 안다. 나는 최근 아주 고심하고 있으며 밤잠을 못 이루며 통일문제를 생각한다. 북침 시 남침은 불필요하며, 이승만이 북침하지 않기 때문에 인민군 공격행동을 허락받기 위해 방문(소련;필자주)이 필요하다.

이와 같은 김일성의 발언은 북한이 소련의 '북침 시에만 반격 허용'이라는 제한적 공세허용을 받은 이후부터 남한이 북침하기를 학수고대하고 있었음을 알 수 있으며 또 그러한 기대의 내면에는 대남전력에 자신이 있었음을 잘 보여주고 있는 것이다.

결국 김일성은 스티코프의 주선으로 1950년 4월 초 비밀리에 다시 스탈린을 방문하여 남북한 통일의 방법, 북한 경제개발의 전망, 그리고 공산당 내부 문제 등에 관하여 협의를 하였다. 이 회담에서 스탈린은 비로소 국제

---

53) 「북조선로동당 인제군당 상무위원회 회의록」 제71호(1949.12.10), SN.887-8.
54) 『러시아 외교문서』 제2권, p.20.

환경이 유리하게 변하고 있음을 언급하고 북한의 통일과업을 위한 선제 남침을 개시하는 데 동의하였으며, 이 문제의 최종결정은 북한과 중국에 의해 공동으로 이루어져야 하며 만일 중국 측의 의견이 부정적이면 새로운 협의가 이루어질 때까지 결정을 연기하기로 합의하였다.[55]

이에 앞서 1949년 12월 16일 중국 모택동은 모스크바를 방문하여 1950년 2월 17일까지 2개월 동안 스탈린을 비롯한 소련의 수뇌들과 회담을 가지고 《중·소우호동맹상호조약》, 《장춘 철도·여순 및 대련에 관한 협정》, 《차관협정》을 체결하고 귀국하였다.[56] 스탈린·모택동 회담은 표면적으로는 발표된 바와 같이 '중·소' 양국 간 문제에 국한된 것 같으나, 당시 국제 및 동아시아 정세로 보아 냉전체제하의 양국 간 결속 다짐은 물론 세계 공산화를 위한 역할 분담이 협의되었을 것이라고 추정되고 있으며, 이번에 공개된 자료에 나타난 김일성의 발언으로 미루어 북한의 남침전쟁지원 문제가 심도 있게 다루어졌음을 알 수 있다.

1950년 4월 25일 모스크바로부터 귀환한 김일성과 박헌영은 모스크바 회담 결과에 따라 다음 달 13일 북경의 모택동을 방문하였다. 이날 김일성 일행이 모스크바 회담 결과를 설명하자, 모택동은 스탈린에게 직접 설명을 듣고 싶다고 요청하였다.[57] 모택동의 요청을 받은 스탈린은 "국제 정세의 변화에 따라 통일에 착수하자는 조선 사람들의 제창에 동의한다. 그러나 이 문제는 중국과 조선이 공동으로 결정해야 할 문제이고 중국 동지들이 동의하지 않을 경우에는 다시 검토할 때까지 연기되어야 한다"라고 응답하였다.[58]

이러한 사실은 기존의 연구 성과와는 일정한 차이가 있음이 발견된다. 커밍스는 "후르시초프 회고록에는 김일성이 1949년 3월과 1950년 6월 사

---

55) 『러시아 외교문서』 제2권, p.9, pp.23~24.
56) 국방군사연구소 역, 『중공군의 한국전쟁』, 1994, p.93.
57) 『러시아 외교문서』 제2권, p.25.
58) 『러시아 외교문서』 제2권, p.25, 제3권, p.72.

이 다시 한번 그 논제를 논의하기 위해 모스크바로 갔다고 밝히고 있지만 사실이라는 증거가 없다"라고 회고록 자체를 불신하면서 북한과 소련과의 협의사실과 소련으로부터의 군사 장비 지원에 관하여 의문을 제기한 바 있다.[59] 그러나 앞에서 살펴본 바와 같이 현재까지 공개된 러시아 외교문서에 의해서도 그러한 문제제기는 사실과 큰 차이가 있음이 확인된다.

한편, 1950년 5월 모택동은 스탈린의 메시지를 받은 후 5월 15일 김일성, 그리고 박헌영과 구체적으로 의견을 교환하였다. 여기에서 김일성이 북한이 전쟁계획으로 군사력 증강→평화통일 제의→전투행위의 3단계 전략을 수립했다고 언급하고 있음을 볼 수 있다.[60]

이 자리에서 김일성은 모택동과 전쟁을 위한 구체적인 행동지침, 미군과 일본군의 참전 가능성 문제 등에 관하여 토의하였으며, 그 밖에 우호동맹상호원조 조약은 통일 후에 체결하기로 합의하고 5월 16일 평양으로 복귀하였다.[61]

김일성은 모스크바에서 복귀한 후 곧 남침공격 작전계획을 구체적으로 수립하도록 총참모부에 지시하였고, 결국 총참모장 강건과 새로 부임한 바실리예프 고문단장이 중심이 되어 5월 29일에 이를 완성하였다. 이 계획은 1개월 기간으로 3단계로 구성되었고,[62] 마지막으로 6월 16일 스티코프를 통해 스탈린의 동의를 받은 후 남침 일자는 6월 25일로 정해졌다.[63]

따라서 김일성은 1949년 초 이전부터 무력통일론을 구상하고 있었으며, 오히려 소련으로부터의 평화통일론 가능성을 너무 도외시하지 말라는

---

59) Bruce Comings, *The Origin of the Korean War Vol.2*, pp.439~465. 커밍스는 이에 대해 소련결정에 관한 모든 논의가 내부 자료가 없는 상태에서는 사변적일 수밖에 없다고 스스로의 한계를 지적하고 있다. 소련과 북한의 관계에 대한 그의 가설은 러시아비밀외교문서에 의해 많은 부분이 사실과 차이가 있음이 발견된다.
60) 『러시아 외교문서』 제2권, p.26.
61) 『러시아 외교문서』 제2권, pp.24~27.
62) 『러시아 외교문서』 제2권, p.26.
63) 『러시아 외교문서』 제2권, pp.27~28 ; 볼고코노프, 전략문제연구소 역, 『스탈린』, 세경사, 1993, pp.372~373.

경고성 주의에도 불구하고 지속적으로 무력통일을 제안하고 있었다. 또 북한·소련·중공의 일련의 회담내용을 통하여 남침을 하자고 제안한 국가 역시 북한으로, 이런 김일성의 무력통일론과 남침계획에 대해 스탈린과 모택동은 신중하게 협의하여 최종적으로 동의하였음을 알 수 있다.

1) 조국통일민주주의전선의 평화통일론의 성격

앞에서 김일성과 박헌영의 무력통일 결정 과정에 관하여 살펴보았다. 여기에서는 이 문제와 관련하여 같은 시기 동안 조국전선에서 제안한 평화통일론의 내용과 성격을 비교하여 살펴보고자 한다.

당시 조국전선은 남한의 5·30선거와 그 결과를 주목하고 있었다. 선거 전부터 무소속후보와 중간파후보들이 대거 진출할 것으로 예측되었기 때문이었다. 5·30선거에는 무소속후보들이 대거 등록하였으며, 이들의 득표는 선거 전에 예상한 대로 전체의 60%에 해당하는 126명이 당선되었다.[64] 또 중간파 인사로 조소앙·김규식·여운홍·장건상·원세훈·안재홍이 출마하여 이들 가운데 조소앙·원세훈·여운홍 등이 당선되었다. 특히 남북협상에 참여했던 조소앙은 서울 성북에서 미군정 경부부장 조병옥을 전국 최다득표로 눌러 압도적으로 승리하였으며, 민족자주연맹의 원세훈도 윤치영과 대결하여 당선되었고, 장건상 역시 경장국장 출신 김국태와 대결하여 당선되었다. 중간파 출신의 후보들이 조국전선에서 주장한 소위 민족반역자라고 지칭한 후보들을 꺾고 당선된 것이다.

조국전선의 정치적 의도는 5·30선거에 5·10선거를 거부하였던 무소속 내지는 중간파 인사들이 대거 참여했기 때문에 이들이 원내에 진출할 경우 이들과 제휴하려 하였고,[65] 또 이들을 조국전선 내의 틀 안으로 포섭하지 못하더라도 협상의 대상으로는 가능하다고 판단하고 있었다.

---

64) 대한민국중앙선거관리위원회, 『대한민국선거집』 제1집, 1973, p.626.
65) 심지연, 앞의 논문, p.91.

이리하여 조국전선은 6월 5일 제5차 중앙위원회 회의에 이어 거의 1년 만인 6월 7일 다시 중앙확대위원회를 소집하여 평화통일을 제의하는 호소문 등을 결정하였다. 중앙위원회는 조국전선의 통일안의 정당성을 강조하면서 "조국의 평화적 통일을 급속히 실현할 목적으로" 다음과 같은 호소문을 발표하였다.[66]

조국통일민주주의전선 중앙위원회는 자기조국을 사랑하는 전체 민주주의 정당·사회단체들과 전체 애국적 인사들에게 다음과 같이 제의한다.
1. 8월 5일~8일에 우리조국 남북반부의 전 지역을 통하여 총선거를 실시하고 통일적 최고입법기관을 창설할 것.
2. 8월 15일 일제통치로부터 해방된 5주년 기념일에 이 총선거에 의하여 선거된 최고입법기관 회의를 서울에서 소집할 것.
3. 6월 15일~17일에 조국의 평화적 통일을 원하는 남북반부의 전체 민주주의 정당·사회단체 대표자 협의회를 38연선 해주시 혹은 개성시 어느 한 도시에서 소집할 것.
이 협의회에서는 다음과 같은 문제들을 토의하고 결정들을 채택할 것.
    가, 조국의 평화적 통일을 위한 제 조건.
    나, 조선최고입법기관 총선거 실시의 절차.
    다, 총선거를 지도할 중앙지도위원회의 창설.
4. 조국통일민주주의전선 중앙위원회는 남북반부의 민주주의 제 정당·사회단체 대표자 협의회 참가조건을 다음과 같이 제의한다.
    가, 조국의 통일을 파탄시킨 범죄자들인 이승만, 이범석, 김성수, 신성모, 조병옥, 채병덕, 백성욱, 윤치영, 신흥우 등 민족반역자들을 남북대표자 협의회에 참가시키지 말 것.
    나, 조국통일 사업에 유엔조선위원단의 간섭을 용허하지 말 것. 조선인민은 외국의 간섭이 없이 반드시 자력으로 조국의 통일문제를 해결할 것.

---

66) 『조선중앙년감』, 1951~1952, p.142.

5. 남북대표자 협의회 사업기간과 총선거 실시기간에 우리조국 남북반부의 양 정권 당국은 사회질서 보장에 대한 책임을 질 것.

이 호소문에서는 1949년 6월 결성 당시의 평화통일 제의와는 약간의 격차가 있음이 발견된다. 이때의 주장은 1949년 6월 회의에서 주장한 것과 비교하여 보면 내용면에서는 크게 달라진 것이 없으나, 이승만 등 9명에 대해 보다 강도 높고 분명한 입장을 밝히고 있다는 것과 남한 국회와의 타협의 가능성을 열어 놓고 있다는 데 그 차이가 있다.

즉, 먼저 해방 5주년을 통일로서 기념하자고 하였으며, 총선을 위한 정당·사회단체 대표자협의회를 소집하자고 제안했다. 대표자협의회의 참가조건으로 평화적 통일을 파탄시킨 범죄자들로서 이승만, 이범석, 김성수, 신성모, 조병옥, 채병덕, 백성욱, 윤치영, 신흥우 등을 구체적으로 명시하고 이들을 배제시킬 것을 전제로 하고 있었다.

그러나, 이것은 남북 간 평화통일을 제시하면서 다른 한편으로는 그 실현가능성을 애초부터 막아버리는 격과 같았다. 당시로서는 남한의 중요 정치 세력으로서 실권을 장악하고 있던 이들을 제외하고서는 통일 문제가 진전될 수 없었기 때문이다. 이들의 배제와 역할을 동시에 요구한 것은 실현가능성을 스스로 차단한 것이나 다름없었다.[67]

한편, 조국전선은 허헌의 보고를 통하여 남북협상에 참여한 인사 조소앙·여운홍·원세훈 등이 5·30선거에 참여하여 국회의원이 된 것에 대하여 비난하면서 그들에게 태도를 표명할 것을 촉구하였다.[68] 그러나 이들 소위 중간파들은 이미 선거에 출마하기 이전부터 조국전선의 정치적 기대와는 다른 입장이었다. 조소앙은 "대한민국은 5천 년 독립민족의 적자이며 장래 통일정부에로 돌진할 유일무이한 원동체"라는 입장을 분명히

---

67) 심지연, 앞의 논문, p.92.
68) 『조국의 통일독립을 위한 조국통일민주주의전선의 문헌집』, p.185.

갖고 있었으며, 조소앙도 "민족진영의 존망, 한민족의 민족적 운명은 대한민국의 육성 강화"에 있음을 분명히 하고 있었다.[69] 때문에 이들이 조국전선의 제의에 관심을 보이지 않은 것은 지극히 당연한 것이었다.

이에 조국전선은 최고인민회의 상임위원회(위원장 김두봉)에 평화통일에 대한 대책을 문의하였고, 상임위원회는 그 가능성 문제를 토의하기 위해 1950년 6월 19일 회의를 갖고 다음과 같은 '평화적 조국통일 추진에 관하여'라는 8개항으로 된 북한 최고인민회의 상임위원회 결정서를 제시했다.[70]

1. 조선민주주의 인민공화국 최고인민회의와 남조선 국회를 단일한 전 조선 입법기관으로 연합하는 방법으로써 조국의 평화적 통일을 실천할 것.
2. 이러한 방법으로 성립된 전 조선입법기관은 공화국의 헌법을 채택하고 공화국 정부를 구성할 것.
3. 채택된 공화국 헌법에 기초하여 앞으로 전 조선 입법기관 총선거를 실시할 것.
4. 평화적 조국통일을 위한 또는 전 조선입법기관의 정상활동을 위한 필요한 조건들을 설정할 목적으로,
    가. 평화적 조국통일을 방해하는 원흉들이며 원쑤들인 이승만, 김성수, 이범석, 신성모, 채병덕, 백성욱, 조병옥, 윤치영, 신흥우 등 민족반역자들을 체포할 것.
    나. 언론 출판 집회 시위 군중대회의 자유를 보장할 것.
    다. 민주주의 정당·사회단체들과 그 활동가들에 대한 탄압을 중지할 것. 전체 정치범들을 석방할 것. 전체 민주주의 정당·사회단체들의 활동에 대한 완전한 자유를 보장할 것.
5. 입법기관에 의하여 구성된 정부는 남북조선에 현존한 군대와 경찰 혹은 보안력을 민주주의 기초 위에서 단일한 군대와 경찰 혹은 보안대로 개편할 것.

---

69) 박명림, 앞의 논문, pp.508~509.
70) 『조선중앙년감』, 1951~1952, p.81. 조국전선에서 선정한 호소문의 전달대상은 리승만·김성수 계열 정당을 제외한 각 정당과 사회단체이며, 이승만 등 9명을 제외한 남반부 과학문화교육 종교 및 사회활동가들, 남반부의 언론 출판교육문화 종교기관 혹은 단체들, 유엔총회 및 유엔조선위원단이었다. 같은 자료, p.140.

6. 미제국주의자들이 우리조국에 대한 분열정책과 예속화 정책을 실천함에 있어서 이용하고 있는 미제의 침략도구인 '유엔조선위원단'에게 조선으로부터 즉시 물러갈 것을 제의할 것. 조선인민은 외국의 간섭이 없이 자기의 힘으로 자기조국의 평화적 통일문제를 해결할 것.
7. 평화적 조국통일과 관련된 모든 대책들은 금년 8월 15일 즉 일제 통치로부터 조선 해방 5주년 기념일까지 완전히 실천시킬 것.
8. 남조선 국회가 교섭진행을 동의하는 때에는 조선민주주의 인민공화국 최고인민회의 상임위원회는 교섭을 진행하기 위하여 1950년 6월 21일에 자기의 대표단을 서울로 파송한다든지 혹은 남조선 국회대표단을 평양에서 접견하기에 준비되어 있다. 남조선 국회는 조선민주주의인민공화국 최고인민회의 대표들에게 불가침과 안전을 반드시 보장하여야 하며 조선민주주의 인민공화국 최고인민회의 상임위원회는 남조선 국회대표들의 불가침과 안전을 보장한다.

이 결정서에는 북한 최고인민회의와 남한 국회를 단일 입법기관으로 연합하고, 입법기관은 공화국의 헌법과 공화국 정부를 구성하며, 입법기관 총선실시를 제시하고, 그 실천조건으로 민족반역자 체포 등의 조국전선확대중앙위원회 호소문의 내용보다 강도 높은 조건이 제시되었다.
여기에서는 소위 민족반역자들을 대표자협의에서 단순히 제외시키는 것에서 나아가 체포할 것을 제안하고 있으며, 또 한국정부 자체를 인정하지 않고 국회 차원에서 협의하자고 제안되었다. 즉, 쌍방 간 통일 문제에 관한 협의의 주체를 국회 차원에서 하자는 것이었다.
이는 적어도 외형적으로는 "6월 21일 자기 대표단을 서울로 파송한다든지 혹은 남조선 국회 대표단을 평양에서 접견하기에 준비되어 있다"고 하듯이 국회와의 협상가능성을 열어놓은 것처럼 제의하였다. 이 무렵 북한 내부에서는 남한 국회가 조국전선의 제의를 받아들이도록 하는 다음의 내용을 촉구하고 있었다.

만일 남조선 국회에 조금이라도 의원들의 의사표시의 자유가 있다면 거기에 서는 평화적 조국통일에 관한 조국통일민주주의전선의 제의가 응당 상정되어야 할 것이며 전조선민족의 거족적 지망인 이 평화적 통일을 파탄시키는 이승만 역도들에게 대한 규탄과 처벌이 반드시 있어야 할 것이다. 오늘날 조선인민들은 남조선 국회 내의 일부 인사들의 거취를 아주 신중하게 주시하고 있다.[71]

그러나 조국전선에서의 제안은 후일 자체 내에서 지적되었듯이 소위 '이승만, 김성수 도당보다 덜 나쁜 자들을 선택한 것에 불과' 한 것이었으며, 최종적으로 이들을 조국전선 내로 끌어들이지는 못하더라도 협상의 대상으로 이승만보다는 용이하다고 판단했기 때문이었다.

상임위원회의 통일방안에 대해 국회로부터 아무런 구체적인 반응이 없자 김두봉은 6월 23일 기자회견을 갖고 남한에서 전쟁을 준비하고 있다고 주장했다. 즉 조국전선이 평화적 통일을 위해 꾸준히 노력해 왔으나 남한에서 이를 전면적으로 거부하고 북침을 위한 전쟁준비를 하고 있다는 내용이었다.[72] 그러나 사실은 그 정반대의 경우였다.

상임위원회가 통일방안을 제시한 때에 맞추어 인민군총사령부는 공격부대의 이동과 동시에 극비리에 남침명령을 차례로 해당부대에 하달하고 있었다. 우선 부대전개가 한창 진행 중이던 6월 18일에 인민군참모부가 발행한 정찰명령 제1호가 공격부대에 하달되었다.

이 명령은 공격부대 정면의 적에 대한 상황을 설명하고 공격대 기진지

---

71) 『투사신문』 1950년 6월 15일자.
72) 『조선중앙년감』, 1951~1952, p.82. 이에 대해 심지연, 앞의 논문, p.95에서는 "조국전선이나 최고인민회의 상임위원회를 통해 평화통일 제의를 하면서도 다른 한편으로는 정찰명령 1호, 전투명령 1호 등 공격작전명령을 계속 내리고 38선에 무력을 계속 집중시키고 있었기에 김두봉의 기자회견은 전쟁도발을 은폐하기 위한 최종적인 의례에 불과한 것이었다고 분석된다"라고 하였고, 또 『허헌 연구』, pp.222~223에서는 "김두봉은 북한에 설정된 민주제도를 수호하고 이를 남한에까지 설정하기 위하여 이승만을 반대하는 투쟁에 총궐기할 것이라고 밝혔는데, 이는 무력침공의 불가피성을 암시한 것이라 볼 수 있다"라고 평가하였으며, "북한은 정부를 수립한 이래 민주기지론에 입각하여 남한 내의 혁명을 적극추진하게 되었고 결국 6월 25일의 전쟁도발로 이어졌다"라고 평가하였다.

에 진입한 다음 공격개시 전까지, 그리고 공격개시 후 단계별로 수집해야 할 정보요구를 대단히 구체적으로 기술하고 있다.[73] 정찰명령에 이어 부대기동이 완료될 무렵 인민군의 공격부대에 대한 준비된 전투명령 제1호가 하달되었다.[74]

그러나 남침이 개시된 다음 날인 26일 최고인민회의는 상임위원장 김두봉의 명의로 군사위원회 조직 정령에서, "남조선 이승만 괴뢰정부의 소위 국방군들의 38선 이북 전 지역에 대한 불의의 침공으로 말미암아 국내에 조성된 비상한 정세와 관련하여 또는 동족상잔의 내란을 일으킨 이승만 매국역도들을 소탕하기 위한 전쟁"으로 규정하였으며,[75] 조국전선에서도 중앙위원회를 소집하여 전쟁을 "미제 지시에 의한 동족상잔의 내란"으로 규정하는 호소문을 발표하였다.[76]

따라서 조국전선은 결의문이라는 형식으로 총선실시를 주장하고, 6월 19일 다시 대한민국 국회가 동의한다면 국회에 의한 통일방법을 협의할 용의가 있다는 제의를 하였지만, 이것은 남한의 평화제의 거부라는 명분을 얻기 위한 것이었고 나아가 전쟁계획의 한 수단으로 활용되고 있었음을 알 수 있다.

4. 맺음말

지금까지 북한 정권과 조국통일민주주의전선의 통일론에 대해 살펴보았다. 여기에서는 머리말에서 제기된 문제를 중심으로 본론에 전개한 내용을 요약 정리하면서 맺음말을 대신하고자 한다.

---

73) 정찰명령의 원본은 러시아어 필사체로 작성되었으며, 전쟁 중인 1950년 10월 4일에 서울에서 노획되었다. 이 무렵 예하부대에는 6월 20일~30일까지의 구체적인 야영훈련계획이 하달되었다. 『조선인민군 제238군부대 명령 및 지령철』, SN.501.
74) 조선인민군 제2사단, 제4사단, 제6사단 전투명령 제1호(1950.6.22), 국방군사연구소 소장.
75) 『조선중앙년감』, 1951~1952, p.82.
76) 『민주조선』 1950년 8월 31일자.

김일성 정권이 1949년 1월 이전부터 무력통일 방안을 갖고 있었음이 확인되었다. 이는 1949년 3월 김일성의 스탈린 방문 시 정식으로 제기되었다. 김일성은 방소 이전부터 북한 지도부에서 무력통일론을 심각하게 논의하였으며, 특히 같이 동석하였던 박헌영과 사전에 합의를 이루었음을 살펴보았다.

김일성 정권은 곧이어 개최된 북한, 중국회담에서 그와 같은 무력통일론을 다시 제기하였으며, 모택동으로부터 중국이 국민당군과 전투 중에 있으므로 행동을 유보하도록 권고받았다. 이후 김일성 정권은 소련에 1949년 8월 대남선제공격을 제안한 데 이어 삼척 해방구 설치 제안, 옹진 공격 등을 제안하였으며, 10월 14일에는 소련과 무관하게 화력을 집중하여 옹진을 공격하였다.

한편 1949년 6월 각 정당·사회단체의 좌파 통일전선체로서 주한외군 철수와 통일완수의 목적을 갖고 결성된 조국전선은 결성대회 시 "어느 당과 단체이고 독자적 활동에 있어 조국전선으로부터 간섭을 받는 것이 결코 아니다"라고 천명하였지만, 그것은 사실상 실제 강령에서 나타나듯이 조국전선에 참가한 정당·사회단체는 북한정부를 지지해야만 한다는 것이었다. 따라서 조국전선의 강령은 직접적으로 북한정부의 정강 실현과 연결된 것이며, 그것과 분리하여 이해될 수 없는 것이었다.

역시 조국전선의 활동 목적은 평화통일안 제안 및 실천에 있었으나, 그것이 실현되기 위해서는 무엇보다도 역시 북한 정권으로부터 자유로워야 했다. 그러나 조국전선의 정권으로부터의 독자성은 대단히 미약하였기에 그 활동 역시 회의적일 수밖에 없다. 즉, 조국전선의 결성은 북한의 평화통일안 제안과 남한의 거부로 이어지는 결과인 대외 정당성을 확보하면서 무력통일을 위한 대내 명분확보 및 전시 동원체제 강화를 위한 이중의 목적을 지닌 것이었다고 볼 수 있다.

조국전선의 평화통일방안은 남북 간 평화통일을 제시하면서 다른 한편으로는 그 실현가능성을 애초부터 막아버리고 있었다. 당시 남한 정치 세력의 배제와 역할을 동시적으로 요구한 것은 실현가능성을 스스로 차단한 것과 같았다.

이러한 것은 1950년에 들어서도 마찬가지 상황이었다. 조국전선은 1950년 6월 19일 다시 남한 국회에 통일방법을 협의할 용의가 있다고 제의하지만, 그것 역시 남한의 평화통일제의 거부라는 명분을 얻기 위한 것이었고 나아가 전쟁계획의 한 전술로 활용한 것이었다.

조국전선에서 평화통일안을 제의하고 있을 때 정권 내에서는 전쟁계획과 남침 일까지 완료해 놓고 있었다. 1949년 김일성과 박헌영 일행의 모스크바 회담 제의 이후 1년 후인 1950년 1월 17일 김일성은 선제공격 계획을 승인받기 위해 다시 스탈린과의 면담을 요청하였으며, 4월 초 비밀리에 회동하였다. 김일성은 이 회담에서 스탈린으로부터 국제환경이 유리하게 변하고 있으며 통일과업인 선제남침을 개시하는 데 동의한다는 합의를 얻었다. 그러나 이러한 합의는 중국의 승인이 전제된 것이었다.

따라서 김일성 일행은 다시 5월 초 모택동과 비밀회담을 갖는다. 5월 15일 회담에서 김일성이 북한이 전쟁계획으로 군사력 증강→평화통일 제의→전투행위의 3단계 전략을 수립했다고 언급하고 있음을 볼 수 있다. 김일성은 모택동의 동의를 얻는 한편 전쟁을 위한 구체적인 행동지침 등에 관하여 토의하였으며, 그 밖에 우호동맹상호원조 조약은 통일 후에 체결하기로 합의하였다.

이와 같이 김일성과 박헌영은 1949년 1월 이전 내부적으로 무력통일론을 염두에 두면서 꾸준히 군사력을 강화하였으며 또 이를 외부적으로 표출하지 않고 오히려 대외적 명분을 축적하기 위해 조국전선을 통한 평화통일 문제를 제기하고 있음을 알 수 있다. 그것은 상대적으로 이승만이 대중여론과 유엔, 그리고 미국의 입장 등을 고려하여 평화통일을 제기하면서, 다른 한편 미국으로부터 지원을 제한받고 있는 상황에도 불구하고 북진 주장을 공언하고 있었던 것과 대조된다.

제2부
한국전쟁과 남북한

제3장
북한 게릴라의 조직과 활동

1. 머리말

해방 이후 1952년까지 북한의 대남정책과 게릴라 활동은 박헌영, 이승엽을 중심으로 한 남로당계 간부들이 주도하였다. 특히 이 시기 북한의 대남 공작활동은 대남 담당비서인 이승엽이 실질적인 책임자였으며 북로당계는 유격공작을 위한 간부의 양성, 남파 등 부분적으로 지원하였을 뿐이었다.[1]

전쟁기간 북한 게릴라는 남로당계 각 도당을 중심으로 편성된 게릴라와 북한에서 남파한 게릴라, 그리고 인천상륙작전 이후 미처 북상하지 못한 패잔병들로 구성된 게릴라 등 다양한 형태들이 존재하였으며, 이들은 서로 혼합하기도 하고 독자적으로 활동하기도 하였다. 이들은 전선의 변화에 따라 몇 차례 조직개편을 시도하면서 무장투쟁을 전개하였다. 이들은 전쟁 직전 남로당 조직이 무너지게 되자 당 사업보다는 군사활동을 주로 하는 지대로 그 조직을 바꾸고, 또 낙동강선 퇴각 시에는 당공작 위주의

---

1) 김남식, 「전쟁전후 남한에서의 무장유격투쟁의 전개」, 『한국전쟁연구』, 태암, 1990, p.131 ; 김광운, 「한국전쟁기 북한의 게릴라전 조직과 활동」, 『군사』 제48호, 2003, pp.97~98. 당시 북로당계는 남로당계의 노선에 대해 완전히 통제할 수 있는 위치에 있지 않았다는 것이 일반적인 견해이다.

지구당 중심으로 개편을 시도하기도 하였다.

원래 '게릴라(Guerilla)'란 용어는 스페인어 'Gerillas'로 조그만 전쟁을 의미하며 프랑스-스페인전(1809~1813) 이후 스페인 주민의 저항에 연유하여 소규모전쟁, 비정규전, 유격전 등의 전투행위를 지칭하는 것이었다.[2] 그 후 게릴라전은 클라우제비츠와 리델 하트, 그리고 모택동 등에 의해 꾸준히 체계화·이론화되어 왔으며, 세계대전을 통해 여러 나라의 지하활동으로 발전하였다. '유격전'은 게릴라의 한자 용례이다.[3]

반면 '빨치산(Partisan)'이란 용어는 적이 점령한 지역에서 자발적으로 군사조직의 구성원으로 참여한 사람(Member)을 지칭하며, 빨치산 운동에는 전투행위뿐만 아니라 태업이나 파괴적 방해활동도 해당되며 정규군의 일부로서 적의 후방에서 활동하는 부대도 있다.[4] 따라서 게릴라와 빨치산은 원래 다른 유래에서 나온 용어이지만 그 형태의 유사성으로 인해 거의 같은 의미로 사용되고 있다.

남침 이후 북한은 여러 가지 형태로 게릴라 병력을 운영해 왔으며, 몇 가지 한계에도 불구하고 이들은 정규작전에 크게 기여하였다. 그러나 지금까지 게릴라에 관한 연구는 한국전쟁 이전 시기와 관련한 몇 편의 논문을 제외하고는 거의 전무한 편이다. 특히 한국전쟁기간 동안의 게릴라 활동에 관해서는 공비토벌사나 북한 정치사와 관련해서 부분적으로 언급되

---

2) 『세계백과대사전』, 서문당, 1978 ; 『동아세계대백과사전』, 동아출판사, 1982. 게릴라전이란 적의 통치지역이나 강점지역에서 무장한 세력이 지역주민과의 연계하에 적을 타격하는 무장투쟁의 한 형식이다.

3) Samuel B. Griffth, *Mao Tse-Tung : On Guerrilla*, New York, Frederick Inc. Publisher, 1961, p.10 ; 백기인, 「모택동의 유격전 이론과 그 군사적 의미」, 『호서사학』 제23·24합집, 1996, pp.139~140에서 재인용.

4) A. M. 쁘로호로프, 『소비에트 백과사전』, 소비에트 백과사전출판부, 1985, p.968. 빨치산의 원어는 당원·도당 등을 의미하는 불어이지만 비정규부대원·유격대원·편의대원 등을 뜻하는 의미로서 오늘날 많은 나라에서 그대로 쓰이고 있다. 지구당 빨치산은 정규군이 해당지역에서 전투를 하는 동안 정규군을 도와 이 지역의 정보·보급·통신 등의 업무를 담당하며 필요한 전쟁에 참여를 하는 임무를 갖고 있었고, 또 어떤 경우는 평소에 생업에 종사하다가 야간에 지역경비를 맡도록 역할이 분담되어 있었다. 임동원, 『혁명전쟁과 대공전략』, 탐구당, 1968, p.44.

고 있을 뿐이다.

이 글에서는 한국전쟁 이전과 전쟁 초기 북한 게릴라의 조직 및 활동, 그리고 성격에 관하여 살펴보고자 한다. 이를 위해 게릴라 운영의 특징과 전술 전환과정 및 전술상의 문제점 등을 분석하고, 아울러 북한 게릴라의 시기별 조직과 운영 실태, 남로당에 대한 기대 범위, 북한군의 '선제타격작전'과 관련한 게릴라 운용계획, 게릴라 활동이 아군에 미친 영향 등의 문제를 규명하고자 한다.

2. 전쟁 이전 게릴라 운용

북한은 정권 수립 이후부터 중공의 대륙 석권에 크게 고무되어 주로 모택동 전술을 모델로 삼아 전문적인 게릴라를 교육·양성하였다. 중공군 출신 교관들이 중공군 유격전술 교재를 사용하여 대원을 훈련시킨 후 38선 이남으로 침투시켰다.[5] 소련도 전쟁 전까지 지속적으로 북한으로 하여금 남한 내 빨치산 운동을 강화하도록 권고하였다는 점은 특기할 만하다.[6]

전쟁 이전부터 전쟁기간 동안 북한 게릴라의 유형은 『공비토벌사』에서 크게 "지방유격대·남침유격대·낙오병유격대"로 삼분되어 서술되었으며,[7] 본 고에서도 기본적으로 이를 준용하되 '남파 게릴라, 지구당 게릴라, 정규사단 소속 게릴라, 낙오병 게릴라' 등으로 구분하여 서술하기로 한다.

북한은 단독정부 수립 직후부터 게릴라의 활동에 큰 비중을 두고 지도

---

5) 김점곤, 『한국전쟁과 남로당전략』, 박영사, 1973, p.83 ; 임동원, 앞의 책, p.224.
6) 「스티코프 대사에게 보내는 지시」(1949.8.12), 외무부, 『한국전쟁 관련 소련 외교문서』 제3권, 1994(미간행), pp.51~52. 스탈린은 "한국의 통일투쟁을 위한 현안의 과제는 첫째, 반동체제의 파괴와 전 한국의 통일과제 달성을 위한 남한에서의 전 인민 무장봉기 확산전개, 둘째, 향후 북한인민군의 강화에 최대한의 힘을 집중시켜야 한다"라고 지시하였다 ; 「툰킨의 전보」(1949.9.14), 같은 자료 제3권, pp.31~32. 스탈린은 이후에도 남한 내의 빨치산 활동을 강화하고 '반동체제'의 파괴와 남한에서 인민봉기의 확산, 인민군의 증강에 최대한 힘을 집중하도록 강조하였다.
7) 육군본부, 『공비토벌사』, 1954, pp.6~7.

하기 시작하였다. 이 시기 북한 게릴라의 활동은 크게 두 가지로 나누어 살펴볼 수 있다. 첫째는 북한에서 직접 훈련시켜 침투시킨 남파 게릴라들의 활동이며, 둘째는 지리산 등을 근거로 활동하던 남로당계 지구당 게릴라의 활동이다.

먼저 북한에서 침투시킨 게릴라는 여순 10·19사건 이후 토벌부대가 지리산 지역 등에 편중되고 남한 사회가 정치적으로 혼란해지자 그 시기를 틈타서 본격적으로 남파되기 시작하였다. 소위 '인민유격대'의 남파는 북한군의 전술상 특징인 배합전술을 실현하기 위한 것이었다. 이 전술은 주전선에서의 전투와 병행하여 후방 지역에서 비정규전을 수행함으로써 배후에 제2전선을 형성하여 적의 동원 및 증원을 방해하는 등 전후방을 동시에 전장화하여 적의 전력을 분산시켜 격멸하는 것이었다.[9] 이는 결국 정규군의 남침을 앞두고 제2전선을 형성하는 데 목적을 둔 것이었다. 남침 당일까지도 한국군은 지리산 등 각 지역의 게릴라를 토벌하기 위해 정규 보병 3개 사단 이상을 후방 지역에 투입하고 있었다.

북한은 여순사건 직후인 1948년 11월부터 본격적으로 게릴라를 남파시켜 남한의 후방 정세를 위협하고자 하였으며, 남북 노동당 합당과 미군 철수 직후 시기인 1949년 7월 초 '인민유격대'를 조선노동당 중앙위원회 직속 중앙당 14호실(대남유격사업지도부) 예하에 3개 병단으로 편성하여 게릴라 활동을 지도하였다. 즉, 각 지구별로 제1병단(이호제 부대 또는 1군단)은 강동정치학원 학생 360여 명으로 오대산지구에, 제2병단(이현상 총사령관)은 4개 연대로 지리산지구에, 제3병단(총사령관 김달삼, 부사령관 남도부)은 300여 명의 병력으로 태백산지구에 각각 편성·투입하였다.[10] 북한의 남파게릴라의 활동은 3개 병단으로 편성된 이후 동년 8월 초부터 10월 말까지 보다 격렬하게 전개되었으며, 이 시기 게릴라 침투는 38선에

---

9) 국방부, 『북괴의 군사정책과 군사전략』, 1979, pp.105~109.
10) 김남식, 앞의 논문, p.144, 213.

서 옹진공격과 배합된 것이었다.

1949년 9월 28일 약 50명의 게릴라가 양양군 금옥치리로 침투하였으나 국군에 의해 저지되어 북상 도주하였으며, 같은 해 11월 6일에 약 100명의 게릴라가 영일군 지경리로 해상 침투하여 보현산의 김달삼 부대와 합류하였다.[11] 이후 게릴라 침투는 잠시 중단되었다가 1950년 3월 28일 양양·인제·양구에서 대기 중이던 김상호, 김무현 부대의 약 700명이 오대산과 방대산으로 침투하였다. 이들은 강력한 화력을 지닌 정예부대였으나 역시 토벌작전으로 소탕되었다.[12]

이 무렵 김일성이 "국방군의 모든 부대에 북한요원들이 거의 침투되어 있다"라고 하였으며, "1,500~2,000여 명의 게릴라들이 남조선에서 활동 중이며 최근 들어 그 활동이 증대되고 있다"라고 강조하였다.[13] 이를 통해 볼 때, 김일성은 이 시기 북한에서 교육을 받고 남파된 유격부대와 오열의 활동에 대해 일정한 기대를 걸고 있었음을 알 수 있다.

그러나 북한의 남파 게릴라는 그의 기대와 달리 전쟁 직전까지 대부분 소탕되었다. 남파 게릴라는 1948년 11월부터 1950년 3월까지 모두 10회에 걸쳐 2,400여 명이 침투하였지만 전쟁 이전까지 국군과 경찰의 토벌작전에 의해 모두 2,000여 명이 사살 또는 생포되었다.[14]

전쟁 직전 미국도 한국 군경의 게릴라토벌이 크게 성공적이었다고 평가하고 있었다. 즉, 미국의 대리대사인 드럼라이트는 "지난 주말 국군은 3월 25일경 오대산 지역으로 침투한 600명 이상의 게릴라를 토벌하였고, 4월 21일부터 이틀간 게릴라 70명을 사살하고 지도급 인사 김무현 등을 포함한 24명을 체포하였다. 같은 기간 강릉 지역에서 38선을 넘어 침투한 대

---

11) 김점곤, 앞의 책, pp.205~223 ; 「스티코프가 스탈린에게」, 앞의 자료 제3권, p.53.
12) 국방부 전사편찬위원회, 『대비정규전사』, 서라벌인쇄, 1988, pp.44~46.
13) 「툰킹공사의 보고」(1949.9.11), 위의 자료, p.5.
14) 김점곤, 앞의 책, pp.235~237. 단순 수치상으로 계산하면 남침 직전 북한에서 남파시킨 게릴라는 400여 명이 잔존한 것으로 나타난다.

규모 게릴라 부대도 격퇴하였으며, 남으로 침투해 온 600명 이상의 게릴라 대부분이 토벌되었다. 현재 38선 북쪽 지역에는 500여 명의 게릴라들이 주둔 중에 있다"[15]라고 하였다.

이러한 사실은 극동군 군사정보 보고서에서 보다 구체적으로 확인된다. 즉, 이 보고서는 1950년 4월 남한 내 게릴라들은 1,700여 명이 활동하고 있고, 태백산과 동해부근에 800명, 호남 지리산에 500명, 태백산 북쪽 38선 부근에 200명, 그리고 기타 전국에 200명이 있다고 하였으며, 북한 게릴라들이 내부안정을 크게 위협하거나 경제 불안을 조성하는 것에는 성공하였으나 대중적 지지를 확보하는 데는 실패하였다고 평가하였다.[16] 이 보고서는 결론부분에서 전쟁이 발발할 경우 잔류한 게릴라들이 약간의 위협이 될 수 있다고 평가하였다.

다음으로 지구당 게릴라에 관해서 살펴보기로 한다. 남로당 지구당 게릴라는 구성원의 인적 배경과 입산 동기에 따라 다양하게 구성되었다. 통칭 '산사람'이라고 불리는 빨치산들은 각종 좌익폭동 사건에 연루되어 있던 자들로 그들은 지하잠입의 한 수단으로 입산을 택하여 무장투쟁을 전개하였다. 이들은 전문적인 군사교육을 받고 남파된 게릴라들과 달리 남로당 조직의 정치적 토대를 기반으로 자기들의 책임 지역 내에서 활동하던 정치 중심의 게릴라라고 할 수 있다.[17] 따라서 이들은 전문적인 군사훈련을 받은 것은 아니었다. 이들은 10월 폭동, 2·7구국투쟁, 4·3사건, 여순 10·19사건 등에서 활동하다가 입산하였으며 군 내부에 침투한 좌익들이 숙군을 피해 그들과 합세하기도 하였다.

---

15) 「드럼라이트 대리대사가 국무장관에게」(1950.4.20), 서동구 역, 앞의 자료, p.66. 1950년 4월 3일 김달삼이 남한에서 평양으로 갔음이 확인된다. 김달삼은 남한 내 빨치산 투쟁의 상황을 보고하고 관련 지시를 받고자 월북한 것이었다. 그동안 김달삼의 행방에 관해서는 많은 이견이 있어 왔다. 「이그나체프가 비신스키에게」(1950.4.10), 앞의 자료 제3권, pp.66~67.

16) Hq FEC, *Military Intelligence Review(April 1950)-Communist Guerillas in South Korea*, SN.262(SN은 군사편찬연구소 소장 자료번호).

17) 김점곤, 앞의 책, pp.136~137.

남로당계 지구당 게릴라들은 중국의 빨치산 활동에 감화를 받고 있었으나 중국과는 달리 남한에서는 적극적인 활동을 펼치지는 못하고 있었다. 이는 군·경의 토벌작전으로 인해 지리적으로 열악한 산악지역에 근거지를 마련할 수밖에 없던 점과 또 게릴라들은 소위 정치·경제적인 빨치산 운동에 크게 주의를 기울이지 못한 데에서 비롯된 결과였다. 즉, 중국군 게릴라들이 농민과 함께 하며 지원활동과 아울러 사상정치 교육을 전개하여 소위 해방지역과 대중적인 지지기반을 갖고 있었던 반면, 북한 게릴라들은 전혀 그렇지 못하였다.[18]

1949년 7월 초 주한미군이 철수한 직후 남로당계는 남한 내 유격부대를 조직하는 한편 열성당원들을 무장시켜 유격거점으로 입산케 하였고 지방당의 조직을 군사조직으로 재편성하도록 지도하였다. 각 도당을 비롯한 지방 조직이 군사체제로 개편된 후에 게릴라 활동은 보다 격렬하게 전개되었다. 각 도에는 하나 내지 두 개의 해방지구를 설치하여 활동하도록 하였다. 그러나 지구당 빨치산들은 무기와 보급이 절대 부족한 상황에서 상당수가 한국 군경에 의해 토벌되고 있었다. 예를 들면 전남도당에서는 총기와 탄약을 급히 지원해 주도록 북한에 요청하였으나 마지막까지 지원에 관한 답변을 듣지 못하였다.[19] 결국 이들은 한국 군경의 토벌작전에 밀려 근거지를 점차 상실당하고 더욱 깊은 산으로 들어갈 수밖에 없는 상황이었다.

그런데 이 무렵(9월) 김일성과 남로당계인 박헌영은 게릴라 운용 문제를 놓고 큰 입장 차이를 보이고 있었다. 즉, 북한주재 소련공사 툰킨의 보고에 의하면, 김일성은 북한 정규군의 남침 시 남한 내 빨치산들의 지원이 있겠지만 별 도움이 될 수 없을 것이라고 하여, 남한 내 빨치산들에 대해

---

[18] FEC ATIS Research Supplement Interrogation Reports, North Korean Forces Issue No.3, *North Korean Guerrilla Operation to 30 September 1950(1950.11.15)*, SN.1582.
[19] 김점곤, 앞의 책, p.208.

큰 기대를 가지고 있지 않았다. 반면 박헌영은 빨치산 활동이 남한에 큰 영향을 줄 수 있을 것이라고 기대를 걸고 있었다.[20]

당시 소련 측에서는 남한 내 빨치산 활동에 대해 어느 정도 긍정적인 평가와 기대를 하고 있었다. 즉, 1949년 9월 툰킨의 보고에 의하면, "북조선 군대는 남조선 측 주민들과 빨치산들의 도움을 고려한다 할지라도 조속한 성공을 기대할 수 없다"라고 한 것으로 보아 남로당계의 선전을 일정부분 인정하고 있음을 볼 수 있다.[21] 또한 9월 24일 스탈린이 북측에 전한 지침 내용에서는 "남조선 내 게릴라 활동을 강화하는 것은 남조선 인민의 불만을 표출시켜 이승만 정부를 전복시킬 수 있는 여건을 조성하는 것"이라고 강조하였다.[22]

김일성을 비롯한 북로당계 전쟁계획 입안자들은 속전속결로 남한의 저항을 물리칠 수 있다고 확신하고 있었기 때문에 게릴라들을 정치교육보다는 군사교육 위주로 훈련시켰다. 김일성은 소련이 후방기지의 강화 활동을 강조하고 있고 또 정규군의 남침 시 남파 게릴라를 전술적으로 활용할 수 있다고 기대하고 있었다. 때문에 남한 내 지구당 게릴라의 활동을 마지 못해 받아들이는 것이었다. 그러나 김일성은 군사 목적 이외, 정치·경제적인 운동을 전개하는 소위 근거지확보 노력에는 기대를 걸고 있지 않았다.

실제 1950년 초부터 구체화된 '선제타격작전계획'은 남파 게릴라 이외의 지구당 게릴라 활약에는 큰 비중을 두지 않았다. 속전속결에 자신이 있었던 김일성은 게릴라 근거지를 마련하는 장기계획에는 관심이 없었고, 정치적인 입장에서도 남로당계의 기반이라고 할 수 있는 남한 내 지구당의

---

20) 「툰킨공사의 보고」(1949.9.11), 앞의 자료, p.5 ; 「툰킨공사의 보고」(1949.9.14), 앞의 자료 제3권, p.29. 이것에 의하면, 툰킨은 본국으로부터 "남한 빨치산운동의 활동상황과 빨치산 운동으로 북한이 어떠한 현실적인 도움을 얻을 수 있는지"에 관해 보고하도록 지시를 받았고, 답변에서 "남한에 1,500~2,000명의 게릴라 부대를 갖고 있음. 또한 최근 이러한 빨치산활동이 더욱 강화되고 있음. 김일성은 빨치산 활동으로부터 커다란 도움을 기대할 수는 없다고 생각하고 있음"이라고 보고하고 있다.
21) 위의 자료 제3권, pp.28~32.
22) 위의 자료 제1권, pp.17~18.

활동을 지원하여 군이 박헌영의 정치적 입지를 강화시켜 줄 이유가 없었을 것이다. 결과적으로 전쟁 이전 지구당 게릴라 활동은 중공의 게릴라들이 농민을 지원하면서 대중적 지지기반을 넓혀 가는 양상과는 전혀 달랐다.

그러나 과거 전쟁 사례에서 보면 통상 게릴라 활동의 성공여부는 지리적 문제나 활동의 성격과 관계없이 조직의 결속력이나 원활한 중앙 통제, 그리고 군사·정치적 훈련에 의한 모병 능력, 군수지원 능력 등에 달려 있었다. 그러나 전쟁계획을 주도하였던 북로당계는 대중적 지지기반보다는 단기작전에 집착하고 있었다.

반면 남로당계 박헌영과 이승엽으로서는 남한 내 게릴라 활동이 그들의 북한 내 정치적인 지위와 직접적인 관련이 있는 것이었으므로 지구당 재건과 빨치산 활동에 큰 비중을 두고 있었다. 특히 대남공작 책임자인 이승엽은 지구당 빨치산 활동을 부각시키거나 과장하는 편이었다. 그는 남한 내 게릴라 병력을 1949년 4월에 16,257명, 8월에 44,200명, 9월에 77,900명, 10월에 89,900명이 각각 동원되었다고 선전하였다.[23] 박헌영도 툰킨 공사와의 면담에서 남한의 빨치산들이 남한 내부 불안을 조성하여 한국정부 전복을 시도하며 북한군의 남침 시 국군의 퇴로 및 통신 차단과 같은 중요한 임무를 수행할 수 있음을 강조하였다.[24]

남로당계 이승엽은 조·중·소 회담 등 국제 정세가 유리하게 전개되던 1950년 초 빨치산 활동을 대대적으로 고취하였다. 즉, "남반부 애국적 인민들이여. 리승만에게 쌀을 줄 것이 아니라 빨치산에게 쌀을 주라. 소위 국방군들이여. 모두 다 의거를 조직하여 빨치산 편으로 넘어가라. 청년들이여. 리승만 역도들의 징병제를 강력하게 반대하고 모두 다 빨치산에게로 들어가라. 전체 인민들이여. 영웅적 빨치산에로 모두 다 들어가자"[25]라고 하였고, 조국통일민주주의전선은 호소문을 통해 빨치산에 대한 원조

---

23) 『근로자』 제1호, 1950, p.21.
24) 「툰킨공사의 보고」(1949.9.14), 위의 자료 제3권, p.29.
25) 『인민』 1950년 2월호, p.71.

사업을 적극적으로 전개하고 전원 빨치산에 참가하라고 호소하는 동시에 빨치산의 대열을 일층 강화하여 활동범위를 확대하고 도처에 해방지구를 설치하도록 촉구하였다.[26]

동년 3월에 와서는 조선노동당 중앙위원회도 빨치산 활동영역을 현재의 배수로 확대하여 강력한 해방지구를 설치하고 대대적으로 병력을 증대하여 무장력을 일층 완비시켜 적의 야전병력을 소멸하고 각 부대 간의 상호작전을 긴밀화하라고 호소하였다.[27]

이 시기는 주지하는 바와 같이 북한 지도부가 이미 전쟁을 결정하고 있었고 소련과 중국으로부터 마지막 동의를 구하기 위해 스탈린과 모택동을 방문하는 시점이었다. 이 시기 북한은 정규군에 의한 전면 공격을 앞두고 게릴라 활동을 본격적인 군사체제로 개편하도록 지도하고 있었던 것이다.

그러나 전쟁 직전 지구당 게릴라는 남로당계의 보고와는 달리 한국 군경에 의해 대부분 토벌되었고, 생존한 약 1,300여 명도 한국 군경 토벌부대를 피해 지리산, 태백산, 속리산 등에 들어가 거의 활동할 수 없는 상황이었다.[28] 따라서 지구당 게릴라가 "여순 10·19사건 이후 전면화된 무장투쟁으로 당 활동을 완전히 대중과 분리시켰으며 남로당 조직의 완전한 붕괴를 가져오는 데 결정적인 영향을 미쳤다"는 평가는 설득력을 갖는다고 할 것이다.[29]

결국 남침전략 계획이 한창 논의 중이던 1950년 4월에 이르러 김일성을

---

26) 「조국통일민주주의전선 제4차 중앙위원회 호소문」(1950.1.9), 김점곤, 앞의 책, p.233에서 재인용.
27) 위의 책, p.234.
28) FEC ATIS Research Supplement Interrogation Reports, North Korean Forces Issue No.3, *North Korean Guerrilla Operation to 30 September 1950*(1950.11.15), SN.1582. 이 시기 북한주재 소련 군사고문단 보고에 의하면, 남한에서 활동 중인 유격대의 규모가 총 5,250명으로 상당수 과장되고 있었다. 그중 서울 50, 경기 90, 충북 150, 충남 50, 전북 300, 전남 1,250, 경남 500, 경북 2,050, 강원 810 등으로 보고 되었다. 이들은 1950년 3월 한 달 동안 1,038회의 작전을 전개하여 적군 570명을 사살하였다고 하였으나, 진위 여부가 조사되어야 한다고 부기하고 있다. 「남조선에서의 빨치산운동에 대한 조사보고, 웨 끼셜료프가 그로미코에게」(1950.4.26), 러시아연방대외정책문서보관소, 문서군 0102, 목록 6, 문서함 21, 문서철 48.
29) 김남식, 앞의 논문, pp.164~165.

비롯한 북로당계의 구상은 소련 군사고문단들에게도 일정한 영향을 미치고 있음을 볼 수 있다. 즉, 전쟁 직전 소련 군사고문단들이 남로당계 빨치산 지도자들의 과오를 전면적으로 비판하였으며, 이는 북로당계의 생각이 '선제타격작전계획'에도 관철되었음을 알 수 있다.[30]

이상으로 전쟁 이전 북한의 게릴라 활동을 남파 게릴라와 지구당 게릴라의 활동으로 구분하여 살펴보았다. 이들 활동의 특징에 대해 정리하면 다음과 같다.

첫째, 북한은 남파 게릴라는 물론 지구당 게릴라가 소위 해방지구 설치에 실패하여 남한 내 대중적인 지지기반을 확보하지 못하였다. 북한 게릴라들은 도시와 농촌을 근거지로 하지 못하고 주로 인구가 희소하고 소수의 농가만이 존재하는 산악 지역에 근거지를 두고 활동하였고, 또 농민들로부터 지지를 얻지 못하여 해방지구 설치에 실패하였다.

둘째, 북한은 기존 빨치산지구에 대한 무장 지원을 거부하고 38선 부근에 새로운 유격거점을 직접 형성하려 했다. 이러한 사실은 남로당계의 의사와는 달리 북한군의 전면 남침 시 지구당 빨치산의 봉기가 아니라 남파 게릴라의 군사적 역할에만 기대를 걸고 있었음을 보여준다. 이는 남침의 '선제타격작전계획' 목표가 미군이 참전하기 이전에 전쟁을 끝낸다고 하는 속전속결에 있었고 정규 보병사단들과 남파 게릴라 부대만으로도 승산이 있다고 보았기 때문이었다. 이는 결과적으로 전선이 교착된 이후 게릴라들이 근거지를 확보할 수 없었던 중요한 원인이 되었으며, 또 정치적으로 남로당계의 숙청과도 밀접한 관련을 갖게 된다.

---

30) 이에 의하면 "1) 빨치산 부대들은 적극적이고 공격적으로 활동하지 않았다. 이들은 적들의 약점을 충분히 찾아내지 못하였다. 상당부분 빨치산 부대들의 작전은 방어적인 성격을 띠었다. 2) 적들에게 일련의 심대한 타격을 가할 수 있었던 유리한 시기(1949년 8월~9월)를 놓쳤다. 3) 빨치산과 노동당 지방당 위원회와의 연계뿐만 아니라, 당 중앙위원회 및 지역주민들과의 연계도 약하였다. 4) 지역 주민들로 빨치산 부대들을 조직하지 못하였다. 지역 주민들을 활동 중인 빨치산 부대로 흡수하는 것도 미약하였다. 5) 정치사업의 방향이 올바르지 못하고 부족하여 대다수의 주민들은 자신의 힘으로 해방을 쟁취하려기보다는 인민군의 도움으로 해방을 쟁취하려는 태도를 견지하였다" 등이었다. 「남조선에서의 빨치산운동에 대한 조사보고, 웨 끼셀료프가 그로미코에게」(1950.4.26), 앞의 자료.

셋째, 북한 게릴라는 최종적인 배합전술의 목표달성에는 실패하였지만 한국군 병력을 게릴라 토벌작전에 분산 배치하도록 강요하여 한국군의 방어 전력을 크게 약화시켰고 결과적으로 북한군의 남침전략에는 크게 기여하였다.

3. 개전 초기 게릴라의 형태와 활동

남침 개시 이후에도 북한의 대남공작은 주로 남한 지역의 사정에 밝은 남로당계가 주도하였다. 북한은 남한 지역의 지구당 총지휘를 이승엽에게 맡기고 연락부장에 배철을 임명하였다. 이승엽은 김정곤, 윤달순 등을 연락부 부부장으로 임명하고 주요간부를 모두 남로당계로 구성하였다.

그러나 전쟁을 계획하고 주도한 것은 북로당계였다. 김일성은 선제타격작전에 자신감이 있었고 게릴라 운용은 단지 정규작전에 배합하여 남파 게릴라를 침투시키는 것만으로도 목표를 충분히 달성할 수 있다고 믿고 있었다. 남침 이후 북한군의 군사전략 기본계획은 정규군인 북한군의 남진에 배합하여 게릴라 부대들을 남한 후방으로 침투시켜 배후에서 제2전선을 형성하고 정규군의 진격속도를 최대한 지원하여 속전속결 방식으로 단시일 내에 남한 전 지역을 점령한다는 것이었다.

그러면 남침 당시 북한 게릴라 부대의 조직과 운영에 대해 구체적으로 살펴보기로 한다. 남침 초기 게릴라 상황은 전쟁 직후인 6월 25일~6월 30일 상황과 1950년 7월 상황으로 구분되며, 또 전쟁 직후 북한군 정규군의 남침에 호응하여 활동한 게릴라는 그 이후 시기와는 부대성격, 훈련, 조직, 임무, 소속 등에 따라 차이가 있다. 따라서 전쟁 직후와 7월 이후 게릴라 상황으로 구분하여 살펴볼 필요가 있다. 먼저 전쟁 직후 게릴라는 독립 제766부대, 정규사단 내에 편성된 비정규전 부대, 그리고 지구당 게릴라 등 세 가지 유형으로 대별할 수 있다.

첫 번째 형태가 제766부대와 같은 독립 게릴라 부대이다. 제766부대는 전쟁 직전 김일성계의 오진우를 교장으로 제3군관학교(회령군관학교)가

제766부대로 개칭된 것이었으며, 남침 시 정동진에 상륙한 후 강릉-삼척 간 도로를 차단하고 태백산맥을 연하여 보현산지구로 진출하여 포항으로의 침투를 기도하였다. 이 부대는 북한군 총사령부의 작전통제를 받으며 동해안 해두보 확보 및 국군의 병참선 교란을 지시 받고 있었다.[31]

제766부대는 경찰과 대치중인 게릴라들과 합류한 후 청송 동남 주왕산 일대로 진출하였으며,[32] 태백산과 보현산을 따라 기동하여 일부병력이 포항시내로 침투함으로써 후방을 교란하였다.[33] 그러나 이 부대는 결과적으로 산간 협로를 따라 기동하였기 때문에 전력의 약화만을 초래하였을 뿐 소기의 목적을 달성하지 못하였으며, 8월 17일 게릴라 활동을 중지하고 제12사단 각 연대로 흡수되었다.[34]

이 외에도 남침 당일 동해 해상에는 제549부대를 포함하여 많은 선박들이 후방침투를 기도하였다. 그중 대표적인 경우가 부산 동남 해상에서 격침된 1천 톤 급 선박이었다. 이들은 적 병력 600여 명을 탑승시킨 무장 수송선으로써 부산 동남 20해리까지 출현하여 상륙을 기도하다가 때마침 아군 해군에 관측되어 격침되었다.[35] 이들도 후방교란을 목표로 상륙하려 한 게릴라 부대였다.

두 번째 형태가 정규사단 내에 편성된 게릴라 부대이다. 북한군은 남침 초기 후방병참선 차단, 적 철수부대 기습, 정보 수집 등을 목적으로 제4·제5·제6사단 내에 게릴라 부대를 편성하고 있었다. 특히 제5사단 내 게릴라 부대는 최초 2개 대대 600명으로 구성되었으며, 이들은 주로 전쟁

---

31) HFEC G-2, *Hisytory of the North Korean Army*, Section5, 1952(미간행), p.50, 60 ; ATIS, Interrogation Rpts, N.K. 5th Div, 김요성 대위, 21 Sept 50(군사편찬연구소 소장 자료). 제766부대는 부대장 오진우, 정치위원 안기성, 참모장 강정수, 부대원 766명 등으로 구성되었다.
32) 유관종, 『한국경찰전사』, 현대경찰문고, 1982, pp.118~119.
33) *Periodic Operations Reports*, Korean Army, No.82(1950.8.11).
34) Roy E. Appleman, *United States Army in the Korean War : South to the Naktong, North to the Yalu*, Department of the Army, Washington, D. C. : GPO, 1961, p.332.
35) 합동참모본부, 『한국전사』, 교학사, 1984, pp.603~610.

이전에 입북한 남로당 출신으로 구성되었고, 투입되기 이전 약 5개월간 게릴라 교육을 받았다.[36] 정규 사단 내에 편성된 이들 게릴라 부대의 임무는 주보급로·교량·도로·발전소·포병진지·탄약고 등을 파괴하고 적에 관한 정보를 수집하는 것이었다.

전쟁 초기 이들은 각 사단을 근접지원하고 있었으나 훈련의 미숙으로 잘못 운용된 경우도 많았다. 이들은 최초의 기도와는 달리 주로 정찰 중대처럼 운용된 경우가 많았고, 사단과 원거리로 떨어져 작전을 지원한 경우는 그리 많지 않았으며 치고 빠지는 게릴라 전술보다는 정규전과 같은 교전을 수행한 경우가 많았다. 상기 두 가지의 북한 게릴라 형태와 운용은 역사상 대단히 특이한 것이었다. 통상 게릴라 부대는 '공자'가 아니라 전력이 상대적으로 약세인 '방자'가 수행하는 것이 일반적이지만, 북한의 경우에는 전력이 우세한 공자의 입장에서 유격부대를 운영하였던 것이다.

다음으로 세 번째 형태가 남한 내 지구당 게릴라이다. 이들은 다양한 형태로 운용되었으나, 대체로 조직체계가 약하고 무장력도 약한 것이 특징이었다. 이들은 각 지역의 남로당계 조직 구성원을 기반으로 활동하였다. 그러나 전쟁 이전 남로당조직은 거의 와해된 상황이었고, 또 정치·경제적인 기반이 거의 없는 상황이었기 때문에 남침 직후 지구당 빨치산들의 움직임은 극히 미약하였다. 그들은 남로당계에서 기대하였던 소위 '20만 인민봉기'는 생각할 수조차 없었으며 기껏해야 은밀히 인민위원회 조직을 복구하거나 북한군 환영준비위원회를 결성하는 것, 그리고 북한군에 협조하여 국군 낙오병이나 우익인사들을 검거하는 것 등이 고작이었다.[37]

몇몇 보고서에 남침에 호응하여 극히 일부가 경찰서를 기습하거나 산악을 근거로 후방을 교란하고, 또 국군부대에 위장 침투하여 오열 활동을 한

---

36) FEC ATIS Research Supplement Interrogation Reports, *North Korean Forces Issue No.3, North Korean Guerrilla Operation to 30 September 1950*(1950.11.15), SN.1582.
37) 「정기정보보고」 제54(1951.2.23)~58호(1951.2.27), 육군본부, 『정기정보보고』 제1권, 1985.

예가 있긴 하지만, 그것은 극히 예외적인 경우였다. 지구당 게릴라들의 호응 활동은 당초 남로당계에서 기대했던 것과는 현격한 차이가 있었다. 남침 당일까지도 토벌부대 3개 사단 이상의 병력이 지리산 등 각 지역에서 봉쇄 및 토벌작전을 전개하고 있었으므로 지구당 게릴라들이 남침 시 곧바로 조응하여 활동하기란 현실적으로 어려웠던 것이다.

서울을 점령한 날 최고사령부의 명령으로 남로당계 윤상철과 허성택 등은 형무소에서 풀려난 남로당원들을 중심으로 게릴라 부대를 구성, 전선을 넘어 호남 지역에 침투하여 제2전선을 구축하고자 하였다. 그러나 이들 부대는 정규군의 뒤만 쫓아갔을 뿐 별 성과가 없었고 그 후 전주에서 의용군총사령부(사령관 이기석, 부사령관 허성택)로 개편되었다.[38]

한편 한국전쟁기간 동안 북한군 최고사령부의 게릴라에 대한 입장과 평가를 살펴보면 크게 두 가지 유형으로 집약된다. 첫째는 남침 직후 정규작전에 배합하여 활동하도록 촉구한 것이었고, 둘째는 퇴각 이후 전쟁책임문제와 관련하여 지구당 활동이 소극적이었음을 비판한 것이었다.

먼저 전쟁 직후 게릴라 활동을 촉구한 부분부터 살펴보기로 한다. 김일성은 남침 다음 날 방송연설에서 남한 게릴라들에게 "후방을 타격하고, 인민위원회를 복구하며, 인민군대의 작전에 적극 협조할 것"을 촉구하였고,[39] 같은 날 노동당 정치위원회는 서울을 점령한 이후에 게릴라를 조직하여 정규군에 앞서 전진 배치하도록 결정하였다.

즉, 주력군의 진격작전에서 전면공격과 배후호응(게릴라 지하조직)의 긴밀한 협동작전으로 수도 서울을 먼저 점령 및 해방시키고, 둘째, 배후에 산재해 있는 게릴라들의 투쟁을 강화하여 주요 시설 등을 습격 파괴함으로써 국군의 퇴로를 차단하고, 셋째, 게릴라와 지하당 조직들이 협동하여 해방 지역을 넓혀 나간다는 것 등이었다. 이 무렵 북한의 『노동신문』에서

---

38) 중앙통신사, 『조선중앙년감』, 1951~1952, pp.27~28.
39) 『노동신문』 1950년 6월 27일자 ; 사회과학원 역사연구소, 『조선전사』 제25권, 1981, p.83.

는 소위 보성·함양·산청·부산·마산 등 남한 내 주요 도시에서 북한군 남하에 호응하여 '인민유격대 운동과 인민봉기'가 확산되고 있다고 대대적으로 선전 보도하였다.[40]

김일성은 서울을 점령한 날 평양방송을 통해 "미 해방지구 인민은 빨치산활동을 전개하여 후방을 교란시키고 도처에서 인민폭동을 일으켜 군수물자수송을 하지 못하도록 방해해야 한다"라고 촉구하였고,[41] 동년 7월 8일자 방송에서는 "유격대들에게 도로와 철교 교량 통신망들을 파괴하여 병력이동과 무기 군수물자의 수송을 파탄시킬 것"을 호소하였으며, "남반부 인민들과 빨치산들은 도처에서 자기들의 군대이며 해방자인 인민군대를 성심성의로 원호하였습니다"라고 말하면서 "경북 경남 전남에서 활동영역을 확대 강화하라"고 독려하였다.[42]

이러한 김일성의 입장은 소위 초기작전의 전과를 최대한 확대하기 위한 조치에 지나지 않는 것이었다. 그는 남로당이나 지구당 빨치산의 봉기에 기대를 걸고 있는 것은 아니었지만, 작전 초기 정규전에 호응하여 가능한 많은 지원을 할 수 있도록 유도한 것이었고, 이때까지는 작전계획에 따라 큰 무리 없이 전개되고 있는 상황이었기 때문에 지구당 게릴라의 활동에 대해서 격려할 수 있는 여유도 가질 수 있었던 것이다.

그러나 남로당계의 예상과 달리 북한군의 남침에 호응하는 봉기는 일어나지 않았으며, '선제타격작전계획'과는 다르게 결국 미군이 조기에 참전하였고 전쟁은 장기화되었다. 이는 후에 박헌영 등 남로당계의 주장이 김일성의 남침의지를 부추긴 변수로 해석되어 숙청당하는 중요한 빌미가 되기도 하였다.[43]

김일성은 유엔군의 인천상륙작전으로 북한군이 퇴각한 후 전쟁이 장기

---

40) 『노동신문』 1950년 6월 30일자.
41) 김남식, 『남로당연구』, 돌베게, 1984, p.446.
42) 『김일성저작집』 제6권, p.188.
43) 박갑동, 『한국전쟁과 김일성』, 바람과 물결, 1990, pp.80~84.

화되자 남한 지구당의 남침에 조응한 게릴라활동 상황에 대해 비판하고 나섰다. 김일성은 1950년 12월 21일 조선노동당 중앙위원회 제3차 정기총회에서 개전 초기 남한 지역 당사업과 빨치산투쟁의 약점을 지적한 후, 중앙위원 허성택 등이 빨치산투쟁조직에 대한 당 중앙의 지시를 실행하지 않은 것을 비판하였다. 즉, "적 후방에 유격투쟁을 전개하는 것은 우리가 공군이 약하고 기동성이 약한 조건하에서 적의 기동성을 파괴하여 적을 분산 격멸하며 적의 참모부와 후방을 습격하여 적 후방에서 제2전선을 조직함으로써 적의 퇴로를 절단하여 적의 공포와 당황을 초래케 하는 것입니다. 이에 대한 전략상 작전상 의의가 얼마나 중대하다는 것을 망각하고 그를 잘 실현하지 않았습니다"라고 남로당계에 대한 비판의 시위를 당겼다.[44]

또한 이어 1951년 8월 31일 조선노동당 중앙위원회는 남침 시기 남로당 세력과 게릴라가 후방 지역에서 호응투쟁을 하지 못한 것을 비판하였다. 즉, "조국해방전쟁 과정에 있어서 우리 남반부 당 단체들은 자기 임무를 당이 요구하는 수준에서 진행하지 못하였다. 그렇기 때문에 조국해방 1년 이상을 경과하는 과정에 빨치산 투쟁은 전개되었다고는 할지라도 결정적 성과를 쟁취하지 못하였으며 미 해방지구 내의 광범한 인민대중을 조직시켜 군중폭동을 일으키지 못하였으며 (중략) 소위 국방군 내부에 의거운동과 내부적 와해를 일으키지 못하였다"라고 비판하였다.[45]

결국 1952년 12월 김일성은 "미국 놈의 고정간첩 박헌영은 남조선에 지하당원이 20만 명이나 되고 서울에만 6만 명이 있다고 떠벌였는데 20만 명은 고사하고 우리가 낙동강계선에 진출할 때까지 단 한 건의 폭동도 없었다. 만일 부산에서 노동자들이 단 몇 천 명이라도 일어났더라면 우리는 반드시 부산까지 해방시켰을 것이고 미국 놈들은 상륙하지 못했을 것이

---

44) 중앙통신사, 『조선중앙년감』, 1951~1952, pp.27~28.
45) 중앙정보부, 『대남공작사』, pp.365~366.

다"라고 직접 박헌영을 단죄하였다.[46]

전쟁이 끝난 이후 북한은 "개전 당시 적의 후방에 약 3,000명의 공작원이 침투하여 있었음에도 불구하고 하등의 봉기 및 폭동을 야기시키지 못하고 도리어 인민군 후방에서 폭동이 야기되었으니 이것이 정치적 실패의 가장 큰 문제가 되는 것이다"라고 평가하였다.[47] 이와 같이 북한은 후에 전쟁이 점차 장기화되어 승전의 가능성이 멀어지게 되자 내부적으로 전쟁의 책임 문제를 거론하게 되었고, 결국 남로당계는 남한 지구당이 남침에 호응하여 적극적으로 활동하지 못한 죄로 인해 숙청당하기에 이른다.

그러면 여기에서 북한 내부의 정치적인 비판과 수사적인 표현과는 별개로 실제 1950년 7월 초부터 북한 게릴라들의 활동상황은 어떠하였는지 구체적으로 살펴볼 필요가 있다. 북한 게릴라의 활동은 남침 직후에는 정규전에 배합한 766부대 등 유격부대와 사단에 편성된 유격부대가 주로 활동하였으나, 1950년 7월 초부터 점차 시간이 지나감에 따라 지구당 게릴라들의 활동이 두드러지기 시작하였고 결과적으로 아군작전에 위협적인 요소가 되고 있었다.

미 제8군의 정보보고에 의하면, 군사고문단은 전쟁발발 이후 7월 18일까지 적 게릴라의 전·부상자 규모가 6,000명에 이른다고 집계하였다.[48] 이미 이 시기 게릴라의 활동이 본격화되고 있음을 예고하였다. 주북한 소련대사 스티코프도 스탈린에게 "성공적인 인민군의 공격은 빨치산 게릴라 활동을 더욱 고무하였으며 최근에는 남한군 후방에서의 빨치산 활동이 더

---

46) 육군본부, 『북괴 6·25 남침분석』, 1970, p.318 ; 유성철, 「나의 증언」 (10), 『한국일보』 1990년 11월 13일자.

47) 중앙정보부, 『6·25이전 대남공작 실패요인』, p.355 ; 지구당 빨치산들이 전혀 활동하지 않았다는 비판은 다분히 정치적인 것이었음은 다음의 사실에서도 확인된다. 즉, 남도부 부대는 1951년 11월 30일 중앙당 지령으로 남하한 정지령과 합작하여 부산조병창을 방화하여 최고인민회의로부터 1952년 2월 8일 자유독립훈장 1급을 수여받았으며, 또 제5지구당 위원장인 이현상은 추풍령 터널 폭파 등 공이 크다 하여 1952년 2월 5일 최고훈장인 영웅칭호와 국기훈장 1급을 수여받았다. 김남식, 앞의 논문, p.162.

48) U.S. 8th Army, *G-2 PIR Repts* NO.6(1950.7.18).

욱 활발히 전개되고 있다. 그러나 미국 측의 선전선동으로 인하여 일부 주민들의 정치적 사기는 저하되었다"[49]라고 하여 게릴라 활동이 점차 적극성을 띠고 있다고 하였다.

실제 미군의 선발대인 미 제24사단 스미스특수임무부대가 1950년 7월 4일 죽미령에 배치될 때 민간인들로 인해 다소간의 차질을 빚었으며, 그 후 미군은 피난민 속에 가장한 적 오열들로 큰 난제에 봉착하게 되었다. 7월 7일 제24사단 주력이 천안 지역에 방어선을 편성하고 처음으로 대전차지뢰를 정정동 열차 건널목과 진천-온양 도로에 매설하고 도로를 통제하였으나, 대전차지뢰는 북한군이 침투시킨 민간인과 국군복장으로 위장한 게릴라들이 제거하였기 때문에 무용지물이 되고 말았다.[50] 미군은 오산·평택·천안·대전 전투 이후 남파 게릴라와 지구당 게릴라, 사단소속 게릴라의 활동으로 어려움을 겪고 있었다.[51]

미군은 대전전투에서 전선으로부터의 정규군 공격과 함께 측면과 배후로부터의 게릴라의 공격을 실감하였다. 대전전투에서 철수하면서도 지구당 게릴라들이 설치한 장애물과 복병 때문에 큰 피해를 입었다. 미군은 통상의 야전조건하에서 강력한 화력과 높은 기동성이라는 장점을 발휘할 수 있었지만, 북한 게릴라의 비정규전에 의해 큰 피해를 입고 있었다. 미 극동군에서 파악한 1950년 7월 중순까지의 적 게릴라 활동 상황을 정리하면 아래의 표와 같다.

| 표-1 | 북한 게릴라 활동[52]

날짜	내 용
6.30	인천에서 게릴라 300여 명 폭동

---

49) 「슈티코프가 핀시동지에게」(1950.7.1), 앞의 자료 제3권.
50) 전병규, 『6·25와 천안』, 인문당, 1988, p.58.
51) *South to the Naktong, North to the Yalu*, pp.199~252.
52) FEC, *G-2 IR NO.25*(1950.7.21.04:00~22.04:00).

7.7		영산에서 소제 소총과 탄약 178발로 무장한 1명의 게릴라 체포
//		목포에서 게릴라 파출소 기습
7.8		부산에서 일단의 게릴라 병력이 고지대에서 활동을 개시함
//		서남부지역 전남에서 게릴라 활동 가열화
//		경남에서 30명의 무장 게릴라가 작은 부락을 약탈함
//		함양에서 30명의 게릴라가 마을을 공격, 경찰에 의해 격퇴됨
7.9		고창에서 경찰이 마을에 침입한 게릴라 30명과 교전
//		함안에서 게릴라가 마을에 침입하여 약탈, 방화, 납치
//		산청에서 게릴라 활동이 보고
//		밀양에서 게릴라 1명이 마을을 공격하고 3만 원을 약탈
//		하동에서 일제소총으로 무장한 8명의 게릴라가 의복을 약탈
//		창녕에서 일단의 게릴라가 시내를 공격
7.11		대전에서 17명이 게릴라 혐의로 체포됨
7.13		영천에서 1천여 명의 게릴라가 시내 남동 5마일에 위치
7월 중순		동해에서 소규모 게릴라 여러 지역에 출현, 경찰병력과 교전
//		부산지역에서 게릴라 조직이 편성되고 선전이 강화됨
//		지리산에서 일단의 게릴라가 조직 훈련 중임
7.15		창방에서 일제소총으로 무장한 7명의 게릴라가 마을의 가옥을 방화
7.16		월례산에서 40여 명의 게릴라가 파악됨
//		보령에서 마을에 약 45명의 게릴라가 관측
//		상정에서 약 20여 명의 게릴라가 마을부근 고지에 확인됨
7.17		대천에서 2명의 게릴라가 마을로 잠입
//		양주에서 40~80여 명의 게릴라가 마을에 있다고 보고됨
//		북산에서 무장한 15명과 비무장한 15명이 마을에 잠입, 약탈
//		오부에서 13명의 게릴라(7명은 무장)가 약탈, 납치
//		원동에서 11명의 게릴라가 마을을 공격, 살인, 방화
7.18		영양에서 약 1850여 명의 게릴라 지역 내 준동
//		양산에서 무장한 5명과 비무장한 10명의 게릴라가 파출소 공격
//		산천에서 6명의 게릴라가 사람들을 모아 반정부 전단 살포
//		산번에서 8명의 게릴라가 마을을 약탈
//		남내에서 12명의 게릴라가 마을을 침입 약탈, 납치
//		삼탄에서 수명의 게릴라가 경찰과 교전
//		삼장에서 20여 명의 게릴라가 마을을 침입

위의 표는 1950년 7월 초부터 18일까지 일부 산악지대에 잔존하고 있던 빨치산들이 북한군의 작전에 호응하여 활동한 사례를 집계한 것이다. 위의 표에 의하면, 적 게릴라들이 7월 중순경까지는 주로 지리산, 경북 등 산악을 근거로 활동하였으며 일부가 인천, 부산 등 도시에서 파출소를 기습한다든지 선전활동을 전개하였음을 알 수 있다. 특히 서울점령 이후부터 지방 좌익계청년들이 게릴라에 합류하는 경우가 많았음을 고려하면, 각 지구당 빨치산들이 7월 초부터 서서히 활동 빈도가 늘어나고 있음을 알 수 있다. 이러한 상황은 다음의 북한 자료에 의해서도 거의 비슷하게 확인된다.[53]

‖ 표-2 ‖ 북한 게릴라의 활동

날짜	내 용
7.12	함양지구 유격대는 함양군 서상면 대남리 일대를 기습, 함양경찰과 접전하고 대남리를 일시 점거
7.13	영광군 서해안 유격대의 한 부대는 염산면 봉남리를 습격, 경찰부대 100여 명과 접전
//	산청지구 지리산 유격대는 산청군 오부면 신기부락에 들어가 우익계인사를 살해
7.17	화순방면의 지리산 유격대의 한 지대는 고시리 일대에서 우익계 인사들을 살해, 일시 점거
//	전남 일대 유격대는 정흥·팀양·화순·광주 광양 등에 들어가 군경과 접전
//	광양군 옥룡면에 침입한 지리산 유격대의 한 부대는 죽천리 일대를 점거
//	경남 백운산 유격대는 3일간 거창 함양방면에 침투, 지리산 유격대와 합동하여 경찰과 교전
7.25	동해안 유격대는 봉화군 재산면과 경찰지서를 기습, 좌익청년들이 군용미곡창고 1,300가마 약탈
7.27	경북도당 책임자 배철 유격대는 대구비행장을 화개면에서 미군포진지를 급습
8.10	지리산 이현상 부대는 대구 달성 가창면 일대에서 미군 통신부대를 기습
8.25	경남 창령에서 미군사령부 차량을 습격
9.6	경북 청도지구에서 북한군과 협동작전을 전개

위의 자료는 중앙통신사가 전쟁기간 동안 정리한 내용이다. 위의 자료에 의하면, 마찬가지로 남침 직후의 상황에 대해서는 전혀 언급이 없으며

---

53) 중앙통신사, 『조선중앙년감』, 1951~1952, p.411.

7월 중순 이후 게릴라 활동이 집중되고 또 지역적으로도 호남 지리산을 중심으로 하고 일부가 동해안, 경북 등지에서 활동하였음을 알 수 있다. 이 자료는 게릴라 활동 시기와 지역이 앞의 극동군 자료와 비교하여 정확하게 일치하지는 않지만 대체로 비슷하게 정리하고 있음을 볼 수 있다.

따라서 지구당 게릴라는 1950년 7월 초부터 움직이기 시작하여 7월 중순 이후 아군에게 큰 위협이 되고 있음을 알 수 있다. 이러한 상황은 대전이 상실된 이후인 7월 22일부터 7월 30일까지 영동-김천 간 적 게릴라 상황에서 보다 분명히 드러난다. 이때의 게릴라 활동 상황을 표로 정리하면 다음과 같다.

표-3 ▮ 북한 게릴라 활동[54]

날짜	내 용
7.22	무주국민학교와 기호리에서 일단의 게릴라들이 관측
//	영동부근 피난민 무리에 숨어있는 첩자 체포
7.23	영동 서남에서 수상한 한국인이 무전기를 운반하는 것을 적발
7.24	피난민들 중 무전기를 소지한 임산부 색출
//	영동부근 미군 전방 이동 중 게릴라 공격받음
7.25	1기 병사단 지역에 대규모 게릴라 존재한다고 보고
//	약 30여 명의 게릴라들이 관리 사단 지휘소 사격
//	영동-황간 철로 상 게릴라 20여 명이 매복, 미군 복장을 한 게릴라 기습 공격
//	황간-관리 간 게릴라 300여 명이 침투
7.26	영동부근에서 미군 포병은 적 게릴라의 저격과 매복에 의해 손실을 입음
//	영동부근 게릴라 미군 차량 기습
//	게릴라 영동-황간 도로상 미군 차량 3대를 기습, 4명이 부상
//	관리의 아군 2명이 게릴라의 사격을 받아 부상
//	관리에서 사살된 게릴라의 수첩에 아군 후방지역 정보 파악
7.28	황간 부근 미군복장과 무기로 무장한 적의 기습
//	영동부근 목창으로 무장한 적 150여 명의 공격
7.29	용산면 제2사단 중대 11명과 합류한 유격대 4명이 미군 후방정찰. 미군 포진지와 지휘소 습격

위의 내용은 당시 현재시간의 미군 부대보고서에 의해 작성된 내용으로서 7월 22일경부터 적 게릴라의 활동이 대단히 심각해지고 있으며 그 빈도수도 점차 증가하고 있음을 알 수 있다. 이때의 상황에 대해 미 제24사단장 처치 장군은 "완전히 다른 전쟁이며, 게릴라전쟁"이라고 하였으며, 극동군 정보참모부장 윌로비는 북한 "빨치산들은 잘 조직되었으며, 현재 미군에게 가장 크고 유일한 골칫거리이다"라고 하여 적 게릴라의 심각성을 지적하였다.[55]

내무장관 조병옥도 "나는 그때 영동지구 미군 사령관에게 공산 오열들이 농부를 가장하고 야습할 우려가 있다고 개진한 바 있었고 워커 장군에게 우리 경찰대를 배속하여 통역하게 하고 또 오열을 색출, 탄약보호 등의 임무를 맡기도록 요청하였으나, 워커 장군은 미 육군 편제상에도 임무가 명시되어 있다고 난색을 보였던 것이다. 그러나 나의 우려는 적중하여 영동지구에서 공비들이 평민을 가장하고 유엔군 진지에 따발총을 가지고 습격하여 마침내 영동전선을 상실하게 되었던 것이다"라고 하였다.[56] 제25사단장 킨 소장도 7월 20일 "민간인 복장을 한 1개 집단이 마을에 진입하여 군복으로 갈아입고 아군을 체포하였다"라고 하여 이에 대한 특별한 경계를 하달하였다.[57]

한편 이 무렵 미군 방어축선인 영동-김천 지역에서 북한군이 종종 피난민을 앞세우고 아군의 진지로 접근하는 전술을 사용하고 있었는데, 이러한 전술도 부대 게릴라병력이나 피난민으로 가장한 오열 등에 의해 지원된 것이었다. 즉, 기병사단 보고에 의하면, "적군은 전형적인 공격형태로 일단의 민간인들을 앞세우고 아군 진지로 접근하는 전술을 사용하였다"라

---

54) 「제1기병사단 전투일지」, 「정보보고서」, 「포병부대사」, 「제5·7·제8기병연대 전투일지」, 「작전·정보 저널」 등 1950년 7월 20일자~7월 30일자, 군사편찬연구소 소장자료.
55) 「제24사단 전투일지」(1950.7.30), 「극동군사령부 G-2 IR」(1950.7.28) ; 「New York Times」1950년 8월 5일자.
56) 조병옥, 『나의 회고록』, 민교사, 1959, pp.258~259.
57) 25th Division, *Operations Order and Instructions*, Journal, 20 July.

고 하였으며, "피난민 대열이 전투진지를 통과할 때 적이 피난민 후미를 따라 전면공격을 실시하기도 하였는데, 그것은 북한군에 의해 통제된 것으로 밝혀졌다"라고 하였다.[58]

1950년 7월 중순 이후 북한 게릴라들은 전투부대를 직접 지원한 것을 포함하여 주요보급로 차단, 각 도시 습격, 당정 기관 복구, 무장자위대 조직, 인민봉기 선전유도, 각종 정보제공 등을 수행하여 점차 아군을 위협하였다. 이 무렵 적 게릴라들의 활동 형태에 대해서는 다음의 제8군 보고서를 통해 보다 구체적으로 이해할 수 있다.

즉, 미 제8군은 적 게릴라의 기습이 빈번해지자 이에 대한 내용을 분석하여, "적은 피난민을 가장하고 분해된 무기와 군복을 꾸러미로 만들어 아군 전선을 침투한다. 이들은 탄약과 물자를 우마차 또는 사람을 동원하여 수송하고 있다. 이들은 때때로 흰색의 농부로 가장한 채 산등성이를 타고 아군 전선으로 이동하며, 여자와 어린아이들이 종종 이들과 동행하고 있다. 적군은 아군 전선 후방에서 가지고 온 무기들을 수합한다. 여기에는 소총, 구경30 기관총, 박격포, 수류탄 등이 포함된다. 이들은 아군 후방에서 아군을 기습하는데 주로 마지막에 후퇴하는 아군에 대해 강력한 기습공격을 가한다"라고 하여 차후 경계를 강화하도록 조처하였다.[59] 이 보고서는 남파된 게릴라나 정규사단 내에 편성된 유격부대 게릴라들이 아군을 기습하는 사례를 정리하고 있다.

또 다른 보고에 의하면 "제8군 지역 전부에 게릴라 활동이 증가되고 있으며 철도, 국도, 기타 통신선 파괴행위와 사보타지가 발생하고 있다"[60]라고 하였다. 이것으로 보아 7월 중순 이후에는 남파된 독립 게릴라 부대와 정규 사단 내 게릴라 부대뿐만 아니라 지구당 게릴라들의 움직임도 점

---

58) 제1기병사단 및 제7기병연대 전투일지(1950.7.28).
59) Headquarters of ROKA-EUSA Office of the Commanding General, *Combat Information Bulletin No.1*, Section 1 – North Korea Army Tactics and Techniques(a-j).
60) 8th Army, *G-2 PIR NO.6*(1950.7.18).

차 적극적이었음을 알 수 있다. 남한 내 남로당계 각 지구당은 대체로 7월 초부터 인민위원회 조직을 복구하는 데 주력하면서 게릴라 활동을 지도하였으며 또 한국 군내 세포조직을 침투시켜 포섭활동을 하는 데에도 주력하고 있었다.[61] 특히 같은 시기인 7월 중순~7월 말 북한군 제6사단이 호남 및 경남 지역에 각각 도착했을 당시 마을과 도시를 장악하고 있던 많은 남로당계 지구당 게릴라들이 합류하였다.

통상 적 게릴라들은 2~3명으로 나뉘어 피난민 속에 잠입한 다음 지시된 지점에 집결하여 무기를 조립하고 주간정찰을 실시한다. 그리고 야간이 되면 후방 군수시설이나 지휘소를 습격하고 해가 뜨기 전에 산 속으로 도피하였다. 이들은 무기와 탄약을 우마차나 광주리, 이불 속에 분해하여 숨겨서 운반하고 있었다. 이러한 적 게릴라의 기습으로 마산 북방의 환자수용소가 전멸당한 일이 있었고, 창원의 탄약보급소는 항상 수색중대와 전차를 배치하여 방어해야만 하였다. 함안의 미 제24연대 제1대대 본부가 기습을 당해 부대대장 이하 7명이 부상당하기도 하였다.[62]

그러나 낙동강선 방어작전 시기에는 적 게릴라 활동이 급격히 감소하였다. 그것은 아군의 주민 소개, 피난민 통제 및 대책이 주효한 측면도 있겠지만, 전선이 형성된 이후 적 게릴라들의 후방 침투가 어려웠기 때문이다. 1950년 8월 15일 김일성은 최고사령부 「명령 제82호」를 통해 '빨치산 투쟁'을 적극 강조하였지만, 이미 '선제타격작전계획'에 입각한 군사작전 위주의 지구당 게릴라 운용 방식은 한계를 드러내고 있었다.

이상으로 남침 이후 적 게릴라 활동에 관하여 살펴보았다. 이를 정리하면 다음과 같다. 남침 직후 6월 25일부터 6월 30일까지 적 게릴라는 주로 남파 게릴라(766 등), 정규사단 내의 유격부대 등이 중심이 되어 후방교란

---

[61] 육군본부, 「정기 정보보고」 제54호(1951.2.23), 제55호(1951.2.24), 제56호(1951.2.25), 제58호(1951.2.27), 앞의 자료집에 의하면, 많은 오열들이 대구·마산·부산 등지에 침투하여 지하조직을 편성하거나 선전 및 정보수집 활동을 수행하고 있었음을 알 수 있다.
[62] 육전사연구보급회, 육군본부 역, 『한국전쟁』 제2권, p.101.

등 배합전술 활동을 전개하였고, 지구당 게릴라의 활동은 거의 전무한 상황이었다. 남한 각지에 잠복한 남로당계는 지구당 복구, 북한군 환영위원회 결성, 그리고 북한군 지원 등과 같은 소극적인 역할을 수행하였지만, 7월 중순 이후부터는 아군을 기습하는 등 점차 적극성을 띠기 시작하여 아군 작전을 크게 교란하였다.

결과적으로 북한군 게릴라의 활동은 남침 직후인 1950년 6월 25일~6월 30일 동안 독립 게릴라 부대와 정규사단에 편성된 게릴라 부대가 주로 정규작전에 배합하여 활동하였으며 지구당 게릴라의 움직임은 거의 없었다. 지구당 게릴라는 1950년 7월 초부터 지리산 등 각지에서 활동을 시작하였다. 따라서 동년 7월 중순부터 8월 초까지 적 게릴라의 활동은 아군의 작전을 크게 위협하는 수준이었으나, 8월 중순 이후 적 게릴라 부대들은 소기의 목표를 달성하지 못하고 정규 사단에 재편성되었다. 제766부대는 제12사단에 흡수되었으며, 북한군 제4·5·6사단 게릴라 부대도 정규부대로 전환되었고 각 지구당 게릴라들도 의용군총사령부를 통해 정규군으로 재편되었다.

4. 퇴각 시기 게릴라 조직과 운용

북한은 아군의 인천상륙작전과 낙동강 선에서의 총반격 시 일부병력으로 제2전선을 형성하여 주력군의 재 진격을 지원하기 위한 작전으로 전환하였다. 북한군의 제2전선 형성은 유엔군의 후방 지역을 교란하여 증원부대의 지원을 차단하고 차후 반격으로 이전할 경우 자신들의 전선타격부대와 배합전술을 펼친다는 전략방침에 기초한 것이었다. 북한군 최고사령부는 1950년 9월 23일 후퇴명령을 하달하였다.

북한군의 제2전선 형성계획은 게릴라 전술의 대가라고 할 수 있는 모택동의 구상으로부터 나온 것이라는 사실이 확인된다. 북한군 후퇴명령 직후 스탈린과 김일성으로부터 지원 요청을 받은 1950년 10월 2일 모택동은 유엔군의 후방 지역에 잔류하고 있는 북한군 패잔병들에게 후방 지역 작전전개를 종용하였다. 즉, 그는 스탈린에게 보낸 회신에서 "지금은 군대를 파견치 않고 차후의 전투에 대비하여 준비를 하는 것이 좋을 것으로 봅니다. 북조선은 패배를 겪은 당분간 투쟁방식을 빨치산 전투로 전환할 수 있을 것입니다"[63]라는 입장을 밝혔다. 물론 이때의 모택동의 입장은 중국군이 참전할 것인가의 여부 문제를 중앙위 회의에서 심각하게 논의하고 있는 상황이었기 때문에 당분간 북한 스스로 대처할 수 있는 방안 중의 하나로 제안한 것이라고 이해되는 측면도 있다. 어찌되었든 모택동은 북한군 중 많은 병력이 게릴라화되어 유엔군 후방을 교란시킨다면 장기적인 측면에서도 의의가 있다고 판단하였던 것이다.

그는 이 문제에 관해 보다 구체적으로 "현재 적군의 대부분이 북진으로 인하여 후방 지역이 텅 비어 있기 때문에 인민군대로서 북쪽으로 철수할 수 없는 자는 모두 남조선에 남아 적의 후방 지역에서 작전을 전개할 것을 건의합니다. 이는 전략상 필요할 뿐만 아니라 앞으로 작전을 전개해 나가는 데 매우 유리할 것입니다. 만일 4~5만 명의 인민군이 남조선에 남아 이 임무를 담당한다면 장차 북한 지역에서의 작전에 크게 기여하게 될 것입니다"[64]라고 하였다. 낙오병들로 하여금 제2전선을 형성하여 차후 반격작전에서 배합전술을 운용토록 권고한 것이다.

모택동의 조언이 있은 며칠 후인 1950년 10월 8일 조선노동당 정치위원회는 지금까지 군사조직 위주로 운용되던 게릴라 조직을 지구당 중심으로 전환시키기 위하여 '각 지구당이 책임지고 유격대를 조직할 것'을 결정하였다. 10월 10일 김일성은 방송연설에서, "당 조직을 비합법적인 지하당으로 전환 개편시킬 것, 유격전 야산대 활동 경험자와 입산하여 유격전 참가가 가능한 당원들은 전원 입산시켜 유격대에 참가시키고 그렇지

---

63) 「모택동이 필로포프동지에게」(1950.10.2), 앞의 자료 제3권.
64) 北京中央文獻出版社, 『建國以來 毛澤東文庫』(1), 1987, p.547.

못한 인원들은 남강원도 지역까지 조직적으로 후퇴시킬 것, 입산한 간부 당원 맹원들은 전원 유격대 조직에 참가하여 유격대를 편성하고 도당지도부의 지도 밑에 활동을 전개할 것" 등을 지시하였다.[65]

북한군 최고사령부는 게릴라전 수행을 독려하면서 "반공격전에서 성과를 거두기 위해서는 기본 전선에서의 타격과 함께 적후 부대들의 배후타격을 강화하여야 합니다. 적 후방에서 활동하는 인민군부대들과 빨치산들은 적의 종심 깊이에서 적극적인 활동을 전개하여야 하겠습니다"[66]라고 하였으며, 또한 제2전선 부대들에게 "적후에서 활동하고 있는 인민군 연합부대들은 인민유격대와의 긴밀한 연계 밑에 도처에서 적의 수송로를 차단하고, 적의 지휘부를 습격하여 적들에게 체포 구금된 애국자들을 구출하고 해방지역을 계속 확대하여야 하겠습니다"[67]라는 임무를 부여하였다.

이로 인해 북한은 퇴각 시 종전의 무자비한 활동방식을 중지하고 병력을 확보하면서 근거지를 강화하기 위하여 지구당 조직을 확대 강화하는 데 주력하였다.[68] 미처 북상하지 못한 북한군 패잔병은 지방 빨치산과 결탁하여 약 1만 5천 명이 호남 일대에 입산하여 재편을 시도하였다. 각 지구당은 입산한 자들을 규합, 여러 개의 게릴라 부대를 조직하기 시작하였으며, 부대 편성에서는 지방 민청원과 자위대원이 주가 되었으나 북에서 파견된 내무서원, 정치보위부원, 정치공작대원 또는 후퇴하지 못한 북한군도 합류하였다. 이현상 부대는 낙동강 선에서 북한군을 지원하였으나 퇴각시기 다시 지리산으로 잠입하여 부대를 재편성하였다.[69]

한편 지리산 등 남한 지역의 게릴라와는 별도로 국군의 북진시기에 북

---

65) 김남식, 앞의 논문, p.152.
66) 사회과학원역사연구소, 『조선전사』 제26권, 1981, p.101.
67) 위의 책, p.102.
68) 육군본부, 앞의 자료집, 「정기정보보고」 NO.200(1951.7.19)에 의하면, 이 무렵 국군은 적 게릴라 부대인 독립유격대 제6지대, 조선인민유격대 남부군단, 충남도당유격대, 전북도당유격대, 전남도당유격대, 지리산지구유격대 등을 구체적으로 파악하고 있었다.
69) 김남식, 앞의 책, p.445.

한은 북한군 약 1만 명이 철의 삼각지인 평강·철원·김화 일대에서 더 이상 북상하지 못하자 이들을 비정규전부대로 편성하도록 임무를 하달하였다. 이들은 최현의 지휘하에 3개 사단(제2군단)으로 재편성되어 아군 후방 지역에서 비정규전을 수행할 준비를 갖추고 있었다.[70]

1950년 10월 중순경 아군이 장악한 남북한 지역 내에는 상당한 규모의 북한 게릴라 부대들이 조직되었다. 이 무렵 북한 게릴라의 규모는 자료마다 상이하게 나타나고 있다. 즉, 한국군 측의 자료는 대략 북한 지역에 1만여 명, 남한 지역에 1,5000여 명, 총 2,5000여 명으로 집계하였고,[71] 유엔군사령부는 후방의 산악 지역에 최대 30,000명 이상의 게릴라 병력들이 존재한다고 보았다.[72] 소련 군사고문단은 북한 게릴라 총수가 대략 40,000여 명에 달하며 지역별 분포까지 정확하게 파악하고 있었다.[73]

소련 군사고문단장 라주바예프 보고서철에 의하면, "현재 유격대 활동이 가장 활발한 곳은 동부 연안 원산·간성·고성·양양·삼척·울진 등지이다. 유격대 총수는 대략 4만여 명에 달하는데, 이 중 원산 남쪽 지역에 약 4,000명, 고성·김회 양양 지역에 약 7,000명, 이천지역에 약 1,500명, 안성지역에 약 5,000명, 보은 지역에 1,500명, 문경지역 8,000명, 상주지역 2개 보병연대, 조선 남서부 지방(목포 담당) 등에 약 15,000명이 활동하고 있다. 그 밖에도 삼척·울진·대구·부산 북쪽 그리고 일련의 다른 거점에서 활동하고 있다. 이들 게릴라 병력은 총기와 야포로 무장된 잘 조직되고 규율을 갖춘 부대이다. 독립 유격대들의 병력도 약 2,000명을 헤아리고 있다"라고 하여 지역별로 구체적으로 열거하고 있다. 이는 당시 소련 군사고문단이 북한의 보고 자료를 중심으로 재작성하

---

70) 전사편찬위원회 역, 『한국전쟁』(상), 1987, p.104.
71) 육군본부, 앞의 책, 『공비토벌사』; 국방부 전사편찬위원회, 앞의 책, 『대비정규전사』 참조.
72) 정용욱, 「한국전쟁기 미군 방첩대 조직 및 운용」, 군사편찬연구소, 『군사사연구총서』 제1집, 2001, p.82.
73) 「살린 중장이 로모프 중장 동지에게」(1950.11.3), 군사편찬연구소 역, 『소련 군사고문단장 라주바예프의 6·25전쟁 보고서』 제1권, 2001, p.262.

여 본국에 보고한 내용이므로 비교적 사실에 가까운 것으로 판단된다.

따라서 1950년 10월 북한 게릴라들은 각 지역 특히 북쪽은 김화 지역, 남쪽은 지리산을 중심으로 각각 게릴라를 조직, 도·군·면·리 당별로 거점을 확보하여 월동준비에 분주하였다. 남한 지역 내 게릴라들은 지리산을 중심으로 백운산-덕유산 회문산·속리산·불갑산·백아산·화학산 일대의 험준한 산악지대에 근거를 두고 호남지구 각처에서 아군의 보급로 차단·식량 약탈·지서 습격·차량 기습·통신망 절단 및 살인, 방화 등 갖은 만행을 자행하였으며 또한 그들은 전남 도처에서 해방지구를 조성하여 보급투쟁을 전개하였다. 이들은 지리산 부근의 운봉·곡성·하동 등지에 출몰하여 양민들을 위협하는 한편, 남원-구례-순천에 이르는 전라선 철도를 파괴하고 군용열차를 습격하여 무기와 보급품을 약탈하는 등 아군 후방지역을 극도로 교란하였다. 이들의 행동이 전후방 전역에까지 파급되고 민심은 극도로 동요되어 국민사기를 저하시키는 가장 큰 요인이 되었다.[74]

이 무렵 각 지구당은 당 조직을 건설하는 데 있어서도 시행착오를 겪고 있었다. 즉, 지리산지구 빨치산 김재연 지대에서 게릴라 부대는 부대 내 조직을 구성함에 있어 상부의 지침이 현실성이 없음을 보고하고 재심사 기준을 마련하여 빨치산을 편성하였다.[75] 1950년 11월 23일자 기록에 의하면, 김재연 지대 내에는 과거 당원 104명 중 곧바로 당원으로 재등록시킬 수 있었던 대원은 단지 24명에 불과하여 재심사 기준을 마련하였다고 한다. 즉, "당원으로서 투쟁하지 않아도 전쟁 개시 후 전선에 나가서 희생적으로 투쟁한 동무, 보련에 들어갔어도 굴하지 않고 절개를 지킨 자로서 열성적으로 싸운 동무, 대한노총에 강제 가입하여 과오를 범하였어도 과오를 인정한 자" 등으로 조직을 구성하기로 결정하였다.[76]

이 무렵 이현상은 고립된 부대를 이끌고 북상하여 1950년 11월 중순 강

---

74) 국방부 전사편찬위원회, 『한국전쟁 휴전사』, 1989, p.143.
75) 한림대학교 아시아문화연구소, 『빨치산자료집 1』, 아시아문화연구소, 1996, p.3.
76) 위의 자료, p.6.

원도 후평리에 도착하였다. 이 지역에는 이승엽이 북한군 낙오병, 민간인 등을 모아 게릴라로 재편성하고 있었다. 여기에서 이현상은 '조선인민유격대 남부군' 부대장에, 여운철이 정치위원으로 각각 임명되었다.[77] 그 후 1950년 12월 이현상은 약 800여 명의 남부군을 이끌고 다시 지리산으로 침투하였다.

한편 비정규전 임무를 수행하도록 재편성된 북한군 제2군단은 주로 강원도, 황해도 일대에서 10월 14일부터 행동을 개시하였으며 이들은 부대별로 근거지를 확보하고 지역주민과 유대를 강화함은 물론 종래의 당 조직과 정권기관, 근로단체들을 복구 및 정비함으로써 후방 지역 작전을 위한 대중적 지지기반을 마련하고 주민들을 조직적으로 동원하여 활용하였다. 또한 이들은 지방 당 조직의 지도 아래 인민유격대를 조직하여 협조된 작전을 실시토록 하였다.[78]

제2군단은 이러한 방침에 따라 철의 삼각지대를 중심으로 한 중부산악지대에 주요 거점들을 확보한 후 원산-평양 및 원산-철원 간의 교통로를 완전 차단하여 국군과 유엔군의 측·후방을 위협하면서 보급시설, 야전병원, 보급열차, 통신부대 등을 습격하여 막대한 피해를 입혔다.[79] 북한군 제2군단이 제2전선을 형성할 수 있었던 것은 패잔병의 상당수가 38도선 이북에 잔류하면서 북한주민의 지원을 받을 수 있었다는 점과 지형에 익숙하다는 유리한 점이 있었기 때문이었다.

북한군 제2군단에 재편성된 병력들은 100명 혹은 200명이 집단적으로 소백산맥, 태백산맥, 안동·원주·춘천·화천 선으로 북상하였고, 태백산·오대산·일월산 등 험준한 산악지대에서 강릉·삼척·주문진 등을 습격하면서 북상, 양구·화천 일대로 이동하였다. 패잔병들은 대부분이 정규군이었고 패배한 각 사단에서 소집단으로 규합 편성된 부대였으므로

---

77) 위의 자료, pp.18~19.
78) 사회과학원, 『조선전사』 제26권, pp.105~107.
79) 국방부 전사편찬위원회, 『대비정규전사』, pp.104~105.

그 행동은 조직적이었고 편성도 정규군에 흡사하였다.

이상으로 퇴각시기의 북한의 제2전선 상황에 대하여 살펴보았다. 북한군 최고사령부는 퇴각시기 모택동의 조언 대로 유엔군 후방 지역에 대규모 게릴라 부대를 편성하여 제2전선을 형성하기로 결정하고, 각 지구당 게릴라와 북한군 낙오병들에게 조직 편성을 명령하였다. 각 지구당은 기존 군사작전 위주의 활동에서 근거지 확보를 위한 당사업과 조직 강화를 시도하였으나, 남한 각 지역에서는 근거지를 확보하지 못하여 임무 전환이 어려운 상황이었다. 결국 제2전선 형성은 전선의 국군 및 유엔군 작전에 불안을 조성케 함은 물론 병력보충 및 병참선의 차단 등으로 후방 지역 작전의 추가적인 병력 소요를 발생하는 정도의 역할을 수행하였다.

5. 맺음말

북한은 전쟁 이전부터 남침 이후 낙동강 전선에 이르기까지 각 지구당 게릴라들을 군사작전 위주로 편성·운용하였으며, 인천상륙작전이 단행된 이후에는 각 지구당이 중심이 되어 군사작전보다는 당 공작 위주의 정치사업과 조직화로 전환하는 조치를 취하였다. 그러나 결과적으로 북한은 정규군의 압도적인 우위에도 불구하고 후방 게릴라전을 성공적으로 수행하지 못함으로써 결국 소기의 목표를 달성하는 데 실패하였다. 게릴라전의 실패는 남파유격대는 물론 지구당 빨치산조차 게릴라전의 가장 중요한 부분인 대중적인 지지기반을 확보하지 못하였기 때문이었다.

북한 정권수립부터 김일성과 박헌영은 무력통일에 의견을 같이 하고 있었지만 그것을 이행할 군사전략 방침에 있어서는 큰 이견을 보이고 있었다. 즉, 박헌영은 북한 정권 내에서 자신의 입지와 관련하여 남한 내 남로당계와 빨치산 활동에 대해 큰 기대를 두고 있었던 반면, 김일성은 정규작전에 의한 속전속결로 전쟁을 마무리하되 일부의 비정규전 부대를 운용한다는 방침이었다.

북한은 게릴라들을 정치교육보다 군사교육 위주로 훈련시켰으며, 게릴라를 장기계획에 의해 운용하거나 배치할 필요성을 느끼지 않고 있었던 것이다. 그러면 전쟁 이전부터 전쟁기간 동안 북한의 게릴라 운용의 특징과 성격, 그리고 실패요인 등을 본문의 내용을 중심으로 분석해 보면 다음의 몇 가지로 정리할 수 있다.

첫째, 전쟁 이전 북한은 남한 내 지구당 활동을 지원하는 데 대단히 소극적이었으며, 또 북한군의 선제타격작전에 의한 전면 남침 시 지구당 빨치산이 아니라 남파 인민유격대의 군사적 역할에만 기대를 걸고 있었다. 이는 결과적으로 전쟁 이전과 남침 이후 전선이 교착된 이후 게릴라들이 근거지를 확보할 수 없었던 중요한 원인이 되었으며, 나아가 정치적으로 남로당계의 숙청과도 밀접한 관련을 갖게 된다.

둘째, 남침 당일까지도 지리산 등을 중심으로 국군의 게릴라 토벌작전이 전개되고 있었기 때문에 게릴라들이 전쟁 시 후방을 결정적으로 교란시킬 수 없었다. 또한 전쟁 이전과 전쟁시기 게릴라 토벌은 특별한 경우를 제외하고는 미군이 아니라 대부분 한국 군경이 직접 전담하여 작전을 수행하였기 때문에 게릴라들에게 지역주민들을 선동할 수 있는 빌미와 명분을 주지 않았다.

셋째, 남침 직후 북한 게릴라의 활동은 1950년 6월 25일~6월 30일 동안 독립 게릴라 부대와 정규사단에 편성된 게릴라 부대가 주동이 되어 정규작전에 배합하여 활동하였다. 지구당 게릴라는 1950년 7월 초부터 지리산 등 각지에서 활동을 시작하였다. 7월 중순부터 8월 초까지 적 게릴라의 활동은 아군의 작전을 크게 위협하는 수준이었으나, 8월 중순 이후 적 게릴라 부대들은 소기의 목표를 달성하지 못하고 정규 사단에 흡수되어 재편성되었다. 제766부대는 제12사단에 흡수되었으며, 북한군 제4·5·6사단 게릴라 부대도 정규부대로 전환되었다. 각 지구당 게릴라들도 의용군총사령부를 통해 정규군으로 재편되었다.

넷째, 북한군의 퇴각시기 북한군 최고사령부는 모택동의 조언대로 유엔군 후방 지역에 대규모 게릴라 부대를 편성하여 제2전선을 형성하기로 하고, 각 지구당 게릴라와 북한군 낙오병들에게 조직 편성을 명령하였다. 이에 따라 각 지구당은 기존 군사작전 위주의 활동에서 근거지 확보를 위한 당사업과 조직 강화를 시도하였으나 남한 각 지역에서는 근거지를 확보하지 못하여 여의치 못하였다. 결국 제2전선 형성은 전선의 국군 및 유엔군 작전에 불안을 조성케 함은 물론 병력보충 및 병참선의 차단 등으로 후방지역 작전의 추가적인 병력 소요를 발생하는 정도의 역할을 수행하였다.

다섯째, 북한의 게릴라 운용은 모택동의 정치 군사적 운용 방식의 핵심인 '근거지 확보'를 등한시하고 소위 빨치산들을 군사적으로만 활용하려 하였다. 당 조직이 정보, 연락, 보급, 훈련 등의 기지로서 역할을 못하면서 게릴라는 '물(주민)을 떠난 물고기 신세'로 전락하였고, 지역주민은 빨치산 활동에 점차 거부반응을 보이기 시작하였다. 게릴라들은 약탈과 범죄 행위 등으로 지역주민들의 미움과 두려움을 샀으며, 더구나 유엔군의 북진작전 이후 다른 환경이 조성되어 활동기반이 거의 무너지게 되었다.

여섯째, 전쟁 이전 남로당 조직의 조기 와해로 결정적인 순간에 역량을 발휘하지 못하였고, 또 남침 이후 북한군이 남한지역을 점령하고 있을 당시 모든 좌익 조직이 노출되어 유엔군의 반격과 북진시기 상당수의 지구당 게릴라들이 토벌되었다. 잔류한 게릴라들은 토벌작전에 따라 피동적으로 산속 깊이 도피할 수밖에 없었다. 특히 남한의 지형적 특징은 산세의 높이만 높고 폭이 좁아 대규모 게릴라 부대가 활동하기에는 부적합하였으며 또한 각 지구당 게릴라를 동시에 연결할 수도 없었다.

일곱째, 남한 지역 내 게릴라 활동은 남한에 경제적 부담과 군사적 희생을 강요하였다. 남한에서 활동하던 게릴라는 대규모 거점 확보나 남한 내부 안정을 심각하게 위협하는 성과를 거두지는 못했지만 토벌작전에 막대한 노력과 비용을 지출케 함으로써 전선의 전투력을 크게 약화시켰다. 전쟁 이전 국군은 토벌작전에 전방사단의 일부와 후방의 3개 사단 등 4개 사단 규모와 경찰병력을 투입하였으며, 전쟁기간 북진시기에도 유엔군은 북한 게릴라 병력을 토벌하기 위해 군단 규모의 병력을 투입하지 않을 수 없었다.

제4장
이승만 정부의 북진통일론

1. 머리말

일반적으로 한국전쟁 연구는 해방 이후 냉전의 격전장이란 측면과 강대국 간의 전략적 배경 안에서 이해되어 왔다. 이는 역사를 단순화시켜 보는 결과이다. 왜냐하면 한국전쟁은 복잡한 이해관계의 대립에서 나타난 결과이며, 타의로 분단된 외적조건 못지않게 남북 갈등이라는 내적 조건도 무시될 수 없기 때문이다.

그러므로 전쟁의 내·외인이 어떻게 상호 작용하여 남북 간 갈등을 초래하게 되었는지 그 내면적 메커니즘을 들여다보는 것이 중요할 것이다.

지금까지 한국전쟁의 원인은 수많은 연구자들의 관심주제가 되어 오고 있으며 그에 관한 여러 가지의 가설과 추론들이 혼재되어 있다.[1] 이것은 연구자들의 다양한 견해와 더불어 한편으로는 다양한 연구 자료의 부족 특히 북한과 소련 자료의 비공개 때문에 나타난 현상이라고 할 수 있을 것이다.

---

1) 한국전쟁에 관한 연구사 정리는 국토통일원 남북대화사무국, 『6·25전쟁문헌해제』, 1981 ; 김학준, 「한국전쟁 문헌해제 (상) : 한국전쟁의 기원을 중심으로」, 『한국문제와 국제정치』, 박영사, 1981 ; 김학준, 「6·25연구의 국제적 동향」, 동아일보, 『현대사를 어떻게 볼 것인가』, 1988 ; 박명림, 「한국전쟁사의 쟁점」, 『해방전후사의 인식』 6, 한길사, 1989 ; 최봉대, 「한국전쟁의 기원과 그 성격을 둘러싼 몇 가지 문제」, 최장집 편, 『한국전쟁연구』, 태암, 1990 ; 이완범, 「한국전쟁연구의 국내적 동향」, 손호철 외, 『한국전쟁과 남북한사회의 구조적 변화』, 경남대학교 극동문제연구소, 1991 등이 참고된다.

2부
한국전쟁과 동북아 국가 정책

연구결과 학계에서 논쟁점으로 제시될 수 있는 주장을 간략히 정리하면 다음과 같다. 1) 북한의 공격이 일어나도록 방치한 음모가 있었다.[2] 2) 이승만이 북한군을 끌어들여 미군개입을 유도했다.[3] 3) 남한에서 시작된 내전의 연장이고 혁명전쟁이며 아울러 미국의 봉쇄와 반격 전략과 관련 있다.[4] 4) 북한의 내부 분열, 이승만의 위협 고조, 북한에 호전된 국제적 요건, 남한에서의 유격대 투쟁의 퇴조 등이 원인으로 작용했다[5]는 주장이 제출되어 있다.

또한 1) 남로당이 남한을 공산화하는 데 실패했기 때문에 결국 북한에 의해 군사적 남침이 결행되었다.[6] 2) 남한에서의 토지개혁 성공은 공산주의자들의 혁명의 가능성을 불식하는 것이므로 반혁명 분위기가 고착되기 전에 남침했다.[7] 3) 미국 행정부의 각 부서 및 군부의 이해갈등이 주요한 원인이다.[8] 4) 미국의 대한정책은 계산된 위험이 내포되었던 정책이었다[9]는 등의 다양한 시각이 존재한다.

한편 기존시각에 관한 문제제기로서 전통주의와 수정주의의 시각을 극복하고 정치·경제·군사·이념 등의 상호의존을 강조하는 종합적 접근이 제시되기도 한다.[10] 이와는 달리 최근의 연구에서는 북한의 무력통일

---

2) 스톤, 배외경 역, 『비사한국전쟁』, 신학문총서, 1988.
3) 조이스 콜코·가브리엘 콜코, 김주환 편, 「미국의 세계전략과 한국전쟁」, 청사, 1989 ; 로버트 R. 시몬즈, 기광서 역, 『한국내전』, 열사람, 1988 ; 굽타, 『한국전쟁은 어떻게 시작되었나』, 신학문사, 1988.
4) Bruce Comings, 김자동 역, 『한국전쟁의 기원』, 일원총서, 1986 ; Bruce Comings, The Origin of the Korean War Vol.2(The Roaring of the Contract 1947~1950), Princeton Univ. Press, 1981. 커밍스는 남한의 북진론자들, 대만정권, 미국의 롤백주의자들이 각자 한반도에서 전쟁을 준비하고 있었다고 보아 사전 음모의 가능성을 제기하고 있다.
5) 존 메릴, 신성환 역, 『침략전쟁인가 해방전쟁인가』, 과학과 사상 ; 존 메릴, 「한국전쟁의 기원」, 『시사평론』 제19호, 1988.
6) 김점곤, 『남로당연구』, 돌베게, 1984.
7) 사꾸라이 히로시, 「한국의 토지개혁과 한국전쟁」, 김철범 편, 『한국전쟁』, 평민사, 1989.
8) 김철범, 「북한의 남침을 빚어낸 미국의 철군정책」, 위의 책 ; 김철범, 『한국전쟁과 냉전』, 평민사, 1991.
9) 제임스 메트레이, 「계산된 위험-1941년부터 1950년까지에 있어서 미국의 대한공약」, 위의 책.
10) 하영선, 『한국전쟁의 새로운 접근 : 전통주의와 수정주의를 넘어서』, 나남, 1990.

을 강조하면서, 설령 유도가 있었다고 하더라도 전쟁 주체의 능동적이고 적극적인 선택이 없었으면 전쟁은 발발하지 않았을 것이며, 북한이 국제적 분할선이자 이념적 대결 선을 침범한 명백한 침략전쟁이라고 주장한다.[11] 대체로 기존의 전쟁원인에 관한 논의는 미・소 군사공약, 군비경쟁, 통일론, 남북한 체제 등의 문제가 주요하게 분석되고 있다.

본 고에서는 전쟁책임론적인 시각을 지양하면서 주제의 해결을 위해 다음과 같은 구체적인 문제제기를 통하여 접근하고자 한다. 첫째, 이승만이 내세운 무력통일론과 평화통일론의 상관관계는 무엇인가. 한국정부의 계속되는 북진발언이 미국과 북한에 어떤 영향을 미쳤는가. 전쟁전의 객관적 정세와 남북한 역량에 대한 평가는 어떠한가. 둘째 미국이 對한반도 전략 가치를 어느 정도 평가하고 있었는지, 남한에 군원을 왜 제한하였는지 그리고 그러한 조치가 남한과 북한에 어떤 영향을 미치고 있었는지 등을 살펴보고자 한다.

2. 정부수립 직후 통일론 인식

해방 직후 미・소 양군의 분할 점령으로 인해 한국 내에서는 국내 정치 세력들이 식민지 잔재의 개혁 문제를 놓고 첨예하게 대립하였다. 이러한 갈등국면은 분단 이후 내전의 가능성을 내면화시키고 있었으며 단정 이후 더욱 심화되어 갔다.

특히 단정 직후 남한이 갖고 있던 위기 상황은 각 분야에서 표출되었다. 정치적으로 5・10선거를 거부했던 중도 온건세력이 어느 정도 세력을 확보한 상태에서 당시 행정부에 대한 비판적 투쟁을 전개하였고,[12] 물가 상승률이 크게 상승되면서 심각한 경제위기를 초래하였는데,[13] 당시의 심

---

11) 박명림, 앞의 논문, p.197.
12) 최광영, 「한국전쟁의 원인에 관한 연구」, 서울대학교 정치학 석사논문, 1984, p.144.
13) 이호재, 앞의 책, p.364. 정부수립 직후 1949년 한국의 국가 총예산 중 국방 및 경찰 예산은

각한 인플레이션은 이승만 정부의 막대한 적자재정에 기인한 것이었다. 또한 군사적으로 남북 간 군비경쟁을 비롯하여 분계선 충돌을 야기하고 있었으며, 또 남한 내에서의 토착 게릴라와의 교전횟수가 1949년 말까지 급격히 증가되고 있어 큰 위기를 맞고 있었다.[14] 이러한 상황은 당시 뉴욕 헤럴드사 기자인 스틸이 평가하고 있는 것이 참고된다.

> 미·소 간의 사실상 전쟁이 38선 전역에서 실제로 벌어지고 있다. (중략) 미국의 돈과 무기 그리고 기술지원만이 공화국의 수명을 몇 시간 더 연장시켜 줄 수 있을 뿐이다. (중략) 한국은 자유주의 국가임에도 불구하고 경찰국가로서 운영되는 꽉 짜인 독재국가이다. (중략) 미국이라는 버팀목이 빠져나가는 즉시 남한은 아시아의 공산주의의 발밑으로 떨어질 판이었다.[15]

이러한 상황에서 나타난 이승만의 통일론이 어떤 맥락에서 표출된 것인가 그리고 그 성격은 무엇인가. 이를 위해 먼저 이승만을 비롯한 당시 정권의 핵심인사들의 입장을 분석해 보기로 하자.

기존의 이승만의 통일론에 관한 연구도 각기 상이한 가설이 존재한다. 즉 1) 한국정부의 호전적 북진통일론이 북한군의 남침을 유발하였다.[16] 2) 이승만은 무력통일 이외의 다른 통일운동은 용납하지 않으려고 했다.[17] 3) 군사력을 바탕으로 하지 않은 공갈정책은 남침을 저지시킬 시간을 얻는 한편

40%를 차지하였다.
14) 김점곤, 『한국전쟁과 노동당전략』, 박영사, 1983, pp.205~244.
15) Bruce Comings, *The Origin of the Korean War Vol.2*, p.399에서 재인용. 커밍스는 미국이 이승만정권의 내부위협에 대한 진압능력을 그들에 대한 지지여부를 가늠하는 리트머스시험으로 보았다고 하였다. 커밍스·존 할리데이, 『한국전쟁의 전개과정』, p.52.
16) 스톤·콜코·시몬즈·커밍스, 앞의 책.
17) 김도현, 「이승만 노선의 재검토」, 승건호 외, 『해방전후사인식』, 한길사, 1980 ; 서중석, 「이승만대통령과 한국민족주의」, 송건호·강만길 편, 『한국민족주의론』 2, 창비, 1983 ; 서중석, 「이승만과 북진통일」 『역사비평』 29호, 1995 ; 1950년대 이승만정권은 북진통일이라는 명분을 바탕으로 반항적인 야당 정치세력을 누르고 대중적 장악을 강화해 나갔다고 지적되고 있다. 홍석률, 「이승만정권의 북진통일론과 냉전외교정책」, 1994, p.141.

정적들을 강압하려는 수단이었다.[18] 4) 궁극적으로 통일론은 아니며 미국의 지지나 원조를 확보하기 위한 것이었다.[19] 5) 이승만의 통일전쟁 북벌의지는 김일성의 통일전쟁 남벌의지에 못지않았다[20]는 주장이 있다.

이상의 논의는 기본적으로 이승만의 통일론이 과연 통일을 위한 것이었느냐 아니냐 하는 문제와 통일을 위한 것이되 다만 그 목표가 대내, 대북, 대미 어디에 두고 있느냐 하는 것을 기본 틀로 삼고 있다.

그러나 주지하는 바와 같이 이승만은 단정이라는 노선을 통해 분단체제를 확립 강화시키는 입장이었다. 따라서 그의 통일론은 반공, 단정노선과의 내적인 관련 속에서 해명되어야 할 것이다. 다른 한편 그는 명분상 통일을 부정할 수는 없었고 통일열망을 무시할 수도 없었다.

이승만은 냉전의 조류를 적극적으로 편승하는 가운데 민족의 활로가 있다고 보았다. 그의 정치기반은 일제하의 타협주의와 부일협력자들과 기회주의자들의 연합세력이 주류를 형성하고 있었다. 이승만을 중심으로 한 이들의 주장은 반공에 있었으며 공산당과 연립정부를 세우기로 되어 있는 한반도 문제 해결방식은 도저히 받아들일 수 없는 조건이었다.[21] 따라서 그는 해방 이전부터 소련과 관련된 것은 무조건 배척하였다. 단순한 배척의 수준을 넘어 공개적으로 소련을 비난하였다. 이승만이 미국으로부터 배척받아야 했던 이유는 종전의 미・소협력관계가 이승만의 대소 비난과 활동으로 와해될 우려가 있었기 때문이었다. 해방 이후 미국무성과 점령군사령관 하지와의 불화도 결국 이승만의 철저한 반공활동에서 비롯된 것이었다.[22]

---

18) 이호재, 『한국외교정책의 이상과 현실』, 법문사, 1980, pp.349~361. 이호재 교수는 이승만 정권이 주한미군의 철수를 통해 한반도에서의 군사적 개입을 축소하려던 미국에 대한 약자의 위협으로 북진론을 주장했다는 것이다. 같은 책, pp.337~347.
19) 최광녕, 앞의 논문, p.128 ; 이원덕, 「주한미군철수에 관한 연구」, 서울대 정치학석사논문, 1987, pp.113~121.
20) 강경성, 「한국전쟁의 국내적 배경과 원인(1)」, 한국정치연구회, 『한국전쟁의 이해』, 역사비평사, 1990, pp.83~86 ; 박명림, 앞의 논문, p.185.
21) 송건호, 「해방의 민족사적 인식」『해방전후사의 인식』, 한길사, 1980, p.29.
22) 홍순권, 「이승만의 권력 장악에 관한 연구」, 서울대 정치학 석사논문, 1985, p.69.

당시 이승만은 소련이 전 한반도를 얻게 될 기회가 보장되지 않는 한 38 선을 철폐할 의도가 전혀 없으며, 어떤 형태로든 남한에 소련이 발을 붙이게 하면 그것은 결국 전 국토를 넘겨주는 결과를 가져온다고 인식하고 있었다. 그는 애초 소련과의 협상으로 한국의 통일정부를 수립하는 데 철저히 반대하였다. 또한 그와 같이 협상으로 통일된 정부는 소련의 지배하에 넘겨질 것이라고 믿었다. 한국이 이미 남북으로 분할되어 미·소 양 세력이 남과 북에 각각 형성되어 있는 이상 그들과의 협상이나 타협으로 한국의 통일 문제가 해결될 수 있을 것이라고는 생각하지 않았다.[23]

그러한 생각을 구체적으로 실천하기 위해 그는 미국에 로비활동을 벌여 꾸준히 "한국은 내란 직전에 있다", "북괴군 50만이 남침을 준비 중이다", "하지는 한국을 소련에 팔아넘기려 한다", "미국은 즉시 독립을 주든가 소련과 함께 물러가라"는 주장을 펼쳐 나갔다.[24] 이렇듯 이승만은 남북으로 분할되어 미·소 양 세력권이 남과 북에 각각 형성되어 있는 이상 그들과의 협상이나 타협으로는 한국의 통일 문제가 해결될 수 있다고 믿지 않았다.

그러면 단정 이후 이승만의 통일론에 대한 인식이 시기별로 어떤 특징을 갖고 있는지 구체적으로 검토하기로 하자. 이를 위해 본 장에서는 주로 이승만의 무력통일론과 평화통일론의 목표가 무엇인지에 유념하면서 실지회복론, 무력통일론, 대북위기, 미국과 유엔한국위원회와의 관계 등으로 구분하여 그 성격을 규명하고자 한다.

기존의 연구에서는 이승만의 통일론을 평화통일론과 무력통일론이 모순되게 나타난다고 평가하는 경향이 있다. 그러나 그의 통일론은 실지회복이라는 차원을 전제로 한 것이었으며 또한 그 방식은 평화적이든 무력적이든 어떤 방법도 채택 가능한 것이었다. 이것은 북한이 평화통일안을 제시하면서 남한이 이를 거부하면 무력통일을 불사한다는 구상을 지속적으로 갖고

---

23) 위의 논문, pp.79~80.
24) 임홍빈, 「이승만, 김구, 하지」 『신동아』 1983년 12월호, pp.220~221.

있었다는 점에서 남북 간 통일론에 유사한 공통점이 있다고 볼 수 있다.

이승만이 갖고 있는 평화통일에 관한 입장은 한국정부가 한반도 내의 유일한 합법정부이므로 38선 이북 지역에 대한 법적 권한을 한국정부가 행사해야 한다는 것과 유엔감시하의 선거를 통한 통일정부를 수립할 수 있게 되기를 바란다는 것이었다.[25]

즉 그는 1948년 5월 10일 실시된 총선이 한국을 대표하는 자주적인 정부를 탄생시켰으며, 또 유엔과 우방으로부터 한반도의 유일한 합법정부로서 인정을 받았으므로 북한에 대한 통치권 행사는 당연한 권리라고 생각하였다. 따라서 38선은 어떠한 의미로서나 법적 근거를 가지는 것이 아니라고 판단하였던 것이다.[26] 이에 부응하여 국회에서도 북한 대표들을 위해 100석의 의석을 공석으로 두었고 이후 1949년 2월에 가서는 북한 도지사들을 임명하기도 하였다.[27]

이승만은 실지회복론과 평화통일론을 같은 선상에서 인식하고 있음을 볼 수 있다. 이승만이 1948년 7월 24일 그의 대통령 취임사에서 통일 방안에 대해 언급하고 있는 내용은 다음과 같다.

> 남북의 정신통일로 우리강토를 회복해서 (중략) 우리끼리 합하여 공산당이나 무엇이나 민의를 따라 행하는 것이 좋을 것입니다. (중략) 우리는 공산당을 반대하는 것이 아니다. 공산당의 매국주의를 반대하는 것이므로 이북의 공산주의들은 절실히 깨닫고 일제히 회심개과 하여 우리와 같이 보조를 취하여 하루바삐 평화적으로 남북통일해서 모든 복리를 다같이 누리게 하기를 바라며 부탁합니다.[28]

여기에서 '우리 강토를 회복'한다는 의미는 기본적으로 실지회복론을

---

25) 서동구 편역, 『한반도 긴장과 미국』, 대한공론사, 1977, pp.157~159.
26) 국방부, 『한국전란 1년지』, 1951, pp.C106~110. 이러한 인식은 김일성에게도 나타난다. 『소련 외교문서』 (3), 1949년 9월 15일자.
27) 이북5도위원회, 『이북5도30년사』, 1981, pp.220~221.
28) 공보처, 『이승만담화집』, 1964, p.3 ; 김운태, 『해방삼십년사』 제2권, 서문각, 1976, pp.28~29.

갖고 있으면서 이른바 '공산당의 매국주의'를 배제한 평화통일론을 같은 선상에서 말하고 있다. 여기서 그의 실지회복론이 곧 무력통일은 아니란 점에서 주목할 만하다. 물론 그것은 이승만이 평화통일에 관한 국민적 정서를 고려해야 하고 또 평화통일을 위한 유엔의 중재노력을 무시할 수 없었던 상황과 무관하지 않다.

또한 유엔을 통한 평화통일에 관한 기대는 이승만의 소련군 철수와 관련된 1월 4일 성명에서도 확인된다. 그는 유엔의 평화통일론을 반대하지 않는 입장에 있었다.[29] 그러나 유엔이 평화적 방법으로 북한을 병합하지 못하면 군대가 반드시 북조선으로 진군해서라도 통일을 이루어야 한다[30]는 인식을 갖고 있었다.

당시 유엔이 구상하고 있던 대체적인 평화통일 방안은 1948년 12월 12일 한국에 관한 결의문에 잘 나타나 있다.

> 남분 분단으로 야기된 경제적, 사회적 그리고 우호관계에 장벽 제거를 촉진 ; 국민의 자유의사에 기초한 대표정부 발전을 관찰 및 자문 ; 점령군의 철수를 관찰하고 입증 ; 두 점령군 군사전문가 지원을 요청하기 위해 한국에 유엔위원회 설치. 모든 한국인에게 지원과 시설을 제공하도록 요청 ; 각 회원국에게 유엔에 의해 성취되고 성취될 결과에 대해 경멸적인 행동을 자제하도록 요청 ; 각국에 한국정부는 합법정부로 설립된 유일 정부임을 신중히 받아들이도록 권고함.[31]

이러한 유엔의 평화통일 방안은 이승만이 갖고 있는 방안과 크게 벗어나는 것이 아님을 볼 수 있다. 그렇지만 국민의 자유의사에 기초한 대표정

---

28) 「모스크바 라디오방송에서 소련군이 12월 25일 철수했다고 보도되었으나 의혹이 있으며, 소련은 이북으로 하여금 철의 장막을 걷고 자유선거에 참여하도록 해야 하며, 남북한 국민이 동의가 이루어 질 때 소련과 한국은 내란을 막을 수 있을 것이다.」「주한 미군사령관이 국무부에게」(1949.1.4), INCOMING MESSAGE, SN.162.
29) 국사편찬위원회, 「북한관계자료집」 제6권, pp.319~320.
30) General Correspondence Security Classified July 1947-Dec 1950, 육군성장관이 국방부장관에게(1949.1.25), SN.623.

부의 발전이라는 면에서는 차이가 있을 수 있는 것이었다. 같은 기간 미국도 남북협상에 의한 평화통일 방안을 검토하고 있었지만, 그 가능성과 가치에 대해서는 대단히 회의적인 입장이었다.[31]

평화통일에 관한 이승만의 발표에 이어 같은 해 2월 11일 내무장관 신성모도 38선을 시찰한 후 "시간이 걸릴지라도 유혈 없는 통일을 기다리자"고 밝히고,[32] 총참모장 이응준도 2월 19일 기자회견에서 "유엔을 도와 평화리에 남북을 통일함이 우리의 염원이다"[33]라고 하여 평화통일론에 관한 입장을 밝히고 있다.

얼마 지나지 않은 4월 29일 기자회견에서 이승만은 "남북통일은 남한군의 북벌에 의해 할 것이 아니라 이북 애국단체에 의해 평화적으로 실현될 것이며, 국군의 강화는 만주 중공군에 대비한 것"[34]이라고 밝히고 있다. 그의 통일론이 단순히 북한과의 대결만을 목적으로 한 것은 아니며, 미국과 소련, 북한 사이에서의 생존의 한 방식이라고 평가[35]되고 있는 것처럼 평화통일론의 가능성을 완전히 배제할 수 없는 측면이 있다.

당시 국회에서도 평화통일론이 지배적이었으며 그것이 당시 국민들이 갖고 있는 일반적 정서였다.[36] 즉, 1949년 2월 7일 국회에서는 "인민군의 남벌을 우려하여 북벌을 한다는 인사도 있으나 평화가 아닌 무력은 용납

---

31) 「미 육군 참모총장 각서」(1949.6.10), 위의 자료, SN.623. "만일 통일이 실현된다면, 38선에서의 임의적인 분할로 야기된 혼란이 제거될 것이며 자생적 한국경제와 정치가 가능해질 수 있음. 진정한 대표제로 비 공산 다수가 독립된 민주한국을 유지할 수 있을 것임. 그러나 소련으로 통제된 북한체제가 공산주의 침투를 용이하게 하고 궁극적으로 완전지배를 위해 연합정부라는 이름으로 통일을 받아들인다고는 볼 수 없음."
32) 『조선일보』 1949년 2월 15일자.
33) 『조선일보』 1949년 2월 19일자.
34) 『조선일보』 1949년 4월 29일자.
35) 박명림, 앞의 논문, p.457.
36) 예외적으로 일부 군부에서 무력통일론이 제기되고 있었다. 김석원은 여순사건이 일어나기 직전에 이승만에게 소총 2만 정만 준다면 북한을 처치하겠다고 제안하였으며(8월 16일 무초의 비망록), 전 참모총장 채병덕은 1948년 12월 31일 "우리도 신년도에 실질적인 행동으로 미회복지를 회복하여 조국강토를 통일하여야 할 것이다"라고 하였다. (국사편찬위원회, 앞의 자료, pp.319~320).

할 수 없다. 인민군 10만을 막으려면 우리는 15만을 양성해야 하며 (중략) 우리 힘만으로 소·중의 전 공산군을 방어할 수가 없으므로 남벌이든 북벌이든 달성 불가능하다"[37]라는 의견이 제출되어 평화통일론이 유일한 방법임을 합의하고 있다.

한편, 일반국민들은 38선이 관념의 선에서 점차 유형의 선으로 고착되어 통일의 가능성이 멀어져 가고 있다고 생각하는 경향이 지배적이었다. 이에 따라 분단원인을 미·소 군의 한반도 분할점령에 있다고 보아 우선적으로 미군이 철수하면 남북 간에 통일 문제를 협의할 수 있다고 보았다. 이에 따라 1949년 초 통일의욕은 곧 철수요구로서 나타나고 있었다.[38] 국회에서 미군의 즉각적인 철수에 관해 표결한 결과 96 : 39로 의결이 이루어졌고,[39] 그 결의안이 채택되었다.

> 민족적 애국진영을 총 단결하여 민족역량을 집결하도록 노력할 것. 남북 화평통일을 실현하기 위하여 유엔 결의에 의한 국내주둔 외국군의 즉시 철퇴를 실천하도록 유엔신한위에 요청할 것[40]

이와 같은 국회에서의 평화통일 결의안은 당시 통일론에 대한 일반적인 분위기를 반영하는 것이었다고 볼 수 있으며, 이에 따라 의원들(소장파중심)은 유엔한위와도 접촉하고 있었다.[41]

이러한 분위기에서 1949년 4월 18일 미군철수설이 유나이티드 프레스, 뉴욕 타임즈 등 외신에 의해 전해지자 4월 19일 김구는 미군 철퇴는 남북한 화평통일에 진일보할 것이라는 성명을 발표하였으며,[42] 김규식도 통일

---

37) 『국회속기록』 제2회 24호(1949.2.7).
38) 이호재, 앞의 책, p.275.
39) 「미 육군 참모총장 각서」, 앞의 자료, SN.623.
40) 『국회속기록』 제2회 24호(1949.2.7).
41) 『조선일보』 1949년 3월 19일자, 1949년 3월 20일자.
42) 『조선일보』 1949년 4월 19일자.

완수를 선언하고 나섰다.[43] 즉, 남한 내 정치 세력에게 미군 철수와 통일 문제는 같은 것으로 인식되었으며, 평화통일에 관한 여론이 조성되자 38선 철폐에 관한 범국민대회가 개최되기도 하였다.[44]

그러나 이승만은 유엔한위의 통일 문제 해결방식을 전적으로 받아들이는 것은 아니었다. 그는 1949년 2월 19일 유엔한위와의 회견에서, 유엔한위가 정부가 아닌 사회조직과 개인에 자문을 받는다는 사실과 한국정부와 상의 없이 입북하려 한다는 데 불만을 토로하였으며, 유엔한위가 북한이 아니라 소련 당국과 협의해야 한다는 점을 특별히 강조하였다.[45] 나아가 그는 5월 20일 통일 문제를 갖고 일방적으로 북한과 접촉하려는 유엔한위에 대해 해명을 촉구하고 통일제안은 신중히 검토해야 한다는 요지의 유감 서한을 전달하였다.[46]

이승만이 유엔에 유감서한을 전달한 것은 그의 평화통일에 관한 계획을 일정하게 반영하고자 하는 의사전달이었으며, 또한 이것은 북한이 평화통일안을 제시하면서 '이승만 등 민족반역자 배제'를 전제로 하고 있는 것처럼 이승만의 평화통일론도 공산주의와 협상이 아닌 실지회복이라는 자신의 방식 대로 해야 한다는 점을 표명하고 있는 것이었다.

이렇듯 협상통일의 어려움은 당시 미국에서도 예견하고 있는 일이었다. 5월의 미 육군부 장관 각서에 의하면, "유엔과 미국 지원에 의존한 이승만이 북한과의 그와 같은 협상을 시작함으로서 그의 위치 보장에 만족한다고 볼 수 없다. 이승만은 1946년 중국에서의 미국의 노력과 궁극적으로 중국정부의 운명과 관련시켜 난폭하고 공공연하게 그와 같은 제안을 부인할 것이다"[47]라고 하여 이승만이 유엔의 협상노력을 순수하게 받아들이지

---

43) 『조선일보』 1949년 7월 6일자.
44) 『조선일보』 1949년 6월 8일자.
45) 「미국사절단이 국무부에게」(1949.2.19), *INCOMING MESSAGE*, SN.162.
46) 『조선일보』 1949년 5월 20일자.
47) 「육군성장관이 국방부장관에게」(1949.1.25), 앞의 자료, SN.623.

2부 ─한국전쟁과 동북아 국가 정책

만은 않을 것이라는 점을 분명히 평가하고 있었다.

그러나 이승만은 유엔을 통한 평화통일의 가능성을 완전히 부인할 수는 없었다. 그는 11월 25일 "이북에 가서 배수의 일전을 할 의사가 없는 것은 아니나, 미국과 유엔의 지지가 있는 만큼 순리로 해결 가능하며 최후까지 노력할 것"[48]이라 하여 평화통일에 대한 가능성을 완전히 배제하지 않음을 피력하였으며, 이틀 후 외신기자와의 회견에서도 "소련과 한국은 우호적인 국가였으며 돈독한 관계를 유지할 것을 희망한다. 소련 당국이 공산군을 무장 해제시키고 유엔한위의 감시하에 북한에 자유선거를 실시해야 한다"[49]라고 하여 유엔한위는 소련 당국과 협의하여 북한을 무장 해제시키고 자유선거를 실시해야 한다는 입장을 밝히고 있다.

1950년에 접어들어 평화통일에 관한 한국정부의 입장에 대해서는 같은 해 1월 6일 국무회의 자료내용이 주목된다.[50] 회의에서는 두 가지가 주로 논의되었는데, 첫 번째는 미국에서 귀국한 조병옥이 미국원조는 기대하기 어렵다고 한 보고였으며, 두 번째는 1월 13일 진해에서 개최될 이승만, 일본 요시다(吉田) 정부대표, 맥아더 참모부 간의 협의회를 준비하는 것이었다.

이날의 국무회의에서 각료들에 의해 거론된 통일방안의 내용을 요약하면 다음과 같다. 먼저 이범석은 미국에 기대해서는 안 되며 우리 자신이 통일전선을 형성하여 평화통일을 완수해야 한다고 주장하였고, 김윤영도 민족화합과 좌우익의 합의가 없으면 민족협력은 불가하다는 입장이었다.

---

48) 『서울신문』 1949년 11월 26일자.
49) 『서울신문』 1949년 11월 27일자.
50) 『소련 외교문서』 (4), 「스티코프 보고」(1949.1.28). 이 자료에서 요약된 국무회의 내용이 어떻게 러시아 외교문서에 소개되고 있는지 그리고 그것이 얼마나 사실과 부합하는지 등에 관해서는 보다 세밀한 자료검증이 있어야 한다고 생각된다. 당시 1월 6일 현재 내각명단 국무총리 이범석, 외무 임병직, 내무 김효석, 재무 김도연, 상공 윤보선, 법무 권승열, 국방 신성모, 문교 안호상, 농림 이종현(유영선), 교통 허정, 체신 장기영, 사회 이윤영, 보건 구영숙 등과는 일치된다. 박명림, 앞의 논문, p.486에 의하면 당시 정부와 군내에 상당한 수의 오열이 있었음을 전제하면서, 특히 김효석을 김형욱의 회고록과 기타 방증자료를 근거로 위장된 공산주의자로 단정하였다.

또한 임병직은 남북 통일전선을 조직하자는 이범석의 의견에 동감하지만, 그것은 남한단독으로는 불가하며 또 북한과 함께 공동조직을 만드는 것도 현실적으로 불가능하다고 지적하였다. 그것은 곧 북한정부를 승인하는 결과를 초래하기 때문이라는 것이었다.

권승열은 전쟁이 갈수록 가까이 오고 있어 미국과 함께 해결해야 한다고 하였다. 김혜석은 이에 동의하지만 미국이 진심으로 도와주지는 않을 것이므로 스스로 경찰군대를 강화해야 한다고 하였으며, 신성모도 미국이 전쟁이나 평화통일을 도와주지 않을 것이므로 우리 스스로 최종적인 결단을 내려야 한다고 하였다.

이와는 달리 이승만은 현 정세는 미·소에 달려있으며 미국이 처음부터 남한의 이익을 위해 싸우는 것이 아니었지만, 다행히 남한이 일본과 가까워졌으므로 앞으로 일본정부와 미국과 함께 반공운동을 광범하게 전개해야 한다고 주장하였다.

이를 통해 ECA의 경제원조안이 부결되기 불과 며칠 전인 1950년 1월 초 통일방안에 관한 내각의 일반적 분위기는 미국의 소극적 대한정책에 강한 불만을 갖고 있었음을 알 수 있다. 따라서 최종적인 대안은 미국과 별개로 스스로 통일을 위한 어떤 대안을 수립해야 한다고 생각하였으며 일부(조병옥)는 경우에 따라서는 남북 간에 통일전선을 형성해서라도 통일을 이루어야 한다는 주장까지 제기되었다.

통일론과 관련하여 미국을 불신하는 내각의 대체적인 분위기가 이러했음에도 불구하고 이승만은 끝까지 미국과 공동으로 반공전선을 형성하여 통일을 달성해야 한다는 인식을 강하게 가지고 있었으며, 또 일본과도 공동안보체제를 강화해야 한다는 정책을 표방하고 있었던 것이다. 요컨대 이승만이 주장한 평화통일론은 유엔결의에 따라 한국정부가 한반도 내의 유일한 합법정부이므로 38선 이북의 북한 영토에 대한 통치권을 행사해야 하며, 그 방법은 공산군을 무장 해제시키고 유엔한위를 통하여 북한에 자유선거를 실시해야 한다는 것이었다.

3. 평화통일론과 실지회복론

본 절에서는 단정 이후 이승만 정부가 북한과 소련에 대하여 어느 정도 위기감을 갖고 있었는지 그리고 시기에 따라 그 정도와 성격이 어떠하였는지 살펴보기로 한다. 이것은 이승만의 북진통일론과 그 의도를 이해하는 데 중요한 실마리가 될 수 있기 때문이다.

이승만 정부는 정부수립 이전부터 북한과 소련의 위협에 대해 큰 위기감을 가지고 있었다. 이는 이범석을 통해서 확인된다. 그는 1947년 8월 남한을 방문한 웨이드마이어에게 소련이 만주와 북한을 공산화한 다음에는 남한을 침공할 것이라고 하였다.[51] 또한 1948년 11월 국회 답변에서 그는 소련이 3차 대전을 준비하고 있으며 북한군의 양성도 그 계획의 하나로 이루어진 것이라고 하였다.[52] 한편 이승만도 "공산주의에 대한 나의 단호함 때문에 소련이 침략명령을 못 내렸으며, 그 결과 소련병력 철수 명령이 떨어졌던 것이다"라고 인식하고 있었다. 여기서 우리는 이승만 정부가 단정 직후부터 소련 사주에 의한 남침에 대해 위기감을 갖고 있었음을 읽을 수 있다.[53]

1949년에 들어 시기별로 다소 정도의 차이는 있었지만 남한 행정부는 앞의 기간과 같은 북한과 소련에 대한 위기감을 갖고 있었다. 즉 같은 해 2월 내무장관은 이북 무장군의 침입은 게릴라 행동이 아니라 남북 간의 본격적 전투를 의미하는 것이며 그것은 이미 국제적 문제라고 주장하였고,[54] 이승만도 올리버에 보낸 편지에 "우리는 침략전쟁을 시작할 의도는 없지만 적어도 자신을 지킬 권리는 가지고 싶다"라고 하였다.[55]

---

51) 김철범 편, 『한국전쟁을 보는 시각』, 을유문화사, 1990, p.65.
52) 『국회속기록』 제1회 109호(1948.11.20).
53) 로버트 티·올리버, 박일영 역, 『이승만 비록』, 한국문화출판사, 1982, pp.288~292.
54) 『조선일보』 1949년 2월 4일자.
55) 로버트 티·올리버, 박일영 역, 『이승만 비록』, pp.288~292 ; 1949년 4월 18일에는 "유엔 결의안에 포함된 것 중에는 한국 국방군을 조직케 하는 조항이 있는 바, 우리 국군조직이 날로 진취되어 감으로 외군이 침략하기 전에는 우리가 우리의 안전을 보장할 수 있을 만한 지위에 도달케 될 것이다"라고 하였다. 『조선일보』 1949년 4월 19일자.

그러한 위기감은 미군철수설과 관련하여 더욱 가중되고 있었다. 철수설이 전해진 직후인 4월 20일 신 국방장관은 미군이 철퇴해도 국군의 수비는 강력하다는 내용의 성명을 내었고,[56] 총참모장도 "최근 소문은 미국 철수 후 북한에 정복될 것이라 하는데 미군철수 후 어떠한 상황에도 대처할 수 있다고 발표하고 군은 오랫동안 훈련해 왔으며, 이 대통령의 명령만 있으면 즉각 행동할 수 있다"는 성명을 발표하였다.[57] 국회에서 이범석도 정부는 군사력 문제를 의식하고 소련의 책략을 의심하여 미군철수에 반대하였다고 설명하고 있다.[58] 일련의 이와 같은 성명은 미군의 철수 후에 나타날지 모르는 힘의 불균형과 남침위기에 대한 당연한 대응적인 조치였다.

그 일환으로 남침위기설이 팽배하던 1949년 8월 이승만은 트루먼에게 북한 위협에 관련한 다음과 같은 요지의 서한을 전달하여 장비지원을 호소하고 있다.

원조를 받지 못하면 피로 물들 것이고, 미고문관은 침공이 없을 것이라 하지만, 침공이 일어나면 한국인이 대가를 받게 될 것이다. 미군은 두 달간 전투탄약이 있다고 말하지만 나의 장교들은 이틀 분밖에 없다고 한다. 한국정부는 결코 북침하지 않을 것이다.[59]

이승만은 얼마 후인 10월 21일 회견에서도 "북한이 중공과 합세하여 공격해도 제어 가능하다. 소련의 북한지원에 대해서도 준비가 되어 있다"라고 하였다. 이것은 남침을 억지하기 위한 일환으로 발표된 내용이지만 내면에는 강한 위기감을 가지고 있었음을 알 수 있다. 왜냐하면 그로부터 불과 사흘 후인 10월 24일 올리버에게 보낸 편지에서 미국의 도덕적 지원 없이

---

56)『조선일보』1949년 4월 20일자, 4월 28일자.
57) FEC, *Intell. Summary NO.2479* (1949.6.13), SN.223.
58)『국회속기록』제2회 24호(1949.2.7).
59) *FRUS 1949*, Vol.Ⅶ, pp.1075~1076.

는 아무것도 할 수 없으며, 전체 사단이 투입되면 이틀 분의 탄약밖에 없다고 토로하고 있기 때문이다.[60]

이러한 위기감은 1950년에 들어서도 계속되고 있다. 전쟁이 개시되기 불과 며칠 전인 1950년 6월 19일 이승만은 "중국에서 공산당이 기반을 강화하기 전에 38도선에 의한 한국분단은 철폐되어야 하며, 또 적극적인 행동에 대한 자신의 요구가 반드시 무력에 의한 행동을 의미하는 것은 아니지만, 어떤 조치가 취해지지 않으면 냉전에서 패배할 것이다"[61]라고 전망하였다. 이승만의 이러한 인식은 중국공산당의 기반이 강화되면 그의 지원을 받는 북한이 보다 강화되어 자신의 방식에 의한 통일가능성이 멀어질 뿐만 아니라 북한에 의해 남한이 정복될지도 모른다는 누적된 위기감의 강력한 표출이었다.

이승만은 미국의 소극적 대한정책 자세에 대해 강한 불만을 갖고 한반도를 냉전의 결전장으로 위치지우고자 하는 노력을 지속적으로 전개하고 있었다. 그것은 분단이 미·소에 의해 이루어졌으므로 통일도 미·소의 구조 속에서 어떤 실마리를 찾아야 한다고 생각하고 있었던 것이다. 그 결과로써 트루먼독트린을 한반도에까지 확장시키도록 꾸준히 노력하고, 한편 북한을 자극하여 위기상황을 확대하고 있었다.

이승만 정부는 북진통일 의욕을 강하게 지니고 있으면서 다른 한편으로는 그것을 견제하는 미국에 대해서 군원과 안보공약의 강화를 요구하는 이중적인 측면도 지니고 있었다. 따라서 이승만은 북진욕구를 표출하면서도 미국과 유엔의 입장을 고려하여 유보한다는 입장을 계속 피력하였다.

그 일환으로 우선 1949년 2월 12일 올리버에게 보낸 각서에 "우리는 당장 넘어가서 파괴분자들을 벌하고 질서와 평화를 확립할 수 있으나, 미국

---

60) 박명림, 앞의 논문, pp.443~444. 이승만은 1949년 11월 25일 올리버에 보낸 편지에서 "육군 정보보고는 탄약이 5일 정도 분의 탄약밖에 없다고 한다. 미군은 5개월 분의 탄약이라고 하며 또 공산군의 전면공세는 없을 것이라 주장하고 있으나 만약의 사태에 대비해야 한다"고 하였다.
61) *FRUS 1949*, Vol.Ⅶ, pp.107~108.

이 국제전쟁으로 번질까 두려워하기 때문에 자제하고 있다"[62)]라고 하였으며, 4월 25일 기자회견에서도 군비강화를 미국과 교섭하는 것은 통일 후 만주의 중공군에 대비하기 위한 것으로 군비강화의 목적은 북진에 있는 것이 아니라 만주국경에 대비하기 위한 것이라고 밝히고 있다.[63)] 결국 이것은 남한이 미국의 군원을 북진을 위하여 사용하려는 것이 아님을 강조하려는 것이었다.

그러나 주한미군 철수가 결정되자, 이후 이승만은 그동안 고수하던 철군반대 입장과는 달리 이제는 무기원조와 안보공약강화 교섭에 보다 적극적인 모습을 보이고 있었다. 이승만은 5월 7일 철군 문제와 관련하여 자신의 입장을 분명히 하였다.

> 한국정부가 알고 싶은 것은 미국이 한국을 방위선에 포함시키고 있는지 여부이며, 한국이 외부로부터 침공을 받을 경우 미국의 대한공약이 어느 정도인지의 문제가 철군 문제보다 더 중요하고, 그렇다고 북한과 전쟁을 하려는 것은 아니며 평화적 방법에 의해 통일을 이룩하도록 계속 노력할 것이다.[64)]

같은 날 이승만은 무초와의 대담에서도 한국군은 결코 침략적인 방법에 호소하지 않을 것이고 북진이나 국경충돌을 야기하지 않을 것이며, 한국군은 모두 침략에 대해 자신을 방위할 것이라는 입장을 재삼 강조하였다.[65)] 이와는 달리 미국의 대한정책 결정(NSC 8/2)은 이미 한반도를 방위선에서 제외한다고 결정하고 있었다. 물론 정치적으로 한반도는 공산군에

---

62) 로버트 티·올리버, 박일영 역, 앞의 책, pp.288~292.
63) 『한국전쟁 도발의 내막』, 외국문출판사, 1960, p.14. 이호재, 앞의 책, p.287에서 재인용.
64) FRUS 1949, Vol.Ⅶ, p.1012 ; "5월 19일 외무장관 임병직과 국방장관 신성모는 한국 및 외국특파원 기자회견에서 미군군대 철수 보도가 있는데 미군은 철수 후에도 한국안보에 관한 충분한 조치가 없이 미군철수를 의미하는 것은 아니다. 소식통에 의하면 소련과 북한은 6개 보병사단과 3개 기갑사단 등을 전진배치하고 경찰력을 완전무장할 것이라 하는데, 미국도 상응조치를 취해야 할 것임." 『소련 외교문서』 제4권, p.5.
65) FRUS 1949, Vol.Ⅶ, pp.1017~1018.

완전히 넘겨주지 않는 범위 내에서의 결정이었다. 이승만은 군사적으로도 방위선에 포함시켜 줄 것을 요구하고 있었고 그것은 미국의 군사전략 범위를 넘어서는 것이었다.

즉, 1949년 7월 29일 이승만은 기자회견에서 "38선 문제뿐 아니라 이북전체 문제를 해결하지 못하는 것은 국제적 관련을 가진 문제이며, 이것이 조금씩 해결되어 가고 있으므로 만일 이쪽에서 적극적 행동을 취한다면 우리로 인해 세계대전이 또 일어난다고들 떠들 터이니 이것이 듣기 싫어 평화적으로 해결하려고 기다리고 있는 것이다. 결코 힘이 모자라서 못하고 있는 것은 아니다"[66]라고 하여 통일 문제가 유엔과 미국에 달려 있음을 강조하였다. 그럼에도 불구하고 이승만 정권은 실제로 미국으로부터 북진 규제를 강력히 받고 있었다.

이러한 분위기는 8월 16일 무초가 "국군 지휘관의 머리 속은 북한을 정복하여 되찾겠다는 생각으로 가득차 있다. 미국의 모든 원조를 중단시킬 것이라는 미대사관의 단호한 경고만이 (중략) 공산주의자들이 옹진을 공격할 때 군이 다른 지점에서 38선을 넘어 공격하려는 시도를 막을 수 있을 것"이라고 언급한 기록을 통해서도 이해할 수 있다.[67]

또한 무초는 "불과 몇 달 전의 공포심과 신경과민은 새로운 욕구(북진)에 굴복한 것 같다"[68]라고 지적하였는데, 이것은 남한이 주한미군 철수 시에 강한 위기감을 갖고 있었으나, 오히려 북한의 남침설과 옹진공격에 대한 대응으로 적극적으로 대처하려는 분위기를 반영하는 것이었다. 즉, 그것은 미국으로부터의 군원과 안보공약을 확보하고 한반도를 냉전의 결전장으로 끌고 가려는 데 대하여 지적하는 것이었다.

한편, 1949년 9월부터 북진과 관련된 발언은 정부 각료들에 의해서도 수차례 제기되고 있었다. 이러한 정황은 소련이 핵실험에 성공하고 중국

---

66) 『서울신문』 1949년 7월 30일자.
67) Bruce Comings, *The Origin of the Korean War Vol.2*, p.393.
68) 위의 책.

정부가 수립되는 과정과 깊은 관련이 있었다. 미국에서도 이와 관련하여 대응전략으로 한반도에 봉쇄전략을 적용하는 「NSC 48」를 결정하게 되었던 것이다.

선성모는 동년 9월 13일 "우리 힘으로 밀고 넘어갈 준비는 수개월 전에 완료했으나 미국 등과 보조를 맞추기 위해 때를 기다리고 있으며, 중국에서 북한으로 병력이 넘어간 사실도 알고 있다"라고 발표하였다. 곧이어 10월 7일 이승만은 유피 부사장과 회견에서 3일 내로 평양을 점령할 수 있으나 유엔과 미국의 경고로 자제하고 있다고 하였다.[69] 11월 초 신성모가 맥아더와의 회담 후 기자회견에서 밝힌 내용이 주목된다.

> 한국은 북진할 준비가 되어 있으나 미국이 만류 저지하여 목적을 달성하지 못하고 있으며 만약 미국이 한국군으로 하여금 38선을 넘어 북진하게 내버려만 두었어도 한국은 벌써 확실한 북벌을 단행했을 것이고 한국이 북진을 단행하지 못한 것은 미국이 아직 준비가 안 되었으니 기다리라고 하였기 때문이다.[70]

이러한 발언은 앞에서 언급한 내외적 위기감에 대한 대응전략의 일환으로 나타난 것으로 해석될 수 있다. 선성모의 발언에 뒤이어 11월 3일 이승만도 "오늘이나 내일 북진하겠다는 것은 아니지만 한국은 필요하다면 무력으로 통일할 준비를 해야 한다"라고 말하면서 "이 참을 수 없는 분단 상태가 계속되어서는 안 되며 무력에 의해 통일할 준비도 해야 한다. 그러나 오늘 내일 북진할 계획을 갖고 있지는 않다"라는 모호하면서도 강도 높은 입장을 강조하였다.[71]

한편, 1949년 11월 이승만 정부는 학생과 청년을 동원하여 미 대사관 앞

---

69) 『서울신문』 1949년 10월 8일자.
70) 이호재, 앞의 책, pp.352~353에서 재인용.
71) *FRUS 1949*, Vol.Ⅶ, pp.1093~1094 ; 1950년 11월 4일 국내기자와의 회견에서도 이승만은 "현 상황이 한국에게 불리하게 될 경우 몇 가지 결정적인 대항조치가 취해져야 한다. 그러나 그것이 즉각적인 북침을 의미하지는 않는다"라고 하였다. 같은 자료.

에서 '우리에게 무기를 달라'는 플랜카드를 들고 데모를 하였는데, 그것은 군사원조를 얻기 위해 정부가 조직한 관제데모였다고 한다.[72]

1950년에 접어들자 ECA의 경제원조안이 부결되기 바로 직전인 동년 1월 14일 이승만은 한국군이 북진할 경우 북한의 저항을 격퇴하고 유리한 전략적인 방위선을 구축할 수 있다고 하였으며, 그러나 어떠한 공격을 감행할 계획은 가지고 있지 않다고 덧붙였다.[73] 4월 28일 기자회견에서도 "누차 말한 바와 같이 지금이라도 당장 가서 공산도배를 소탕하여 합칠 수 있다고 믿고 또 주장하는 사람의 하나이다. 또 그렇게 되어야만 치안이 확보될 것인데 민주우방에서 이러한 행동을 경원하고 있으므로 국제우호 관계상 단독행동을 할 수 없다"[74]라고 하여 미국과의 공동전선 속에서 대처해 나갈 것임을 밝히고 있으며, 이러한 인식은 전쟁 직전까지 지속되었다.[75]

4. 북진통일론 전개의 국면별 특징

이승만 정부의 북진주장은 정부수립 직후 일부 군부에서 나타나기 시작하였으며, 북진통일론은 각 시기별의 정치상황에 따라 일정한 차별성을 가지고 있었다. 이승만은 정부수립 후 직면했던 몇 가지 위기들을 극복했으며, 이 과정에서 자신감을 갖게 된 일부 군부는 곧바로 실지회복에 대한 의지를 표명하고 나섰던 것이다.

예컨대, 김석원은 이승만에게 "소총 2만 정만 준다면 북한을 처치하겠다"라고 장담하였으며,[76] 전 참모총장 채병덕도 1948년 12월 31일 "우리는 신년도 실질적인 행동으로 미회복지를 회복하여 조국강토를 통일하여야 할

---

72) 중앙일보, 『민족의 증언』 제1권, pp.225~226.
73) *FRUS 1949*, Vol.Ⅶ, p.1.
74) 『서울신문』 1950년 4월 29일자.
75) 『소련 외교문서』 제4권, p.21.
76) Bruce Comings, *The Origin of the Korean War Vol.2*, p.393.

것이다"[77]라고 하여 무력을 통해서라도 통일을 달성해야 한다는 점을 시사하였다. 이것은 군부 일각에서만 조심스럽게 표명되고 있었던 것이었다.

그러나 주북한 소련군이 철수한 직후인 1949년 초부터 다양한 북진발언이 나타나기 시작한다. 소련군 철수 직후인 1월부터 미군철수설이 국내에 알려지기 전인 4월 초까지는 이승만 정부가 확실한 자신감 속에서 북진의사를 표명하기 시작하였다.[78] 그것은 소련군 철수가 곧 통일의 가능성을 열어주는 것이라는 인식과 일정한 연관을 가진다고 생각하고 있었기 때문이었다.

이에 따라 이승만은 1949년 1월 21일 군대가 북으로 전진하도록 희망한다는 의사를 피력하였으며,[79] 또 2월 7일 국회에서는 공산당이 이남에 내려오는 것은 다 조처할 수 있으며 이북에 가서라도 점령할 수 있다는 점을 시사하고,[80] 다음 날 방한한 미 육군부 장관 로얄과의 대담에서도 "육군을 증편하고 무기와 장비로 무장시켜 짧은 시간 안에 북진하고 싶다"[325]라고 밝혔다. 2월 25일 내외 기자회견에서는 공산당과 부지깽이라도 들고 싸워야 한다며 다소 회화적이지만 이전과 같이 강경한 입장의 대공정책을 견지할 것을 언급하였다.[81] 이와 같은 일련의 북진발언은 소련군 철수발표에 고무되어 나타난 것이었다.[82]

한편 이승만은 2월 28일 미국의 지금까지의 대한반도 안보정책에 강한

---

77) 국사편찬위원회, 앞의 자료, 『합동통신』 1948년 12월 31일자.
78) 이에 대해 기존연구는 재고의 여지가 있다. 강경성은 북진주장이 2월경에 집중되고 있으며 그 후 한동안 공백을 두고 다시 9월 이후에 나타났다고 보고 있으며, (강경성, 앞의 논문, pp.85~86), 최광녕은 1949년 2월 12일~9월 30일까지 약 6개월 동안 다시 북진통일 발언이 나타나고 있지 않으며 이 기간에는 오히려 평화통일을 주장하고 있다고 하였다.(최광녕, 앞의 논문, p.121) 또 박명림은 1949년 9월 총선의 시점을 넘자 이승만은 본격적으로 북진통일을 주장하기 시작하였으며, 집중적인 것은 1949년 가을부터라고 하였다.(박명림, 앞의 논문, p.441) 그러나 이승만의 북진주장은 거의 1949년 전 기간동안 나타나고 있으며, 다만 시기별로 성격차이가 있을 뿐이었다.
79) 국사편찬위원회, 앞의 자료.
80) 『국회속기록』 제2회 24호(1949.2.7).
81) FRUS 1949, Vol.Ⅶ, pp.956~958.
82) 『조선일보』 1949년 2월 26일자.
83) 1949년 6월의 전환점 이전에 이승만이 공개적으로 북진통일의사를 거의 밝히지 않았으며,

불만을 가지면서 트루먼독트린을 한반도에 확대 적용할 것을 역설하고 있었다.

> 해방 후 2년간 미국의 모호한 대한정책은 우리의 공산주의와의 투쟁에 거의 도움이 되지 못하였으며, 트루먼에 의한 새로운 정책은 우리에게 새로운 희망을 주고 있으며 (중략) 만일 서방 민주국가들이 집단안보에 단합하지 않으면 지난 두 개의 전쟁을 다시 경험하게 될 것이다.[84]

이와 관련한 미 육군부 장관 각서에 의하면, 미국은 주한미군 철수 후 한국에 트루먼독트린을 확대 적용할 것인가에 관해 논의한 결과 적용하지 않기로 결정하였다고 한다.[85] 트루먼독트린(봉쇄전략)은 현재 그리스·터키 등에 적용된 안보정책으로서, 자신의 의지로 공산주의 침식을 반대하고 독재자에 위협받는 국가와 사람들을 지원하는 정책내용을 골자로 하는 것이었다.

이때 논의가 부결된 이유는 "현재 적자예산에 직면한 미국이 한국에 부가적인 대규모 군사비용과 복구비용을 투입해야 하며, 또 그것은 우선적인 고려대상 국가들의 군사지원의 삭감을 의미하게 되어 군사전략으로 바람직하지 않으며 또 정치적으로도 국민의 지지가 약한 이승만 정권을 영구화하려 한다는 인식을 줄 수 있다"[86]라는 것이었다. 그러나 무엇보다 중요한 이유는 한국이 세계 제2차 대전의 승리에 공헌하지 못하였고 또 군사전략상 가치가 없는(JCS 1483/44) 해방 지역이기 때문에 예상이익보다

6월 이후부터 본격적 대북공세를 실시하였다고 한 박명림의 분석은 사실과 차이가 있음을 알 수 있다. 박명림, 앞의 논문, p.435.
84) 「미사절단이 SCAP에게」(1949.2.28), INCOMING MESSAGE, SN.162.
85) 「육군부 장관 각서」, 앞의 자료, SN.623 ; 홍석률, 앞의 논문, p.169에 의하면 1950년대 이승만과 미국의 갈등은 냉전전략이라는 차원에서 실질적인 봉쇄정책의 지속을 추구하는 미국의 정책과 롤백을 추구하는 이승만의 대립으로 보았다.
86) 위의 자료.

막대한 노력과 비용을 요한다는 것이었다.[87]

미국의 논의결과와는 달리 국내에서는 이승만의 북진발언 직후 일부 우익인사들도 북진통일을 주장하기 시작하였다. 즉, 3월 10일 윤치영은 "소련의 점령으로 야기된 이북 실지를 한국정부의 실력으로 회복할 수 있을 뿐이니 정부가 이러한 실력을 갖도록 협력하는 것이 남북통일을 달성하는 길이다"[88]라고 하였고, 3월 13일 유엔한위에서의 회견에서 무력으로 통일해야 한다는 의견도 유익하다고 하였으며,[89] 또 3월 24일 노기남 주교도 한위와의 회견에서 기적 없으면 전쟁 (중략) 공산정책의 변화 없으면 위험하며 정부와 국군을 강화하여 최악의 경우 전쟁이라도 할 수밖에 없다. 이북은 소수 공산주의자들 괴뢰정권이다"[90]라는 매우 강력한 성명이 연이어 발표되었다.

한편, 1949년 3월 이승만은 조병옥을 미국으로 파견하여 국무장관 애치슨에 군원요청서를 제출하였다. 이승만은 조병옥에게 보낸 편지에 "무기를 얻으려는 목적이 제한된 자체방위에 있는 것만이 아니고, 그 무기로 전 한국국민의 열망을 쫓아 남북통일을 달성하는 데 있다"라는 내용을 강조하고 있었다.[91]

> 많은 사람들이 우리 한인에게 무기를 공급하는 것을 마치 어린아이들에게 잘 드는 칼을 주는 것을 반대하는 것처럼 반대한다. (중략) 나는 당신이 한국의 상황을 솔직하게 그리고 자신 있게 유엔과 미국의 고위관리에게 설명해야 한다고 생각하오. 극비리에 그들에게 우리가 남과 북의 통일을 위해 갖고 있는 계획을 말해 두시오. (중략) 사실 우리는 모든 점에서 통일을 위한 준비가 다 되어 있

---

87) 위의 자료. 대한 봉쇄정책은 1949년 12월 「NSC48/1」(1949.12.23)까지는 적용되지 않고 있었다.
88) 『조선일보』 1949년 3월 10일자.
89) 『조선일보』 1949년 3월 13일자.
90) 『조선일보』 1949년 3월 24일자.
91) 김철범 편, 『한국전쟁을 보는 시각』, p.65.

소. 단 한 가지 무기와 장비가 부족하오.[92]

이승만이 조병옥을 파견한 이유가 무력통일을 위한 군원확보에 있었음을 강조하고 있다. 이에 대해 기존의 연구에서는 38선을 타파하고 북진통일하려는 침략정책은 미국의 극동정책과 충돌하여 대미외교에 완전히 실패하였다고 평가하고 있다.[93] 이러한 평가는 일면 타당하지만 당시 이승만의 호전적인 태도가 오히려 미국으로부터 군원지원 확보에 방해가 된다는 것을 자신도 잘 알고 있었음에도 불구하고 왜 지속적으로 북진주장을 되풀이하고 있는지는 설명되지 못한다.

이승만의 목적이 단순한 군원에 있었던 것이 아니라 보다 본질적으로 미국으로부터 안보공약을 얻어내려는 것이었다고 볼 수 있다. 왜냐하면, 이승만은 미국이 남한을 포기하지 않을 것이라는 점을 잘 이해하고 있었으며 결국 미국으로부터 강력한 대공정책 또는 봉쇄정책을 확보할 수 있다고 굳게 믿었기 때문이었다.

이승만 정부의 북진주장은 미군철수설이 알려진 이후부터는 다른 의미로 분석된다. 전술한 바와 같이 이 정부는 미군철수설이 보도된 직후 북한의 남침소문에 대하여 반복하여 강경히 대응할 것이라고 발표하고 있었다. 한걸음 더 나아가 국방장관은 5월 28일 "3일 안에 북한을 정복할 수 있다"[94]라고 발표하기까지 하였다.

당시 미 극동군사령부의 정보 분석에 의하면, 5월 1일~31일 동안 국경충돌이 31%나 증가하고 있었으며,[95] 그것은 미군철수설과 관련하여 북한이 공세적 입장을 취한 것이 원인이지만 남한도 미군철수 후 더 많은 군원을 확보하기 위한 입장을 가지고 있었을 것이라고 평가하였다.[96]

---

92) 이호재, 앞의 책, pp.284~285.
93) 이호재, 앞의 책, pp.346~354.
94) FEC, *Intell. Summary NO.2464* (1949.5.29), SN.223.
95) FEC, *Intell. Summary NO.2474* (1949.6.8).

이러한 평가는 당시 상황을 비교적 정확히 분석한 것이라고 생각된다. 이것은 김석원이 '현재 38선상은 전쟁상태'라고 발표한 데 대해 미 정보평가가 "김의 진술은 사실인 듯하지만 미국의 지원을 받으려는 계획된 것"[97]이라고 평가한 데서도 알 수 있다.

1949년 8월~9월부터 이승만 정부의 강경한 대북태도는 당시 남침위기설과 북의 공격에 의한 국경충돌에 의하여 더욱 증폭되기 시작하였다. 국방장관 신성모는 대한청년단 인천분단 훈련시범대회에서 "국군은 대통령의 명령만 기다리고 있으며 어느 때라도 명령만 있으면 이북의 평양·원산까지라도 1일 내에 완전 점령할 자신과 실력이 있다"라고 설파하고 있었다.[98] 이승만은 이 무렵인 8월 3일 "북벌할 것인가 자중할 것인가 의견대립도 머지않아 해소될 것"[99]이라 발표하는데, 그것 역시 미국의 군원 확대, 대한공약 강화의 기대 속에서 나타난 의사표현으로 해석될 수 있다. 따라서 미군철수 이후의 이승만 정부의 북진발언은 '비현실적 공갈'의 의미를 지니는 것이었으나, 그 의도는 대미 안보공약 확보와 대북 남침억지 전략이라는 이중적 목적을 동시에 내포하고 있는 것이었다.

이러한 상황은 이 무렵 무초의 비망록에 잘 반영되어 있다. 즉, 8월 초 옹진 지역의 한국군이 북한군의 공격을 받아 큰 손실을 입게 되었으며, 그 보고를 들은 이승만과 이범석은 이중적 전략을 위해서도 철원 지역으로 보복공격을 했어야만 했다고 신 장관을 질책하였던 것이다.[100]

이 무렵 한국정부의 공격적인 분위기는 다음의 사실에서도 확인된다. 한

---

96) FEC, *Intell. Summary* NO.2471 (1949.6.5) ; 이승만은 현재 인가된 병력 6만 5천 명을 10만 명으로 증가할 것을 지시하였다. 국군조직법은 평시에 10만 명을 초과할 수 없다고 규정하였다. FEC, Intell. Summary NO.2474 (1949.6.8).
97) FEC, Intell. Summary NO.2479 (1949.6.13).
98) 국사편찬위원회, 앞의 자료, 『합동통신』 1949년 7월 18일자.
99) 『조선일보』 1949년 3월 8일자. 이승만은 대북조치를 불원 착수할 것이며 민주진영은 단결해야함을 역설하였다. 『조선일보』 1949년 8월 20일자.
100) Bruce Comings, *The Origin of the Korean War Vol.2*, p.393.

한국전쟁과 동북아 국가 정책

국군은 8월 23일 해군 초계정 몇 대를 대동강 바로 위 몽금포까지 올려 보내 북한어선 4대를 침몰시켰으며, 북한의 반격에 대비하여 인천항의 무장을 강화하였으나 반격은 없었다.[101] 반면, 이 무렵 북한은 제한공격을 통한 옹진점령이나 삼척 지역에 해방구 설치 문제 등을 소련과 협의하고 있었다. 스티코프의 남한 정세보고서에 의하면, 미군은 북측 도발에 대비하여 남한에 방어원조를 하고 있으며 미군철수 후 좌익 진압과 빨치산 토벌을 강화하고 있고 또한 남한의 북침가능성이 있다고 평가하여 비교적 북한과는 달리 미국의 지원을 받고 있는 남한전력을 높게 평가하고 있었다.[102]

이 시기 이승만은 외교공세도 병행하여 반공 블럭을 강화하기 위해 필리핀, 대만 등과 태평양동맹(태맹) 결성을 적극적으로 주장하고 나섰다. 물론 그것은 중국에서 장개석을 포기하고 한국에도 깊이 말려들지 않으려는 미국을 끌어들이려는 적극적 전략이었다.[103]

같은 해 9월 30일 이승만은 외국기자와의 회견에서 "남한은 북한의 실지를 회복할 수 있으며 북한 동포들은 남한이 공산주의자들을 소탕해 줄 것을 희망하고 있다. 이 같은 조치는 늦으면 늦을수록 곤란하다"[104]라고 하였다. 같은 날 이승만이 올리버에게 보낸 편지에서 같은 내용이 피력되고 있다.

> 나는 지금이 우리가 공격적인 수단을 취하여 북한에서 우리 쪽에 충성하는 공산군과 연합해 나머지 일당을 일소하기에 심리적으로 가장 적당한 계기라고 강하게 느낍니다. 그러면 우리의 방어선은 압록강과 두만강을 따라 즉 한·만 국경선을 따라 강화될 것임에 틀림없습니다.[105]

한편 1949년 10월에 이르면 이승만의 북진발언은 최고조에 달하고 있

---

101) Bruce Comings, 앞의 책, pp.55~56.
102) 『소련 외교문서』 제3권, p.21.
103) 이호재, 앞의 책, pp.301~305.
104) 『서울신문』 1949년 10월 2일자.

다. 10월 2일 이승만은 실지회복에 자신 있음을 밝혔으며,[106] 10월 14일에는 북한 공산정권을 처리하고 만주와 국경을 해야 한다는 내용을 발표하였다.[107]

10월 22일 무초가 극동군사령부에 제출한 보고서에는 이승만은 북한의 옹진공격과 관련하여 "미국이 싸움을 도와줄 것을 기대하지 않으며 우리 자체로 싸울 것이다"[108]라고 하였으며, 또 10월 31일 세인트폴 호에서 "우리가 전쟁으로서 이 사태를 해결하여야 할 때는 필요한 모든 전투는 우리가 행할 것이며, 대이념 냉전에서 공산주의를 저지할 것"을 강조하였다.[109] 11월 5일 그는 "만 부득 하면 무력통일도 불가피하다"[110]라는 것을 재삼 강조하고 있다.

이 무렵 이승만의 북진발언이 집중되고 있는 것은 북한의 집중공세와 무관하지 않을 것이다. 소련외교문서에 의하면, 스티코프에게 북한의 옹진공격 등을 보고하지 않은 사실에 질책전문을 보내는 한편 38선상의 심각성을 간과하지 않도록 특별히 강조하고 있으며, 이러한 사실에서 북의 공세적 태도를 읽을 수 있다.

따라서 당연히 이승만 정부에서는 이에 대응하는 조치가 마련되고 있었을 것이며, 그것은 북진발언의 집중과 분계선상에서의 적극적 대응, 태평양동맹 결성을 위한 외교 강화, 대미 안보공약강화 노력으로 나타날 수밖에 없었던 것이다. 이 무렵에 집중된 이승만 정부의 호전적 태도표명은 무초 비망록에 잘 반영되어 있다.

군에는 자신감이 증대하고 있다. 공세적이고 공격하고자 하는 정신이 나타나

---

105) 올리버, 『이승만 비록』, pp.324~326.
106) 『조선일보』 1949년 10월 2일자.
107) 『서울신문』 1949년 10월 15일자. 이승만은 조국통일에 가일층 분투하자고 강조하였다. 『조선일보』 1949년 10월 16일자.
108) 「무치오대사가 극동군사령부에 보낸 전문」(1949.10.22), GHQ FEC, OUTGOING MESSAGE, SN.309.
109) *FRUS 1949*, Vol.Ⅶ, pp.1093~1094.
110) 『조선일보』 1949년 11월 5일자.

고 있다. 지난 몇 달 동안 소진되고 과민되었던 신경대신 이제 새로운 정신이 이를 대치하게 될 것이다. 상당수의 군이 전진하기를 고대하고 더욱 많은 사람들이 통일이 이루어질 수 있는 유일한 방법은 무력으로 북진하는 것이라고 느끼고 있다. (중략) 또 개성전투나 옹진전투를 치르게 된다면 반격은 예측하기 어려운 온갖 양상으로 전개될지도 모른다.[111]

이것은 미군철수 시 남한 내에서는 공포심과 신경과민이 분출되고 있었으나, 불과 몇 달이 지나서는 오히려 공격적인 분위기가 팽배해 있음을 지적하고 있는 것이다. 전술한 바와 같이 미군철수 직후 분계선상에는 북한의 공세가 집중됨에 따라 남한은 남침위협에 대한 공포심을 갖고 오히려 적극적으로 대응하고 있었다. 특히 8월에서 10월 사이 집중된 북진발언은 북한의 공세와 남침위협이 최고조에 달했던 데 대응하여 나타난 것이었다고 보아도 틀린 것은 아니다.

한·미 관계가 위기를 맞이하였음에도 불구하고 현실가능성과는 상관없이 이승만이 북진통일을 주장한 것은 단순한 정치적 상징조작을 위한 허세만으로 파악할 수 없는 것이다. 그의 북진통일론은 단독정부 수립론과 마찬가지로 당시 전 세계적 냉전체제에 조응하는 전반적인 정치 전략으로서 보다 포괄적인 차원의 의미를 내포하고 있는 것이라는 지적은 타당성을 갖는다고 보인다.[112]

1950년에 접어들어서도 다소 완화되기는 하였으나 북진주장은 지속적으로 표출되고 있었다. 이승만은 연두사에서 38선을 타개하자고 하였으며,[113] 동년 1월 25일 신국방장관은 실지회복에 만전을 기울이고 있으며[114] 명령만 있으면 진군할 것이고, 또 3·1절 기념사에서 이승만은 북진통

---

111) Bruce Comings, *The Origin of the Korean War Vol.2*, p.394.
112) 홍석률, 앞의 논문, p.168.
113) 『조선일보』 1950년 1월 1일자.
114) 『조선일보』 1950년 1월 25일자.

일과 미국의 군원지원에 관한 기존의 주장을 되풀이하고 있었다.[115] 이러한 주장은 앞에서 언급한 것처럼 한국의 방위와 안보에 대한 미국의 공약을 확보하거나 군사장비에 대한 미국의 원조를 확보하기 위한 대미정략의 일환이었음은 두말할 나위가 없다.[116] 그것은 다음의 이승만의 발표내용에서 보다 분명히 드러나고 있다.

> 미국이 북한 괴뢰정권을 공격하지 말라고 충고하고 있지만 우리는 공산치하에서 신음하고 있는 북한 동포를 도저히 방치할 수 없으며 북진을 위해 필요한 비행기·군함·탱크 등 중무기를 공급해 달라고 강경하게 미국에 호소했다.[117]

이승만은 전쟁발발 두 달 전인 4월 무초와의 대담에서도 한국은 필요하다면 무력으로 통일을 준비해야 한다고 말하면서 참을 수 없는 분단 상태는 무한정 계속될 수 없다고 역설하였다. 당시 미 군사고문단장 로버트는 이승만이 북진을 실천하지 못한 이유가 미국과의 관계단절을 우려했고 또 남한에 공격 용무기가 없었기 때문이라고 지적한 것은 주목할 만한 평가이다.[118]

이승만의 북진주장 내면에는 미국이 남한을 포기하지 않을 것이라는 확신이 있었으며, 그것은 단순한 군원 확보의 차원을 넘어 보다 본질적으로 미국의 군사안보공약을 얻어 내려는 것이었다고 할 수 있다. 결국 그는 한국전쟁 과정에서 그러한 미국의 봉쇄 내지 롤백정책을 확보할 수 있게 되었다.

5. 맺음말

이승만의 통일론은 실지회복이라는 차원에서 표출된 것이었으며 또한

---

115) 『조선일보』 1950년 3월 1일자.
116) 최광녕, 앞의 논문, p.139.
117) 『조선일보』 1950년 3월 3일자.
118) 존 메릴, 신성환 역, 앞의 책, p.260.

그 방식은 당시의 현실성과는 무관하게 평화적이거나 무력적이거나 어떤 방법도 채택 가능한 것이었다. 다만, 평화통일의 경우, 유엔결의에 따라 38선 이북의 북한 영토에 대한 통치권을 행사해야 한다는 입장을 견지하고 있었으며, 무력통일의 경우도 미국과 합의를 전제로 구상된 것이었다. 따라서 이승만의 통일론은 어느 방법이든 당시로서는 실현가능성이 없는 것이었다.

이승만 정부는 북진통일 의욕을 강하게 지니고 있으면서 다른 한편 북진을 견제하는 미국에 대해서 군원과 안보공약의 강화를 요구하는 측면도 지니는 이중적인 문제를 갖고 있었다. 이승만은 미국의 소극적 대한정책 자세에 대해 강한 불만을 갖고 트루먼독트린을 한반도에까지 확장시키도록 꾸준히 노력하는 한편 북한을 자극하여 위기상황을 확대하고 있었던 것이다.

이승만 정부의 북진주장은 정부수립 직후 일부 군부에서 나타나기 시작하였으며, 북진통일론은 각 시기별의 정치상황에 따라 약간씩 다른 의미를 띠고 있다.

첫째, 정부수립과 소련군 철수 문제이다. 정부수립 후 이 정부는 내부위기를 어느 정도 극복하였고, 이에 자신감을 갖게 된 일부 군부는 곧바로 실지회복에 대한 의지를 표명하고 나섰던 것이다. 1949년 2월 일련의 북진발언은 소련군 철수발표에 고무되어 나타난 것이었다.

둘째, 1949년 6월 전후 주한미군철수 문제이다. 당시 분단국가의 주요한 갈등 축을 형성하고 있던 주한미군 철수와 관련하여 이후 이승만은 그동안 고수하던 철군반대 입장 대신에 보다 적극적으로 무기원조와 안보공약강화 교섭에 나서고 있다. 그는 미군철수설과 관련하여 북한의 공세적 입장에 대응하면서 또 한편으로 미군철수 후 군원과 안보공약 강화를 확보하기 위해 북진통일의 강도를 높이고 있었다. 그러나 그것은 미군철수와 관련하여 공포심을 갖고 적극적으로 대응하기 위한 것이었으나, 미국의「NSC(8/2)」의 전략결정이 이미 한반도를 방위선에서 제외한다고 결정하고 있었으므로 미국의 군사전략을 넘어선 요구였다.

셋째, 1949년 9월 이후 소련의 핵실험, 중국정부수립, 북한의 대규모 옹진공격 등의 문제이다. 이승만 정부의 북진발언은 9월부터 증폭되고 있다. 북한의 남침설과 옹진공격에 대한 대응으로 미국으로부터의 군원과 안보공약을 확보하고 한반도를 냉전의 결전장으로 끌고 가려는 대응전략의 일환으로 나타난 것이었다. 미군철수 이후의 이승만 정부의 북진발언은 '비현실적 공갈'의 의미를 지니는 것이었으나, 그 의도는 대미 안보공약 확보와 대북 남침억지 전략이라는 이중적 목적을 동시에 내포하고 있는 것이었다. 이승만의 이러한 전략은 장기적으로 성공을 거두고 있었다. 즉, 미국은 12월 23일 「NSC48」을 채택하여 대공산 봉쇄전략을 검토하고 있었던 것이다.

넷째, 1950년 1월 ECA의 경제원조안 부결문제이다. 이승만은 1950년 초까지 끊임없이 군원과 안보공약 확보를 위해 다각적으로 노력을 기울여 왔으나, 대한경제원조안 부결이라는 결과를 얻게 되었다. 이에 따라 이승만은 이전보다 북진주장에 다소 조심스런 입장이었으나, 여전히 미국이 절대로 남한을 포기하지 않을 것이라는 점을 이해하고 있었으며 결국 전쟁 직전까지 미국으로부터 강력한 안보공약과 무력통일을 위한 지원을 확보할 수 있다고 믿고 있었다. 이승만이 북진을 실천하지 못한 이유는 미국의 북침경고와 또 군사적 대북열세에 기인한 것이었다.

이승만이 현실가능성과는 상관없이 북진통일을 주장한 것은 단순한 정치적 상징조작을 위한 허세만으로 파악할 수 없으며, 단정수립론과 마찬가지로 당시 전 세계적 냉전체제에 조응하는 전반적인 정치 전략으로서 보다 포괄적인 차원의 의미를 내포하고 있는 것이었다.

따라서 이승만은 대중여론과 유엔, 미국의 입장 등을 고려하여 평화통일을 제기하는 한편, 미국으로부터 군원을 제한받고 있었음에도 불구하고 무력통일론 주장을 공언하였다. 그것은 상대적으로 김일성이 1949년 1월 이전부터 무력통일론을 전제로 하고 있으면서 꾸준히 군사력을 강화하고 또 이를 외부적으로 표출하지 않고 오히려 대외적인 명분을 축적하기 위해 조국전선을 통한 평화통일 문제를 제기하고 있었던 것과 대조된다고 할 수 있다.

제5장
이승만 정부의 군부 통제와 성격

1. 머리말

한국군은 해방 이전의 군사경력으로 인해 미군정기 창군과정에서부터 복잡한 파벌 문제를 안고 출범하였다. 해방 직후 창군기에는 주로 군사영어학교(이하 군영) 출신 간의 갈등이었으나, 단정수립 전후 이승만이 군사경력자들을 대거 특별 임관시켜 군에 흡수하면서 새로운 갈등구도가 형성되었다. 이승만은 군영 출신과 미 군사고문단의 반대에도 불구하고 김홍일·안춘생·이준식·유승렬·김석원·신태영·이응준·이종찬, 노덕술 등 다양한 군사경력자를 군내로 끌어들여 군영 출신을 견제하였다.

정부수립 이후 전쟁에 이르기까지 군부충원의 다양화와 양적 확대는 국내 정치 정세의 구조와 맞물려 전개됨으로써 파벌 간의 갈등이나 정치화를 가속화하였다. 특히 한국전쟁기 채병덕·정일권·이종찬·백선엽 등 잦은 참모총장의 교체는 국내 정치변동과 깊은 관련 속에서 이루어졌으며 그것은 곧 참모부와 지휘관 등 군부재편을 의미하는 것이었다. 따라서 한국전쟁기 군 지휘부의 구성변화와 그 성격을 분석하는 것은 군부 내 정치화 과정뿐만 아니라 국내정치의 성격과 미국의 정책방향 등을 이해하는 데에도 필요한 작업이라 생각된다.

한국군부 내의 정치화에 관한 기존 연구는 두 가지 형태로 대별된다. 첫째로는 해방 이후부터 1960년대까지 창군과정에서의 군 내부의 파벌투쟁과 원인을 분석하여 군내 소장 장교들의 불만 등을 규명한 연구이며,[1] 둘째로는 주로 부산정치파동 시의 미국의 대한군사정책과 군부의 쿠데타 계획을 분석하여 미국이 이승만 대체 세력으로 군부로 상정하였고 박정희 등 예비지배 세력의 성장도 미국의 태도에 기인한다는 분석이다.[2]

이들 연구들은 지금까지 소홀하였던 문제를 부각시키고 또한 관련 자료들을 새롭게 발굴하였다는 데 큰 의의가 있다. 그러나 한국전쟁기 비약적으로 확장되는 과정에서 군부 재편에 따른 정치화의 다양성과 특수성을 분석하는 데에는 이르지 못하고 있다.

따라서 본 발표에서는 다음과 같은 문제를 구체적으로 분석하고자 한다. 첫째 국내의 정세에 따라 한국군부가 어떻게 재편되었는가, 둘째 전쟁기 각 참모총장 시기 참모부와 지휘관들의 출신별 구성이 군부갈등과 정치화에 어떤 영향을 끼쳤는가, 셋째 각 시기 출신별 장성진급의 비율이 어떤 정치적 함의를 갖는가 하는 것 등이다. 이러한 분석을 통해 한국 군부 내의 정치화의 성격과 그 원인의 한 단면을 이해할 수 있을 것이다. 본 발표에서 이용한 주요 자료는 육군본부의 장교 자력표와 장교 임관순 대장, 일본육사 및 만군 유학생 명부, 그리고 미 군사고문단의 한국군 지휘관 평가록 등이다.[3]

---

1) Se-Jin Kim, *The Politics of military Revolution in Korea*, Chapel Hill, The Univ. of North Carolina Press, 1971 ; 한용원, 『창군』,박영사, 1993 ; 양병기, 「한국의 건군과 군부 연구(1945~1960)」, 『국사관논총』58, 국사편찬위원회, 1994.
2) 阪田恭代「朝鮮戰爭下の內政介入」『論文集』第32, 慶應義塾大學法學硏究科, 1991 ; 李鍾元,, 「米韓關係における介入の原型」-「エヴァーレデイ計劃」(一、二)-, 『法學』1994, 1995; 홍석률, 「한국전쟁 직후 미국의 이승만 제거계획」『역사비평』 가을호, 1994 ; 나종일, 「1952년 정치파동-행정부, 의회, 군부, 외국의 상호작용-」『한국정치학회보』22-2, 1988.
3) 육군본부, 「장교자력표」 제1, 제2권 및 「장교임관순 대장」(미간행) ; 矢部廣武,「일본육군사관학교 유학생명부」, 佐佐木春隆, 강창구 역, 『한국전비사』(상), 병학사, 1997 ; HQ KMAG, 「한국군지휘관 평가 및 명부」, SN.1874.

2. 전쟁 초기 이승만의 군부 재편
1) 군 조직 재편과 '군 원로'의 배제

 개전 당시 이승만 정부는 적절한 방어력을 확보하지 못하였으며, 더구나 불과 전쟁 1달 전에 있었던 5·30선거 결과로 전쟁에 대응할 정치구도도 형성하지 못한 상황이었다. 선거결과는 어느 정파도 국회를 주도할 수 없는 불안정한 대립구도였으며,[4] 민주국민당 등 반 이승만 세력이 다수를 점하고 있어 차기 대선에서는 이승만의 당선가능성이 대단히 희박하였다.

 이러한 정치상황에서 이승만은 주요 군사 지도자를 군사능력이 아닌 사적관계로 편성하였고, 전쟁을 맞이하여 적절히 대응할 수도 없게 되었다. 당시 군의 주요 인사에는 이승만, 신성모, 채병덕과의 파벌 내 상하관계와 사적관계 중심으로 편성되었다. 무엇보다 이승만의 사적지배가 가능한 인물 중심이었다. 이러한 분파적인 인력운용은 전쟁에 직면하여 효과적인 대처를 어렵게 하였다. 이에 민국당의 김성수계는 개전 초기부터 패전의 책임을 이승만 정부에 돌리고 내각에 대한 공격을 강화해 나갔으며, 무초는 "국운이 위태로운 시기에 정치권이 군대와 경찰에게 이기적인 정치적 입장을 주입하려 하고 있다"라고 비판하였다.[5]

 당시 군에는 일본육사 출신 가운데 유동열이 15기로 가장 선배격이었고, 그다음으로 26기인 이응준, 신태영, 유승열, 이청천, 안병범이 그리고 27기가 김석원, 장석윤, 백홍석, 엄주명 등이 있었다.[6] 정규작전의 전투지휘관으로서의 경험이 있는 인물로 김홍일, 송호성, 권준, 김석원, 이형석 등이 있었으나 이들은 신성모, 채병덕에게 있어서는 그저 다루기 힘든 부담스런 원로에 불과하였다.

 실제 군 지휘부의 조직적 취약성은 전쟁발발과 더불어 표출되기 시작하

---

4) 정영국, 「정치지형의 변화와 5·30선거」, 현대사연구소, 『한국현대사의 재인식3』, 1998.
5) 「무초가 국무장관에게」(1950.9.2), U.S. Department of State, *Foreign Relations of the United States*(이하 FRUS로 약칭) *FRUS 1950*, Vol.Ⅶ, USGPO, 1976, pp.694~695.
6) 矢部廣武, 앞의 자료, pp.503~577.

였다. 개전 초기에서의 가장 큰 패인 중 하나는 군 지휘부의 작전 지휘력과 통솔력의 결함으로 지적되는데, 이는 다음의 육본 참모와 지휘관 구성에서 잘 드러나고 있다.

표-4 | 채병덕의 육본 참모구성[7](총 18명)

해방 이전 군사경력	일본육사	만군	학병	지원병	중국군/민간출신	미상
	3	5	7	1	1 / 1	0
출신지	평안/황해	함경		서울·경기/충청	경상/전라/강원	미상
	5 / 0	3		1 / 5	1 / 0 / 1	2
해방 이후 군사경력	군사영어학교	특별임관	경비사관1기	경비사관2기		미상
	14	2	0	1		1

표-5 | 채병덕의 사단지휘관 구성(총 8명)

해방 이전 군사경력	일본육사	만군	학병	지원병	중국군/민간출신	미상
	5	1	1	0	1 / 0	0
출신지	평안/황해	함경		서울·경기/충청	경상/전라/강원	미상
	2 / 0	0		2 / 4	0 / 0 / 0	0
해방 이후 군사경력	군사영어학교	특별임관	경비사관1기	경비사관2기		미상
	6	2	0	0		1

채병덕의 참모구성은 「표-4」과 같이 주로 군영 출신 위주로 편성되었으며, 학병·일본육사·만군·중국군 출신이 고루 분포되었음을 보여준다. 그리고 지역 출신별로는 평안·충청 중심으로 편성되었으며 함경 출신이 전무한 것이 큰 특징이다. 북한(8명)과 남한 출신(8명)이 고루 분포된 것은 당시 군 내부에 일본군·북한 출신만을 기용한다는 불만을 해소하기 위해

---

7) 육군본부, 앞의 자료, 「장교자력표」 제1권 ; 육군본부, 앞의 자료, 「장교임관순대장」 ; 육군본부, 『육군발전사』(상). 도표의 참고자료는 이하 같음.

의무참모 등 특과병에 남한 출신을 일정하게 안배한 결과였다.[8]

그러나 참모구성상의 가장 큰 문제점은 실제 군사적 경험이 많은 경력자들이 모두 배제되었다는 점이다. 몇몇 참모를 제외하고는 거의 전문성이 고려되지 않았으며, 특히 작전 면에 경험과 능력 있는 인물들이 부재한 상황이었다. 참모총장 자신이 일본군 병기대위 출신으로 보병을 지휘한 경험이 전무한 것은 물론이고 작전참모부장(김백일)과 작전교육국장(장창국)이 정규작전을 경험해 본 적이 없는 인물이었다. 초기 전투에서 예비부대를 모두 축차 투입하여 작전에 차질을 빚게 된 것은 주로 김백일 등 참모들이 게릴라토벌 전술형태로 병력을 투입한 데 연유하였다.

개전 당시 인사운용 문제의 심각성은 사단지휘관 임용에서 단적으로 드러난다. 사단지휘관의 출신별 구성은 「표-5」와 같이 평안도 출신과 일본육사, 그리고 군영 출신 중심으로 배치되었음을 알 수 있다. 평안·일본육사·군영 가운데에서도 특히 이승만, 신성모, 최병덕의 사적 친분관계가 크게 작용하였다. 즉, 채병덕과 일본육사 동기인 이종찬, 장인사위 관계인 이응준과 이형근, 그리고 부자지간인 유승렬과 유재흥, 형제지간인 백선엽과 백인엽(육본직할 제17연대장) 등의 임용은 물론이고, 중국군 출신인 이성가조차 신성모와 특별한 관계인 대한청년단장인 김윤근의 추천에 의해 사적관계로 기용된 경우였다.[9]

이처럼 전투지휘 능력을 고려하지 않고 친분관계에 의한 사단지휘관의 운용은 초기작전에 큰 차질을 빚게 하였다. 개전 초의 상황은 채병덕과 작전참모부장대리인 김백일이 전적으로 자신의 판단에만 의존하여 처리하는 식이었고, 이러한 방침에 사단지휘관들은 대체로 순응하는 편이었다. 채병덕과 지휘관들은 작전상황이나 군 원로의 충고를 고려하지 않고 단순히 이승만, 신성모의 질타 등 정치적 간섭에 따라 움직이면서 작전에 큰

---

8) 고정훈, 『군』, 동방서원, 1967, p.101.
9) 김중희, 「6·25와 국방장관 신성모」 『월간조선』 6월호, 1982, p.103.

차질을 빚었다.

상황이 급격히 악화되어서야 이승만은 신성모에게 "적절한 행동을 결정할 수 있는 군사능력을 가진 사람들을 모으라"고 지시하였으며,[10] 국방부에 소위 '군 원로회의'가 소집되었다. 당시 김홍일, 송호성, 이범석, 유동열, 이청천, 김석원 등이 소집되었고, 유승열과 이응준은 도착하지 못하였다. 이 자리에서 김홍일 등은 한강선방어 편성을 하여 지연전을 전개해야 한다고 주장하였으나, 신성모와 채병덕은 그들의 의견을 경청하지 않고 북진할 테니 안심하라는 태도로 일관하였다. 그러나 채병덕의 낙관과는 달리 전황은 급속히 악화되어 28일 새벽 북한군이 서울에 진입하였다.

결국 수도를 잃게 되자 이승만은 채병덕에 작전지휘책임을 물어 면직시키고 그 후임으로 6월 30일부로 정일권을 소장으로 진급시킴과 동시에 참모총장에 임명하였다. 정일권은 7월부터 제1, 제2군단을 창설하는 등 몇 차례에 걸쳐 육군을 재편하면서 주요참모와 지휘관의 인사이동을 단행하였다. 이 과정에서 이응준, 신태영, 채병덕마저 거의 이름뿐인 전주, 광주, 부산관부사령부 사령관으로 밀려났으며, 그다음 날 신태영은 신성모와의 불화로 면직되었다. 신성모, 정일권의 원로배제라는 원칙이 적용된 결과였다. 다음의 표는 정일권 총장시기 함경 출신과 만군 출신이 상대적으로 강화되고 있음을 보여준다.

표-6 | 정일권의 참모 구성(총 46명)

해방 이전 군사경력	일본육사	만군	학병	지원병	중국군/민간출신	미상
	4	9	21	1	3 / 3	4
출신지	평안/황해	함경		서울·경기·충청	경상/전라/강원	미상
	9 / 1	8		6 / 9	6 / 0 / 1	6
해방 이후 군사경력	군사영어학교	특별임관	경비사관1기	경비사관2기		미상
	28	12	0	3		3

---

10) 「무초가 국무장관에게」(1950.6.26), *FRUS 1950*, pp.141~143.

■ 표-7 ■ 정일권의 사단 · 군단지휘관 구성(총 27명)

해방 이전 군사경력	일본육사	만군	학병	지원병	중국군/민간출신	미상
	6	4	11	2	4 / 0	0
출신지	평안/황해	함경		서울 · 경기/충청	경상/전라/강원	미상
	7 / 0	5		6 / 6	1 / 0 / 0	1
해방 이후 군사경력	군사영어학교	특별임관	경비사관1기	경비사관2기		미상
	21	6	0	0		0

　정일권의 육본참모는 위의 「표-6」과 같이 군영 출신 중 학병 출신(21명)이 대거 기용되었으며, 출신지별로는 정일권의 자신의 연고지인 함경도 출신(8명)이, 군사경력별로는 만군 출신이 상대적으로 증가되었다. 이는 정일권이 함경 · 만군 출신을 강화하려는 의도가 반영된 것이었다. 이들 중 채병덕에 의해 배제되었던 만군 출신 이한림, 강문봉이 새로 기용된 경우였다. 석주암, 황헌친, 김종평 등 학병 출신(21명)이 대폭 기용된 것은 미군 참전 이후 작전권이 미군에게 이양된 이후 미군과의 협의를 고려하여 보다 고하려 출신으로 보강한다는 의도가 반영된 결과였다.

　지휘관 역시 다음 「표-7」와 같이 학병 출신(11명)이 대거 기용된 점이 두드러진다. 또한 당시 불리한 전세로 인해 실전경험이 중시되어 중국군 출신(4명)의 비중이 다소 증가되었으며, 지역 출신별로는 채병덕 시기에는 전무했던 함경 출신 5명이 새로 배치된 점이 주목된다. 군단장에는 김백일 · 백선엽, 유재흥 · 이형근 등 만군과 일본육사계로 안배되었다.

　그러나 개전 초 이러한 직책분포와는 별개로 장성진급에는 단연 만군 출신이 주도적이었다. 김백일, 백선엽이 일본육사 출신을 제치고 개전 이후 가장 먼저 1950년 7월 준장으로 진급하였으며, 이어 9월 장성으로 진급한 양국진(만군, 군영), 강문봉(만군, 군영), 김일환(만군, 군영), 김종오(학병, 군영), 송요찬(지원병, 군영), 최덕신(중국군, 특임), 이종찬(일본육사, 특임) 등 가운데에도 만군(3명)이 가장 비중이 높았다. 이로써 전쟁 초기 장성 진급자는 총 9명 중 정일권 자신을 포함하여 6명이 만군 출신이었다.[11]

이는 만군의 영향력 증대를 의미하였으며, 만군을 통해 일본육사계를 견제하려는 이승만의 정치적 계산이 내포된 것이었다.[12]

 만군 출신 강화와는 대조적으로 이승만, 신성모는 제1군단장 김홍일과 제3사단장 김석원을 지휘관에서 해임시키고 그 후임으로 김백일과 이종찬을 각각 임용하였다. 이로써 일본육사 출신의 상징이었던 신태영, 이응준, 김석원은 주요 직책에서 모두 제외되었다. 국회는 그것을 파벌에 의한 군 인사조치라고 비판하고 즉각 거둬들일 것을 촉구하였다. 이에 신성모가 국회에 나가 그 조치는 지휘력에 문제가 있다는 제8군사령관 워커의 건의를 받아들인 것이라 해명하였지만,[13] 그것은 분명 신성모와 정일권의 군사원로 배제라는 사적인 파벌의식이 작용했기 때문이었다. 미 대사관 측은 국회가 그것을 문제로 삼은 것은 당시 윤치영과 임영신계가 김석원을 참모총장 후보로 추대하고 있기 때문이라고 평가하였다.

 국회는 이어 한강교폭파의 책임을 문제 삼아 신성모를 면직시킬 것을 추궁하였으며, 이승만은 이를 단호히 거부하였다. 무초는 국회 내에서 신 장관을 비판하고 나서는 이면에는 신익희 국회의장의 정치적 야심과 무관하지 않으며, 이범석·윤치영·임영신 등 국회의원과 김석원 그룹이 그것을 지지하고 있다고 평가하였다. 그는 한국군까지도 이기적인 정치적 싸움을 하고 있다고 비판하였다.[14] 이는 군내의 파벌관계가 당시 정치권과 긴밀한 관련을 갖고 작용하고 있음을 의미하였으며, 만군계와 일본육사계의 파벌경쟁을 지적한 것이었다. 이 시기 군 지휘부의 주요인물은 일본육사 출신의 이종찬·유재흥·이형근과 만군 출신의 김백일·백선엽·이한림·강문봉 중심으로 편성되었다.

---

11) 육군본부, 앞의 자료, 「장교자력표」 제1권.
12) 미 군사고문단의 평가에 의하면 만군계인 이한림은 미군에 비협조적이고 지나치게 정권과 가깝다고 평가한 반면 일본육사계인 이형근은 미군과 너무 가깝게 지낸다는 이유로 이승만과 신성모의 미움을 받고 있다고 평가하고 있었다. KMAG, 앞의 자료.
13) 「무초가 국무장관에게」(1950.9.9), *FRUS 1950*, pp.712~713.
14) 「무초가 국무장관에게」(1950.9.2), *FRUS 1950*, pp.694~695.

국회가 신성모의 퇴진요구를 압도적인 다수로 결의함으로써 서울탈환 직후에는 주로 신성모 해임 문제를 둘러싸고 정부와 국회가 대립하였다. 뿐만 아니라 정부 내에 조병옥, 김준연 등 민국당계 인사가 포진함으로써 이승만에 대한 공세가 가속화되었다. 이에 이승만은 1950년 11월 3일 신성모 후임으로 백낙준을 추천하였으며, 의원 85명이 내각총사직 건의안을 제출하여 그것을 거부함으로써 정치 분열은 더욱 첨예화되었다.

2) 국민방위군 사건과 군부 내부의 갈등

국내정치의 혼란 속에 중국군의 참전으로 전선이 38선 이남으로 밀리게 되자 미국은 다시 이승만의 청년단 인력을 군에 편입하는 문제를 거론하였다. 그동안 무초는 수차례 청년단 소속의 인적자원을 군 지휘계통에 흡수할 것을 제기하였지만, 이승만은 번번이 "당신은 청년단을 이해 못한다"라는 것으로 계속 응수하였다. 이승만의 복안은 정치적인 활용을 위해 이들을 따로 관리하려는 것이었다. 그러나 전선의 악화로 그는 더 이상 미국의 요청을 묵살할 수 없었으며, 그것은 국민방위군 편성으로 귀결되었다.

그 결과 1950년 12월 21일자로 '국민방위군 설치법'(법률 제172호)이 공포되었고, 대한청년단 단장인 김윤근과 부단장인 윤익헌이 준장과 대령으로 특별 임관되어 사령관과 부사령관에 각각 임명되었으며, 대부분의 지휘관도 청년단 간부로 채워졌다. 이들은 이승만의 두터운 신임을 받으면서 정치권과도 연계하여 방위군 예산을 전용하였다.[15] 이들의 부정행위는 1·4후퇴로 방위군이 각 지역별로 남하하면서 폭로되기 시작하였다.

이에 국회조사위원단이 사건조사에 나섰으며 그 결과 1951년 4월 25일 국회 본회의에서 서민호 의원이 그 전모를 공개함으로써 국민방위군은 해체되기에 이르렀다.[16] 사건조사과정에 이승만과 내무장관 장석윤을 포함

---

15) 김윤근은 장인인 정창옥이 신성모와 절친한 사이였으므로 신성모와 이승만의 각별한 신임을 얻고 있었다. 고정훈, 앞의 책, p.102.
16) 주요간부 김윤근, 윤익헌, 박기환, 강석한, 박기현 등 5명은 1951년 8월 13일 총살되고 나머

해서 많은 정치권이 깊이 연루되었음이 드러났다. 그것은 결국 이승만이 정치적 목적을 위해 임의로 군직을 변경시킨 결과였다.

　군부의 일각에서는 전문성이 부족한 청년단원이 대거 군에 들어와 그들의 전문성을 침해하였다는 불만을 가졌으며, 또 정치권이 군을 정치자금 공급원으로 여기고 있어 상납 및 청탁 등 부정이 만연하고 있다고 생각하였다.[17] 이들은 부정 사건을 엄단하지 못했던 정치권에 대해 반감을 갖게 되었고 그 결과 군내에는 정치입장에 따른 갈등과 불신이 심화되었다.

　방위군 사건은 한국군 내부뿐만 아니라 국내 정치권에도 큰 영향을 미쳤다. 이 사건의 여파로 인해 정부 내각을 비롯하여 군내의 주요 인사개편이 이루어졌으며, 그 결과 신성모가 해임되고 총리에 장면, 국방장관에 이기붕 등이 각각 임명되었다. 또한 이어 5월 16일 실시된 부통령 이시영 후임자 선거에서도 이승만이 추천한 이갑성이 낙선하고 민국당이 내세운 김성수가 78 : 73표로 당선되는 결과를 낳았다. 이것은 부정 사건으로 인해 다수의 부동층이 반 이승만 세력으로 흡수되었음을 알리는 결과였다. 국방장관의 교체는 군 인사에 직접 영향을 미쳤으며, 이기붕의 추천으로 이종찬이 참모총장에 임명됨에 따라 아래 표와 같이 육본 참모부와 지휘관도 다시 재편되었다.[18]

| 표-8 | 이종찬의 참모 구성(총 39명)

해방 이전 군사경력	일본육사	만군	학병	지원병	중국군/민간출신	미상
	5	4	22	1	2 / 3	2
출신지	평안/황해	함경	서울·경기/충청	경상/전라/강원	미상
	7 / 2	3	9 / 8	5 / 0 / 1	4
해방 이후 군사경력	군사영어학교	특별임관	경비사관1기	경비사관2기	미상
	22	12	1	3	1

지 관련간부들은 1951년 8월 2일자로 면직되었다. 장교임관순대장, 앞의 자료.
17) 『육군 40년 발전사』, 앞의 책 ; 『채명신 회고』, 앞의 책.

표-9	이종찬의 군단·사단 지휘관 구성(총 20명)					
해방 이전 군사경력	일본육사	만군	학병	지원병	중국군/민간출신	미상
	4	1	9	2	1/0	3
출신지	평안/황해	함경		서울·경기/충청	경상/전라/강원	미상
	5/0	2		4/5	2/1/0	1
해방 이후 군사경력	군사영어학교	특별임관	경비사관1기	경비사관2기		미상
	15	2	3	0		0

「표-8」과 같이 이종찬의 육본 참모구성은 학병·군영 출신이 주도적이며 만군이 축소되었음을 보여준다. 지역별로는 북한 출신이 감소되고 서울 등 남한 출신이 증가되었으며, 특임이 상대적으로 크게 증가되었다. 이는 서울·특임 출신인 이종찬과 친분관계에 있는 인물이 포진되었음을 의미하였다. 그 가운데 이용문, 김종오, 강영훈, 양국진, 박병권, 손성겸, 심언봉 등이 새로 기용된 경우었다.

지휘관의 구성은 「표-9」에서 나타나듯이 만군에 비해 일본육사 출신이 상내직으로 증가되고, 학병 출신의 지휘관이 수적으로 가장 큰 비중을 차지하였음을 알 수 있다. 또한 군영 출신이 다소 줄어들고 특임과 1기생도 안배되었다. 이종찬 참모총장시기 군단장 및 사단장에 백선엽을 제외한 만군 출신이 전무하였다는 사실은 장면, 이기붕, 이종찬의 새로운 군부재편을 암시하였으며, 적어도 이승만, 신성모, 정일권 계통의 만군 출신 배제 또는 군 내부의 반 이승만 분위기 확산을 반영한 것이었다.

이러한 경향은 장성진급의 결과에서도 나타난다. 즉, 이 시기 중장진급자의 경우 김일환·이형근(일본육사), 백선엽(만군), 이준식(중국군), 장도영(학병) 총 6명 가운데 만군은 백선엽 1명이고, 소장진급자의 경우 총 6

---

18) 미 군사고문단은 이종찬이 정치적 배경을 갖고 있으며, 미군에 그다지 협조적이지 않고 영어를 못한다고 평가하였으며(「군사고문단 평가서」, 앞의 자료), 강문봉도 이종찬이 정치적인 인물이라고 평가하였다(강문봉, 「전시 한국군 주요지휘관의 통솔에 관한 연구」, 연세대 행정학박사논문, 1983).

명 중 만군 2명, 중국군 2명, 일본육사 1명, 학병 1명이며, 준장진급자의 경우 15명 중 학병 8명, 중국군 3명, 일본육사 2명, 만군 1명이었다. 이는 이승만의 신뢰를 얻은 만군 출신의 영향력이 크게 축소된 반면 미국의 지지를 받고 있던 장면, 이기붕 중심으로 군부가 재편되고 있음을 의미하였다.

3. 미국의 정계개편 구상과 '반정' 군부의 대두
1) 반 이승만 세력의 부상과 부산정치파동

방위군 사건은 군부와 국내정치권뿐만 아니라 미국에도 큰 영향을 미쳤다. 국내 정치권에서는 장면총리, 김성수 부통령의 선출로 김준연 등 민국당계의 입지가 증대되었으며, 이후 국회 내 반 이승만계도 장면을 차기 대선후보로 추대할 적극적인 움직임을 보이기 시작하였다. 미국도 이 무렵부터 반 이승만계에 대한 지원을 강화하기 시작하였다.

미국의 반 이승만계 지원은 무초에 의해 언급된 바 있는 '이승만 대체세력의 모색'과 밀접한 관련이 있었다. 이때 무초는 정치혼란과 관련하여 차후 이승만을 대체할 수 있는 세력으로서 군부지도층을 주목하였다. 그는 1950년 10월 14일 웨이크도 회담 시 러스크에게 이승만을 대신할 수 있는 세력에 대해 상당히 숙고하였지만, 현 시점에서는 적임자가 없다고 전하면서 군부가 그를 대신할 수 있는 지도층이라고 언급하였다. 즉, "새로운 군부지도층이 후계자가 될 수 있는 유일한 근원지"라고 지적하고 그들의 통솔력에 크게 기대를 걸었음을 볼 수 있다.[19]

한국군부에 대한 이러한 인식은 미 군사고문단 평가에 의해서도 확인된다. 즉, 1951년 6월 미 군사고문단은 한국군 지휘관들이 일부 지나치게 친정권적이거나 정치성향을 띠는 일부 인사를 제외하고는 대체로 훌륭하다

---

19) 「국무부차관이 극동담당에게 보낸 각서」, *FRUS 1950*, pp.946~947 ; 「1950.10.15 웨이크도 회담시 진술요약」, 같은 자료, pp.948~960.

고 평가하였다. 이러한 평가는 1950년 말 장성진급 결과(총 16명 가운데 학병출신이 12명을 차지)와 관련이 있었다. 당시 한국군의 리더십과 자질 문제를 심각하게 제기한 미군 측으로서는 전문학교 이상의 학력을 가진 학병 출신을 높게 평가하였고,[20] 그 진급에는 미군 측의 평가가 반영되었다.

아울러 미국은 이승만의 비민주성을 강도 높게 비판하기 시작하였다. 무초는 이승만의 관제데모와 준군사단체인 청년단 강화 등에 반감을 증폭시키면서 이승만 측근들을 비판하였으며, 라이트너도 민주적이고 효율적인 정부 실현의 장애가 주로 이승만에 있다고 지적하였다.

이승만은 정면 충돌을 기도하여 국내 정치권 반대파를 물리적으로 탄압하였고, 미국에 대해서는 내정간섭과 휴전 문제를 들고 정면으로 비난하고 나섰다. 그는 자신의 재선 문제를 국가의 장래와 일체화시키면서 1951년 8월부터 창당을 준비하고 결국 동년 12월 원외·원내 자유당을 창당하였다. 국내 정치 분열은 1952년 8월 대통령선거를 앞두고 급격히 악화되었다. 이승만은 국회 내 지지기반의 취약으로 재선가능성이 적다고 판단하고 대통령직선제와 양원제를 골자로 하는 개헌안을 제출하였다. 그러나 그것은 1952년 1월 말 국회에서 143 : 19로 압도적으로 부결되었으며, 국회 내 반 이승만계는 내각제 개헌안을 들고 나왔다.

이에 이승만은 총선에 대비하여 3월 29일 개헌안에 소극적인 국방장관 이기붕을 해임하고 신태영을 임명하고,[21] 이어 4월 20일 장면 총리, 조병옥 내무장관을 해임하고 장택상, 이범석 등을 각각 임명하였다.[22] 또한 그는 원외당과 대한청년단, 민중자결단, 백골단 등을 통해 국회를 위협하였고, 급기야 5월 14일 정부 측 개헌안을 제출하고 5월 25일 부산 일대에 계엄령을 선포하였다. 그는 계엄반대 의원 50여 명을 체포하였으며,[23] 부통

---

20) 「무초대사의 비망록」(1951.5.5), *FRUS 1951*, Vol.Ⅶ, pp.416~420.
21) 신태영은 1952년 4월 동기인 이응준을 1년 반 만에 현역에 복귀시켰다. 고정훈, 앞의 책, p.579.
22) 「무초의 대화비망록」(1952.5.23), *FRUS 1952*, Vol.ⅩⅤ, pp.228~231.
23) 「통합지휘단장이 국무부에게」(1952.5.24), *FRUS 1952*, pp.238~242.

령 김성수와 의원들이 잠적함으로써 정치위기는 극에 달하였다.

부산 정치파동 시 미국의 입장은 이승만의 당선가능성을 50% 이하로 평가하면서 이승만이나 이범석 이외에 누가 되어도 민국당과의 연합정권 형태가 될 것이며, 이럴 경우 내부분열의 위험은 있지만 권위주의와 부패가 감소할 것으로 평가하였다. 무초는 이범석이 경찰과 계엄사령부를 완전히 장악하였고 더욱이 한국군에도 눈을 돌리기 시작했다고 우려하였으나, 한국군은 여전히 신뢰할 수 있는 세력으로 기대하였다.

2) 장면지지그룹의 '반정' 기도와 실패

방위군 사건 이후 군부 내부에서는 이승만에 의한 군의 사적운용, 부정행위와 파벌요인 제거, 정치적 중립 보장 등에 관한 인식이 크게 확산되었다. 군부 일각에서는 부산 정치파동 시 미국의 움직임에 크게 주목하면서 이승만 제거계획을 논의하였다. 즉, 1952년 5월 이종찬을 중심으로 육본 참모들이 중심이 되어 장면지지계획을 구체화하기 시작하였다.[24)]

1952년 5월 10일 작전교육국장 이용문이 장면의 비서인 선우종원을 방문하여 장면을 수뇌로 하는 계획을 제의했으며, 계엄령선포 시 육본 참모들이 그 계획을 논의하였다. 이들의 최초 계획이 누구에 의해 어떤 과정을 통해 이루어졌는지는 알려져 있지 않지만 육본 참모들의 일부가 그 계획에 동의하고 참여였음을 알 수 있다.[25)] 이들은 계엄임무를 위해 군대를 파견하라는 이승만의 명령을 거부하였으며,[26)] 오히려 이때(5월 26일) 개최

---

24) 나종일, 앞의 논문, pp.170~171.
25) 정래혁에 의하면, "이종찬, 이용문과 구체적인 작전계획을 논의하였다. 박정희 대령이 병력 지휘하는 계획의 코드네임은 반정계획이었다"라고 하였으며, 유원식은 "나는 이용문과 박 대령과 함께 2개 대대를 부산에 파병 이정권을 뒤엎을 계획을 추진했고 미군도 양해했으나 마지막 단계에서 태도를 번복하여 실행에 옮길 수 없었다"라고 하였다. 조갑제, 『이용문장 군 평전, 젊은 거인의 초상』, 샘터, 1988, p.163.
26) 밴플리트는 이승만으로부터 군대파견 제의를 받은 적이 없다고 하였다. 「라이트너가 국무부 에」(1952.5.27), 앞의 자료. 그러나 레미츠의 보고에 의하면, 이승만이 밴플리트에게 계엄수 행 위해 2개 사단을 부산으로 이동시켜 줄 것을 요구하였지만 이는 거절되었으며, 이승만과 밴플리트의 신경전으로 한국군부 지도자들이 어려움을 겪고 있다고 하였다. 「극동과장 비망

된 육본 참모회의에서는 김종평, 이용문, 박정희 등이 병력을 파견하여 계엄사령부를 견제하자고 제의하였다. 이들은 박경원 또는 이용을 대대장으로 하여 파병하자는 문제까지 거론하였지만, 최종적으로 정치적 중립을 지키기로 결정하고 그것을 이종찬 명의로 전군에 '육군 장병에게 고함'(훈령 제217호)으로 하달하였다.

그러나 이러한 훈령의 결정에도 불구하고 그로부터 며칠 뒤인 1952년 5월 29일부터 31일 사이 장면과 이종찬 등이 극비리에 미 대사관에 각각 쿠데타 계획을 타진하고 있었음이 확인된다. 즉, 장면은 라이트너에게 "밴플리트가 묵인한다면 이종찬이 거사할 수 있다"라고 제의하였다.[27] 또 라이트너의 보고에 의하면, "5월 31일 익명을 요구하는 저명한 3성 장군이 유엔에 의한 모종의 행동이 필요하다"라고 하면서 "부산 지역에 대규모 소요가 있는 경우 유엔군이 어떻게 하려는지 알고 싶다"라고 문의하였으며,[28] 유엔군이 지지해 주면 한국군이 행정부를 접수하여 국회를 정상화할 수 있다고 하였다.[29] 이종찬은 미국이 지지해 주면 제2병참사령부 예하병력을 부산 지역의 보안을 위해 사용할 수 있다고 하였다. 그리하여 당시 미 국무부는 "이종찬을 비롯한 한국군 야전사령관들이 이기붕 전 국방장관 등 반대파와 연대하고 있는 약간의 증거가 있다"라고 하였다.[30]

이를 통해 볼 때 한국군 내부에서는 장면을 지지하는 쿠데타 움직임이 꽤 확산되었으며, 부산정치파동 시기 육본 참모들이 구체적으로 '반정' 계획을 논의하였음을 알 수 있다. 장면, 이기붕, 선우종원, 이종찬 등이 얼마나 구체적으로 공모를 했는지의 여부는 확인되지 않지만, 현재까지 확

록」(1952.11.3), 앞의 자료.
27) 「라이트너가 애치슨에게」(1952.5.29), 795B.00/5-3152.
28) 이종원은 3성 장군을 손원일로 추정하였다. 당시 군내 반이승만 기류가 상당히 포괄적이었다고 지적하였다.
29) 「국무부차관의 각서」, *FRUS 1952*, Vol. XV, p.333.
30) 무초는 이기붕이 한국군의 쿠데타를 지지하였으며 미국에 그 승인을 종용하였다고 하였다. 「무초가 국무부장관에게」(1952.6.20), 795B.00/6-2052.

인 가능한 내용을 종합해 볼 때 이들이 개인적인 연고 등을 통해 서로 접촉하고 있었음은 분명하다.

미국은 부산정치파동 시기 내부적으로 이승만 배제라는 내정개입 문제를 놓고 심도 깊게 논의하였으며, 여기에는 미국의 쿠데타지원을 포함한 적극개입론과 신중론이 대립되었다. 그러나 1952년 6월 4일 미국은 최종적으로 현상유지가 최선이라는 정책방침을 결정하였다. 즉, "미국과 유엔의 이해로 보아 이승만의 유지가 최선책이며, 다만 약간 순치되어야 한다"라는 것이었으며, 이를 위해 차후 정계구도를 이범석 중심에서 이기붕 중심으로 전환시킨다는 계획을 수립하였다.

육본 참모들의 쿠데타계획은 미국의 태도전환으로 실패로 끝나게 되지만 그것의 주요 동기는 육본 수뇌들이 이기붕 등의 지지하에 미국의 이승만 대체 세력 모색과 반 이승만 세력 지지분위기, 그리고 미국의 군부에 대한 기대 등에 크게 고무되어 나타난 결과였다. 따라서 '반정' 계획은 군내 일부가 미국의 지지분위기에 고무되어 군의 정치적 중립보장과 사적, 파벌청산이라는 명분으로 정치에 개입하려 한 불발의 계획이었으며, 결국 그것은 군사쿠데타의 한 원형이 되었다.

4. 이승만의 재선 이후 군부의 사적지배 강화

부산정치 위기는 이승만의 강경조치에 의해 장택상의 발췌개헌안이 국회에 가결되고 대통령의 직접선거가 보장되는 형태로 마무리되었다. 이때 미국은 한국 내부의 정치적 위기에 대비하여 클라크를 통해 1952년 7월 4일 비상계획을 마련하였다. 이 내용의 핵심은 이승만이 계엄해제를 거부할 경우 이승만을 보호구치하고 총리에게 그것을 선언하도록 한 것이었다. 그 직후 미국의 압력으로 7월 28일 계엄령이 해제되었고 8월 5일에는 제2대 대통령선거에서 이승만이 당선됨으로써 정치 위기는 일단락되었다.

그러나 미국은 향후 한국군부의 통제에 있어서 두 가지 지침을 정하였다. 하나는 이승만의 군부독점을 저지한다는 것이었고, 다른 하나는 반 이승만 성향의 군부를 긍정적으로 평가하되 그들의 정치개입은 차단한다는 복안이었다. 즉, 미국은 이승만지지 결정과는 별도로 6월 13일 극동과에서는 정치 위기에 관련한 전반적인 정책지침을 마련하였다.[31]

특히 이 지침에서는 한국군부에 대한 입장이 주목되는데, 한국군부 내의 반 이승만 세력을 긍정적으로 평가하되 군부가 정치화되는 것은 막아야 한다는 방침을 정하였다. 미국이 앞으로의 남한 정치개편 방향을 이승만의 안정화와 견제 그리고 국회의 보장과 강화에 집중하되, 한국군의 정치개입은 방지한다는 것이었다. 미국으로서는 남한 정치 문제 결정에 한국군부의 지지가 필요할 것이지만, 그것이 군부의 정치개입을 자극해서는 안 된다는 점을 강조하였다.

이는 이승만의 정치구조를 내부안정화의 방향으로 재편하되 군부가 정치 문제에 개입하여 정치를 혼란케 해서는 안 된다는 입장을 정리한 것이었으며, 이승만의 군부 독점적인 장악이나 군부 내의 반 이승만 움직임을 막겠다는 이중의 의미를 내포한 것이었다. 밴플리트의 백선엽 총장 추천도 미국의 입장 반영이었으며, 그러한 입장은 다음의 참모부와 지휘부의 구성에서도 잘 나타난다.

표-10 백선엽의 참모 구성(총 35명)

해방 이전 군사경력	일본육사	만군	학병	지원병	중국군/민간출신	미상
	4	3	21	0	2 / 3	2
출신지	평안/황해	함경		서울·경기/충청	경상/전라/강원	미상
	8 / 1	4		10 / 3	8 / 0 / 1	0
해방 이후 군사경력	군사영어학교	특별임관	경비사관1기	경비사관2기		미상
	17	10	4	3		1

---

31) 「국무부차관의 각서」, *FRUS 1952*, Vol. XV, p.336.

┃ 표-11 ┃ 백선엽의 사단·군단지휘관 구성(총 33명)

해방 이전 군사경력	일본육사	만군	학병	지원병	중국군/민간출신	미상
	4	5	18	3	0 / 0	3
출신지	평안/황해	함경		서울·경기/충청	경상/전라/강원	미상
	7 / 0	8		4 / 9	1 / 1 / 0	3
해방 이후 군사경력	군사영어학교	특별임관	경비사관1기	경비사관2기		미상
	24	3	1	2		3

　백선엽의 참모기용은 「표-10」과 같이 학병·군영 출신 위주로 이루어 졌으나, 일본육사·만군·중국군·민간 출신이 고루 기용되었음을 보여준다. 군영출신이 상대적으로 감소되는 반면 특임과 경비사관 1, 2기 출신의 비중이 높아졌다. 지역 출신별로는 함경, 충청이 다소 감소되고 서울, 경기, 경상 출신이 크게 증가되었다.

　지휘관의 편성은 「표-11」에서 보이는 바와 같이 학병·군영 출신 위주로 임용되었고, 특임 출신이 상대적으로 감소되었다. 출신지별로는 백선엽의 연고지인 평안 출신이 함경 출신보다 적게 나타났으며, 북한 출신 15명과 남한 출신 15명으로 균등하게 분포되었다. 이 중 군단장도 이형근, 유재흥 등 일본육사계 2명과 정일권, 강문봉 등 만군계 2명으로 균형 있게 안배되었다. 결국 백선엽 총장시기 참모부와 지휘관 구성이 출신별로 다양하게 구성된 것은 한부군부의 정치적 연계를 차단하고자 한 미국의 의도가 반영된 결과였다고 할 수 있다.

　그러나 휴전시점 군부를 주도하고 있었던 소장에서 대장까지 장성(총 19명)의 출신별 분포는 이러한 양상과는 다소 차이가 있음을 볼 수 있다.[32] 즉, 대장 1명(만군), 중장 3명(만군 1, 일본육사 2), 소장 15명(만군 4, 일본육사 1, 중국군 2, 학병 6, 지원병 2)이었으며, 그중 만군 출신 6명, 학병출신 6명, 일본육사 3명, 중국군 2명, 지원병 2명 등으로 나타나고 있

---

32) 육군본부, 「장교자력표」 및 「장교임관순대장」, 앞의 자료.

다. 출신지별로는 평안 7명, 함경 3명, 충청 3명, 경상 1명, 강원 1명 등으로 편성되었으며, 특별임관 1명을 제외한 전원이 군영 출신이었다. 이러한 분포는 당시 군부가 전체적으로 평안·만군·군영 출신의 주도로 재편되었음을 보여준다.

이와 아울러 백선엽 총장시기의 또 다른 특징은 부산정치 위기부터 원용덕의 헌병이 이전에 비해 군부통제기구로 부각되었다는 점이다. 이승만의 재집권 이후 정치의 현안 문제는 주로 휴전협상과 관련되었으며, 그것은 한미 간의 심각한 마찰요인으로 작용하였다. 즉, 이승만의 북진통일론과 미국의 종전전략 사이의 갈등은 휴전반대를 위한 반공포로 석방과 이승만 제거계획 등을 둘러싸고 진행되었다. 이 과정에서 이승만은 최초 6월 6일 헌병총사령관 원용덕을 불러 그 계획의 검토를 지시하였으며, 6월 18일 그 실행도 원용덕, 육군헌병사령관 석주암, 부사령관 송효순, 제3처장 홍구표 등 헌병 계통을 통해 극비리에 되었다. 결국 이승만은 6월 7일 전국비상계엄령을 하달하였고 아울러 미국에 체류 중인 육군 참모총장 백선엽 이하 전원을 불러들였으나 군부수뇌에게는 그 계획을 알리지 않았다.[33]

헌병 계통에 의한 반공포로석방은 이승만에 의한 군부 사적운용의 대표적 사례였다. 이는 이승만의 재선 이후 원용덕의 헌병기구가 강력한 통치수단으로 등장하였음을 의미하였다. 원용덕의 헌병은 부산정치 위기 이후 이승만의 정치적 요구에 부응하면서 군의 중립을 파기하였다. 이승만은 원용덕의 헌병과 김창룡의 특무대를 통해 군부를 견제하였으며 또한 사찰기관 상호 간의 경쟁을 유도하면서 사찰기구가 어느 한사람에게 독점되는 것을 방지하기도 하였다.

따라서 헌병대와 특무대는 이승만의 정치적 요구에 적극적으로 부응하면서 군의 정치개입을 초래하였고, 이승만의 신뢰를 얻고 있는 군부일각에서도 국회와 감찰기구인 헌병총사령부와 특무대로부터 자신을 보호하

---

33) 송효순, 『대석방』, pp.207~210 ; 백선엽, 『군과 나』, pp.274~275.

기 위해 정치적 중립성을 파괴하였다.[34] 이승만은 그들에게 단순한 충성심 이상을 요구하였고 정치 문제 개입을 강요하기도 했음을 알 수 있다.

5. 맺음말

지금까지 한국전쟁 시 한국군부의 재편과 정치화 과정을 살펴보았다. 한국군부는 개전 초의 패전책임, 국민방위군 사건, 부산정치파동, 반공포로석방을 둘러싸고 내부갈등을 겪게 되었으며 그 결과 정치화를 초래하였다. 이 과정에서 이승만은 군부를 정치적으로 이용하기 위해 군 전력이나 지연, 학연별로 형성된 군내파벌을 상호 경쟁시키고 또 정쟁과 결부시키기도 하였다.

따라서 군부 내 정치화는 개전 초부터 더욱 표면화되기 시작하여 단순한 파벌경쟁뿐만 아니라 정치입장이나 미국의 정책방향 등에 따라 다양화되었다. 이러한 갈등은 국내정치상황의 변화와 함께 더욱 증폭되었으며, 특히 이승만의 재집권이 결정된 이후부터 최종적으로 군은 이승만의 특무대·헌병대의 사적 지배강화와 학병 출신의 지지하의 만군(특히 군영, 평안출신) 주도라는 구도로 귀결되었다.

이상을 통해볼 때 한국전쟁기 군부 내 정치화의 원인은 다음과 같이 정리된다. 먼저 군부 외적요인으로는 첫째, 국내 정치의 불안정한 구조에서 비롯되었으며, 특히 이승만의 통치능력과 비민주적 성격에 대한 불만에 연유한 것이었다. 둘째, 이승만이 군의 파벌경쟁을 유도하여 군직을 전용한 결과였다. 셋째, 미국이 반 이승만 세력 지원과 대체 세력으로서 군부를 주목하였던 점이다. 넷째, 군영 출신의 우대로 인사범위가 지극히 제한되었다는 점 등이다.

다음으로 군부 내적요인으로는 첫째, 다양한 군사전력과 학력의 편차에

---

34) 김세진, 앞의 책, pp.125~127.

기인하며, 한국군 주요 인사들이 전체적으로 계급이나 지위에 비해 훈련과 경험이 미숙한 데 연유한다. 둘째, 군부일각이 지연, 혈연, 학연, 정치성향 등에 따라 결합하면서 군내 사적인 조직을 운영한 결과이다. 셋째, 군사찰기관이나 군부 내 기득권자들이 안정적인 지위 확보를 위해 맹목적으로 정치권의 요구에 부응한 점이다. 넷째, 군영 출신이 기득권 확보를 위해 다른 출신을 배척한 결과 등을 들 수 있다.

제2부
한국전쟁과 남북한

제6장
남북한 피난민 상황과 피난정책

1. 머리말

전쟁에서는 흔히 전투 요원의 이동은 물론 민간인들의 피난이동을 가져오게 마련이다. 한국전쟁에서도 예외 없이 많은 피난민이 발생하였으며 전 기간에 걸쳐 발생한 남북한 피난민의 규모는 대략 500만여 명이 넘는 것으로 추산되고 있다.[1] 빈번한 전선의 이동으로 남북한 주민들은 몇 차례의 피난을 반복하였으며 피난의 성격도 다양한 양태를 보여주었다.

먼저 북한군의 남침으로 당시 38선 근처와 서울주변의 주민들이 1차로 남쪽으로 피난을 하게 되었고, 이들과 함께 서울이남 지역의 주민들이 대규모로 대구, 부산을 향해 이동하였다. 이어 아군의 인천상륙작전과 함께 북한군이 후퇴하는 과정에서 군사적 · 정치적인 이유로 많은 남한 사람들이 강제 납북을 경험하게 되고 또 남쪽 지역으로 피난 갔던 사람들이 각기 자기 거주지로 귀환하는 이동이 있었다. 북진 직후 중공군의 참전으로 유엔군이 38선 이북 지역에서 철수함에 따라 북한의 많은 주민들이 남쪽으로 월남하게 되고, 또 1 · 4후퇴 시기 서울과 서울 이남 지역의 주민들이 1차 피난 때보다 훨씬 대규모로 대구, 부산 지역으로 피난하였다. 전선이

---

1) 국방부, 『한국전란 1년지』, 1951, p.D34.

교착된 이후에는 각 지역에 분산되어 피난하고 있던 남한 주민들이 원래의 거주지로 복귀하는 이동이 있었다.

특히 1950년 6월과 1951년 1월 두 차례의 서울의 실함으로 인해 남북한 주민들은 경부가도를 따라 대구, 부산까지 대규모로 피난을 가게 되었으며, 임시수도가 되었던 부산은 40만여 명의 상존 인구도 어려운 여건에서 서울시민들을 포함하여 남하한 피난민들로 인해 100만 명이 넘는 인구가 밀집되어 일대 혼란을 야기하기도 했다. 따라서 피난민 대책은 인도주의적인 차원에서뿐만 아니라 국민들의 사기유지와 군사작전상에서도 필수적인 과제였다.

전쟁으로 발생되는 피난민을 적절히 분산 수용하여 구호대책을 마련하는 것은 전투력을 효율적으로 운용하는 측면에서도 매우 중요한 과제이다. 피난민에 대한 구호가 원만하지 못하거나 통제가 제대로 이루어지지 못할 경우 이들의 불만이 표출되고 집단적 소요가 발생할 수 있으며, 또 피난행렬이 전투 지역을 통과하거나 아군의 주요 작전도로를 메우게 되어 부대 기동과 보급에 큰 지장을 초래하게 된다. 더욱이 전쟁 초기부터 적 게릴라들은 피난민을 가장하여 아군 후방 지역에 침투하여 교란활동을 하고 있었으므로 국군과 유엔군에게는 그에 대한 대책이 중요한 현안으로 부각되었다.

따라서 피난민 연구는 피난 자체의 문제뿐만 아니라 군사적인 측면에서도 필요하며 또한 한국전쟁의 단면을 이해하는 데도 중요한 주제이다. 그러나 지금까지 피난민 문제는 개인의 증언이나 회고록,[2] 그리고 남북한 인구이동과 관련한 몇 편의 연구를 제외하고는 거의 관심을 기울이지 못한 편이다. 기존 인구이동에 관한 연구는 주로 전쟁기간 동안 북한인구 950만 명 중 약 65만 정도가 월남하였으며, 이들은 살기 위해 남한으로

---

[2] 유진오 외, 『고난의 90일』, 수도문화사, 1950 ; 김성칠, 『역사 앞에서』, 1993 ; 나종일, 『증언으로 본 한국전쟁』, 예진, 1991 ; 백선엽, 『군과 나』, 대륙연구소, 1989 ; 정일권, 『전쟁과 휴전』, 동아일보사, 1985 등.

자발적으로 월남하게 되었다고 분석하였으며,[3] 또 다른 연구는 국군과 유엔군이 북한주민들을 회유하여 월남을 유도한 측면이 있었고 때로는 주민소개(대피) 작전의 일환으로 월남시켜 인위적인 월남민을 양산하였다고 지적하고 있다.[4] 반면 강광식은 북한 월남 인구를 비롯하여 다양한 피난과 귀환이동으로 사회적 이동성이 급증하게 되었다고 분석하였다.[5] 최근 김동춘은 1차 피난이 정치적·계급적인 성격이 강한 반면 2차 피난은 순수하게 전쟁 공포로 인한 것이라고 평가하였다.[6]

이러한 연구들은 주로 월남 인구이동 측면에서 접근하였고, 피난민 수치조차 상당한 편차를 보이고 있는 실정이다. 이러한 문제의 원인은 주로 자료에 기인하는 것이다. 전쟁 당시의 피난민 관련 자료들이 거의 남아 있지 않고 또 당시의 자료조차 상호 내용의 차이가 있어 이를 일반화하기 어려운 점이 있었다.[7] 그러나 최근 한국전쟁 당시 미군의 작전·정보 보고서 등이 공개되면서 이의 분석이 가능하게 되었다. 미군 보고서들 가운데에는 피난민 정책, 동향, 소개(대피)작전, 통계, 구호정책 등에 관한 귀중한 자료들이 담겨 있는데, 특히 피난민 문제를 군사작전과 결부시켜 보고된 내용들은 중요한 1차 자료의 가치를 갖는 것이다.[8] 본 연구에서는 이러

---

3) 권태환은 전쟁기간 중 월남민 65만으로 집계하고 가족단위의 자발적인 거주이동이 지배적이었다고 하였다. 이북 5도청, 『이북 5도민사』에는 150여만, 김운태, 『해방30년사』, 성문각, 1976, p.63에는 월남민 685,316명으로 각각 집계하고 있다.
4) 강정구, 「해방후 월남인의 월남동기와 계급성에 관한 연구」, p.103.
5) 강광식, 「전쟁과 남북한 사회와 문화」, 전쟁기념사업회, 『한국전쟁사』 6권, 1992, pp.242~243.
6) 김동춘, 「서울시민과 한국전쟁 : 잔류, 도강, 피난」, 『역사비평』 2000년 여름호, p.44, 56.
7) 당시 피난민 정책, 인원, 소개, 구호 등에 관련된 자료는 거의 소실되거나 폐기되어 남아있지 않다. 국내 자료 중 피난민 문제에 관해 가장 풍부한 내용을 담고 있는 것은 중앙일보사, 『민족의 증언』, 1973 ; 부산일보사, 『비화 임시수도 천일』, 1984에 수록된 관련자들의 증언내용이다.
8) 국방군사연구소 편, 『한국전쟁 자료총서』 제16집, 제17집 : INTELLIGENCE REPORTS OF THE CENTRAL INTELLIGENCE AGENCY, DAILY REPORT KOREAN BULLETIN, 1997 : 8086th AU Military History Detachment, *Evacuation of Refugees and Civilians from Seoul June 1950 and December 1950 to January 1951* ; *Hqs 8th Army, War Diary* ; *GHQ 8th Army, Eighth Army and ROK Refugees to August 1950* ; CG EUSAK to CINCFE, *Message* : 1st Cavalry · 24th · 25th Division, *War Diary* 등이다.

한 다양한 기존연구와 미군 보고서들을 통해 오차의 한계를 최소화하면서 피난민 문제에 접근하고자 한다.

본 연구에서는 한국전쟁 전 기간 동안 다음과 같은 문제를 중심으로 분석하고자 한다. 첫째, 남침 직후 38선 접경지의 주민 및 서울시민들의 피난 문제와 관련하여 1) 38선 접경지의 주민들의 피난상황, 남침 직후 정부의 조치와 서울시민의 반응, 2) 한강교 폭파와 서울시민의 피난·잔류의 문제, 3) 피난민의 이동경로, 4) 후방 지역의 피난민 대책, 5) 미 대사관의 주한외국인 철수작전 등을 중심으로 살펴보고자 한다.

둘째, 피난민들이 작전의 장애요인으로 부각된 상황과 군경 및 한·미 간의 협의 내용과 관련하여 1) 지연전 시기 정부의 피난민 대책수립과 내용, 피난민을 가장한 적의 게릴라 활동 양상, 2) 군과 경찰의 피난민 소개 및 통제 활동, 3) 미군의 피난민 인식과 통제 지침, 4) 한·미 피난민 통제 협의 등으로 구분하여 살펴보고자 한다.

셋째, 중공군 참전 이후 피난민 통제와 구호상황의 내용과 관련하여 1) 북한 지역 주민들의 피난상황과 이동경로, 2) 남한 내 각 지역 수용소 상황, 3) 피난민 구호 및 통제의 문제점 등을 중심으로 살펴보고, 마지막으로 1, 2차 피난민의 규모 및 이동경로, 그리고 특징을 비교하여 피난민 통제정책의 한계와 교훈을 분석하고자 한다.

2. 1차 피난민과 피난정책
1) 서울 이북과 서울 피난민 철수
가. 정부의 대응과 38선 부근 주민의 피난

한국전쟁이 발발하자 정부가 당면한 가장 큰 문제 중의 하나는 민심의 동요를 막는 것과 함께 서울로 계속 쇄도하는 피난민에 대한 적절한 대책이었다. 6월 25일 새벽 이미 북한군은 서쪽의 옹진반도로부터 개성 축선, 동두천·포천 축선, 춘천 축선, 주문진 축선에 이르는 38도선 전역에서 지상공격을 개시하는 한편, 강릉 남쪽 정동진과 임원진에 육전대와 유격대를 상륙시키고 있었다. 따라서 남침 직후 정부의 조치는 전방에서 적의 돌파를 저지하고 후방에서는 민심의 동요를 막는 것에 주력하였다. 대통령은 6월 25일 「긴급명령」 제1호인 '비상사태하의 범죄 처단에 관한 특별조치령'을 하달하고 치안안정을 위해 각종 범죄를 자행할 경우 사형에서 20년 이상의 유기징역에 처한다는 내용을 발표하여 질서유지와 민심동요 예방에 전력하였다.[9]

이날 새벽 5시 내무장관은 치안국장으로부터 북한의 남침보고를 받고 새벽 6시 30분 전국 경찰에 비상경계령을 하달하여 전투태세로 돌입케 하였으며,[10] 아울러 시민들의 동요와 불순분자들의 만행을 방지하고 적기의 공습에 대비하기 위하여 「치안명령」 제26호를 각 시·도에 긴급히 시달하여 통행금지 시간의 연장과 등화관제를 실시토록 하고 주요기관과 산업시설의 경비를 강화케 하였다.[11] 또한 26일에 이르러 생필품의 품귀현상과 매점매석 행위마저 겹쳐 시민생활을 크게 위협하기에 이르자 담화를 발표하여 전 국민의 반성을 촉구하면서 매점매석자를 극형에 처할 것을 경고하는 한편 집중단속에 나서 원활한 유통을 기하고자 하였다. 6월 28일 정부는 「긴급명령」 제2호인 '금융기관 예금 등 지불에 관한 특별 조치령'도 전쟁으로 인한 예금 인출사태에 따른 경제적인 혼란을 막기 위한 조치를 취하였다.[12]

6월 25일 당일부터 38선 접경지대의 주민들이 밀리고 밀려 서울까지 이르러 부상자와 병약자를 포함한 피난민이 다수 발생하자 그 대책마련에 부심하고 있었다. 가장 우선적으로 문제가 된 것은 서울철수에 따른 피난

---

9) 『한국전란 1년지』, pp.C48~C49 ; 경찰 발표에 의하면 당시 불순분자들이 저지른 태업활동은 없었지만 도시지역에서 저지른 범죄행위는 수없이 증가되었다. *Evacuation of Refugees and Civilians from Seoul*, pp.2~3.
10) 국방부 전사편찬위원회, 『한국전쟁사』 1권, p.631.
11) 위의 책.
12) 『한국전란 1년지』, pp.C48~C49.

민 대책이었다. 그러나 정부나 국군은 사전에 서울철수의 필요성을 예견하지 못하였고 철수 계획도 수립하지 못하고 있었으므로 서울철수를 체계적으로 통제하기에는 한계가 있었다.[13] 서울-수원 간 국도에서도 군경이 피난민의 이동을 통제할 수 없었으므로 모든 도로 상의 군 수송 작전이 방해를 받았다. 또한 전쟁이 발발하기 전까지 한강은 적의 전면 남침 시에 자연 장애물로써 양호한 지연 진지가 될 수 있다는 가능성만 언급되었을 뿐이었다. 결과적으로 이와 같은 복합적인 상황의 악화는 군 병력과 피난민의 신속한 철수의 장애 요인이 되었고 또 적시에 한강을 도하하는 데도 어려움을 주었다.

한편 서울은 적의 압력이 가해지자 공포와 혼란에 휩싸이게 되었고 서울 이북 지역으로부터 내려온 피난민들에 의해 시내는 더욱 혼잡하였다. 38선 접경지의 주민들은 25일 새벽 북한군이 공격준비사격을 개시하자 포격소리에 놀라 황급히 피난길에 나섰다. 38선 접경지 주민의 피난상황은 각 지역에 따라 약간의 차이가 있었다.

옹진 지역에서는 25일 아침부터 피난민들이 밀려오고 공무원, 경찰 및 가족들이 사곳으로 밀어 닥쳐 모든 배를 동원하여 용호도에 집결시켜 사곳에 운집한 피난민을 수송하였다.[14] 26일 오전 11시 제17연대 병력이 해상 철수준비를 하자 미처 피난가지 못한 주민들이 모여들어 결사적으로 LST에 승선하려 하였다. 이에 제17연대는 철수병력과 피난민을 합한 약 4,000여 명을 승선시켜 출발하였으며, 다음 날 인천항에 도착하였다.[15]

38선 접경지 주민들의 피난상황에 대해, 당시 경기도 장단서장 홍은식 경감에 의하면, 25일 "상오 10시쯤 벌써 고량포 지서를 비롯한 모든 지서

---

13) *Evacuation of Refugees and Civilians from Seoul June 1950 and December 1950 to January 1951*. p.2 .당시 한국정부의 각 기관들이나 육군 또는 경찰에서 서울철수작전이나 민간인 철수계획의 필요성을 예견하고 있었다는 증거는 전혀 없다. 또한 한국군이 서울을 통과하여 협조된 철수를 한다는 계획도 없었다.
14) 「옹진경찰서 용호지서장 김두의 경사 증언」, 군사편찬연구소 소장 증언록.
15) 『한국전쟁사』 제1권, p.493 ; 「갑판사관 정원석소위 증언」, 군사편찬연구소 소장 증언록.

와의 연락이 끊어졌고, 피난민이 열을 지어 내려왔다"라고 하였으며,[16] 당시 고대 조지훈 교수는 "라디오에서는 전황이 좋다고 하지만, 기분 나쁜 것은 분명히 동두천이나 의정부 쪽에서 오는 피난민대열을 보았기 때문이다"라고 증언하고 있다.[17] 유진오 박사는 "바깥 큰 길에 피난민들이 들어왔으며, 청량리 거리는 남부여대하고 오는 피난민으로 떠들썩하였다"라고 하여,[18] 개전 당일부터 서울 이북으로부터 내려온 피난민들로 시내는 꽉 메워져 있었음을 알 수 있다.

서울 이북의 주민들이 맨몸으로 피난길에 오르자 경기도지사는 관할 각 군에 지시하여 급식과 치료대책을 마련케 하였으나 계속 그 대열이 서울로 쇄도하자 사회·보건부 장관과 서울시장을 찾아 이들의 수용과 치료대책을 긴급히 강구토록 건의하였다.[19]

춘천 지역에서는 국군 제6사단이 적 2개 사단을 맞이하여 적을 저지하고 있었다. 제6사단은 다른 사단과는 달리 전쟁 이전에 이미 전쟁이 발발했을 경우에 대비하여 피난민 대책을 수립하고 있었다. 즉, 「사단작명」 제42호(1950.5.18)에 따른 「행정명령」 제4호(1950.6.9) "5항 인사 (사) 민사군정 : ① 적의 아 주저항선 침입이 예상될 때에는 주민철수를 실시한다. ② 각 지구 주민철수에 대한 책임자는 해 지구연(대)대 부관임(이상 철수경로, 인계지역, 인계관, 주민 집결장소, 철수확인증 발행은 생략)"을 마련해 놓고 있었다.[20] 남침 당일 강원도지사는 제6사단장이 25일 오전 10시 계엄령을 선포하자 군과의 협조 아래 가두방송을 통해 민심의 동요를 방지하면서 피난민의 수용대책을 마련케 하였다. 이때 각 군에서 비상식량의 배당을 요구하였으나 이의 수송이 곤란하여 임시방편으로 자체적으로

---

16) 「장단경찰서장 홍은식 경감 증언」, 중앙일보사, 『민족의 증언』 제1권, p.69.
17) 「고대 교수 조지훈 증언」, 위의 책, p.41.
18) 유진오, 「서울탈출기」 『고난의 90일』, p.12.
19) 『한국전쟁사』 제1권, p.633.
20) 위의 책, p.313.

해결하도록 하였다.[21]

당시 제6사단은 고수방어의 개념을 가지고 방어에 임하고 있었으므로 피난민 대책도 그 작전에 따르도록 하고 있었다. 개전 당일부터 춘천 시내에 적의 포탄이 떨어지고 있었으나, 시민들은 사단장이 춘천을 고수하겠다는 발표를 듣고 곧 반격할 것이라 희망을 갖고 피난을 떠나지 않았다. 그러나 26일 춘천시 외곽에서 격전이 전개되었고 도지사와 경찰국장이 홍천으로 임의 철수하자 시민들이 그 뒤를 따라 피난하는 소동이 발생하였다.[22] 결국 27일 오후 6시 사단이 철수하기에 이르자 피난을 가지 않은 많은 주민들이 다투어 피난길에 올랐다.

이러한 상황에 대해 사단장 김종오 대령은 "내가 가장 뼈아프게 생각하는 것은 춘천 및 홍천 시민에게 한 굳은 약속을 어기고 후퇴한 사실과 군 작전상이라고는 하나 주민들과 군인가족들을 피난시키지 못한 것이 죄스럽다"[23]라고 하였다. 이것은 군관민협동으로 춘천 고수방침을 정하였더라도 비전투원은 사전에 안전지대로 일단 피난시켰어야 했고 시민들에게 정확히 전황을 보도하여 알렸어야 했다는 사실을 강조한 것이었다.

강릉부근에서 제8사단은 비전투원의 피난을 비교적 효과적으로 통제하였다. 사단은 각 부대계획에 따라 26일부터 사전에 주민들을 피난시켰다. 제8사단은 하사관 또는 장교가 할당된 차량으로 주민들을 인솔하였으며, 군인가족은 휼병장교 등이 인솔하여 서울, 부산으로 피난시켰다. 26~27일 서울로 피난한 강릉부근의 주민들은 한강교가 폭파된 이후 대부분 피난가지 못하고 적 치하에 갇히게 되었다.[24]

이승만 대통령은 남침 당일부터 라디오방송을 통하여 모든 서울시민들은 길거리에 나오지 말고 집안에 머물러 있도록 강조하고 있었다. 그러나

---

21) 위의 책, p.633.
22) 위의 책, p.312.
23) 「국군 제6사단장 김종오 대령 증언」, 군사편찬연구소 소장 증언록.
24) 『한국전쟁사』 제1권, p.221.

상황의 급박함으로 인하여 정부는 피난민에 대한 비상계획이나 구호, 철수계획을 체계적으로 논의하지 못하고 상황에 따라 임기응변으로 대처하는 데 분주하였다.[25]

보건부는 동두천과 의정부 방면으로부터의 피난민환자를 서울대 부속병원과 서울 시립병원 등에, 개성방면으로부터의 환자는 세브란스와 철도병원에, 옹진방면으로부터의 환자는 인천도립병원에 각각 수용하여 치료토록 하였으며, 임시 방역반을 편성하여 전염병 예방활동을 전개하였다. 서울시는 서울대 문리대학과 돈암국교, 무학국교 등 시내 6개소에 피난민 수용소를 설치케 하여 제공하였다.[26]

그러나 25일부터 28일 아침까지 38선 접경지에서 수도 서울에 이르는 거리의 모습은 그야말로 공황의 도가니였다. 서울 이북 지역 주민의 소개계획 없이 시행된 피난행렬은 통제 불가능한 무질서를 초래하였다. 피난민들은 가용한 모든 수단을 동원하여 남쪽을 향해 피난길에 나서고 있었다. 주민들은 탈출로를 찾아 아우성쳤고 모든 거리는 사람들로 메워졌다.[27] 모든 도로는 이들 피난민들과 전방부대에 보급할 탄약과 보급의 추진차량과 뒤섞여 대단히 혼잡하였다. 예기치 않던 수십만의 피난민 인파가 몰려들어 모든 도로를 점하게 되자 병력과 보급품을 잔뜩 실은 수송차량이 움직일 수 없게 되었고, 도착한 병력이 전선으로 적시에 투입되지 못함으로써 방어에 도움이 되기는커녕 오히려 혼란만 가중되었다.

나. 서울철수 상황과 '도강과 잔류'

북한군의 진격으로 공포와 혼란이 초래되었고, 대부분의 시민 특히, 정부 요인이나 공무원, 군인 및 그 가족들은 공산 측에 의한 서울 함락을 염

---

[25] *Evacuation of Refugees and Civilians from Seoul*, pp.2~3 ; 서울시 인구는 1950년 2월 25일부로 145만 명의 시민이 319,000세대, 191,200동의 주택에 거주하고 있었다. 『한국전쟁사』 제1권, p.632.
[26] 위의 책, p.633.
[27] 서경석, 『전장감각』, 샘터, 1999, p.33.

려하여 서둘러 피난을 하지 않으면 안 되었다. 당시 서울에는 한강 이북에 175만 명, 영등포 및 그 주변에 25만 명이 거주하고 있었다. 1950년 6월 서울시민 가운데 피난을 떠난 숫자는 전체 시민의 약 50%인 100만 명으로 추정되고 있다. 여기에 의정부, 동두천, 포천 등 전방 지역에서 피난 온 주민들을 합하면 서울 주변의 인파는 150여만 명 이상으로 기하급수적으로 증가되었다.[28]

6일 27일 새벽 1시 피난민 대책을 수립하기 위해 개최된 비상 국무회의에서 이범석은 "무엇보다 중요한 것은 서울시민 철수를 질서 있게 해야 한다"라는 점을 강조하였으나, 참석자의 대부분이 "안일하고 낙관적"이었으며, 결국 이 심야 회의에서는 수원 천도만을 결정하고 시민철수 문제는 흐지부지된 채 끝나고 말았다.[29] 거의 같은 시각인 새벽 2시경 이미 대통령도 대구를 향해 피난을 떠나고 있었다.[30]

비상 국무회의가 끝난 직후 27일 상오 11시 채병덕 총장은 육본 참모들과 재경 단위부대장 회의를 소집하고 군의 서울철수명령을 하달하였다. 그러나 그 명령은 군내에 하달된 것이었고 시민들에게 공식적으로 통지된 것이 아니기 때문에 많은 시민들이 혼란에 빠졌다. 시민들의 일부는 군 차량종대가 남으로 향하는 것을 보고 곧바로 피난에 나섰으며 일부는 정부의 서울사수 발표를 믿고 불안한 마음으로 피난을 유보하고 있었다.[31] 이날 정부는 여전히 대민 방송을 통하여 군이 서울을 사수할 것이라는 허위 발표를 계속 내보내고 있었고, 군에서도 의정부에서 국군이 반격하고 있고 서울을 사수할 것이라는 발표를 내보내었다.[32]

---

28) *Evacuation of Refugees and Civilians from Seoul*, p.1.
29) 『민족의 증언』 제1권, pp.33~34.
30) 위의 책, p.53. 대통령 수행비서 황규면은 "27일 새벽 2시 서울에서 피난길에 올라 일단 대구까지 내려갔던 이박사가 다시 북상하자고 고집하여 동일 하오 대전까지 되돌아 왔습니다. 그 이유는 한발 짝이라도 서울로 가까이 가야 민심을 안정시킬 수 있다는 겁니다"라고 하였다.
31) 『민족의 증언』 제1권, pp.156~157.
32) 『전장감각』, p.20.

그러나 이미 대통령이 서울을 빠져나갔고 정부 요인들도 우왕좌왕 피난을 떠나고 있었다. 이때의 상황에 대해, 당시 이충환 의원은 "대통령이 피난 갔다는 소식이 전해지자 국회의원들도 뿔뿔이 헤어졌어요. 나도 그때 서울을 떠났어요"[33]라고 하였고, 황성만 의원도 "나는 채병덕 장군에게 휘발유 한 통을 얻어 6인용 세단에 운전사 가족까지 모두 13명을 태워 피난길에 올랐습니다"[34]라고 하였으며, 김용우 의원은 "27일 행정부의 지시를 따르다 보니 나의 선거구민(서대문구)들을 피난시키지 못했다"[35]라고 회고하였다.

이날의 피난 상황에 대해 유진오 박사는 다음과 같이 생생하게 회고하였다. "27일 난민들이 점점 더 쇄도하여 큰 혼란을 이루고 있었다. 지나가는 사람들의 말은 적이 이미 창동까지 들어왔다는 등 갈피를 잡을 수 없다. 그러나 가까워진 대포소리로 보아 적이 지근거리까지 들어온 것은 틀림이 없다. S씨는 정부 장관급이 벌써 다 피신한 모양이어서 부하들에게 적당한 장소에서 대기하고 있으라고 하고 지금 가족들을 피난시키러 나오는 길이라 한다. (중략) 무질서와 혼란. 한사람 한사람이 제각기 제 목숨을 건지려고 광분하는 꼴, 동물적 본성, 예의도 염치도 교양도 다 벗어버린 적나라한 인간의 정체. 문득 나는 청량리에다 버리고 온 나의 처자와 집과 책 등을 생각하였다. 노량진역 부근 질부의 집. 밤이 늦어 근처에 소리가 들려 왔고 마을사람들이 피난을 가고 있었다. 시흥-과천으로 내려가는 간도를 따라간다. (중략) 27일 밤 노량진역 큰 길 위로 자동차의 헤드라이트가 한없이 뒤를 이어 번쩍거리는 것이다. 전속력을 내어 달리는 자동차. 질주하는 자동차 속에는 정계요인도 군인도 경관도 무기도 물질도 중요서류도 모두 들어 있으리라. 아! 서울을 떠나는 대한민국!"[36]이라고 술회하였다.

---

[33] 『민족의 증언』제1권, p.39.
[34] 위의 책, p.38.
[35] 위의 책, p.43.
[36] 유진오, 「서울탈출기」 『고난의 90일』, p.20.

서울시민들은 정부 요인들이 상당수 피난을 떠났다는 소문이 입에서 입으로 전해지고 또 서울이북에서 온 피난민과 부상병이 계속 시내로 밀려 내려오는 것을 보고 점차 두려움이 커졌으며 27일 저녁부터는 거의 공황(패닉) 상황에 접어들었다. 군이 철수부대가 서울을 떠나기도 전에 부대이동 소식은 전 시내에 전파되었다. 시민들은 가용한 모든 수송수단을 동원하여 도보로 자전거에 짐을 싣고 모든 소지품을 전부 꾸려 서울을 떠났다. 따라서 서울-시흥-과천 도로는 피난민들과 군 병력이 혼잡을 이루게 됨으로써 장사진을 이루었다.[37] 수많은 시민들이 한강다리를 건너 남으로 피난했으나, 상당수는 정부와 군의 서울사수 발표를 믿고 피난을 보류하고 있었다. 결과적으로 28일 아침까지 서울시민의 절반은 피난을 떠날 수 있었으나 그때까지 피난을 보류하였던 나머지 절반은 북한군이 서울에 진입하자 적 치하에 갇히게 되었다.

28일 새벽 북한군이 전차를 앞세워 출현하자 서울 외곽방어선은 일시에 붕괴되기 시작하였다. 그때까지 국군을 믿고 있던 일부 시민들도 이제는 살길을 찾아야 했다. 정부에 대한 분노와 공포에 떠는 수십만의 피난민들은 일제히 한강교 쪽으로 밀리기 시작하였으며 승용차와 우마차 자전거까지 뒤엉켜 통제 불능의 인산인해를 이루었다.[38]

이러한 상황에서 새벽 2시 30분 수많은 서울시민의 피난민 대열과 차량의 물결이 넘치고 있는 한강교는 거대한 폭음을 남기며 폭파되었다. 북한군은 한강교가 폭파되고 이어 서울 방어의 마지막 미아리 방어선이 무너지자 국군 주력을 서울 일대에서 포위 섬멸하려는 기도로 총공격을 감행하였다. 다리가 조기에 폭파되자 수많은 인파가 처절한 비명소리와 함께 강물로 추락하였으며 한강은 아비규환의 지옥으로 변하고 말았다.[39] 그때

---

37) 『전장감각』, p.19.
38) 위의 책, p.20, 163.
39) *Evacuation of Refugees and Civilians from Seoul*, pp.3~5. 이 보고서에는 "우리 서류철에 있는 어느 보고서에 한강대교 폭파 시 약 400명이 죽은 것으로 추산하고 있다"라고 하였다.

서야 피난을 보류하고 있던 상당수의 서울시민들도 놀라 거의 맨몸으로 집을 나서 나루터로 달려 나갔다. 수만 명의 피난민들이 강변을 하얗게 뒤덮었으나 나룻배는 겨우 대여섯 척밖에 없어 일대 혼란을 빚었다. 15명 정도 겨우 탈 수 있는 작은 배에 30~40여 명씩 달라붙어 있는 지경이었다.[40]

피난민들은 밀리고 밟히며 강물에 빠지고 쓰러졌지만 어떠한 통제도 불가능하였고 이들의 구호활동은 생각할 수도 없었다. 피난민 사이에서는 걷잡을 수 없는 동요가 일어나기 시작하였으며 시간이 지날수록 점차적으로 상황은 더욱 악화되었다. 28일 오전 한강에는 피난민과 퇴각하는 국군 병사들이 뒤범벅이 되어 생지옥을 방불케 하였다. 강에는 수많은 시체가 표류하고 있었다.[41]

서울을 방어하던 국군의 상당수가 그 순간에도 혈전을 계속하고 있었음에도 불구하고 한강교를 폭파한 것은 스스로 퇴로를 차단하는 결과를 가져왔다. 국군은 걷잡을 수 없이 붕괴되었고 수많은 병사들이 피난민의 대열 속으로 사라져 버렸다. 남하하는 피난민대열에 패잔병대열이 합류한 것이었다. 인민군이 서울을 점령한 뒤 김일성은 소위 "인민군대와 서울시민에 보내는 축하연설"에서 "전체 조선인민은 전쟁을 조속한 시일 내에 승리로 동결시키기 위하여 모든 역량을 다하고 있는 인민군에 협조해야 한다"라고 강조하였고, 이때부터 서울에 잔류한 시민들은 9·28수복 때까지 온갖 학정을 감내해야만 하였다.[42]

결과적으로 서울철수 시 극도의 혼란이 발생한 원인은 정부가 사전에 계획을 수립하지 못하였다는 점과 아울러 북한군의 진출속도가 빨랐다는

---

40) 『임시수도 천일』(하), p.142.
41) 『전장감각』, p.43.
42) 『임시수도 천일』(하), p.637 ; 7월 중순 이후 서울은 이미 인플레와 쌀 부족으로 고통을 겪고 있었으며, 피난민들에 의하면 북한군이 점령 3일차에 가가호호 수색하여 쌀을 수집해 갔다고 하였다. *CIA DAILY REPORT KOREAN BULLETIN*(1950.7.25), 『한국전쟁 자료총서』 제16집.

점이 복합적으로 작용한 것이었다고 할 수 있다. 상황이 급속도로 악화된 것은 적의 압력에 의해서라기보다는 오히려 내부적인 혼란과 무질서도 크게 작용하였다고 할 수 있다. 정부는 서울철수 당시 군의 서울사수를 방송하다가 갑자기 한강교를 폭파함으로써 많은 서울시민들을 적 치하에 남겨놓은 과오를 범하였던 것이다.[43] 비전투원은 사전에 안전지대로 일단 피난시켰어야 했고 시민들에게 정확한 전황을 보도하고 알려 사전에 피난할 수 있도록 해야 했다.

정부의 피난민 대책 소홀과 허위 전황발표, 그리고 한강교의 조기폭파로 인해 서울시민들은 절반 이상이 강북에 고립되고 말았다. 피난을 가지 못하고 공산치하에 남아 있었던 사람들은 9·28수복 시 소위 '잔류파' 내지는 부역자로 분류되어 또다시 시련을 겪지 않으면 안 되었다. 한강을 넘어 남으로 피난을 갔던 도강파들은 잔류파들을 공산당에 협력한 부역자라고 몰아세우고 혹독한 처벌을 부과한 것이었다. 잔류파는 서울을 사수한다는 정부 발표를 믿고 피난을 보류하고 있다가 공산치하에 갇힌 것이었다.[44]

적이 서울을 점령하기 이전에 피난을 갔던 사람들은 1945년~1950년 사이 북한을 떠나 월남한 인사들, 김일성 정권의 가장 중요한 처벌대상이 되는 친일경력을 가진 사람들, 그리고 공무원, 군인, 경찰 가족들, 대한민국정부하에서 일정한 지위를 갖고 있었던 사람들이었다. 기록을 보면 수도가 북한군에게 점령되기 전에 남으로 빠져나간 시민들 가운데 8할이 월남동포였고, 나머지가 공무원·군인·경찰 등의 가족이었다고 한다.[45]

잔류한 사람들 중에는 북한군에 적극적으로 부역하기 위해 자원하여 남아 있었던 사람들도 있었겠지만 어쩔 수 없이 잔류한 사람과 구분한다는

---

43) 미 CIA에서는 "한강교 폭파는 남쪽으로의 탈출을 효과적으로 방해했고 피난민문제를 최소화하였다"라고 평가하였다.(*CIA DAILY REPORT KOREAN BULLETIN*, 1950년 7월 13일자 보고) 이는 피난민을 효과적으로 철수시키지 못할 바에는 작전에 방해되지 않도록 해야한다는 작전 면에서의 평가였다.
44) 『민족의 증언』 제3권, p.39 ; 김동춘, 「서울시민과 한국전쟁 : 잔류, 도강, 피난」, p.44.
45) 김동춘, 위의 논문, pp.45~46.

제6장_ 남북한 피난민 상황과 피난정책 183

것은 특별한 경우를 제외하고는 거의 어려운 일이었다. 유진오 박사에 의하면, "피난민의 7, 8할은 이북에서 한차례 공산주의의 선풍을 겪은 사람들이다. 그들은 모두 내빼고 공산당이 무엇을 하는 당인지 잘 모르는 서울시민은 불안과 공포 속에서도 그래도 설마 하는 일종의 희망을 가지고 자기 집들을 지키고 있다는 사실은 무엇을 말하는 것인가"[46]라고 한 사실로 보아 전쟁 초기 피난을 떠난 서울시민들 가운데 월남인들이 대부분이었음을 알 수 있다. 허정 전 교통부장관도 "이 대통령의 측근이었던 내가 서울을 빼앗길 줄은 꿈에도 생각지 못하고 있다가 허둥지둥 피난길을 떠났으니 일반 국민들이 급전직하의 전황을 알 수가 없었던 것은 당연했다"[47]라고 하여 그때의 상황을 대변하였다.

서울에 남아 있던 대부분의 사람들은 오히려 정부의 실책으로 인해 적 치하에서 숱한 고난을 겪어야 했다. 이들이 90일간의 공산치하에서 입은 손실은 사상자가 22,000명이나 발생하였으며,[48] 대부분의 사람들은 북한군의 전쟁 동원체제에 편입되어 소위 '의용군'으로 노무자로 강제되는 고초를 겪었다. 전쟁 초기 북한군 포로 신문조서에 의하면, "점령지에서 체포된 민간인들은 북한군에 입대할 것을 강요받았고 이들은 점령지 경계병으로 활용될 예정이었다"라고 하였으며,[49] 또한 "서울시민들은 북한군 입대를 강요받았다"[50]라고 하여 서울에 잔류한 대부분의 시민들이 북한군에 동원되었음을 엿볼 수 있다.

당시 서울에 잔류했던 김성칠 교수는 한강교의 폭파로 인해 피난을 가지 못하고 다시 집으로 돌아온 시민들에 대해 "6월 28일 피난을 갔던 마

---

46) 유진오, 「서울탈출기」『고난의 90일』, p.36.
47) 「허정 전 교통부장관 증언」『임시수도천일』(하), p.141.
48) 『한국전쟁사』제1권, p.632.
49) 「북한군 제6사단 독립대대 윤영성 중위 포로심문조서」(1950.8.12), 군사편찬연구소 소장자료(이하 같음). 이것에 의하면, 점령지에서 체포된 민간인들은 북한군에 입대할 것을 강요받았고 이들은 점령지 경계병으로 활용될 예정이었다고 한다.
50) 「북한군 제13사단 23연대 황성일 상등병 포로신문조서」(1950.8.17), 위의 자료.

을 사람들도 한창 돌아오는 중이었다. 모두들 서로 죽었다가 새로이 살아난 사람들처럼 무척 반가워하였으나 시국이라든가 정치에 대해선 입을 봉하고 말하는 사람이 없었다"라고 하였다.[51]

한편 당시 부역자 혐의로 가장 혹독한 시련을 겪은 사람들은 서울에 잔류한 소위 보도연맹원들이었다. 그러나 이들은 실제 전쟁 초기 오히려 마지막까지 서울에 남아 정부를 지원하다가 어쩔 수 없이 강북에 갇힌 사람들이 대부분이었다. 이에 대해 당시 군·검·경 합동수사본부 심사실장 정희택 검사는 "6·25가 터지자 나는 서울의 보도연맹원 16,800명을 각 구별로 집합시켜 그들의 동태를 장악했어요. 이들을 시켜 서울로 쏟아져 들어오는 피난민 안내, 구호사업, 포스터 작업 등의 일을 했어요. 일부 시민들이 피난을 떠났고 행정이 마비되었지만 18,800명의 보련은 일사불란하게 상부명령에 따라 자리를 지키고 있었어요. 그러다가 한강다리가 끊긴 것입니다"[52]라고 하였고, 당시 합동수사본부 오제도 검사도 "다행이었던 것은 보도연맹이나 서대문형무소에 있던 대부분의 좌익범들 중에 부역자들이 적었어요. (1950년) 6월 5일 창설 한 돌 식에서는 그들 중 사상이 확실한 자 7,000명을 골라 요시찰인 명부에서 삭제하는 탈명식을 하였어요."[53]라고 하여 그들의 서울 잔류가 자원한 것이 아니라 불가항력적인 요인이 컸음을 증언하였다.

따라서 전쟁 초기 정부는 사전에 피난민철수 계획을 세우지 못하였고 군경 지휘부에서도 작전 측면에서 피난민을 효과적으로 통제하지 못하여 큰 혼란을 초래하였음을 알 수 있다. 오히려 수많은 청장년을 효과적으로 소개하지 못한 것은 적의 전력을 증강시켜 준 결과를 초래하였다. 북한군이 보충한 병력의 대부분은 남한 장정들이었다. 북한군은 남한에서 병력을 보충하여 '의용군'이란 이름하에 전선에 투입시켰고 또 노무자로 군부

---

51) 김성칠, 『역사 앞에서』, p.69.
52) 『민족의 증언』 제3권, p.41.
53) 위의 책, p.11.

대에 배치하여 아군에게 피해를 주었기 때문이다. 결과적으로 예비전력원인 장정을 소개 및 확보하지 못함으로써 병력면에서도 이중적인 손실을 입게 되었다.[54]

다. 주한외국인의 철수와 후방 지역 피난민

남침 사실이 보고 되자 미국은 서울에 거주하는 미국인을 즉각 철수시키기로 결정하였다. 남침 이후 19시간 반이 지난 밤 11시 30분 주한 미 대사 무초는 서울에 거주하는 모든 미국인을 일본으로 철수시킬 명령을 하달하였다. 이 철수 계획은 'AKE-50'으로 알려진 주한 미 군사고문단이 집행되도록 되어 있던 것으로,[55] 이미 1949년 6월 21일 미 극동군사령부가 유사시에 대비하여 미 군사고문을 포함한 도합 2,000여 명의 재한 미국인 철수계획을 사전에 마련해 놓은 것이었다.[56]

미 대사관에서는 이에 따라 준비위원회를 편성하여 주한외국인을 포함한 철수계획을 진행시켰으며, 이 계획에 의거 26일 새벽 1시부터 서울을 철수하기 시작한 비전투원은 미국인 1,527명을 포함한 총 2,001명의 외국인으로 29일까지 3일 만에 철수를 완료하였다. 무초 대사는 27일 오전 9시 수원으로 철수하였으며, 주한외국인은 인천에서 노르웨이 화물선을 통해 그리고 김포와 수원비행장을 통해 각각 일본으로 철수하였다.[57] 급박한 철수 과정에서 외국인 1명의 실종자가 발생하였으며, 미국정부와 개인소유의 자동차 1,500대, 그리고 2만 갤런의 휘발유와 14만 달러 상당의 식료품을 서울에 방치할 수밖에 없었다.[58] 외국인의 성공적인 철수작전의

---

54) 남정옥, 「한국전쟁 초기인력관리 실패의 교훈」 『국방일보』 2001년 6월 28일자.
55) *Evacuation of Refugees and Civilians from Seoul*, p.2.
56) 『민족의 증언』 제1권, p.134.
57) 위의 책, p.134.
58) 위의 책, p.136 ; 한강교 폭파 후 강북에 유기 되어 적의 수중으로 넘어간 국군의 보급차량이 1,318대였음을 고려할 때 미 대사관이 유기한 차량과 보급품의 수량은 결코 작은 규모가 아니었다. *Evacuation of Refugees and Civilians from Seoul*, p.2.

사례는 당시 서울시민의 철수작전과 비교할 때 사전 준비가 얼마나 중요한 것인가를 입증해 준다.

한편 1950년 6월 25일 북한의 남침소식이 전해진 부산에서는 오후 2시 반경 경남도 경찰국에서 긴급 군·경 합동회의가 개최되었다. 회의는 계속되어 밤 9시경 경남 일대의 모든 행정과 사법권은 경남계엄사령부의 소관이 되었다.[59] 이 회의에서는 식량 및 유류확보 문제와 전시계엄령 실시에 대한 토의를 갖고, 뒤이어 지사응접실에서 비상사태대책에 관한 수뇌부회의를 열고 전시태세를 갖추었다.[60]

6월 28일에는 관공서, 정당 사회단체, 사업장의 대표를 도 회의실에 소집하여 비상사태대책위원회를 조직하였다.[61] 양성봉 도지사를 위원장으로 하고 위원은 도청의 각 구장 군경지휘관 및 대사업장의 대표 등 50여 명으로 구성되었으며, 이날은 주로 위원회 조직, 군사 원호, 민심안정 및 계몽, 직장별 궐기대회 등에 대해 논의하였다. 그러나 전황을 제대로 파악하지 못하고 있었기 때문에 이 모임은 의례적인 것에 지나지 않았다. 부산역을 통해 본격적으로 피난민이 쏟아지기 시작하자 비로소 부산시와 경상남도 행정부는 피난민 수용과 식량배급 등 실질적인 전시행정을 준비해야 했다.[62]

부산시는 6월 28일 도청으로부터 비상근무체제에 들어가라는 지시를 받고서 비상근무규칙 즉, 식량 확보, 생활필수품통제, 이재민수용, 기획, 운수, 정보, 상수도설비 및 교량설비, 시유 건물정비, 구호, 기타 시민이 필요하다고 인정하는 사항을 설정하였다.[63] 그러나 이날 부산지구 위수사령관 김종원 중령이 "우리 국군이 참침한 괴뢰군을 격퇴하여 해주 이북

---

59) 부산 시사편찬위원회 편, 『부산시사』 제1권, 1989, p.1066.
60) 경상남도지편찬위원회, 『경상남도지』(상), 1959, pp.842~843.
61) 『부산일보』 1950년 6월 29일자.
62) 『항도부산』 제16권, p.36.
63) 『부산일보』 1950년 6월 29일자.

20마일 지점까지 진격했으며 국군을 지원하고 있는 미 공군이 북괴비행기 7대를 격추시켰다. 미 함대도 지금 동·서해에 출동했으므로 전선은 아무 이상 없다"[64]라고 하였으며, 이러한 사실에 비추어 보아 당시 부산 등 후방에서는 전선 정보가 대단히 미흡했음을 알 수 있다. 이날 28일 대책위에서 토의된 사항은 "위원회조직에 관한 사항, 군사원호에 관한 사항, 민심안정 계몽에 관한 사항, 직장별 궐기대회에 관한 사항" 등 4개 항목으로 비상계획이라든가 피난민들의 구호를 위한 식량 및 주택의 확보는 전혀 논의의 대상이 되지 못하고 있었다.[65]

부산에 피난민이 가장 먼저 도착한 것은 6월 28일 하오경이다. 2대의 군용트럭을 인솔한 한 장교가 28일 하오 김주홍 부산시장실에 찾아와 "지금 전선에서 후퇴하는 군인가족들을 인솔해 왔습니다. 당분간 거처할 장소를 마련해 주었으면 고맙겠습니다"[66]라고 요청하였고, 부산시장의 조치로 군 가족 약 30여 명의 숙소가 마련된 것이 최초의 피난민 수용소였다.

다음 날 29일 새벽 5시 부산역에는 500여 명의 피난민들이 도착하였다. 이들은 28일 히오부터 서울-부산 열차통행이 두절되어 수원-부산 열차로 도착한 것이었다. 이들 중 60% 이상이 서울사람이고 나머지는 경기도와 충청 등 중부이북 주민들도 있었다. 부산역 광장에는 각 지역의 피난민들이 즐비하게 집결되었다. 피난민들이 도착하자 서울에서 피난민이 쏟아져 들어왔다는 보고로 부산시청은 초비상 상태에 돌입하였으며,[67] 부산

---

64) 「부산지구 위수사령관 김종원 중령 증언」 『임시수도 천일』, p.148 ; 위수사령관 김종원 중령은 다음 날인 29일에 가서야 상황을 파악하고 "모든 가정에서는 오늘 중으로 방공호를 조성하라"는 중대 발표를 하였고, 이동철 도경국장도 "통행금지 시간을 하오 7시로 변경한다"라고 발표하였다. 같은 책, p.157.
65) 위의 책, p.149 ; 남침 직후 일반적인 반응은 "신문에도 국군이 북진중이라고 났던데 이번에는 그놈들이 혼이 날 것이다"라는 것이었다(같은 책, pp.141~142). 6월 28일 당시 대책위원회 실무자인 경남도 상공과장 안성수는 "그것은 전시 체제를 구축하자는 것도 아니었고 피난민이 들어 올 경우 구호대책을 세우자는 것도 아니었어요. 민심을 수습한다고는 했지만 혼란을 야기할 만큼 동요된 것도 없었으니 중앙정부를 겨냥한 전시 효과용에 불과했어요"라고 하여 남침 직후 사태의 심각성을 느끼지 못하고 있었음을 알 수 있다. 같은 책, p.147.
66) 위의 책, pp.151~152.

시 공무원들은 피난민들을 부산, 동아극장 등에 분산 수용하였으며, 여성 공무원을 비롯하여 대한부인회 회원들도 이들을 지원하여 피난민들을 구호하는 데 동분서주하였다.[68]

2) 피난민 문제의 부각과 정부의 피난민 정책
가. 피난민 정책과 피난이동 상황

정부는 서울 실함 이후에도 체계적인 피난민 철수대책을 수립하지 못하고 상황에 따른 임기응변에 전력하고 있었다. 한강 이남에서 오산-평택-천안-대전으로 이어지는 피난민들은 각종 이동수단 및 수송수단을 이용하여 전선으로부터 후방으로 무작정 안전지대를 찾아 이동하려함으로써 작전상 많은 문제를 야기하고 있었다. 정부는 먼저 1950년 7월 8일 「비상계엄령」을 선포하고 7월 9일 군사작전에 수반되는 대민 관계를 신속하게 처리하기 위해 육군본부에 민사부를 설치하였다. 후방 치안을 위해 부산과 마산 지역에는 8월 10일부터 계엄사령부를 각각 설치하고 계엄하의 사법 행정에 속한 계엄 사무를 관장하였다.[69]

육본 민사부는 계엄사령부를 통해 군사작전 및 치안유지에 필요한 민군 간의 긴밀한 협조와 기타 관련 업무를 수행하였는데 피난민 관련 임무로 전투 지역 민간인의 철수 또는 복귀와 피난민 및 이재민 구호를 담당하였으며, 육군의 각 사단과 해군의 통제부사령부에 민사과를 두어 위와 같은 민사업무를 수행하였다.[70] 그러나 민사부의 구성이 시기적으로 위급하였던 까닭에 업무가 체계화되지 못했고, 전장의 이동속도가 급변하여 효과

---

67) 위의 책, p.160.
68) 위의 책, p.159.
69) 육군본부 『일반명령』 제40호 ; 『부산시사』 제1권, p.1066.
70) 국방부 전사편찬위원회, 『국방사』 제2권, pp.111~115. 민사부의 임무는 전투지구 민간인의 철수 또는 복귀, 필요한 자원 또는 인마의 징발, 계엄하의 군사재판 및 일반사법 사무 감독, 피난민(이재민) 구호, 민간고용인원의 채용, 지방 행정 및 치안기관에 대한 감독, 기타 민간인과의 연락 등이었고, 경찰의 활동은 계엄사령부의 통제를 받았다.

적으로 피난민을 통제하기는 어려운 상황이었다. 국민들의 사기진작과 적의 사상 침투방지에 주력한 것은 주로 정훈 관련 부서들이었다.[71]

전시 피난민을 적절히 통제하지 못하면 피난민들이 전투 지역으로 몰려 군사작전에 커다란 장애가 될 수 있었고, 특히 적 오열의 침투와 피난민 선동으로 큰 혼란을 야기할 수 있었다. 이에 정부는 7월 10일 사회·농림·국방·내무·교통·보건부 장관의 명의로 충청남북도·전라남북도·경상남북도 지사 앞으로「피난민 분산에 관한 통첩」을 하달하였다.[72]

이 통첩의 내용은 대전을 중심으로 밀집되고 있는 피난민들을 분산 수용하는 것이었으며, 그 밖에 피난민 수용소를 설치하고 피난민 증명서를 소지한 피난민을 인솔해 가서 안전하게 수용하고 수용된 피난민에게 식사 등의 편의를 제공하라는 것이었다. 또한 사상이 불온한 자가 피난민 대열에 섞여 피난민들을 선동하지 못하도록 피난민의 사상과 태도를 항상 주의 깊게 관찰하도록 하였다.

그러나 급박한 전황 속에 전라남도나 경상남도에서 담당자를 대전에 파견하여 피난민들을 해당 지역으로 수송하여 수용한다는 것은 상당한 시간이 요구되는 일이었다. 이 무렵 대전형무소에 수감된 죄수마저도 교도관의 이탈로 통제가 어려운 상황이었음을 고려할 때 피난민 통제에는 한계가 있었다. 정부의 조치와 도청을 비롯한 행정관서, 군경의 검문과 안내에도 불구하고 피난민들이 작전도로를 메우고 있어 부대기동에 제한을 받았

---

71) 육군본부,『6·25 후방전사』(인사편), p.309.
72)『한국전란 1년지』, pp.C49~C50 ;『관보 제384호』(1950.7.20). 피난민 분산요령 가운데 사회부 부분은 각 도가 철도연변이나 필요지역에 할당된 피난민을 수용할 수 있는 수용소를 황급히 설치할 것, 사상 건전자에 한하여 피난민증명서를 교부할 것, 피난민을 대전으로부터 인수해 갈 것, 증명서 소지자만을 수용하고 사상 온건 여부를 항상 심사할 것, 1인 1일 2홉의 급식을 제공할 것, 최대한 절약하여 수용소를 운용할 것 등이었다. 농림부는 각 도 사회과의 요구에 따라 피난민을 위한 양곡을 즉시 공급하고 대금지불을 최대한 유예할 수 있다는 것이었고, 국방 및 내무부는 피난민 신분조사와 증명서 교부에 최대한 협력할 것과 피난민의 승차 및 이동 시에 질서유지를 위해 피난민을 목적지까지 인솔할 것, 또한 피난민 수용소의 질서유지와 사상불온자의 개입을 막기 위해 수용소를 경비할 것 등이었다. 교통부는 피난민증명서 소지자에 한하여 무임 승차시키라는 것이었고, 보건부 관련사항은 피난민 가운데 환자의 경우 각 의료기관을 동원하여 무료로 치료를 실시하라는 것이었다.

으며, 또 적의 오열이 피난민을 가장하여 후방으로 침투하는 경우도 빈번하였다.

전황이 더욱 악화되어 피난민 대열이 계속 남쪽으로 밀려 낙동강 방어선까지 이르게 되자 국회에서는 8월 1일부로 「피난민 수용에 관한 임시조치 법안」을 통과하여 시행하였다.[73] 정부는 내무부와의 협조를 거쳐 각 시도에 긴급히 임시조치 법안을 시달하여 피난민의 수용대책을 마련케 하는 한편 일정 지역으로의 집중 이동을 견제하고 각 지방으로 분산 남하를 지도하였다. 이에 긴급조치로 충북 37개소 · 충남 55개소 · 전북 43개소 · 전남 162개소 · 경북 66개소 · 경남 117개소 · 제주 24개소 등 도합 504개의 수용소가 긴급히 마련되었고 전국에 200개의 치료 · 방역반이 가동되었으며, 국방부에서는 남하하는 군인가족 원호에도 노력하여 열차의 알선, 구호 및 수용을 지원하였다.[74]

이 임시조치법은 상인들이 턱없는 가격으로 피난민들을 기만하게 되자 9월 8일에 국회에서 일부 개정되어 피난민수용이 귀속재산만으로 충족되지 않을 경우 사회부장관이 주택, 여관, 요정 등에 피난민의 수용을 명령할 수 있도록 한 것으로 명령을 거부 또는 기피하거나 하면 위반자를 처벌할 수 있게 하였다.[75] 일차적으로 전시 피난민의 구호에 대한 책임은 보건

---

73) 「피난민수용에 관한 임시조치법」(법률 제145호, 1950년 8월 1일부) ; 『한국전란 1년지』, p.C56. 이 법은 "제1조 비상사태하 임시로 피난민수용 구호함을 목적으로 한다. 제2조 사회부장관은 귀속재산 중 주택 · 여관 · 요정 기타 수용에 적당한 건물의 관리인에 대하여 피난민의 인원과 피난 일을 지정하여 수용을 명령할 수 있다. 제3조, 제2조의 명령을 받은 관리인이 피난민에 대하여 임대료를 징수할 수 없다. 제4조 피난민을 수용함으로써 영업상 지장이 있는 귀속재산의 관리인에 대하여는 관리청장은 임대료를 격감 또는 면제할 수 있다. 제5조 본 법 제2조의 명령을 기피하거나 제3조의 규정에 위반한 자는 귀속재산의 임대차계약을 취소한다. 제6조 본법은 8월 1일부로 시행한다"라는 것이었다.
74) 육군본부, 『육군인사역사』 제1집, p.604 ; 『한국전란 1년지』, p.C56.
75) 이 건의안은 1950년 9월 8일 박면원 의원 외 9인이 제출한 것으로서 당시의 피난민 수용상황이 오열침투방지라는 이유로 전선의 상황에 따라 빈번히 이동하지 않으면 안 될 일선근접 일정지역에 한하여 피난민통행을 허용하고 그 외 지역에 대하여는 통행을 금지함으로써 협소한 지역에 수십만 피난민이 산야 또는 노변에 운집, 노숙하고 있어 죽음을 기다리고 있는 형편이기 때문에 이들 피난민을 일선에서 비교적 원거리지역으로 분산 수용 또는 각자 원고지로 피난 수용토록 조치할 것이며 오열침투방지책으로는 피난민증서 발급 등의 방법을 강

부와 사회부에 있었으나, 전투가 지속되면서 제반 물자가 전반적으로 부족하게 되자 정부는 8월 29일 피난민구호중앙위원회를 구성하여 광범위한 구호활동을 전개하고자 노력하였다.[76] 이 같이 정부는 한강 이남-수원-오산-평택-천안-대전-낙동강 선까지의 지연전과 낙동강방어작전 시기 피난민 대책을 강구하느라 부산하였다. 그러나 전장이 너무나 신속하게 이동하고 있었기 때문에 이러한 정책이 체계적으로 적용되기에는 한계가 있었다.

정부의 이 같은 조처와는 별도로 지연전 시기에도 많은 피난민들이 발생하였다. 전쟁 직후에는 급박한 전황으로 인해 서울시민을 비롯하여 많은 주민들이 피난할 수 있는 여유가 없었으나, 한강 남쪽에서부터 시작된 국군의 지연작전이 전개되던 시기부터는 비교적 시간적 여유를 얻어 많은 피난민이 발생하였기 때문이다. 소로와 논길을 따라 엄청난 군중이 남쪽으로 쏟아져 내려왔다. 유진오 박사는 이때의 상황에 대해 "어느 사이 피난민 행렬은 두 갈래로 갈라졌다. 하나는 큰길을 따라가는 행렬이고 하나는 기차 길을 따라가는 행렬이다"[77]라고 하여 도로와 철길이 피난민들로 가득하였음을 회고하였다.

수원-대전 간 주민들은 임시 수도 대전에서 전쟁을 지도하고 있던 대통령 일행이 7월 1일 새벽 3시 이리-목포를 거쳐 부산을 향해 피난을 떠났고, 밤새 정부요인들이 피난 갔다는 소문을 들으면서 크게 동요하기 시작하였다.[78] 수원이 전장이 된다는 것이 거의 확실하였기 때문에 이들 시민 가운데 많은 사람들 피난길에 올랐다. 오산·평택·조치원·천안·대전 등의 주민들도 북한군 주력이 제1번 국도를 따라 진격해 오고 있었기 때문

구하기 위해 채택된 것이었다. 이 건의안은 1950년 9월 12일 제20차 본 회의에서 이의 없이 가결되었다.
76) 전쟁기념사업회, 『한국전쟁사』 제3권, p.538.
77) 유진오, 「서울탈출기」, p.36.
78) 『민족의 증언』 제1권, p.315.

에 대부분 피난을 떠나지 않을 수 없었다.

서울과 그 부근에서 남하한 피난민들은 작전 지역이 어느 곳인지 알 수 없었고, 일차 목적지를 수원-대전으로 하여 무작정 남하하고 있었다. CIA보고에 의하면 7월 4일 이미 남하하는 피난민들이 작전에 문제가 되고 있으며 설상가상으로 한국군 낙오자들이 피난민 대열에 섞여있다고 하였다.[79] 피난민 대열이 계속해서 남쪽으로 밀리게 되자 정부는 황급히 이들을 위한 대책 마련에 고심하였다. 한국 군경은 한국전쟁 초기 피난민 통제에 어려움을 겪었으나 수원이남 지역에서는 보다 많은 육군 헌병의 지원을 받아 공산주의 동조자나 스파이를 가려내기 위한 검문소 설치 등 대전으로 이어지는 보급로 상의 피난민에 대해 어느 정도 통제를 유지할 수 있었다.[80]

7월 6일 신성모 국방장관이 김태선 시경국장과 함께 천안경찰서에 들러 '주민들과 피난민들에게 전세가 호전되어 국군이 영등포를 탈환했으니 동요하지 말고 생업에 종사하라'라는 내용의 문안을 작성케 하여 방송시킴으로써 일단 안심시켰다. 그러나 피난민 속에는 위장한 북한군 정찰병들이 암암리에 농촌부락을 순회하여 주민들을 선동하고 있었다. 심지어 그들은 차량에 스피커를 설치하고 마을을 순회하는 경우도 있었다.[81] 경찰은 서울이 점령당한 이후 각 교도소 및 경찰서에서 복역, 구속 조사 중이던 보도연맹원과 각종 범죄자들이 탈출하여 피난민 틈에 끼어 내려오고 있다는 정보와 오열의 침투정보를 듣고 검문검색을 강화하여 범죄자들을 체포하여 교도소로 후송시켰다.[82]

대부분의 피난민 이동경로는 민간인 소유 차량들이 군에 동원되었기 때문에 산악 지대를 피하여 국도변과 철로를 따라 대전까지 왔다가 도보나 철

---

79) *CIA DAILY REPORT KOREAN BULLETIN*(1950.7.4), 『한국전쟁 자료총서』 제16집.
80) *Evacuation of Refugees and Civilians from Seoul*, pp.3~4.
81) 『6 · 25와 천안』, p.68, 72, 93.
82) 위의 책, p.68.

도편을 이용하여 4번 국도를 따라 부산과 대구로 그리고 1번 국도를 따라 광주나 목포 등을 목적지로 하여 이동하였다. 당시 수원 인구 50만 명 중 상당수가 남하하였고, 조치원 및 평택과 천안 등의 주민들도 노약자를 제외한 대부분이 피난길에 올랐다. 따라서 1950년 7월 초, 대전과 그 인근 지역인 부산과 대구 및 보다 안전한 남쪽으로 향하는 길목에는 약 200만~300만 명이 피난을 하고 있었다.[83] 정부는 부대이동을 방해하는 피난민들을 광주 서남쪽으로 가도록 유도하려 하였으나, 대부분의 피난민들은 한국군의 철수방향이 대전-대구-부산 쪽임을 알고 그 길을 따라 이동하였다.[84]

따라서 경부 축선의 작전 지역에서는 피난민 문제로 인하여 혼란이 극에 달하고 있었다. 사실상 피난민의 수는 너무도 많았으며 그들의 혼란은 어떤 형태의 질서 있는 통제계획도 받아들일 만한 여유가 있는 상태가 아니었다. 전선의 각 부대들도 피난민 문제를 자체의 능력으로 해결할 수 없었던 심각한 난제였다. 이들은 적의 공세가 있을 땐 항상 쏟아져 나와 작전에 큰 고려요소가 되고 있었다. 피난민 대열은 전선의 변화에 따라 피난가는 방법을 나름대로 알고 있었다. 작전 지역 주민들은 유사시에 언제든지 보따리를 꾸려서 떠날 수 있도록 준비하고 있었으며 군이 철수하기 시작하면 주저 없이 군을 따라 떠나기 시작했다. 대열 속에 유포된 유언비어는 홍수처럼 밀려드는 집단적인 피난에 더욱 부채질하는 결과를 초래하고 있었다.[85] 예컨대 부산시민들 가운데에도 적지 않은 사람들이 타 지역으로 피난한 경우도 있었다. 이들은 부산이 적의 항공기나 군함의 공격목표가 될 수 있다는 소문을 듣고 가야산이나 지리산 등지로 피난을 나갔다가 오히려 그 지역을 점령한 북한군에게 고초를 겪기도 하였다.[86]

경부가도 상의 피난민은 7월 중순 약 38만 명이 남하하였고 매일

---

83) 『한국전쟁사』 제3권, p.536.
84) 『하우스만 회고』, p.112.
85) 『전장 감각』, p.31.
86) 『임시수도 천일』, p.230.

25,000명이 증가하고 있다고 보고 되었으며, 그 대열은 주로 경부간 도로를 따라 집중되었고 적의 공격이 심한 지역에 더욱 많았다.[87] 1950년 8월 초순 국군과 유엔군이 낙동강 방어선을 형성하여 방어진지를 편성했을 때 진지 내에는 많은 수의 피난민들이 방황하고 있었다. 피난민들을 연고지나 공공시설에 수용하였으나 이것만으로는 부족하였다. 정부의 피난민 분산계획에 의해 피난민들은 여러 지역으로 분산 수용되었다. 1950년 7월 말까지 대구와 부산에 피난민 및 이재민을 위해 58개소의 피난민 수용소를 설치하였다.[88] 그러나 아군이 철수를 거듭하면서 7월 말까지 25만여 명의 피난민들이 미군 방어선 안으로 유입되었으며,[89] 낙동강 방어선 내선에 대구에 40만 명, 부산에 80만 명 등 120만의 피난민이 집결되어 심각한 혼란이 발생하였다.[90]

북한군이 계속 남하하자 정부는 부산을 임시수도로 결정하고 7월 17일부터 정부 각 부서의 이전을 시작하였다. 7월 24일 전시국회가 부산극장에서 개회되었으며 8월 18일에는 모든 정부기구가 이전을 완료하였다.[91] 정부의 이전과 함께 대규모의 피난민들이 부산으로 몰려들었다. 9월 8일에는 부산에 집결한 피난민들의 임시수용을 위해 가덕도에 피난민 수용소를 설치하였다.[92]

나. 유엔군의 피난민 통제와 한계

경부축선 미군 방어선의 형성 시 피난민의 통제 문제가 현안으로 대두되었다. 미군의 선발대인 미 제24사단 스미스특수임무부대가 7월 4일 죽미령에 배치될 때 지역 주민과 게릴라들로 인해 다소간의 차질이 발생하

---

87) *South to the Naktong, North to the Yalu*, pp.251~252.
88) *Eighth Army and ROK Refugees to August 1950*, pp.2~3.
89) Harold J. Noble, *Embassy at the War*, p.153.
90) 전쟁기념사업회, 『한국전쟁사』 제3권, p.536. 대구인구는 약 50여만 명이 증가되었다.
91) 『부산시사』 제1권, p.1067.
92) 『임시수도 천일』, p.238.

였으며, 그 후 미군은 피난민 속에 가장한 적의 오열들로 큰 난제에 봉착하게 되었다. 또한 미 제24사단 주력이 7월 7일 천안 지역에 방어선을 편성하고 처음으로 대전차지뢰를 정정동 열차 건널목과 진천-온양 도로에 매설하고 피난민들의 안전을 위하여 도로 옆, 논둑길로 통행하도록 도로를 통제하였다. 그러나 대전차지뢰는 북한군이 침투시킨 민간인과 국군복장으로 위장한 게릴라들이 제거하였기 때문에 무용지물이 되고 말았다.[93] 미군은 오산, 평택, 천안, 대전 전투 이후 전투 지역 주민 및 게릴라전으로 어려움을 겪고 있었다.[94]

　미군들은 이에 대한 피해를 최소화하기 위해 피난민에 대한 엄격한 통제정책을 강구하였다. 북한군의 게릴라 침투를 방지하기 위해 무초 대사는 적 침입자나 민간인 복장의 오열을 색출하고 경찰전투대대의 창설을 제안하였으며,[95] 지연전시 피난민 문제가 점차 작전에 커다란 장애요소로 등장하게 되자 피난민에 대한 적극적인 조치를 취하였다. 미 제25사단의 경우 최초 7월 18일 피난민으로 위장한 북한군 문제를 해결하기 위해 예하 부대들로 하여금 마을이나 작전 지역을 통과하는 모든 피난민들에 대한 검색을 실시하라고 지시하였다.[96] 이러한 조치는 전쟁기간에 군이 취하는 통상적인 것이었다. 미 제25사단은 피난민 문제가 부각되자 한국경찰의 협조를 받아 검문소 설치, 민간인의 소개 및 전투 지역(Blue Line) 이동 금지 등의 조치를 취하고 있었다.

　킨 사단장은 7월 20일 "민간인 복장을 한 1개 집단이 마을에 진입하여 군복으로 갈아입고 아군 2명을 체포하였다. 모든 지휘관들은 주요 지역에 검문소를 설치하고 수색하라"라고 지시하였고[97] 그 후 26일 오전 10시 제8군으로부터 방어선 내 피난민 이동을 금지시키라는 지시가 강조되었

---

93) 『6·25와 천안』, p.58.
94) *South to the Naktong, North to the Yalu*, pp.199~252.
95) *Embassy at the War*, p.153.
96) *Eighth Army and ROK Refugees to August 1950*, p.2.
97) 25th Division, *Operations Order and Instructions*, Journal, 20 July.

다.[98] 킨 사단장은 26일 밤 10시 "전투 지역 내에서 이동하는 모든 민간인은 적으로 간주하여 사살할 것"이라고 경찰서장에게 통보하였고,[99] 7월 27일 "투명도상 청색선(Blue Line) 내의 모든 민간인을 다른 지역으로 이동시키라고 한국경찰에 지시하였으며, 한국경찰로부터 철수를 완료하였다는 통보를 받았다. 이 지역에서 발견되는 모든 민간인은 적으로 간주한다는 내용이 하달되었다.[100] 이러한 사실들로 보아 7월 26일 미 제8군사령관 워커의 피난민에 대한 통제 지침이 하달된 이후 각 사단은 방어선 내의 피난민에 대한 적극적인 대책을 강구하고 있었음을 알 수 있다.

미 제1기병사단도 피난민을 가장한 적의 오열로부터 위협을 받게 되자 이에 방책을 강구하고 있었다. 최초 7월 22일 미 제1기병사단 작명 50-9호(부록 B)를 통해 "우군 방어선을 침투하는 민간인은 체포하여 합동심문소로 후송하라"[101]라고 하였으며, 23일 오후 2시 45분 사단 G-2는 "전선에 들어온 모든 한국인들은 황간으로 후송하라"라고 명령하였다.[102]

기병사단 포병사령관 파머(Palmer) 준장이 23일 오전 9시 26분 "일단의 피난민들이 가리 지역을 통과하게 될 것"이라 하면서, 그는 전방의 징후로 볼 때, "피난민 중 많은 사람이 무장을 하고 있다"라고 통보하였다.[103] 거의 같은 시각인 오전 10시 작전참모부는 "피난민이 전선을 통과하는 것을 막아라. 전선을 통과하려고 노력하는 모든 사람에게 사격하라. 여성과 어린이의 경우 신중을 기하라"[104]라고 예하 부대에 하달하였고, 다음 날 7월 24일 오전 10시 사단 또한 "피난민이 전선을 통과하지 못하게 하고 방어선을 통과하려고 시도하는 사람은 사격하라. 여자와 어린이

---

98) CG EUSAK, *Mail*, 261000K July, 1950.
99) Headquarters 25th Infantry Division, *G-1 Journal*, 26 July, 1950.
100) 25th Div., *To Commanding Officers, All Regimental Combat Teams*, 27 July, 1950.
101) 1st Cav Div, *Annex B(Intelligence) to Operations Order 9-50*(1950.7.22.07:00).
102) 8th Cavalry Regiment, *Operational Rept.*(1950.7).
103) 5th Cavalry Regiment, *War Diary*(1950.7).
104) 8th Cavalry Regiment, *Operational Rept.*(1950.7).

의 경우에는 신중을 기하라"[105]고 명령하였다.

　게이 사단장은 제한구역의 민간인 이동을 금지시키고 피난이동도 오전 10시에서 12시로 제한하였으며,[106] 7월 26일 오전 10시 제8군으로부터 피난민 통제지침을 받고 예하부대에 하달하였다.[107] 이를 통해 볼 때 기병사단은 통상적인 피난민 통제절차가 23일, 24일 그리고 26일에 작전에 심각한 문제로 부각됨에 따라 보다 적극적으로 조치되었음을 알 수 있다.

　당시 피난민 이동과 피난민을 가장한 적의 오열이 아군 작전에 끼친 영향은 지대하였으며, 이를 상황별로 정리하면 즉, 보급로의 교통방해, 피난민을 가장하여 아군 방어선 안으로 침투하여 저격 활동, 피난민으로 가장하여 아군 지뢰 매설 상황을 적군에게 알려주거나 지뢰를 제거하여 적군의 진격을 지원, 피난민이 아군 간의 통신선을 절단하여 피난 꾸러미에 사용하는 행위, 피난민을 가장한 오열의 아군 전선 앞에서 피난민을 선동하여 난동을 일으키고 무력으로 아군 방어선을 돌파하려는 행위, 피난민의 뒤를 따라 북한군이 진격해 옴으로써 아군의 사격을 방해하는 행위 등으로 구분될 수 있다.

　이 밖에도 서남부 지역의 후방기관과 지휘소 습격 등도 피난민으로 가장한 게릴라의 소행이었다. 게릴라들은 2~3명으로 나뉘어 피난민 속에 잠입한 다음 지시된 지점에 집결하여 무기를 조립하고 주간정찰을 실시한 후 밤이 되면 후방 군수시설이나 지휘소를 습격하고는 해가 뜨기 전에 산속으로 도피하는 것이 그 수법이었다. 이들은 무기와 탄약을 우마차나 광주리, 이불 속에 분해하여 숨겨서 운반하고 있었다. 이러한 습격으로 마산 북방의 환자수용소가 전멸당한 일이 있었고, 창원의 탄약보급소는 항상 수색중대와 전차로 방어해야만 하였다. 그리고 함안의 미 제24연대 제1대대 본부가 기습을 당해 부대대장 이하 7명이 부상당하기도 하였다.[108]

---

105) 8th Cav Regiment, *Operational Rept.*(1950.7.19~30).
106) 1st Cavalry Division, *War Diary*(1950.6.25~7.29), p.12.
107) CG EUSAK, *Mail*, 261000K July, 1950.

미군들은 낙동강 방어선의 돌출부진지 점령에 앞서 강으로부터 8km이내에 거주하는 주민을 강제로 소개시키는 조치를 취하였다. 창녕과 영산 지역으로부터 퇴거하지 않을 경우 적으로 간주하여 사살한다는 내용을 미리 알리고 30만 명의 피난민을 부산으로 후송하였다. 대구북방에서도 긴급한 피난민 문제가 자주 발생하고 있었다. 제8군 정보참모가 최전선을 헬기로 시찰을 나갔다가 근처에서 5만 명의 피난민을 관측하였다. 즉각 그들에게 철수 명령이 떨어졌고, 제8군은 국군과 협조하여 군위 부근에 집결되어 있던 피난민을 설득하여 도로와 논길을 따라 남쪽으로 내려와 대구부근에 난민촌을 형성하였으며, 경주-대구 간 도로변에 18만 명의 피난민이 강변을 따라 남하하였다.[109]

미군들은 피난민들을 먼저 수용소에다 집합시켜 놓고 심문 신체검사 소지품 검사 등을 실시한 다음 군에서 지정한 경로로 호위하도록 하여 주간에만 이동시켰다. 검문소에서는 지뢰탐지기와 여자 검사관으로 하여금 엄중하게 조사하고 의심스러운 사람은 사단을 거쳐 제8군 수용소로 송치시켰지만 지연작전을 하면서 철수를 거듭하고 있었던 때라 게릴라들의 침투는 근절시킬 수가 없었다. 이 당시 미군들에게는 피난민들이 모두 게릴라로 보였다고 할 정도였다. 결국 미군은 피난민들을 낙동강 동안으로는 들어오지 못하도록 조치하였다. 이에 수십만의 피난민들이 낙동강 서안에서 우왕좌왕하지 않을 수가 없었다. 앞으로 나가면 미군 포병의 탄막에 걸려 피해를 보고 정지해 있으면 북한군으로부터 반동분자로 몰려 학대를 받는 등 그야말로 진퇴양난이었다.[110]

가장 대표적인 경우가 왜관교 부근에서였다. 이때 미 제1기병사단은 게릴라와 민간복장을 착용한 북한군이 피난민에 섞여서 진지 내로 침투하는 것을 막기 위해 피난민이 낙동강 동안으로 들어오지 못하도록 하였다. 이

---

108) 육전사연구보급회, 육군본부 역, 『한국전쟁』 제2권, p.101.
109) 마르쿠스 셰르바체, 「피난민 구호를 회상」 『증언으로 본 한국전쟁』, pp.257~258.
110) 육전사연구보급회, 육군본부 역, 『한국전쟁』 제2권, p.108.

조치는 피난민들에게 있어서는 상당히 가혹한 조치였으나 유엔군으로서는 부득이한 것이었다. 그러므로 낙동강 서쪽 교량 부근에서는 강 건너편으로 피난하려고 하는 수천 명의 피난민들이 도강 기회만을 노리고 있었다. 8월 4일 해질 무렵 후위의 제8기병연대가 다리를 건너기 시작하자 피난민들이 그 뒤를 따르기 시작하였다. 사격위협도 소용이 없었다. 피난민들은 필사적일 수밖에 없었다. 폭파시기를 놓친 게이 사단장은 피난민들을 쫓아버리고 교량을 파괴시키려고 하였으나 피난민들을 통제할 수 있는 방법이 없었다. 이 사이에 날은 저물어 버렸고 드디어 북한군의 사격이 시작되었다. 사단장의 폭파시기에 대한 판단은 자신의 생애 중에서 가장 어려웠던 판단의 하나였다고 한다.[111] 왜관교 이외 마산 지역에서도 게릴라의 근거를 제거하기 위하여 주민소개를 대대적으로 실시하여 공무원이나 공공 기관원을 제외한 12만 명의 시민을 열차, 자동차, 선박 등으로 부산이나 거제도에 소개시키기도 하였다.[112]

1950년 7월 말 낙동강 선으로 철수한 국군과 유엔군은 부산교두보에서 결사의지로 고수작전을 수립하였고, 국군과 유엔군은 낙동강 방어작전 시기 피난민 처리 문제를 안고 방어작전을 수행해야 하는 상황이었다. 결과적으로 교두보 내에서 피난민을 가장한 오열이나 좌익의 폭동을 방지할 수 있었고, 그것은 낙동강 방어작전의 중요한 성공 요인 중의 하나로 평가된다.

다. 정부의 피난민 통제 협조와 구호

(1) 한·미 간의 피난민 통제 협조

한국군과 미군은 유엔군사령부가 설치될 때까지 군사고문단을 통하여 나름대로 협조체제를 유지하고 있었고, 또한 한국경찰도 군의 협조와 요청을 받아 피난민 통제, 주보급로 경계, 주요 시설 보호 임무 등을 수행하

---

111) 위의 책, p.75.
112) South to the Naktong, North to the Yalu, p.108 ; 위의 책, pp.174~175.

였으며 계엄사령부가 설치된 후에는 해당 계엄사령부의 통제를 받았다. 한국정부와 미 제8군과의 피난민에 관련된 최초의 공식 협의는 1950년 7월 1일 이루어졌다. 즉, 미 제8군사령부 내에 '후방 지역과 병참선 보호 및 협조관실' (이하 협조관실)이 설치되었고, 이 기구를 통해 피난민 문제를 협의하게 된 것이다.[113]

협조관실의 기능은 철로, 도로 그리고 교량에 대한 적의 파괴행위나 게릴라 활동에 대해 최대한 보호를 하기 위해 미국과 한국경찰이 서로 협조할 수 있도록 한다는 것이었다. 이 기구의 최초 활동은 국군과 경찰에게 1950년 8월 1일에 발송된 「지시서한」 제1호에 잘 나타난다. 여기에 명시된 내용은 철도, 도로 및 통신선을 적의 침투나 게릴라 부대 그리고 피난민을 가장한 적의 첩자 및 현지 공산주의 동조자들로부터 보호하기 위한 것이었다. 한국경찰에게는 철도경찰 지원, 중계소 및 통신소 보호, 전화선 보호, 교량 및 도로 보호, 철도경찰 활동 감독, 비행장 방어 6개 경찰대대 편성 등의 임무가 부여되었고, 한국군에게는 경찰의 능력이 미치지 못한 곳에 대한 지원임무가 그리고 철도경찰에게는 철도역과 시설 보호 임무가 부가되었다. 또한 철교와 터널을 보호하기 위한 초소 및 경계병력 배치를 지시하고 있었다.[114]

정부가 미 제8군사령부와 피난민 문제에 대하여 공식 회의를 가진 것은 1950년 7월 25일 오후 6시에 대구의 정부청사에서였다. 참석자는 미 대사관 1등 서기관, 유엔 한국정부 복지담당 고문관, 내무부 차관 및 국장, 경찰국장, 사회부 차관, 미 제8군 헌병, 방첩대, 작전 및 정보참모 등이었다. 이 회의에서 한국정부와 미국의 대표들은 피난민의 이동과 흐름의 통제를 지원하기 위해 제8군사령부와 각 사단에 경찰의 연락단을 배속시키고, 군사령관이 피난민 및 민간인 이동에 대한 통제 권한을 가지며 피난민

---

113) Hqs 8th Army, *War Diary, 25 June-30 August, 1950*(1950.7.21), pp.13~14.
114) 8th US Army, Korea, Taegu, Korea, *Letter of Instructions No, 1*(1950.8.1.21:00).

이동을 통제하기로 합의하였다.[115] 워커 제8군사령관은 이러한 한·미 간의 협조 토의 결과를 승인하고 한국정부의 신성모 총리에게 서한을 보내 공식적인 지원 협조를 요청하였으며,[116] 이어 극동사령관에게 피난민에 관한 한·미 간의 지원 협조가 이루어졌음을 보고하였다.[117]

워커 장군은 이어 피난민 취급에 관한 지시를 하달하였고 여기에는 한국경찰의 지원사항이 포함되었다. 이후 공식적으로 미군에 한국경찰이 배치되었으며, 군 작전을 위한 마을 소개·지원하기 위해 각 사단에 3명의 한국경찰 연락담당이 파견되었다. 사단장은 한국 경찰에게 출발시간과 이동경로 그리고 피난민의 대피 장소들을 알려 주었으며, 피난민들의 집결할 장소도 미리 결정하여 주었다. 사회부가 주관하여 음식, 식수, 그리고 생필품 등을 피난민들에게 공급하여 주었다. 미 제8군은 전선의 전후방 지역에 대해 피난 절차에 관한 내용의 삐라를 항공기로 살포하였으며, 경찰이 라디오와 언론을 통해 한국인들에게 이러한 사실을 전파하였다.[118]

이러한 상황에 대해 내무장관 조병옥은 "나는 미 제24사단이 대전을 상실하고 김천에다 전선사령부를 설치할 무렵 영동전선을 시찰한 바 있다. 나는 그때 영동지구 미군 사령관에게 공산 오열들이 농부를 가장하고 야습할 우려가 있다고 개진한 바 있었고 워커 장군을 만나게 되었다. 워커 장군에게 유엔군 대대·중대별로 우리 경찰대를 배속하여 그들로 하여금 미군들에게 통역을 하게 하고 또 오열을 색출, 탄약보호 등의 임무를 맡기도록 요청하였으나 워커 장군은 미 육군 편제상에도 임무가 명시되어 있다고 난색을 보였던 것이다. 그러나 나의 우려는 적중하여 영동지구에서 공비들이 평민을 가장하고 유엔군 진지에 따발총을 가지고 습격하여 마침

---

115) Eighth Army, *Informal Check Slip, Subject : Control of Refugees*, 26 July, 1950.
116) Eighth Army, *Letter to Honorable Mr. Shin Sung Mo, Prime Minister*(1950.7.26).
117) CG EUSAK to CINCFE, *Message*, 261200K July, 1950.
118) *Eighth Army and ROK Refugees to August 1950*, pp.2~3.

내 영동전선을 상실하게 되었던 것이다"라고 하였다.[119)]

조병옥 내무장관은 워커 장군에게 경찰로 하여금 유엔군을 도와 적 게릴라를 소탕하겠다고 설득하여 제8군사령관도 미 국방부에 이를 건의하여 경찰의 유엔군부대 배속을 승인 받기에 이르렀다. 이후 15,000명의 경찰이 유엔군에 배속되어 적 게릴라 토벌과 아울러 소규모 전투를 군과 병행하게 되었다.[120)] 이렇게 낙동강 방어선 시기의 피난민통제는 전반적으로 피난민 대열에 적 게릴라의 침투를 막고 피난민으로 야기되는 군사작전의 제반 장애를 해결하였으며, 다른 한편으로 피난민들에게 심각한 불편을 초래하기도 하였다.

(2) 후방 지역 피난민 상황

지연전과 낙동강 방어작전 시기 피난민의 숫자는 계속 증가되었다. 서울을 비롯한 경기, 강원, 충청 전라 지역의 주민들이 대구, 부산 등 영남 지역으로 피난을 떠났으며 부산 등 영남 지역은 한때 전국 각지의 피난민들이 모여들어 피난살이를 했던 지역이기도 하다. 9·28 당시 전체 피난민은 120만 명에 달하고 남한국민도 전체의 1/3이 전재민으로 피난민 120만 명 중 50만 명과 전재민 200만 명에 대하여는 정부의 구호가 불가피한 상황이었다.[121)]

그러나 전쟁 직후 1차 피난민들은 서울을 비롯한 38선 이남의 주민들이 대부분이었으므로 1·4후퇴 전후의 2차 피난 시기 월남민이 포함된 상황에 비하면 그래도 적은 규모였다. 1950년 7월 24일 사회부장관 이윤영은 영남 일대를 순회한 후 경상남도 지사실에서 "지금 남한 각지의 피난민은 110만 5천 명으로 추산되는데 그중 38만 명만이 수용되고 나머지는 연고

---

119) 조병옥, 앞의 책, pp.258~259.
120) 한국경찰사편찬위원회, 『한국경찰사』 제2권, 광명인쇄공사, 1973, pp.272~273.
121) 조형, 「북한출신 월남인의 정착과정을 통해서 본 남북한 사회구조의 비교」, 변형윤 외, 『분단시대와 한국사회』, 까치, 1985, p.150.

자의 가정 등지에 입주해 있다"라고 하여 부족하나마 전국 110여만 명의 피난민에 대한 구호대책을 강구하고 있었다.[122]

7월 말 국군과 유엔군이 낙동강 방어선으로 철수작전을 개시할 무렵 대구의 인구는 피난민으로 배가 늘어 80만이 넘었다. 미 대사관 직원인 셰르바체는 "나는 그때 남쪽으로 내려오는 피난민을 돌보는 임무를 부여받았다. 철수가 진행됨에 따라 조그만 길과 논길을 따라 엄청난 군중이 내려왔다. 나는 대구도청의 임시정부 건물에서 피난민을 위한 생필품을 한국 보건사회부로 보내주었다. 피난민의 이동을 조정하고 있던 참모차장과 두 부관의 도움을 받아 생필품을 수송하였다"라고 하여 미 대사관에서 국군과 협조하여 피난민을 구호하였음을 알 수 있다. 그는 당시 "대구 시민들은 미국인들이 시내에서 철수하자 미국이 한국을 포기한 것이 아니냐"고 대단히 동요하였다고 회고하였다.[123]

한편 부산에도 매일 열차 편으로 수백 명씩 밀려오고 또 울산이나 해운대, 김해방면 등 서울과 통하는 길을 따라 걸어 들어오는 피난민들이 꼬리를 물고 있었다. 당시 경남도청 전기계장 윤종구는 "새벽 4시만 되면 도청 시청직원 100여 명이 부산역과 부산진역으로 달려 나갑니다. 미리 대기한 트럭에 40~50명씩 싣고는 피난민이 들어갈 수 있는 빈 건물을 찾아 나섰습니다"[124]라고 하였는데, 당시에는 인원파악이 문제가 아니고 어떻게 수송하여 어디로 수용하느냐가 큰 문제였다. 부산에는 적어도 하루에 1,000여 명 이상이 들어왔을 것으로 추산되고 있다.

전쟁기간 동안 부산은 전쟁수행에 필요한 인력과 물자의 기지이며 정부의 임시소재지로서 정치 행정의 중심지였으며 이재민의 피난처로서 국민의 보건과 치안 상에 중대한 역할을 담당하였다.[125] 부산인구는 해방 직후

---

122) 『임시수도 천일』(하), p.165.
123) 마르쿠스 셰르바체, 「피난민 구호를 회상」, pp.254~255.
124) 「경남도청 전기계장 윤종구 증언」 『임시수도 천일』(하), p.162.
125) 『항도부산』 제16권, p.38.

28만 명 정도였으나 일본, 만주 등지에서 19만 명의 동포가 밀려들어와 약 47만 명 정도였으며, 주택 수는 7만여 호 정도로 피난민에게 방을 제공할 수 있는 세대는 1만여 호에 불과하였다. 부산의 인구가 1950년 8월 10일 682,907명이었음을 고려할 때 부산으로 들어온 피난민 숫자는 대략 20여만 명을 상회하였음을 알 수 있다. 부산시는 피난민수용을 위해 피난민수용 임시조치법을 공포하여 공공건물은 물론 개인건물에까지 피난민을 수용하였다.[126]

(3) 피난민 구호 상황

정부는 피난민의 쇄도로 병참보급기지인 부산, 대구 등지의 혼잡을 방지하기 위하여 대구, 부산 시내의 피난민을 소개하는 작업도 적극적으로 실시하였으며, 경찰은 군 작전을 지원하거나 또는 합동작전을 전개하여 주보급로 경비에 만전을 기하였다.[127] 그러나 피난민을 가장하여 침투한 적으로 인하여 많은 어려움을 겪고 있었다. 따라서 경부축선에서 축차 남하하던 군경수뇌부는 전방작전과 후방위협을 동시에 풀어 나가야 했다.

전술한 바와 같이 피난민의 구호의 일차적인 책임은 보건부와 사회부에 있었으나, 전쟁에 대비한 구호 대책이 마련되지 않은 상황에서 모든 피난민 문제를 해결할 만한 대안은 수립되지 못하고 있었다. 다만 1950년 7월 중순부터 피난민 문제의 대책으로 이들을 분산 수용하고 피난민증명서를 발급 받은 자에 한하여 1일 2홉의 양곡을 제공하는 계획이 마련되었다. 그 후 미 정부기관에서 제공한 담요, 옷 등의 생활필수품을 보건부와 사회부가 접수하여 피난민에게 분배하였으며, 정부의 양곡을 나누어주어 몇 주 동안 식량 문제는 심각하지 않았다.[128] 피난민들에게 줄 구호물품의 수송

---

126) 위의 책, p.39. 전쟁 초기에는 부산의 주민들이 자발적으로 피난민들을 위한 주거지를 주선하였으나 계속 밀려오는 피난민들을 수용하는 데는 한계가 있었다.
127) 내무부 치안국, 『경찰십년사』, 백조사, 1958, pp.173~174 ; 윤장호, 『호국경찰전사』, 제일, 1995, pp.104~105.
128) 마르쿠스 셰르바체, 「피난민을 회고」, p.256. 미 대사관 피난민구호 담당이었던 셰르바체

은 군 수송수단을 이용하였다. 또한 내무부는 각 시도에 피난민 수용대책을 마련케 하고 분산 남하를 지도하였으며, 긴급조치로 전국에 임시 피난민 수용소를 마련하였다.

지연작전 시기 피난민 수용소는 노천에 가설된 소위 주먹밥수용소에 15만 3천 명을 수용하여 가장 많은 숫자였으며, 경남이 24개 수용소에 10만 5천 명, 전·남북이 74개 수용소에 12만 8천 명을 수용하였다. 사회부장관은 "피난민의 구호를 위해 1개월 분 예산으로 3억 7천만 원이 책정되었다"라고 하였으나, 이것은 당시 쌀 시가로 1만 1천 가마에 불과한 것이었다. 장관은 부산에서 피난민이 가장 많이 수용되어 있는 영도구 봉래동 대한도자기회사에 들러 "국난을 맞아 여러분 말고도 곳곳에서 우리 국민들이 고초를 당하고 있습니다. ECA와 협조가 이루어져 식량과 의류, 약품을 더 많이 공급할 것입니다."[129]라고 피난민들을 위로하였다. 각 도에 지출된 구호비 현황은 다음과 같다.

┃ 표-12 ┃ 각 도 구호비 현황(1950년 11월 15일 현재)[130] (단위 : 원)

도별	구호비	도별	구호비
경상북도	1,210,844,000	전라남도	123,881,500
경상남도	1,207,500,000	전라북도	109,549,500
충청북도	39,949,500	서울	108,716,000
충청남도	138,724,500	강원도	80,587,000
경기도	134,044,500	제주도	11,630,000
기타	22,331,500	총액	3,284,679,000

는 "한국정부는 정부 양곡창고를 열어 양곡을 나누어 주었기 때문에 초기 몇 주 동안 식량문제는 없었다. 한국군은 남아있는 쌀을 가능한 많이 남쪽으로 수송하였다. 쌀 수송수단이 거의 없었음에도 민간인과 피난민을 위해 군에서 각별한 배려를 해 주었다. 가능한 수송수단과 다른 방법으로 전 중령과 한 소령은 항상 피난민들을 도와줄 준비를 갖추고 있었다. 사람들이 남쪽으로 피난해 오면 그 지방의 관리들이 피난민들을 책임져 주었다"라고 하였다.
129) 『임시수도 천일』(하), p.165.
130) 『한국전란 1년지』, pp.D39~D40. 당시 1인당 하루 양곡 3홉과 부식비 50원씩을 배당하였는데 이것도 인원파악이 제대로 안돼 많은 혼란을 겪었다.

정부가 1950년 11월 15일까지 각 도에 지출한 구호비는 경상북도, 경상남도가 가장 많았고 그다음으로 충청북도·충청남도·경기도·전라남도·전라북도·서울·강원도·제주도 순이었으며, 기타 22,331,500원을 포함하여 총 3,284,679,000원이었다.

한편 유엔군의 피난민 지원상황은 유엔의 6월 27일 안보결의와 7월 7일 안보결의에 의거하여 회원국들로부터 한국을 지원하기 위한 식량, 의류, 기타 금품의 원조 등을 접수하기 시작하였으며, 유엔안보리가 7월 31일 '한국 민간인의 구호 결의안'을 채택함으로써 이루어졌다.[131] 전쟁이 지속되면서 제반물자가 전반적으로 부족하게 되자 정부차원의 강력한 피난민구호가 요구되었다. 이에 따라 정부는 8월 29일 피난민구호중앙위원회를 구성하여 1950년 11월경부터 광범위한 구호가 본격화됨으로써 아군의 1·4후퇴의 2차 피난 시기를 대량 희생 없이 넘길 수 있었다.[132]

유엔에 의한 민간인에 대한 본격적인 구호는 1950년 10월 이후에야 가능해졌다. 유엔은 전쟁 초 안보리 결의에 의거하여 회원국들로부터 한국을 지원하기 위한 식량 의류 기타 금품 원조 등을 접수하기 시작하였으나, 이때까지 유엔이 구체적으로 어떻게 한국인에 대한 구호와 지원을 할 것인지 구체적인 방침이 마련되지 않았다. 7월 28일 애치슨 미 국무장관은 유엔 미국대표부에 유엔군사령부가 한국인의 구호와 지원을 요구하는 전문을 보내고 유엔안보리는 7월 31일 한국민간인의 구호에 관한 결의안을 채택하면서 유엔군사령부가 한국 민간인의 구호를 집행하도록 하고 유엔사무총장은 유엔군사령부에 구호에 필요한 모든 원조를 제공하도록 하는 지원체제가 마련되었다. 8월 14일에는 한국구호에 대한 유엔경제사회이

---

131) 『한국전쟁지원사』, p.232. 유엔안보리는 1950년 7월 31일 한국민간인의 구호 결의안을 채택. "유엔안보리는 유엔군사령부에 대해 한국민의 구제와 급양에 필요한 물품을 결정하는 임무를 집행할 것을 요청하며, 유엔사무총장에 대해서는 유엔군사령부에게 구제와 급양을 위해 필요한 모든 원조제공을 전달할 것을 요청하고, 유엔군사령부는 안보리에 대하여 구제사업에 관한 적절한 보고를 요청한다"라는 내용의 결의안을 제출하였다.
132) 『한국전쟁사』 제3권, p.538.

사회의 「결의 제323호」가 채택되었다.[133]

　한국 민간인구호와 관련하여 유엔안보이사회와 유엔경제사회이사회의 결의에 기초하여 유엔사무총장은 한국구제를 위한 지원자금의 설치계획을 종료하였다. 이에 의하면 유엔에 의해서 한국구호를 위해 제공되는 현금을 포함한 모든 원조는 유엔사무총장의 행정처에 위탁하고 유엔사무총장은 모든 원조를 유엔군사령관과 협의하여 집행하도록 하였다. 이에 유엔군사령부는 한국 민간인구호를 위해 8개항에 관한 사항을 유엔에 요청하였다.[134]

　특히 유엔군사령부는 9월 중순 이후 유엔에 대해 식량 및 물자의 요청을 했음을 알 수 있다. 그것은 유엔군 관할 지역의 주민들에게 9월 중순 이후 한국정부가 최소한의 식량도 제공하지 못할 것으로 판단됨에 따라 유엔군사령부는 제4차 작전보고서에 9월에 쌀 1만 5천 톤, 보리 5천 톤, 10월에 쌀 2만 톤, 보리 1만 톤을 지원해 줄 것을 요구하였다. 뿐만 아니라 유엔군사령부는 겨울철에 대비한 식량 의류 모호 의약품의 긴급제공도 요청하였다. 아래 표는 전쟁발발 첫해인 1950년 유엔이 한국에 보내준 구호물자의 현황을 요약한 것인데 이러한 구호물자는 10월 이후 한국에 도착하였다.[135]

---

[133] 위의 책.
[134] 위의 책. 그것의 구체적인 내용은 3,400만 불에 해당되는 원조 요구, 8월 5일 의료보급물자 요청, 8월 5일 5개의 공공보건단체의 파견 요청, 9월 1일 4명의 보건위생 전문가 요청, 9월 14일 곡물의 요청, 9월 16일 설탕 요청, 9월 18일 식염의 요청, 9월 20일 일반고급품 요청 등이 포함되었다.
[135] 『한국전란 1년지』, p.D53.

표-13 1950년도 구호물자 입하현황[136]

품목		10월	11월	12월	계
식량류 (톤)	백미	4,826,375	1,750,000	16,236,050	22,848,425
	대맥	9,717,551	1,846,837	1284990	12,849,378
	소맥분	-	1,508,004	5,573,530	7,081,534
	기타	3,116,156	515,131	-	3,631,287
	계	17,696,082	5,619,972	23,094,570	46,410,624
의료품 (개)	의약품	31,932	1,651	106,919	140,502
	기구	1208	-	-	1,208
	계	33,140	1,651	106,919	141,710
	기타	3,093상자	-	-	3,093상자
연료분(톤)		9,900,000	115,182	90,372	15,242,971
의류(파운드)		56,613			262,167

　　유엔군사령부를 통한 구호물자는 초기에는 군을 통하여 수송되고 한국 외자청에 의하여 분배할 계획이었다. 그러나 8월 중순부터 유엔군사령부 예하 보건후생처가 한국 내의 구호활동을 맡게 되고 대부분의 운송수단이 동원되면서 정부는 보조적인 역할만 담당하였다. 9월에는 이 보조기능도 제8군사령부 휘하에 민사원조처가 발족됨에 따라 제8군사령부로 이관되었다. 제8군사령부는 전투지구에 각 사단 그리고 후방에서는 한국의 행정구역에 따라 중앙, 지방, 각 도에까지 구호를 담당할 기구를 설치하였다. 이와 같이 유엔결의에 의하여 유엔군사령부가 최종권한을 보유 실시한 전쟁관련 구호원조 즉, '한국 민간인 구호계획'에는 1950년에 9,376천 달러였으며 품목별 비율은 식료품 40%, 의류 24%, 기타 비료 연료 건축자재 의약품 등이었다.[137]

　　유엔군사령부 통제하의 구호활동은 피난민의 구호에 큰 기여를 하였다.

---

136) 위의 책, p.D49.
137) 『한국전쟁사』 제3권, p.540.

그러나 군의 통제하에 피난민 구호가 이루어짐으로써 각종 국제기구나 민간인 단체 등에 의한 자율적인 구호노력이 제한된 점도 없지 않다.[138] 실제로 세계보건기구, 국제피난민기구, 적십자사연맹 등에서 전문가를 보내어 구호사업을 계획하였고, 미국 내 각 기관에서도 피난민을 위한 구호사업을 추진하려고 하였으나 유엔군사령부가 구호물자를 수송하기 위한 선박이나 하역을 위한 항구의 도킹을 제공하지 못하고 구호사업도 군의 감독과 지시를 받아야 한다고 주장하자 이 기관들은 파견했던 전문가를 소환하고 구호사업을 중단시켰다.

따라서 낙동강 방어선 시기에 체계적이고 광범위한 피난민의 구호가 실시되지는 않았지만 피난민 분산 및 수송 그리고 통제에 대한 노력을 적지 않게 전개하였음을 알 수 있다. 또한 낙동강 방어작전 시에 피난민 구호를 위한 본격적인 대책들이 마련되어 10월 이후부터 본격적인 피난민 구호가 가능하게 되었다.

3. 2차 피난민과 피난정책

1) 정부의 피난민 정책과 월남 피난민

가. 정부와 유엔군의 피난민 정책

1950년 10월 하순 머지않아 전쟁을 종결지을 것이라는 희망 속에 국군과 유엔군은 후퇴하는 적을 추격하여 거의 대부분의 북한 지역을 석권하고 있었다. 서부전선에서 미 제8군은 압록강으로 접근하고 있었으며 동부전선에서는 제10군단이 한·만 국경으로 진격하고 있었다. 그러나 10월 25일 중공군이 참전하여 대대적인 역습을 가해 제8군 우익을 공격하기 시작하였다. 중공군은 북부 산악지대를 공격하여 아군을 분리시키고 돌파구를

---

138) 『한국전란 1년지』, p.277. 당시 국내 민간 활동으로 김활란 박사의 적십자위원회가 피난민의 수용, 구제물자 배급지원, 의용간호부, 부상자 치료 등을 지원하였으며, 구국총력동맹 등이 결성되어 노력봉사를 제공하였다.

통해 대대적으로 남하하였다. 따라서 1·4후퇴 시 피난민들은 서울과 경기도, 강원도 등 남한 지역의 피난민들 뿐 아니라 북한을 탈출한 평안도와 함경도, 황해도의 주민들이 많았다. 특히 북한의 많은 피난민들은 유엔군의 철수작전에 편승하여 미군의 LST를 타고 남쪽으로 피난하게 되었다.[139]

정부는 유엔군이 평양을 포기하자 1950년 12월 4일 평양시의 전 행정기관을 철수하고 38선 접경 및 그 이북전역에 다시 비상계엄을 선포하였으며 자유를 찾아 남하하는 50여만 명에 달하는 이북 피난민동포 구출을 위한 긴급조치를 취하는 한편,[140] 초기작전에서의 교훈을 고려하여 북한 피난민 대열 속에 침투해 있는 오열에 대한 대책도 중요한 문제로 다루었다.[141]

유엔군이 평양에서 철수하기 시작하자 서울시민들은 불안에 사로잡히기 시작했다. 전쟁 초기 겪은 악몽이 되살아나 다시 전철을 밟지 않을까 하는 것이었다. 전쟁 초기 피난가지 못하고 잔류한 사람들은 북한 점령하에서 갖은 고초를 당하였다.[142] 그럼에도 불구하고 평양철수 시기만 해도 정부나 국민은 두 가지 점에서 희망을 가지고 있었다. 즉, 유엔군이 북한의 어느 지점에서 중공군의 진격을 저지할지도 모른다는 생각과 유엔에서 대두되고 있는 38선 진격 정지호소를 북한정권이 받아들일지도 모른다는 희망이었다.[143] 그러나 12월 10일에 미 제8군사령부에서 서울사수의 언질을 한 적이 없다는 담화를 발표하고, 이어 12일에 중공군이 38선을 돌파해 연안에 침입하자 모두 수도 확보가 어렵다는 것을 직감하게 되었다.

뿐만 아니라 1950년 12월 하순에 접어들면서부터 미군이 아예 한국으

---

139) 『항도부산』 제16권, p.240.
140) 대한민국 국회, 『국회사』(제9회 임시국회), p.597.
141) 위의 책. 박영출 의원은 "38선 이북에서 이미 50만 명이라는 피난민이 남하 중에 있다. 그 중에는 편의대와 빨치산이 많이 숨어있어 수도치안이 크게 우려되는데 이에 대한 대책은 서있는가"라고 질의하였고, 정부는 "피난민 대열에 숨어 남하하는 간첩에 의한 수도치안을 염려하는 것 같으나 현재 경찰이 이중 삼중의 경비를 하고 있으며 그 성과는 날마다 적색분자를 색출해내고 있다"라고 답변하였다.
142) 『한국전란 1년지』, p.A75.
143) 『민족의 증언』 제3권, p.313.

로부터 완전히 철수한다는 소문이 퍼져, 정부나 국민은 일종의 공황 상태에 빠졌다. 이 소문은 충분히 근거가 있었던 것으로 트루먼 행정부가 실제 철수계획을 진지하게 고려한 바 있었고, 또한 이 때문에 백만 명의 일본 이주계획까지 구상되었던 것이다.[144]

이에 대해 주일공사 김용주에 따르면, "1950년 12월 하순 최소 1백만 명은 일본으로 옮겨야겠다고 생각하고 이를 조이 제독, 스트레이드 메이어 중장과 상의하였으며, 요시다 수상도 적극적으로 움직이겠다고 약속하였다. 12월 24일 이를 이승만 대통령에게 보고했으나 회신이 없었다. 그래서 1951년 1월 8일 부산에 가서 이 대통령께 보고하였으나, 무초 대사가 대통령의 사전 승낙도 없이 공사가 그런 큰일을 외국정부와 교섭했다고 크게 격분하였다. 아니나 다를까 1월 10일 미군이 한국서 철수하지 않는다는 트루먼 성명이 발표되었다. 이래서 1백만 명 이동계획은 필요 없게 되었다"라고 하였다.[145]

이 문제는 신임 리지웨이 장군이 27일 이승만 대통령을 예방하고 미군이 한국을 철수하지 않는다고 다짐함으로써 절망감은 사라졌지만, 이 때문에 오히려 정부와 시민의 철수계획 자체에는 혼란을 가져오게 되었다. 즉, 12월 23일에 이 대통령은 공식으로 시민의 피난을 명령했고 25일에는 이기붕 서울시장이 비전투원의 소개를 권고했는데, 리지웨이 장군의 다짐을 받은 다음 날인 28일에는 그 명령을 번복하여 "시민들은 안심하고 생업에 종사하라"는 시장 담화가 발표되었던 것이다.[146]

이 무렵 내무장관은 무초 대사에게 "50만의 피난민들이 이미 서울을 떠났으며 징용대상자 3만 명의 젊은이들이 매일 군 통제하에 남하하고 있다"라고 하였으며, "남한 국회는 26일 폐회하여 서울을 떠나 부산으로 즉

---

144) 위의 책, pp.313~314 ; *CIA DAILY REPORT KOREAN BULLETIN*(1950.12.23), 『한국전쟁 자료총서』 제17집.
145) 『민족의 증언』 제3권, p.321.
146) 위의 책, pp.313~314.

시 철수할 것을 결정하였다"고 전하였다.[147] 정부는 그로부터 1주일이 지난 1월 3일 리지웨이 장군으로부터 서울 포기의 통고를 받았다. 이와 같이 사태의 급변과 엄동설한 속에서도 흔히 1·4후퇴라고 부르는 정부와 시민 소개는 전쟁 초의 교훈을 살려 대체로 성공했다고 평가되고 있다. 즉, 정부는 평양을 포기하던 12월 5일 신속히 국립박물관 등 주요 물품의 후송 명령을 하달하였고, 12월 8일 부녀자의 소개 허용이 발표된 후 12월 하순부터 피난 수송 및 구호에 적극적으로 대비하였다.[148]

당시 총무처장 비서 김덕보는 "12월 24일 총무처 직원과 정부 각 부처 중요문서와 물자를 부산으로 소개하는 책임을 맡았어요. 부산 천도는 1월 3일 끝났습니다. 1·4후퇴 때에는 12월 하순부터 단계적으로 천도를 서둘러 모든 공무원과 가족이 피난할 수 있었습니다. 이때에는 후퇴즉시 정부나 국회가 기능을 발휘할 수 있었습니다. 120여만의 서울시민과 북한에서 남하한 50만, 그리고 남한 각처 50만 등 도합 220여만의 피난민을 소개 구호하는 데 있어서는 사회부 및 교통부 관계자들의 노고가 많았습니다"라고 하였다.[149]

따라서 서울시민의 경우 1950년 12월 30일까지는 이미 84만 명이 철수했고, 1951년 1월 3일까지는 나머지 30만 명이 피난하여 1월 5일 중공군이 서울에 들어왔을 때 수도는 완전히 텅 빈 유령의 도시로 변해 있었다. 그리고 정부자체도 12월 하순부터 소개를 시작하여 1월 3일의 각료 철수를 마지막으로 부산 도청에 천도를 마쳤고,[150] 1월 17일 사회부장관은 대구와 부산에 운집한 대규모 피난민을 각 지역별로 산개 계획을 발표하여 피난민의 혼란을 최소화하고자 노력하였다.[151]

---

147) *CIA DAILY REPORT KOREAN BULLETIN*(1950.12.26), 『한국전쟁자료총서』 제17집.
148) 『임시수도 천일』(하), p.316.
149) 「총무처장 비서 김덕보 증언」, 위의 책, p.315.
150) 위의 책, pp.313~314.
151) *CIA DAILY REPORT KOREAN BULLETIN*(1951.1.17), 『한국전쟁자료총서』 제17집.

나. 평안도 피난민의 발생과 이동

 중공군의 역습으로 가장 위급한 상태에 있던 유엔군은 육로와 동해해안 방면으로 신속하게 후퇴하였다. 따라서 유엔 해군은 서해에서의 철수보다는 흥남에서의 대규모 철수작전에 전력을 기울이게 되었다. 그 후 아군이 남으로 후퇴함에 따라 수많은 피난민들이 고립되어 황해도 서해안에 집결하게 되었으며 애국청년들도 청년의용군을 조직하여 공산군과 전투를 계속하였다.

 아군이 후퇴하게 되자 북한의 수많은 주민들이 남으로 피난길에 올랐다. 피난민들은 군의 신속한 이동을 따르지 못하였고, 뒤따르는 적으로 인하여 진로가 막히게 되어 부득이 피난 도중 해안으로 몰려들게 되었다. 1·4후퇴 시기 북한 주민의 피난 코스는 각 지역마다 그리고 개인 사정에 따라 여러 갈래였지만 크게 나누어 보면 평안도, 함경도, 그리고 황해도 지역으로 대별된다.

 먼저 평안남북도의 상황은 국군이 후퇴를 시작하자 1950년 11월부터 주민들이 남쪽으로 내려오다가 대부분 평양에 집결해 있었다. 평양에는 원주민 이외의 피난민들만 약 20여만 명이 운집되었다. 이들은 대부분 유엔군의 주둔지까지만 피난을 갔다가 다시 되돌아오겠다는 생각에서 2, 3일분의 식량만을 가지고 집을 나섰기 때문에 평양에 들어오기 전부터 며칠씩 굶는 고초를 겪었다. 평양 시내는 온통 헐벗은 피난민들로 일대 혼잡을 이루었다.[152]

 결국 1950월 12월 3일 유엔군은 더 이상 북한 지역을 사수할 수 없는 상황에 이르자 평양철수를 결정하게 되었다. 유엔군이 철수하기 시작하자 평양 원주민과 피난민들도 후퇴하는 유엔군을 따라 남하하였다. 이들은

---

152) 『민족의 증언』 제3권, p.217 ; *CIA DAILY REPORT KOREAN BULLETIN*(1951.11.23), 『한국전쟁 자료총서』 제17집. 평양방송은 11월 20일 북한 "인민들이 피난민들을 돕기 위해 최선을 다해 노력하고 있다"고 보도하고, 또 피난민을 도와 생산증가에 참여하도록 촉구하였다. 같은 자료, 1952년 3월 3일자.

모두 대동강 남쪽에 머물던 사람들이었다. 당시 대동강이 얼지 않았고 나 룻배도 부족하였으므로 대부분의 강북 사람들은 강을 건너 피난하는 데 어려움이 있었다.

통상 부대의 이동은 곧 피난민의 이동을 동반하게 되며, 적에게 속고 적을 속이는 전투와중에서 피난민을 구조할 수도 방치할 수도 없는 상황하에 군이 겪는 심리적 갈등은 컸다.[153] 피난길에는 으레 많은 참상이 뒤따르게 마련이지만 평양철수의 경우도 예외는 아니었다. 당시 군 당국에서 민간인의 철수계획을 마련하지 못하여 혼란을 초래하였고 또 유엔군이 곧 돌아온다고 설득함으로써 상당수의 시민들을 잔류하게 하였다.

당시 정훈국 평양분실장 선우휘의 증언에 의하면, "평양지구 헌병대장 김종원 대령이 나를 부르더니 지금 시민들이 후퇴한다고 야단들인데 어림도 없다. 전세는 아군에 유리하니까 안심하고 생업에 종사하라고 해. 그렇지 않으면 총살에 처한다고 하라"라고 하여 군 철수작전에 피난민이 방해되지 않도록 조치하였음을 알 수 있다.[154]

군이 철수한 직후 뒤에 남겨진 수만 명의 피난민들이 대동강 철교로 몰려들었지만 유엔 공군에 의해 폭파된 철교가 복구되지 않아 강을 건널 수가 없는 상황이었다. 그때 상황에 대해 평양분실장 선우휘는 "나는 6·25 초의 상황이 재현되지 말아야 한다고 역설하고 부서진 대동강 다리를 수리해서 시민들을 강 남쪽까지만이라도 옮겨놓자고 했어요. 12월 4일이면 대동강이 얼 만한데 살 어름도 없었어요. 철교중간 30m 정도 끊어진 부분만 수리하면 되겠다 싶어 피난민과 함께 다리를 놓기로 했어요. 불과 4시간 만에 징검다리가 완성되었어요. 그때 수천의 피난민이 만세를 불렀어요. 이날 오후 2시가 되자 수많은 인파가 대동강을 덮었어요"[155]라고 회고 하였으며, 평양분실 요원이었던 고정훈도 "당시 피난민 철수에는 정훈

---

153) 『전장감각』, p.52.
154) 『민족의 증언』 제3권, p.271.
155) 위의 책, p.275.

국 평양분실 직원들이 제일 애를 많이 썼어요. 나는 마지막까지 평양에 남아 북한 저명인사 피난을 돌보았어요. 워낙 혼란의 와중이어서 시민철수가 제대로 안 된 것도 사실이었어요"라고 하여 당시 평양시민 철수상황을 증언하였다.[156]

평양시민들과 피난민들은 그나마 얼기설기 이어져 있는 대동강 교량을 이용하여 피난하였지만 노인과 어린이, 부녀자들은 넘기 힘든 상황이었다. 때문에 수많은 가족들이 이산가족의 비극을 당하였다. 당시 대동강 철교 등을 통해 월남한 피난민은 4~5일 이틀 동안 약 5만여 명에 이르렀다.[157]

평양시민과 피난민들이 겪은 또 하나의 비극은 미 공군의 오폭으로 인해 희생된 것이었다. 당시 유엔군 당국은 12월 5일 정오부터 평양을 적성지대로 선포하고 이 시각 이후에 대동강을 건너는 사람들은 적으로 간주하고 포격과 기관총 사격을 가하였다.[158] 정훈국 평양분실장 선우휘는 "5일 하오 3시 15분 20여 대의 유엔 공군기가 아직 도강하고 있는 피난민들을 공산 게릴라로 오인했던지 폭격과 기관총 사격을 가했어요. 단번에 1백여 명의 피난민이 상한 겁니다. 내가 탄 소련제 치스차도 세 번이나 기관총 사격을 받았어요"라고 하였으며,[159] 당시 평양시민인 양명문도 "4일 오후 가족들을 그냥 두고 혼자 남하하였는데, 큰길은 후퇴하는 유엔군 차량 때문에 다닐 수 없어 산길, 들길, 철길을 따라 무작정 남하했습니다. 사리원에 오니까 국군 헌병들이 민간인들은 개성 쪽으로 가지 못하게 하고 해주 방면으로 가라고 했어요. 해주로 갔던 피난민들은 미 공군의 오폭과 공산군 패잔병 때문에 많은 희생자를 냈어요"라고 하여 평양 피난민들의

---

156) 위의 책, p.278. 평양분실 부실장 이용상의 증언에 의하면, "12월 3일 평양철수가 결정되었으니까 피난 갈 시간은 이틀밖에 안되었어요. 시민들은 아우성 칠 수밖에 없었어요. 4일 저녁부터 5일 낮까지 외다리를 건넌 피난민은 근 5만여 명은 될 거예요. 이 모습은 봄베이의 최후 같았어요"라고 하였다. 같은 자료, p.279.
157) 이북5도위원회, 『이북5도30년사』, 1981, p.74.
158) 『민족의 증언』 제3권, p.279.
159) 위의 책, p.282.

고초를 증언하였다.[160]

　대동강 철교를 넘어온 피난민들은 황해도 사리원과 해주를 거쳐 연백으로 들어가 아군이 마련한 임시수용소에 집결되었다. 11월부터 이곳에 수용된 피난민의 숫자는 50만여 명으로 연백평야를 가득 메울 정도였다. 임시수용소라고 하지만 반수 이상이 천막도 없는 노천에 수용되었으며, 처음에는 주먹밥을 배급하였으나 나중에는 하루 2홉 가량의 식량을 배급하는 게 고작이었다.[161]

　평양 철수작전 시 군에서 북한주민의 피난계획을 수립하였다면 피난민의 희생이나 고초를 덜었을 뿐만 아니라 더 많은 사람들이 남하할 수 있었을 것이다. 평안도 수복 지역은 미 군정통제하에 놓여 있었으나 철수작전 시 주민들의 피난계획에는 주의를 기울이지 못하고 있었고, 국군 헌병도 작전에 지장을 준다는 이유로 시민들의 철수를 만류하고 있었다. 이는 흥남항에서 질서정연하게 10만 명의 피난민이 철수했던 것과 비교하면 큰 대조가 된다.

　평양 이외 진남포에도 많은 피난민들이 집결해 있었다. 이곳에서도 12월 4일 미 해군 함정으로 유엔군이 철수하였는데 평양에서보다 오히려 더 비극적인 상황이 연출되었다. 진남포 부두에는 인근 용강 강서군과 북쪽에서 밀어닥친 10여만 명의 피난민들이 집결하였으며, 12월 4일부터 철수작전이 시작되었다. 유엔군의 승선이 끝나자 오전 9시부터 피난민들을 승선장으로 들여보내 LST까지 상륙정으로 실어 날랐다. LST는 모두 4척이고 1척에 2,000여 명 정도 승선시켜 불과 8,000여 명만이 피난할 수 있었다. 이날 하오 2시 무렵 승선이 끝나자 유엔군은 부두에 미처 선적하지 못한 군수물자에 대해 대대적인 함포 사격을 집중하여 파괴하였다.[162]

---

160) 위의 책, p.282.
161) 위의 책, p.219.
162) 위의 책, p.220.

다. 함경·황해도 피난민의 발생과 이동

　함경남북도 주민들도 평안도 주민과 같은 유사한 피난과정을 겪었다. 그중 대표적인 것은 한국의 덩커크라고 하는 흥남 철수작전 시의 피난민들이었다. 당시 제8군은 육로로 후퇴할 수 있었지만 제10군단의 병력은 지형상 해상으로 철수할 수밖에 없는 상황이었다. 1950년 11월 30일 국군과 유엔군은 미 제10군단장 아먼드 장군으로부터 철수명령을 받았다. 이 때 국군 수도사단은 함북 청진까지, 미 제7사단과 해병 제1사단은 한·만 국경선인 혜산진까지 진격해 있다가 작전상 후퇴를 시작한 것이었다.

　장진호 전투 시 하갈우리에는 현지주민을 비롯하여 함흥방면에서 올라온 주민들이 전투를 피해 주변 계곡이나 동굴에 숨어 있다가 미군이 진주하자 움집하고 있었다. 일부 주민들은 희망에 따라 미군이 제공한 차량으로 함흥에 후송되기도 했으나 대부분의 주민은 하갈우리에 남아 전세의 상황을 지켜보면서 미군작전에 협조하였다. 미 해병이 경하교에 폭파준비 작업을 시작할 때부터 주민들은 피난을 시작했다. 그들은 오직 미군을 뒤따라야 산다는 것뿐이었다. 경하교 폭파 시 미군 폭파대원들은 피난민에게 위험을 경고하고 도강을 정지시켰으나 인파는 계속 밀려들어 폭파할 때 많은 피난민이 희생되었다.[163]

　미 제1해병사단 행정명령에도 작전에 영향을 미칠 피난민은 접근을 통제하도록 되어 있어서 미 해병은 적극적으로 피난민을 통제하여 하갈우리에서 부대가 출발할 때는 미군과 피난민 대열과는 어느 정도 거리를 두고 적절한 통제하에 전진하였다.[164] 고토리까지 천신만고 끝에 도착한 피난민은 미군에게 마을 진입이 저지되어 고토리 북쪽 화피리에 노숙하였으나, 미군은 작전상 피난민을 진지 내에 들어오지 못하게 하여 미군 대열로부터 격리시켰으나, 이들은 한 발자국이라도 미군 방어진지 내로 들어오

---

163) 『전장 감각』, p.49.
164) 위와 같음.

려고 했다.[165]

　이들은 영하 27도의 추위 속에서 중공군의 공격을 방어하면서 작전기지인 함흥, 흥남으로 천신만고 끝에 후퇴하였으며, 원산에 주둔해 있던 미 제3사단도 중공군이 남쪽의 퇴로를 막아 이곳으로 이동해 왔다. 이때 총 집결 병력은 10만 5천여 명이었다.[166] 미 제7사단 군속이었던 조치연은 "유엔군이 후퇴하자 수복지구의 주민들도 군인들과 함께 남하하기 위해 흥남으로 몰려들었으며 시가지는 온통 피난민들로 덮여 30만여 명 이상이 집결하였다"라고 하였고, 조씨는 당시 군에서는 "함흥 흥남에서 철수하지 않는다. 시민들은 안심하라는 가두방송을 했었다"라고 하였다.[167]

　그러나 12월 10일 유엔군사령부에서 철수하라는 명령이 하달되어 12일부터 23일까지 철수작전을 단행하였다. 미군은 처음에는 600만 톤이나 되는 무기와 장비를 수송하기 위해 불가피하게 피난민 수송이 어렵다고 하였으나, 국군 제1군단장 김백일 소장 등이 "미군이 피난민을 버리고 간다면 국군이 피난민을 엄호하면서 육로로 후퇴하겠다"[168]라고 비장한 결의로 맞섰고, 결국 미군도 남는 공간에 피난민 수송 동의하게 되었다.

　당시의 상황에 대해 제1군단 민사처장 유원식은 "18일 유엔군의 철수문제를 논의할 때 나는 10만의 피난민을 데리고 가야 한다고 했어요. 아먼드는 절대 반대했어요. 김백일 군단장에 보고했더니 그도 꼭 데리고 가야한다고 했어요. 그렇지 않으면 우리 국군 제1군단은 피난민을 엄호하면서 육로로 후퇴하자고 해요. 아먼드 장군은 최종적으로 군인과 장비를 싣고 남은 공간에 피난민을 태우라고 했어요"라고 하였다.[169]

---

165) 위의 책, p.51. 북한군은 부역자 명부를 등급별로 만들어 특등급은 현지에서 총살하고 1~2등급은 형무소로, 3~4등급은 교화시키는 식이었다. 이들은 진흥리 북쪽에서 피난민을 억류시켜 등급분류를 한 뒤 북으로 끌고 갔다. 일부 피난민 중 미군작전에 협조한 사람과 치안유지에 기여한 인사는 사전에 발급된 신분증을 갖고 흥남으로 철수하였다. 같은 책, p.53.
166) 『임시수도 천일』(하), p.222.
167) 「미 제7사단 군속 조치연 증언」, 위의 책, p.223.
168) 위의 책.
169) 『민족의 증언』 제3권, p.298. 제3사단 작전참모 이관식은 "12월 7일 밤부터 9일 밤까지 모

피난민 승선이 허락되자 부두는 아비규환의 수라장으로 변하였다. LST 한 척에는 정원의 10배가 넘는 5,000여 명이 승선하였지만, 30만의 인파 중 마지막까지 배를 탄 피난민은 9만 1천여 명이었다. 피난민 승선으로 400톤의 폭약과 차량, 장비 등 560만 톤의 장비가 유기되었으며, 승선이 끝난 후 해군 함대와 폭격기가 집중사격을 가하여 폭파시켰다.[170]

미 함정에 승선한 북한 피난민들은 묵호·포항·울산·부산 등지에 상륙하였다. 부산에 도착한 피난민들은 각 극장 등 건물에 분산 수용되었다. 원산의 피난민 임문호는 "이때 동아, 부산, 시민극장에는 원산 등지에서 온 피난민들이 수용되었는데 수용기간 동안 쌀 한 톨도 주지 않았어요. 시청에서는 수십만 명의 피난민이 쏟아져 들어오는데 우리들 어떻게 하겠느냐는 것이었어요"라고 부산 피난시의 고충을 회고하였다.[171]

원산에서도 마찬가지의 비극적인 일이 발생하였다. 원산항에는 미 함정과 목선을 놓친 수많은 피난민들이 죽음을 각오하고 남하하고 있었다. 다행히 아군이 후퇴할 때 낙오된 육군중령(미상)이 인솔하였다. 이들은 험준한 산길을 원산·안변·협곡·통천까지 130리를 걸어왔으나 도중 중공군이 있어 전진할 수 없게 되자, 일단 안변으로 후퇴하여 다른 길을 모색하기로 하였다. 그러나 피난민들이 격분하기 시작하였고 안변 청년단과 인솔 장교가 언쟁 끝에 모두 총격에 사망하는 사고가 발생하였다. 인솔자를 잃은 피난민들 중 많은 사람들이 태백산맥의 험준한 산길을 넘어오다가 중공군에게 사살되거나 동사하여 불과 500여 명만이 38선을 넘을 수 있었다. 목선으로 남하한 피난민들은 대개 38선 바로 아래 주문진에 기항했다가 다시 포항, 부산 등지로 내려왔다.[172]

든 병력과 장비를 싣고 철수를 시작했는데 이때 3사단과 함께 따라온 피난민이 4천여 명 정도였는데 가능한 함께 태웠어요"라고 하였다. 같은 책, p.297.
170) 『임시수도 천일』(하), p.223.
171) 「원산 피난민 김문호 증언」, 위의 책, p.224. 함남 도청직원 박진수는 "12월 14일 부산에 도착했다고 다음 날 우리는 거제도 수용소에 가서 6개월 동안 있다가 나왔습니다"라고 하였다. 같은 책, p.299.
172) 『임시수도 천일』, p.229. 이것에 의하면 당시 원산항에 수만 명의 피난민이 집결하였고, 피

이 밖에 함흥·흥남·원산을 제외한 함경도 지방의 피난민들은 대부분 작은 어선이나 범선을 타고 월남하였다. 1950년 11월 30일 중공군의 대공세가 시작된 함경도는 불과 보름 사이 흥남과 함흥만을 남겨두고 전 지역이 점령당하였다.[173]

청진항에 사단본부를 두었던 수도사단장 송요찬은 "후퇴작전을 극비에 붙였기 때문에 피난을 내려오지 못한 주민이 무척 많았다. 우리 18연대는 멀리 한만 국경선인 고무산까지 진격했다가 후퇴를 했는데 중간 지역의 주민들이 후퇴기미를 눈치 채고 뒤를 따르기 시작하였다. 성진항까지 내려오는 동안 눈이 무릎까지 빠지는데도 1만여 명의 피난민들이 부대 뒤에 붙어 혼란을 빚었다. 성진항에서 목선을 동원하여 피난민을 실어 남쪽으로 보내기는 했으나 상당수가 배가 모자라 태우지 못했다"라고 하였다.[174]

함남 북청군 신창읍 치안대장으로 목선 피난을 지휘했던 조기원은 "조용한 바닷가에 3만여 명이나 되는 피난민이 모여들어 큰 소동이 벌어졌어요. 12월 6일 배를 전부 모았는데 38선 이남까지 항해할 수 있는 것은 15~25톤짜리 50여 척밖에 되지 않았습니다. 평소 같으면 50명도 타기 어려운 어선에 150여 명에서 200여 명까지 태웠어요. 그래도 결국 2만여 명은 뒤에 남을 수밖에 없었습니다. 지방청년들로 구성된 무장한 치안대원들이 공포를 쏘아 질서를 유지시켰으나 일대 혼란이 야기되었습니다"라고 하였으며, 신창읍 치안대원 김근희는 "신창뿐만 아니라 다른 항구에서도 배가 모자라 늙은 부모와 부녀자들은 남아있고 주로 젊은 청장년들이 배를 탔어요"라고 피난 당시의 상황을 증언하였다.[175]

이들은 해상에서 폭설을 동반한 궂은 날씨로 악전고투하였다. 심지어는 풍랑을 만나 일본 근해에까지 밀려갔다가 천신만고 끝에 남쪽항구에 되돌

난 도중 약 2만여 명이 동사하거나 중공군에 의해 희생되었다고 하였다.
173) 위의 책, p.225.
174) 「수도사단장 송요찬 증언」, 위의 책, p.226.
175) 「신창읍 치안대장 조기원, 치안대원 김근희 증언」, 위의 책, p.266.

아 온 배도 여러 척이 있었다. 청진항에서 원산항에 이르는 동해안에는 묵호·신포·삼호·퇴호·서오포 등 크고 작은 포구가 수십 군데나 있는데 거의가 신창에서 일어났던 극한 상황 못지않은 일들이 속출되었다. 당시 피난민 이동해씨는 "그날 우리가족은 7명이 배를 타러 나왔는데 할머니와 어머니, 어린 동생들은 우리 부자를 태우기 위해 눈물을 머금고 뒤에 남게 됐어요. 나와 아버지는 서로 다른 배를 탔으나 그 배는 풍랑을 만나 뒤집혔는지 지금까지 소식이 없습니다"[176]라고 하여 그때의 참상을 증언하였다.

 한편 황해도의 피난상황은 평안과 함경에 비해 비교적 나은 편이었다. 황해로부터 피난민 수가 급증하게 되자, 해군은 백령도 주둔부대를 창설하여 수용된 피난민을 보호하는 한편, 애국청년들을 훈련시켜 인근도서의 피난민들을 대피케 하였다. 피난민 구출작전은 혹한기에 실시되었으며 심한 추위와 풍랑에도 불구하고 소형 목선을 이용하거나 육지와 함선 사이에 로프로 연결하여 승선시키기도 하는 등 이루 말 못할 고충을 겪으면서 진행되었다. 1951년 1월 말 국군 해군 함정에 의하여 구출된 피난민은 6만 2천여 명에 달하였다.[177] 이들 피난민들은 황해도 서남부 연안의 각 도서에 분할 수용하였으나 구호대책이 시급한 문제가 되었다. 1950년 12월 중순경 옹진지구 주민 약 2만 명이 피난하려고 하였으나 경찰 등 권력기관원 및 그 가족들이 피난선박을 독점함으로써 다수의 군민이 부근도서에 집결하여 방황하고 있었다. 이에 해군 당국의 알선으로 해군 선박을 동원하여 덕적도를 비롯한 부근도서에 본토주민 5만 5천 명을 성공적으로 이송을 완료하였다.[178]

 1·4후퇴 시기 북한 피난민은 공습을 피하여 상대적으로 안전한 남한으로 귀환하려는 자가 급증하게 되었고, 평양·흥남·원산 등에서처럼 군의 지원을 받은 경우 외에는 도보로 남하하거나 작은 선박으로 피난하는 경

---

176) 「원산 피난민 이동해 증언」, 위의 책, p.227.
177) 합동참모본부, 『한국전사』, p.715.
178) 「공산재침 황해사태」『국회사』, p.508.

우가 많았다. 개인 선박을 이용한 피난민들은 대부분 5톤 안팎의 작은 선박에 의지하여 남하하였으나 이들 중 상당수가 자연 재해로 조난당하기가 일쑤였다. 육로로 걸어오거나 동서해안에서 목선을 타고 왔던 피난민들은 기아와 혹한을 견디며 피난하는 큰 고초를 겪었다.[179] 다음의 표는 2차 피난시기 월남하여 소개된 현황을 정리한 것이다.

표-14 1·4후퇴 시기 38선 이북 피난민 도별 분포상황(1951년 11월 말)[180]

	총수	서울	경기	충북	충남	전북	전남	경북	경남	강원	제주
총수	889,130	40643	352915	12094	90477	58966	15069	63597	178862	72574	3933
황해	148,511	4459	26414	3535	35255	48730	5828	10864	12552	299	575
평북	51,210	2474	9068	1258	11797	1919	1173	10672	11629	201	1055
평남	80,948	4,215	11500	3012	25600	6989	2363	12729	12705	480	1355
함북	42,671	1158	1355	291	7783	155	1531	10363	16146	3690	199
함남	165,658	1327	2707	590	7362	1173	3501	17821	123684	6918	575
북경기 북강원	400,132	27010	301871	3408	2680	-	709	1148	2146	60986	174

1·4후퇴 시기 많은 북한의 주민들이 월남하게 되자, 정부는 위의 표와 같이 이들을 각 도별로 분산시켰으며 경기 지역에 352,915명으로 가장 많이 수용되었고, 그다음이 경남지역 178,862명임을 알 수 있다. 이 무렵 북한 당국은 평양방송을 통해 한국군과 미군이 북한 주민들을 납치하고 있다고 비난하였으며, 북한 피난민들은 즉시 고향으로 귀환하도록 촉구하는 한편 유엔군에게 즉시 그들을 귀환 조치해 줄 것을 요구하였다. 이에 대해 유엔군은 피난민의 이동은 본인들의 자율적인 의사에 달려 있음을 강조하였다.[181]

---

179) 『임시수도 천일』(하), p.225.
180) 공보처통계국, 『대한민국통계년감』, 1952, pp.295~296.
181) *CIA DAILY REPORT KOREAN BULLETIN*(1951.7.3), (1951.10.10), (1952.1.22),

1·4후퇴의 2차 피난 시기 동안 북한 민간인이 대규모로 월남하게 된 동기는 기본적으로 북한 공산치하에서 탈출하려는 것이 가장 컸으며,[182] 다음으로 대대적으로 전개되고 있었던 유엔공군의 폭격과 공습을 피해 월남한 것을 들 수 있다.[183] 또한 2차 피난시기의 비극적 양상은 몇 가지 이유로 인해 1차 피난시기보다도 오히려 참혹했다고 할 수 있다. 즉, 중공군의 참전을 예상하지 못한 갑작스런 피난으로 인해 많은 사상자가 속출하였으며, 겨울 혹한 속의 피난이란 점에서 동사상자가 많이 발생하였다는 점, 대규모의 북한 피난민이 발생하여 피난민 수가 크게 증가하였다는 점, 그리고 피난 이동의 거리가 멀었다는 점 등이 주요 참상 원인으로 작용하였다.

2) 남한 지역의 피난민 이동과 후방 지역의 상황
가. 남한 지역의 피난민 이동

정부는 중공군 참전 이후 특히 서울시민들이 무사히 빠져나갈 길을 확보하기에 많은 노력을 기울이고 있었다. 서울시민들은 전세가 갑자기 반전되어 국군과 유엔군이 밀리게 되자 12월 초부터 크게 동요하기 시작하였으며, 좌익 게릴라들의 활동도 눈에 띄게 증가되었다.[184]

정부가 2차 피난민 철수계획을 수립한 것은 유엔군이 평양을 포기했을 무렵부터였다. 평양, 원산 요부에서 중공군을 저지하지 못하면 서울을 방어하기 어렵다는 판단에서였다. 그리하여 12월 중순경 정부는 동빙고, 마초에 부교를 설치하여 부녀자와 노약자들이 먼저 피난하도록 포고문을 게시하였고, 이어 12월 24일 서울시민 소개령을 발표하였다. 당시 한강은 얼어있긴 하였지만 도섭하기엔 불충분한 상태였으므로 교량을 만드는 것이 무엇보다 중요한 문제였다. 동빙고와 마포에 부교가 가설되었으며 남

(1952.2.20), (1952.7.6).
182) *CIA DAILY REPORT KOREAN BULLETIN*(1950.12.8), (1951.12.12).
183) 『서울시민과 한국전쟁 : 잔류, 도강, 피난』, p.53.
184) *CIA DAILY REPORT KOREAN BULLETIN*(1950.12.8).

쪽으로 가는 간선도로가 작전용으로 쓰이게 되어 일반인 출입이 통제되자 시민들은 제2도를 따라 남하하도록 유도하였다.[185]

또한 많은 서울시민들이 열차를 이용하여 남쪽으로 이동하였다. 당시 서울 역장이었던 신순우는 "당시 서울역에는 50여 명의 직원이 있었어요. 철도 수송관계는 주로 미군이 지휘했어요. 1·4후퇴 때 군관용 및 피난민 등 세 갈래로 철도수송을 했습니다. 도합 3,400량의 객차로 병력을 수송했고 32,800량의 화차로 20여만 톤의 군수품을 소개했어요. 12부 4처의 정부 소개도 철도를 이용했어요. 전국의 피난민은 1950년 12월 10일부터 1951년 1월 25일까지 7,000여 량에 1,267,000명을 수송했습니다. 마지막은 1월 4일 20량 정도의 화차로 9회에 걸쳐 27,000여 명의 피난민을 수송했어요. 안양쯤부터는 피난민들이 마구 몰려 화차지붕까지에도 발을 들여놓을 수 없을 정도로 달라 붙었어요"라고 회고하였다.[186]

12월 말까지 대체로 약 40%의 시민들이 피난을 떠났으며 1951년 1월 3일까지 마지막으로 30여만 명의 서울시민들이 한강을 넘었다. 대부분의 서울시민들이 피난을 떠나게 된 것은 전쟁 초기 피난가지 못하고 잔류하여 온갖 시달림을 받은 경험 때문이었다. 허정 사회부장관은 "우리는 피난민소개, 구호계획을 미리 짜놓았어요. 가평 피난민을 서울로 들어오지 못하게 마석에 수용소를 마련하고 광주로 해서 남하하도록 안내했어요. 광주-수원 간의 학교마다 피난민 수용소를 설치하고 급식과 숙소를 제공하고는 남으로 보냈지요. 6·25 초의 비극이 큰 교훈이 돼서 1·4후퇴는 성공한 셈이지요"[187]라고 하여 서울시민들의 2차 피난계획이 1차 피난 시기보다는 비교적 잘 준비되었음을 회고하였다.

---

185) 『민족의 증언』 제3권, p.260.
186) 『민족의 증언』 제3권, p.317 ; 1951년 3월 백남식 의원은 국회사무처감사특별위원회에서 "1·4후퇴 당시 국회사무처 속기과장과 후생과장이 국회 중요문서와 재산 일부를 트럭으로 소개 도중 수원에서 동 서류 등을 방기하고 자신들의 사유재산을 대신 싣고 갔다"라고 비판하였다. 「국회서류방기사건 요지」 『국회사』, p.498.
187) 『민족의 증언』 제3권, p.316. 허장 장관에 의하면, 12월 20일경 이미 가평 방면의 피난민이 서울에 밀려들기 시작하였다고 한다.

┃표-15┃ 서울 인구추이[188]

연도	조사일시	상주인구수	연평균성장률
1950	4월 말	1,693,224	
1951	12월 16일	648,432	-43.8
1952	12월 말	716,865	10.5
1953	3월 말	757,380	22.3

위의 표에 의하면, 1·4후퇴 직후 서울시민들의 피난규모를 확인할 수 없으나, 1951년 12월 현재 서울 상주인구가 64만여 명이며 이 숫자가 이미 서울이 재 수복되어 귀환한 수치임을 고려할 때 1·4후퇴 직후 거의 대부분의 시민들이 피난을 떠났음을 알 수 있다. 2차 피난 시기는 남침 직후의 초기 상황과는 달리 적의 진격이 대체로 오산-제천-영월-삼척선에서 저지되었으므로 피난민들을 전국 그 남쪽 각지에 분산 수용할 수 있었다. 사회부에서는 국방부, 내무부와 협의하여 피난장소를 전국적으로 나누어 경상남북도, 전라남도의 일부, 전라북도의 전 지구, 충청남도, 제주도로 정하는 한편 각지 소개민은 그 이재지에 따라 다음과 같은 지정장소로 소개 계획이 이루어졌다.

즉, 38선 이북의 피난민은 충청남도 및 전라남북도로 지정되었고, 서울과 경기도지구의 피난민은 2분하여 일반 시민은 전라남북도, 기타 피난민은 경상남북도로 지정되었다. 정부는 피난민의 수용계획을 약 200만 명으로 가정하고 피난 도중의 급식과 보건을 계획하였고 각 도별 피난장소는 다음과 같이 정해졌다.[189]

---

188) 서울특별시, 『시세일람』, 1957, p.8.
189) 『조선일보』 1950년 12월 18일자.

‖ 표-16 ‖ 각 도별 피난 장소

도별 구분	지정 도시
충남지구	논산 · 대덕 · 공주 · 서산 · 홍성 · 온양 · 대천 · 부여 · 예산
호남지구	군산 · 김제 · 부안 · 이리 · 전주 · 부여
전라남도	목포 · 여수 · 해남 · 진도 · 완도 · 당진 · 고흥 · 광주
경상북도	대구 · 경산 · 청도 · 영천 · 경주
경상남도	부산 · 울산 · 마산 · 고성 · 거제도 · 김해 · 사천 · 밀양 · 통영 · 남해 · 동래
제주도	전체

피난민들은 위의 표와 같이 지정된 도시에 수용되었으며, 국군과 유엔군이 영등포를 재탈환한 1951년 2월 10일 현재 피난민수용 분포를 보면 공주 6만 · 아산 일대 27만 · 평택 10만 · 천안 30만 · 청주 15만 · 충주 5만 · 괴산 5만 · 보은 40만 · 경북 북부 47만 · 울진 12만 · 부산 일대 30만 명 등이었다. 이런 방대한 피난민을 수송한다는 것도 큰 문제였지만 이들을 수용 · 구호하는 데는 더 큰 어려움이 있었다.[190]

사회부에서는 장관을 비롯한 관계 직원들이 현지에 나가 피난민 실태조사를 실시한 결과, 아직 수원에 15여 명의 피난민들이 모여 있었지만 이들을 수송할 예정이나 수송기관도 없는 상황이었다. 충북에서 보내온 차관 보고에 의하면 각 지역의 피난민들이 식량부족, 구호시설미비로 극도의 어려움을 겪고 있었다.[191] 국회는 정부의 피난정책에 대해서 전면적으로 비판하였고 그 대책을 촉구하였다. 국회 비상사태수습대책에 관한 긴급질문으로 "지금 오산, 평택 등에 많은 피난민이 방황하고 있다"라고 지적하고 이들에 대한 긴급대책을 촉구하였다.[192]

제8차 본 회의(1951. 1. 17)에서 이진수 의원은 "1 · 4후퇴로 인한 백만

---

190) 『민족의 증언』 제3권, p.318.
191) 『경향신문』 1951년 5월 8일자. 당시 사회부에서 조사한 바에 의하면 피난민 총수는 575만 명이며 그 전주에 비해 39만 명이 증가되고 있었다고 한다.
192) *CIA DAILY REPORT KOREAN BULLETIN*(1951.1.16) ; 『국회사』, p.498.

이상의 피난민이 금강 이북의 수원·오산·조치원 등지의 노상, 산야에서 기아와 혹한 등으로 인한 아사, 동상 환자와 북괴 만행으로 인한 참살자가 속출하고 있는 비참한 실정하에 있다. (중략) 따라서 국민의 대표인 국회는 즉시 몇몇 대표를 선출하여 결단코 그들 구출작전에 나서자"라는 동의가 있은 후 구출방법에 대한 구체적인 방안을 문교·사회위원회로 하여금 입안토록 결의했다. 이에 따라 1월 20일 제11차 본 회의에서 문교·사회위원회에서 작성한 구체안을 채택하고 의장은 김용우 의원 등을 지명하여 동 위원회가 설치되었다. 동 위원회는 1월 27일 목적지인 수원 등지를 향해 부산에서 출발하여 2월 11일까지 15일 동안 피난민 구출활동을 마치고 2월 12일 제22차 본 회의에서 다음과 같은 내용의 활동 결과보고를 하였다.[193]

김용우 위원장 등은 1월 27일부터 피난민 상황을 점검하여 열흘 전까지만 해도 백만 이상의 전재 피난민이 수원과 조치원 등지 노상에서 동사, 아사 직전의 비참한 상황하에 있었으나, 이미 약 50~60만 명은 충북·충남 등지로 소개기 완료된 것을 확인하였다. 그들 중 약 15만 명 정도의 서울, 강원지구 피난민들은 전황이 다소 호전되었다는 소식을 듣고 귀환하고 있었다.[194] 이들도 충북 민사처장의 호의로 쌀 1만 5천 가마가 임시 조치되어 우선 기아는 면하고 있었으나 무질서한 피난대열로 인한 작전상의 지장과 오열의 책동이 우려됨은 물론 천연두, 장티프스 등 전염병의 발병이 크게 우려되었다.

그러므로 위원들은 우선 피난민의 북상방지를 설득한 다음, 국방부·보사부 등 관계당국에 긴급 방역대책과 기타 적절한 구호대책을 요구하고

---

193) 「특별위원회의 활동」, 『국회사』, p.488.
194) *CIA DAILY REPORT KOREAN BULLETIN*(1951.3.27). 이것에 의하면, "한국당국은 서울지역 피난민들이 도시로 귀환하려는 요구에 직면해 있다. 부산방송은 1백만 명이 복귀하려 하고 있지만 정부는 당분간 허가를 기다리도록 하였으며, 대통령이 부산의 서울 피난민들에게 조만간 귀환할 수 있도록 하겠다고 했다고 보도하였다. 정부는 서울의 전기, 식수, 식량 등의 복구를 위해 기술자들을 투입했다"라고 하였다.

또한 충북 지역에 집결된 도민 120여만 명에 피난민 50~60여만 명에 대한 식량대책을 긴급 요구하였다.[195] 위원들이 파악한 기타 지구의 피난민 소개상황은 옥천과 영동지구에 약 10만 명, 함창과 예천에 각각 10만여 명, 포항과 경주에 각각 약 6만여 명이 분산되어 있었으며, 이들에 대한 정부의 긴급조치로 최소의 구호가 이루어지고 있었다고 하였다. 위원들의 피난민 구호활동이 있은 지 며칠 후 정부에서 충북지역 주민들을 전라도 지역으로 소개하게 되자, 곽의영과 박승하 의원은 제11차 국회본회의(1951. 1. 20)에서 정부의 소개조치를 비판하고 적절한 조치를 촉구하였다.

곽 의원은 "지금 천리 밖에서 전쟁을 하고 있는데 그 후방인 충청북도에서는 계엄 민사부장의 명령으로 130만 명의 도민이 강제소개를 했습니다. 이불도 없이 거지가 되어 전주·군산·정읍·목포·광주 등지로 갔는데 노상에서 얻어먹을 수도 없고 해서 모두들 굶어죽는다고 해요. 충청남도도 다 마찬가지예요. 농민들은 피난을 나오면서도 추곡 수매한 양곡을 지고 50~60여 리를 걸어 나와 군청에 갔으나 모두 소개를 해버려 내버리고 왔습니다"[196]라고 상황을 설명하였다. 박 의원은 "충북에서는 아직 전세가 급하지도 않는데 소개를 명령함으로써 수백 만의 도민이 피난길에 나서 거지꼴이 다 되었으며, 더구나 충북지구에서 공출한 쌀을 그대로 방치하였음은 물론 전 농민이 바친 공출에 대한 대가에 대하여 정부가 전연 지불할 기미를 보이고 있지 않아 농민의 피해가 막심하다 하므로 국무위원 출석에 농림부장관도 포함시키자"[197]라고 개진하여 채택되었다.

---

195) 동 위원들은 강원도 도지사가 강원 피난민들과 고락을 같이하면서 피난민구호에 최선을 다하고 있었지만, 서울 시장을 비롯한 기타 도지사들이 부산에 가 있다는 사실을 비판하였다. 『국회사』, p.488 ; 미 CIA 보고에 의하면, 내무장관은 생활조건이 건강에 유해하고 군사작전에 방해될 수 있기 때문에 최근 수복지역으로의 피난민 복귀를 금지시켰다고 하였다. *CIA DAILY REPORT KOREAN BULLETIN*(1951.2.10).

196) 「제11차 국회본회의 속기록」(1951.1.20) ; 『임시수도 천일』(하), pp.237~238. 최국현(고양 출신) 의원은 "우리 고향에서 피난오던 군민들 중 21명이나 얼어 죽었다. 아무 계획도 없이 백성들을 굶겨 죽인 책임은 정부가 져야 할 것이 아닌가"라고 정부를 비판하였다.

197) 위와 같음.

이에 농림부장관은 "금강 이북 지역은 위험지역이기 때문에 그곳에 집결되어 있는 피난민 약 25만 명을 계엄사령부 민사처 책임하에 매일 기차로 전라남북 지역으로 분산·소개시키는 중이며 그들에 대한 대책으로 현금 3억 원 이외에 양곡 2,000톤과 기타 의류를 확보하기 위해 방출 중에 있다"[198]라고 하였다.

한편 전선 부대들은 각 지역의 피난민들로 인해 적지 않은 문제에 봉착하고 있었다.[199] 예를 들면, 1951년 봄 춘천방면의 제24사단의 진격작전 시 피난민들로 인해 심각한 문제들이 발생하였다. 피난민들은 1950년 12월의 철수작전 때보다는 많지 않았지만, 퇴각하는 적이 예외 없이 오열을 피난민 사이에 침투시켜 유언비어를 퍼트리거나 첩보를 획득하고 있었고, 그들을 피난민과 구분하는 것이 대단히 어려운 상황이었다. 또한 피난민들은 교통장애가 되었을 뿐만 아니라 사단 지역 내에서의 절도행위도 증가되었다. 이에 대한 유일한 해결책은 피난민들을 모두 집결시켜 작전지구 밖으로 소개시키는 것이었다. 따라서 헌병들이 피난민들을 검문소 및 교통 통제소 등에 집결시켰고, 피난민 수용소에서 한국경찰의 지원을 받아 피난민 심사 작업을 실시하였다.[200]

그러나 이주하기를 싫어하는 수천의 피난민들은 산악 지역에 산재한 촌락 및 농가에 잔류하고 있었다. 주저항선 내 피난민들에 대해서는 보병부대들이 일단 통제한 후 헌병에게 통지하였고, 포병들도 그들이 목격되면 체포하였다. 제24수색중대는 피난민을 후송하는 데 크게 기여하였다. 헌병은 피난민 통제를 확인하기 위해 헬기나 경비행기로 정찰하였다. 그리

---

[198] 「피난민강제소개 및 양곡정책에 관한 긴급질문」(1951.1.20) 『국회사』, pp.498~502.
[199] *CIA DAILY REPORT KOREAN BULLETIN*(1951.3.3). 내무장관은 군사상황이 개선되어 피난민들을 37도선까지 자신의 집으로 귀환할 수 있도록 허용했다고 발표하였다.
[200] 존 웨스트어버, 최승평 역, 『한국에서의 전투지원』, 병학사, 1978, p.72 ; 권중돈 의원은 "내무차관은 경찰이 춘천시민의 피난길을 막은 일이 없다고 답변하지만, 경찰은 분명히 포고문을 발해서 피난을 막음으로써 수만 명의 피난민을 적 치하에 두어 말할 수 없는 고통을 당하게 하였다"라고 하여 춘천지역의 피난민 방치를 비판하였다. 「피난민강제소개 및 양곡정책에 관한 긴급질문」(1951.1.20) 『국회사』, pp.498~502.

하여 소개 명령이 하달된 후 한 달이 되어서야 사단 지역의 소개가 완전히 이루어졌다.[201] 이 무렵 김천, 금릉군과 대구부근의 주민들에 대해서도 소개가 전개되고 있었고 2월 초의 상황을 정리하면 아래 표와 같다.[202]

| 표-17 | 대구지구 피난민 소개 이주상황

지역 \ 구분	회수	소개 인원 수	동원차량	비고
전남지구	-	1,272	-	1월 12일~31일 보행으로 거창을 거쳐 전남지구로 이송
거제도	9	2,482	79	
합계	9	3,754	69	

| 표-18 | 김천지구 피난민의 이송 현황

지역 \ 구분	피난 민집결 수	소개자 수	비고
김천시	300,720	279,600	피난민 집결 수는 도보로 남하하여 집결된 피난민임
금릉군	443,334	412,275	
합계	744,054	691,875	

위의 표에 의하면 2월 초까지 대구 지역의 피난민들은 전남지구와 거제도로 일부 소개되었고, 김천과 금릉일대에 집결한 74만 여의 피난민들이 후방지역으로 소개되었음을 알 수 있다. 1951년 7월부터 유엔군과 공산군이 휴전회담을 개시함에 따라 전선은 38도선을 중심으로 교착되었고 이후 정정협상이 체결되는 1953년 7월 27일까지 피난민이 대량 이동하는 사태는 더 이상 발생하지 않았다.[203] 이 시기 피난민도 앞의 시기와 마찬

---

201) 『한국에서의 전투지원』, p.374.
202) 사회부, 「피난민구호상황주보」 제4호(1951.1.28~2.3).
203) *CIA DAILY REPORT KOREAN BULLETIN*(1951.5.1). 이에 의하면, 사회부장관은 4월 27일 등록된 44만 6천 명의 서울시민 중 40만이 한강 남쪽으로 소개되었다고 발표하였다. 또한 이 무렵 북한 민간인들이 식량부족으로 동해안을 따라 남쪽으로 건너오고 있다고 보고되었다. 같은 자료(1951.9.8).

가지로 월남한 북한 출신의 피난민과 전시 안전을 위해 남한 지역에서 보다 안전한 다른 지역으로 이동한 남한 피난민으로 구분된다. 피난민 숫자는 1951년 7월 이후 점점 감소하는 추세였으나, 구호대상은 최초 수용소 수용인원에 귀향민까지 합쳐지면서 점점 증가하는 추세였다. 다음의 표는 1951년도 1, 2월 전국 피난민 수치를 파악한 통계이다.

▎표-19▎1951년도 각 도 피난민 상황[204]

내용	충북	충남	전북	전남	경북	경남	제주도	경기도	계	피난민수
피난민수	921,500	515,702	433,500	1,004,343	136,8586	530,703	96,570	19,930	4,890,339명	3,639,471
수용인원	100,000	305,364	243,500	312,950	32,537	194772	28,767	19,930	1,237,820명	1,084,642
수용소	37	55	32	159	66	117	24	-	490개	462
조사월일	2.4	2.5	1.15	1.29	2.7	2.9	2.4	1.20	-	2.3 현재
피난민수	-	845,830	533,353	-	1,383,208	637,866	162,959	-		2,628,511
수용인원	-	-	-	-	-	-	-	-		922,827
수용소	682	125	169	-	330	805	99	-		281
조사월일	3.20	5.19	5.5	-	3.6	5.5	3.20	-		1.27 현재

위의 표에 의하면, 각 도별 피난민 수용인원이 최고에 달했을 때 현황은 1951년 3월 25일 1,729,516명이었고, 귀향민을 포함하여 정부가 구호한 피난민의 숫자는 5월 16일 2,586,265명으로 최고였다. 이 수치는 덕적도 등 서해도서의 피난민을 포함한 수치이다. 1·4후퇴 직후 전세의 호전으로 일부 피난민들이 고향으로 귀환하였으나 여전히 피난민 총수는 크게 증가하고 있었고, 1951년 초 설상가상 국민방위군의 해체로 또 다른 피난민 수십 만 명이 늘어나고 있었다.[205]

1·4후퇴 직후 전체 피난민의 규모는 4,890,339명으로 파악되었으며

204) 사회부,「피난민구호상황주보」제4호(1951.1.28~2.3);『한국전란 1년지』, pp.D33~D34.
205)『한국전쟁지원사』, p.409.

─한국전쟁과 동북아 국가 정책

가장 많은 피난민이 집결된 지역은 경북 지역 그다음으로는 전남, 충북, 경남 등의 순으로 나타났다. 정부에서 마련한 피난민 수용소는 707개에 불과하여 200만 명 이상의 피난민이 정부의 수용시설을 이용하지 못하고 있었다.[206] 다음의 표는 전쟁발발부터 1952년 말까지의 피난민 전체 현황을 정리한 것이다.

표-20 | 전국 피난민 현황(1950. 6. 25~1952. 12. 31)[207]

종별 도별	총수			이북 피난민			수용별 피난민			수용소 (개)
	남	여	계	남	여	계	수용	비수용	계	
서울	32,214	40,247	72,461	5,360	10,495	16,355	-	72,461	72,461	-
경기	327,562	395,812	723,374	98,697	134,348	233,045	177,638	545,736	723,374	216
강원	28,616	47,988	76,604	20,684	23,738	44,462	51,277	25,327	76,604	10
충북	57,824	69,019	126,843	6,624	7,880	13,504	23,017	103,826	128,843	23
충남	137,264	153,888	291,152	29,973	27,554	57,527	20,163	270,989	291,152	60
경북	97,685	130,104	227,789	18,920	24,996	43,898	17,161	210,628	227,789	44
경남	171,191	171,383	342,574	75,335	84,557	159,892	51,798	290,776	342,574	220
전북	176,149	207,004	383,153	29,562	39,320	68,882	38,955	344,198	383,153	47
전남	64,681	65,466	130,153	19,587	20,166	39,753	696	129,457	130,153	21
제주	10,073	10,742	20,815	3,694	3,804	6,998	1,286	19,529	20,815	66
총계	1,103,265	1,291,653	2,394,918	308,918	308,918	685,316	381,991	2,012,927	2,394,918	707

위의 표에 의하면, 전체 피난민 수는 약 240만 명에 달하며 이를 지역별로 분류하면 피난민 수가 가장 많은 지역이 경기도 지역이었다. 위의 통계가 1952년 말까지의 자료를 담고 있으므로 휴전협정이 조인된 1953년 7월 말까지의 피난민 수는 그 보다 상회하였을 것이다.[208] 1952년 말의 피

206) 『한국전쟁후방지원사』, p.555.
207) 『한국전란 3년지』, p.D7.
208) 『해방30년사』, p.63.

난민 숫자는 총 2,394,918명의 피난민 가운데 북한 피난민은 685,316명에 달하였으며, 당시까지만 해도 아직 고향으로 돌아가지 못하고 피난생활을 하고 있는 피난민들이 상당수에 달하고 있었다.[209]

나. 후방 지역의 피난민 상황

정부는 국방부 및 민간단체와 협력하여 자유를 찾아 월남한 북한 동포 및 남한 전재민을 위한 피난민 수용소를 설치하여 구호물자 배포 등의 활동을 전개하였고, 부산과 대구 등의 대도시와 지방에 학교건물을 신축 또는 보수하여 피난민 및 이재민에 대한 교육도 실시하였다.[210] 그러나 대규모로 유입되는 피난민을 구호하기에는 턱없이 부족한 상황이었다.

1·4후퇴 이후 전시 피난인구의 이동으로 인하여 서울을 비롯한 경기 및 강원도 지역인구의 급속한 감소를 가져오고 다시 이 피난인구의 유입으로 대구와 부산 등을 중심으로 하는 경남 지역의 도시 지역 인구의 급증 현상을 가져왔다. 이 시기에 남한 지역 피난민과 월남민이 집중적으로 유입되있던 부산의 경우 1949년 47만, 1951년 54만, 1952년 96만, 1953년 83만으로 줄어 휴전과 더불어 피난민의 대량유입과 귀환이동 양상을 볼 수 있다.[211]

1·4후퇴 당시 부산에는 얼마의 피난민이 들어왔는지 정확한 기록이 없으나 대체로 70여만 명 정도로 추산되었다. 1951년 1월 15일자 부산일보에 "부산인구 100만 넘어"라고 보도, 그 후에도 계속 피난민이 들어와 최고로 많을 때는 120만 명까지 육박하고 있었다.(6·25직전 인구는 48만 명) 이들 피난민 중 수용소에 들어간 사람은 전체의 10%인 7만 명 안팎이었고, 결국 나머지 60여만 명은 자력으로 살아가야 하는 절박한 상황이었다.[212]

---

209) 「전쟁과 남북한 사회와 문화」 『한국전쟁사』 제6권, p.280.
210) 『한국전란 1년지』, pp.A29~A30.
211) 「전쟁과 남북한 사회와 문화」 『한국전쟁사』 제6권, p.260.
212) 『부산일보』 1951년 1월 17일자.

부산에는 각지에서 피난 온 소개민들의 행렬이 계속되었고 멀리 북한 진남포, 함흥, 청진 등지로부터 선편으로 속속 도착하여 시 인구가 갑자기 격증하였다. 부산의 거리와 골목에는 인파가 홍수를 이루고 있어 그야말로 생지옥을 방불케 하였다.[213] 당시 부산일보에서는 피난민 상황에 대해 다음과 같이 묘사하고 있다. 즉, "오늘의 부산은 곳곳이 다 초만원이다. 거리 골목 구석마다 사람의 물결이 넘치고 밥집, 다방, 요정까지도 들어설 틈이 없다. 여관에도 콩나물 박히듯 어느 집 구석방 할 것 없이 피난민들로 꽉 찼다. 심지어 다리 밑 산비탈 어디라고 할 것 없이 빈자리가 드물었다. 터질 듯한 부산은 주택난 식수난 식량난의 소동 속에 먼지와 쓰레기에 싸여있다"[214]라고 하여 부산의 피난 실상을 적고 있다.

중공군 참전 이후 최초로 설치된 부산의 피난민 수용소는 12월 20일경부터 준비되었으며 우면동의 적기, 영도구 봉래동, 청학동, 그리고 대연고개, 남부민동, 당리 등 40여 개의 수용소가 임시수용소로 마련되었다. 그중 가장 규모가 컸던 것은 소우리 30여 채를 개조한 적기(우암동) 수용소였다. 당시 국립가축검역소 서무과장 강창중은 "농림부에서는 한우를 수출할 계획으로 큼직한 소우리 30여 채를 보유하고 있었는데 피난민들이 쏟아져 들어오자 수용할 곳이 없어서 이것을 이용하게 된 것이었다. 양성봉 도지사의 임석하에 난민구호대책위원회에서 수용소로 쓰기로 결정하였던 것이고, 10여 평 남짓한 소우리에 150여 명 가량을 수용하여, 총 34채의 임시수용소가 마련되었다. 이것도 1951년 1월부터는 한 건물에 300여 명씩 수용하게 되었다"라고 하였다.[215] 부산시 사회과장 김덕영은 "적기수용소에는 처음에 1만여 명 가량이 있었는데 뒤편에 가건물을 지어 2만여 명 가량을 더 수용하였고, 영도구 봉래동 대한도기회사 빈터에 3,000여 명, 청학동 시장자리에 5,000명 등 영도지구에 1만 명 정도가 수용되었다. 이 밖에 대연고

---

213) 『경향신문』 1950년 12월 22일자.
214) 『부산일보』 1951년 2월 1일자.
215) 「국립가축검역소 서무과장 강창중 증언」 『임시수도 천일』(하), p.232.

개, 남부민동, 당리 등 40여 개의 수용소에 7만여 명 가량이 구호를 받았고, 나머지는 시설도 모자라고 재원도 없어 구호할 수 없었다"라고 하였다.[216] 아래의 표는 1·4후퇴 전후기의 부산인구를 정리한 것이다.

표-21 부산인구 추이[217]

연도	가구 수	상주인구 수	연평균성장률
1949	-	473,619	13.9
1950.9	-	682,907	-
1951.3	-	1,200,000	-
1951.12	146,174	884,134	-
1952	148,332	956,597	13.3
1953	151,076	827,570	-13.5

위의 표에 의하면, 부산인구는 1951년 3월 120만으로 가장 많았다. 이는 전쟁 초기의 규모보다 거의 2배 이상 증가된 규모였음을 알 수 있다. 1·4후퇴 시 월남 피난민들은 1950년 12월 6일경 부산항에 입항하기 시작하였으며, 경제협조처(ECA)는 북한 피난민 1만여 명이 배로 부산에 도착한 이후 매일 수천 명이 부산-대구 지역에 도착하고 있다고 보고하였다. 군 당국은 먼저 북한 월남민들이 부산에 도착하면 모두 트럭으로 거제포로수용소로 이송하여 피난민 성분조사를 실시하였다. 이들은 공무원, 상인, 농민, 노동자 등 직업별로 분리 수용된 뒤 공산당과의 동조 여부가 조사되었다. 이들 가운데 공산주의 혐의자들 중에는 거제도에 이송되었다가 반공포로 석방 때 풀려난 사람도 다수 있었다. 나머지 피난민들은 통상 보름 정도 수용되었다가 피난증을 발급받아 부산 등지로 나오게 되었다.[218]

북한에서 남한으로 이동한 인구의 출생 지역은 지리적으로 멀리 떨어진

---

216) 「부산시 사회과장 김덕영 증언」, 위의 책, p.234.
217) 경상남도연감편찬회, 『경남연감』, p.8.
218) 『임시수도 천일』(하), p.221.

함경북도나 평안남북도 보다는 당시 38선이 가까운 황해도와 강원도 및 함경남도 출신이 상대적으로 많은 것으로 나타났다. 이들이 피난을 하게 되는 곳은 주로 부산을 비롯한 경상남북도와 제주도가 가장 많았다. 전선 교착 이후 이들 중 상당수가 북한이 가까운 휴전선 근방의 경기도와 강원도지방으로 다시 귀환 이동하였으며, 그들의 이동은 군사시설이 집중해 있는 읍이나 중·소규모의 도시로 향하는 경향을 보였다.[219] 귀환이동이 있은 후 월남민들은 강원도에 가장 많이 집중되어 33.6%에 달하였고 그 다음으로 경기 25.6%, 경남 15.3%, 서울 11.6%의 순서로 분포되어 월남민의 58.6%가 농촌 지역에 정착하였다.[220]

한편 유엔군사령부는 북한지역에서 탈출해 온 피난민들이 선박을 이용해서 부산으로 집중하자 부산의 미제2군수사령부로 하여금 피난민을 분류 수용하도록 조치하였고, 이후에도 계속 피난민들이 늘어나자 피난민을 태운 선박을 제주도와 거제도로 향하게 하였다.[221] 1·4후퇴 이후부터 김해, 밀양, 거제도, 제주도로 피난민의 이송이 시작됐다. 이 중에서도 거제도가 인원이 제일 많아 15만여 명이나 되었고 제주도 10여만 명, 그 외는 1만여 명 정도였다.[222] 부산시 사회과장 김덕영은 "정부에서는 처음 5만 명 분의 식량과 부식비밖에 할당해 주지 않았다"라고 하며 정부의 지원이 제한되었음을 지적하고, "정부는 부산이 포화상태가 되자 더 이상의 피난민이 들어오지 못하도록 통제를 하는 한편 거제도와 제주도 등지로 분산 수용시키기 위해 강제 이송을 실시하여 혼란이 가중되었다"라고 하여 정부가 피난민 부산유입 제한 조치를 취하였음을 증언하였다.[223]

---

219) 전광희, 「한국전쟁과 남북한 인구의 변화」, p.69.
220) 강광식, 앞의 책, pp.259~260. 한국전쟁 직후 1차 피난민들은 서울을 비롯한 38선 이남의 주민들이 대부분이었다. 이들은 고향이 수복되면 즉시 귀향할 준비가 되어 있는 사람들이었다. 실제로 그들은 9·28수복과 함께 대부분 귀향하였다. 그러나 1·4후퇴 시 2차 피난민은 서울과 이남의 주민들 외에도 평안도와 함경도의 이북주민들이 대규모로 남하하여 부산으로 피난하였다. 북한출신 피난민들은 전후에도 상당수가 부산에 정착하였다.
221) 『한국전쟁후방지원사』, p.309.
222) 『임시수도 천일』(하), p.236.

제주도의 피난 과정에는 일부 불미스런 일도 발생하고 있었다. 초기에 제주도에 피난 간 사람들 중 상당수는 정부의 고위관리나 부유층 가족들이었다. 한 예로 국방부차관이었던 C차관의 가족과 일가친척은 115명이나 되었으며, 이들 일가는 당시 부산-여수 간 정기운항선인 창경환(80톤)을 대절하여 1월 4일 아침 제주도로 출항했다. 당시 송도와 다대포 앞 바다에는 밀항 대절배가 200여 척이나 대기하고 있었다.[224]

제주도에 피난민이 많이 건너간 것은 1월 중순 이후부터였다. 1월 13일 제주도 시찰을 마치고 돌아온 허정 사회부장관은 피난민 이송계획을 발표하여 "현재 제주도에는 4만 8천여 명의 피난민이 있으나 모두 각 가정에 수용돼 있다. 원주민이 적고 공지가 넓어 65만 명 정도는 더 수용할 수 있을 것으로 판단된다. 정부는 우선 5만 명을 수용하기 위해 2억 원을 들여 전도 12개 면에 각각 1개소의 수용소를 지을 예정이다. 1개 수용소에 100채의 집을 짓고 1채에 50명씩 수용하며 충분한 구호를 해 줄 것이다"[225]라고 하였으나, 그 후 실제 수용시설과 구호가 제대로 안되어 강제이송이란 부작용만 남았을 뿐이었다.

제주도 강제소개 문제가 불거지자 1951년 1월 20일 국회에서 박승하 의원은 "어제 밤에 부산시내에 있는 전 피난민을 총칼로 위협하여 한자리에 모으고 오늘 아침 배편으로 싣고 갔다고 한다. 따라서 아무런 사전예고 없이 사후대책도 알려줌이 없이 강제로 피난민을 다른 지역으로 소개시키고 그나마 조금씩이나마 갖고 있던 식량, 의류 등을 버린 채 끌려가다시피 강제 소개당함으로써 정부에 대한 그들의 불신·불만이 대단하다. 그 진상을 밝히고 묻기 위해 관계국무위원을 출석시키자"라고 제의하고, 계속해서 "어제 저녁 경찰이 부산 대교로에 서 있던 피난민들을 갑자기 트럭에 태워 다른 곳으로 이동시킴으로써 동 피난민 중 어떤 이는 가족에게 미처

---

223) 「부산시 사회과장 김덕영 증언」, 위의 책, p.235.
224) 위의 책, p.243, 317. 이들 중에는 소형 어선으로 대마도와 대만으로 간 사람들도 있었다.
225) 위의 책, pp.241~242. 당시 제주 원주민은 불과 28만여 명 정도였다.

연락도 못하고 어디로 가는지도 모르면서 트럭에 탔다고 하는데 어찌된 일인가"라고 문제를 제기하였다.[226)]

이에 최창순 사회부차관은 "1951년 1월 19일 현재 부산에는 약 35만 명의 피난민이 집결돼 있습니다. 미8군에서 계엄사령부에 통지가 오기를 1주일 이내에 급속하게 적당한 장소에 이송시키라는 것입니다. 피난민을 집결시키는 것은 내무부와 국방부에서 맡았기 때문에 강제적으로 끌고 나왔다는 것은 사회부로서는 잘 모르는 일입니다. 사회부는 제주도에 50만 명, 거제도에 10만 명 그 외의 지역에 적당히 분산시키는데 수송만 책임지고 있습니다"[227)]라고 답변하여 강제 소개는 작전상 이유를 들어 대구, 부산 지구에 집결되어 있는 피난민을 다른 지역으로 소개시켜 달라는 미 제8군의 요청에 따라 이루어졌으나 너무 갑작스런 조치였기 때문에 다소 무리가 있었다고 발언하였다.

| 표-22 | 부산지구 피난민소개 이송 상황(1951년 2월 초)[228)]

소개 지역	금주			누계			비고
	회수	인원	선박 수	회수	인원	선박 수	
거제도	1	203	JK 1척	6	7833	11척	1월 29일 적기-거제
제주도	1	1292	LST 1척	6	20975	6	2월 1일 부산- 적기
기타	1	368	1척	1	368	1	가덕, 고아원 소개
계	3	1863	1척	1	29176	18	

위의 표에 의하면, 2월 초까지 2만 9천여 명의 부산 피난민이 거제와 제주로 이송되었음을 알 수 있다. 그러나 제주도에 50만 명을 이송하려던 당초의 계획에 차질이 생겼다. 이는 국방부와 미 제8군이 신병훈련을 포

---

226) 「피난민강제소개 및 양곡정책에 관한 긴급질문」(1951.1.20), 『국회사』, pp.498~502.
227) 위와 같음.
228) 사회부, 「피난민구호상황주보」 제4호(1951.1.28~2.3).

함한 적전상의 이유로 10만 명 이상의 피난민을 보내는 것은 무리라고 하여 사회부(중앙난민구호대책위)에 이의를 제기했기 때문이었다. 이에 따라 제주도 피난계획은 무산되고 최초 10만 명 정도로 계획했던 인원 가운데 5만여 명을 거제도로 보내도록 결정되었다.

이로 말미암아 5만 명 정도의 수용시설밖에 없었던 거제도가 포화상태가 되어 일대 혼란이 일어났다.[229] 수용소 군도를 방불케 하는 거제도는 수용한계를 넘어서면서 탈출하려는 사람들이 속출하였고, 몇 개월을 굶주리던 피난민들은 폭동을 일으키기도 하였다. 폭동이 격화된 경우 해군 및 계엄사 파견대가 출동하여 진압하기도 하였다.[230]

다. 피난민 구호정책과 한계

1·4후퇴 이후 피난민의 전체 규모는 크게 확대되어 약 500만에 이르렀다.[231] 피난민 구호가 커다란 사회문제로 대두되자 정부는 전쟁 초기의 피난민 구호의 문제점을 교훈으로 하여 본격적인 구호사업에 착수하였다. 2차 서울시민의 피난이 초기작전과는 비교도 안될 만큼 희생이 적었던 것은 요소에 설치된 구호센터 덕분이었다. 서울-대전-광주-목포 길과 부산으로 가는 길목에 약 50여 개의 구호대책반이 설립되었으며, 구호반이 식량과 숙소를 제공하였다.

구호대책본부의 설립 경위에 대해서 김학묵은 "나는 허정 장관에게 피난민 구호책을 효과적으로 시행하기 위해서는, 첫째 평시체제의 행정기구를 전시체제로 바꾸고, 둘째 피난민 행로와 군용도로를 구분해 작전에 지장이 없게 하는 동시에 요소요소에 구호센터를 설치, 셋째 구호관계 업무를 일원화 할 것 등이었다"라고 건의하였다.[232] 장관이 그 건의를 받아들

---

229) 『임시수도 천일』, p.239.
230) 위의 책, p.240.
231) 『한국전란 1년지』, p.D34 ; CIA DAILY REPORT KOREAN BULLETIN(1951.3.20). AP 보도에 의하면, 사회부장관이 남한 내 피난민을 총 575만 7천 명으로 집계하였다.

임에 따라 사회부 내에 구호대책본부를 설치하였으며, 각 국과를 통합해서 구호반·물자반·후생반·수송반·섭외반·총무반 등으로 개편하였다. 대책본부의 실무책임은 사회부 직원 50여 명 정도가 내무부와 국방부의 협조를 얻어 난민수송과 구호를 통제하였으며, 이때 정부의 기본 방침은 다음과 같았다.

즉, 구호대상은 노약자나 자력으로 생계유지가 불가능한 자를 우선 구호대상으로 하였고, 구호에 관한 일체의 경비와 물자는 원칙적으로 지방행정기구를 통하여 요구 대상자에게 분배하였으며, 중앙 직배나 단체분배는 실시하지 않았으며 구호의 책임은 지방행정기관의 장이 맡도록 하였다. 구호대상자에게는 1일 양곡 3합과 부식비 및 연료비로 50원을 지불하고 그 밖에 의료 및 기타 구호물자를 분배하였고, 이에 대한 일체의 경비는 정부예산에서 충당하였다. 양곡은 유엔 구호미를 지급하나 교통사정 등으로 수송이 곤란할 경우 소재지 행정기관 보유양곡으로 충당하며 의료 등 구호물자는 유엔 구호물자가 도착하는 즉시 각 도를 통해 지급하였다.

정부는 기존의 건물이나 일반 주택을 최대한 활용하고 가천막이나 천막 확보를 통해 수용인원을 증가시키는 데 노력하였으며, 귀향자들을 위해 중간 기착지용 천막도 확보하여 만전을 기하였다. 노유병약자를 위해 우유 등에 대해 무료급식소를 설치하려는 계획을 추진하였고 병참보급기지인 대구와 부산 등지로 피난민들이 쇄도해 오자 피난민 소개를 적극적으로 추진하였다.[233]

---

232) 「피난민 구호대책본부 직원 김학묵 증언」 『임시수도 천일』, p.318.
233) 『한국전란 1년지』, p.D32, D38.

| 표-23 | 피난민구호 상황(1952)[234] |

도별 \ 피난민	피난민 수	피난민 요구호자	구호실시
총수	2,756,394	2,524,930	1,678,163
서울시	50,786	39,605	30,434
경기도	855,064	782,095	556,773
충북	167,255	155,942	112,357
충남	309,670	284,120	168,459
전북	317,065	313,753	273,558
전남	170,314	156,330	62,854
경북	274,241	237,201	163,332
경남	433,718	382,474	177,411
강원	153,245	148,655	111,419
제주	25,036	24,755	21,576

　1952년 현재 피난민 구호는 위의 표와 같이 경기지역이 556,773명으로 가장 많았으며, 그다음은 전북과 경남 등의 순으로 나타났다. 그 밖에 사회부에서는 1951년 5월 말까지 구호병원 70개소를 설치하고 매주 약 115,000명의 환자를 치료하였다. 사회부는 또한 상이군경에 대한 구호사업으로 동래 온천에 중앙상이군인정양원을 설치하고 1,000명의 상이군인을 수용한 데 이어 각 도에 지방상이군경정양원 증설계획을 추진하였다. 전쟁발발부터 1년 동안 이러한 군사 원호사업에 사용한 비용은 총 171억 원 규모였으며, 유엔이 무상 공급한 8만 톤의 식량은 피난민 구호에 사용되었다.[235] 정부는 또한 1951년 2월부터 1952년 5월까지 부산, 광주, 대전, 전주 등에 전시연합대학을 설치하여 대학생들이 학업을 계속할 수 있도록 하였다.[236] 다

---

234) 공보처통계국, 『대한민국 통계년감』, 1952, pp.293~294.
235) 『한국전란 1년지』, pp.A79~A80. 1951년 1월 수용소에 수용된 피난민 수는 65만 명이었고 이들에게 지출된 구호비는 56억 원 정도의 규모였다.
236) 『한국전란 2년지』, pp.C206~C207.

음의 표는 전쟁기간 동안에도 초·중·고등학교 수와 학생 수가 꾸준히 증가되고 있음을 보여준다.

표-24 전쟁기간 부산시 초·중·고교와 학생 수[237]

구분 연도	초등		중등		고등	
	학교	학생	학교	학생	학교	학생
1950	33	59,661	21	11,634	14	10,584
1951	33	61,800	22	13,978	16	7,049
1952	39	63,545	25	16,380	20	9,880
1953	42	73,757	35	21,255	23	12,220

1951년 부산인구가 120여만 명으로 증가되었음에도 불구하고 위의 표와 같이 1951년 학교 수와 학생 수는 거의 변화가 없어 1·4후퇴 이후 교육지원이 제대로 이루어지지 못하고 있었음을 알 수 있다. 그러나 1953년 정전까지 전체적으로는 소규모로 증가되고 있었다.

정부의 피난민 구호노력에도 불구하고 피난민의 수는 너무도 많았으며 어떤 형태의 질서 있는 수용계획도 충족시킬 수 없는 상황이었다. 전국에 얼마나 많은 수가 피난하였는지 정확히 조사되지 못하였으며 그 숫자를 추산하기도 어려웠다. 피난민 수용소는 전선의 상황에 따라 여러 차례 장소를 옮겼으며, 전국에 걸쳐 임시피난민 수용소가 긴급 설치되었다. 수용소는 적게는 몇 백 명 많게는 1만여 명 이상의 피난민을 수용하는 대규모 수용소도 있었다. 피난민 대열은 가는 곳마다 어디서나 혼란이 야기되었다.

정부는 자체적으로 피난민 구호에 많은 노력을 경주하였으나 자원 및 예산의 부족, 그리고 피난민 규모의 급증으로 인하여 많은 어려움을 겪었다. 정부는 미국을 비롯한 자유우방과 유엔에 구호물자를 요청하여 이들

---

[237] 부사직할시교육위원회, 『부산교육사』, 1987, pp.206~209.

이 제공하는 구호물자를 각 도별로 피난민에게 제공하였다. 유엔의 구호 지원에 대해 구호계장 김원규는 "국제적인 난민구호사업이 계획된 것은 1·4후퇴 직전이었습니다. 유엔 민사원조처가 생겨 구호양곡과 약품을 지원하였으며, 이때 구호물자는 약 400만 명 분 정도였습니다. 그래서 굶거나 얼어 죽은 사람이 별로 없었습니다"라고 하여 유엔의 지원을 받아 구호대책이 구호대책은 크게 향상되었음을 증언하였다. 실제 보고서에 의하면 유엔의 구호품 지원뿐만 아니라 유엔의 전문 고문 파견 등으로 구호대책은 크게 개선되고 있었다.[238] 유엔에서 지원된 구호물자의 종류는 의류, 신발류, 비누, 모포, 침구류, 면포, 식료품, 바느질용 실, 분유, 광목, 식기, 학용품, 천막, 양말, 융단, 설탕, 재킷, 외투, 크리스마스 선물, 식염, 인쇄용품, 자전거, 침대, 과자류, 사탕, 건빵 등이었다.[239] 전쟁기간 동안 유엔과 미국의 전체 원조규모는 아래 표와 같다.

표-25 한국전쟁기간 중 미국의 대한원조 (단위:1000$)[240]

연도	번노	USA		CRIK		UNKRA
		ECA&SEC	ICA	SUN	SKO	
1950	58,706	49,330	-	9,376	-	-
1951	106,546	31,972	-	74,448	-	126
1952	161,323	3,284	-	10,299	145,235	1,965
1953	194,170	232	5571	8,365	150,422	29,580

위의 표에 의하면, 외국의 구호를 포함한 원조액 가운데 미국의 원조액은 점차 감소되고 유엔의 지원액이 증가되었음을 알 수 있다. 그러나 이러

---

238) *CIA DAILY REPORT KOREAN BULLETIN*(1951.2.9), 피난민문제의 유엔 고문들은 구호품이 속속 도착하여 11월 이후부터 혁신적으로 개선되었다고 보고하였으며, 사회부장관도 파괴된 건물과 가옥을 수리하기 위해 구호품 할당계획을 수립하였으며 3개의 보수센터에 2,868명의 기술자를 확보하였다고 발표하였다. 같은 자료(1951.10.17).
239) 『한국전란 2년지』, pp.C206~C207.
240) 이대근, 『한국전쟁과 1950년대의 자본축적』, 까치, 1987, pp.141~142.

한 원조에도 불구하고 당시 동해안과 산악지대의 주민들은 대부분이 도보로 남하했고 벽지까지 구호품이 전달되지 못한 측면이 있었기 때문에 아사, 동사한 경우도 많았다. 보건사회부장관의 보고에 의하면, 1951년 4월 동안 기아와 질병으로 13,000명 이상이 사망하였으며 20여만 명 이상에 대한 긴급구호가 절실한 상황이었다.[241]

이들은 주로 국민방위군으로 동원되었던 장정들로서 후퇴 시 피난민에 섞여 남하하다가 사고를 당한 것이었다. 또한 전쟁고아의 수용도 턱없이 부족하여 전쟁 중 발생한 10만여 명의 고아 가운데 수용소에서 구호를 받고 있는 수는 10,300여 명이고 9만여 명이 고초를 겪고 있었다. 당시 학교에 등록된 일반 아동들도 70~80%가 결식아동이었으며,[242] 이러한 문제는 휴전회담이 전개되던 1951년 7월 이후에도 완전히 불식되지 않았다. 예를 들면, 잠정 분계선 문제가 거론되던 시기인 1951년 12월 전 전선 부근의 867,000명의 주민에 대한 구호 문제가 시급하였다. 그중 16만 명 분의 구호품만이 준비될 수 있었으며 나머지 대부분은 식량 문제로 큰 어려움을 겪었다.[243]

당시 국회 대정부 질문에 의하면, "피난민 월동대책은 어떻게 되어 있는가. 정부는 연간 전 피난민에 대한 구호양곡으로 280만 석(1억 800만 불 상당)을 요구하고 있으나 제한된 원조자금 중 이와 같이 막대한 액수를 식량으로 소비함으로써 결과 되는 생산시설 복구사업이 차질을 우려하는 유엔의 난색 표명으로 금년 피난민 율동 대책에 대해서는 원만한 결말을 내리지 못하고 있다"[244]라고 하였다. 이러한 문제는 주로 유엔에서 지원된 원조자금이 피난구호책보다 생산시설복구에 비중을 둠으로써 발생한 측

---

241) CIA DAILY REPORT KOREAN BULLETIN(1951.5.24).
242) 『국회사』, p.548.
243) CIA DAILY REPORT KOREAN BULLETIN(1951.12.11).
244) 『국회사』, p.615 ; CIA DAILY REPORT KOREAN BULLETIN(1951.10.25). 서울과 주변지역의 식량, 의류, 피난처 문제가 심각하며 식량은 약 30% 정도만이 유지되고 있다고 보고되었다.

면이 많았다.

4. 맺음말

한국전쟁 시 피난민 정책 연구는 군사적인 측면에서 뿐만 아니라 한국전쟁의 단면을 이해하는 데도 중요한 주제이다. 본 장에서는 정부의 피난민 정책에 대하여 앞에서 제기한 문제점들을 검토하면서 교훈을 정리하고자 한다. 한국전쟁은 피난민 이동의 측면에서 보면 크게 남침 초기~반격 시기, 중공군 참전~정전까지 두 시기로 나뉘어 질 수 있다.

먼저 남침 초기 상황을 살펴보면, 전쟁이 발발하자 정부의 대민 정책 중 가장 큰 문제는 민심의 동요를 막는 것과 함께 서울로 계속 쇄도하는 피난민에 대한 적절한 대책을 마련하는 것이었다. 전쟁발발 당일부터 38선 부근에서 한강선에 이르는 지역에는 피난길을 떠나는 많은 주민들이 있었고, 북한군이 서울 부근까지 진출하게 되자 서울에 집결한 피난민은 거의 공황 상태에 빠지게 되었다. 이러한 상황하에서 초기 정부의 피난민 정책은 다음의 몇 가지 면에서 분석될 수 있다.

첫째, 남침 직후 38선에서 한강이북에 이르는 피난민 상황은 극도의 혼란 상황이었으며 그것은 작전 면에서도 큰 장애가 되었다. 정부는 「긴급명령」 제1호(6.25)와 제2호(6.28)를 하달하여 질서유지와 민심동요 예방에 전력하였으나 피난민을 통제하기에는 역부족이었다. 이미 38선 접경지 옹진 지역에서는 25일 아침부터 공무원, 경찰 및 가족을 비롯한 피난민들이 사곶, 용호도 일대로 몰려들었다. 장단 지역과 고량포 지역의 피난민들은 이미 25일부터 남하하였고, 이미 개전 당일 서울 이북으로부터 내려온 피난민들로 시내는 꽉 메워져 있었다. 동두천과 의정부 방면, 개성방면의 피난민들은 돈암국교, 무학국교 등 시내 6개소의 피난민 수용소에 나누어 수용되었다. 25일부터 28일 아침까지 38선 접경지에서 수도 서울에 이르는 거리의 모습은 그야말로 공황의 도가니였다. 소개 계획 없이 남하한 서울 이북 지역 주민의 피난은 통제 불가능한 무질서를 초래하였다. 피난민들은 가용한 모든 수단을 동원하여 남쪽을 향해 피난길에 나서고 있었으며, 주민들은 탈출로를 찾아 아우성쳤고 모든 거리는 사람들로 메워졌다. 모든 도로는 이들 피난민들과 전방부대에 보급할 탄약과 보급의 추진차량과 뒤섞여 대단히 혼잡하였다. 예기치 못했던 수십 만의 피난민 인파가 몰려들어 모든 도로를 점하게 되자 병력과 보급품을 잔뜩 실은 수송차량이 움직일 수 없게 되었고, 도착한 병력이 전선으로 적시에 투입되는 데 방해가 되었다. 북한군의 서울 점령으로 국민들은 공포와 혼란에 휩싸였으며 극도의 혼란이 발생하였다.

둘째, 남침 직후 서울시민들이 피난할 때 극도의 혼란이 발생한 원인은 정부가 사전에 계획을 수립하지 못하였다는 점과 아울러 북한군의 진출속도가 빨랐다는 점이 복합적으로 작용한 것이었다고 할 수 있다. 상황이 급속도로 악화된 것은 적의 압력에 의해서라기보다는 오히려 내부적인 혼란과 무질서가 크게 작용하였다고 할 수 있다. 정부는 서울철수 당시 군의 서울사수를 방송하다가 갑자기 한강교를 폭파함으로써 많은 서울시민들을 적 치하에 남겨놓는 과오를 범하였다. 비전투원은 사전에 안전지대로 일단 피난시켰어야 했고 시민들에게 정확한 전황을 보도하고 알려 사전에 피난할 수 있도록 해야 했다. 전쟁이 발발하기 전까지 한강은 적의 전면 남침 시에 자연 장애물로서 양호한 지연 진지가 될 수 있다는 가능성만 언급되었을 뿐이었다. 결과적으로 이와 같은 복합적인 상황의 악화는 군 병력과 피난민의 신속한 철수의 장애 요인이 되었고 또 적시에 한강을 도하하는 데도 어려움을 주었다. 정부의 피난민 대책 소홀과 허위 전황발표, 그리고 한강교의 조기폭파로 인해 서울시민들 절반 이상이 강북에 고립되는 결과를 초래하였다.

셋째, 사전에 피난민 소개작전 계획을 수립했을 경우 피난민으로 인한 작전 장애와 피난민의 희생을 최소화할 수 있었다. 그 대표적인 사례가 주한외국인 철수작전과 국군 제6사단, 그리고 국군 제8사단 지역의 철수계획이다. 남침 사실이 보고되자 주한 미 대사 무초는 서울에 거주하는 모든 미국인을 일본으로 철수시키도록 사전에 준비된 명령(AKE-50)을 하달하였다. 미 대사관은 26일 새벽 1시부터 비전투원인 미국인 1,527명을 포함한 총 2,001명의 외국인을 29일까지 인천에서 노르웨이 화물선을 통해 그리고 김포와 수원비행장을 통해 각각 성공적으로 일본으로 철수시켰다. 한편 국군 제6사단은 전쟁 이전에 이미 피난민 대책을 수립하여 효과적인 철수작전을 전개할 수 있었다. 제6사단은 전쟁이 발발하자 「행정명령」제4호(1950.6.9)를 하달하여 "적의 아 주저항선 침입이 예상될 때에는 주민철수를 실시한다"라고 하여 피난민 철수작전을 수행하였으며, 강릉부근의 제8사단도 비전투원의 피난을 비교적 효과적으로 조치하였다. 제8사단은 각 부대 계획에 따라 26일부터 주민들을 피난시켰는데 하사관 또는 장교가 할당된 차량으로 인솔하였으며, 군인가족은 휼병장교 등이 인솔하여 서울과 부산으로 향하였다. 이러한 조치는 사전에 피난민 대책에 관한 준비가 있었기에 가능한 일이었다.

넷째, 남침 직후 정부의 후방 구호대책은 거의 전무하였을 뿐만 아니라 후속조치도 지나치게 안이하였다. 북한의 남침소식이 전해진 부산에서는 25일 오후 2시 반경 비상사태대책에 관한 군경 수뇌부회의를 열고 전시태세를 갖추었으며, 6월 28일에는 양성봉 도지사를 위원장으로 하고 도청의 각 구장, 군경지휘관 및 대사업장의 대표 등 50여 명으로 구성된 비상사태대책위원회가 설치되었다. 위원회는 군사 원호, 민심안정 및 계몽, 직장별 궐기대회 등에 대해 논의하였다. 그러나 이날(28일) 부산지구 위수사령관 김종원 중령이 "괴뢰군을 격퇴하여 해주 이북 20마일 지점까지 진격"하여 전선은 아무 이상 없다"라고 발표한 사실로 미루어 보아 전선 정보가 대단히 미흡했으며, 대책위원회에서도 비상계획이라든가 피난민들의 구호를 위한 식량 및 주택의 확보도 전혀 논의되지 못하고 있었다. 따라서 피난민들이 갑자기 후방 지역으로 몰려들자 임기응변으로 대처할 수밖에 없었다.

다섯째, 경부축선 지연전 시기 피난민의 통제 문제가 작전상 현안으로 대두되었으며, 피난민 이동과 피난민을 가장한 적의 오열이 아군 작전에 크게 영향을 미쳤다. 미군의 선발대가 최초 죽미령에 배치될 때 지역 주민과 게릴라들로 인해 다소간의 차질이 발생하였으며, 그 후 미군은 피난민 속에 가장한 적 오열들로 큰 난제에 봉착하게 되었다. 이들은 대체로 피난민을 가장하여 피난민 선동, 보급로 차단, 통신선 절단, 지뢰제거, 저격, 정보수집 활동 등을 통해 아군을 심각하게 교란하고 있었다. 경부축선의 미군들은 이에 대한 피해를 최소화하기 위해 피난민에 대한 엄격한 통제 정책을 강구하여 피난민 검색과 소개 등 보다 적극적이고 강경한 조치를 취하였다. 이 과정에서 피난민들에게 심각한 불편을 주었고 일부 피난민들이 희생되는 사례도 발생하였다.

여섯째, 전쟁 초기 수많은 청장년을 효과적으로 소개시키지 못한 것은 적의 전력을 증강시켜 주는 결과를 초래하였다. 북한군은 남한에서 병력을 보충하여 '의용군'이란 이름하에 전선에 투입시켰고 또 노무자로 군부대에 배치하여 아군에게 피해를 주었기 때문이다. 북한군이 보충한 병력의 대부분은 남한 장정들이었다. 또한 정부는 예비전력원인 장정에 대한 소개 및 확보를 미처 실시하지 못함으로써 병력 면에서도 이중적인 손실을 입게 되었다.

일곱째, 낙동강 방어작전 시기 후방 치안은 대체로 성공적으로 이루어졌다고 평가된다. 정부는 1950년 7월 8일 「비상계엄령」을 선포하고 7월 9일 군사작전에 수반되는 대민 관계를 신속하게 처리하기 위해 육군본부에 민사부를 설치하였다. 후방 치안을 위해 부산과 마산 지역에 8월 10일부로 계엄사령부를 각각 설치하고 계엄하의 사법 행정에 속한 계엄 사무를 관장하였다. 정부는 전시 피난민을 적절히 통제하지 못하면 피난민들이 전투지역으로 몰려 군사작전에 커다란 장애가 될 수 있고, 특히 적 오열의 침투와 피난민 선동으로 큰 혼란을 야기할 수 있었으므로 7월 10일 각 도지사 앞으로 「피난민 분산에 관한 통첩」을 하달하였으며, 전황이 더욱 악화되어 피난민 대열이 계속 남쪽으로 밀려 낙동강 방어선까지 이르게 되자 국회에서는 8월 1일부로 「피난민 수용에 관한 임시조치 법안」을 통과시켜 시행하였다. 그리하여 낙동강 교두보 내에서 피난민을 가장한 오열이나 좌익의 폭동을 방지할 수 있었으며, 그것은 결국 낙동강 방어작전의 중요한 성공 요인 중의 하나가 되었다. 국군과 유엔군은 낙동강 방어작전 시기 피난민 처리 문제를 안고 방어작전을 수행해야 하는 상황이었다. 따라서 정부는 피난민 통제를 함에 있어 전반적으로 피난민 대열에 적 게릴라의 침투를 막고 피난민으로 야기되는 군사작전의 제반 장애를 해결하였는데, 이로 인해 다른 한편으로는 피난민들에게 심각한 불편을 주기도 하였다.

여덟째, 전장이 너무나 신속하게 이동하고 있었기 때문에 피난민 구호 정책은 체계적으로 적용되기에는 한계가 있었다. 9·28수복 당시 전체 피난민이 120만 명에 달하고 남한국민도 전체의 1/3이 전재민이었던 것으로 보아 피난민 120만 명 중 50만 명과 전재민 200만 명에 대해서는 정부의 구호가 불가피한 상황이었다. 낙동강 방어선 시기에 체계적이고 광범위한 피난민의 구호가 실시되지는 않았지만 피난민 분산 및 수송 그리고 통제에 대한 노력을 적지 않게 전개하였다. 전시 피난민의 구호에 대한 일차적인 책임은 보건부와 사회부에 있었으나, 전투가 지속되면서 제반 물자가 전반적으로 부족하게 되자 정부는 8월 29일 피난민구호중앙위원회를 구성하여 광범위한 구호활동을 전개하고자 노력하였다. 또한 이 시기 피난민 구호를 위한 본격적인 대책들이 마련되어 10월 이후부터 피난민 구호가 가능하게 되었다.

이상 남침 직후 1차 피난시기 정부의 피난민 정책을 교훈적인 측면에서 살펴보았다. 1차 피난 시기는 전체적으로 보아 남침 직후에 다소 혼란이 발생하였으나, 낙동강선이 형성된 이후부터는 비교적 질서를 유지하였음을 알 수 있다. 다음으로 중공군이 참전한 이후 주로 1·4후퇴 전후 2차 피난시기 피난민 정책의 교훈은 다음과 같이 정리할 수 있다.

첫째, 1·4후퇴 전후 정부와 서울시민의 철수작전은 전쟁 초의 교훈을 살려 대체로 성공적으로 이루어졌다고 평가된다. 한국정부는 유엔군이 평양을 포기하자 1950년 12월 4일 평양시의 전 행정기관을 철수하고 38선 접경 및 그 이북전역에 다시 비상계엄을 선포하였으며 자유를 찾아 남하하는 50여만 명에 달하는 이북 피난민동포 구출을 위한 긴급조치를 취하는 한편, 초기작전에서의 교훈을 고려하여 북한 피난민 대열 속에 침투해 있는 오열에 대한 대책도 중요한 문제로 다루었다. 정부는 평양을 포기하던 12월 5일 신속히 국립박물관 등 주요 물품의 후송 명령을 하달하였고, 12월 8일 부녀자의 소개 허용이 발표된 후 12월 하순부터 피난 수송 및 구호에 적극적으로 대비하였다. 2차 서울시민의 피난이 초기작전과는 비교도 안될 만큼 희생이 적었던 것은 요소에 설치된 구호센터 덕분이었다. 서울-대전-광주-목포 길과 부산으로 가는 길목에 약 50여 개의 구호 대책반이 설립되었으며, 구호반이 식량과 숙소를 제공하였다.

둘째, 2차 피난시기의 특징은 몇 가지 이유로 인해 1차 피난시기 보다도 오히려 참혹했다고 할 수 있다. 즉, 중공군의 참전을 예상하지 못해 갑작스런 피난으로 많은 사상자가 속출하였다는 점, 겨울 혹한 속의 피난이란 점에서 동사자가 많이 발생하였다는 점, 대규모의 북한 피난민이 발생하여 피난민 수가 크게 증가하였다는 점, 그리고 마지막으로 피난 이동의 거리가 멀었다는 점 등이었다. 그리고 이 시기 북한 민간인이 대규모로 월남하게 된 동기는 기본적으로 북한 공산치하에서 탈출하려는 것과 당시 대대적으로 전개되고 있었던 유엔공군의 폭격과 공습을 피하기 위해서였다.

셋째, 평양시민의 소개 계획이 전무하여 철수작전 시 큰 혼란을 초래하였다. 정부에서 북한주민의 피난 계획을 수립하였다면 피난민의 희생이나 고초를 덜었을 뿐만 아니라 더 많은 사람들이 남하할 수 있었을 것이다. 평안도 수복 지역은 미 군정통제하에 놓여 있었으나 철수작전 시 주민들의 피난계획에는 주의를 기울이지 못하고 있었고, 국군 헌병도 작전에 지장을 준다는 이유로 시민들의 철수를 만류하고 있었다. 이는 흥남 항구에서 질서정연하게 10만 명의 피난민이 철수했던 것과 비교하면 큰 대조가 된다.

넷째, 유엔군사령부 통제하의 구호활동은 피난민의 구호에 큰 기여를 하였으나, 군의 통제하에 피난민 구호가 이루어짐으로써 각종 국제기구나 민간인 단체 등에 의한 자율적인 구호노력이 제한된 점도 없지 않다. 실제로 세계보건기구, 국제피난민기구, 적십자사연맹 등에서 전문가를 보내어 구호사업을 계획하였고, 미국 내 각 기관에서도 피난민을 위한 구호사업을 추진하려고 하였으나 유엔군사령부가 구호물자를 수송하기 위한 선박이나 하역을 위한 항구의 도킹을 제공하지 못하고 구호사업도 군의 감독과 지시를 받아야 한다고 주장하자 이 기관들은 파견했던 전문가를 소환하고 구호사업을 중단시키기도 하였다.

다섯째, 1·4후퇴 이후 북한의 월남민에 대한 피난민 구호대책이 전무하였고, 그것은 피난민 구호정책에 가장 큰 한계로 작용하였다. 정부는 북한주민들이 대거 월남하여 수용소와 구호품이 크게 부족하게 되자, 국방부 및 민간단체와 협력하여 북한 동포 및 남한 전재민을 위한 피난민 수용소의 구호물자 배포를 늘이고, 부산과 대구 등의 대도시와 지방에 학교건물을 신축 또는 보수하여 피난민 및 이재민에 대한 대책을 강구하였다. 그러나 이 같은 임기응변으로는 대규모로 유입되는 피난민을 구호하기에는 부족한 상황이었다. 1·4후퇴 이후 피난민의 전체 규모는 크게 확대되어 약 500만에 이르고 있었다. 특히 정부는 자체적으로 피난민 구호에 많은 노력을 경주하였으나 자원 및 예산의 부족, 그리고 피난민 규모의 급증으로 인하여 많은 어려움을 겪었다. 정부는 미국을 비롯한 자유우방과 유엔에 구호물자를 요청하여 이들이 제공하는 구호물자를 각 도별로 피난민에게 제공하였다. 그러나 정부는 유엔이 원조자금 중 피난구호책보다 생산시설복구에 비중을 두어야 한다고 주장함에 따라 원만한 구호대책을 수립하는 데 큰 고충을 겪기도 하였다.

제2부
한국전쟁과 남북한

제7장
이승만 정부의 민간노무자 동원정책

1. 머리말

전쟁기간 동안 군사작전을 지원한 민간인 노무조직은 지원의 성격에 따라 다양한 형태로 존재하였다. 전쟁발발 직후 한국군을 지원하기 위해 자원한 소위 '보국대(保國隊)'라 자처하는 노무자들이 있었으며, 유엔군이 참전한 이후 '민간인치량대', '민간인운반단(CTC : Civil Transportation Corps)' 그리고 유엔군과 일정한 계약하에 동원된 '계약 노무' 및 '직고용 노무'의 형태가 있었다.

전쟁 초기부터 국군을 지원한 보국대 노무자와 유엔군 계약 및 직고용 노무자들은 休戰까지 지속되었으나, 유엔군의 보급을 지원하던 민간인운반단은 1951년 6월 '한국노무단((KSC : Korean Service Corps)'이 창설되면서 그에 흡수되어 운용되었다. 그리하여 전쟁기간 동안 노무단은 총 3개 사단 및 2개 여단으로 편성·운용되었으며, 제2국민병을 주로 징집 동원하였으므로 준군사적 군단규모의 특수한 조직체로서 기능하였다.

노무자들이 수행한 임무는 다양하였으며 특히 그들은 전선부대에 탄약·연료·군자재·식량·식수·보급품 등을 운반해 주었음은 물론 진지 공사와 전사자와 부상자의 후송 그 밖에 도로와 교량의 보수 등의 주요 역할을 수행하였다.

전쟁기간 동안 유엔군에 의해 운용된 노무자의 숫자만 해도 노무단 노무자 93,154명, 직고용 노무자 75,000명, 계약고용 노무자 20,900명, 해·공군 및 기타 기관의 노무자 약 13,500명에 이르렀으며, 이들 중 1951~1953년간 전선부대를 직접 지원한 노무자 가운데 확인된 희생자만도 총 8,794명(전사 2,064, 부상 4,282, 실종 2,448명)이었다.[1]

이러한 노무자들의 전쟁지원 활동에 관하여, 당시 국군과 유엔군의 전투 지휘관들은 한결같이 "어떤 의미에서는 전투의 절반을 그들이 치렀다"라고 입을 모아 증언하고 있다.[2] 노무자의 역할은 무엇보다 전투근무지원을 충실히 수행함으로써 군의 전투 병력이 행정이나 그 밖에 근무지원에 투입되지 않고 전투임무에 충실할 수 있도록 해 주었다는 데 그 중요한 의의가 있다고 할 수 있다. 즉 노무자들은 국군과 유엔군이 수행해야 할 다양한 행정이나 기술적인 임무의 상당 부분을 분담하였으며, 또한 최전선에서 전투 병력이 담당해야 할 상당한 부분의 임무를 맡아 수행하여 국군과 유엔군의 병력을 최대한 절약하였다는 점도 역할 면에서 빠뜨릴 수 없는 부분이다.

따라서 한국전쟁기간 동안의 노무자 문제를 보다 분명히 평가하기 위해서는 당시 국군이 전투 병력의 부족으로 민간인 노무 인력의 필요성이 제고되고 있었다는 사실과 또한 민간인 노무자를 운용함으로써 대단히 많은 병력을 절감할 수 있었던 상황을 그 전제로서 이해해야만 한다. 실제 당시 참전자들의 증언에 의하면, 노무자의 운용으로 병력 면이나 기술적인 면에서 많은 문제를 해결할 수 있었다는 점을 지적하고 있다.

---

1) 8086th AU AFFE, *Indigenous Labor in Korea, July 51~Jul 53*, (MHD-33), 1954, pp.34~37 ; 086th AU AFFE, *Offshore Procurement in Korea*,(MHD-26), 1954, p.69 ; 전쟁 초 국군이 임의로 동원한 노무자의 숫자가 약 4,000~5,000명(1개 대대당 50~60여 명)이었으며, 다부동전투시 노무자의 희생이 많은 경우 하루 평균 50여 명씩에 이르렀다고 하지만(국방부 전사편찬위원회, 『다부동전투』, 1981, pp.199~200), 당시로서는 구체적으로 고증하기가 어려웠음으로 상기 수치에서 제외하였다.
2) 박기병 대령, 김응조 대령 증언, 군사편찬연구소 증언록 ; UNITED STATES ARMY KOREA SERVICE CORPS, *KSC-INTRODUCTORY HANDBOOK*, 1990, p.4.

전쟁을 지원한 모든 민간인 노무자는 동원시기와 역할, 그리고 동원형태에 따라서 몇 가지 유형으로 분류되어 진다. 먼저 노무 역할에 따라 구분하면, 첫째, 인민군 남침 이후 국군의 지연작전 시 각 부대별로 모집 동원하여 운용한 노무자, 둘째, 유엔군의 참전 이후 부두하역에 종사한 노무자, 셋째, 항구에서 하역된 보급품을 전방까지 추진하기 위해 조직·동원된 민간인운반단의 노무자 등으로 나누어진다. 그리고 동원형태에 따라서 구분하면, 첫째, 국군에 동원된 흔히 보국대라고 일컬어지는 노무자, 둘째, 유엔군을 지원하기 위해 동원된 계약 노무자, 셋째, 역시 유엔군의 지원을 위해 동원된 직고용 노무자, 넷째, 한국정부가 조직하여 주로 유엔군과 국군을 지원한 준군사적인 조직체인 노무단 노무자 등으로 구분된다.

유엔군 지휘관들은 대부분의 경우 직고용, 계약고용 또는 노무단 인력을 운용하기 위해 정부와 국군의 협조를 받았으며, 이러한 한국인 노무자의 헌신적인 노력과 노동력의 지원 없이는 그들에게 부여된 임무를 효과적으로 수행하기가 어려웠을 것이라는 점은 쉽게 이해할 수 있을 것이다. 따라서 본 고에서는 국군과 유엔군을 지원한 노무자의 동원, 조직, 기능, 운용 등에 관하여 고찰하고자 한다.

본 연구의 망라 기간은 1950년 6월 25일 한국전쟁발발부터 1953년 7월 휴전까지이지만, 연구의 편의상 전쟁 이전의 노무조직과 노무정책에 관한 내용도 일부 포함하였다. 연구 방법은 주로 역사적 접근 방법을 적용하여 실증적인 측면, 즉 당시의 노무지원 양상의 사실을 복원하는 데 중점을 두어 서술하되 당시 노무정책과 운용에 있어서 문제가 된 부분에 관해서는 기능적인 접근 방법을 병행하여 논의하고자 한다.

지금까지의 한국전쟁 노무자에 관한 연구는 거의 전무한 편이다. 다만 선구적인 연구라고 할 수 있는 노무단에 관한 논고가 한 편이 있으며, 기타 주로 공간사(公刊史)에서 일부 산발적으로 언급되고 있을 뿐이다.[3] 이

---

3) 육군본부, 『후방전사』(군수편), 1953 ; 국방부 전사편찬위원회, 『다부동전투』, 1981 ; 국방부

것은 아직까지도 한국전쟁 연구자들이 주로 전쟁의 원인이나 작전의 전개 과정 등에 관심의 중점을 두고 전쟁에 관련된 기초 연구에는 상당히 소홀한 현재 연구 분위기를 반영하는 것이라고 할 수 있다.

본 연구에서는 상기한 국내 연구 또는 자료를 바탕으로 하고 당시 공간된 관련 통계자료를 참고하였으며,[4] 미군자료로는 최근까지 공개된 연합군·극동군·제8군·군수기지사령부 등의 문서와 관련 예하기관의 문서 중 노무관련 문서들을 주로 참고하였다. 이 가운데는 당시 노무관련 미군 연구 보고서와 당시 노무장교의 보고서 등 1차자료인 문서자료를 이용하였다.[5] 그러나 전쟁 초 "징발에 관한 특별조치법"(1950.7.26)이 마련되기 이전까지는 주로 국군 각 부대의 연대 또는 대대가 임의로 노무 인력을 동원하여 운용하였으므로 초기 노무운용의 실상을 파악하는 데는 적지 않은 어려움이 있었다. 그러나 이러한 문제는 증언자료나 기타 방증자료를 통해 보완하기로 하였다.

따라서 본 연구에서는 상기자료와 연구 방법에 의거하여 다음과 같은 내용을 밝혀 보고자 한다. 우선 제2장에서는 먼저 한국전쟁기간에 운용된

전사편찬위원회,『단양-의성전투』, 1987 ; 국방부 전사편찬위원회,『국방사』제2권, 1987 ; 국방부 정훈국,『한국전란 1년지』, 1951 ; 육군본부,『육군발전사』(상), 1970 ; 일본육전사연구보급회, 육군본부 역,『한국전쟁』, 명성출판사, 1986 ; 김병곤,「한국전쟁기간 중 한국노무단에 대하여」, 국방부 전사편찬위원회,『군사』23호, 1991.

4) 공보처통계국,『대한민국통계년감』(1952년판), 1953 ; 국회도서관,『한국경제년표』 (1945~1979), 1980 ; 대한통신사,『대한년감』(1953년판), 1953 ; 한국식산은행조사부,『식은조사월보』제5권 제14호(1950), 제6권 제1호(1951); 한국은행 조사부,『조사월보』, 1951.

5) KMAG Hq, AG Record Branch, Declassified per Executive Order 12356, *Orgarnization of Korean Service Divisions*, 1951 ; KMAG Hq, AG Record Branch, Declassified per Executive Order 12356, *Schedule for Recruiting KSC Personnel*, 1951 ; UNCAC HQ, *The report of a Survey of the Labor Situation*, 1951 ; HFEC G-2, *Hisytory of the North Korean Army*, Section5, 1952 ; ORO-R-4(FEC), *Utilization of Indigenous Manpower in Korea, 1953* ; ORO-T-285(FEC), *Army Payment in Korea, 1953* ; KCOMZ Chief Labor Section(R/B/DWC), *U.N.INDIGENOUS LABOR IN KOREA*, July 1953 ; 8086th AU,MHD(AFFE), *Offshore Procurement in Korea*(MHD-26), 1954 ; U.S. Army, *Organization of the Korean Communication zone*, 1954 ; HQS USAFFE & Eight Army(Rear), *Logistics in the Korean Operations*, 1954 ; 8086th AU, MHD(AFFE), *Indigenous Labor in Korea, July 51-Jul 53*(MHD~33), 1954.

노무자를 이해하기 위해서 전쟁 이전의 노무조직과 노무운용 내지 정책에 관하여 개관한 후, 전쟁기간 동안의 노무자 운용을 주로 제도적인 측면에서 조명한다.[6)]

3절에서는 주로 개전 후부터 1951년 초 기간 동안의 노무지원 상황을 검토할 것이며, 주로 전쟁 초 국군에 대한 노무지원 활동과 유엔군 참전 이후 유엔군을 지원한 노무지원, 즉 항구 내에서의 부두하역 활동과 민간 인수송단의 보급추진 활동을 중심으로 고찰할 것이다. 이와 관련하여 유엔군이 운용한 일본인 노무자 운용의 실상을 비교 검토하고, 아울러 인민군의 노무운용에 관해 규명할 것이다.

제4절과 제5절에서는 중공군의 참전 이후 급증한 노무 인력을 효율적으로 운용하기 위해 논의된 문제를 중심으로 분석할 것이며, 이를 위해 노무단과 직고용 노무 그리고 계약 노무로 구분하여 고찰하기로 한다. 제4장에서는 먼저 노무단이 창설되는 배경을 검토하기 위해 한국군과 유엔군 측을 각각 구분하여 논증할 것이다. 한국군의 입장에서 그것이 국민방위군, 예비 제5군단과 어떠한 관련을 맺고 창설되었는지, 또 노무단의 창설 시 한국군과 유엔군 사이에 창설 목적상의 차이는 없었는지 등을 검토할 것이다. 그리고 그것이 창설된 이후 운용상 다른 노무조직의 임무 및 기능과 비교하여 어떻게 달랐는지를 중심으로 고찰할 것이다. 마지막으로 1951년 6월 창설부터 1953년 7월 휴전까지 노무단 규모의 추이를 규명하고 그것이 갖고 있는 역할 내지 성격을 조명해 보고자 한다. 제5절에서는 주로 직고용 노무와 계약고용 노무의 운용실태에 관하여 규명하고자 한다.

---

6) 한국전쟁 초기 노무운용상황 즉 노무단이 창설되기 이전까지의 노무문제는 양영조, 「한국전쟁시 노무동원과 운영에 관한 연구」『군사』제29호, 1994에 발표한 내용을 중심으로 정리하였다.

2. 전쟁 초기 노무조직과 운용
1) 노무제도의 성립 배경

먼저 전쟁기간 동안 군을 지원한 민간인 노무자들에 관한 문제를 보다 잘 이해하기 위해서는 전쟁 이전의 노동조합, 계약 절차, 노동에 대한 정부의 태도 등에 관한 행정적 배경이 전제되어야 한다.

과거 일제(日帝)의 한반도 식민통치 기간 동안 일본은 노동조합이나 노동조직을 허용하지 않았다. 노동조직을 형성하려는 노무자들의 노력으로 1924~1925년 노동조합이 설립되었으나 일제의 탄압으로 인해 곧바로 해산되었다. 결국 그들의 활동은 지하에서 이루어지게 되었고, 그것은 곧 일제에 대항하는 민족운동의 성격을 띠게 되었다.

1945년 일본이 패망하자 그동안 민족운동을 전개하고 있었던 노동조직이 표면으로 부상하였고, 그것은 곧 미군정에 의해 합법적인 활동으로 허용되었다. 따라서 군정시기 동안에는 정치 세력과 마찬가지로 노동조직에서도 좌익과 우익이 분열되어 좌우익의 갈등이라는 우여곡절을 겪게 되었다. 결국 1948년 정부수립 이후 정부가 우익조합만이 노동조합에서 인정될 것이라는 방침을 고용주와 노무자들에게 공식 발표함으로써 문제는 해소되었다.[7]

따라서 대부분의 노무자들은 대한독립촉성노동총연맹(大韓獨立促成勞動總聯盟)[8]에 가입하였으며, 이때부터 정부의 지원을 받는 우익연합이 북한으로 사라진 공산주의 연합에 충분한 압박을 가하는 데 성공하였다. 1950년 북한의 남침 당시 노무자들은 우익연합에 가입하여 활동하고 있었다.

전쟁이 발발했을 당시 한국에는 총 120만 회원이 있는 6개의 노동조합이 있었다. 정부는 경찰에 의해 반드시 사전조사를 한 다음 새로운 조합설

---

7) *Indigenous Labor in Korea*, p.22.
8) 임송자, 「미 군정기 대한독립촉성노동총련맹의 조직에 대한 고찰」『성대사림』제9집, 1993, pp.67~68.

립을 인정하였으며, 또한 노조의 파업행위는 공산주의 표현방식이며 산업사보타지라고 생각하여 엄격히 금지하였다.[9]

한편 정부 노동부서에 관하여 개관하면, 먼저 일제 식민통치 기간 동안에 노동 문제를 다루는 기관은 정부의 독립된 부서가 아니었으며, 만일 노동에 관한 문제가 발생하면 문제의 성격에 따라 정부의 행정국에 조회되었다. 재무부는 임금이나 가격에 관련된 문제를 다루는 반면, 농산부는 농업노동에 관련된 문제에 책임이 있었다. 노동소요 문제는 어떤 것이든 경찰에 의해 다루어졌다. 그러나 일본이 물러간 후 남한에서 군정을 실시한 미군정 당국은 독립된 노동부를 설립하였다.[10]

┃표-26┃ 1946년 미군정에 의해 설립된 노동부

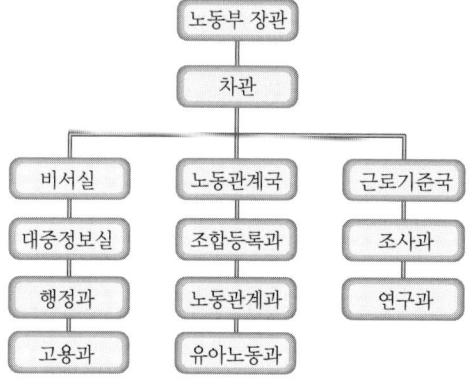

군정기간 동안 미국인 노동전문가들은 지방이나 국가적인 규모로 노동조직에 관한 문제를 자문하였으며, 전국의 노동사무실을 지원하고 있었다.[11] 그러나 군정이 종료되고 1948년 한국정부가 수립될 때에는 정부 조

---

9) *Indigenous Labor in Korea*, p.23.
10) UNCACK Labor Administration, *Report of the Labor Situation*, 820AU, APO59(R).
11) ibid.: 1946년 6월 2일 최초로 맥아더 사령부의 노동문제 사절단 중 2명의 미국인이 군정청의

직 아래에 노동부서가 독자적인 부서가 아니라 사회부 산하의 사무국으로 설립되었다. 따라서 노무 문제에 책임이 있는 노동국장은 사회부 장관을 통해 노동 문제를 조정하였으나, 군정 시 독립적으로 편성되었을 때 보다는 업무추진의 한계를 갖게 되었다. 1948년 당시 노동국은 노동행정과, 고용과, 조합지도과로 편성되었다.[12]

┃표-27┃ 정부 노동부서(1948년 5월~1953년 7월)

```
              사회부장관
                 │
                차관
    ┌─────┬─────┼─────┬─────┐
  총무국  사회국  노동국  복지국  여성국
                 │
           ┌─────┼─────┐
        노동행정과 고용과 조합지도과
```

노동행정과는 근로기준과 고용환경, 임금 및 시간 기준, 노동자 복지 등의 기본정책을 실천할 수 있도록 합법화하는 초안 준비의 책임이 있었다. 이 부서는 노동자의 생활수준과 고용환경 등에 관계하는 도청과 지방 공무원을 통해 요구사항을 지도하는 임무를 띠고 있었다. 부가하여 노동행정과는 강연과 신문, 기타 매스컴을 통하여 노동 문제에 관한 정보를 제공하여 노무자들을 열심히 일하도록 격려하는 한편 무리한 임금인상 요구를 자제하도록 지도하였다.

고용과는 대체적인 노동력을 관리하여 노동공급을 계획하고 고용 문제

초청으로 서울에 왔다. 국사편찬위원회, 『자료 대한민국사』 2, 1968, p.762.
12) 조선통신사, 『조선년감』, 1947, p.33.

에 대한 정책을 공식화하는 임무를 갖고 있었으며, 또한 정부 고용 대리인으로서의 역할을 수행하며 노무자들의 직업적인 지도뿐만 아니라 개인 고용주들을 감독하였다.

조합지도과는 자의적인 노동 분규에 대한 절차를 조사하였으며, 모든 조합의 활동을 보고하고 조합이 공산주의 전략전술에 말려들지 않도록 지도하였다. 또한 이 부서는 노동 분규나 파업을 사전에 막음으로써 노동자와 고용주 간의 조화를 도모하도록 지도하는 임무를 띠고 있었다.[13]

이상에서 주로 전쟁 이전 노무 문제를 주관하고 있는 정부 조직의 편성과 정책 등을 중심으로 간략히 개관하였다. 다음 절에는 전쟁이 발발한 후 정부의 노무관련 부서의 상황과 노무정책을 중심으로 살펴보기로 한다.

2) 개전 직후 노무정책의 한계

인민군의 기습남침을 받은 국군은 상대적 전력 차이와 기습충격으로 인하여 3일 만에 서울을 실함당하고 말았다. 정부와 국군은 경황 중에 한강을 건너 조기에 반격작전으로 전화한다는 목표를 수립하였다.

그러나 사전에 서울철수의 필요성을 예견하지 못하였으며 철수계획도 수립하지 못하여 피난민과 군의 철수를 체계적으로 통제할 수 없었다. 서울은 적의 압력이 가해지자 공포와 혼란에 휩싸이게 되었고 서울 이북 지역으로부터 내려온 피난민들에 의해 시내는 더욱 혼잡하였다.

마찬가지로 경수(京水) 간에서도 군·경(軍警)이 피난민의 이동을 통제할 수 없었으므로 모든 도로상의 군 수송작전이 방해를 받았다.[14] 이와 같은 상황의 악화는 신속한 철수에 장애요인이 되었고 또 적시에 한강을 도하하여 체제를 정비하는 데도 어려움을 주었다. 설상가상으로 한강교량 폭파 시 병역(兵役) 관계문서 등 중요한 정부기록 문서를 비롯하여 보급품

---

13) *Indigenous Labor in Korea*, p.3.
14) 8086th AU(AFFE) Military History Detachment, *Evacuation of Refugees and Civilians from Seoul*, Precis, 1956, p.4.

을 실은 1,318대의 차량이 전부 한강 북쪽에 유기되어 후방지원의 어려움을 가중시켰다.[15]

따라서 7월 초 국군은 병력과 보급 등 후방지원 면에서 심각한 어려움에 놓여 있었다. 육군본부는 7월 5일부터 부대별 계획표를 작성하는 등 지원체제의 정비에 착수하여 지원 마비상태에서 벗어나기 위해 노력을 집중하고 있었으나, 전시 동원이나 징발 등 국민총력전체제를 구비하기에는 아직 시간이 더 소요되었다.[16]

한편 이 무렵부터 각지에서 자원한 노무자와 학도병 등 국군을 지원하겠다고 나서는 사람들이 크게 증가하고 있었다. 이미 일부 노무자들이 보국대를 자처하면서 전선 전후방에서 작전을 지원하고 있었으며, 국군이 각 부대별로 피난민이나 인근 마을 주민들 중에서 노무자들을 모집하자 많은 사람들이 적극적으로 응모에 나서고 있었다. 점차 노무자들의 역할이 더욱 부각되면서 국군 각 부대는 각 연대 단위로 추가 모집하는 경우가 많아졌고, 이에 따라 국군 1개 대대에 평균 50~60명의 노무자가 활동하고 있었다.[17] 한편 학도병도 각 지구에서 수십 명씩 국군 부대에 입소하여 전투와 근무 지원업무를 수행하였으며, 7월 중순부터 2,000여 명이 현지 입대하여 훈련을 받기도 하였다.

공산군의 남침공격으로 정부산하 사회부와 보건후생부, 문교부는 부산시청으로 이동하여 업무를 수행하였다. 부산에서의 정부 사무공간은 대단히 혼잡하였고 사회부 예하의 노동국도 몇 개의 다른 국과 함께 같은 사무실을 사용하고 있었다. 서울을 미처 철수하지 못한 정부 공무원들의 자리는 부산에서 긴급히 충원되었으나 그들의 상당수는 행정적인 경험이 전혀 없는 사람들이었다. 더구나 전술한 바와 같이 급박한 서울철수로 인해 정

---

15) ibid., pp.4~5 ; 제7사단 G-3 박원근소령 증언(국방부 전사편찬위원회, 『한국전쟁사』 제1권, 1967, p.761)
16) 『후방전사』(군수편), pp.293~295 ; 『육군발전사』(상), pp.443~447.
17) 『다부동전투』, p.41, 124.

부의 통계, 기록을 포함한 대부분의 공식문서들은 서울에 남겨졌으므로 혼란은 더욱 가중되고 있었다.

노동국에 할당된 예산은 태부족이었다. 그리고 이보다 더 큰 문제는 노동국의 고위 공무원들이 전시라고 하는 새로운 변화에 따른 예산 계획안을 제출하지 못하고 있었다는 것이었다. 유엔 민간지원본부가 파악하고 있었던 당시 "노무 상황개요 보고서"에 의하면, "공무원들이 일을 하지 않을 뿐 아니라 해야 할 일도 알지 못하고 있다"라고 평가하였다.[18]

노동국은 각 지방도청에 대한 통제권을 갖고 있었으나, 정부의 서울철수의 결과로 효과적인 통제를 하지 못하였으며, 지방도청 간에도 협조나 연락체계가 수립되어 있지 못하였다. 각 지방 도청은 노무 문제에 관해 전혀 관심을 기울이지 못하였다. 통상의 경우, 만일 각 지방에 노무활동이 필요하다고 판단되면, 지방 도지사에게 노무지침이 하달되고 차례로 시·면·동에 그리고 마지막으로 현장 노무대표에게까지 하달되어 체계적으로 노무동원이 이루어지는 것이 보통이지만, 전쟁기간 동안 그러한 계통은 거의 단절되었다.

한편 도청 내에는 노무정책이나 지침을 장관에게 건의할 만한 노무행정 부서가 없었으므로, 노무에 관한 문제를 제기하는 경우는 현실적으로 어려웠으며 이는 도청 예하기관도 마찬가지였다.

┃표-28┃ 도청 조직표

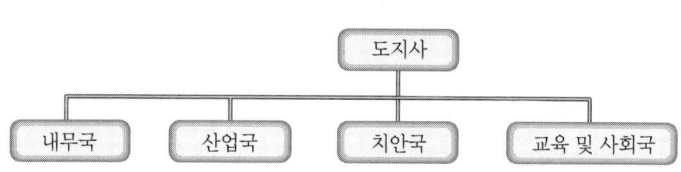

---

18) UNCAC HQ, *The report of a Survey of the Labor Situation*, 1951, p.8.

따라서 노동국과 부산시청 행정부서의 공무원이 임시로 노무 문제를 담당하였으나, 그들 역시 다른 문제들, 특히 피난민 문제를 처리하는 데 거의 전력을 기울이고 있었기 때문에 노무 문제를 전담하여 검토할 만한 여유가 없었다.[19]

비록 전쟁의 막바지인 1953년 초 정부의 노력으로 임금, 노무계약, 시간, 여성과 유아 노무, 안전 문제 등의 고용기준을 정한 근로기준법이 수립되지만, 노무인력의 수급이라는 측면에서 정부의 노무정책은 전쟁 초기에는 물론이고 거의 전 기간 동안 체계성 또는 일관성을 갖고 있지 못하였다. 따라서 정부가 노무수요를 집행할 만한 공식적인 노무조직을 통제하지 못하자, 국군은 주로 각 부대별로 노무수요를 충당하였으며, 유엔군은 유엔군이 자체에서 직접 계약하거나 정부와 국군의 도움을 받아 노무수요를 충당하였는데, 1951년 7월 한국노무단을 설립하면서 유엔군 노무자는 물론 국군 노무자 일부까지도 통제하였다.[20]

노무인력 확보라는 면에서 보면, 한국에는 풍부한 인력이 있었다. 당시 산업과 농업이 붕괴되어 대중실업이 야기되었기 때문에 중간숙련 또는 비숙련 노무자의 공급은 충분하였다. 또 전장 지역과 이북 지역으로부터 남하한 많은 실업 피난민들이 있었다.[21]

이미 정부는 7월 10일 각 부처에 "피난민 분산에 관한 건"을 발표하고, 8월 4일 "피난민 수용소에 관한 임시조치법"이라는 법령을 하달하여 필요한 장소에 피난민 수용소를 설치하고 증명서와 식량을 교부하며, 군경이 검문과 안내를 담당하여 질서를 유지하도록 하였다.[22] 이와 같이 피난민에 대한 체계적인 통제는 피난민을 보호하고 작전에 편의를 제공하며 나아가 노무인력의 확보라는 차원에서도 중요한 역할을 하였다.

---

19) *Indigenous Labor in Korea*, p.5.
20) Ibid., p.5 ; 근로기준법의 내용은 ibid., pp.153~169.
21) 『한국전란 1년지』, p.C57 ; Command Report, 2d Log Com, Feb, Civil Assistance Sec(S).
22) 『한국전란 1년지』, p.C51, C57, C61.

3) 전쟁 초기의 노무지원 활동

전쟁이 발발하기 이전 국방부는 국군 병력규모가 10만을 초과할 수 없다는 제한으로 정상적인 징집을 집행하지 못하였을 뿐 아니라, 또한 군 예산의 제약으로 육본 병무국과 각 도 병사구사령부가 1950년 3월에 들어서 해체된 상태에 있었다.[23] 따라서 국군은 전시 병력보충과 관련하여 노무인력의 동원에 관한 계획안을 갖고 있지 못한 상황에서 인민군의 남침을 받았다.

인민군의 침공으로 국군에게는 인력의 동원이 가장 긴급을 요하는 문제가 되었고 동시에 향토방위를 위한 대책도 시급하였으며, 또한 정부가 개전 초의 혼란으로 인해 많은 병력관계 서류를 유실하였기 때문에 후방에서 빠른 시간 안에 체제를 정비하는 것이 시급하였다.

이에 동원을 위해 군은 임시방편으로 병역법 제58조에 의거한 "제2국민병 소집"을 통하여 가두소집이나 집단소집으로 병력과 노무인력을 보충하였다. 7월 22일에 "비상향토방위령(非常鄕土防衛令)"이 공포되어 만 14세 이상의 남자는 향토방위의 의무를 지게 되었으며, 7월 26일에는 대통령령 긴급명령 제6호 "징발에 관한 특별조치령"이 공포되고 동일 국방부령 임시 제1호 "징발에 관한 특별조치령 시행규칙"이 발표되어 마침내 군작전상 필요한 군수물자 또는 인적 자원을 징발 징용하여 국민 총궐기 태세를 갖추고자 하는 입법이 이루어졌다. 그러나 비상시 향토방위령은 국회의 승인을 얻지 못한 채 8월에 일단 폐기되었다가 다시 공포되었고 9월에 그 개정 법률이 발표되었다.[24]

노무자 동원상황에 있어서는 노무동원령에 의거 만 35~45세까지의 대

---

23) 『육군발전사』(상), pp.430~431.
24) 위의 책, p.435 ; 비상 향토방위령이 공포된 1950년 7월 22일 한국정부와 유엔군은 '유엔군 경비지출에 관한 한·미 협정'을 체결하여 "정부는 유엔 회원국 연합군총사령관에 대하여 동 사령관 지휘하에 있는 참가군대를 포함하며 한국 및 한국수역에 있어서의 작전 및 활동에서 생기는 경비지출로서 동 사령관이 요구하는 금액·종류·시일·장소에 따라 한국통화와 그 통화로 된 신용을 공여한다"라는 내용을 발표하였다. 이대근, 『한국전쟁과 50년의 자본주의』, 까치, 1987, pp.281~282.

한민국 남자는 의무적으로 노무 봉사하도록 되었고, 그 인원은 각 도·시·군·읍·면으로 할당되었으나 단 공무원, 불구자, 환자는 사정을 참작하여 보류되었다.[25]

국방부는 국본 일반명령에 의하여 1950년 9월 26일부터 전국 각 도에 병사구사령부를 창설해 병사업무를 집행하게 되었으며,[26] 그 후 노무인력의 보충도 병력과 함께 급속히 강행되어 소집행정업무가 증가됨에 따라 병사기구도 점차 확대되기 시작하였다. 또한 그동안 피난민들 중에 국군을 지원하기 위해 스스로 찾아 모여들거나, 또 대한청년단(大韓靑年團) 등 청년단체의 단원들이 자원하여 군을 지원하는 등 여러 보충원에 의해 신속하게 증원되고 있었다.

한편 군은 정부 및 민간 노무기관에 협조를 구하여 급증되는 보급 작전에 총역량을 경주하였다. 국방부는 경남지구에 산재한 중요물자를 군수품으로 충당하고, 전남 방직공장의 재고품을 부산으로 수송하여 군복으로 대용하였으며, 대구와 부산 등지의 방직공장 노무자를 총동원하여 군의 소요량을 확보하는 데 심혈을 기울였다.[27]

육본 조달감실은 7월 중순에 설치된 부산분실(釜山分室)을 위시하여 서울에서 이동한 육군 피복창(被服廠)과 더불어 부산 방면의 피복 공장과 노무 종업원을 동원해 획기적인 생산에 착수하였던 것이다.[28]

부산과 제주도에 조병기지(造兵基地)가 설치되어 탄약과 수류탄, 총기 부속품의 제조, 노획병기의 정비작업 등이 공병과 노무자들에 의해 이루어졌으며, 많은 민간 자원봉사자들이 피난민의 수용, 구호물자 배급, 부상자 치료를 지원하였고, 자원한 노무 기술자들이 공장을 가동하여 장비 및 보급물자를 조달하기 시작하였다.[29]

---

25) 『후방전사』(인사편), pp.163~170.
26) 『육군발전사』(상), pp.428~432.
27) 위의 책, p.111(「일반명령」 제40호), p.290.
28) 위의 책, pp.428~432.
29) 위의 책, p.292 ; 『한국전란 1년지』, p.C277.

1950년 8월 21일에는 대통령령 제381호 "징발보상령(徵發報償令)"이 공포되고, 같은 날 국방부령(임시) 제3호 "피징용자 보수규정(被徵用者 報酬規程)"이 발표되어 군에 동원된 노무자에 대한 최소한의 보수규정도 마련되었다.[30] 이때 발표된 노무자 보수 내용은 아래와 같다.

┃ 표-29 ┃ 노무자의 급여표(1950년 8월 21일 현재)

등급	노무직종	일당	비고
갑	기술공(운전수, 전공, 인쇄공 등)	500원	군에서 급식하는 자에게는 급식비를 일당 300원을 공제한 액을 지급한다.
을	중노동자(하역부, 차 조수 등)	450원	
병	경노동자(급사, 잡역, 기타)	400원	

이때에 발표된 노무자의 급여(일당)는 위의 표에서 알 수 있는 바와 같이 보수라고는 할 수가 없고 최소한 노무자 자신의 급식비를 보조받는 정도였다. 이와 같이 국군을 지원한 노무자들은 1951년 3월 2일 보수규정이 이느 정도 현실화될 때까지는 거의 무보수로 전쟁지원 활동을 전개하였다고 해도 과히 틀린 지적은 아닐 것이다.

이 밖에 국방부는 병력보충을 위하여 국민방위군(國民防衛軍)을 창설하게 되는데, 이들 병력 중의 상당 부분이 1951년 7월 노무단이 편성될 때 흡수되어 노무자 문제와 관련이 있으므로 자세한 것은 제5장에서 언급키로 하고, 다만 본 항에서는 창설과정만을 간단히 언급하기로 한다. 즉 정부는 1950년 12월 21일자로 법률 제172호로서 "국민방위군설치법"을 공포하여 제2국민병에 해당하는 만 17세 이상 만 40세 미만의 장정 약 50만 명을 동원하게 되었다. 그러나 국민방위군은 징집에서부터 문제가 많았으

---

30) 『한국전란 1년지』, pp.C58~C75 ; 이때의 보수규정은 1951년 3월 2일에 가서 다시 개정되는데 그 내용은 다음과 같다. 국방부령 제6호 피징용자 보수규정 중 개정(1951. 3. 2). "피징용자 보수규정 중 좌와 같이 개정한다. 별지 일액 중 500원을 970원으로 450원을 830원으로 400원을 770원으로 하고 비고를 삭제한다. 부칙 본령은 단기 4284년 4월 1일부터 시행한다."

며 방위군 간부들의 부정행위로 말미암아 결국 전시 국민동원에 있어서 오점을 남긴 채 해산되고 말았다.[31]

한국전쟁발발 직후 국군은 보급부족으로 말미암아 많은 어려움을 겪었다. 더구나 1950년 7월 초 유엔군 지상군 부대가 참전함에 따라 전선의 재정비가 이루어지면서 서부축선은 유엔군이, 중부 및 동부의 산악지대는 국군이 각각 담당하게 되었다. 국군이 담당한 방어 지역이 주로 지세가 험준하고 교통이 불편하였으므로 전투부대에 대한 보급품 추진은 더욱 곤란하게 되었고, 결과적으로 전투 임무 수행상 상당한 지장이 야기되고 있었다.

이를 해결하기 위해 국군은 개전 직후부터 각 연대 및 대대별로 필요에 따라 피난민이나 인근 마을 주민 중에서 노무자를 모집하였다. 각 사단에서는 노무동원을 일괄적으로 통제하지 못하였으며, 결과적으로 노무자에게는 최소한의 보수도 지급할 수가 없었다.[32] 그럼에도 불구하고 주민들은 비록 소규모이긴 하지만 노무자 모집에 자원하여 성심성의를 다하여 맡은 바 임무를 수행했다.

초기의 혼란이 어느 정도 해소되고 국군의 재편성이 거의 마무리될 무렵, 군은 전선부대에 보급품을 운반할 노무자를 공식적으로 모집하였다. 대체로 이 무렵까지 국군 각 부대는 자원한 소수 노무자의 지원을 받기는 하였으나 대부분의 보급품은 자체 병력으로 운반·분배하고 있었다. 따라서 일단 전투상황이 벌어지면 전투부대에 소요되는 각종 보급품을 운반할 병력 부족으로 보급부진 현상이 일어나기 때문에 전투 중에 탄약이 고갈되거나 전투 요원이 굶주리게 되는 일이 다반사여서 대치한 인민군과 싸우는 전투부대 장병들의 고충은 이만저만이 아니었고 또한 사기에 미치는 영향도 매우 컸다.

---

31) 『육군발전사』(상), pp.428~432.
32) 『다부동전투』, pp.41~42.

그러나 군의 노무자 모집이 있고부터는 거의 대부분의 보급품이 노무자(보국대)의 손으로 추진되었다. 노무자들은 보급선이 발달하지 못한 산악지대에서는 지게를 지고 부대보급을 수행하는 등 극한 어려움을 겪어 가며 임무를 수행하였다. 이들은 보급품을 운반하는 도중에 적으로부터 포격을 받아도 대열에서 이탈하거나 보급품을 유기하는 일이 없었으며, 동료가 쓰러지면 그가 운반하던 것을 회수하여 메고 갈 정도로 사명감이 투철했다. 국군 각 연대는 사단에서 동원한 노무자만으로 임무수행이 곤란할 경우 각 연대 단위로 추가 모집하여 충당하는 경우가 많았으며, 국군 1개 대대에 평균 50~60명의 노무자가 활동하고 있었다.[33]

그들은 대개 전투 지역 인근 마을이나 피난민 수용소에서 동원된 40대의 농촌 출신 장년들로서 순박하고 부지런하여 매일 새벽 4시부터 밤늦게까지 전투원의 식량을 비롯한 탄약과 장비, 기타 보급품을 지게로 최전방까지 운반하였으며 되돌아올 때에는 전·사상자를 후송하기도 하였다.[34]

따라서 적의 총포에 희생되는 사람도 적지 않았으며[35] 오히려 전투원보다 더 심한 육체적인 고통을 겪었다. 그러나 그들은 언제나 젊은 병사들을 격려하고 자식처럼 어루만져 주는 등 전장에서 따뜻한 인간미를 보여주기도 하였다.

전투에 참가한 대대장 및 중대장들은 한결같이 "어떤 의미에서 전투의 절반은 그분들(노무자)이 치렀다"라고 입을 모아 증언하고 있다.[36] 그 정도로 노무자들이 전투에 기여한 공로가 다대했던 것이다.

예를 들면, 대구북방전투에서는 한 능선에서 적의 포격으로 인한 노무자의 손실이 하루에도 50~60명씩 발생할 때도 있었다. 게다가 주보급로로부터 대대 방어 지역까지의 보급품 운반거리가 멀고 지형이 험준했기

---

33) 위의 책, pp.124~125.
34) 제103사단 노무자 이상영, 감찰법무부 선임하사 송인석 증언, 중앙일보, 『민족의 증언』 제5권, 을유문화사, 1973, pp.299~315.
35) 제103사단 의무대 간호원 이순자 증언, 앞의 책.
36) 박기병 대령, 군사편찬연구소 증언록.

때문에 노무자들이 야간에 보급품을 운반하던 도중 길을 잃고 헤매다가 끝내 목적지에 도착하지 못하는 경우도 적지 않았다.[37] 그래서 장병들은 하루에 한 끼의 주먹밥으로 연명하고 때로는 보급품이 전혀 추진되지 않을 때도 있었다. 어떤 경우에는 지휘관들이 직접 탄약을 걸머지고 노무자를 인솔하여 대대 관측소까지 운반하기도 했다.

대체로 국군 각 부대에 노무자들이 충원된 후부터 최전방에 투입된 장병들은 특별한 사태가 벌어지지 않는 한 굶주리거나 탄약부족 때문에 고전하지 않게 되었다. 노무자들이 식량과 탄약을 전방까지 운반하며 부상자와 노획품을 후송하게 되었다. 이렇게 나이 많은 노무자들의 따뜻한 정성과 노고에 감사하는 일이 되풀이되는 사이에 어느덧 그들 모두의 마음 깊은 곳에는 최후의 승리를 다짐하는 신념이 굳어져 갔으며, 또 정신적인 유대로 굳게 뭉쳐 전투력 강화의 상승효과를 거두게 되었다.

다른 한편 노무자들은 도로와 교량을 보수하도록 책임을 분담하기도 하였다. 맨 먼저 착수한 가장 큰 공사는 왜관철교(倭館鐵橋)의 보수공사였으며, 이들은 국군 공병들과 함께 주야로 작업하여 7일간의 보수로 개통하였고, 다음에는 낙동강에서 한강까지 철로 및 도로보수공사도 시작하였다.[38] 이 밖에 앞 절에서 전술한 바와 같이 공장 노무자와 전문직 기술자를 비롯하여 급사, 하역부 등 많은 인원이 후방에서 국군을 지원하고 있었다.

3) 대유엔군 노무지원 활동

1950년 7월 초 유엔 지상군(地上軍)의 방어담당 지역은 서부축선으로서 국군이 담당한 중부 및 동부축선에 비해서는 비교적 도로가 발달한 곳이었지만, 대부분의 전선부대는 도로상에서 벗어나 산악지대에 위치하고 있었기 때문에 보급추진에 어려움을 겪고 있었다. 따라서 미군은 전선부대

---

37) 『다부동전투』, pp.199~200.
38) *South to the Naktong, North to the Yalu*, p.639.

의 보급추진 문제를 해결하기 위해 다각도로 검토하였고, 그 결과 가장 현실성 있는 대안으로 산악지형으로의 보급지원은 현지 인력을 이용한다는 방침을 결정하였다.

전투근무지원에 전투 병력을 투입할 경우 많은 문제점이 있었다. 그중 가장 대표적인 것으로는, 당시 병력이 부족한 유엔군으로서는 전투 병력을 근무지원에 투입할 수 없는 상황이었다는 것, 또 차량으로 도달될 수 없는 험한 한국의 산악지형에 익숙하지 않은 미군들은 한국인보다 육체적으로 부적합하다는 것이다.[39]

미군이 험준한 지형의 전선부대에 보급품을 추진하기 위해 민간인 노무자를 운용하는 것은 한국전쟁에서 처음 있는 일은 아니었다. 즉 제2차 세계대전 동안 아세아-태평양 지역의 작전에서 주로 많이 운용되었다. 이러한 수송 작전의 사례가 레이테(Leyte)에서 미 제1기병사단이 민간인 노무자를 운용하여 험준한 지대로 보급을 추진한 것이었다.

당시 부대역사보고서에 의하면 다음과 같이 기술되어 있다. 즉, "현지인 노무자들은 한번에 6일간 고용되었다. 보급추진임무는 전쟁 동안 필리핀 지도자들이 떠맡은 가장 힘들고 불쾌한 잡일이었다. 보급 캠프로부터 무거운 식량, 탄약과 기타 보급품을 꾸리는 임무가 시작되었다. 무장 엄호하에 운반자의 긴 행렬은 즉시 전장으로 향하였다. 지형은 좁고, 미끄러운 오솔길과 깊고 구부러진 강, 무성한 덤불, 정상까지 가파른 경사면 등으로 이루어 졌으며, 지상에서는 4.5km도 안되는 거리를 5시간 이상 허비해야 하는 그런 지형이었다. 두 번째 보급기지에 도착하면, 숙영을 한 후 다음 날 새벽부터 전방부대를 향하여 다시 행군이 계속되었다"라고 기술하고 있다.[40]

따라서 미군은 이러한 교훈을 교리에 적용하여 현지인 노무인력의 운용에 관한 내용을 반영하고 있었다. 1949년 9월에 작성된 미 육군 교범인

---

39) *Logistics in the Korean Operations*, p.22.
40) Historical Rpt, Hq 1st Cal Div, Leyte to 25 Dec 1944(U), pp.44~45(op cit, *Logistics in the Korean Operations*, p.23).

FM100-10에 의하면,[41] "노무지원단은 근무부대, 민간인과 포로, 전투단 또는 기타 조합으로 편성될 수 있다"라고 되어 있으며, 또한 "가용한 민간인과 포로노동을 사용하는 것이 가장 바람직하다"라고 규정하며 현지인 노무인력의 운용에 관한 일반 상황을 언급하고 있다. 그러나 한국전쟁이 발발하기 이전까지는 세부적인 계획은 마련되지 않고 있었으며, 다만 FM100-10에는 "작전 지역 내 지휘관의 방침에 따른다"고만 명시되어 있을 뿐이다.

따라서 전쟁 직후 미군이 참전하게 되었을 때 민간인 운용형태는 상황에 따라 다양하였다. 즉, 신속한 부두하역을 위해 민간인과 직접 및 간접 계약 고용을 통해 운용한 경우, 전방부대로의 보급추진을 위해 국군으로부터 인력을 제공받아 운용한 경우, 그리고 민간인 차량부대를 편성하여 각 부대의 보급을 추진한 경우 등 다양하였으며, 당시 많은 시행착오를 겪으면서 노무자의 효과적인 운용에 관해 지속적으로 논의하고 있었다.

군이 노무자와 직접 계약하여 운용하는 직접고용 노무의 경우, 노무자들이 필요한 지역 내의 부대 노무장교에 의해 직접 고용·운용·해고되었으며, 부대 노무장교가 전문·숙련·준숙련·비숙련 등으로 분류하여 직종과 임금을 결정하였다. 그의 임무는 노무자와 기술자를 최대한 이용할 수 있도록 계획하고 실천하는 것이었다. 그리하여 다양한 분야, 즉 행정이나 숙련, 기술적인 임무에 직고용 노무자를 활용함으로써 유엔 병력을 전투나 관리임무에 전용할 수 있게 하였다. 직고용 노무자의 운용 효율에 대한 평가는 미군 기술자들의 기준과 비교하여 다음과 같이 지적되었다.

노무자 중 훈련을 거친 기술자와 운전기사의 효율은 미군 기술자의 약 50~60%이며, 목공은 80%, 선로원과 통신가설공은 100%, 철공은 70%라고 각각 평가되었다.[42] 한편 계약고용 노무와 비교했을 때 다음과 같은

---

41) U.S.Army, *FM100-10*, 1949.7.
42) *Logistics in the Korean Operations*, pp.35~37. 이러한 평가는 미군의 기준에서 제시된 것이므로 실제 효율은 그 보다 훨씬 높았다.

장단점이 있다고 논의되었다. 장점으로는 먼저 선택적인 고용이 가능하다는 것이며, 또 감독으로 인한 안전성이 높으며, 현지에는 전문적인 기술 인력은 다소 부족하지만 준숙련·비숙련 인력은 광범하게 존재한다는 점 등이었다. 단점으로는 언어장벽 문제가 가장 대표적으로 지적되었다. 또 그 밖에 군의 감독이 필요하며 주의부족과 절도로 인한 보급품과 장비를 손실할 위험성이 있으며, 지휘관이 한국정부의 협조에 의지해야 하는 점, 그리고 사고에 대한 책임 문제, 노무인력의 기술 저급, 한국민을 열등시하는 미군들의 태도, 노무자들의 빈번한 이탈, 임금 문제 등의 요구에 대한 행정적인 통제의 어려움 등이 있다고 평가되었다. 그러나 일반적으로 미군에게는 직고용 노무는 경제적이고 효과적이라고 평가되고 있었으므로 계약 노무보다는 선호되고 있었다.[43]

반면, 계약 노무의 경우는 한국인 계약자가 노무자를 고용하여 군 조달장교와 협상한 계약을 이행하는 형태이다. 부대조달장교는 특정한 시간에 군을 위한 근무를 이행하도록 계약자들에게 입찰을 하며, 이때 계약절차에 따라 가장 낮은 입찰자가 계약하게 되는데, 그 후 노무자의 조달과 행정에 대한 책임은 전적으로 계약자에게 있었다.[44]

계약 노무의 노무자는 거의 대다수가 부두하역, 기중기 조작원, 선원, 검사원 등이며 그 밖에 도로보수, 병참기지 건설, 선로 작업, 인력 조달, 놋쇠 수집, 텅스텐 채광 등의 형태도 있었다. 계약 노무자들은 대체로 효율 면에서 직고용 노무자와 비슷하거나 그보다 못하였다. 군이 직접 감독하는 것이 아니기 때문에 다소 효율이 떨어졌으며, 이것을 해결하기 위해서는 성과제 계약(톤 계약) 형태가 효과적이라고 평가되기도 하였다.[45]

계약 노무는 많은 미군 병력을 전투나 기타 중요한 다른 업무로 돌릴 수

---

43) ibid. ; 1950년 7월 말경 부산군수사령부에 의해 약 8,000명의 직고용 노무자가 고용되었으며, 그 후 시간이 경과함에 따라 증가하는 추세였다. 1951년 12월경에는 최고 수치인 90,499명의 직고용 노무자가 고용되었다. ibid., p.31.
44) *Indigenous Labor in Korea*, pp.26~27.
45) *Logistics in the Korean Operations*, p.38.

있다는 사실은 차치하고라도 병력을 노무자 조달과 감독 임무로부터 해제시킬 수 있다는 장점이 있었다. 그리고 결점으로는 계약형태에 따라 차이가 있었다.

즉 시간제 계약은 노무자의 업무수행시간에 따라 지불되는 형태이지만, 노무자를 집중적으로 운용하여 단시간에 종료해야 할 특수한 업무에는 부적합하였다. 업무성과에 따라 지불되는 성과제 계약은 전문적인 기술을 요하는 업무에 일괄적으로 적용할 수 없는 결함이 있었다. 한편 업무종료에 따라 지불되는 한시적 계약은 업무별로 계약이 이루어지는 형태이지만, 항상 정해진 업무가 있는 것은 아니었다.[46]

미 지상군이 참전한 이후 부산항구에는 밤낮으로 수천 톤의 보급품이 선박에서 하역되었고 이용가능한 모든 수송수단이 투입되었다. 개전 초 유엔군사령부는 병사 1인당 1톤 기준으로 보급품이 일본에서 부산으로 수송되었으며, 제8군은 예비보급품을 최소한 45일 분을 유지하고 점차 120일 분으로 증가시키도록 계획하였다.[47] 따라서 7월 한 달 동안 부산항에는 230척이 입항하고 214척이 출항하여 총 309,314톤의 보급품과 장비가 하역되었다.[48]

이러한 보급품은 항구에서 보급지점까지 트럭과 열차를 이용하여 수송되고 있었으나, 당시 미군이 보유하고 있던 보급수단은 절대량이 부족한 상황이었다. 더구나 탄약과 식량, 피복, 의료품 등이 절실히 필요한 전선의 많은 지역은 지형상 차량이 도달될 수 없었다. 결국 지형이 험한 곳은 인력으로 운반해야만 하였으므로 많은 인력이 소요되었다.

전술한 바와 같이 정부는 전쟁 초기의 혼란으로 정부조직의 체계를 회복하는 데 일정기간 시일이 요구되는 상황이었으므로 사회부 산하의 노동

---

[46] ibid., p.41. 한시적 계약은 계약자나 노무자의 입장에서는 업무가 종료된 후 다음 업무를 보장받을 수 없는 결점이 있었으며, 군의 입장에서는 노무자들이 계약업무가 끝난 후 상당수가 민간인회사와 계약을 맺게 되므로 숙련 노무자의 상실이라는 문제가 있었다.
[47] *Logistics in the Korean Operations*, pp.5~15.
[48] *South to the Naktong, North to the Yalu*, p.260.

국은 각 지방에 대한 통제권을 행사하지 못하고 있었다. 때문에 유엔군에 소요되는 노무자 조달 문제는 유엔군 자체에 의해 다루어지게 되었다. 전쟁 초에 미 제8군의 노무정책은 민사지원과(民事支援課)에서 취급하였고, 부산군수사령부는 1950년 8월 현지인 노무과를 신설하여 인사참모가 관장하였으며, 얼마 후 민사참모에게 이양되었다.[49]

그러나 부산항에서의 보급품 추진 문제는 7월 초 시작부터가 난관이었으며, 부산의 제8군 병참부에는 근무지원 병력이 거의 전무한 상황이었다.[50] 따라서 인력은 한국 민간인들에게 의존할 수밖에 없었는데, 노무자 운용은 미군부대가 한국에 도착할 때부터 부두에서 장비와 보급품을 하역하는 업무에 동원하면서부터 시작되었다. 부두에는 분류되지도 않은 화물이 산더미처럼 쌓였다.

방어선이 낙동강 선까지 계속 밀리고 있을 무렵인 7월 말 유엔군은 비교적 규모가 큰 한국운송회사와 계약하여 부산항의 수송선에서 하역되는 모든 보급품을 하역한다는 계약을 체결하였다.[51] 유엔군의 주된 관심 중 하나는 부산항의 4개의 주요 부두에서 작전에 절실히 필요한 장비와 보급품을 신속히 하역할 수 있도록 하는 것이었다.

제2군수사령관 가빈(Garvin) 준장은 운용상의 여러 가지 문제로 인하여 8월에 들어 한국수송회사(韓國輸送會社)를 대체할 다른 계약자를 원하였지만, 전방으로 보급품을 증가시켜야 하는 위급한 상황으로 인해 다시 재계약을 체결하지 않을 수 없었다. 제2군수사는 대동수송회사(大同輸送會社)와 제3부두의 하역수송을 계약하였지만 나머지 전부는 다시 한국수송회사와 재계약을 맺었다.[52]

이 무렵 유엔군에 고용된 민간인 노무자들은 부두하역, 화물점검 등의

---

49) *Logistics in the Korean Operations*, pp.13~14.
50) 최승평 역, 미 육군 군사감실, 『한국에서의 전투지원』, 병학사, 1978, p.434.
51) *Offshore Procurement in Korea*(MHD-26), p.77.
52) ibid., p.79.

임무와 공항·도로·철로의 건설과 유지 임무, 그리고 군보급소에서 보급품의 추진임무 등을 수행하며 다양하게 활동하고 있었다.[53] 그러나 1950년도 한국 항만에서 운용된 노무유형 가운데 가장 대표적인 것은 한국수송회사와의 계약이었다.

전술한 바와 같이 유엔군에 의해 운용된 노무계약은 크게 시간제와 성과제 두 가지로 분류되었다. 시간제 계약으로서는 한국수송회사와의 계약이 대표적이었으며, 모든 노무자들은 일괄적으로 일당으로 지급받았다. 한국수송회사 노무자들의 임금은 업무량과 무관하게 시간제에 따라 1일 1인당 800원(44센트), 야근 시 1인당 1,200원(67센트)이었다.[54]

유엔군이 시간제를 채택한 이유는 가빈 장군이 각 기지에서 적당한 노무자들을 통제하여 미군이 거의 독점적으로 운용할 수 있도록 할 필요가 있다고 생각하였기 때문이었다. 부산에는 부산 주항(主港)를 비롯한 몇몇 외항(外港)과 병참기지, 탄약기지 등에 그와 비슷한 노무기술자들이 필요하였다.[55]

두 번째 계약형태는 성과제 계약형태(업무완료 또는 톤 당 계약)로서 전쟁 초부터 논의되었지만 일반적인 형태로 적용되지는 않았다. 군 수송단은 보급품의 하역과 부두, 기지를 정리하기 위해 가끔 이러한 형태를 운용하였다. 군은 계약자에게 업무를 수행한 업무량만큼 임금을 지불하였다. 대체로 하역작업은 수송선으로부터 부두까지 1인당 하루 평균 7톤의 화물

---

53) *Logistical Problems and their Solution*, pp.34~35.
54) *Offshore Procurement in Korea*(MHD-26), p.79 ; *Logistics in the Korean Operations*, p.34.

|표| 한국 통화가치 변동

기간	가치
1950. 7~1950. 9. 30	달러당 1,800원
1950. 10. 1~1950. 11. 5	2,500원
1950. 11. 6~1951. 3	4,000원
1951. 3. 10~1953. 2. 16	6,000원

55) *Offshore Procurement in Korea*(MHD-26), pp.79~80.

을 하역할 수 있었다.

‖ 표-30 ‖ 기간별 계약 노무자 운용상황[56]

연월	제2군수사령부	제8군
1950. 10	30,000(명)	
11	25,000	
12	25,000	
1951. 1	25,000	
2	35,000	
3	35,000	
9		37,841

따라서 성과제의 경우 한 사람이 하루에 14톤을 하역하면 두 배의 임금을 받을 수 있었으므로 노무자의 숫자나 시간이 문제가 아니라 수행한 업무량에 역점이 두어진 것이었다.[57] 최소한의 시간과 인력으로 하역할 경우, 하역을 계약한 계약자는 더 높은 수익을 올릴 수 있었으며 자연히 노무자들도 보다 높은 임금을 받을 수 있었다. 반면에 같은 인원으로 다른 조직의 평균량에 미치지 못하면 손해를 볼 수 있었다. 유엔군은 인천에서 1950년 11월 성과제 계약을 적용하였으며 1951년 2월 군산에서도 실시하였으나 일반적인 계약형태는 아니었다.[58]

결론적으로, 유엔군에 의해 운용된 두 가지 계약형태 중 성과제 계약은 군 보급품 하역 시 군과 계약자, 노무자 모두에게 더욱 유리한 것이었으나, 주의를 요하는 업무나 위험이 따르는 전방부대 보급추진 등과 같은 업무에서는 활용될 수 없다는 결함이 있었으므로 그런 경우는 시간제계약이 널리 활용되었다.

유엔군은 해상과 공중수송을 통해 부산에 도착한 보급품과 장비들을 다

---

56) *Logistics in the Korean Operations*, p.39.
57) *Offshore Procurement in Korea*(MHD-26), pp.80~81.
58) ibid., p.81.

시 지상, 해상, 공중수송을 통해 각 사단 보급지역까지 수송하는 데는 큰 문제가 없었다. 그러나 전선부대로까지의 수송은 험준한 지형의 장애로 인하여 큰 난관을 겪고 있었다. 통상 전투 병력에 대한 보급추진도 근무부대에 의해 수행되는 것이 일반적이지만, 전쟁 초 유엔군은 근무부대의 부재와 지형의 험준함으로 인하여 정상적인 근무지원을 하지 못하고 있는 상황이었다.

따라서 보급추진 문제가 신중히 검토되었으며 그중 현지민간인 노무자를 활용하는 것이 가장 바람직하다는 결론이 내려졌다. 이러한 계획을 발전시킨 세부안 중에는 민간인 운용 시 야기될 수 있는 문제를 최소화하기 위한 방편으로 근무부대 요원이 민간인 노무인력을 조직하여 운용하는 것이 포함되어 있었으며, 그것은 곧 1951년 3월 민간인운반단(民間人運搬團:CTC)의 조직으로 현실화되었다.[59]

그러면 먼저 민간인운반단이 창설되기 이전 한국정부와 국군의 노무자 지원과 유엔군의 노무운용 상황에 관하여 간략히 개관하기로 한다. 초기 노무지원 상황은 체계적인 자료가 없어 구체적으로 이해할 수는 없으나 단편적인 자료를 통하여 그 대강은 파악할 수 있다.

최초 미지상군이 참전했을 당시 유엔군은 가용 수송부대가 태부족하였으므로 임시방편으로 한국 민간인 차량들을 활용하였으며, 우리 경찰을 통하여 동원한 민간인 운전기사에 의해 운용되었다. 일부 민간인은 제8군 수송 장교의 통제하에 미군차량을 운전하도록 훈련받기도 하였다. 그 결과 1950년 7월 3개의 민간인 수송 차량중대가 조직되었으며, 이들은 부산 지역에서 하역된 보급품과 장비를 사단 보급 지역까지 차량으로 수송하는 임무를 수행하였다.[60]

한편 유엔군 방어부대에 보급을 추진하기 위해 운용된 최초의 민간인은

---

59) *Logistical Problems and their Solution*, pp.49~50.
60) *Logistics in the Korean Operations*, pp.11~12.

직접고용 노무 형태였다. 미군에 의해 광범위하게 운용된 직고용 노무자[61]는 전쟁이 개시되고 한 달 안에 부산병참사령부에 의해 민간인 8,000명이 고용되었으며, 또한 미 제8군의 요청으로 국군이 충남 지역의 민간인 1만 명을 편성하여 노무지원하기도 하였다.[62]

상기 부산과 충남 지역에서의 노무지원은 엄격한 의미에서 임시방편에 따른 비합법적인 조치였지만, 7월 26일 이승만 대통령의 긴급명령인 비상대통령령(1950.7.26)이 공포된 후부터는 합법적으로 전시에 필요한 민간인 인력을 동원할 수 있게 되었다. 이에 따라 유엔군은 국군과의 협조를 통하여 전선까지 보급품을 운반할 필수불가결한 민간인 운반자를 지원받을 수 있게 되었으며, 이 무렵부터 거의 모든 비숙련 업무에도 민간인이 활용되기 시작하였다.

1950년 8월 동안에는 미군 4개 보병사단에 사단 당 평균 약 500명의 노무자를 지원받아 부대보급을 추진하였으며, 그 숫자는 점차 증가하였다. 따라서 국군이 미군부대에 노무자를 지원하는 제도는 이처럼 대통령령에 의거 육군본부가 제8군사령부와 합의함으로써 성립되었으며, 그 목적은 유엔군 각 부대에 각종 노무지원 및 근무지원을 하는 것이었다.[63]

미 제8군 민간인지원과는 최초로 전방 지역에서 운용할 노무자를 조달하는 임무를 부여받았다. 지원과는 노무인력을 필요한 각 부대로 보낼 수 있도록 하기 위하여 현재 등록된 노무자 가운데 남아 있는 인력을 조사해 그 지역 내의 담당자에게 통보하는 형식으로 조달하였다.

그러나 이러한 방식은 노무자들이 전방 지역으로 이동하는 도중에 이탈하는 경우가 빈번하였으므로 비효율적인 방식이라고 지적됨에 따라 즉시 새로운 조달체계가 검토되었다. 그 결과 이러한 이탈을 줄이기 위해서는

---

61) *Indigenous Labor in Korea*, p.37.
62) *Logistics in the Korean Operations*, p.24, 31.
63) 『국방사』 제2권, p.305, 354에서는 "이들은 '징발에 관한 특별조치령'(1950.7.26)에 근거하여 동원되었고, 이들의 운영비는 미 제8군과 협의하여 유엔군 주둔비에서 지출되었다"라고 기술하고 있다.

노무자들을 중대단위로 편성하여 국군 장교나 헌병의 통제하에 전방 지역으로 이동시켜야 한다는 것이었다.[64]

한편 유엔군은 노무자의 규모가 증가하자 민간인 인력을 효과적으로 통제하기 위해서라도 수송장교의 통제하에 운반중대로 조직할 필요성을 느끼게 되었다. 이에 따라 노무자들은 민간인운반단(CTC)[65]이라는 준군사 조직으로 편제되어 유엔군의 보급추진을 지원하게 되었다. 이것은 전술한 민간인 차량중대와는 성격이 다른 것으로 주로 이들의 임무는 지게(속칭 지게부대 : A Frame)를 지고 험준하고 가파른 산악지형에 위치한 최전선까지 보급품을 운반하는 것이었다. 민간인운반단은 1951년 3월까지 각 240명을 보유한 82개 중대로 편성되었으며 총인원 19,680명의 규모가 되었다.[66] 이들은 대구 외곽에 설치된 운반단에서 간단한 훈련을 받은 후 3월 말까지 65개 중대 총 15,600명이 전방으로 투입되었다.[67]

민간인운반단 노무자들은 한국통화로 국군 임금수준을 고려하여 지불받았다. 이들은 민간인 조직이었기 때문에 의류 및 장비 등은 민간인구호기금으로부터 공급받았다. 미 제8군 병참장교가 이들 노무자들에게 유니폼 · 신발 · 취사도구 · 담요 · 지게 및 기타 장비를 구입하여 지급하였다.[68]

이는 민간인구호품 가용 품목으로도 조달될 수 있었지만, 통상의 보급체계는 국군 보급지원에 사용되는 것과 같은 것이었다. 또한 전방 지역에서의 그들에 대한 입원이나 의료지원도 위급한 상황을 제외하고는 마찬가지로 국군에 책임이 있었다.[69]

---

64) *Logistics in the Korean Operations*, p.17.
65) CTC(Civil Transportation Corps)는 '민간인수송단'이라고 호칭되고 있으나(김병곤, 앞의 논문, p.229), 그 업무와 기능으로 보아 '민간인운반단'이라는 용어가 적합하다고 생각되며, 이것은 또 1950년 7월에 창설된 민간인 수송 차량중대(Indigenous Truck Companies)와는 다른 조직이다.
66) ibid., p.17.
67) Command Report, Hq Eight Army, Aug 1951(S).
68) *Logistics in the Korean Operations*, p.17.
69) *Logistical Problems and their Solution*, p.71.

대략 각 전선에서 차량으로 보급품 수송이 가능한 지점인 사하지점과 전방 전투중대와의 거리는 약 1.5~7.5km에 이르는 산악지형이었다. 병참선에서의 이러한 간격은 거의 전적으로 민간인운반단 노무자들의 운반인력으로 채워졌다. 이들은 비 전투요원으로서 운반을 담당하지 않을 때에는 작전상 필요한 기타 업무인 축성, 도로와 교량의 보수, 그 밖의 유사한 임무에 동원되어 전투부대를 직접 지원하는 데 기여하였다.

미군과 비교해 볼 때 운반단 노무자는 근무 지원임무에 있어 대단히 효율적이었다. 지게를 통해 운반하는 보급품의 양은 거리나 지형에 따라 차이가 있었지만, 전 전선을 통해 한 명의 노무자가 평균 시간당 1.5km 기준으로 약 4kg의 보급품을 운반할 수 있다고 평가되었다.[70] 험준하고 비탈진 지형에 익숙하지 못한 미군이 산악지형으로 보급품을 운반하는 것은 지게를 사용하는 한국인보다 효율적이지 못하였다.

전술한 바와 같이 지게부대라는 별칭의 민간인운반단의 조직은 전쟁 동안 대단히 중요한 역할을 수행하였다. 그들은 전근대적인 지게를 운반수단으로 하여 가파르고 험한 지형을 넘어서 적의 화력을 극복해 가며 절실히 필요한 탄약과 장비, 식량 등을 유엔군 병력에게 수송해 주었으며, 같은 방식으로 전사자와 부상자를 후송하였다.[71]

이에 대해 미 제8군사령관을 역임한 리브시(Livsey) 장군은 "그들은 대단히 힘든 기후와 지형, 전장에서의 위험을 극복하며 차량이 갈 수 없는 곳으로 갔다"라고 하였으며, 스틸웰(Stilwell) 장군은 "그들은 모든 의미에서 군인과 다름이 없었으며, 적의 화력을 무서워하지 않았다. 그들은 전·사상자를 받아 구호지점과 보급소 그리고 유엔군 병사 사이를 인간교량을 만들어 재빨리 임무를 수행하였다"라고 평가하였다. 이들은 전투

---

70) ibid., p.71.
71) 육군본부 역, 『낙동강에서 압록강까지』, p.388에서도 "민간인을 운용하여 산악지대에서 지게로 보급품을 운반하도록 한 것은 기타방법을 이용하는 것보다도 훨씬 경제적이며 능률적이기 때문이다"라고 평가하고 있다.

를 지원하기 위해 전장으로 이동하여 벙커, 도로, 지휘소, 구호지점을 만들었으며 그러한 과정은 거의 영웅적이었다.[72]

따라서 민간인운반단 운용의 가장 주요한 의의는 비록 민간인이긴 하지만 전투근무지원의 임무를 담당함으로써 유엔군이 직면한 병력부족 상황을 극복하는 데 일조해 주었으며, 또 작전수행 시 고지에 위치한 병력에 보급과 장비를 적시에 제공했다는 데 있다.

그러나 이러한 의의에도 불구하고 운용상 한계점으로 몇 가지가 지적되었다. 즉, 통역관의 부족으로 인한 노무자와 유엔군 사이에 언어장벽 문제가 있었으며,[73] 또 노무자들의 빈번한 무단이탈 등으로 인한 통제의 어려움과 보급품의 도난과 손상 등이 문제로 제기되었고, 이 밖에 보급 속도의 둔화와 노무인원 개편에 따른 업무의 비효율성, 그리고 마지막으로 미국 노무 운용 규정에 상치되는 문제가 있다는 점 등이 한계점으로 지적되었다.[74]

이 밖에 노무자의 관리상 문제로 지적될 수 있는 것으로 민간인운반단을 위한 보급지원을 충분히 준비하지 못하고 있었다는 점을 지적할 수 있다. 식량은 공급되었지만 피복과 주거 문제에 대해서는, 민간인운반단의 후신이라고 할 수 있는 1951년 7월 노무단이 편성될 때까지 그 대책을 마련하지 못하고 있었다. 이러한 문제는 군사훈련의 부족과 업무와 관련된 위험 등의 문제 등과 맞물려 매우 높은 이탈을 야기하였다. 그러나 이러한 문제는 점차 개선되어 갔으며 편성된 지 불과 몇 달 후 민간인운반단 노무인력은 19,680명으로 증가하게 되었다.

미 육군교리에 의하면, "지휘관은 민간인에 의해 수행될 수 있는 업무에 전투 병력을 배치함으로써 군사적 효율이 떨어지지 않도록 할 책임이 있다. 민간인 고용자와 관련하여 행정적인 작전에는 조달 · 수송 · 계약 · 통계 · 기록 · 지불 · 근무조건, 의료배치, 노무자와 조합의 조직과 행정 등과

---

72) KSC-INTRODUCTORY HANDBOOK, p.4.
73) 제103사단 이송만 소위 증언, 『민족의 증언』 제5권, pp.299~315.
74) Logistics in the Korean Operations, p.19.

관련하여 정부의 승인이 필요하다. 이에 관한 기본계획의 수립과 정부승인을 위한 계획서는 지휘관에 의해 작성된다"라고 하고 있다.[75]

한국전쟁기간 동안 상기 교리에 대한 적절한 보완이 중요한 문제로서 대두되었다. 그러나 전술한 바와 같이 현지인 노무자의 활용은 유엔군 근무부대의 부족으로 인하여 미처 충분한 검토가 이루어지기도 전에 활용되고 있었다. 실제 민간인 노무인력은 미군에 의해 협의된 여러 형태의 노무에 활용되었다. 그들은 직접 그리고 계약에 의해 고용되었을 뿐만 아니라 준군사조직체로서 구성되기도 하였다.

그러나 민간인운반단(1951. 3)과 한국노무단(1951. 7)이 창설되기 이전인 1950년도에 유엔군이 고용한 노무자는 크게 직고용과 계약고용으로 분류될 수 있다. 직고용 노무자는 군이 노무자와 직접 계약하여 운용되었으며, 계약 노무자는 조달과(KBS) 구매계약 장교가 공인한 계약을 수행하도록 한국인 노무계약자와의 협의하에 운용되었다.

계약은 일반적으로 근무계약과 업무계약으로 분류된다. 근무계약은 약 6개월에서 1년으로 이루어졌으며, 근무계약하의 노무자 90%는 수송선으로부터 보급품을 하역하는 임무를 띠고 있었다. 반면에 업무계약은 정해진 기간 동안 수행해야 하는 특별한 업무에 관해 체결되었다.

노무자 고용에 관한 노무규정에는 다음과 같은 기준이 설정되었다. 즉 노무자로 우선적으로 고용될 수 있는 자는 ① 국군에서 근무할 수 없어 명예 퇴직하였지만 필요한 업무수행이 가능한 자 ② 40세 이상의 남자로서 육체적인 장애로 군복무는 할 수 없지만 필요한 업무수행이 가능한 자 ③ 국군으로 전혀 업무가 불가능한 퇴직자의 부인들 ④ 국군 전사자의 미망인 등으로 규정되었다.[76]

이러한 고용우선 규정은 국군과의 협의하에 설정된 것이었지만, 계약

---

75) U.S. Army, FM100-10, 1949, p.125.
76) KCOMZ Chief Labor Section, *U.N.INDIGENOUS LABOR IN KOREA*, July 1953, pp.8~9.

고용주들은 27세 이하의 장정을 불법적으로 고용하고 있었다. 국군은 27세 이하의 노무자 모집에 대해서는 절대 용인하지 않고 있었다. 국군은 18~40세의 모든 장정에 대해서 등록을 하고 있었으며, 의사와 약사 등의 경우는 40세까지, 그리고 전기·통신·기관차 기사와 같은 기술자들은 37세까지 군사징집이 가능하도록 규정해 놓고 있었다. 또한 국방장관은 36세까지의 모든 자동차 운전기사는 그들이 근무하는 곳에 관계없이 징집될 것이라는 내용을 공표한 바 있었다.[77]

미 제8군에서는 이러한 문제를 극복하기 위해 검토한 대안 중 하나로 경차량(輕車輛)의 경우 여성들을 고용·훈련시켜 활용하는 방안을 제시하였다. 한국 여성의 경우 거의 대부분이 차량을 운전한 적이 없었으므로 몇몇 반대가 있기는 하였지만, 결과적으로 이 계획안은 즉시 실천에 옮겨지게 되었다. 고용된 여성들은 일정기간 동안 훈련기간을 거친 후 효율적으로 운용되었으며 그들의 숫자 역시 점진적으로 증가되고 있었다.[78]

한편 미 제8군은 27세 이상의 운전기사의 경우 징집을 연기시켜 주도록 할 것과 또 아울러 27세 이하의 필수불가결한 소규모 인력에 대해서도 노무자로 징집할 수 있도록 예외규정을 조치해 줄 것을 요청하였으며, 국방장관이 이에 동의하였다. 징집연기와 예외규정을 요구하는 미 제8군을 포함한 모든 조직과 단체는 구체적인 내용을 담고 있는 문서를 국방장관에게 제출하였다. 대부분의 노무장교들은 노무인력에 관한 내용을 담고 있는 서류를 국방장관에게 제출하면 오히려 국군이 병력징집을 위해 활용하게 될 것이라고 주장하였다. 그러한 가능성이 없는 것은 아니었지만, 그것은 유엔군이 필요한 노무인력을 획득할 수 있는 유일한 방법이었다. 그러나 실제 유엔군에 고용된 총 86,000명의 직고용 노무자들 가운데 예외가 요구된 노무자의 수는 불과 1,000명을 초과하지 않았으므로 큰 문제가 되

---

77) ibid., pp.8~9.
78) ibid., pp.8~9.

지는 않았다.[79]

　모든 유엔군 민간인 노무자들은 분명한 업무와 직종하에 고용되었고, 그것은 총 11등급에 이르렀다. 최고 등급인 A등급은 총 19종의 전문기술직으로서 월급고용직이었다. B등급은 총 7종의 전문 기술직이었지만 전자보다는 낮은 수준이었으며, 역시 월급 고용직이었다. C등급부터는 시간당 노무자들이었으며, C·D 등급은 감독직이었다. E·F 등급은 숙련인, G등급은 준숙련인, H는 비숙련인, I등급은 F등급의 도제(徒弟)로 각각 분류되었다. 각 등급에는 7~13종의 직종이 있었다.[80]

┃표-31┃ 유엔군 고용 직급·직종[81]

전문직	숙련		준숙련	비숙련
건축가	감독	기능공	십장	노동자
기술자	조사관	제작공	시간계	수위
의사	제도	연관공	중장비기사	급사
과학자	번역	목수	노동자	
예술가	속기	선기공	소방인	
	미장	통역	난로공	
	십장	타자수	운전기사	
	회계	무전수	사무원	
	요리사	간호원	경비	
	행정보조	주방		

---

79) ibid., pp.8~9.
80) ibid., pp.4~5.
81) *Logistics in the Korean Operations*, p.36.

■ 표-32 ■ 유엔군 고용 임금 규모[82]

직종	원	달러
기술자	300,000	50
의사	300,000	50
감독	225,000	37
조사관	207,000	34
회계원	183,000	30
기능공	183,000	30
간호원	183,000	30
통역	159,000	26
차량기사	159,000	26
타자수	159,000	26

    각 등급은 1~4급으로 분류되었다. 이러한 분류는 계속 근무한 유능하고 숙련된 노무자에게 유리하게 하기 위한 것이었으며 최초 임명 시에는 1급이었다. 노무자들이 2급으로 승급하기 위해서는 업무에 숙련되어야 했고 그 기간으로 약 6개월이 소요되었다. 3급으로 승급하기 위해서는 2급에서 18개월을 근무해야 했으며, 또 4급에 적합하기 위해서는 3급에서 36개월을 복무해야 했다. 각 급 사이의 임금은 평균 10~14%의 차이가 있었다. 유엔군은 노무자의 결근이나 휴가에 대한 대책은 마련하지 못하였다. 유급결근에 대한 대책이 없었으며, 또 부득이한 결근의 경우에도 15일을 초과할 수 없었다. 업무상 부상을 입은 노무자들은 입원하고 있는 동안 그들의 임금 총액을 받지만 30일을 초과하지 못하게 규정하고 있었다.[83]

    유엔군은 미군 병력의 부족 문제와 아울러 우리 정부가 항만장비, 보수장비, 숙련 기술노무자를 충분히 공급할 수 없었기 때문에 일본 민간인 인

---

82) *Indigenous Labor in Korea*, pp.35~39.
83) ibid., pp.35~39.

력을 운용할 문제를 논의하고 있었다. 작전지원을 위한 일본 민간인 인력의 효율적인 활용은 민간인 노무인력의 활용이라는 면에서 더욱 발전적으로 검토되었다. 따라서 한국전쟁 초기부터 미군은 일본인 기술자를 고용하여 부산 항구 등에서의 보급 작전을 지원하게 하였으며 항만 장비, 바지선, 선원 등을 공급하기 위해 일본인 회사와 계약을 체결하고 있었다.[84]

당시 주일 미 대사 머피(Murphy)에 의하면, "일본인 선주와 철도전문가들이 그들에 소속된 숙련 기술자와 함께 한국으로 가서 미군과 함께 유엔군사령부 예하에서 업무를 수행하였고, 이는 극비의 사안이었다. 한국을 잘 아는 수천 명의 일본인의 도움이 없었다면 유엔군의 작전은 많은 어려움을 겪었을 것이다"라고 당시의 상황을 진술하고 있다.[85]

극동군사령부는 일본에 대한 군정 초기부터 점령통치를 목적으로 일본인 노무자를 효과적으로 운용하고 있었다. 그 인원은 전국에 약 15만여 명에 이르렀으며, 그중에는 전문직 분야에서 종사하는 부류도 많았고 또 심지어는 군사적으로 큰 문제가 없는 지역에서 경계임무를 수행하기도 하였다.[86] 한국전쟁이 발발한 후 미군이 부대이동과 하역 및 특수 노무 등을 위해 필요한 노무 인력을 빠른 시일 안에 투입할 수 있었던 것은 일본인 노무자라는 배경이 있었기 때문이었다.

| 표-33 | 극동군사령부 민간인 노무자 고용[87](단위 : 명)

연월	사령부본부	주일군수사	말보 군수사	총계
1950. 6	29,605	127,253	21,716	178,574

---

84) Hq JLCOM, Activities Rpt, 25 Aug 1950~30 Sep 1950(S).
85) 三木秀雄, 「支援という名の防衛戰略」, 『防衛大學(社會科學篇)第51輯』, 1960, p.141.
86) Reinhard Drifte, Japan's Involvement in the Korean War, Humanities Press International INC, 1989, p.124 ; 전쟁의 발발로 일본인 노무자의 수는 더욱 증가하였으며, 1950년 11월까지 사세보에는 탄약작업에만 연인원 10만 명이 고용되었다. 해군본부 역, 앞의 책, p.465.
87) Logistics in the Korean Operations, p.12.

1950. 6	29,605	127,253	21,716	178,574
7	29,361	103,749	19,682	152,792
8	36,616	151,203	20,019	207,898
9	42,032	153,698	21,114	216,844
10	43,780	155,044	22,455	221,279
11	43,979	170,612	23,844	238,435
12	43,155	162,054	23,819	231,028
1951. 1	44,430	152,658	24,445	221,533
2	45,203	150,783	24,971	220,957
3	45,151	150,971	25,128	221,795
4	45,280	150,276	26,239	221,795
5	44,527	155,750	25,272	225,549
6	44,062	166,452	25,356	235,870

　전술한 바와 같이 극동군사령부는 전쟁기간 중에 물론 한국인 노무자도 광범위하게 조직·운용하고 있었으나, 긴급을 요하는 일이나 특수한 전문적인 기술을 필요로 하는 직종의 인력은 주로 경험이 풍부한 일본인 노무자를 운용하였다. 당시 극동군사령부는 태평양전쟁에서의 경험이 많은 일본인 기술 인력을 확보하고 있었으며 또한 그들이 필요한 장비를 소유하고 있었기 때문에 적합하다고 판단하고 있었다.[88]

　한편 극동군사령부의 문서에 의하면, 사령부는 부두하역, 수송선, 선원 등을 충당하기 위해 일본 회사와 따로 고용계약을 맺었다. 군수사령부의 조달장교가 일본 노무자를 조달하는 임무를 수행하였다. 그의 관할 아래에는 26명의 노무연락장교가 일본 지방 노동사무국과 연락을 유지하면서 징발(소집)에 관한 모든 문제를 처리하고 있었으며, 필요한 범위 내의 인

---

88) FEC/UNC G5 Secion, Command Report(1952.11.1~11.30), SN. 512 ; Mark W. Clark, *From the Danube to the Yaru*, New York: Harper & Brothers, 1954, p.148. 당시 극동군사령부는 일반적으로 한국인 기술자들은 특별한 전문훈련이 필요없는 분야에 15~30일간의 훈련을 거친 후 임무를 수행할 수 있다고 판단하고 있었다.

력을 적시에 선발하였다. 일본인 계약고용 노무자는 미군이 발주한 도급계약에 따라 주로 항구에서 화물의 하역, 운송 등의 노무를 제공하였다.

그러나 현재로서 한국으로 투입된 일본인 노무자의 구체적인 숫자는 자료의 부족으로 그 전모를 파악하기가 곤란하며 다만 부분적으로 보고된 자료에 의해서 그 대체적인 윤곽만을 추산할 수 있을 뿐이다. 그 예가 1950년 9월 인천상륙작전 동안 보급품을 하역하기 위해 부두하역인부를 특수조달한 경우이다. 인천작전에 투입된 일본인 노무자는 일본 부두노동자 가운데 3,936명이 군수사령부와 60일간의 직접계약으로 한국으로 이동하였다.[89] 한편 원산(元山) 진남포(津南浦) 등의 소해작전(掃海作戰) 때에도 많은 일본 민간인이 투입되었으나 그 구체적인 숫자에 관해서는 현재 확인하기가 곤란하다.

이에 앞서 1950년 7월 극동군사령부는 후쿠오카(福岡)-쓰시마(對馬島)-부산 사이에 해저통신선(海底通信線)을 수리 및 설치하기 위해 수백 명의 일본인 직고용 기술자를 동원하였으며, 그 후 또 시모노세끼(下關) 하마나(浜田)로부디 부산 지포(砥浦) 사이에 해저통신선을 설치하는 데 기술 인력을 동원하기도 하였다.[90]

한편 규슈(九州)에 집결한 미 제3사단이 원산항으로 상륙하기 위해 준비하고 있을 때 보급과 장비의 양륙이 문제가 되었으며, 유엔군은 하역작업에 경험이 많은 일본인을 투입하였다. 극동군사령부의 문서에 의하면, 제90기동전대에서는 각 보급선의 물자를 자체적으로 하역할 수 있도록 적절한 규모의 일본인 부두하역자를 요구하였으며, 제10군단도 부두하역자를 추가적으로 요구하였다. 이에 군수사령부의 수송장교는 일본인 노동조직체와 계약을 체결하였으며, 이때 자체보급은 노동조직에서 운용되는 병영선(兵營船)에서 이루어지도록 요구되었다.

---

89) *Logistics in the Korean Operations*, p.42 ; 『朝日新聞』1977年 6月 6日字에 의하면, 인천상륙작전에서 약 2,600여 명의 일본인이 수송력을 강화하기 위해 고용되었다고 하였다.
90) 吉岡吉典外, 『現代朝鮮論』, 頸所書房, 1966, p.101.

결국 1950년 11월 11일 일본인이 소유한 병영선으로 2개 노무집단의 10개 조직체가 한국해역으로 이동하였고, 각 조직체는 감독 1명, 윈치(크랭크)기사 7명, 해치 탠더 7명, 부두하역 노무자 42명 등으로 구성되어 출발하였다. 이때의 작전에서는 총 1,300명의 일본인 노무자가 1950년 12월 31일까지 참가하였다.

한편 주한유엔군 내의 수송단인력·하역자·장비수리공도 부족분은 일본인으로 고용 충당되었다. 이들을 위한 병영선에는 비 군사요원 총 4,438명이 탑승하였고, 이들은 육군성 소속 민간인 87명과 일본인 직고용 해상요원 1,860명, 유엔군사령부 공인 일본인 선주가 고용한 노무고용인 2,491명 등으로 구성되었다.

당시 일본인 노무자의 최고임금(복지·연금·의료지원 등을 포함)은 한 달 평균 27,000엔이었고 최소임금은 3,500엔이었다. 일본 내의 노무자의 임금은 점령업무 기금으로부터 엔으로 정부가 지불한 반면, 작전을 직접 지원하기 위해 한국으로 투입된 노무자의 임금은 일본정부의 요구에 의해 달러로 지불되었다.[91]

한편, 우리 정부는 작전 초기에는 작전의 위급함으로 말미암아 한국 내에서 일본인을 운용하는 데 반대 의견을 제시하지 않았으나, 1952년 가을 주한일본인 인력과 장비를 우리나라 사람과 우리 장비로 대체해 줄 것을 유엔군사령부에 공식적으로 요구하였다. 이승만 대통령은 일본인 기술자와 노동자들을 철수시킬 것을 주장하였다. 한편, 당시 주한 일본인 노무자들은 한국인과 다소의 마찰이 있었으므로 항상 미군기지 내에 기거하면서 미군의 보호를 받아야만 하는 상황이었다.[92]

정부가 일본인을 대체하도록 요구한 주요한 이유는 "우리나라 사람을 훈련시키면 경험을 쌓는 데 도움이 되고, 일본과의 정치적 문제에 연루되

---

91) *Logistics in the Korean Operations*, p.43.
92) Mark W. Clark, ibid., p.148.

지 않으며, 또한 대민구호활동을 줄일 수 있고 달러 획득에 기여할 수 있다"라는 것이 골자였다.[93]

이에 유엔군사령부에서는 정부의 대체요구와 관련하여 1952년 11월 우리 나라 사람으로 대체하는 계획안을 수립하였다. 그것에는 1953년 3월까지 일본인과 장비를 철수시켜 한국인으로 대체할 것이라는 절차를 담고 있었다. 정부는 교통부장관을 통하여 주한군수기지사령부(KBS)와 그 계획안에 동의하였으며 또한 그것을 수행하기 위해 유엔 한국위원회의 대표를 임명하였다.[94]

그러나 유엔군사령부는 몇 가지 문제로 인해 그 대체계획을 매우 점진적으로 이행하였으며, 최종적으로 철수하기로 계획된 1953년 3월까지 일본인 531명과 장비 51종만이 귀환하였을 뿐이었다. 대체가 지연된 가장 큰 이유 중의 하나는 한국인 노무자들이 일본인과 같이 대형선박이나 장비 및 기술을 보유하지 못하고 있으며, 기술경험 면에서 일본인보다 뒤떨어진다는 것이 유엔군사령부의 주장이었다. 결국 일본인 인력과 장비는 1953년 7월 31일까지 전진적으로 대체되고 있었다.[95]

인민군은 서울을 장악한 후 계속 남하함에 따라 병참선이 신장되었으며, 1950년 7월 말경에는 거의 300km에 이르렀다. 더욱이 해상 및 항공 수송이 불가능하게 되어 모든 수송은 빈약한 육로에 의존할 수밖에 없었다. 도로망이 서울로 집중되었기 때문에 평양·원산 등에서 적재한 보급품도 반드시 서울을 통하지 않으면 안 되었다. 인민군은 수만 명의 서울시민을 동원하여 한강교를 보수하고 여기서 부챗살처럼 뻗어 있는 보급로를 따라 제1선의 11개 사단을 지원하고 있었다. 미 제5공군이 막강한 화력으로 이들 병참선을 차단했기 때문에 인민군의 보급차량은 야간운행도 어려운 형편이었다.

---

93) *Logistics in the Korean Operations*, p.44.
94) FEC/UNC G5 Secion, Command Report(1952.11.1~11.30).
95) *Logistics in the Korean Operations*, p.44.

인민군 최고사령관 김일성은 1950년 8월 22일 전선돌파를 위한 최종공세 준비 기간 동안 가용한 총역량을 경주하도록 독전하였으며, 전선사령부는 8월 중 모든 예비부대와 장비 및 보급품을 전선으로 추진하는 데 전력을 기울이고 있었다.[96]

이에 예비사단인 인민군 제7·제10사단의 투입에 이어 마지막으로 8월 중순 제9사단이 영산방면으로 투입되었다.[97] 이들 부대들은 병력 중 1/3을 한국에서 강제 징집한 신병들로 보충하고 있었으므로 다른 사단에 비해 전투력은 낮았다.

인민군은 8월 23일에 소련에서 새로 도착한 T-34전차로 편성된 제16·제17여단 등 2개 기갑여단을 전선으로 투입하였는데, 이들은 낙동강선 돌파를 위한 최종 공세를 위해 8월 말 평양을 출발하여 주로 야간에 철도를 이용해 전선으로 이동하였다.[98] 인민군으로서는 이 부대가 낙동강 선에 증원할 수 있었던 마지막부대로서 이후 부대증원은 이루어지지 못하였다.

8월 하순경 최고사령관은 민족보위상 최용건에게 새로이 작전계획을 입안하도록 명령하는 한편 전 장병에 "최후의 피 한 방울까지 바쳐 싸우자"는 요지의 담화문과 "전투력을 높이는 원칙에서 비 전투 부문을 줄이고 전투원을 보충하라"는 혹독한 독전을 계속하였다.[99]

북한당국이 중점을 둔 전쟁지원사업은 한국 주민을 동원하여 각종 복구사업을 벌이는 것이었다. 전쟁기간 중 인민군은 유엔군의 제공권에 의해 물자와 병력 수송에 커다란 위협을 받았을 뿐만 아니라 인민군의 병참로 상의 주요 교량이나 도로는 유엔군의 공습에 의해 파괴되는 경우가 많았

---

96) 『조선전사』 제25권, p.274.
97) *History of the North Korean Army*, Section5, pp.64~70. 제9사단은 7월 11일~8월 12일간 서울 경계임무를 수행하다가 제87연대는 인천경계를 위해 잔류하고 제85, 제86연대는 영산방면으로 이동을 개시하였다.
98) *South to the Naktong, North to the Yalu*, p.395 ; ATIS Interrogation Rpts, N.K. 5th Tank Brig. 이종묵 대위, 5 Oct 50 ; 제17기갑여단의 이동기록, MFSN.59.
99) 「조선전사」 제25권, p.274(조선인민군 최고사령관 명령, 1950.8.28).

다. 그리하여 북한당국은 주민들을 동원하여 파괴된 교량이나 도로를 복구하였고, 전선에 무기와 탄약 및 식량을 비롯한 군수물자를 운반하도록 하였으며, 부상병을 치료하는 등 전쟁 개시 후 주민들을 지역단위별로 조직하여 대규모로 동원하였다.[100]

인민군은 유엔군의 절대적인 제공권하에서도 야간에 수 개의 열차와 수백 대의 자동차를 운행하고 노무자들을 동원하여 최소한의 보급품을 운반하고 있었다. 후방동원을 위한 노력동원의 실시는 이미 1950년 7월 26일 군사위원회 결정 제23호 "전시의무 노력동원에 관하여"를 발표하고, 동년 9월 1일 군사위원회 지시 제51호 "전시의무 노력동원에 관하여"를 발표하여 노력동원을 지시하였다.[101]

이미 7월 5일 서울에서는 하루 동안 18,000명의 청년학생들과 시민들이 동원되어 파괴된 한강철교와 도로를 복구하였으며, 8월 한 달 동안 복구사업에 동원된 시민 수는 22만 명이 넘었다.[102] 또한 경기도에서도 많은 주민들이 파괴된 교량·도로·철도 등의 복구에 동원되었는데 각 군별 인원은 8월 22일 양주군에서 3,000명, 8월 24일 시흥군에서 8,000명, 장수군에서 3,000명 등으로 8월 하순까지 연인원 30만 명이 동원되었다.[103]

한편 전선사령부는 보급의 절대부족사태에 직면하자 8월 초 새로이 보급사단인 제36사단(李成根 總佐)을 김천(金泉)에서 창설하여 주민을 강제동원한 원시적인 수송방법으로 보급 문제를 해결하려 하였다.[744] 이들은 주민 30만 명을 강제동원하여 전쟁지원에 투입하였으며, 보급을 추진하던 주민들은 유엔 공군기 폭격하에서 많은 위험을 겪었다. 인민군은 동원

---

100) 온만금, 「공산치하의 남한」, 전쟁기념사업회, 『한국전쟁사』 3권, 1992, p.479.
101) 권영진, 「한국전쟁당시 북한의 남한점령지역 정책 연구」, 고대 정치외교 석사논문, 1989, pp.144~145.
102) 『조선전사』 제25권, p.323.
103) 권영진, 위의 논문 ; 온만금, 위의 논문 ; 육군본부 역, 앞의 책, p.76.
104) 육군본부 역, 같은 책, p.76 ; 국방부 전사편찬위원회, 『한국전쟁사』 제3권, pp.39~40. 인민군 제36사단은 후에 최고사령부로부터 근위사단의 칭호를 수여받았다.

된 주민들을 이용해 그들이 기후, 지형 등을 불문하고 일인당 하룻밤에 20kg의 보급량을 20~30km 운반하고 다른 마을 주민이 이를 인계받아 수송하는 식으로 총 400여 톤을 보급하였으며, 각 전투사단은 일일평균 15톤 정도의 최소한의 보급을 유지하면서 작전에 임하였다.[105]

적 제4사단 김영호 소위의 진술에 의하면, 사단은 7월 중순 이후 주로 한국 지역의 징집자들로 병력을 보충하였으며, 식량조달도 부역자들을 통하여 실시되고 있었다.[106] 이 무렵 점령지 주민들이 대부분 인민군의 위협을 받아 마지못해 협조해야 하는 것이 당시의 일반적인 상황이었다.[107]

3. 노무조직의 확대 개편과 운용
1) 한국노무단의 창설 과정

국군과 유엔군은 1950년 11월 중공군의 대공세로 인하여 청천강-장진호-청진 선에서 평양을 내주고 흥남해상철수를 하면서 12월 15일에는 38도선까지 물러났다. 이와 같이 전 전선의 상황이 불리해지자 긴급히 전력을 강화해야 할 필요성이 부각되었다.

이에 정부는 즉시 병력부족의 상황을 타개하기 위해 국민방위군법을 제정하여 제2국민병을 소집할 계획을 수립하였으며, 유엔군은 가용한 유엔병력을 절약하여 효과적으로 운용하기 위한 방안으로 현재 운용하고 있는 민간인운반단(CTC)의 조직을 강화해 현지인 노무자를 증강시킬 계획을 신중하게 검토하고 있었다.

---

105) ATIS, Interrogation Rpts, N. K. 15th Div. 장기화 전사, 20 Sep 50, 5th Div. 오상만 전사, 16 Aug 50, 4th Div. 김영호 소위, 3 Oct 50.
106) ATIS, Interrogation Rpts, N. K. 4th Div 45mm 대전차포대대, 김영호 소위, 3 Oct 50.
107) ATIS, Interrogation Rpts, N. K. 6th Div. 13th R. 조경옥 전사, 20 Aug 50 ; 6th Div. 윤영성 중위, 12 Aug 50 ; 6th Div. 1th R. 정형태 전사, 19 Aug 50 ; 5th Div. 오상만 전사, 16 Aug 50 ; 13th Div. 황성일 전사, 17 Aug 50.

따라서 노무단(KSC : Korean Service Corps)의 창설은 정부와 유엔군이 거의 같은 시기에 검토하고 있었던 국민방위군 창설(후신은 예비 국군 제5군단, 노무단)과 민간인운반단의 확대(노무단 창설)가 각각 복합적으로 반영된 결과였다.

그러므로 노무단의 창설 문제를 논의하기에 앞서, 다소 복잡한 감은 있지만, 창설의 직접적 배경이라고 할 수 있는 국민방위군의 해체 문제, 국군 제5군단(예비)의 창설 과정, 그리고 민간인운반단의 확대 계획과 실행 문제 등을 검토할 필요가 있다. 먼저 제5군단(예비)의 전신이라고 할 수 있는 국민방위군에 대해 간략히 서술하고자 한다.

국민방위군법은 1950년 12월 16일 국회를 통과하여 동년 12월 21일에 공포되었다. 이 법에 따라 현역 군인, 경찰, 학생을 제외한 17세 이상 40세까지의 장정들(대상인원 60만)이 제2국민병으로 소집될 계획이었으며, 즉시 경상남북 일대에 51개 교육대가 창설되었다. 방위군은 1951년 1·4 후퇴를 당하는 위기상황에서 각 교육대에 입소(入所)하기 시작하였다.[108]

방위군은 대한청년단(大韓靑年團)을 모체로 하여 조직되었는데 현역장교는 본부의 간부 몇 명과 교육대장 및 극소수의 기간요원들 뿐이었고, 대부분의 간부요원은 20일 정도의 교육을 받고 예비역 장교로 임관시켜 확보하였는데 대한청년단 요원이 주류를 이루고 있었다.

그러나 방위군으로 소집된 많은 인원을 교육시키기 위해서는 많은 간부요원과 시설 및 장비들이 필요하였으나 그 준비상태는 미흡하였다. 12월 말까지 대부분의 교육대는 취사도구나 침구류조차도 준비하지 못하고 있었다. 1951년 2월 말까지 소집령을 받고 교육대에 도착한 인원이 383,000여 명이고 도중에 도망, 행방불명, 동상, 지병 등으로 낙오된 자가 273,000여 명으로 육군본부에 보고되었는데, 도착상황을 확인하기 위하여 병사구별로 신체검사를 실시한 결과 신검인원은 213,500여 명뿐이

---

108) 『육군발전사』(상), pp.428~432.

었다.[109]

그런데 주지하는 바와 같이 방위군 입소교육 시 관계 간부들이 자금을 횡령한 사건이 발생함으로써 많은 장정들이 아사와 질병으로 희생당하게 되어 방위군은 불가불 중도하차하게 되었다.[110] 육군본부에서 영달된 자금과 양곡이 도중에 방위군사령부에서 일부 횡령되었고 교육대에서도 일부 횡령되었다. 결국 1951년 2월 국민방위군의 참상이 폭로되어 마침내 국회에서 논란이 되고 육군 헌병대에서 조사하게 되자 동년 3월 초 방위군은 실질적으로 해체되어 예비군단에 편입되고 있었다. 방위군은 3월 말경에 대부분 해체되었고 4월 30일에는 그 해산에 관한 법령이 국회를 통과함으로써 법적으로도 완전히 해산되었다.[111]

국민방위군이 해체되자 육군본부는 국군의 전력증강 계획의 일환으로 편성된 제5군단(예비)에 방위군 병력을 소속시켰다. 즉, 육군본부는 1951년 5월 5일 국민방위군의 해체명령을 하달하는 한편, 동일부로 해체된 방위군 병력을 기간으로 신편 제5군단(예비)을 창설한다는 명령을 하달하였다. 아울러 이에 필요한 간부의 양성을 위하여 동일부로 육군예비사관학교의 창설 명령도 함께 하달하였다. 이와 같은 육군본부의 명령은 차후 노무단 창설과 직결되고 있으므로 그 내용의 요지를 구체적으로 검토하기로 한다.[112]

* 제5군단(예비) 및 예비사관학교 창설
1. 부대 해체

---

109) 『민족의 증언』 제3권, pp.342~343.
110) 희생자 수는 정확한 통계가 없지만, 당시 국회는 수천 명이 굶어죽었고 귀환 장병도 20%가 생명유지가 불가능하고 80%가 노동이 불가능하다고 하였다. 한국혁명재판사편찬위원회, 『한국혁명재판사』 제1집, pp.17~19 ; 『민족의 증언』 제3권, p.16.
111) 『조선일보』 1951년 5월 28일자. 국방장관은 5월 26일 국민방위군 해산과 관련하여 조속한 시일 안에 국민방위군 재산을 정리하도록 담화문을 발표하였다.
112) 육군본부 「일반명령」 제51호(1951.5.2) ; 1951년 2월 국무회의와 국회에서 국민방위군 문제가 표면화되면서 이들을 도로보수 등 재건사업에 투입하도록 촉구하고 있다. 『조선일보』 1951년 2월 11일자, 1951년 2월 16일자.

1) 1951년 5월 5일 영시부 육군본부 국민방위국을 해체한다.
   2) 국민방위국 소속인원 및 장비는 예비제5군단 및 예비사관학교에 편입한다.
   3) 국민방위국장은 명령 실행과 동시에 보고서를 육군본부에 제출한다.
 2. 부대 창설
   1) 1951년 5월 5일 영시부 대구에 제5군단(예비) 사령부를 창설한다.
   2) 편성인원은 해체하는 국민방위국 소속인원으로서 편성한다.
   3) 군단장은 인원명부를 작성하여 1951년 5월 12일까지 육군본부에 제출한다.
   4) 군단장은 명령 실행과 동시에 보고서를 육군본부에 제출한다.
   5) 1951월 5월 5일 영시부 육군본부 직할로 육군예비사관학교를 창설한다.
   6) 육군예비사관학교장은 인원명부를 작성하여 1951년 5월 12일까지 육군본부에 제출한다.

 위의 명령에서 알 수 있는 바와 같이 국민방위군은 1951년 5월 5일 해체되었으며, 동일부로 방위군의 해체병력은 신편되는 예비군단과 육군예비사관학교에 배속되었다.[113]
 이에 관하여 제101사단 사단장 김응조(金應祚) 대령은 "내가 최초 마산에서 제101사단을 창설할 때 국민방위군 잔여병력을 모아 창설, 편성하였기 때문에 엄격한 의미에서 모집은 아니었다"라고 증언하여 제5군단 예하사단 병력이 국민방위군 해산병력을 기간으로 창설되었음을 진술하고 있다.[114]
 예비군단인 제5군단의 예하사단은 최초의 계획으로는 제101, 제102, 제103, 제105, 제106사단 등 5개 사단으로 편제되었는데, 예하부대와 창설지를 간략히 정리하면 다음과 같다.[115]

---

113) 제5군단은 1953년에 창설된 군단이 아니고 1951년 5월에 국민방위군의 뒤를 이어 설치되었던 예비군단으로서 육군 예산관계로 동년 10월에 해산되었다.
114) 제101사단(예비) 사단장 김응조 대령 증언, 국방부 전사편찬위원회 증언록.
115) 육군본부 「일반명령」 제51호(1951.5.2).

표-34 | 제5군단(예비) 예하부대 창설계획

사단(예비)	사령부	예하련대(예비)	연대 창설지
제101사단	마산	제101, 제102, 제103연대	마산, 진주
제102사단	통영	제105, 제106, 제107연대	통영, 삼천포
제103사단	울산	제108, 제109, 제110연대	방어진, 온양, 서생
제105사단	창령	제111, 제112, 제113연대	창영, 밀양, 청도
제106사단	여수	제115, 제116, 제117연대	여수, 순천

위의 표를 통해 제5군단 예하 5개 사단은 총 15개 연대로 편제되었으며, 각 연대 및 사단의 창설지는 대체로 국민방위군 교육대가 설치되었던 지역에 집중되고 있음을 볼 수 있다.

5개 사단의 병력 할당은 상기 명령의 별지에 의하면 장교 2,302명과 사병 51,864명, 총인원 54,166명으로 구성하도록 하였는데, 그 내용을 간략히 도표로 정리하면 아래와 같다.[116]

표-35 | 예비군단 병력 상황표(육군예비사관학교 제외)(단위 : 명)

구분	총계	군단	사단	연대	대대	중대
장교	2,302	77	521	144	44	6
사병	51,864	234	10,764	3,446	1,120	241
총계	54,166	311	11,285	3,580	1,164	247

육군본부는 위와 같이 예비군단 제5군단 창설계획을 수립하였으나, 당시의 상황은 계획대로 실시되기가 쉽지 않아 예하 5개 사단의 병력충원이 제대로 이루어지지 못하고 있었다. 이에 따라 창설 계획안이 시달된 몇 달 후인 1951년 9월 제105, 제106, 제115, 제116, 제111연대 등 5개 연대가 해체되어 2개 사단이 없어졌고,[117] 결국 신편 중이던 3개 사단도 최초 육

---

116) 육군본부 「일반명령」 제51호(1951.5.2) 별지 참조.

군본부에서 계획한 11,285명(총 54,184)의 병력충원 계획에 훨씬 미치지 못하고 있었다.[118]

* 육본 작전지시 제58호의 요지
1. 제5군단장은 신체부적자의 제대가 완료되는 대로 하기 사단을 이동시켜라.
   가. 제101예비사단(병력 약 2,000명)을 현 위치 마산 부근으로부터 서울에 이동시켜 목적지 도착과 동시에 미 제1군단장의 작전지휘를 받아라.
   나. 제105예비사단(병력 약 3,000명)을 현 위치 대전 부근으로부터 춘천에 이동시켜 목적지 도착과 동시에 미 제9군단장의 작전지휘를 받아라.
   다. 제103예비사단(병력 약 2,000명)을 현 위치 울산 부근으로부터 원주에 이동시켜 목적지 도착과 동시에 미 제10군단장의 작전지휘를 받아라.
2. 군수국장은 예비사단 장비는 미고문단 경유 미 제8군 군수국과 협의하라.
3. 제5군단장은 예비사단의 이동 예정시간을 보고하라. 수송은 군수국에 신청하라.

위의 작전지시에서 볼 수 있는 바와 같이, 1951년 6월 7일 각 예비사단의 병력은 제101사단이 2,000여 명, 제103사단이 2,000여 명, 제105사단이 3,000여 명에 불과한 것으로 파악되고 있어 육군본부 계획의 약 1/8 정도의 병력이 확충되었음을 볼 수 있다.

한편 이 지시에 의하면, 신편된 3개 사단을 미 제8군 소속 제1, 제9, 제10군단의 예하로 들어가 각 군단장의 지시를 받도록 명시하고 있다. 이러한 사실은 미 제8군의 노무단 편성 및 지원 요청이 이미 늦어도 1951년 6월 7일 이전에는 이루어졌음을 의미한다.[119] 따라서 이때의 상황은 예비사

---

117) 육군본부 「일반명령」 제132호(1951.7.2)
118) 육군본부 「작전지시」 제58호(1951.6.7. 19:00)
119) 한국노무단의 창설근거는 제8군사령부 AG KOZK NO.322이었다. 김병곤, 앞의 논문, p.256 ; 제105사단 소대장 김국영 예비역 소위에 의하면, 1951년 9월에 대구의 민간인운반단 본부가 한국노무단 중앙보충대로 개칭되고 서울과 인천파견대가 창설되었다고 증언하였다. 『민족의 증언』 제5권, pp.299~315.

단 창설명령이 발효된 5월 5일부터 불과 한 달 남짓 한 시기였으므로 병력보충이 한창 이루어지고 있었던 때임을 알 수 있다.

 한편, 유엔군은 노무자의 규모가 증가하자 이들의 인력을 효과적으로 통제하기 위해서도 수송 장교의 통제하에 이들을 운반중대로 조직할 필요성을 느끼고 있었다. 이에 따라 노무자들은 민간인운반단이라는 준군사조직으로 편제되어 유엔군의 보급추진을 지원하게 되었다.

 이들의 임무는 지게를 이용하여 험준하고 가파른 산악지형에 위치한 최전선까지 보급품을 운반하는 것이었다. 민간인운반단은 1951년 3월 각기 240명을 보유한 82개 중대로 편성되었고 총인원이 19,680명에 이르고 있었다. 이들은 대구외곽에 설치된 훈련소에서 간단한 훈련을 받았는데, 3월 말까지 65개 중대, 총 15,600명이 전방으로 투입되어 작전을 지원하고 있었다.

 당시 민간인운반단에 소속되어 지원임무를 수행한 노무자였던 이상영(李相永)이 "나는 1951년 4월 거리에 나붙은 벽보를 보고 아버지(당시 43세)와 함께 민간인운반단에 입대하였으며, 이 운반단은 미군 노무장교가 지휘하고 있었다"[120]라고 증언한 것으로 보아 민간인운반단의 지휘는 미군에 의해 이루어지고 있었다.

 이와는 별도로 1951년 6월 초 미 제8군사령부는 전선의 악화로 인해 유엔군의 병력을 증강시키는 문제를 검토하고 있었다. 그 결과 미 제8군은 그 하나의 방안으로 노무단 창설계획안을 작성하였다. 그리하여 당시 국군 예비군단으로 편성 중이던 국군 제5군단(예비) 예하 제101, 제103, 제105사단을 기간으로 하여 준군사적인 노무단을 편성하도록 이승만 대통령에게 요청하였다. 미 제8군의 계획은 국군 제5군단 3개 사단이 미군 3개 군단을 각각 노무 지원하도록 한다는 것이었다. 이 대통령이 이에 동의함으로써 미 제8군(G4)에서 예비군단 병력의 흡수통합 및 노무단 노무자

---

120) 제103노무사단 이상영 노무자, 『민족의 증언』 제5권, pp.299~315.

의 고용 등의 문제를 담당하게 되었다.[121]

그 결과로서 국군이 부여받은 임무의 세부절차가 앞에서 언급한 육군본부의 「작전지시」 제58호(1951.6.7)로 구체화되었던 것이다. 이 무렵 국군 제5군단은 출범한 지 한 달여가 지나고 있었지만 아직 국민방위군의 문제처리가 완전히 끝난 것이 아니었으므로 임무수행에 즉각 대응할 수 있는 상황이 아니었다. 상기 작전지시가 하달된 6월 7일까지도 방위군 문제처리가 완전히 정리되지 못하고 있었다.

그러나 당시 신편 중이던 국군 제5군단 예하 3개 사단은 미군 3개 군단을 노무 지원한다는 정부와 유엔군과의 합의에 따라 신속히 미 제1, 제9, 제10군단 3개 군단이 전개된 서울, 춘천, 원주로 이동하여 각 군단장의 작전지시를 받기 위해 부대이동을 개시하였다.[122]

제5군단 예하 3개 사단은 국군 예비 병력에 가산되지 않고 특수하게 조직되었으며, 또한 이 병력은 국군 예비 병력이 아니었기 때문에 보급은 미 제8군에서 담당하고 그 외 사항은 국군 규정에 의거하고 있었다.[123]

대체로 국군과 유엔군의 노무사단 창설에 관한 내용을 종합해 보면, 노무단은 1951년 6월 미 제8군사령관의 요청에 따라 한국정부에 의해 설립되었고, 이러한 새로운 조직을 위해 장교와 등록된 간부가 국군에 의해 제공되었으며, 또 국군 제5군단(예비) 제101, 제103, 제105예비사단은 거의 창설과 동시에 노무단 예하사단으로서 근무를 수행하게 되었던 것이다.

당시 노무단 제103노무사단의 연락장교였던 이송만(李松晩)의 진술을 살펴 보면, 국민방위군에서 예비사단(예비사관학교 포함), 노무사단으로 재편되어 가는 과정을 이해할 수 있다. 즉, "나는 선린상고 재학 중 국민방

---

121) KMAG Hq.AG Record Branch, Declassified per Executive order 12356, *Organization of Korean Service Divisions*, 1951.6.
122) 제5군단(예비) 예하 3개 사단은 1951년 6월 20일경부터 미 3개 군단을 지원하기 위해 각 전선으로 투입되었다. 제101노무사단 중대장 한병종 예비역 소위 증언, 『민족의 증언』 제5권, pp.299~315.
123) 『후방전사』(인사편), p.163.

위군에 징집되었다가 1951년 예비사관학교에 입교, 한 달 만에 훈련을 마치고 예비역 소위로 임관하였다. 예비역장교들은 대부분 노무사단 예하부대 요원으로 나갔는데, 나는 동부전선의 미 제10군단 제2사단 제9연대에 배속된 제103사단 제109연대 3대대 연락장교에 보직되었다. 미군부대에 배속된 노무자들의 작업지휘는 국군이 직접 담당하였으나 나중에 노무장교 제도가 생겨 노무용역관리를 미군이 전담하였다. 노무단 대원들 중에는 해체된 국민방위군들이 많이 들어와 있었다"라고 증언하여 그 변천과정의 한 단면을 엿볼 수 있게 한다.[124]

제5군단 예하 3개 사단은 국방부 본부(이하 '국본') 「일반명령」 제47호에 의거하여 1951년 8월 20일에 3개 연대에서 6개 연대로 증편되었으며, 그 내용은 아래와 같이 정리할 수 있다.[125]

| 표-36 | 제5군단 예하사단 재편(1951.8.20)

사단	사단
보병제101사단	제101, 102, 103(1951.5.5 창설), 118, 119, 120연대(1951.8.20 창설)
보병제103사단	제108, 113(1951.5.5 창설), 121, 122, 123, 125연대(1951.8.20 창설)
보병제105사단	제109, 112(1951.5.5 창설), 126, 127, 128, 129연대(1951.8.20 창설)

위의 사단재편 명령에 의하면, 제5군단(예비)은 예하부대 편성계획 시 편제되었던 연대로 제105, 제106, 제115, 제116, 제111연대 등 5개 연대가 1951년 9월 중 해체되고 그에 앞서 8월 20일 제118, 제119, 제120, 제121, 제122, 제123, 제125, 제126, 제127, 제128, 제129연대 등 11개 연대가 새로 창설되어 3개 사단에 각각 편제되었다.

---

124) 제103노무사단 3대대 연락장교 이송만 예비역 소위 증언, 『민족의 증언』 제5권, pp.299~315.
125) 국본 「일반명령」 제47호(1952.3.13)

한 달 후 동년 9월 20일에는 해체된 연대인원을 기간으로 제5군단 예하 3개 보충대를 창설하였다. 즉 제102사단 제105, 제106연대 해체인원을 기간으로 제1보충대를, 제106사단 제115, 제116연대 해체인원을 기간으로 제2보충대를, 제105사단 제111연대 해체인원을 기간으로 제3보충대를 새로이 창설하였다.

그런데 노무단 창설 당시 국군과 유엔군은 국군 예비 제5군단으로 하여금 미군 3개 군단을 노무지원하는 데 합의하고 있었지만, 제5군단의 성격에 관해서는 일치된 견해를 갖고 있지 못하였다. 즉, 국군은 1952년 3월 13일 보병 제101, 제103, 제105사단 등 3개 사단을 노무사단으로 공식 개칭하기 전까지는 이를 보병예비사단으로 파악하고 있었고,[126] 여기에 반하여 유엔군은 노무 3개 사단이 미군 3개 군단을 지원한다는 내용에 합의했을 때부터 노무사단으로 파악하여 노무지원부대로 운용할 것을 계획하고 있었던 것이다. 이에 따라 3개 사단 병력은 육군병력에 가산되지 않고 민간조직도 군조직도 아닌 특수한 조직으로 파악되고 있었다.

이러한 사실로 인하여 국군은 전력증강의 일환으로 보병 제5군단(예비) 예하 보병사단으로 창설하였으며, 유엔군으로서는 이 사단들을 유엔군 병력에 대한 노무지원의 필요에 따라 인가된 준군사적인 조직체인 노무단으로 파악하고 있었던 것이다. 그 결과 국군은 노무단을 제5군단(예비)의 후신으로 파악하였고, 유엔군은 민간인운반단의 후신으로 파악하게 되었던 것이다.

한편, 1951년 11월 1일 육군본부 「일반명령」 제159호에 의거해 유명무실한 제5군단이 해체되고 동일부로 육군본부 특별참모부로 병무감실이 창설됨에 따라 자연적으로 노무단 예하 각 노무사단은 병무감의 지시를 받게 되었다. 따라서 명목상으로 존재하고 있었던 제5군단이 해체되면서

---

126) 국본 「일반명령」 제47호에 의하면, "1952년 3월 오후 1시부로 보병 제101, 제103, 제105사단(예비)을 육군 제101, 제103, 제105 노무사단으로 개칭한다"라고 하였다.

병무감실이 육군본부 각 훈련소에서 입소되는 장정의 보충과 당시 미 제8군의 요청에 의거한 노무단 사단의 편성 및 인사행정의 장악 등 군 병력의 획득과 지원근무를 담당하였다.[127]

이와 같이 노무단의 규모가 확대되자 미 제8군은 노무자 인가인원을 10만으로 확대하였으며, 이 계획에 따라 육군본부는 3개 사단 외에 추가로 제200노무여단(1952.4.1)과 제100노무여단(1953.1.24)을 창설하였다. 2개의 노무여단 창설은 제8군의 노무단 인가인원의 증원과 직접적인 관계가 있었다. 육군본부의 제200노무여단 창설근거는 다음과 같다.[128]

* 제200노무여단 창설
1. 1952월 4월 1일 하기에 기재한 부대를 창설함과 동시에 육군본부 직할로 한다.
2. 부대명 및 관계사항
   가. 제200근무여단 예하부대는 제134, 제135, 제136, 제137 노무대대이다.
   나. 예비역장교는 병무감실로부터 배속한다.
   다. 현역장교는 승인된 병력에 가산하지 않는다.
3. 임무는 국군 제2군단의 근무지원에 임한다.
4. 상기 부대편성에 필요한 인원은 인사국장과 병무감이 담당 차출한다.
5. 보급 및 장비는 미 제8군이 담당한다.
6. 제200노무여단장은 임원명부를 작성하여 10일 이내로 육군본부에 제출하라.
7. 제200노무여단장은 명령실행과 동시에 보고서를 육군본부에 제출하라.

위의 내용에서 알 수 있듯이 노무여단의 창설목적은 국군을 지원하는 것이었다. 4개 대대로 편성된 노무여단은 노무사단과 마찬가지로 병력을 육군 인가병력에 가산하지 않았으며, 장비와 보급은 제8군이 담당하고 있

---

127) 『육군발전사』(상), pp.428~429 ; 육군본부 「일반명령」 제159호(1951.11.1).
128) 국본 「일반명령」 제85호(1952.5.12).

었다. 제200노무여단의 승인 병력 총 5,000명의 구성은 다음과 같다.[129]

❙ 표-37 ❙ 제200노무여단 승인병력

부대명	현역장교	예비역장교	현역사병	예비역사병	노무자	총계
제200노무여단	12	126	0	586	4,286	5,000

당시 노무사단 소대장이었던 김국영(金國永) 예비역 소위에 의하면, "노무단 제100여단과 제200여단이 창설되어 속초와 화천에 본부를 두고 각각 국군 제1군단과 제2군단을 지원하였다"라고 하여 제100, 제200노무여단이 국군 2개 군단을 지원하기 위해 창설된 것임을 증언하고 있다.[130]

따라서 이때부터 노무단 예하 제101노무사단은 미 제1군단을, 제103노무사단은 미 제10군단을, 제105노무사단은 미 제9군단을 각각 지원하고, 제100노무여단은 동부전선 국군 제1군단을, 제200노무여단은 중부전선 국군 제2군단을 각각 노무지원하게 되었다. 노무단에 소속된 예하부대의 창설과 활동기간은 아래와 같다.[131]

❙ 표-38 ❙ 노무단 창설과 활동기간

부대명	부대장	본부	활동기간	비고
제101사단	김웅조 대령	의정부	1951.5~1963	1952년 5월 보병 제101, 제103, 제105사단(예비)은 제101, 제103, 제105노무사단으로 공식 개칭되었음.
제103사단	박시창 대령	인제	1951.5~1955	
제105사단	김관오 대령	춘천	1951.5~1953	
제100여단	오광선 대령	속초	1953.1~1953.9	
제200여단	이량 대령	화천	1952.3~1953.9	

---

129) 위와 같음.
130) 제105노무사단 소대장 김국영 예비역 소위, 『민족의 증언』 제5권, pp.299~315.
131) 국본 「일반명령」 제47호(1952.3.13); U.S. ARMY KOREA SERVICE CORPS, KSC-INTRODUCTORY HANDBOOK, 1990, p.3 ; 『후방전사』(인사편), p.314 ; 『民族의 證言』 제5권, pp.299~315.

지금까지 노무단의 창설과정에 관하여 고찰하였다. 1951년 5월 노무단이 창설된 이후에도 이와는 별도로 전쟁 초기 소위 보국대와 마찬가지로 국군 일부에서는 자의적으로 차출하여 운용한 노무자도 있었으나, 이에 관하여는 현재 자료의 부족으로 파악하기가 곤란하다.[132]

노무단 중 가장 늦게 설립된 제200, 제100노무여단은 1953년 7월 27일 휴전이 되자 같은 해 9~10월에 해체되었으며, 3개 노무사단도 그 규모가 대폭 축소되어 1954년 후반기에는 노무자의 대부분이 귀가 조치되었다.[133]

노무단은 처음에 소규모였던 민간인운반단과 국민방위군 해체병력을 기간으로 창설된 예비군단인 국군 제5군단 예하 3개 사단을 통합하여 3개 노무사단으로 증강되었으며, 노무단의 부대지휘를 현역 및 예비역 장교들이 담당함으로써 군번과 무기는 없지만 준 군대로 변모하게 되었던 것이다.

2) 한국노무단의 노무동원

1951년 초부터 미군 당국은 그동안 비공식적으로 추진해 오던 민간인운반단 노무자 모집을 벽보를 붙여 공개적으로 하는 한편, 우리 정부에 공식적으로 요청하여 노무단을 창설하게 되었다.

미 제8군은 1951년 7월 6만 명의 노무단 규모의 편성을 미 합동참모본부로부터 극동군사령부를 경유하여 인가를 받았다. 노무단 창설 계획에 의하여 한미 간의 협의가 이루어진 1951년 6월 노무단 3개 사단의 병력규모는 아래와 같다.[134]

---

132) 해병 제1연대장 김대식 대령의 진술에 의하면, 1951년 5월 당시 해병 제1연대는 미 해병사단에서 지원한 노무자와 연대가 직접 징집한 노무자를 운용하였다고 증언하였다. 군사편찬연구소 소장 증언록.
133) 『육군발전사』(상), pp.428~432.
134) KSC-INTRODUCTORY HANDBOOK, p.3 ; KMAG Hq, *Orgarnization of Korean Service Divisions*, ibid., (1951. 6)

▮ 표-39 ▮ 노무단(현역/예비역) 규모(1951.6) (단위:명)

부대	현역		예비역		총계	
인원	장교	사병	장교	사병	장교	사병
제101노무사단	38	10	554	2,333	592	2,243
제103노무사단	37	19	565	4,476	602	4,495
제105노무사단	45	28	295	4,016	340	4,044
총 계	120	57	1,414	10,725	1,534	10,782

상기 자료에 의하면, 당시 3개 사단병력은 현역장교 120명, 사병 57명, 예비역장교 1,414명, 사병 10,725명으로 총 12,316명의 병력이 확보되어 있었다. 육군본부는 신편 중이던 5개 사단 중 어느 정도 병력을 확보하고 있었던 3개 사단 즉 제101, 제103, 제105예비사단으로 하여금 미 제1, 제9, 제10군단을 지원하도록 명령을 하달하게 되었던 것이다.[135]

위의 도표에 의하면 최초 노무단의 편성 당시에 관하여 다음과 같은 사실을 알 수 있다. 첫째, 노무사단으로 편성된 병력은 거의 90%가 예비군 장교와 사병으로 편성되어 있었으며, 둘째, 그 인원은 1951년 6월 인가인원에 상당히 미달되고 있었다는 사실이다. 그리하여 이 무렵 극동군사령부가 인가한 노무단 인가인원 6만 명의 노무인력을 확보하는 것이 큰 관건이 되고 있었다. 이에 제8군은 민간인운반단 12,971명을 여기에 충원하는 조치를 취하였다.[136] 당시 민간인운반단은 제8군의 특수과로 재편되어 제8군 노무과의 관리하에 있었으며, 노무과는 곧 노무자에 관계되는 모든 문제에 관해 전담하였다.[137]

노무자의 동원계획은 육본이 노무단의 충원계획을 작성하여 이를 근거로 노무징용자를 충원하였으며, 충원된 노무자는 미 제8군의 작전통제하

---

135) 육군본부 「작전지시」 제58호(1951.6.7).
136) Hq Eight Army, Command Report Aug 1951(s) *Logistics in the Korean Operations*, p.17.
137) *Indigenous Labor in Korea*, p.6.

에 복무하도록 실시하였다.[138] 이 무렵 제2국민역 재등록은 1951년 5월 10일부터 약 열흘간에 걸쳐 실시되었는데, 수원의 경우를 예를 들면 다음과 같다. 수원시내 제2국민병 재등록을 실시하여 1950년 10월보다 수천 명이 증가한 1만 2천 9백여 명이 등록을 완료하였다. 이들 등록자들은 대개가 피난 장정들이었다.[139]

노무자의 동원은 전술한 대통령 긴급명령 "징발에 관한 특별조치령" (1950.7.26)에 근거를 두고 이루어진 것이다. 동원대상자는 만 35세부터 만 45세까지의 남자로서 복무기간은 6개월이었으나, 동원실적이 부진할 경우 복무기간이 연장되기도 하였다.[140]

당시 노무복무에 관하여 노무사단 통역장교 이송만 소위는 "제대제도가 생기면서부터 어떤 사람은 가정의 가장으로 꼭 귀향하려고 했던 반면, 어떤 사람은 복무를 더 연장하겠다고 하는 상반된 현상이 있었다. 그리하여 극단적인 방법으로 도망치는 경우도 있었고 노무자들끼리 타협하여 대리복무하는 경우도 있었다. 사단이나 소속부대에서는 적당히 지원자들을 받아 인원 수를 보충했을 뿐 별다른 제재나 조치를 취하지는 않았다"라고 증언하였다.[141] 노무자의 복무는 6개월이지만 보충인원이 즉시 충원되지 못할 경우 연장되기도 하였으며 곧 이러한 문제는 노무자들의 불만이 되었음을 알 수 있다.

노무단은 제8군이 극동군사령부로부터 인가된 노무인원 6만 명을 확보하기 위해 육군본부의 협조를 받아 아래와 같이 1951년 10월 10일부터 12월 10일까지 병력을 보충할 계획안을 작성하였다.[142]

---

138) 『국방사』 제2권, p.305.
139) 『조선일보』 1951년 5월 19일자, 1951년 5월 22일자.
140) 위의 책, p.142에 의하면, 1951년 4월~1952년 10월 사이 제8군 노무지원 노무자로 동원된 총인원은 122,808명에 달하였다고 하여 제8군이 파악하고 있었던 것과는 다소 차이가 있다. 이들의 운영비는 제8군과 협의하여 유엔군 주둔비에서 지출되었다.
141) 제105노무사단 통역장교 이송만 예비역 소위 증언, 『민족의 증언』 제5권, pp.299~315 ; 전시 노무동원법은 1956년 4월부터 폐지되고 그 후 지원제로 변경되어 오늘에 이르고 있다. 김국영 예비역 소위 증언, 『민족의 증언』 제5권, 위와 같음.

표-40 ‖ 노무단 노무자 보충계획표 (단위 : 명)

월일/지역	충남	충북	경남	경북	전남	전북	총계
10월 10일			1,000	1,000			2,000
16일					1,000	1,000	2,000
22일	1,000	1,000					2,000
29일			500	500	1,000	1,000	3,000
11월 5일	1,000	1,000			1,000	1,000	4,000
12일	1,000				1,000	1,000	3,000
19일					1,000	1,000	2,000
26일	1,000				2,000	1,000	4,000
12월 3일	1,000				1,000	2,000	4,000
10일	2,000				1,000	1,000	4,000
계	7,000	2,000	1,500	1,500	9,000	9,000	3,0000

따라서 노무단은 노무보충계획에 의해 1951년 12월 10일까지 약 3만여 명의 노무자를 확보하게 되었으며, 이 인원은 민간인운반단 노무자, 제101, 제103, 제105(예비) 사단 병력과 합하면 극동군사령부에서 인가한 인원에 육박하고 있었다.

노무단의 인가인원은 1951년 12월 2일 지원인력의 소요가 늘어남에 따라 인가인원이 6만 명에서 7만 5천 명으로 증가하였으며, 1952년 11월에는 다시 10만 명으로 증원되었다.[143] 인원인가 문제는 군의 예산 범위 내에서 결정되는 것이었다. 그리하여 제8군은 당시 운용하고 있던 직고용 노무자 가운데 1만 4천 명 정도를 감축하여 노무단으로 대체하려는 계획도 수립하고 있었다.[114]

---

142) KMAG Hq, AG Record Branch, Declassified per Executive Order 12356, *Schedule for Recruiting KSC Personnel*, 1951. 10.
143) Walter G. Hermes, *Truce Tent and Fighting Front*(U.S.MHO, 1988), pp.344~345.
144) ibid., p.34.

이와 같은 노무자의 인원 인가의 증가에 따라 1951년 9월부터 1953년 7월까지 유지된 노무단의 병력 상황은 아래와 같다.[145]

표-41 노무단 노무자 인원현황(1951.9~1953.7) (단위 : 명)

연월	인원	연월	인원
1951년 9월	34,568	1952년 9월	74,082
10월	44,932	10월	73,947
11월	60,275	11월	73,022
12월	69,218	12월	78,405
1952년 1월	71,808	1953년 1월	80,906
2월	71,493	2월	83,384
3월	69,942	3월	89,137
4월	71,882	4월	91,991
5월	73,294	5월	93,154
6월	74,915	6월	91,922
7월	72,227	7월	90,656
8월	73,142		

위의 자료에 의하면, 노무단 인력은 1951년 말 약 7만 여 명을 확보하였으며, 1952년 말에는 약 8만여 명에 육박하고 있었고 1953년 초에는 인가인원 10만에 가까운 9만여 명까지 보충되었음을 알 수 있다.

노무단은 글자 그대로 근무기술자로서 현역, 예비역, 노무자 등으로 구성되었으며 현역 및 예비역 장교는 제8군 작전지시에 응하여 노무 장병을 통솔하는 한편 노무자를 지휘 감독하였다.

1951년 12월의 증원은 미 제8군이 현지인 고용에 대한 개정된 보수조항(1951.9.25)에 따라 노무자를 증원한 것이었다. 그것은 미 제8군이 노무단

---

145) Hq Eight Army, Command Report, Sep 1951~Jul 1953(s) ; *Logistics in the Korean Operations*, p.20 ; *Indigenous Labor in Korea*, pp.33~34.

규모를 증가시키기 위해 극동사령부의 인가가 필요한 것이었다. 이 문제는 극동군사령부에 의해 조정되고 임원이 배치되었다. 일단 제8군의 할당 요청이 미 합동참모본부와 극동군사령부에 의해 승인되면, 제8군과 한국 국방장관과 협상이 이루어진다. 극동군사령부는 노무단 문제를 할당 한계 내에서 군 지휘관이 다루도록 허락하고 있었다. 이러한 운용체제는 상당한 융통성을 가능하게 하였고 노무단 지원 작전의 능률을 더욱 제고시킬 수 있었다.

최초 노무단의 인가인원이 10만으로 증가된 것은 1952년 9월이었다. 이 때 미 군사고문단장 리얀(Cornelius E. Ryan) 준장이 6개 노무연대를 창설하여 노무단을 강화할 필요가 있다고 판단하고, 노무자의 인원을 10만 명까지 증원해 줄 것을 극동군사령부에 요청함으로써 이루어진 것이다.[146]

한편, 위의 「표-41」에서 알 수 있는 바와 같이 국군은 1952년 11월 할당된 10만의 노무단 인가인원을 완전히 보충할 수 없었다. 1951년 9월 노무단 노무자 수는 총 34,568명에 불과하였으며, 1953년 3월까지 노무단의 규모가 총 93,154명의 노무자를 확보할 때까지 점차적인 보강이 계속되었다.[147]

일반적으로 미 제8군의 노무지원 계획은 미군에 배속된 한국군 사단을 제외하고 미군 각 사단에 5,000명의 노무단을 할당한다는 계획에 기초하고 있었으며, 또 국군 각 사단에는 1,500명의 노무자를 인가하였다.

그러나 각 부대 내의 노무단 지원 규모는 부대규모나 임무에 따라 약간의 차이가 있었다. 어떤 부대의 경우 추가적인 할당이 요구되었고 또 전투부대가 다른 지역으로 이동할 경우 재 할당이 필요하기도 했다.

그런데 각 보병사단에 지원된 노무단 노무부대가 보병부대에 의해 매우 자의적으로 배속 및 해제되고 있다는 사실이 지적되었다. 각 보병사단은

---

146) Walter G. Hermes, ibid., pp.344~345 ; 김병곤, 앞의 논문, p.240.
147) ibid., pp.344~345.

다른 지역으로 이동할 때마다 그동안 지원받고 있던 노무단 부대를 함께 이동하려는 경향이 있었다. 그것은 노무지원을 원활히 하며 노무자 교대를 유연하게 하는 데 문제가 있었으므로, 결국 노무지원의 효과적인 운용을 위하여 노무단 지원부대를 가능한 한 일정 지역 내에서 유지해야 한다고 하는 규정이 수립되었다.[148]

3) 한국노무단의 운용

1951년 5월~7월 국군과 유엔군은 민간인 노무자의 운용을 확대하기 위해 노무단을 설립하였으며, 이로써 민간인 인력을 더욱 효과적으로 운용하여 노무지원을 수행할 수 있게 되었다. 노무단의 창설 당시에는 간부와 장병이 대부분 국민방위군 해산 병력으로 충원되었으므로 이들은 모두 약간의 군사훈련을 받은 경험이 있었으며 또한 군수지원 계획도 포함되어 있었다. 노무단 조직이 확대된 후 대부분의 노무자들은 제2국민역에 의해 차출되어서 군사훈련도 없이 각 군단에 배치되어 노무 지원임무를 수행하였다. 이러한 급속한 노무인력의 확장은 일부 노무업무의 수준을 떨어뜨리는 등 문제점을 노출하기도 하였다.[149]

노무단의 역할은 이전에 창설된 민간인운반단과 비교하여 설명될 수 있다. 노무단에 편성된 노무자들은 개인적인 측면에서는 별 차이가 없다고 볼 수 있겠지만, 조직의 형태, 즉 준군사적인 조직체라는 점에서 민간인운반단 노무자보다 더욱 효과적으로 운용될 수 있었다. 노무단의 역할은 병력이 부족한 상황에서 노무자들이 근무지원을 담당해 줌으로써 유엔군의 병력을 절약할 수 있었다는 점에서 민간인운반단과 유사하였다. 그러나 노무자 운용이 확대됨에 따라 몇 가지 문제점이 노출되고 있었다. 즉 노무자와 유엔군 장병 사이에 언어장벽, 인원편성의 빈번한 변동, 절도 · 손

---

148) *Indigenous Labor in Korea*, p.33.
149) ibid., p.36.

상·사고에 대한 대책 부족, 노무자의 신규등록, 교대자, 훈련의 미비 등이 주요한 문제로 지적되고 있었다.[150]

노무단 노무자의 사용계획은 노무단 3개 사단이 미군 3개 군단을 지원하고, 2개 여단이 국군 2개 군단을 지원하도록 조직되었다. 노무단 각 사단의 실제 병력과 조직은 지원될 미군 군단 내의 단위부대의 수에 달려 있었으므로 각 사단이 반드시 일정한 것은 아니었다. 통상의 노무단 사단은 본부중대, 전투경찰중대, 의무부대, 6개의 노무연대 등으로 조직되었다. 각 연대는 4개 대대, 각 대대는 4개 중대, 각 중대는 4개 소대의 편성으로 이루어졌다.

국군은 최초 노무단의 행정을 위해 정규군 장교와 사병들을 제공하기로 동의하였으나, 1951년 국군의 병력도 부족한 상황이었으므로 병력의 확보라는 차원에서 예비역 장교들을 주로 노무지휘에 투입하였다.[151]

국군과 유엔군은 제2국민역인 만 35세~만 45세 노무자의 복무기간을 6개월로 한다는 데 합의하고 있었으며, 이에 따라 기간이 만료되어 제대된 인원에 대한 보충인원은 국군이 할당된 지역 내에서 보충하였다.[152] 따라서 교대는 교대인원이 보충되었을 때만 교체되었다. 보충인원이 중앙보충대에서 군단으로 보내지면, 거기서 보충인원 만큼 노무자가 제대 수속을 밟을 수 있었다.

노무자의 교대(交代)는 대구에 있는 노무단 중앙보충대(中央補充隊) 및 파견대(서울, 인천)에서 이루어졌다. 중앙보충대는 미 제8군 노무과의 협조 아래 국군이 운영하고 있었으며, 수속과정에서는 노무자의 신체검사, 방역 등이 실시되었다.[153]

노무자의 제대절차는 노무자 호송장교가 노무자의 기록과 제대서류를

---

150) *Logistics in the Korean Operations*, p.21.
151) *Indigenous Labor in Korea*, p.30.
152) ibid., p.30.
153) ibid., p.30.

갖고 중앙보충대나 파견대로 노무자를 후송하면서 이루어졌다. 거기에서 노무자는 개인에게 지급된 장비를 반납하는 등 최종 수속을 마치게 된다. 그러나 노무자의 보충인원이 계획 대로 완전히 보충되고 있던 상황은 아니었으므로 노무자 교대도 6개월마다 이루어지지 못하고 다소 유동적이었다.[154]

노무단이 사용할 보급품은 대체로 유엔군 조달장교에 의해 한국에서 조달되었다. 보급품목에 대한 상환 기준은 보급품이 군수품인가 아니면 구호품인가에 따라 차이가 있었다. 식량·의류·담료·비누·의료품 등과 같은 품목은 주한민간구호기금으로 구호품에서 지출되며, 노무단이 임무수행에 필요한 지게·우의·텐트·군화 등 군수품목은 제8군 군사기금에 의해 지출되었다. 그러나 1952년 가을부터 노무단의 모든 보급품은 극동사령부에 의해 미 제8군의 책임으로 전환되었다.[155]

노무단 노무자의 임금은 한국통화로 지불되었다. 노무자의 임금은 국군보다 일반적으로 높은 편이었지만 장교의 경우, 국군 장교의 월급에 따라 적용되었으므로 상대적으로 저임금을 받았다. 장교들의 임금에 대한 보조대책이 강구되긴 하였지만 국군과 노무단 사이의 임금 격차로 인해 쉽게 해결될 수 없었다.

1951년 9월 한국정부는 노무자의 임금은 국군과 비교할 것이 아니라 민간인 임금규모에 따라 지불되어야 한다고 주장하였다. 이러한 요청이 수락된 후 노무자들의 봉급은 국군보다 높게 책정되었다. 노무단에 근무하는 동안 각 노무자들의 임금(94달러), 식량(111달러), 의복(20달러), 의료(8.6달러), 개인장비, 조직장비, 소모품 등 평균 1년간 유지비용을 따져 볼 때 대략 295달러가 소요된다고 집계되었으며, 1951~1953년간 연평균 총 비용은 20,657,000달러에 달하고 있었다.[156]

---

154) ibid., p.30.
155) ibid., p.35 ; *Offshore Procurement in Korea*, pp.30~32.
156) *Indigenous Labor in Korea*, p.36. 당시 미군 노무장교들은 "한국 정부가 미군에게 제시

의료지원은 미 제8군이 우리 정부로부터 지원가능한 한도 내에서 의사와 간호원을 제공받아 지원하였다. 입원이 필요한 노무자는 미군 군단지역에 준비된 노무단 병원으로 후송되었다. 군단병원에서 치료가 불가능한 경우 미 제171후송병원으로 수송되었다. 미 제8군 병원은 미군에 할당된 노무단 인력에 대한 전반적인 의무치료를 감독할 책임이 있었으며, 군단병원도 군단 지역 내의 노무단에 대해 마찬가지의 책임이 있었다. 노무자의 사망과 상이보상은 한국정부의 책임이었으며, 그외 노무단의 다른 운용비용은 미 제8군에 의해 부담되었다.[157]

노무자들은 제8군에 의해 설치된 노무단 할인상점(KESS)을 이용할 수 있었다. 이 상점은 주로 큰 도시에 있었고 유엔군의 재고 의류나 상품 등을 팔았다. 이 상점은 한국 대민지원부 노무장교가 노무자의 지원을 받아 운영하였으며, 이익금은 우리 정부에게로 돌려졌다. 전방과 같이 보급품이 조달되기 어려운 지역의 노무자들에게는 하루 40환 정도의 노무자 레이션이 공급되었다.

정부는 노무단 노무자들이 직접 전투에 참여하지는 않았지만 전선에서 생명의 위협을 무릅쓰며 현역과 다름이 없는 근무를 실시하였으므로, 1961년 이들의 지원 공로를 인정하여 개정된 병역법에 현역을 마치고 예비역에 편입된 것으로 예우하였다.[158]

4) 직고용 및 계약고용 노무자의 운용

가. 직고용 노무자의 운용

한국전쟁 초기 미군은 노무지원에 있어 계약 노무보다 직고용 노무를 고용하는 것이 경제적이며 효과적이라고 평가하였다. 따라서 시간이 경과

한 통화 비율은 낮으며 한국 외환시장과 맞지 않았고, 이것으로 인해 노무자의 임금이 높게 책정되어 미국 정부의 비용을 증가시키게 되었다"라고 평가하였다.
157) ibid., p.34 ; *Logistics in the Korean Operations*, Vol. I, p.21.
158) 『국방사』 제2권, p.354.

함에 따라 계약 노무보다 직고용을 더욱 선호하게 되었다. 유엔노무자의 신청과 배치에 대한 책임은 제8군 노무과에 있었다. 노무과는 임무완수, 안전, 상황변동, 고용종결 등에 대한 것을 포함하여 노무 인력과 시간, 임금 지불 등의 기록을 유지하고 있었다.

노무장교는 노무감독들의 보고를 종합하고 노무활동을 관찰하여 노무 실행과 인력의 효과적인 운용에 관하여 지휘관에게 조언하였다. 노무장교를 도와주기 위해서 부산, 마산, 대구, 인천 등과 같은 대규모 노무자 고용 지역에 지역 노무실이 설치되었다. 이 노무실들은 지역의 모든 노무자에 관한 기록을 보유하고 있었다. 노무실은 노무장교에 의해 요구된 인력소요 보고서를 통합하여 노무자를 고용하였다. 거기에는 준 숙련자를 포함하여 이용 가능한 많은 노무자가 있었으며 특히 비숙련노무자의 경우는 더욱 많이 확보되어 있었다.[159]

1952년 8월을 기준으로 보면, 앞 절에서 서술한 노무단 노무자가 73,142명이었으며 직고용 노무자가 73,495명, 계약 노무자가 20,900명이었다.[160] 이들이 주한유엔군을 각각 지원하고 있었으며, 이것은 총 유엔 및 한국지상군 병력의 약 30%에 해당하는 규모에 달하고 있었다. 1951년 9월에서 1953년 7월까지 제8군과 병참지대사령부(KCOMZ)에서 고용한 직고용 노무자의 현황은 아래와 같다.[161]

| 표-42 | 직고용노무자의 규모(1951.9~1953.7) (단위 : 명)

연월	미제8군	병참지대사령부	총계
1951년 9월	78,038		78,038
10월	83,559		83,559
11월	88,505		88,505

---

159) *Indigenoud Labor in Korea*, pp.4~5.
160) *Offshore Procurement in Korea*, p.69.
161) *Logistics in the Korean Operations*, p.32.

12월	90,449		90,449
1952년 1월	77,293		77,293
2월	76,260		76,260
3월	83,937		83,937
4월	79,800		79,800
5월	80,548		80,548
6월	69,122		69,122
7월	76,875		76,875
8월	73,495		73,495
9월	40,471	미확인	
10월	41,185	//	
11월	40,688	//	
12월	40,014	31,661	71,675
1953년 1월	39,574	32,717	72,291
2월	38,815	32,438	71,253
3월	36,332	33,752	70,084
4월	34,005	33,118	67,123
5월	31,937	35,013	66,950
6월	31,624	35,680	67,304
7월	29,293	34,126	63,416

직고용 노무자는 미군의 과거 어떤 작전에서 보다 한국전쟁 시 많이 운용되었다. 위의 도표에서도 확인되는 것과 같이 1951년~1953년 미군에 고용된 직고용 노무자의 규모는 가장 많을 때가 90,449명, 가장 적을 때가 63,416명이었다. 또한 같은 기간 동안 직고용 노무비용은 총 4억 달러로 집계되었다.[162]

---

162) *Indigenous Labor in Korea*, p.37.

표-43 병참지대사령부의 노무비용(1952.7.1~1953.8.31)[163] (단위 : 달러)

사령부	직고용노무비용	사령부	직고용노무비용
병참지대사령부	571,331	대구군사우편	1,266,469
군수기지(KBS)	9,516,143	제7수송항구	2,190,419
제14수송대대	294,757	제21수송대대	2,881,419
제3수송대대	703,401	제1포로수용소	532,788
제2포로수용소	775,562	제8군사령부	22,000,000

위의 표에서 확인되는 바와 같이 1952년 7월 1일에서 1953년 8월 31일 동안 병참지대사령부 내에서 가장 많은 직고용 노무비용을 사용한 기관은 역시 제8군사령부로서 총 2,200만 달러로 집계되었으며, 다음으로 부산에 위치한 군수기지사령부, 포로수용소 등의 순서로 나타났다. 노무비용에 관한 자료는 당시 극비에 관한 사항으로서 최근에서야 공개되었다.

이 밖에 기타 군 기관과 민간조직, 즉 극동공군, 한국대민지원부, 유엔한국재건국, 미대사관, 그리고 미 해군 함대단 등도 직고용 노무자를 운용하고 있었다. 이러한 각 기관들은 1952년 8월 병참지대사령부가 설립되기 이전까지는 제8군의 노무정책에 따르지 않고 거의 독자적으로 노무자를 운용하였으며 특히 임금 면에서도 그러하였다. 당시 각 조직에서 운용된 노무자의 시간당 임금격차를 비교하면 아래와 같은 차이가 있음을 알 수 있다.[164]

표-43 노무자의 시간당 임금(1952.7) (단위 : 원)

직종/조직	제8군	재건국	대사관	민간기관
번역	530	3,500	3,124	
타이프	450	2,250	2,958	1,500
목수	310	1,250	1,985	2,200
노무자	310	1,250	1,985	2,200

---

163) ibid., p.37.
164) ibid., p.49.

위의 표에서 알 수 있듯이 노무자를 고용하고 있던 제8군과 유엔 재건국, 미 대사관, 민간기관 임금 사이에는 큰 격차가 있었다. 이러한 문제는 노무인력 확보에 장애가 되었으며 또 노무파업의 원인이 되기도 하였다. 미 제8군 이외에 직고용 노무자를 운용하고 있던 기관은 분류별로 구분하면 4개 조직으로 구분된다.[165]

첫째, 약 1만여 명의 직고용 노무자를 고용한 제5공군 사령부이다. 제5공군사령부에서는 인사참모가 대구 극동공군 후방사령부의 군, 민간인을 포함한 주한공군의 모든 인력을 감독하였다. 인사참모는 공군 직고용 노무자의 정책을 협조하고 보완할 책임이 있었으며, 또한 군과 대민지원부, 미대사관, 해군, 극동공군의 노무 대표로 구성된 노무정책조정위(勞務政策調整委)를 통해 노무정책에 대한 수정에 협조하였다. 각 공군기지는 노무업무에 협조하는 장교가 있었으며, 예하 공군기지 노무실에 대한 노무자를 할당하였다. 1953년 7월까지 대략 23개 기지 노무실이 있었는데, 그것은 각각 극동공군을 위한 직고용 노무자의 고용과 운용, 해고를 담당하였다.

둘째, 약 2,400여 명의 직고용 노무자를 고용한 한국대민지원부이다. 대민지원부 예하의 노무과가 노무업무를 수행하였으며, 한국병참관구 노무정책에 따라 인력을 할당받았다. 한국에는 10개의 대민조직이 있었다. 대민부 노무자는 승인 예산에서 지불된 것이 아니라 원조물자판매 이익금으로 지불되었다. 원조물자판매는 한국경제를 복구하기 위해 미국정부가 한국정부에 판매한 식품, 의류, 의약품, 건축자재, 화학약품과 금속 등이었다. 원조상품판매 잉여 이익금은 한국경제의 재투자를 위한 기금으로 전환되었다.

셋째, 약 1,000여 명의 노무자를 고용한 유엔 재건국이다. 재건국은 한국병참관구와는 별도로 유엔 인사원칙을 적용하여 노무정책을 수행하였

---

165) ibid., pp.16~20.

으며 임금규모와 직종이 유엔군과는 달랐다.

넷째, 약 40여 명의 노무자를 고용한 미 대사관이다. 미 대사는 노무고용에 관하여 유엔대민부가 고임금을 지불하여 최고의 노무자들을 고용하였기 때문에 표준임금 규모를 따르는 데 고충이 있다고 병참지대사령부에 이의를 제기하였다. 미 대사관은 보다 좋은 노무자를 구하기 위해서 1953년 6월 노무자의 임금을 한국병참관구의 표준임금보다 30%~80% 인상시켰다.

다섯째, 약 75명의 노무자를 고용한 미 해군이다. 노무자들은 일반적으로 월간으로 고용되었으며 주로 개인적으로 고용되었다. 해군 노무장교는 함대장의 통제를 받았으며 부산과 인천 등 주요 해군기지에서 활동하였다. 노무장교는 병참지대사령부의 임금규모와 방침에 따라 임무를 수행하였다.

나. 계약 노무자의 운용

계약 노무자는 유엔군 조달장교와 민간계약자(또는 민간회사) 간에 노무계약이 이루어지면 민간계약자에 의해 고용되었다. 계약 노무는 직고용 계약과 같이 군과 노무자 사이에 직접 고용되는 것이 아니라 군과 노무자 사이에 민간업자가 계약을 맺는 간접 계약방식이었다. 이들 계약자들은 한국전쟁 전 기간 동안 작전상 군에 의해 운용되었다.[166] 군은 필요한 업무를 수행하기 위해 조달장교를 통하여 노무계약을 체결하였다. 노무계약을 위한 입찰은 필요에 따라 수시로 있었으며, 입찰된 계약자는 약속된 업무를 수행할 수 있는 노무자들을 고용하였다.

전술한 바와 같이 대부분의 계약 노무자는 하역과 수송, 적재를 위해 항구에서 운용되었으며, 그 밖에 고도의 전문적인 기술을 요하는 업무 등 특수한 업무에도 운용되었다. 계약 노무는 직고용 노무와는 달리 조달과 노무행정 책임이 전적으로 계약을 받은 한국 노무계약자에게 있었다.[167]

---

166) ibid., p.21.
167) ibid., p.21.

전쟁기간 중 운용된 계약 노무자는 1950년 10월부터 1951년 10월까지 1년간 평균 약 3만여 명이었으며, 1951년 10월에서 1953년 7월까지는 평균 약 1만 7천여 명이었다. 또한 1952년 9월 1일~1953년 9월 31일 동안 군은 현지인 계약 노무자에게 총 23,817,551달러의 비용을 지출하였다.[168] 기관별 운용한 계약 노무자의 운용상황은 아래와 같다.[169]

표-44 계약 노무자의 규모(1950.10~1953.7) (단위 : 명)

연월	제2군수사령부	제8군	병참지대사령부
1950년 10월	30,000		
11월	25,000		
12월	25,000		
1951년 1월	35,000		
2월	35,000		
4월	35,000		
9월		37,841	
10월		30,631	
11월		16,831	
12월		17,869	
1952년 1월		13,968	
2월		12,324	
3월		11,414	
4월		12,263	
5월		15,565	
6월		13,062	
7월		14,469	
8월		20,900	
12월			17,797

168) ibid., p.27.
169) *Logistics in the Korean Operations*, p.39 ; 2d Log Comd Eight Army, Command Reports, July 1950~Jul 1953(S).

1953년 1월			18,489
2월			13,954
3월			20,841
4월			18,635
5월			19,931
6월			18,542
7월			15,171

노무자를 운용하는 가장 큰 이점은 전투 병력을 노무업무로부터 해제시킬 수 있다는 것이다. 그러나 계약 노무는 직고용 노무보다는 비경제적이고 비효과적이라고 평가되고 있었으며 특수한 경우를 제외하고는 직고용보다 규모가 작았다. 그러나 계약 노무는 직고용 노무와 비교하여 장점도 있었다. 전술한 바와 같이 직고용 노무의 문제는 현역 감독관이 노무자들을 직접 감독해야만 하는 것이었다. 따라서 감독관이 필요하였고 언어소통에 문제가 있었다.

그에 반해 계약 노무는 미군 병력을 노무자의 조달·감독·훈련으로부터 해제시킬 수 있었다. 노무계약이 처음 대규모로 사용되었을 때부터 휴전까지 직고용과 계약고용의 장단점에 관해 많은 논의가 있었지만, 대체로 두 가지 형태가 필요에 따라 상호 보완적으로 운용되었다.

1950년 말에서 1951년 초까지의 기간 동안 계약장교는 건물, 교량, 도로 등의 건축 및 보수에 관해 많은 노무계약을 체결하였다. 이 기간 내에 제2군수사령부에서만 건축계약 374건, 건축개량 99건, 건물보수 82건 등의 계약이 체결되었다. 이러한 한국전쟁 초기의 노무 계약자들은 통상 노무자와 물자를 모두 제공하고 있었다.[170] 대표적인 예로 대동건축회사(大同建築會社)와의 계약을 들 수 있다. 이 회사는 한국에서 가장 큰 민간인 기술계약자였으며, 최초의 계약부터 2,700여 명의 노무자를 운용할 만큼

---

170) *Offshore Procurement in Korea*, p.169.

충분한 노무인력을 확보하고 있었다.[171]

한편, 계약 노무자의 임금 문제에 관해서는 미군 당국과 노무계약자 사이에 다소 분쟁의 여지가 있었다. 1952년 말 물가가 전쟁발발 시보다 10배나 상승되자 부산항부두협회(釜山港埠頭協會) 회장 배창국(裵昌國)은 미 제2군수사령부 조달과에 임금인상을 요청하였다. 그러나 임금이 물가와 비례하여 인상되지 않자 임금인상 요구는 점차 증가되었으며, 결국 이러한 노무불안은 1952년 7월 부산 내 항구부두하역자의 파업과 같은 간헐적인 파업 등을 야기하기도 하였다.[172]

이 문제에 관해 제2군수사령부 대민과에서 1952년 2월에 실시한 임금에 관한 분석을 보면, 5인 가족이 최소한의 생활을 유지하기 위해서는 한 달에 536,000원(89달러)이 소요된다고 평가하였으나, 당시 노무자의 평균임금은 101,000원(17불)이었다.[173] 당시 노무자의 직종별 임금규모는 아래와 같다.

┃ 표 45 ┃ 계약 노무자의 직종별 월 임금[174]

직종	원(달러)	직종	원(달러)
엔지니어	300,000(50)	의사	300,000(50)
감독(100인 이상)	225,000(37)	조사관	207,000(34)
회계	183,000(30)	기술자	183,000(30)
간호사	183,000(30)	통역	159,000(26)
트럭기사	159,000(26)	타자수	159,000(26)

상기와 같이 노무자의 월 임금은 직종과 관계없이 물가에 비해 대단히

---

171) ibid., p.114.
172) ibid., p.72.
173) *Indigenous Labor in Korea*, p.42.
174) ibid., p.45 ; *Logistics in the Korean Operations*, p.35 ; 통화 변동율은 1953년 2월 17일 1달러당 6,000원에서 60환으로 변동되었고, 원이 환으로 바뀌었다.

낮은 수준이었다. 그리하여 1952년 7월 내무장관은 미 제8군사령관에게 유엔군에 고용된 노무자들의 생활수준을 보장하기 위해 임금을 인상시켜야 한다고 주장하였다. 주장의 요지는 노무자들의 월급이 물가에 맞도록 90만 원으로 인상되어야 하며, 현금으로 50만 원을 지급하고 나머지는 상품으로 시장가격보다 저렴하게 지급해 주어야 한다는 것이었다.[175]

노무자의 불만과 부분적인 파업 그리고 한국정부의 요청 결과, 노무자의 임금 문제를 검토하기 위해 1952년 8월 제8군사령부를 비롯하여 유엔재건국, 미 대사관 등의 대표로 구성된 임금조정위원회가 설립되었다. 이 위원회는 노무자의 임금 문제에 관하여 협의한 결과 1952년 9월 1일까지 임금을 100% 인상시키며 또 1952년 11월 1일부로 새로운 임금체계를 마련한다는 내용을 결정함[176]으로써 노무자들의 불만을 다소 해소시켰다.

한편 제8군과 병참지대사령부는, 미군 병력이 부족하고 또 우리 정부가 항만장비와 같은 대형장비와 숙련노무자 등을 필요한 만큼 공급할 수 없었기 때문에, 일본인 노무인력도 사용하였다. 이미 앞 장에서 기술한 바와 같이 그들의 활용은 한국이나 일본에서 부족한 인력과 장비를 보충한다는 측면에서 효율적이라고 평가되고 있었다.

4. 맺음말

한국전쟁 시 노무지원은 전쟁발발 직후 각지에서 자원한 일부 민간인 노무자들이 보국대(保國隊)를 자처하여 전선 전후방에서 작전을 지원한 데서 비롯되었다. 또한 국군은 보급운반 등에 소요되는 병력을 절약하기 위하여 각 부대별로 피난민이나 인근 마을 주민들 중에서 노무자들을 직접 모집해 운용하기도 하였다. 전쟁 초 국군 각 부대는 각 연대 단위로 추

---

175) *Indigenous Labor in Korea*, p.50.
176) *Offshore Procurement in Korea*, p.89.

가 모집하는 경우가 많았으며, 국군 1개 대대에 평균 50~60명의 노무자가 활동하고 있었다.

노무자의 효율성을 인식하게 된 국군은 노무동원을 위해 임시방편으로 병역법 제58조를 적용한 "제2국민병 소집"으로 가두소집이나 집단소집으로 병력과 노무인력을 보충하였다. 1950년 7월 26일 대통령령 긴급명령 제6호 "징발에 관한 특별조치령"이 공포되고, 동일 국방부령 임시 제1호 "징발에 관한 특별조치령 시행규칙"이 발표되어 마침내 작전상 필요한 군수물자 또는 인적 자원을 징발·징용하는 입법이 이루어졌다.

유엔군은 노무자의 규모가 증가하자 민간인 인력을 효과적으로 통제하기 위해 민간인운반단(民間人運搬團)이라는 준군사조직을 편제하여 유엔군의 보급추진을 지원하였다. 이것은 민간인차량중대(民間人車輛中隊)와는 성격이 다른 것으로 주로 이들의 임무는 지게를 지고 최전선까지 보급품을 운반하는 것이었다. 이들은 1951년 3월까지 각 240명을 보유한 82개 중대로 편성되었으며 총인원 19,680명에 달하는 규모가 되었다.

1951년 6월 국군과 유엔군은 노무지원을 확대하기 위해 노무단(勞務團)을 창설하였다. 병력증강의 일환으로 창설된 노무단은 국군이 계획한 국민방위군(國民防衛軍)의 후신 예비 국군 제5군단과 유엔군이 운용하고 있던 민간인운반단을 기간으로 창설되었다. 국민방위군은 1951년 5월 5일 해체되었으며 동일부로 방위군의 해체병력은 신편 제5군단(예비)에 배속되었다.

예비군단의 창설은 최초 제101, 제102, 제103, 제105, 제106사단 등 5개 사단으로 계획되었으나, 병력동원상의 문제로 제102, 제106사단을 해체하고 제101, 제103, 제105사단 등 3개 사단과 제100, 제200여단 등 2개 여단으로 운용되었다.[177] 즉, 국군 제5군단(예비) 3개 사단은 거의 창설

---

177) 노무단의 규모가 확대되면서 노무 3개 사단 외에 추가로 1952년 4월 1일에 제200노무여단(1952.4.1)이, 1953년 1월 24일에 제100노무여단이 각각 창설되었다. 국본 『일반명령』 제85호.

과 동시에 노무단 예하사단으로서 근무를 수행하였으며, 노무조직이 확대됨에 따라 추가로 2개 여단이 신설되었다.

그런데 국군과 유엔군은 노무단이 노무지원한다는 데는 동의하고 있었지만, 제5군단의 성격에 관해서는 1952년 3월경까지 각기 다른 입장을 견지하고 있었다. 즉 국군은 제5군단을 보병사단으로 파악하고 있었던 반면 유엔군은 이를 육군 병력에 가산되지 않는 민간조직도 군사조직도 아닌 특수한 준군사적 노무지원 조직으로 파악하고 있었다.

노무단의 병력은 1951년 말까지 6만여 명을 확보하는 데 그쳤으나, 1952년 말에는 7만 5천명, 1953년 초에는 인가인원 10만에 가까운 9만여 명까지 보충되었다. 노무단의 편성과 인사는 육군본부에 의해 이루어졌는데, 이들에 대한 작전지휘와 보급은 미군 측에서 담당하였다. 이렇게 동원된 노무단 노무자는 현역이나 예비군도 아닌 특이한 준군사조직체의 일원으로 운용되었다.

노무자의 동원은 육본이 노무단의 충원계획을 작성하여 이를 근거로 노무 징용자를 충원하였으며, 충원된 노무자는 제8군의 작전통제하에 복무하도록 실시하였다. 동원대상자는 만 35세부터 만 45세까지의 남자로서 복무기간은 6개월이었으나, 동원실적이 부진할 경우 복무기간이 연장되기도 하였다.

한편 유엔군은 민간인운반단과 노무단 이외에 부두하역과 기타 노무지원을 위해 직고용(直雇用)과 계약고용(契約雇用) 노무자를 운용하고 있었다. 미군은 계약 노무보다 직고용 노무자를 고용하는 것이 경제적이며 효과적이라고 평가하였다. 또한 유엔군은 미군 병력의 부족 문제와 아울러 한국정부가 항만장비, 보수장비, 숙련 기술노무자를 충분히 공급할 수 없었기 때문에 일본 민간인 인력을 운용하기도 하였다.

이상과 같이 한국전쟁 동안 노무자들은 비 전투요원으로서 작전상 필요로 하는 교량 및 도로의 보수와 식량, 탄약 및 군장비의 운반 등에 동원되어 전투부대를 직접 지원하는 데 크게 기여하였다.

제3부

한국전쟁과 미국·일본

한국전쟁과 미국·일본

제3부
한국전쟁과 미국·일본

제8장
미국의 한반도 전쟁억지 정책

1. 머리말

정부 수립 초기 한반도의 국제환경은 냉전의 성격과 그 변화에 의해 크게 영향을 받고 있었으며, 남북한 정권의 갈등은 미·소의 후원하에 체제 강화와 군사적인 경쟁 양상을 띠게 된다. 미국은 대한민국 정부 수립 후 유엔의 지지하에 탄생한 신생공화국의 대내적인 안정이 최우선 과제라고 인식하고 있었다. 미국의 한반도정책의 핵심은 한반도를 소련 지배하에 들어가게 하지 않으면서 미국으로 하여금 안전하게 철수할 수 있도록 하며, 경제적·정치적으로 안정화시키는 것이었다. 이것은 한국정부가 외침에 의해 붕괴할 가능성과 함께 내부불안정으로 인한 자체 붕괴의 가능성에 대해 상당히 우려하고 있었기 때문이었다.

이에 대해서는 이미 많은 연구들이 축적되어 있으나 최근 북한, 소련, 중국 문제와 관련하여 새로운 관심이 표명되었다. 즉, 고재홍은 남북한의 전력 문제에 관한 기존의 논의를 재구성하면서 미·소의 서로 다른 한반도 정책이 남북한의 전력 격차를 유발하였으며 전쟁을 억지하는 데 실패하였다고 하였고,[1] 안정애는 1947년부터 제기된 주한미군의 조기철수 문제와 1949년 6월 철수 단행, 그리고 1948년~1950년 사이 미국의 대한군사원조에 대해 분석하였다.[2] 반면 우정은 주한미군과 군사고문단의 규모가 세계 기타 지역과 비교하여 상당히 큰 규모였다는 점을 강조하면서, 한반도의 전략적 가치를 평가하였고,[3] 커밍스는 자신의 가설인 '유인론'에 맞추어 분석하였다.[4] 이에 대해 박명림은 커밍스가 제시한 가설들을 비판하면서 설령 전쟁 유도가 있었다고 하더라도 '선택의 주체'라는 것이 보다 비중 있는 것이라는 관점에서 분석하였다.[5]

이러한 연구들은 최근까지 새로 공개된 자료를 근거로 많은 사실을 해명하고 새로운 가설을 제시하였다는 점에서 의의가 있을 것이다. 그러나 그러한 의의에도 불구하고 미국의 군사정책이 한반도에 투영되는 과정과 성격에 대해서는 여전히 해명되지 않고 있다.

따라서 본 고에서는 단독정부 수립 이후 미국의 대한군사정책의 추이를 살펴보고 특히 1949년 후반기 중국 공산정부 수립과 소련의 핵실험의 성공에 따른 미국의 세계전략 변화가 한반도의 군사전략에 어떻게 투영되고 있었는지에 대해 유의하고자 하였다. 이를 위해 미국 국가안전보장회의 정책문서인 「NSC 8/2」(미국의 대한반도 정책)의 개정 논의의 배경과 「NSC 48/1」, 「NSC 48/2」(미국의 대아시아 정책), 「NSC 68」(미국의 대세계정책) 등을 통해 미국의 대한반도 군사정책의 기본 성격과 의미를 살펴보고자 한다.

2. 주한미군 철수와 한국의 내부 안정화

미국은 한국정부가 외침에 의해 붕괴할 가능성과 함께 내부 불안정으로

---

1) 고재홍, 『한국전쟁의 원인연구』, 경희대 정치학 박사학위논문, 1996.
2) 안정애, 『주한미군사고문단에 관한 연구-한국군 창군과정에서의 역할 및 기능을 중심으로』, 인하대 정치학 박사학위논문, 1996, pp.112~127.
3) Jung-en Woo, *Race to the Swift*, N. Y. : Colombia Univ. Press, 1991, pp.5~18.
4) Bruce Cumings, *The Corporate State in North Korea*, Hagen Koo ed., State and Society in Contemporary, Cornell Univ. Press, 1993, pp.188~221.
5) 박명림, 『한국전쟁의 발발과 기원』 2, 나남, 1996, pp.791~864.

인한 자체 붕괴의 가능성에 대해 우려하고 있었기 때문에, 한반도를 소련의 지배하에 들어가게 하지 않는 범위 내에서 주한미군을 철수시킨다는 기본구상을 가지고 경제·군사적인 지원을 수립하고 있었다. 주지하다시피 미국 국무장관 마샬은 1947년 1월 "남한만의 정부를 수립하고 남한경제를 일본경제에 접속시키기 위한 계획을 기초하라"는 지시를 하달한 바 있다.[6] 그 후 미국은 미·소 공동위원회의 결렬, 한국 문제 유엔 이관, 그리고 단독정부 수립, 주한미군의 철수 등 일련의 과정을 통해 대한정책을 수행해 나갔다.

1947년 3월에 개최된 모스크바 외상회담은, 3월 12일 '트루먼독트린' 발표에서 상징되듯이 이미 냉전이 전 세계 수준으로 본격화·공식화되는 상황에서 개최되었고, 그 결과 실패는 필연적인 것이었으며 이러한 국제 냉전의 분위기는 국내화가 시작되는 기점이 되었다.[7] 이에 따라 미국은 남한 내에서 "소련의 대한 반대라는 편의주의 때문에 이승만이나 김구같은 극우파 지도자를 지지해야만 하는 입장"이었다. 이처럼 마샬의 검토 지시와 같은 단정안이 가시화된 이후 미 군부 측은 "군사안보적인 차원에서 한국에 부대와 기지를 계속 유지한다는 것은 미국에 전략적 가치가 거의 없다"[8]라는 '조기 철군론'을 본격적으로 거론하기 시작하였다.

---

6) 「빈센트가 국무부에게」(1947.1.27), U.S. Department of State, *Foreign Relations of the United States* (이하 FRUS로 약칭) *1947*, Vol. Ⅵ, USGPO, 1971, p.603, Footnote.
7) 박찬표, 『반공체제 수립과 자유민주주의의 제도화, 1945~1948년』, 고대 정외과 박사학위논문, 1995, p.283 ; 미 국무부 정치고문 제이콥스는 대한정책에 있어 냉전의 영향을 다음과 같이 기술하고 있다. 즉, "현 상황은 지금까지 우리를 지지해 왔고 또 우리가 지지할 가치가 있었던 온건파에게는 불운한 것이다. 그들의 영향력은 심하게 훼손되고 있으며, 한편에서는 공산주의자들 그리고 다른 한편에서는 이승만, 김구의 반동적 우파사이에서 해체될 것임을 스스로 감지하고 있으며, 일부는 좌파로 일부는 우파진영으로 이탈하고 있다. 불운한 일이지만 우리는 어쩔 수 없이 '소련에 대한 반대라는 편의주의 때문에 이승만이나 김구 같은 극우파 지도자를 지지해야만 하는 상황'으로 빠지고 있다" 「정치고문 제이콥스가 국무성에게」 (1947.7.21), *FRUS 1947*, Vol. Ⅵ, p.711.
8) 미 합동참모본부는 "현재 미국의 군사인력이 심각하게 부족하다는 관점에 비추어 볼 때, 지금 남한에 유지하고 있는 약 45,000명 규모의 2개 사단으로 된 군단은 다른 곳에서 훨씬 더 유용하므로 조기에 철군해야 한다"고 주장하고 있었다(「미 합동참모본부 각서」 1947년 9월 25일, SN.623). 미국에 의한 한반도 문제의 유엔 이관 이후 유엔에서의 결정사항은 한반도에서 외국군의 철수와 그에 대한 유엔 한국위원단의 철군 감시를 포함하고 있었다.

미국이 이같이 남한에 철군을 하지 않을 수 없었던 이유는 냉전체제가 전 세계적으로 진행되면서 미국의 군사 인력이 절대적으로 부족했기 때문이며, 남한에 주둔하고 있던 미국의 4만 5천 명 규모의 2개 사단을 타 지역으로 옮기는 것이 미국의 국익에 도움이 된다고 판단하였기 때문이었다. 또한 단독정부 수립이 결정된 이후 문제는 "미군철수가 한국을 소련에 포기하는 것이 아닌 형태로 한국 문제에 대해 어떤 해결방법을 얻어야 한다"9)는 것이었다. 정부수립 이후 미국이 가장 우려했던 것은 외침뿐만 아니라 내부반란과 인플레현상 등 내부불안에 의한 자체 붕괴의 가능성이었다.

따라서 미 행정부는 대통령 특사인 웨이드마이어 군사사절단 등의 보고 결과에 따라 그동안 한국 문제와 관련하여 논의되던 '1) 한국에서의 즉각 철수, 2) 불확실한 주둔 계속, 3) 소련군과 동시철수 및 남한경비대 창설' 등 세 가지 안 가운데 마지막 안인 "주한미군철수로 인한 악영향을 극소화하면서 가능한 빨리 한국을 떠날 수 있도록 한국 문제 해결에 모든 노력을 기울여야 한다"는 것을 결정하게 되었다.10)

1948년 1월에 들어 미군철수를 전제로 한 대한정책 방안에 따라 미 국무부는 "남한을 보호할 수 있도록 경비대를 증강 무장 훈련시킨다"라는 요지의 대한군사정책 내용을 검토하기 시작하였다.11) 이를 위해 작성된 「NSC 8」(1948.4.2)의 주요점은 "1948년 12월까지 주한미군을 한국으로부터 철수시키며, 한국이 내부안정과 북한의 침략에 대처하도록 한국의 경비대를 확대·훈련·무장시킬 것, 그러나 미국이 전쟁상태에 붙잡혀서는 안 된다"라고 전제하고 경비대 2만 4천, 해안경비대 3천, 경찰 3만 등 5만 7천 명의 무장력을 갖추도록 규정하는 것이었다.12) 이 정책은 미군 철

---

9) 「웨이드마이어의 보고」(1947.9), *FRUS 1947*, Vol. Ⅵ, p.796.
10) 「웨이드마이어의 보고」(1947.9), *FRUS 1947*, Vol. Ⅵ, pp.796~803. 파울리 특사는 이들 부대의 철수가 그 후에 소련이 일본에 대한 공격을 감행할 수 있는 군사기지를 남한에 설치하지 않는 한 극동군사령부의 군사적 입장에 손상을 초래하지 않을 것이며, 미국의 안정보장에 보다 긴요한 타 지역으로 전용해야 한다는 것이었다.
11) 「버터워쓰가 국무장관에게」(1948.3.4), *FRUS 1948*, Vol. Ⅵ, p.1139.
12) 「NSC 8」(1948.4.2), *FRUS 1948*, Vol. Ⅵ, p.1168.

수로 인한 악영향을 최소화하기 위해 한국군을 원조하겠다는 것이었다. 그러나 문제는 이 정책이 보다 근본적으로 한국군의 공격력이나 외부침공을 격퇴할 수 있는 정도의 방어력을 보장하는 것은 아니었다는 사실이다.

어찌되었건 미국은 12월 말까지 남한에서 미군을 철수시키기로 하였다. 즉, 육군부 로얄 장관에 의하면 이 무렵 미 육군(군정)의 입장은 "현재 미 군정은 새로운 정부에게 책임을 이양할 때까지 기능을 지속하고 한국군을 지속적으로 훈련 무장시키는 데 필요한 충분한 병력을 갖고 있으며, 육군은 지시받은 대로 8월 15일을 철군개시일로, 그리고 9월 2일을 주한 미 외교사절단에게 철군을 제외한 모든 권한을 이양할 계획을 작성해 놓고 있었다"[13]라는 것이다.

남한에서 유엔 감시하에 남한만의 선거에 의해 정부가 수립되고, 북한에서도 이미 상응한 정부가 탄생하게 되자, 미국은 1948년 12월 주북한 소군이 철수한 상황에서 더 이상 남한 내에 군대를 주둔시킬 명분이 없었다. 그리하여 주한미군을 조기에 철수시키기로 결정하고 있었지만, 현실적으로 그렇게 용이한 문제가 아니었다. 왜냐하면 비록 남한에 정부가 수립되었지만 정부에 대항하는 세력들이 상존하고 있었고, 시민소요와 인플레 등으로 인해 내부불안의 요소가 가중되고 있었기 때문이다. 즉, 정부수립 직후의 시점인 10월 19일 한국군 제14연대가 여수–순천에서 반란을 일으켰으며 봉기는 크게 확산되고 있었다. 이들에 의해 5개 마을이 점령당하여 해방구가 형성되었으며 이에 조응한 게릴라들이 전국적으로 일어나 치안을 불안하게 하고 있었다.[14] 이에 주한 미국대사 무초는 주한미군이 한국 문제 해결의 최선은 아니지만 지금의 상황에서는 한국의 안전에 최소한의 보장책이라고 지적하면서 철군 연기가 불가피하다고 하였다.[15] 이에 미 국무부도

---

13) 「로얄이 마샬에게」(1948.6.23), *FRUS 1948*, Vol.VI, pp.1225~1226.
14) 「무초가 마샬에게」(1948.10.28), *FRUS 1948*, Vol.VI, pp.1317~1318.
15) 「무초가 마샬에게」(1948.11.19), *FRUS 1948*, Vol.VI, pp.1331~1332. 무초는 주한미군이 한국문제 해결의 최선은 아니지만 지금의 상황에서는 한국의 안전에 최소한의 보장책이라고 지적하였다.

한국의 내부안정화를 위해 철군을 연기하지 않을 수 없었다.

요컨대 미국은 남한 내의 사정으로 인해 「NSC 8」의 결론을 재검토하지 않을 수 없게 되었다. 여순 사건으로 인하여 재검토된 미국의 대한정책은 미군철수를 1949년 6월 30일까지 연기시킨다는 「NSC 8/2」(한국에 관한 미국의 기본입장)로 수정될 수밖에 없었다. 이는 미국이 남한에 대하여 경제 기술 및 군사원조뿐만 아니라 정치적 지원을 계속해야 하며, 내부적 질서와 국경 수비를 유지할 수 있도록 6만 5천 명의 한국군에 대한 군사원조를 제공한다는 것, 그리고 미 군사고문단을 설치하는 것 등을 규정하는 것이었으며, 해·공군에 대한 지원는 여전히 제외되었다.[16] 즉, 「NSC 8/2」는 한국 내의 사태발전을 고려하여 「NSC 8」보다 다소 지원이 강화된 것이었다. 「NSC 8/2」는 「NSC 8」에서 빠져있던 한국 내부안정에 초점을 맞추었다고 할 수 있다. 이는 다시 말해 미국이 남한정권의 내부안정을 위해 미군의 철수를 연기한 것이나 다름없다.

그러나 「NSC 8/2」에서 중요한 것은 이것이 대한지원의 축소를 의미하는 것이 아님을 분명히 하고 있지만, 전면적 무력침공에 대비한 공약이나 군사력 증강을 규정하는 것은 아니었다는 점이다. 미국은 여전히 북한 침공 시 군사적 안보공약이나 자체 군사력 증강을 지원하지 않으면서 내부 전복기도에 대해서는 안정화를 유지할 수 있도록 하는 정책을 추구하고 있었던 것으로 평가된다. 미국은 한국군을 정규군이라기보다는 내부의 안정을 도모하기 위한 '치안군'의 수준에서 유지할 것을 결정한 것이다. 나아가 남한에서의 군사적 성장의 제한은 이승만의 돌출행동을 막을 수 있는 중요한 수단이 될 수 있다는 점도 고려한 정책이었다고 할 수 있다.

한편 한국정부는 미국의 지금까지의 한반도 안보정책을 비판하면서 미국에게 트루먼독트린을 적용시켜 줄 것을 강력하게 호소하고 있었다. 그러나 미국은 그리스·터키 등에 적용된 안보정책인 트루먼독트린을 한반

---

16) 「NSC 8/2」(1949.3.22), *FRUS 1949*, Vol.VII, p.978.

도에 적용하지 않았다.[17] 그것은 적자예산으로 어려움을 겪고 있었던 미국이 한국에 부가적인 대규모 군사비용과 복구비용을 투입해야 하는 부담과, 또 그럴 경우 우선적인 지원대상 국가에 대한 군사지원의 삭감을 초래할 위험이 있었으므로 미국으로서는 수용하기 어려운 문제였다. 뿐만 아니라 남한 내 정치적 정서에서 보더라도 국민의 지지가 약한 이승만 정권을 영구화시키려 한다는 오해를 불러일으킬 소지도 있었기 때문이다.[18]

트루먼독트린에서 제외된 한국정부는 미국의 소극적 대한정책[19]에 불만을 갖고 있었으며, 미국의 관심을 유발시켜 한반도를 냉전의 전초기지로 삼고자 하였다. 이에 한국정부는 미국에 대해서 군사원조와 안보공약의 강화를 요구하였다. 예컨대 1949년 2월 이 대통령이 올리버에게 보낸 비망록에 "우리는 당장 넘어가서 파괴분자들을 징벌하여 평화와 질서를 세울 수 있으나, 국제전쟁으로 번질까 우려하고 있는 미국 때문에 자제하고"[20] 있다는 것처럼 북진의 의사를 내비치고 있었다. 다시 말하면 이승만 대통령은 북진을 크게 우려하고 있던 미국을 안심시키면서 군원을 확보하려 했던 것으로 보여 진다. 이처럼 한국정부는 북진주장을 표출하면서도 다른 한편으로는 미국의 입장을 고려하여 북진욕구를 유보한다는 양면정책을 구사하였던 것이다. 그런데 주한미군 철수가 결정되자, 한국정부는 미국의 무기원조와 안보공약 강화교섭에 보다 적극적인 태도로 임하였다.[21] 이는 당시 한국정부가 미군철수 문제보다 미국의 안보공약에 더 비중을 두고 있었음을 말해 준다. 이 같은 한국정부의 요구와는 달리 미국

---

17) 「육군부 장관 로얄의 비망록」, 앞의 자료, SN.623 ; 홍석률, 앞의 논문, p.169에 의하면, 1950년대 이승만과 미국의 갈등은 냉전전략이라는 차원에서 봉쇄정책을 추구하는 미국과 북진을 추구하는 이승만의 대립으로 보았다.
18) 위의 자료(JCS1483/44).
19) Robert K. Sawyer, *Military Advisors in Korea- KMAG in Peace and War*, CMH US ARMY, 1962, pp.100~101에 의하면, 미국의 대한군사정책은 이승만의 호전성에 대한 경계, 한반도의 군사전략상 低가치, 미국 원조액의 한계 등의 문제로 인하여 대단히 소극적인 입장이었다.
20) 로버트 티 올리버, 박일영 역, 『이승만 비록』, 한국문화출판사, 1982, pp.288~292.
21) 「무초가 국무장관에게 보낸 전문」(1949.5.7), *FRUS 1949*, Vol.Ⅶ, pp.1011~1012 ; 5월 19

은 이미 한반도를 군사 방위선에서 제외하고 있었기 때문에 한반도에 대한 안보공약은 미국의 군사전략 범위를 넘어서는 것이었다.

위와 같이 「NSC 8/2」는 남한이 외침에 대비할 수 있으며, 남한 내 치안을 유지시킬 수도 있고, 또한 이승만의 돌출행동을 제어할 수 있는 다방면의 목적을 가지고 있었다. 그럼에도 불구하고 그것은 북한의 전면적 공격에 대해서는 구체적인 지침을 마련하지 못하였다는 한계가 있었다. 이를 달리 표현하면, 북한의 침공으로 인해 남한이 공산화될 수 있다는 점을 간과하고 있었다. 따라서 미 육군은 이를 보완하는 수정안을 내놓았는데 그것이 미 육군 참모총장 브래들리의 보고서이다.[22] 이 보고서의 핵심은 1) 현재 한국정부에 파견되어 있는 미국인들을 탈출시키기 위한 비상 후송계획을 실시하는 것,[23] 2) 남침을 전체 평화에 대한 위협으로써 고려하도록 유엔안보리에 제출하는 것,[24] 3) 유엔군의 경찰활동과 제재로 38선 국경을 회복하고 법과 질서를 회복하는 것,[25] 4) 한국정부의 요청에 따라 연합특수임무부대를 구성하여 해결하는 것,[26] 5) 트루먼독트린을 연장하여 한반도에 적용하는 것[27] 등이었다. 그러나 이것은 결국 합동참모본부의 반대로 기각되어 「NSC 8/2」의 개정을 이끌어내지는 못하였다.[28]

비록 남침 시 가능한 방책으로 제시되었던 브래들리의 제안이 정책으로

일 외무부장관 임병직과 국방부장관 신성모는 한국 및 외국특파원 기자회견에서 "주한미군 철수에 관한 보도내용은 한국정부가 미국의 한국안보에 관한 충분한 조치 없이 주한미군철수에 동의하는 것을 의미하는 것은 아니다. 소식통에 의하면, 소련과 북한이 6개 보병사단과 3개 기갑사단 등을 전진 배치하고 경찰력을 완전 무장할 것이라 하는데, 미국도 상응조치를 취해야 할 것이다"는 입장을 피력하였다. 러시아 외무성, 대한민국 외무부 역, 「스티코프의 전문보고」(1949.5.21), 『소련 외교문서』 제4권(미간행) p.27.

22) 「육군부가 국무부에게」(1949.6.27), *FRUS 1949*, Vol.Ⅶ, pp.1046~1055.
23) 위의 자료, p.1053.
24) 위의 자료, pp.1053~1054.
25) 위의 자료, p.1054.
26) 위의 자료, p.1055.
27) 위의 자료, p.1056
28) 위의 자료, pp.1046~1055. 당시 합참의 평가로서는 1) 안은 미국의 개입을 최소화하고 가장 위급한 상황에만 취할 수 있는 것이었으며, 2)·3) 안은 유엔의 인정이 필요하고 실제 소

채택되지는 못하였지만 이는 「NSC 8/2」가 가진 오류를 여러 면에서 보완해 줄 수 있는 것이었다. 보다 중요한 것은 그 후 전쟁이 실제 발발하였을 때 이것이 대부분 미국의 참전정책으로 수용되고 있었다는 사실이다. 이로 미루어 보아 이미 1949년 후반 미·소 대립의 격화로 인해 대한정책을 재검토하게 될 때 브래들리의 제안은 크게 참고가 되었을 것은 자명하다. 요컨대 이것은 한국정부 수립 이후 북한이 남침하였을 때 미국의 참전 가능성에 관하여 처음으로 미국의 책임 있는 정책담당자가 언급한 내용이라 할 수 있겠다.

위와 같이 미국은 「NSC 8/2」 수준을 넘는 한국 측의 군사력 확산 시도에 대해 크게 우려를 표시하고 있었다. 그 예로 미국은 주한미군을 철수시킨 후 "주둔군의 철수 문제와는 별도로 신생 대한민국 정부의 경제적·정치적 안정에 필수적인 경제적·기술적·군사적, 그리고 기타의 지원을 계속할 것이다"[29)라고 했고, 이에 미 국무부는 "지나치게 급속한 방위력의 확장을 경계하고 한국에서 필요한 것은 소규모의 정예로 훈련된 충직한 무장군"이라는 입장과 "경제적인 인플레의 안정화에 최대한 노력해야 할 것"이라는 입장을 한국정부에 전달하였다.[30)

반면 이승만 대통령은 미국이 우려하는 것처럼 한국이 절대로 이북 지역을 침공하지는 않을 것임을 다짐하면서 트루먼에게 한국군이 필요한 무기 및 군수품 목록을 첨부하여 충분한 무기와 탄약을 지원해 줄 것을 요청하였다. 그러나 이 주문은 받아들여지지 않았다.[31) 미국은 당시 '한·미 잠정행정협정'에 의거해 철수하는 미군으로부터 5,600만 달러에 해당하

련 등에 의해 지연될 가능성이 크다는, 그리고 4) 안은 북·소·중 간의 동맹과 소련의 북한 재 진주를 합리화시킨다는 것, 5) 안은 국민에 신뢰받지 못하는 이승만 정부를 영구화하려 한다는 비난과 아울러 미국의 예산지출이 막대하다는 등의 이유로 인하여 채택되기 어렵다는 것이었다.

29) 「무초가 이승만에게」(1949.4.14), *FRUS 1949*, Vol.Ⅶ, p.989.
30) 「무초가 동북아 차장 본드에게」(1949.7.13), *FRUS 1949*, Vol.Ⅶ, pp.1060~1061.
31) 「이승만이 트루먼에게 보내는 편지」(1949.8.20), *FRUS 1949*, Vol.Ⅶ, pp.1075~1076.

는 5만 명 분의 소총과 소총탄환, 2천 문의 로켓포, 각종 차량 4만 대, 다수의 경포와 박격포, 포탄 70만 발 등의 무기와 장비를 인계하였다.[32]

그러나 여기서 주목되어야 할 것이 인수한 장비들은 대부분 낡고 성능이 좋지 못한 것이었다는 점이다. 예컨대, 장비 중 최대 구경인 105mm M3 곡사포는 구형으로 북한군의 122mm 야포에 비해 사거리가 짧았으며, 57mm · 37mm 대전차포는 전차를 파괴할 수 없는 것이었다. 현실적으로 이러한 원조장비로는 북한과의 군사적 불균형을 극복할 수 없었다. 미국이 철수하면서 낡고 성능이 떨어지는 무기를 넘겨 준 배경은 전술한 바와 같이 "한국군의 조직을 다만 대내적 소요를 다스려 국내치안을 유지하는 한편 38도선 북으로부터의 공격을 억제할 수 있도록 발전시킨다"[33] 라고 하는 방침 때문이었다.

3. 대한 군원 확대 논의와 성격

1949년 후반에 접어들면서부터 미국의 대외정책은 재무장과 적극전략으로 선회하게 된다. 이 시점에서 미국이 대외정책을 재검토하게 된 가장 큰 이유는 역시 소련의 원자폭탄 개발 때문이었다. 미국은 1949년 9월 3일 공군정찰 편대가 일본에서 알레스카까지 정찰하여 소련의 방사능실험 흔적을 탐지하였고, 그 실험은 8월 29일 무렵 실시된 것으로 분석되었다.[34] 이것은 미국이 더 이상 핵무기의 독점국이 아님을 의미하는 것이었으며, 그 결과 전면적인 재무장정책을 고려하게 되었다. 위와 같이 미국은 소련의 원폭 보유, 중국공산정부 수립, 중·소 회담 등에 큰 위기감을 갖고 이에 대처하기 위해 급격히 재무장정책과 대소 강경책을 검토하는 가

---

32) 『국방 조약집』 제1집, p.34.
33) 「NSC 8」(1948.4.2), *FRUS 1948*, Vol.Ⅵ, p.1168.
34) Richard G Hewlett & Francis Duncan, *A History of US Atomic Energy Commission*, Vol.2,(Univ. Park, Pennsylvania, The Pennsylvania State Univ., 1969), pp.362~363.

운데 군사원조 계획으로서 상호방위 원조안을 확정하였다. 물론 이 안은 한국에도 적용됨으로써 직접적인 군사원조를 받게 되었다. 또한 당시 한국 주재 미 대사관이나 군사고문단에서도 미·소의 상황변화를 어느 정도 인지하면서 남한의 방위력 강화의 필요성을 강조하고 있었다.

여기서 필자는 지금까지 이 시기 전쟁발발과 관련시켜 간과되어 있던 미국의 세계전략 속의 한반도 군사전략을 재검토할 필요가 있다고 생각한다. 즉 위에서 본 바와 같이 미국은 1949년 후반에 들어 적극전략으로 선회하고 있었다. 그 점은 당시 한반도의 상황에도 예외가 될 수 없다고 보인다. 다시 말해 기존의 연구들은 미국의 세계 전략변화와 한반도 군사전략과의 관계를 구체적으로 연관짓지 못하였다. 따라서 여기에서는 미국의 세계전략 재편과 관련하여 대한군사전략을 구체적으로 검토하면서, 미국의 전략변화가 한반도 군사전략에 어떻게 적용되는지를 규명하고자 한다.

주지하다시피 미국의 동북아 및 세계전략의 재편 양상은 「NSC 48」과 「NSC 68」에서 분명하게 보이고 있다. 미 국방장관 존슨은 아시아에서의 사태발전, 특히 중국공산주의자들의 성공에 관해 크게 우려하고 있다는 각서를 국가안전보장회의(NSC)에 보냈는데, 여기서 미국이 아시아에서 취할 일련의 행동지침을 준비해 주기를 요청하였다. 그 요청결과가 12월 30일 대통령이 채택한 「NSC 48/2」였다. '미국의 아시아에 대한 입장'이란 제목이 붙은 이 문서는 아시아에서의 기본 안보목표를 네 가지로 상정하고 있다.[35] 그것은 즉, 1) 유엔헌장의 원칙에 따라 아시아 국가들을 개발하는 것, 2) 일부 비 공산 아시아 국가들이 내부치안을 유지하고 공산주의자들의 확장을 막을 수 있도록 군사력을 강화하는 것, 3) 아시아에서 미국

---

35) 「NSC 48/2」(1949.12.30), *FRUS 1949*, Vol.Ⅶ, pp.1215~1220. 「NSC 48」 시리즈는 미국의 대아시아정책으로서 48/1은 1949년 12월 23일 작성되어 12월 29일 48/1의 결론인 48/2의 형태로 대통령의 승인을 얻었다. 「NSC 48/1」은 「NSC 8/2」의 목표를 재확인하고 나아가 공산주의 팽창을 성공적으로 봉쇄할 수 있고 평화적인 통일을 달성하는 데 중추적인 역할을 할 수 있도록 한국정부를 강화할 것을 규정하고 있으며, 「NSC 48/2」는 몇 개의 선택된 주요 국가에만 한정해서 군사적 안전보장을 공약하고 있다.

이나 미국의 동맹국을 위협할 수 없도록 우세한 소련의 힘과 영향력을 점차 감소시키다가 종국에는 제거하는 것, 4) 미국 안보를 위협하는 아시아의 세력관계가 형성되지 못하도록 막는 것 등이었다. 요컨대 아시아에서의 군사전략적 방어는 필리핀과 일본을 연결하는 소위 '도서방위전략'을 구성하여 일본을 동북아시아의 중심으로 삼으며, 이를 위해 일본의 재무장과 부흥을 도모한다는 것이 핵심적인 내용이었다.

따라서 「NSC 48」은 미국의 군사적 수단의 한계 때문에 아시아 중에서도 핵심 지역 즉, 방어에 유리한 도서방위선까지 군사적 공약을 확대하겠다는 것이었다. 즉, 「NSC 48/2」는 아시아에서 공산주의의 봉쇄를 목표로 하고 있는 것이었고 공산화에 대한 반격 전략이었다. 비록 한국이 침공을 받을 경우 미국이 취할 특별한 행동과정을 구체적으로 언급하고 있지는 않았지만, 전체적인 정책 기조는 한반도를 포기하지 않는다는 것이었다. 이것은 소련과의 전면전을 상정하는 것은 아니었지만 대한지원의 약화나 포기의 의미라기보다는 오히려 동아 지역에서의 군사적 방어공약 확대라는 의미를 갖는 것이었다.

그러나 당시 미국의 구체적인 대한군사전략의 부재는 한국정부의 강한 불만을 야기하고 있었으며, 결국 한국정부는 북한과 중국의 일련의 상황변화에 대해 독자적인 방어력을 확보하기 위한 방법을 모색하였다. 한국정부는 1949년 9월, 10대의 AT-6 훈련기를 구입하기 위해 20만 달러의 지출을 승인하였으며, 약간의 고성능 비행기와 AT-6 훈련기 및 L형 비행기의 지원을 미국에 강력히 요청하였다. 이러한 일련의 정지과정을 거쳐 정부는 드디어 그해 10월 1일 독자적으로 한국공군을 공식 창설하였다. 이 기간이 대통령은 미국 측에 공군지원을 요청하면서 "한국의 공군력을 절대로 공격 목적에 사용하지 않을 것"임을 분명하게 밝히고 있다.[36] 그러나 미국이 소극적인 반응을 보이자, 그는 독자적으로 비행기 구입까지 구상하였

---

36) 위의 자료, pp.1093~1094.

다. 또 한편으로는 미국의 퇴역군인 랜달(Randall)을 고문으로 고용할 것을 고려하였다. 랜달은 이승만의 요청에 따라 한국 공군에 필요한 비행기 대수는 99대라고 제시하였다.[37] 이 대통령은 미국이 공군지원 요청을 거부할 경우 대외무역을 통해 59대의 비행기를 확보할 계획도 세우고 있었다.

결국 이승만 정부는 미국의 정책과는 무관하게 10월 1일 공군을 육군으로부터 독립시켜 비로소 지금과 같은 육·해·공군 3군 체제를 구축하였다. 이때 공군은 비행단, 항공기지사령부, 여자항공대, 공군사관학교, 공군병원 및 보급창으로 증편되었다.[38] 아울러 이승만은 '애국기 헌납운동'을 범국민운동 차원으로 확대시켜 모금운동을 벌였다. 그 결과 1950년 5월 목표액 2억 원을 훨씬 넘는 3억 5천 만 원을 모금하여 0.5인치 기관총 2정씩을 장착한 캐나다형 AT-6형 10대를 구입하기도 했다.[39] 이 비행기에는 애국심을 고향시키기 위하여 '건국기'라는 명칭이 부쳐졌다. 기지도 종래의 여의도와 김포에서 수원·군산·광주·대구·제주도로 확대해 갔다. 이승만의 군사력 강화책에 호응하여 무초도 F-51 전투기의 지원을 요청했으며, 부득이 할 경우 한국인들의 사기를 살리기 위해서라도 상징적으로 몇 대의 전투기를 마련해 주어야 한다고 건의하였다.[40] 그러나 이러한 요청에 대해 미 국무부는 한국 문제에 대한 최종 정책교서인 「NSC 8/2」를 근거로 하여 여전히 부정적인 입장을 표명하였다.[41] 이러한 반응에는 공군력의 확보 문제와 더불어 유지비 충당 문제도 고려되고 있었다.

다음으로 미국의 대한반도 군사정책에 있어서 주목해야 할 것이 미국의 세계 군사전략에 관한 문서인 「NSC 68」이다. 「NSC 68」은 핵무기를 보유한 소련에 대응한 미국의 전 세계에 걸친 정치·경제·군사 면에서의

---

37) 「무초가 국무장관에게」(1949.12.1), *FRUS 1949*, Vol.Ⅶ, pp.1102~1103.
38) 「대통령령」 제254호, 국방부, 앞의 책, 『국방관계법령집』(1), p.53.
39) 『해방과 건군』, pp.605~608.
40) 「상호방위원조계획 처장 서리가 러스크 차관보에게」(1950.5.10) ; 서동구 역, 앞의 자료, pp.102~103.
41) 「본드 한국과장의 회담 비망록」(1950.5.10), 위의 자료, pp.99~102.

적극적 전략(롤백정책)이었다. 이것은 소련의 핵 보유에 따라 트루먼이 1950년 1월 30일 수소폭탄 개발을 승인하면서 세계안보정책을 재검토할 것을 지시한 데 따라 4월 7일 작성된 것이었으나 전쟁발발 전까지 대통령의 재가를 받지 못하여 정책으로 채택되지 못하고 있었다.[42] 하지만 「NSC 68」은 "무력침략이나 정치적 혹은 전복적 수단에 의해서든 유라시아에 대한 소련의 지배는 미국이 전략적으로나 정치적으로 수용할 수 없다"라는 점에서 한반도도 예외가 아니라는 것을 드러내고 있다. 이 문서에 의하면, 비록 한국이 군사적으로는 그렇지 못할지라도 냉전에서는 큰 정치적 가치를 가지고 있다는 것이었으며, 이 문서가 작성되기 이전부터 이미 미국 행정부 내에는 한반도 개입에 대한 인식이 충분히 공유되고 있었다는 것을 반영해주고 있다고 할 수 있다. 이에 대해 지금까지 학계에서는 「NSC 68」이 한국에 어떻게 적용되었는지에 대해서 주목하지 못하였다. 따라서 여기에서는 전쟁발발 이전 한반도에 외부적 침입이 있을 경우 즉각적인 참전이 가능한 미국의 정책이 「NSC 68」이었다는 것을 당시의 국제 정세의 변화와 미국의 정책당국자들의 인식을 통해 재검토하고자 한다.

「NSC 68」에서 미국은 소련과 중국의 영향력이 크게 증대될 것을 예상하였고, 특히 당시 한국에 파견된 미국 당국자들은 이를 커다란 위기로 인식하고 있었다. 그런 가운데 소련은 북한에서 철군한 후인 1949년 9월~10월경 전차나 항공기를 북한에 제공하고 있었다. 이에 따라 1949년 10월 이후 한국에 추가군원을 지원해야 한다는 무초와 로버츠 등의 건의가 집중되었다.[43] 그 가운데 핵심적인 문제는 한국 공군지원 문제였다. 이것은 앞의 「NSC 8/2」에서의 해·공군 지원 제한내용의 수정까지도 고려해

---

42) 「NSC 68」(1950.4.18), *FRUS 1950*, Vol. I, pp.237~255. 이것의 결론은 1950년 9월 「NSC 68/2」(1950.9.30)의 형태로 수정 없이 대통령의 재가를 받아 정책으로 채택된다.
43) 로버츠 고문단장은 1949년 10월 26일 국무부에 제출한 보고서에서 "현재 북한공산주의자들이 보유하고 있는 소련제 고성능 전투기와 야포가 한국군의 사기에 심각한 영향을 주고 있다"고 전제하고 이에 대비하기 위한 군사지원을 요청하였다. 그 내용은 15개의 4.2인치

야 한다는 것이었다. 이것이 한반도와 관련하여 갖고 있는 의미는 내부의 위기보다는 중국공산화와 북한군 증강 등 외부의 위기를 고려하여 제기된 문제라는 점이다. 당시 군사고문단장은 1,100만 달러로 확정(1949. 9. 24)된 대한 군원액으로는 한국군을 지원할 수 없으므로 상호원조법의 중국 원조액인 7,500만 달러 중 일부를 한국으로 전용할 수 있도록 대통령에게 요청하였으며,[44] 최소 1950년 회계연도에서 대한군사원조의 할당이 2,000만 달러는 되어야 한다고 판단하고 있었다.

이에 미 국무부는 현지의 정세보고를 감안하여 제한적이나마 남한의 군원을 강화해야 한다는 문제를 검토하였다.[45] 1949년 12월 17일에 원조조사팀이 한국을 방문, 한·미 상호 군사원조협정(1950. 1. 26)[46]을 체결하였으며, 1950년 3월 15일 비로소 미 군사조정위원회에 의해 한국 원조계획이 승인되었고, 한국 군원액이 1,097만 달러로 확정되었다.[47] 이처럼 미국은 정치적으로 한국을 포기하지 않고 있었다.

박격포 중대와 3개의 105mm 곡사포 대대의 추가지원, F-51 전투기와 F-6 연습기의 장비지원, 해안경비대에 적절한 장비 지원 등이었다. 「무초가 국무장관에게」(1949.11.8), *FRUS 1949*, Vol. VII, p.1094.; 「무초가 국무장관에게」(1949.7.26), *FRUS 1949*, Vol. VII, pp.1066~1067 ; 「무초가 국무장관에게」(1949.10.19), *FRUS 1949*, Vol. VII, pp.1088~1089 ; 군사고문단장은 1,100만 달러로 확정(1949. 9. 24)된 대한 군원액으로서는 한국군을 지원할 수 없으므로 상호원조법의 중국 원조액인 7,500만 달러 중 일부를 한국으로 전용할 수 있도록 대통령에게 요청하였다. 그는 최소 1950년 회계연도에서 대한 군사원조가 2,000만 달러는 할당되어야 한다고 판단하였다. 「무초가 국무장관에게」(1949. 12. 19), *FRUS 1949*, Vol. VII, p.1112.

44) 「무초가 국무장관에게」(1949.12.19), *FRUS 1949*, Vol. VII, p.1112. 1949년 12월 17일에 원조조사팀이 한국을 방문, 1950년 3월 15일에야 비로소 미군사조정위원회에 의해 한국 원조계획이 승인되었고, 한국 군원액이 1,097만불로 확정되었다.

45) 「*NSC 8/2*」 *Progress Report 3*(1950.2.10), 국방군사연구소, 앞의 자료.

46) 전사편찬위원회, 『국방 조약집』 제1집, 1981, pp.64~69. '한·미 상호방위원조 협정'에서 미국은 한국에 대한 침략에 대항하는 "효율적인 자위력을 발전시킬 목적으로 군사지원을 제공한다는 것"으로, 한국에 제공되는 장비 물자의 종류와 제공 방법은 미국 측의 판단에 따라야 하며, 원조물자의 이용 상태도 미국의 감독을 받도록 되어 있었다.

47) 여기에서 "전투기 항목을 제외하고 남한에 대한 추가 군원자금을 당장에 배정하는 문제"를 승인받기 위해 미 의회 내 대외군원협력위원회에 제출하기도 하였다. 그러나 이 제안은 전쟁발발까지 동 위원회에서 구체적으로 검토되지 못하였다. 「MDAP 처장서리가 러스크에게」(1950.5.10), 미국무부, 서동구 편역, 『한반도 긴장과 미국』, 대한공론사, 1977, pp.102~103.

전쟁 직전 CIA 쪽에서도 북한의 군사작전 능력이 훨씬 증강되고 있다고 분석하고 있었다. 북한군은 "기갑 중포 그리고 항공기 분야에서 우위를 점하고 있다", 따라서 "수도 서울을 점령하는 것을 포함하여 제한적인 목표를 달성할 능력을 보유하고 있다"라고 경고하였다. 그러나 이들의 최종적인 평가는 북한의 우세에도 불구하고, "북한이 소련이나 중국군의 적극적인 참여 없이도 한반도 전력을 통제할 수 있는지는 불확실하며", "소련이 북한군에게 남침을 고무시키지는 않을 것"이라는 것이었다.[48] 오히려 이들은 여전히 남한이 북한·소련·중국의 외부적인 침공보다는 내부적인 전복기도에 의해 무너질 가능성이 크다고 평가하였다.

그러나 남침이 있을 경우 미국이 개입하게 될 것이라는 사실은 남침 약 한 달 전인 1950년 5월 18일 덜레스가 니츠와 러스크에게 보낸 보고서에서 찾아 진다. 이 보고서에서 덜레스는 미국의 행동이 지속적으로 후퇴하고 다른 지역이 소련 통제에 들어가는 것을 허용하는 것같이 비추어진다면, 미국의 영향력은 지중해·동북아·태평양 지역 등에서 필연적으로 약화될 것이라고 하면서, "만약 어떤 의심스러운 지역에서 미국의 확산과 결의를 보여줄 수 있는 강력하고 즉각적인 방어조치를 취한다면 일련의 손실을 막을 수 있다"라고 하였다.[49] 여기서 '어떤 의심스러운 지역' 이란 공산화될 가능성이 있는 지역을 말한다. 물론 거기에는 한반도도 포함되어 있었다.

이러한 사고는 「NSC 68」의 정책 기조였으며, 남침 직전 미국 관료들이 갖고 있던 지배적인 인식이었다. 미국의 한반도 군사정책은 세계 군사전략과 밀접한 관련 속에서 추진되고 있는 것이었다. 그러나 결과적으로 대소전략 또는 대북전략에서 남북 간의 힘의 균형을 유지시키지 못하게 되어 미국은 실책을 자초하게 된다.[50] 물론 미국의 근본적인 실책은 한반도의 위기를 제대로 평가하지 못하고 세계전략상 소련의 공격능력이 앞으로

---

48) 「CIA 각서」(1950.6.19), *FRUS 1950*, Vol.Ⅶ, pp.109~111.
49) 「덜레스가 니츠와 러스크에게」(1950.5.18), *FRUS 1950*, Vol.Ⅰ, pp.314~316.
50) 전쟁발발 직후 덜레스가 제출한 보고서가 참고 된다. 그는 미국의 실책은 첫째 북한군의 전

4년 후인 1954년에나 가능하게 될 것이라는 가정을 수립하고 있는 것이었지만,[51] 적어도 덜레스의 평가는 전쟁 직전까지 대한군사전략에서의 실책을 적절하게 지적한 것이라 보여 진다.

당시 「NSC 68」이 내포하고 있던 가장 큰 의미는 한국전쟁 직전에 소련의 위협에 대처할 수 있는 방안에 대해 미국 정책관료들로 하여금 적극적으로 생각하게 하고 또 대소 강경정책의 공감대를 형성한 것이었다. 그러나 그 공감대가 한반도에 직접 반영되기까지는 시간이 필요했다.[52]

4. 맺음말

미국은 한반도가 소련의 지배하에 들어가게 하지 않는 범위 내에서 주한미군을 철수시킨다는 구도를 가지고 남한을 지원하고 있었다. 단정 이후 미국의 입장은 한국정부가 외침에 의해 붕괴할 가능성과 함께 내부의

투력 증강에 대해서 알고 있었음에도 불구하고 한국군에게 전투력을 보강해주지 못하였고, 둘째 북한군의 전선배치에 대한 정보를 정확하게 평가하지 못한 셈, 셋째 한국군의 시기에 대해 지나치게 낙관하고 있었던 점 등을 들고 있다 ; 「덜레스의 각서」(1950.6.29), *FRUS 1950*, Vol.Ⅶ, pp.237~238. 애치슨에 의하면, 1950년 3월 15일에야 비로소 대한군원 계획이 가동되기 시작하였으며, 따라서 전쟁발발까지는 90여 일의 짧은 시간적인 여유밖에 없기 때문에 확정된 군원이 충분히 전달될 수 없었음을 지적하고 있다.

51) 「NSC 68」(1950.4.18), *FRUS 1950*, Vol.Ⅰ, pp.237~255. 이 보고서에는 1954년경이 소련의 핵무기 비축으로 가장 위험한 시기가 될 것으로 판단하였다. 이에 의하면, 100개의 원폭이 미국 내의 목표에 투하되면 미국은 심각한 손상을 입게 되기 때문에, 소련이 원폭을 200개 비축하게 되는 시기가 미국에게는 매우 중요한 시기가 된다는 것이었으며, 소련이 핵융합 능력을 개발할 경우, 이러한 위기는 훨씬 제고될 것으로 보았다. 따라서 미국이 재무장에 대한 대규모 노력을 즉각 시작하지 않으면, 미국의 핵 억지력은 무력화될 것이고, 소련은 대규모 재래식 군사력으로 유럽을 침공하게 된다는 것이었다. 결국 이 보고서에 의하면, 미국이 재 무장력을 갖추지 않은 채 소련의 전면적인 공격을 받을 경우, 서유럽이 무너질 뿐만 아니라 미국도 원폭 공격을 받게 될 것으로 경고하였다.

52) 이 무렵 극동지역에 대한 미국의 관심은 미일평화협정에 집중되고 있었다. 1950년 6월 중순 미 국방장관 존슨 일행은 합동참모의장 브래들리와 함께 극동과 태평양 군사시설을 확인하기 위해 순회하였으며 도쿄에서 맥아더와 광범한 토의를 가졌다. 이 토의의 주제는 주로 대일 평화협정에 관한 것이었지만 대만의 중요성도 아울러 강조되고 있었다. James F. Schnabel · Robert J. Watson, *The History of the Joint Chiefs of Staff*(Joint Chiefs Staff : 1978), 국방부 전사편찬위원회 역, 『미 합동참모본부사 한국전쟁』(상), 1990, pp.44~45.

불안정으로 인한 자체 붕괴의 가능성을 우려하고 있었기 때문이다. 결국 미국의 정책은 미·소 공동위원회의 결렬 예상, 유엔으로의 한국 문제 이관, 단정 수립, 미군 철수로 나타났다.

1948년 1월 미 국무부는 미군철수를 전제로 "남한을 보호할 수 있도록 경비대를 증강 무장 훈련시킨다"는 「NSC 8」(1948.4.2)을 결정하고, 그에 따른 대한군사정책을 펴나갔다. 그러나 여순사건 등 내부 불안이 확산되자 미국은 종전의 입장을 철회하고 미군철수의 연기와 한국군 증강계획을 검토하지 않을 수 없었다. 그렇지만 한국군의 증강은 남침에 대한 방어력 확보에 주안점이 있었던 것이 아니라 내부치안유지를 위한 정도에 머무는 것이었다.

그러나 1949년 후반에 접어들면서 미국의 대외정책은 종전의 군축지향에서 재무장 및 적극전략으로 선회하였다. 그것은 소련의 원폭 보유, 중국 공산정부 수립, 중·소 회담 등과 같은 공산진영의 세력 강화에 대응하기 위한 전략에서 비롯된 것이었다. 그리고 대소 강경책의 일환으로 상호방위 원조안을 확정하였던 것이다. 이에 따라 교부금의 형태로 남한에 대한 직접적인 군사원조가 이루어지게 되었다. 미·소 대립 전초기지의 하나였던 한반도에서 미국의 지배력을 유지시키기 위해서도 남한의 방위력 강화 필요성은 요구되고 있었다. 미국의 대아시아 정책문서인 「NSC 48/2」를 보면 아시아에서의 군사전략적 방어는 필리핀, 일본을 연결하는 '도서방위전략'을 취하였음을 알 수 있다. 이 계획의 요체는 일본을 동북아시아의 중심으로 삼고, 이를 위해 일본의 재무장과 부흥을 도모하려는 구도를 가진 것이었다. 그리고 미국의 남한지원정책도 이러한 구도하에서 검토되고 있었다. 물론 이 문서는 북한 측이 남침할 경우 미국의 대응을 구체적으로 명시하고 있지는 않다. 그렇지만 무력개입의 가능성도 배제하지 않음으로써 아시아 방위전략에서 여전히 한반도 문제를 포함시키고 있었음을 살필 수 있다. 이러한 사실은 미국의 세계정책 문서인 「NSC 68」에서도 확인된다. 「NSC 68」은 미국의 한반도 개입에 대한 인식이 자국 행정부 내에서까지 충분히 공유되고 있었다는 것을 반영해 주고 있다.

따라서 1948~1950년 미국은 정치적으로 중요한 한반도를 포기하거나 또는 포기한 것처럼 보이려고 하지 않았다. 이 점에 대해서는 침략의 주체였던 북한 쪽에서도 인지하고 있었던 것으로 보이며, 전쟁 직후 미군의 신속한 참전 역시 이를 뒷받침해 주고 있다. 결국 미국은 한국의 생존을 위해 내부 안정화 즉, 경제적 안정과 내부반란의 진압 문제에 비중을 두고 있었으며, 군사적인 측면에서 북한군의 공세가 있을 경우에 대비하여 유엔군을 통해 해결하려는 방안을 사전에 마련하고 있었다. 그러므로 소련과의 직접적인 충돌을 피하는 범위 내에서의 미군 참전은 예측 가능한 것이었으며 또 필연적인 것이었다고 평가된다.

제3부
한국전쟁과 미국·일본

제 9 장
미국의 종전전략과 현상유지 정책

1. 머리말

본 고에서는 한국전쟁기 중공군 3차 공세를 전후한 미 국무·국방부의 종전전략과 그 특징을 분석함으로써 당시 미국이 추구하였던 군사·정치적 목표를 살펴보고자 한다. 특히 미 국무부가 어떤 과정을 통해 현상유지 전략을 관철시켰는가 하는 것과 그것이 한반도에 어떤 영향을 미치는 것이었는가에 주목하고자 한다.[1]

유엔군은 1950년 10월 중순 북한 인민군을 추격하며 한·만 국경선으로 진출함으로써 전쟁발발 4개월 만에 승리를 목전에 둔 듯 하였다. 그러나 국경선으로 진출 중에 있던 아군은 10월 말 은밀히 압록강을 도하하여 내륙 산악 지역에 포진하고 있던 중공군의 대규모 기습공격으로 물러나

---

1) 한국전쟁 시기 미국의 휴전 정책안은 내부의 갈등 속에서 국무부가 주도하였다는 것이 일반적인 견해이며, 이에 관해 본고에서는 다음의 기존 연구들이 참조되었다. James Matray, *Truman's Plan for Victory: National Self-Determination and the 38 Parallel Decision*, Journal of American History 66, 1979 ; 온창일, 「휴전을 둘러싼 한미관계」, 김철범 편, 『한국전쟁-강대국 정치와 남북한 갈등』, 평민사, 1989 ; 서주석, 「한국전쟁 초기 전개과정」, 하영선, 『한국전쟁의 새로운 접근』, 1990, 나남 ; 채용기, 「한국전쟁의 종전과정」, 위와 같음 ; 阪田恭代, 「米國の朝鮮戰爭休戰に關する基本方針の形成」, 軍事史學會編, 『軍事史學』 通卷141號, 2000, 錦正社.

간신히 청천강교두보를 확보하였다. 쌍방은 이 첫 충돌에서 많은 인명 및 장비의 피해를 입었고 특히 혹독한 겨울 날씨로 인하여 군사작전에 많은 어려움을 겪게 되었다.

더구나 야전에서 새로운 공격을 준비하는 동안 미국의 국무부와 국방부 등 전쟁지도부에서는 중공군의 참전에 대한 지도노선의 선택을 놓고 많은 이견을 보였고, 때로는 한치의 양보도 없는 갈등으로까지 치닫고 있었다. 따라서 이는 현지 작전지휘관의 국경선작전 수행에 있어서 많은 영향을 미치게 되었다.

중공군 2차 공세 직후인 동년 12월 초 유엔군은 평양마저 내어주고 급기야는 38도선을 향해 축차적인 지연전을 펼치며 철수하고 있었다. 이 무렵 사태의 심각성을 인지한 유엔군사령관은 축차 방어전략의 일환으로 38도선에 강력한 방어선을 구축하고 공산군의 진출을 저지토록 하였다.

이에 따라 새로운 정책목표와 세부조치가 필요하게 되었고, 휴전과 확전이라는 상반된 두 입장이 상호 갈등하거나 보완하면서 결정되었다.[2] 이때 결정된 것이 국무부는 군사적 압력과 협상을 통한 안정된 방어선 확보 전략을 추진하고, 국방부는 한반도에 전쟁을 국한시키지 않고 만주와 중국본토에 대해 전쟁을 확대하되, 유엔군을 일본으로 철수시켜 반격을 위한 재정비를 해야 한다는 것이었다.

결과적으로 전황이 역전되었음에도 불구하고 미국이 전쟁을 확대하지 않고 제한 원칙을 유지한 것은 전쟁지도의 방침이 군사적인 측면보다는 정치적인 측면으로 바뀌었음을 암시하는 것이었다. 즉, 유엔군의 목표가 한반도 통일에서 38선에서의 봉쇄로 축소되고, 그 후 유엔군의 임무는 정치가들이 해결책을 논의하는 동안 전선을 유지하고 적군에게 출혈을 강요하는 것으로 한정되었다. 이렇듯 국방부의 의견이 크게 위축되고 국무부

---

2) 국방부 전사편찬위원회 역, 『미국 합동참모본부사』(상), 1990, p.311, James F. Schnabel, Robert J. Watson, *The History Of the Joint Chiefs of Staff*, Joint Chiefs of Staff, 1978.

의 정치적 해결책이 새로운 전쟁정책에 핵심으로 부각되었다.

따라서 본 고에서는 한국전쟁 초기 미국의 휴전 내지 종전 전략의 군사·정치적 목표가 무엇이었는가를 고찰하고자 한다. 이를 위해 다음의 문제들을 구체적으로 분석하려 한다. 첫째, 미국 국무부가 초기 정전전략을 어떻게 주도 형성하였는지를 추적하고, 그것이 당시 전황과 어떤 관련 속에서 결정되는지를 살펴보고자 한다. 그리하여 당시 미국의 정전안이 군사적 압력과 협상을 병행하는 전략으로 귀결되었음을 분석하려 한다. 둘째, 유엔군이 철군안과 함께 검토하고 있었던 한국정부 이전 계획안의 내용을 분석하여 그것이 어떤 문제점을 내포하고 있었는지를 살펴보고자 한다. 그리고 마지막으로 중공군 3차 공세 직후, 유엔이 제안한 5단계 평화안에 대해 미국이 양보하고 중공이 거부하게 되는 경위와 성격에 관해서도 분석하고자 한다.

2. 새로운 전략의 모색과 갈등
1) 중공군 2차 공세 직후 유엔군의 전황

중공군의 공세를 맞아 아군이 청천강 교두보에서 철수하고 있을 무렵인 12월 4일~8일 유엔군 측에서는 현재의 전황과 관련하여 새로운 전략을 모색하기 위한 중요한 논의가 있었다. 당시 유엔군사령부는 유엔군이 공세에서 방어로 전환하였으나, 공산군에 비하여 병력이 열세하므로 현 상황에서 추가적인 병력의 증원 없이는 강요에 의한 철수가 불가피하다고 판단하였다. 이에 반해 유엔군을 통제하는 미 합동참모본부는 방어 전략의 채택은 승인하였지만, 일정한 선에서의 방어가 어렵다는 데 동의하지 않고 미 제8군과 제10군단을 통합하여 평양-원산을 연결하는 선을 점령토록 제안하였다.[3]

---

3) 육군본부 역, 『정책과 지도』, 1974, p.358, James F. Schnabel, *Policy and Direction : The First Year*, US Department of Army, USGPO, 1972.

그러나 맥아더는 "제8군과 제10군단을 통합하더라도 평양-원산선의 노상거리가 약 250km에 달해 전선이 신장되고 종심이 얕아 중공군에게 돌파 포위될 위험이 높으며, 태백산맥으로 인하여 협동작전과 군수지원에도 문제가 있다. 특히 별개의 해상병참이 갖는 이점마저 상실한다"는 점을 들어 반대하였다.[4] 이때 맥아더 장군은 미 제10군단을 함흥에 계속 배치함으로서, 적의 측방을 위협함은 물론 이 간격을 통해 대부대의 후방 진출을 저지할 수 있다고 지적하고 그러한 상황도 근본적인 병력의 증강 없이는 일시적인 조치임을 강조하였다. 이에 대해 합참은 미 제10군단 운용에 관한 맥아더의 견해와 달리 산악기동력의 우수함이 입증된 중공군에게 도리어 넓은 기동공간만 제공할 따름이라면서 동의하지 않았다.[5]

당시 유엔군사령부가 미 합참에 제출한 전황보고는 "이틀간(11.30~12.1)의 사상자가 최초 판단에 의하면 11,000명을 초과하고 있었다. 미 제2사단은 사단병력의 절반에 달하는 6,380명의 손실을 입었고, 터키 여단은 5,000명 중 1,000명이 손실을 입은 것으로 집계되었다. 현재 아군의 병력은 미 제8군과 제10군단을 합하여도 110,000명 정도에 불과하며, 반면 적은 중공군 256,000명과 인민군 100,000명으로 추정되는 대병력을 전선에 투입하고 있다"라고 전투력 열세를 지적하였다.[6]

이때 맥아더의 판단은 우세한 병력을 동원한 중공군과의 전쟁에 즈음하여 지금까지 상대적으로 소규모인 인민군에 대응해 오던 정치적 결심과 군사전략은 수정되어야 하고, 병력의 우세를 확보하지 못한다면 유엔군의 철수를 고려해야 한다는 것이었다. 이 상황을 조기에 수습하기 위하여 12월 4일 미 육군 참모총장 콜린스 대장이 도쿄를 급히 방문하여 맥아더와 1차 전략회담을 가졌다. 그는 맥아더에게 현재로서는 가까운 장래에 대규

---

4) 국방부 전사편찬위원회 역, 앞의 책, pp.279~280.
5) 위의 책.
6) 위의 책, p.279. 이에 따르면, 12월 1일 미군의 전투 병력은 106,747명(육군 6개 사단 82,690명, 해병 제1사단 24,057명)으로 판단되었다. 터키 병력은 4,000명으로 판단되었다. 사상자 판단은 육군 9,083, 해병 제1사단 516명, 터키군 1,000명 등이었다.

제9장_ 미국의 종전전략과 현상유지 정책 | 353

모부대의 증원이 불가하다는 점을 통보하였고, 합동참모본부는 현 상황에서 유엔군의 병력보존이 최우선적 고려요소이므로 유엔군을 해안 교두보 지역으로 이동하려는 맥아더의 전략에 동의한다고 통보하였다.[7]

이어 12월 4일~6일까지 전선 시찰을 마치고 동경으로 복귀한 콜린스 장군은 12월 7일 맥아더와 그의 참모, 그리고 해·공군지원부대장들과 2차 전략회담을 가졌으며 최종적으로 미 제8군과 제10군단을 통합한 후 단계별 방어선을 설정하여 지연전을 펼치면서 부산으로 철수하는 계획에 합의하였다.[8]

이 계획에는 9개의 방어선이 설정되었는데 서울을 중점적으로 방어하기 위하여 서울 북쪽에 4개의 방어선이 설정되었고, 최종 방어선은 개전 초기의 낙동강 방어선으로 하였다. 맥아더는 이 계획을 12월 8일 유엔군사령부 작전명령 제5호로 하달하였고, 미 제8군은 평양에서 38도선으로, 국군 제1군단과 미 제10군단은 흥남에서 남동 해안 지역으로 철수하게 되었다.[9]

아군이 평양에서 철수할 무렵 유엔군의 한반도 철수 문제가 심각하게 거론되기 시작하였다. 극동군사령부와 미 합동참모본부, 미국과 유엔 참전국, 그리고 유엔에서도 이 문제를 적극적으로 검토하였다. 이로 인하여 정부와 국민, 그리고 국군도 혹시라도 있을지 모를 유엔군의 철수결정을 우려하였다. 이러한 정책 결정에 따라 미 제8군의 군사작전도 축차 방어 전략으로 전환되었다.

신임 제8군사령관으로 부임한 리지웨이는 이 대통령을 면담한 자리에

---

7) 위의 책, pp.288~289.
8) Memo, CSA to JCS, 8 Dec 1950, 위의 책, p.548에서 재인용. 여기에 따르면 제8군은 축차적인 방어진지를 거쳐 부산까지 철수하되, 필요하다면 포위를 허용하지 않는 범위 이내에서 가능한 한 오랫동안 서울을 확보할 시도를 한다는 것이었다.
9) 콜린스 장군은 극동군사령부를 방문하는 동안, 9개 축차적인 철수선이 계획된 지도를 받았으나, 현재까지 발견되지 않고 있다고 한다. 다만, 그의 회고록에 부분적으로 언급되어 있으나 그것마저도 최초 4개 선만이 나와 있으며 지명의 차이가 있다. 위와 같음.

서 "미 제8군은 한반도에서 물러나지 않고, 부대를 신속히 재정비하여 다시 공세를 취할 것"임을 강조하였으나,[10] 당시 미 제8군의 작전방침은 38도선에서 부산까지의 공간 지역을 최대한 활용하여 방어에 유리한 지형을 이용해 축차적인 지연전을 전개하여 적의 출혈을 강요한 후 공세작전으로 이전하는 것이었다. 따라서 미 제8군은 38도선 진지에서부터 낙동강 방어선까지 6개의 축차 방어선을 설정하고 방어에 임하고 있었다.[11]

2) 미 국방부의 철군론과 확전론 대두

중공군의 2차 공세로 전쟁은 새로운 국면으로 발전하였고, 인민군의 격멸과 북한의 응징을 목표로 전쟁을 지도해 온 유엔군 측으로 하여금 새로운 상황에 대비한 지도노선의 수립을 강요하였다. 이에 따라 미국은 1950년 11월 말부터 미 합동참모본부와 유엔군사령부를 중심으로 전쟁을 중공으로까지 확대하려는 확전론, 38도선에서의 휴전론, 그리고 강압에 의해 불가피한 선택으로서 철수론 등에 이르기까지 다양한 지도지침에 관한 주장을 전개하였다.

이러한 주장이 나오게 된 원인은 중공군이라는 새로운 적의 출현에 따른 군사목표 때문이었다. 즉, 북한인민군의 격멸과 한국을 통일된 민주자유국가로 만들겠다는 유엔의 정책목표를 변경시켜야 되느냐, 고수하여야 되느냐를 놓고 상반된 의견이 노출되었다. 미 수뇌부들은 중공군의 한국전쟁 개입의 군사적 의미를 검토한 결과 중공군의 개입이 없는 상황에서 설정된 군사목표 즉 "북한인민군의 격멸"이라는 임무는 재검토되어야 한다고 주장하였다. 이것은 맥아더가 그의 공격계획을 포기하고 일정선의 방어진지로 후퇴해야 한다는 것을 의미하는 것이었다.

이에 대하여 맥아더는 그의 공격계획을 포기할 의향이 없었다. 그는 강

---

10) 김재관 역, 「리지웨이의 한국전쟁」, 정우사, 1984, p.101.
11) 육군사관학교, 「한국전쟁사」, 일신사, 1988, p.513.

력한 중공군의 한국전쟁 개입으로 전반적인 상황이 완전히 변경되었다고 확인하였지만 임무변경에 관한 어떠한 생각도 강력하게 거부한다고 미 합참에 통보하였다. 한국정부도 '신전국(新戰局)에 대하여'라는 특별성명을 통해 확전을 촉구하였다.[12]

중공군의 침략과 참전으로 제기된 철군과 확전 논쟁은 1950년 12월 초순, 영미 영수회담에서 한국전쟁을 유엔의 후원하에 휴전으로 해결하기로 전쟁지도 방침을 정하고 휴전위원회가 활동을 시작하자 잠시 주춤하게 되었다. 그러나 공산군 측의 반대로 휴전위원회의 노력이 수포로 돌아가고 중공군의 공세가 계속되자 철군과 이에 따른 확전 조치에 관한 전략논쟁이 맥아더의 제기로 다시 일게 되었다.[13]

맥아더는 1950년 12월 19일 계속 전세가 악화되자 일본에 4개 방위사단을 증파할 것을 요청하였다. 이에 대해 당일 열린 국방부 회의에서 군부지도자들은 일본 안보의 중요성에 대해서는 동의하였으나 현실적으로 한반도에서 병력을 철수시키는 것이 바람직하다고 하여 맥아더의 요청을 거부하였다.[14] 군부의 이 같은 주장은 기본적으로 한반도에 대한 전략적 저평가에서 비롯된 것이었다. 이미 전략적 재평가 없이 적극적 전쟁정책을 주장한 바 있는 군부는, 마찬가지로 전략적 재평가 없이 기존의 전략적 평가에도 충실하고 자국군의 안전요구에도 부합되는 한반도 철군론을 주장하였던 것이다.[15]

우선 미 합동참모본부는 이와 관련하여 12월 22일에 대단히 중요한 결정을 하였다. 즉, 한국전쟁에 미군과 유엔군의 투입을 가져온 유엔의 최초 지시는 이제 시효가 지났으며 그에 따라 수정되지 않으면 안 된다는 입장

---

12) 국방부, 『한국전란 1년지』, 1951, pp.C25~C28.
13) 채용기, 앞의 논문, p.411. 국방성의 철수 주장은 종전을 의미하는 것이 아니라 확전에 대비하여 전열을 정비하자는 것으로 전면전쟁의 가능성을 내포한 것이었다.
14) U.S. Dept. of State, *Foreign Relations of the United States*(이하 FRUS) *1950*, Vol. Ⅶ, USGPO, 1971, pp.1570~1573.
15) 서주석, 앞의 논문, pp.376~377.

을 정리하고, 중공이 전력증강에 뒤이어 강력한 공격을 가해 그들의 의도가 유엔군을 한국에서 몰아내려는 것임이 명백해 진다면 정부 수준에서 가능한 빨리 미군의 철수를 결정해야 한다는 데에 의견을 모았다.[16]

이들은 중공의 침략에 대해 유엔이 추가적인 전력을 한국전쟁에 투입하고 그들로 하여금 값비싼 대가를 치르게 하여 침략 의도를 포기하게 응징하는 것이 가장 바람직한 방안이라고 판단하였지만 당시 국제 정세와 유엔의 분위기로 보아 유엔군의 실질적 증강이나 미군의 추가 투입은 불가능하다고 보았다.

특히 미국은 한반도가 그들로서 주요 전쟁을 할 장소가 아니라는 일관된 정책기조하에 중공의 참전으로 전면전의 위협이 증가하는 상황에서 범세계적 전략상 중공과의 싸움에 나머지 지상군을 투입해서는 안 된다고 믿고 있었다. 따라서 현 작전부대의 보존을 위해 유엔군의 강제 축출을 받아들이지 않을 수 없다는 판단이었다. 그들은 이와 같이 강압에 의한 철군 정책 결정을 내리고 대통령의 재가를 받아 12월 29일에 유엔군사령관에게 통보하였다.[17]

즉, "한국의 어느 방어선에서 북한·중공의 침략에 대한 저항과 중공의 정치적·군사적 위신의 실추가 미군에 심각한 손실을 끼침이 없이 성취될 수 있다면 우리의 국가 이익에 대단히 중요하다. 적군에게 가능한 한 큰 손실을 가하면서 부대안전을 주로 고려하는 조건으로 12월 7일자 전문에 설명한 대로 축차적인 진지에서 방어하도록 지시한다. 사태가 우리의 철수를 강요할지도 모르기 때문에, 특히 일본에 대한 위협을 고려하여 군의 질서정연한 철수에 대비, 양호한 기회를 미리 마련해 두는 것은 대단히 중요하다. 금강과 그 동쪽으로 연한 진지로 철수를 강요당하고 그 후 중공군이 우리를 한국에서 밀어내려는 명백한 가능성을 보이며 방어선으로 대부

---

16) 국방부 전사편찬위원회 역, 앞의 책, pp.311~312.
17) 위의 책, pp.315~316.

대를 집중시킨다면 이 조건하에서 일본으로 철수를 시작하도록 명령하는 것이 필요할 것으로 생각한다"[18]라고 하였다.

미 합참은 철군을 결정하고 맥아더에게 지시를 하달하였지만, 맥아더 장군에게는 그 지시가 전쟁에서 싸워서 이기려는 의지를 상실한 것으로 보였다. 즉, 그는 다음 날(12월 30일) 회신에서, 위의 지시내용과는 전혀 다른 방어를 위한 강력한 보복조치(확전조치)를 요구하였다. 그는 중공의 전 군사자원이 유엔군과의 전투에 투입되어 만주와 한반도에 집중되었기 때문에 다른 지역은 취약하나 기존정책은 이 기회의 이용을 금지하고 있다고 지적하고, 정부가 "중공 당국에 의해 전쟁상태가 강요되었음을 인정하기"로 결정할 경우에 다음과 같은 네 가지 방책을 제시하였다. 즉, 첫째, 중공의 해안 봉쇄, 둘째, 중공 공업의 전쟁수행 능력을 해·공군의 폭격으로 파괴, 셋째, 자유중국 부대로 유엔군 증원, 넷째, 자유중국군에게 중국 본토에 대한 견제공격의 허용 등이었다.[19]

맥아더 장군은 이 조치를 통하여 유엔군 측이 상대적으로 적은 군사력의 투입으로 중공의 침략전쟁 수행능력에 심한 손상을 가하고 크게 무력화시킬 수 있으며, 아시아가 그들의 손에 늘어가지 않도록 구할 수 있을 뿐만 아니라 한반도에서 유엔군에 대한 압력이 완화될 것이므로 그때 전쟁을 계속 수행할 것인가 아니면 해·공군으로 중공에 대한 작전을 계속 펴면서 근해 도서에 재배치할 것인가를 결정할 수 있을 것이라고 주장하였다.[20]

그는 이러한 방책과 주장이 주요 전쟁을 도발할 것 같다는 이유로 앞서 거부된 적이 있었지만 이제는 중공이 전쟁에 완전히 개입한 이상 상황을 더 악화시킬 것이 없다면서 보복조치의 시행을 주장하였던 것이다. 그는 소련의 참전여부는 '투기의 문제'이며 오직 상대적 전력과 능력에 기초하여 그들 스스로 결심할 것이라는 견해를 피력하였으며 그들의 일본에 대

---

18) JCS 99935 to CINCFE, 29 Dec 1950, 위의 책, p.556에서 재인용.
19) FRUS 1950, Vol.Ⅶ, pp.1630~1633.
20) 국방부 전사편찬위원회 역, 앞의 책, p.316.

한 관심이 점증하고 있음에 유의하여 네 개의 주 방위사단을 극동에서 사용할 수 있도록 추가로 요청하였는데, 그들이 개입할 것이라고 생각해 본 적은 없다고 덧붙였다.[21]

특히 그의 주장은 전략 배치의 우선순위에 대해 유럽의 안보요구를 이해하고 그 지역의 지원에 동의하나 다른 모든 지역이 패배한 후에는 유럽의 패배도 반드시 초래될 것이라는 점을 지적하고 극동의 현 위기에 대한 부대 운용이 국가전략 기본개념을 해치지 않는다며 극동에 대한 우선적 지원을 강조한 것이었다. 그러나 결론에서 맥아더 장군은 유엔군에 대한 제한이 계속된다면 합동참모본부의 판단에 동의한다며 철군은, 그러한 상황이 발생할 경우 부산교두보까지 방어선을 남으로 축차적으로 축소해 가면서 강행할 수가 있을 것이라고 하였다.

맥아더 장군의 제의 내용은 중국의 공세를 약화시키고 극동 지역에서의 주도권을 미국이 계속 장악하기 위해, 중국에 대하여 광범위한 해상봉쇄와 함께 주요 산업시설에 대한 공습을 실시하고 중국본토 및 한반도 지역에서 대만 군을 사용함으로써 전면적인 보복을 감행하자는 것이었다. 그러나 맥아더는 "적절한 방어선에서 효과적인 저항으로 적 군사력에 최대한 피해를 주되 군사적으로 불가피할 경우 귀관의 판단으로 한반도에서 철수하라"라는 지시만 받았을 뿐이었다.[22]

이 같은 전쟁지도 노선의 갈등은 적의 신정공세 기간 중에 속개된 합동참모회의와 국가안보회의에서 현안과 관련하여 유엔군 측이 취할 군사적 방책과 정치적 지도지침을 확정함으로서 일단락되었으며, 1월 12일의 전문지시에 이어 15일에는 콜린스, 셔만의 두 합동참모가 전황을 확인하기 위하여 도쿄와 서울을 방문하게 되었다.[23]

우선 맥아더 장군이 요청한 보복조치에 관하여, 신중을 요한다는 전제

---

21) 위의 책.
22) *FRUS 1950*, Vol.Ⅶ, pp.1630~1633.
23) 국방부 전사편찬위원회 역, 앞의 책, pp.318~319.

하에 해안봉쇄는 전선이 안정되던가 철군을 완료하였을 때의 상황에 따라 시행하며, 중국본토의 폭격은 중공이 한반도 외부로부터 유엔군을 공격할 경우에 승인할 수 있고, 자유중국군의 유엔군 편성은 큰 도움이 되지 못하는 한편 다른 지역에서 그 운용가능성이 높아지고 있어 채택이 곤란하다며 유보적 입장을 취하였고, 오직 자유중국군의 작전제한 제거안만 수용하여 대공산권 작전을 효과적으로 실시할 수 있도록 군수지원을 제공하기로 하였다. 그 밖에 추가적 병력증원에 대해서는, 한국의 방어선이 안정될 경우 두 개의 주 방위사단을 일본의 안전보장을 위하여 일본으로 전개하고, 그렇지 못할 경우 그 목적을 한국으로부터 철수하는 부대로 달성해야 한다는 결론을 내렸다.

당시 미 정책 당국의 결정은 「NSC 101」과 「NSC 101/1」의 형태로 정리되었다. 이는 자국의 목적이 아시아 근해의 방위선을 유지하고 대만을 방어하며 실행가능한 한 남한을 지원함과 더불어 대소 전면전을 회피하는 데 있다고 밝혔다. 그 구체적인 조치로서 한국전선의 안정 또는 일본으로의 철수, 극동주둔 미 지상군의 병력 제한, 일본의 방위력 강화 준비, 대중국 경제봉쇄 및 해안봉쇄 준비, 숭쿡 해안과 만주의 공중징찰, 대민에 대한 원조증대, 대만군 작전제한 철폐 및 게릴라 지원, 한반도 외 지역에서의 중국 도발 시 대중국 폭격, 기타 아시아 지역에 대한 군사원조 강화 등을 들고 있다.[24]

특히 트루먼 대통령은 중국본토에 대한 직접적 군사조치의 요구에 대해, "우리의 군사력이 건설될 때까지 적대행위 지역의 확대에 관한 한 신중하게 행동해야 한다. 그 자체로서 정당화될 수 있고 한국전쟁에 도움이 되는 조치들일지라도 그로 인해 일본이나 서유럽이 대규모 적대행위에 말려든다면 결코 이롭지 못하다"[25]라고 경고하였다. 결국 확전 전략 논쟁은

---

24) 서주석, 앞의 논문, p.378, *FRUS 1951*, Vol.Ⅶ, pp.70~72 및 pp.79~81.
25) *FRUS 1951*, Vol.Ⅶ, pp.68~70.

실제 전황을 확인하고 돌아온 양군 참모총장이 전황의 호전과 함께 철군 위기가 종식되었음을 보고함으로써 일단락되었다.[26]

한편 1·4후퇴 직후 미국정부는 전선 상황이 최악일 경우 한국 망명정부를 유지하여 저항을 계속하도록 지원한다는 것을 정책목표의 하나로 설정하고 있었다. 즉, 1951년 1월 12일 미국정부가 중공군의 참전과 관련하여 결정한 유엔군의 전쟁지도지침에는, 강압에 의한 철수 시 유엔군은 일단 일본으로 철수하되, 한국정부와 군경을 제주도로 이전시켜 저항을 계속할 수 있도록 지원한다는 중대한 내용이 포함되어 있었다. 한국정부로 하여금 제주도에 망명정부를 설치하고 본토수복을 위해 저항을 계속하도록 지원한다는 것이었다.[27]

이는 유엔군사령부가 수립한 초기의 철군계획(1950.12.6)에서부터 고려되었으며, 1951년 1월 12일의 정책결정에 따라 1월 15~19일 콜린스와 반덴버그 장군이 도쿄를 방문하였을 때 구체적으로 검토되었다. 그러나 철군계획 자체가 철저한 보안하에 논의되었기 때문에 이 사안도 비밀에 부쳐져 전혀 노출되지 않은 채 워싱톤과 도쿄에서 현안으로 다루어지고 있었다. 다만 우리 정부에 대해서는 이 계획의 초기, 군사상황에 따라 최악의 경우 불가피하게 미군이 떠나게 되면 어떻게 할 것인가 정도로 의사 타진이 있었던 것으로 밝혀지고 있다.[28]

즉, 최초 1950년 12월 6일 맥아더 장군이 어쩌면 유엔군이 한국에서 떠날지도 모른다는 전황보고를 해 왔다는 보도를 접한 장면 대사가 미 국무부에 들어가 "유엔군이 중공군을 격퇴하지 못하고 한반도에서 철수하는 경우엔 한국 국민은 죽어버릴 것이 아니냐"라고 하자, 국무부에서는 "미국은 한국전쟁을 포기하거나 군사적으로 도저히 견딜 수 없는 경우가 아닌 한 철군할 생각이 전혀 없다"라고 한 다음, "그러나 최악의 사태에 미군이 한반도

---

26) *FRUS 1951*, Vol.Ⅶ, pp.102~105.
27) 국방부 전사편찬위원회 역, 앞의 책, p.329.
28) 위의 책, pp.336~342.

를 떠나야 할 경우, 물론 그런 일이 없겠지만, 한국 망명정부 수립가능성에 대한 검토를 대사가 원한다면 그것에 대한 의견을 알고 싶다"라고 하였다.[29]

물론 이 의사타진은 본국으로 전달되었다. 당시 미국이 극비리에 추진한 이 계획에 따르면 "대한민국이 법적 정통성을 유지하고 전쟁을 계속할 수 있도록 한국정부 이외 군·경을 제주도로 이전한다"라고 전제하고 그 대상 인원을 행정부관리와 그 가족 3만 6천 명, 한국 육군 26만 명, 경찰 6만 명, 공무원과 군인 및 경찰 가족 40만 명을 포함하고 기타 요원을 고려해 도합 100만 명으로 판단하여 수송계획까지 세웠다.[30] 망명정부 위치는 제주도를 적지로 결정하였으나 이곳에는 이미 25만 명에 달하는 피난민과 포로가 수용되어 있어 식수가 부족해 추가 수용이 불가능한 실정이었으므로 이곳에 수용된 포로들을 먼저 근해 도서로 이송하기로 하였고 어떠한 경우에도 한국인을 일본으로 이동시키지는 않기로 하였다.

맥아더 장군은 계획의 검토 과정에서 "한국인의 철수와 관련된 제반 문제는 유엔(회원국)과 협의하에 결정되어야 한다. 철수 장소, 급식 문제, 의료지원을 비롯해 최종적 처리 문제는 수년간 계속될 문제들이다. 이에 따른 비용 등에 대하여는 유엔군의 철군여부를 결정할 때 신중히 처리해야 한다. 유엔군은 제공권과 제해권을 확보하고 있으므로 중공군의 신장된 병참선을 차단할 수 있기 때문에 부산교두보(낙동강 방어선)를 상당 기간 확보할 수 있다"[31]라고 하였다. 특히 그는 철군 시 한국 국민의 처리는 유엔에게 하나의 문제라고 지적하고 철군여부의 결정은 정치적 결단에 속한

---

29) *FRUS 1950*, Vol.Ⅶ, pp.1386~1387 ; 한표욱, 『한미 외교 요람기』, 중앙일보사, 1984, pp. 126~127 ; 「미 극동군 한국정부 제주도 이전 검토 보고서」『월간조선』1996년 1월호 부록, pp.114~116. 미국은 중공군의 압력에 의해 유엔군이 한반도에서 철수하게 될 경우 한국정부와 국군의 처리에 관한 검토를 하고 계획을 발전시켰으며, 이 극동군 보고서는 그중의 하나로서 1951년 1월 18일~19일 미국의 육군 참모총장과 공군참모총장이 극동군사령부에서 맥아더 장군과 그 계획을 검토하고 상부로 보고한 것이다.
30) 한표욱, 위의 책, p.127 ; 「미 극동군 한국정부제주도 이전 검토 보고서」, 앞의 책, p.116.
31) 「미 극동군 한국정부제주도 이전 검토 보고서」, 앞의 책, p.116 ; 국방부 전사편찬위원회 역, 앞의 책, p.339.

다는 점을 강조하였다.

이와 같이 '1·4후퇴'는 한 민족의 운명이 걸려 있는 기로였으며 운명을 결정할 계획이 실제로 추진되고 있었다. 유엔군 측 지도부는 철군계획을 'Top Secret'로 유지하고 미군과 유엔군의 철군계획 및 한국정부와 군경의 도서 이전계획을 수립하고, 이와 더불어 이후 전면전이라는 우발상황에 대비한 유엔군의 재배치 계획과 한국정부와 군·경의 다음 단계의 이동계획까지 수립하고 있었던 것이다.

이들은 철군을 고려하고 있다는 전략이 적에게 누설되어서는 안 된다는 기본적 사고보다도 이 결정이 알려질 경우 아군부대 특히 한국군에게 미칠 영향을 보다 심각하게 우려하고 있었다. 즉, "철군지시는 하달 후 곧 알려질 것이 확실하며, 이는 한국군의 부분적인 붕괴를 초래하기 마련이기에 이로써 유엔군이 상대적으로 안전한 부산교두보에 도달하여 실제 철군에 필요한 기간 동안 그곳을 확보할 능력을 대단히 위태롭게 할 것이다"라고 판단함으로써 이를 한국정부와도 구체적으로 협의하지 않은 채 극비에 부쳤던 것이다.[32] 그들은 철군 결정 시점을 전선이 금강선으로 남하할 때로 판단하였지만 부산교두보에 도착할 때까지는 철군을 위한 예비명령을 하달하지 않는다는 방침을 수립하고 있었다.

이와 같이 유엔군 측은 극비리에 대한민국정부의 이전계획과 유엔군의 철수계획까지 수립해 두고 중공군의 기도와 전선 상황의 추이에 초미의 관심을 집중하고 있었다. 하지만 적의 능력에 대한 유엔군 측의 이러한 판단과 달리, 중국자료에 의하면, 이 무렵 중공군은 유엔군을 더 남쪽으로 밀어붙일 힘도 없었을 뿐만 아니라 유엔군 측의 후퇴를 철군의 징후로 보지 않고 자신들을 유인하여 격멸하기 위한 전략으로 판단하여 신정공세를 추격으로 연결시키지 않고 스스로 멈추었음을 알 수 있다.[33]

---

33) 국방부 전사편찬위원회 역, 앞의 책, p.328.
34) 중국군사과학원군사역사연구부, 『항미원조전사』 제2권, 북경: 군사과학출판사, 2000, pp.188~189 ; 한국전략문제연구소 역, 『중공군의 한국전쟁사 - 항미원조전사』, 세경사, 1991, p.94.

이에 따르면 중공군의 제 1·2차 공세에 투입된 총 30개 사단 중 2차로 투입된 제9병단(3개군 12개 사단)은 장진호 전투에서 입은 손실로 인하여 함흥 부근에서 재편성 중에 있어 신정공세에 참가하지 못하였다. 그리고 그 뿐만 아니라 1차로 투입되어 38도선까지 진출한 제13병단(6개군 18개 사단)은 2차에 걸친 동계공세에서 많은 손실을 입은 채 약 23만 명의 병력을 유지하고 있었으나 탄약 및 보급이 바닥을 들어낸 실정이었다. 당시 인민군은 세 개 군단 약 7만 5천 명이 전방으로 전개하였으나 미처 재편성이 이루어지지 않은 상황이었다.[34]

조·중 연합군사령관 팽덕회는 작전개시 당시 유엔군의 철군 기도는 전혀 감지하지 못한 채 도리어 유엔군의 능력을 과대평가하고, 모택동의 지시에 따라 우선 유리한 정치적 입지를 확보하기 위해 서울을 점령하는 선에서 동계공세를 일단 종료하기로 하였다.

당시 팽덕회는 모택동에게 "신중하게 공격을 해야 한다"라고 건의하고 그 이유로서 유엔군에 대해 아래와 같은 평가를 내렸다. 즉, "조선전쟁은 상당히 장기적이며 어려운 전쟁이 될 수 있다. 적군은 공격에서 방어로 전환하였고, 전선은 축소되고 짧아졌으며, 병력이 집중되고 방어정면이 협소하여 자연히 종심이 강화되었고 합동작전에 유리하게 되었다. (중략) 정치적으로 볼 때, 적군이 이 시점에서 조선을 포기하게 되면 제국주의에 매우 불리할 것이기에 영국·프랑스도 미국이 조선을 포기하지 말 것을 요구하고 있다. 적은 다시 한두 번 패배를 겪더라도, 또다시 2~3개 사단이 섬멸되더라도 아마 몇 개의 교두보 진지(부산·인천·군산)까지 물러나면서 방어할 것이며 결코 조선에서 철수하지 않을 것이다"라고 하였다.[35]

모택동은 이에 대해 "적 정세에 대한 당신의 예측은 정확하다. 반드시 장기 계획을 세워야 하고 신속하게 승리를 쟁취하려는 관점은 매우 해로

---

34) 전략문제연구소 역, 위의 책, p.93.
35) 위의 책, pp.80~81.

운 것이다"라고 팽덕회의 판단에 동의하는 전문을 중공군 사령부로 회신하였다. 특히 모택동은 신정공세 지침을 하달하면서 "이번 전역을 마친 후 주력은 스스로 철수하여 휴식과 재정비를 갖추게 해야 한다. 그럼으로써 (중략) 아군이 춘계에 다시 적을 섬멸함에 유리하게 될 수 있다"[36)]라고 하였다.

이는 신정공세의 목표가 부산까지 남진하는 것이 아니라 서울 점령에 있음을 분명히 하는 것이었다. 그리고 이것은 다음과 같은 팽덕회의 신정공세 결과분석과도 같은 맥락을 유지하고 있다. 즉, "1월 8일까지의 작전에서 아군은 이미 적군을 37도선 부근의 평택-안성-제천-삼척선까지 축출하였다. 아군의 공격 간에 적군의 병력을 대량으로 섬멸하지 못한 사실로 미루어 볼 때 아마도 적군은 계획적으로 철수작전을 실시해서 아군을 깊숙한 곳까지 유인한 후 아군의 측후방에서 상륙작전을 실시하려는 기도를 품은 것 같아 너무 멀리 전진하여 적에게 이용당하는 것을 막고 앞으로의 작전을 이롭게 하기 위해 추격을 중지하기로 결정했다"라고 하였다.[37)]

공산군 측은 추가적인 증원 없이는 유엔군을 밀어붙일 여력이 없었으며 일단 38도선 이남, 서울까지 진출하여 정치 군사 심리적 이점을 확보하고 춘계공세를 준비하겠다는 전략이었다. 당시 그들은 유엔군의 철수를 인천 상륙과 같은 상륙작전으로 자신들을 포위하기 위한 유인전략으로 판단하고 더 이상의 진출을 유보하였던 것이다.

3. 38선 부근에서의 현상유지 전략
1) 미 국무부의 원상회복 전략
1950년 11월 28일자 맥아더는 "중공군 20여 만의 대거 개입으로 최종

---
36) 위의 책, p.93.
37) 위의 책, p.92. 공산군 측은 신정공세 기간동안 공산군 전사자를 8,500명(인민군 2,700명 포함)으로 밝히고 있다.

공세는 완전히 실패하였고, 적은 한반도에서 모든 유엔군을 구축할 목적인 것으로 보인다"라고 보고하였다. 이러한 보고에 근거하여 미 정군(政軍) 연석회의에서는 중국 참전에 의해 대소 전면전쟁의 위험성이 높아졌다고 전제하고 기존대로 대소 전면전쟁의 경우 한반도의 전략적 가치는 낮다고 평가하였으며, 따라서 철퇴하는 것이 바람직하다고 하는 쪽으로 의견이 모아지고 있었다.[38]

대체로 군부에서는 유엔군이 한반도에서 전선을 유지할 능력에 대해 비관적이고 당면책으로서 조기철군을 바라고 있었지만, 트루먼과 애치슨 국무장관은 미국과 유엔의 위신 등을 중시하여 정치적인 이유로 한국을 포기하지 않고 전선을 유지해야 할 중요성을 강조하였다.[39] 즉, 국무성은 국방부, 합참 등과 협의하면서 조기 전쟁종결을 위한 계획을 검토하기 시작하였다. 그것은 38선에서의 휴전과 원상회복이라고 하는 전쟁발발 당초의 한정적인 목표에 기초하는 정치적 타결책이었다.

이러한 내용은 11월 29일 애치슨 장관의 정책발표에서 확인된다. 즉, 11월 29일, 애치슨 장관은 중국의 개입을 비난하고, 앞으로 미국은 1) 유엔에 대한지지, 2) 지역안전보장기구의 발족, 3) 동맹국과 협력하여 군사력 증강, 4) 경제협력, 5) 공정한 교섭의 준비, 6) 도의적 가치 등 6개의 새로운 정책을 추진할 것임을 발표하였다.[40] 이어 다음 날 30일 합참은 "유엔군의 안정상 필요하다면 한반도의 북반부 지역을 포기할 수 있다"라고 북한지역 포기 승인을 공식적으로 하달함으로써 지금까지의 정치적 전쟁목표였던 '한반도 통일 계획'을 무효화하였다.[41]

국무성의 입장은 12월 1일 러스크가 애치슨에게 보낸 메모에 의하면, 차후 미국의 군사 정치적 목표와 관심은 1) 공산주의 침략의 성공을 저지하

---

38) *FRUS 1950*, Vol.Ⅶ, pp.1246~1247.
39) 위의 자료.
40) US Dept. of State, *Department. of State Bulletin*, 18 Dec 1950, 阪田恭代, 앞의 논문, pp.37~38에서 재인용.
41) *FRUS 1950*, Vol.Ⅶ, p.1260.

는 것, 2) 중·소와의 전면전쟁을 회피하도록 분쟁을 국지화하는 것, 3) 만족할 만한 조건으로 유엔하에 한반도 분쟁을 조기에 종결하여 미군을 철퇴하는 것, 4) 주요 동맹국과의 공동보조와 유엔에서의 다수의 지지를 견지하는 것 등이었다.[42] 국무부는 이를 실현하기 위한 방책으로 전선을 확보하여 안정화시키는 것, 그리고 그 시책의 하나로서 '유엔하의 정전'의 가능성과 그 조건에 대한 신중한 검토를 제안하였다. 휴전이 받아들여질 경우 그 이후의 정치적 해결을 위한 교섭방안 가능성도 함께 언급되었고, 만족할 만한 조건에서의 휴전이 거부될 경우 또는 철퇴할 수밖에 없게 될 경우, 봉쇄와 만주공격 등을 포함한 대중공격의 강화 문제를 신중하게 검토해야 한다고 하였다.[43]

휴전선으로서 38선의 군사적 타당성 문제는 12월 1일 펜타곤 회의에서 거론되었다. 애치슨은 전선 안정화를 위해 휴전을 받아들이고 38선으로 후퇴하는 것이 군사적으로 바람직한지를 검토하여 제기하였고, 육군총장 콜린스와 합참의장 브래들리가 이를 긍정적으로 평가하였다.[44] 마샬 국방장관도 12월 3일 회의에서 "정치적인 관점에서 38선의 중요성이 인정된다"라고 하였으며, 러스크도 이에 동의하였다. 그러나 이들은 중국군이 휴전을 거부하고 38선을 돌파한 경우, 중국을 침략자로 선고하고 유엔의 의석 등 휴전에 의해 얻을 수 있는 정치적 이익을 상실할 것이라고 역설하였으며, 또 우리들이 합의에 의해 받아들일 것은 38선이고 그 이외의 것은 사실에 의해 획득한다며 38선이 휴전교섭의 최저조건임을 강조하였다.[45]

정군 지도자들은 약간의 차이는 있었으나 일정부분 정책적 합의를 형성하고 있었다. 이러한 내용은 1950년 12월 4일~8일 예정된 트루먼-애틀리 영수회담에 대비한 정책문서에 잘 반영되어 있다. 즉, 이 문서는 12월

---

42) *FRUS 1950*, Vol.Ⅶ, pp.1281~1282.
43) *FRUS 1950*, Vol.Ⅶ, p.1282.
44) *FRUS 1950*, Vol.Ⅶ, p.1331.
45) *FRUS 1950*, Vol.Ⅶ, pp.1323~1334.

3일 국무부가 초안을 작성하여 국방부와 합참의 의견이 반영돼 대통령의 재가를 받은 것이었다.

즉, 동 문서에는 첫째, 38선 부근에서의 휴전과 비무장지대 설치가 명기되었으며, 둘째, 휴전이 받아들여지면 한반도 문제는 정치적 수단에 의해 이루어진다는 것과, 셋째, 중국이 휴전을 거부하고 38선을 돌파할 경우 유엔군은 어디까지나 군사적 필요로부터 철퇴해야 한다는 것이 기록되었다. 그러나 압력행사에 관해서는 국무부가 합참보다도 신중한 태도를 보였다. 국무부는 중공을 침략자로서 선고하기로 상정하였고, 군사적 조치에 대해서는 아시아대륙에서 전쟁에 휩싸이는 것은 대소정책상 유리하지 않으며, 중국국내 반공운동 및 국부군 활용 등을 검토해야 한다고 하였다.[46] 여기에 합참은 해안봉쇄와 보급선 폭격을 추가로 제안하였는데, 이 정책방침은 최종적으로 12월 4일 영수회담에서 제기되었다.[47]

이상과 같은 논의에서 중공군의 2차 공세 직후 미국은 소련을 의식하여 중공과의 전쟁에 깊이 말려들어서 군사력의 주력을 투입해 전면전을 전개해서는 안 된다고 판단하였다. 그리고 유엔이 한국을 결코 포기해서도 안 되고 일본의 방위를 위해 주한미군의 병력과 부대를 재앙에 이르지 않도록 보존해야 한다는 것이 새 전략수립의 초점이었다. 특히 미국의 지도부는 중공의 침략에 대한 대처 방안도 반드시 유엔의 집단안전보장 조치를 통해 강구되어야 한다며 서방 유엔회원국의 결속이 무엇보다 중요함을 강조하였다. 따라서 확전이나 철수보다는 유엔주도하에 38도선에서 휴전을 이룩하는 것이 가장 바람직한 방안으로 고려되었다.[48]

그러나 한국의 유엔대표단은 이러한 움직임에 대해, "한국의 통일은 전쟁에서 이기는 것에 의할 뿐이다. 중공의 개입은 북한의 침략과 마찬가지로 유엔에 대한 도전이다. 유엔의 참전은 침략을 격퇴하기 위해서이다. 그

---

46) *FRUS 1950*, Vol.Ⅶ, pp.1348~1349.
47) *FRUS 1950*, Vol.Ⅶ, p.1371.
48) *FRUS 1950*, Vol.Ⅶ, pp.1410~1411.

3부 한국전쟁과 미국·일본

런 정신으로 중공도 격퇴해야 한다"라고 주장하며[49] 우방국에 우리의 통일 정책목표와 의지를 강조하는 한편 그 문턱에서 휴전 즉, 전쟁 전 현상의 원점으로 되돌아가게 될 휴전은 한민족의 소망에 상치되는 것임을 역설하였다.

특히 이 무렵 미국은 중공의 참전에 대한 새 대응전략의 하나로 핵무기 사용 문제를 적극적으로 검토하고 있었다. 미국은 미 지상군을 투입한 1950년 7월 초순부터 한국전쟁에 핵무기 운용계획을 검토·발전시켜 왔으며 10월과 11월 말 중공군의 공세로 유엔군이 위기에 처하자 이의 사용 가능성이 갑자기 높아지게 되었다.

이때 미 국방부는 유엔군이 재앙에 직면하게 되면 대통령에게 핵무기 사용을 건의하고 언제 인가될지라도 이를 신속히 운용할 능력을 확보한다는 방침을 정하고, 극동군사령부와 긴밀한 협의하에 '지상군 근접지원 핵무기 긴급사용' 계획을 수립하여 발사준비를 추진하였다. 극비리에 추진되어 온 핵무기 운용계획은 유엔군의 철수방침이 정해진 이튿날인 1950년 11월 30일에 트루먼이 기자회견에서 핵무기 사용가능성을 직접 시사함으로써 표출되어 현안으로 부상되었다.[50]

그는 기자회견에서 중공군의 참전으로 불안해 하는 우방국 특히 한국전쟁에 유엔군을 파견한 회원국을 안심시키려는 의도로써 회견 벽두에 "유엔군은 한국에서 임무를 포기할 의도가 전혀 없다"라는 요지의 성명을 발표하였다. 그리그 뒤따른 기자 질문에서 "미국은 가지고 있는 모든 무기의 사용을 포함하여 군사상황에 대처할 어떠한 조치도 취할 것이다. (중략) 핵무기의 사용에 대해서도 늘 적극적으로 고려해 왔다"라고 답변하였다.[51]

이 같은 새 전쟁지도 전략은 트루먼-애틀리 영수 회담에서도 심각하게

---

49) 한표옥, 앞의 책, p.113.
50) 국방부 전사편찬위원회 역, 앞의 책, p.273.
51) Harry S. Truman, *Years and Trial and Hope*, 1956, pp.395~396. 여기에 의하면 기자회견에 관한 내용과 핵무기 사용에 관한 대통령의 연설이 얼마나 문제가 되고 있었는가를 보여준다.

논의되었다. 양측은 유엔의 권위와 위신의 신장, 전면전을 회피해야 한다는 중요성 등 기본적인 문제는 쉽게 합의할 수 있었다. 그러나 구체적 사안에 있어서는 다소 견해를 달리하였다. 우선 양측은 극동의 긴박한 상황에 대해 휴전을 추구할 때가 왔다는 것에는 합의하였으나, 적대행위 종식의 대가로서 미국은 조건 없는 휴전을 주장하였고, 영국은 대만 문제의 양보와 중공의 유엔 가입을 주장하다가 말미에는 전자(대만 문제의 양보 주장)를 포기하는 대신 후자(유엔 가입)를 계속 지지하였다.[52]

확전과 관련한 핵무기 사용 문제는 미국이 공식적인 공약을 회피하면서 영국과의 협의 없이는 사용을 고려하지 않기로 구두로 약속한 선에서 조절하였다. 철군 문제에 관해서는 유엔군의 자발적 철수는 고려할 수 없다는 데에는 합의하였으나, 강압에 의한 철수의 경우 미국은 유엔에서 중공을 침략자로 규정하는 등 군사·정치·경제적 보복조치를 취해야 한다고 주장하였고 영국은 이에 강력히 반대하는 입장을 취하였다.[53]

최종적으로 12월 8일 미·영 공동성명에서 "한반도에 있어서 유엔의 목표를 평화적 수단에 의해 달성하고 자유 또는 독립조선에 기초한 조선 문제의 해결을 모색하기 위해 여러 가지 노력이 행해지지 않으면 안 된다"[54]고 명기함으로써 무력에 의한 통일의 실현은 실질적으로 부정되고 당면의 목표로서 원상회복에 중점이 두어지게 되었다. 결과적으로 가장 중요한 결론은 전쟁을 전쟁 이전의 경계선 즉, 38도선을 토대로 종결짓겠다는 합의였다. 물론 여기에는 중공의 부당한 요구에 대한 양보여부 문제가 남아있기는 했지만 이는 중공과 전쟁을 해야 하는 유엔군 측 전쟁지도 노선의 대원칙이 되었다.[55]

---

52) *FRUS 1950*, Vol.Ⅶ, pp.1365~1366. 영국의 기본입장은 어느 정도 정치적 양보를 하더라도 중국과 협상을 할 것을 촉구하였고, 미국은 중국에 대해 완고한 입장이었다.
53) *FRUS 1950*, Vol.Ⅶ, p.1451.
54) *FRUS 1950*, Vol.Ⅶ, pp.1486~1488.
55) 국방부 전사편찬위원회 역, 앞의 책, pp.291~299.

이러한 전략의 채택이 비록 불가피한 것이었다 할지라도 이는 한국정부의 정책목표와 한민족의 소망과는 상치되는 것이었다. 이로써 유엔의 '6·28 대한민국 지원결의'와 '10월 7일 통한 결의'를 토대로 북한의 침략에 대한 응징과 이의 연장선에서 군사작전으로써 추구하던 민족통일의 희망은 잠들게 되고 통일은 오직 휴전 후 정치적 수단에 의한 타결 노력에 기대를 걸어야 하는 상황이 되었다.

2) 중공군의 3차 공세와 유엔군의 전황 분석

중공군은 1950년 12월 12일~22일 제3차 공세의 작전계획을 수립하여 아군을 38도선에서 격멸한다는 방침을 정하고 인민군 제1군단을 개성, 제13병단 예하의 중공 제50군을 금천, 제39군을 구화리, 제40군을 삭령, 제38군을 연천, 제42군을 철원, 제66군을 화천, 그리고 인민군 제2·제5군단을 양구~인제로 진출시켜 공격을 준비토록 하였다.[56]

이때 미 제8군이 평양에서 38도선으로 철수하는 동안 곡산~이천 일대에서 유격전을 펼치던 인민군 패잔병들로 구성되었던 부대들도 인민군 제2군단에 편입되어 연천·춘천·화천 북쪽으로 이동하였고, 이로써 중동부전선 일대에 집결된 인민군은 약 6만 5천 명으로 추산되었다.[57]

서부전선으로 진출 중이던 중공군은 청천강~평양축선에서는 유엔 공군에 의하여 남하하는 것이 확인되었으나, 12월 중순 이후부터 아군의 항공폭격을 피하기 위하여 엄폐와 위장을 하고 주간 이동을 중지함으로써 한동안 접적이 단절되었다. 그러나 하순에 접어들면서부터는 항공관측과 첩보기관에 의하여 평양에서 동남쪽으로 이동 중인 중공군의 병력과 보급품을 실은 차량이 수차례 관측되었다. 이는 중공군의 새로운 공세가 임박하였음을 예고하는 징후였다.[58]

---

57) 군사과학원군사역사연구부 편, 앞의 책 제2권, p.174 ; 전략문제연구소 역, 『중공군의 한국전쟁사』, pp.68~69.
58) 육군본부 역, 『밀물과 썰물』, p.166.

공산군은 1950년 12월 중순까지 북한이 잃었던 38도선 북쪽의 영토를 대부분 회복하고 작전의 주도권을 장악하게 되자 승리를 확대하기 위한 3차 공세를 결정하였다. 그러나 중공군은 작전결정 과정에서 공세 시기 등의 문제를 두고 적지 않은 내부 갈등을 겪은 것으로 확인된다.[59] 조·중 연합사령관인 팽덕회는 전선 상황이 여의치 못함을 중공 군사위원회에 보고하였고,[60] 이에 대하여 모택동은 팽덕회가 건의한 전략의 타당성을 인정하면서도 전과를 확대하도록 12월 13일 공격 재개 명령을 하달하였다.[61]

이 명령에 의거 팽덕회는 "겨울 동안 휴식한다"는 당초의 전략계획을 대폭 수정하였고, 3차 공세(1950.12.31~1951.1.8)의 목표를 1·2차 공세에서 획득한 승리를 확대하여 서울을 점령해 정치·군사적으로 유리한 위치를 확보하고, 37도선까지 진출하여 부대 재정비와 새로운 부대를 증원받아 춘계공세를 준비하는 것으로 설정하였다.[62]

이때 김일성도 12월 하순에 중앙위원회를 개최하여 3차 공세의 작전방침을 하달하였다. 그는 "적이 38도선 방어를 강화하기 전에 전선동부의 산악지형을 이용하여 적 방어가 약한 전투지경선 부근으로 침투한 후 후방에 강력한 제2전선을 깊숙이 형성토록 하였다. 그리고 중서부전선의 중공군이 주저항선을 돌파하면 이들과 연결작전을 실시하여 포위망을 구축한 후 적을 섬멸토록" 하였다.[63] 공세 개시 이틀 전에 모택동은 전문에서,

---

58) 육군본부 역, 위의 책.
59) 중공군 3차 작전의 결정 과정은 다음과 같다. 팽덕회는 1950년 12월 8일 전문에서 1951년 3월 초순의 결정적 공세에 대비해야 한다고 하였고, 이에 대해 모택동은 1950년 12월 13일자 전문에서 38선 이북에서 정지한다면 정치적으로 크게 불리할 것이라고 하여 38선 진격작전을 명령하였다. 또 팽덕회가 1950년 12월 28일자 전문에서 서울 점령이후 부대정비에 관해 문의하였고, 모택동은 1950년 12월 29일자 전문에서 전투를 수행하지 않고 정비만 한다면 크게 문제가 될 수 있다고 독전하였다. 군사편찬연구소, 『한국전쟁의 새로운 이해』, pp.505~508.
60) 모택동, 『모택동군사문선』 제6권, 군사과학출판사, 1993, p.71 ; 牛軍, 「중공군의 38선 남진 배경」, 군사편찬연구소, 『한국전쟁의 새로운 연구』, 2001, pp.505~506.
61) 위의 자료.
62) 모택동, 앞의 책, pp.252~253.
63) 북한사회과학원, 『조선전사』 제26권, 과학백과사전출판사, 1981, p.248.

"우리는 적군이 서울과 37도선 이북구역을 사수하는 것은 두렵지 않지만 그들이 이 전선에서 물러나 대구·부산 등 협소한 지역으로 철수할 경우 문제가 된다"라고 지적하고 팽덕회에게 그 문제에 대해서도 대비하라고 지시하였다.[64]

한편 미 제8군의 정보 부서들은 적의 가용병력이 17만 4천여 명 정도라고만 판단하였을 뿐 그들의 정확한 기도를 파악하지 못하고 있었다. 다만, 미 제8군사령관은 전방사단에 정찰대를 적진 깊숙이 침투시켜 적의 위치와 규모를 탐지토록 명령하였고, 4일간의 전선시찰을 통하여 적의 공세가 아군의 경계가 느슨해질 연초에 시작될 것임을 예상하고 있었다.[65] 또 아군의 항공정찰대는 적의 대규모 포병진지가 주공을 지원하기 위하여 미 제1, 제9군단의 전투지경선인 연천-의정부 도로에 중점적으로 배치되었고, 또 임진강변에서 다량의 교량용 물자들이 비축되어 있는 것을 관측하였다.[66]

중공군은 2차에 걸친 공세작전으로 입은 병력손실을 보충하기 위하여 중공에서 고참병 8만 4천 명을 차출하여 전선부대에 보충하였고, 보급수송을 개선하기 위하여 경의선(정주-맹중리), 만포선(회천-개천)의 일부 철도도 긴급 복구하였다.[67] 공격준비가 완료되자 조·중 연합군사령관 팽덕회는 인민군 3개 군단과 중공군 6개 군의 협동작전으로 국군과 유엔군이 방어 중이던 38도선을 돌파하고, 임진강 동쪽과 북한강 서쪽에 배치된 국군 제1, 제2, 제5, 제6사단의 일부를 섬멸토록 하였다. 그리고 상황이 순조롭게 전개된다면 계속 공격하여 신속하게 서울과 춘천·홍천·양양·강릉 일대를 점령한 후 휴식과 재정비를 진행하면서 춘계공세를 준비

---

64) 「모택동이 팽덕회와 고강에게」(1950.12.29), 군사편찬연구소, 앞의 책, p.508.
65) 국방부 전사편찬위원회 역, 앞의 책, p.291, 300, 305.
66) 육군본부 역, 『밀물과 썰물』, p.193.
67) 전략문제연구소 역, 앞의 책, p.77 ; 국방군사연구소 역, 『중공군의 한국전쟁』, 1994, pp.122~124.

하기로 작전방침을 정하였다.[68]

정찰과 도하준비를 완료한 적은 기습을 달성하기 위하여 1950년의 마지막 날을 공격 개시일로 결정하고, 이날 오후 5시에 약간의 공격준비사격을 실시한 후 공세를 개시하였다. 이로써 12월 중순 이후 소강상태가 유지되었던 한반도의 38도선은 다시 격전의 소용돌이 속에 휘말리게 되었다.

미 제8군사령관은 중공군이 3차 공세를 전개하기 직전인 1950년 12월 초 서울교두보선을 최후의 결전장으로 고려하고 있지 않았기 때문에 아군의 사기를 고려하여 큰 손실을 입지 않고도 적에게 최대한의 피해를 줄 수 있는 범위 내에서 작전토록 지시하였다. 유엔군이 서울에서 철수하였지만, 미 제8군사령관은 미 합참에 "중공군의 신정공세로 아군이 잠시 어려운 상황에 처하긴 하였으나 미군은 아직 중공군을 대적할 수 있는 충분한 전력을 확보하고 있다"라며 방어에 대한 자신감을 피력하였다. 당시 리지웨이 장군은 "중공군은 단지 수적으로만 우세할 뿐 무기체계에서는 양이나 질적인 면에서 매우 열등하다. 그리고 항공지원 능력도 없고, 빈약한 통신장비와 소수의 기갑 차량을 갖고 있을 뿐이다"라고 평가하였다.[69]

조·중 연합사령관 펑더화이는 1월 31일 3차 공세를 개시하여 한강 남쪽으로 유엔군을 추격하였으나 당초 기대와는 달리 유엔군의 대량 섬멸에는 실패하고 말았다. 공산군은 유엔군이 평택~안성~제천~삼척선으로 물러나자 그들을 유인하기 위한 철수작전이라고 판단하고 1월 8일 3차 공세작전을 종료하였다.[70]

중공군은 유엔군을 대전·대구로 계속 추격하면 전쟁 초기 북한군이 낙동강 선에서 그랬던 것처럼 중공군의 병참선이 신장되어 오히려 위기에 봉착하게 될지도 모른다고 판단하고 추격을 중지하였던 것이다. 이는 리

---

68) 전략문제연구소 역, 『중공군의 한국전쟁사』, p.82.
69) 육군본부 역, 『밀물과 썰물』, p.199.
70) 전략문제연구소 역, 앞의 책, p.92. 중공군은 이번 신정공세에서 30여만 명(중공군 6개 군 23만여 명과 인민군 3개 군단 7만여 명)을 투입하여 서울을 재점령하고, 37도선 부근으로 진출하였으나 인민군 2,700명을 포함하여 85,000여 명이 전사하였다.

지웨이 장군이 지적하였듯이 중공군의 공격력이 한계에 다다랐음을 보여준 것이었고, 서울교두보선에서 마치 훈련하듯 계획된 철수를 실시한 유엔군이 곧이어 반격의 실마리를 마련하는 계기가 되었다.[71]

4. 유엔의 휴전 노력과 미국의 입장

유엔에서는 1950년 12월 5일, 트루먼-애틀리 회담에서 유엔의 후원하에 휴전을 추구하기로 합의한 그날, 인도를 중심으로 아시아-아랍 13개국이 중공과 북한에 38도선을 넘지 않도록 요청하는 제의를 하고 38도선에서의 휴전에 관한 쌍방의 의사 타진을 하였다.[72] 미국과 영국은 이에 동의하였으나 북경과 평양에서는 직접적인 응답이 없었다.

당시 작전의 주도권을 쥐고 있던 공산군 측의 입장은 유엔군 측 제안과 조화를 이루기엔 대단히 거리가 먼 것이었다. 그들의 입장은 유엔 사무총장 트리그브 리 및 인도·영국·스웨덴 대표 등이 그때 당시 유엔에 머물고 있던 중공의 특별 대표 우수츄안을 통해 한국에서 군사행동 중지 조건에 대한 중공 측의 의사 타진을 한 결과에서 구체적으로 나타났다.

이 보고를 접한 주은래는 이 문제를 적극적으로 다루어 자신들이 주도권을 행사하려는 복안하에 그에게 하달할 지침서에서 '한국에서의 군사행동의 중지 조건'을 다음과 같이 규정하였다. 즉, 1) 한국으로부터 모든 외국군의 철수, 2) 대만해협과 대만 지역으로부터 미군 철수, 3) 한국 문제의 한국민족에 의한 해결, 4) 중국대표의 유엔 참가와 장개석 정부의 유엔 탈퇴, 5) 일본과의 평화협정 준비를 위한 4대 강국 외무 장관 회의 소집 등이었다.[73]

중공은 이를 하달하기에 앞서 12월 7일 주중 소련 대사 로신을 통해 이

---

71) 국방부 전사편찬위원회 역, 앞의 책, pp.321~323. 중공군 3차공세시 동부전선에 배치된 국군은 집중적인 공세를 받아 위기에 처하게 되었고, 유엔군은 전선조정을 위해 불가불 D방어선(평택~안성~장호원~원주~원포리)까지 철수하게 되었다.
72) *FRUS 1950*, Vol.Ⅶ, pp.1399~1400.
73) 외무부 역, 『한국전쟁관련 소련외교문서』(2), 1994년, (미간행) p.60.

를 소련정부로 전달하여 신속한 답변을 요청하였고 같은 날 늦게 스탈린의 답신이 주은래에게 도착하였다. 즉, "우리는 한국에서의 군사행동 중지에 관하여 귀하가 제시한 조건들에 완전히 동의합니다. 우리는 이 조건들이 완전히 충족되어 지지 않는 한 군사행동은 중지될 수 없다고 생각합니다. 또한 우리는 미국의 첩자 국이라 할 수 있는 세 국가의 대표들에게 지나치게 솔직하거나 우리의 계획을 미리 보여 주어서는 안 된다고 생각합니다. (중략) 더욱이 중국의 5개 조건은 미국에 의해 유엔에 대한 모욕으로 해석, 이용될 수도 있습니다. 미국에게 그러한 빌미를 줄 필요는 없습니다"[74]라는 것이었다.

그는 이어 다음과 같은 중국의 대처 방안을 제시하였다. 즉 첫째, 중국정부도 영국·인도·스웨덴 대표 등 귀측과 마찬가지로 한국에서의 군사행동이 신속히 종결되기를 바라고 있다. 중국은 중국과 한국에 강요된 군사행동을 신속히 종결하기 위해 모든 노력을 기울일 것이다. 둘째, 중국정부는 평화 조건에 관한 유엔과 미국의 입장을 알기를 원하고 있고, 귀국이 유엔이나 미국과는 달리 평화조건에 관하여 이야기할 권리를 위임받지 못했음을 알고 있다. 셋째, 중국정부는 한국에서의 군사행동 중지조건에 대한 유엔과 미국의 의견을 기다리고 있다는 것 등이었다.[75]

이와 같이 유엔의 의사타진에 관한 중공의 반응은 실질적으로 공산군 측의 전쟁지도를 주도하고 있던 소련에 의해 포장되어 나타났으나 실제는 유엔군 측이 수용할 수 없는 너무나 거리가 먼 것이었다. 중공의 전략은 이미 12월 4일에 팽덕회에게 전달한 '조선전쟁'의 전개방향에 대한 모택동의 견해와 의견서에 나타난 바와 같이 유엔군의 축출에 있음을 분명히 하고 있으며, 휴전도 이 목표 달성을 전제로 하고 있어 38도선에서 휴전을 추구하려던 유엔군 측의 전략과는 조화를 이룰 수가 없었다.

---

74) 외무부 역, 『한국전쟁 관련 소련 외교문서』(3), p.127.
75) 위의 자료.

즉, 모택동은 "적군은 정전을 요구할 것이다. 이때 미 제국주의는 조선에서의 철수를 반드시 인정해야 하는데 우선은 38도선 이남까지 철수해야만 우리는 정전회담에 응할 수가 있다. 가장 좋은 것은 우리가 평양을 수중에 넣을 뿐만 아니라 서울도 수복하는 것이며 중요한 것은 적을 섬멸하는 것인데 먼저 남조선군을 섬멸시켜야 미 제국주의 철수를 촉진시키는데에 더욱 큰 힘이 될 것이다"[76)]라고 하여 유엔 측의 제안을 수용할 의사가 없음을 분명히 하였다. 이와 같이 공산군 측은 휴전안을 거부하였지만, 아시아-아랍 블록은 공산군 측의 기도도 간파하지 못한 채 외교적 주도 노력을 계속하여 12월 12일 정식으로 휴전에 중점을 둔 결의안을 유엔총회에 제출하였고, 이것이 다음 날 총회에서 채택됨으로써 유엔의 '선 휴전 후 교섭' 원칙을 재확인하였다.[77)]

이때 결의안의 핵심은 휴전을 추진할 3인위원회를 설치한다는 것과 그 후 극동 문제에 관한 회담이 신속히 열리도록 요청한다는 것이었다. 이는 무조건 휴전을 주장하는 미국의 주장을 충족시키고 중공에게는 보다 광범한 아시아 문제에 대한 고려가 있을 것이라는 점을 확신시켜 양측을 만족시키기 위한 방안이었다. 이 중 휴전 결의안은 총회의장인 이란의 엔테잠을 위원장으로 하고 캐나다와 인도 대표를 포함한 3인위원회를 구성하여 이 위원회가 한국 내에서 만족할 만한 휴전이 이루어질 기준을 결정하고 가능한 한 조속히 총회에 보고토록 한다는 내용을 골자로 하고 있었다.[78)]

한편 미국은 휴전위원회가 결의안을 총회에 상정한 동년 12월 11일 국가안전보장회의를 열어 내부적으로 휴전을 고려하기로 방침을 정하고 휴전조건을 논의하였다. 그것은 "유엔군에게 군사적 불이익을 부과하지 않고 정치적 양보를 내포하지 않아야 하며 휴전에 관한 세부사항은 유엔군의 안전을 확보하기 위하여 휴전을 수락하기 전에 협상해야 한다"는 원칙

---

76) 전략문제연구소 역, 앞의 책, p.79.
77) *FRUS 1950*, Vol.Ⅶ, pp.1524~1525.
78) 정일형, 『유엔과 한국문제』, 신명문화사, 1961, p.31.

하에 구체화되었다.[79] 즉, 미국의 최초 과제는 38선을 휴전의 조건으로 하고 휴전을 위해 다른 문제가 전제조건이 되어서는 안 되도록 '선 휴전 후 교섭'이라는 원칙을 유엔의 정전안에 확보하는 것이었다. 이는 사실상 유엔의 새 전쟁지도 지침으로서 전쟁의 휴전화 정책이 확정단계로 접어들고 있음을 의미하는 것이었다.

 NSC에 기초하여 합참은 처음으로 휴전에 관한 군사적 조건을 정식으로 검토하였고 12월 13일 「NSC 95」로서 회람되었다. 그리고 국무부가 이를 간략화하여 동월 15일 정전 3인위원회의 요청에 부응하는 형태로 휴전조건을 발표하였다. 즉, 전 한반도에서 정전, 38선 부근을 남방경계선으로 한 20마일 폭의 비무장지대의 설치, 부대 병력의 보강과 교대 및 장비 물자의 보충 금지, 전 한반도에 자유 또는 무제한에 접근 가능한 유엔하의 정전감시위원회의 설치, 일대일 원칙으로 포로교환, 유엔총회가 정전협정을 확인하여 유엔이 조치를 결정하기까지 협정은 유효하다는 것 등을 포함하는 총 8개 항목이었다.[80]

 유엔총회의 결의에 따라 활동에 들어간 휴전위원회는 휴전조건에 관한 미국의 의도를 얻어낸 다음 중공정부에 대해 휴전이 이루어지자마자 아랍·아시아 계획에 의한 협상이 있을 것이라는 점을 이해시키면서 협력을 요청하였다. 그러나 12월 21일 중공정부는 중공의 참여가 없이 취해진 유엔의 모든 결의는 불법이라며 휴전위원회의 제의를 거절하고 당시 유엔에 머물고 있던 자신들의 특별 대표도 철수시켜 버렸다.[81] 이미 중공은 12월 13일 모택동이 팽덕회에게 38도선 남쪽에서 국군과 유엔군을 포위·섬멸하고 서울을 점령하라는 요지의 3차 공세 명령을 하달하여 공세준비에 한창이었다.

 중공의 휴전거부 의사는 12월 23일에 수신된 주은래 외상의 전문에 의

---

79) *FRUS 1950*, Vol. Ⅶ, pp.1517~1520.
80) *FRUS 1950*, Vol. Ⅶ, pp.1528~1531, pp.1549~1550.
81) 정일형, 위의 책, pp.31~32.

해 재확인되었다. 그 내용은 중국이 유엔결정에 참가하지 않았기 때문에 정전 3인위원회는 무효이며, '선 휴전 후 교섭' 방식은 유엔군의 정비여유를 확보하기 위한 미국의 계략이라고 미국의 행동을 비난하면서 "분계선으로서의 38도선은 유엔군의 북한 영토 침범에 의해 영원히 무효가 되었다. 중공은 휴전 문제를 아래와 같은 극동 문제 처리와 분리시켜 고려하지 않을 것이라는 점을 분명히 하였다. 즉, 한국에서 외국군의 철수, 한국국민 스스로에 의한 한국 문제의 해결, 대만에서 미군의 철수, 그리고 중공대표의 유엔에서의 합법적 지위 승인"을 요구하였다.[82] 이는 12월 7일에 중·소 간에 합의된 정책의 표출로서 당시의 평화노력에 종말을 고하는 것이었다.

그 후 1951년 신정공세에서 중공군과 북한군은 결국 38선을 돌파하였고, 3인위원회는 다음 날 총회에 휴전과 관련한 어떠한 건의도 이 시점에서는 무용하다고 보고하였다. 미국은 종래의 6개국 결의에 대신할 새로운 침략자 결의의 채택을 결단하고 외교적인 압력을 행사하는 방향으로 진행시켰다.[83] 그러나 영국 등 6개국 결의국과 인도, 캐나다가 협상의 가능성을 추구해야한다고 주장하였으므로 미국은 중국의 의향을 확인하기 위해 침략자 결의안 제출을 일시 연기했다.[84]

신정공세가 끝난 후 1월 11일 3인위원회는 북경의 요구사항 중 일부를 충족시키려는 의도를 담은 새로운 평화계획을 작성하여 다음의 5단계를 거쳐 극동의 평화를 수립하도록 제안하였다. 이 5단계 평화안의 핵심은 1) 한국전쟁의 즉각 휴전, 2) 평화를 촉진하기 위한 후속조치의 모색, 3) 한국으로부터 군사력의 철수와 더불어 한국국민이 자신들의 정부에 관한 희망을 표현할 수 있도록 적절한 장치 마련, 4) 한국의 통일 및 그곳의 평화와 안전보장의 유지를 위한 잠정협정 체결, 5) 극동 문제, 대만의 지위, 중

---

82) *FRUS 1950*, Vol.Ⅶ, pp.1594~1598.
83) *FRUS 1951*, Vol.Ⅶ, pp.6~9.
84) *FRUS 1951*, Vol.Ⅶ, pp.130~131.

국의 유엔 대표권을 포함한 문제를 해결하기 위해 미국·영국·소련·중국 대표를 포함한 적절한 기구의 설치 등이었다.[85]

이것은 극동 문제 해결을 위해 영국 연방국이 중심이 된 정전위원회에서 작성한 문서를 최종적으로 미국이 받아들인 것이었다. 정치 문제를 포함하는 유엔의 5단계 평화안을 지지하는 것은 미국정부로서는 받아들이기 어려운 결단이었다.[86] 이 제안은 1951년 1월 13일, 미국이 지지하고 소련이 반대하는 가운데 유엔 정치위원회와 그 후 총회를 통과하였고 중공에 통고되었다. 중공은 이를 검토한 후 동월 17일에 정치적 협상이 없는 휴전은 수락할 수 없다고 천명하고 한국전쟁 협상의 대가로서 자신들의 유엔가입, 대만으로부터 미군의 철수 등 종전의 입장을 되풀이하는 대안을 제출하였다.

전장의 주도권을 확보하고 있었던 중국은 무조건적인 휴전이 미국에게 차후 도발을 위한 말미를 주는 것이라 하여 이를 거부하였고, 1월 17일 대안을 제출하였다. 즉, 주은래는 정전 이전에 먼저 교섭하자고 요구하였다. 이에 애치슨은 중국이 유엔제안을 완전히 거부했다고 강조하고 중국에 대하여 압력을 행사하도록 방향을 진행시켰다.[87] 미국은 점차 중공에 대한 침략자 결의 채택으로 움직이기 시작하였으며, 이때 제시된 침략자 결의 내용은 1) 유엔이 단결하여 중국의 침략을 사실로 인정, 2) 중국의 군사적 능력을 제한하기 위한 경제적인 규제, 3) 유엔과 미국이 평화적인 해결 의사를 가지고 있는 것 등으로 정리되었다.[88]

1951년 1월 20일 미국 유엔대표 오스틴은 유엔총회에 침략자 결의안을

---

85) *FRUS 1951*, Vol.Ⅶ, pp.95~96.
86) Harry S. Truman, ibid., pp.2~3. 1951년 1월 19일 및 23일에 미 의회에서 중국을 침략자로서 선고해야한다고 하는 결의를 채택했다. 1950년 12월 말부터 1951년 1월 초에 걸쳐 유엔군의 철퇴 등을 상정하여 합동참모본부는 대중국 군사 보복조치에 관해 검토하여 잠정적 방침으로서 1월 12일 「NSC 101」을 작성하였다. 여기에는 자국의 목적이 아시아 근해의 방위선을 유지하고 대만을 방어하며 실행 가능한 한 남한을 지원함과 더불어 대소 전면전을 회피하는데 있다고 밝히고 있다. *FRUS 1951*, Vol.Ⅶ, pp.109~110.
87) 서주석, 앞의 논문, p.375.
88) *FRUS 1951*, Vol.Ⅶ, pp.133~151.

정식으로 상정하였다. 영국과 서구동맹국은 침략자 결의안의 '집단적 조치'가 맥아더에게 새로운 전쟁확대 권한을 부여한 것은 아닌가 우려했다.[89] 그러나 침략자 결의 내용은 군사적 조치라기보다는 경제적 조치였다. 국무부는 결의안에 대해 국방부와 토의한 후 1월 29일 일부 수정하였다. 최종 결의안은 2월 1일 총회에서 채택되었으며, 이때 영국과 캐나다는 찬성하였으나 인도가 반대하였다.[90]

미국은 침략자 결의안 채택으로 보다 외교적인 면에서 중국에 대하여 압력을 행사할 수 있게 되어 교섭에 있어 유리한 입장을 확보했다. 여기서 미국이 자국의 입장을 고수하고 중국에 대해 강경 자세로 전환한 것은 당시 군사상황의 변화를 반영한 측면이 있었다. 1월 중순 안정화된 전선으로 인해 미국은 자국군 안전을 위한 즉각 휴전 제의를 기초부터 허물었다.[91] 전선에서 위력 정찰전을 지켜 본 콜린스와 반덴버그 장군 일행은 전선시찰을 끝내고 한반도에 남아 싸우는 것은 가능하다는 낙관적인 평가를 내렸다.[92] 유엔군이 다시 반격을 본격화하고 38선을 목표로 진출하였고, 이에 미국은 자신의 조건에 기초하여 휴전을 모색하기 시작하였다.

결국 미국으로서는 중공이 휴전안에 반대함은 물론 계속 공세를 취함으로써 그들의 의도가 한국에서 유엔군을 구축하겠다고 되풀이한 위협의 실현에 있는 것으로 보았고 아울러 유엔에 대한 도전을 멈추려는 의사가 없다고 판단하여 유엔회원국에게 이에 정면으로 맞서야 한다는 주장을 펼 수 있게 되었다. 이에 미국은 1950년 12월 16일에 국가비상사태를 선포한

---

89) *FRUS 1951*, Vol.Ⅶ, p.9.
90) *FRUS 1951*, Vol.Ⅶ, p.117, pp.130~131.
91) 서주석, 앞의 논문, p.376.
92) 국방부 전사편찬위원회 역, 앞의 책, pp.336~342. 콜린스와 반덴버그 두 장군의 전선시찰 결과는 국방장관, 대통령에 각각 보고 되었고 언론에도 크게 보도되었다. 그 시찰 결과는 "현재 제8군과 한국군에 관하여 걱정할 아무런 이유가 없다"는 것으로 요약되었고, 트루먼 대통령도 그 보고를 받고 안심하였다고 하였다. 당시 유엔군 측은 전전현상에서 전쟁을 종결한다는 정책지침을 이행하고 있었으며, 우선 38선까지 진출하고 또 적에게 선택의 여유를 주기 위해서 약 2~3개월간의 시간이 필요하다고 분석되었다.

데 이어 1951년 1월 20일에는 중공을 침략자로 규정하는 결의안을 상정하였으며 이는 2월 1일 총회를 통과하였다.[93] 이로써 중공군의 참전과 더불어 추진되었던 유엔에서의 휴전노력은 무위로 돌아가고 말았다.

5. 맺음말

1950년 말 중공군의 2차 공세로 타격을 받은 아군은 새로운 전략을 모색하느라 분주하게 움직였다. 미 국무부는 38선 부근에서 안정된 방어선을 확보한 다음 협상을 통해 한반도 문제를 해결하자고 주장하였으며, 미 국방부는 한반도 철군과 재정비에 의한 전쟁확대를 각각 주장하였다. 그러나 결과적으로 한반도 정책은 미 국무부 주도에 의해 결정되었다. 본 장에서는 한국전쟁기 미국의 종전전략의 성격과 관련하여 앞에서 논의한 문제들을 중심으로 요약하고자 한다.

첫째, 미국의 협상 양보선은 주한 외국군 철수, 중국의 유엔가입, 대만 문제 등 정치문제를 포함한 유엔이 5단계 평화안을 수용하는 것이었으며, 미국의 휴전정책 결정 과정은 중공군 3차 공세 직후의 전황이 정치적 협상에 결정적인 영향을 미쳤음을 보여준다. 미국은 중공군의 유엔 제의 거부와 유엔군의 전세 만회 직후 국무부의 견해에 따라 38선의 원상회복에 의한 전쟁 종결이라는 목표를 설정하였고, 실제 휴전협상의 조건도 자국 주도로 선택할 문제라는 입장을 견지하였다. 이러한 종전전략은 아군의 반격기회가 조성되었음에도 불구하고 전쟁을 제한한 정치적인 결정에 따른 것이었다. 실제 휴전협상이 논의될 때 미국은 휴전선을 38선이 아닌 군사접촉선으로 수정하여 제의하였지만, 그것은 어디까지나 전략적 방침(38선 부근에서의 원상회복) 안에서 부분적으로 전술적 측면을 고려한 결과였다.

---

93) 위의 책, p.336.

둘째, 중공군은 2차 공세 이후 공세 한계점에 다다르고 있었으나 미국은 적과의 단절된 기간에 적절한 전황판단을 하지 못하여 큰 손실을 초래하였다. 유엔군은 중공의 잠재력과 소련과의 전면전의 위험성을 인식하면서 적의 공세에 대비하였고, 공산군의 작전목표가 유엔군을 한반도에서 완전히 축출하는 데 있다고 상정하고 서울을 포기하는 등 단계별 철수작전을 전개하였다. 하지만 실제 공방전 과정에서 공산군의 공세 한계가 점차 드러났음에도 불구하고 유엔군은 적에게 출혈을 강요하며 철수하는 작전을 수행하지 못하였다. 결국 미국은 1·4후퇴 직후 적에게 서울을 다시 빼앗겼다는 심리적인 타격뿐만 아니라 일시적이나마 휴전협상 논의 과정에서 불리한 입장에 처하게 되었던 것이다. 이 상황은 전시에 상대의 기도와 전략의 오판이 얼마나 큰 결과를 초래할 수 있는가를 보여주는 귀중한 교훈을 남기고 있다.

 셋째, 공산군 측이 유엔의 5단계 평화안을 거부한 것은 군사외교상 큰 실책이었으며, 결과적으로 이후 휴전협상이 체결될 때까지 중공은 외교적인 측면에서나 군사적인 측면에서 모두 주도권을 상실하게 되었다. 그들은 실제 휴전협상이 개시될 때 그보다 훨씬 못한 조건으로 전쟁을 마무리할 수밖에 없었다. 즉, 모택동은 1951년 6월 13일 "외국군대의 철수 문제를 군사행동 중단의 필요조건으로 삼을 필요는 없다"라며 후퇴하게 되었던 것이다.[94] 중공군 3차 공세 결과 미국은 철군 문제까지 심각하게 고려하고 있었던 상황이었으므로 중공에게 부분적으로나마 정치적으로 양보하지 않을 수 없었다. 그러나 공산군 측은 미국의 반격능력을 제대로 평가하지 못하여 자신의 공세능력을 과대평가하였고, 이로써 전장의 주도권을

---

94) 楊奎松, 「중공군의 정전협상전략」, 군사편찬연구소, 앞의 책, p.540. 여기에 소개된 자료에 의하면, 당시 모택동은 전보에서 "중국이 유엔에 가입하는 문제를 협상의 조건으로 삼지 않아도 좋다"라고 하며, "유엔이 이미 침략도구가 되어 중국은 현재로서 유엔에 가입하는 것이 특별한 의미가 있는 것은 아니다. 그러나 대만문제는 마땅히 조건으로 내걸어 흥정해야 한다. 미국이 대만문제를 단독으로 해결하려는 상황하에서 우리가 마땅히 상당한 양보를 하여 먼저 한국문제를 해결해야 한다"라고 하여 상당히 후퇴하였음을 보여준다.

확보 했던 유리한 기회를 제대로 활용하지 못하게 되었다. 결과적으로 중공이 유엔의 5단계 평화안을 거부한 후 미국은 반격작전을 개시함과 아울러 유엔총회에서 중공을 침략자로 낙인찍는 제안을 통과시켰다.

넷째, 철군안과 함께 검토되었던 미국의 한국 망명정부 계획안은 큰 문제점을 내포하고 있었다. 이 계획이 시행될 경우 우리 정부와 군이 계획안에 따라 도서로 이전할지 아니면 부산교두보에서 끝까지 저항을 하기로 선언할지에 대한 선택은 오직 우리 정부의 몫이었다. 따라서 유엔군이 철수하더라도 전쟁의 상황이 계획안과는 전혀 다른 별개의 상황으로 발전될 가능성이 있는 것이었다. 또한 정부가 이전할 경우 계획안에는 한국 국민의 처리 문제가 유엔이 담당해야 할 문제로만 지적되었을 뿐 그 대책에 관한 언급이 전혀 없었다. 따라서 미국의 계획안은 우리에게 도서로 정부를 이전하느냐 아니면 교두보에서 저항하느냐의 운명적 선택의 기로가 될 수 있는 것이었다.

제3부
한국전쟁과 미국·일본

제10장
일본의 전쟁지원 활동과 성격

1. 머리말

일본은 제1차 세계대전 말기 동맹국 영국의 요청에 따라 지중해로 순양함 1척과 구축함 12척을 파병한 이래 최근 걸프전쟁, 평화유지군의 파병에 이르기까지 꾸준히 직간접적인 전쟁에 간여해 왔다. 여기에는 일본의 국익증대 차원이라는 일정한 공통점이 발견될 수 있으며, 그것은 한국전쟁에서도 예외가 아니었다.

그러나 한국전쟁 당시 일본 정부가 미 극동군사령부와의 합의하에 태평양전쟁 시기의 일본 구 해군병력, 소해정, 수송선(LST 포함), 기술자, 노무자 등을 한반도로 투입하여 미군을 도와 작전을 수행하였다는 사실은 미국과 일본에서도 오랫동안 공개되지 않고 있었다.

그것은 당시 일본을 둘러싼 특수한 국제 정세와 관련된 것이었다. 미군은 태평양전쟁이 종료된 후 전범국이며 패전국인 일본을 점령통치하였었다. 미군의 점령정책은 포츠담(Potsdam)선언의 취지에 따라 군사적 목적을 띤 일체의 행위를 금지하며 영구히 비무장화한다는 것이었다.[1] 그러나 종전 후 미·소 간의 냉전이 점차 극화되면서 미국은 일본의 경제적·군

---
1) 국방부 전사편찬위원회, 『국방 조약집』 제1집, 국방부, 1981, p.568.

사적인 잠재력을 주목하고 극동정책의 구심점으로 삼고자 하여 점령정책의 전환을 가져왔다.

즉, 동아시아 내의 미·소 양국의 냉전대립이 첨예화해 가는 새로운 국제질서 속에서 미국은 불과 몇 년 전의 적국을 우방국으로 하여 극동의 방파제로 만들 계획을 구상하였으며, 이것은 당시 일본 내에 강하게 불고 있던 전후복구 및 독립의 요구와 상호 부합하였다고 할 수 있다.

미국의 대일정책의 전환은 한국전쟁을 계기로 급속도로 추진되었다. 이에 따라 일본의 전범자에 대한 공직 추방령이 해제되고 샌프란시스코회담에 이어 단독강화조약과 평화협정이 체결되면서 일본은 주권국가로서의 위상회복, 각 국과의 보상에 관한 협의, 자위권 인정 등 중요한 문제들을 비교적 짧은 시간에 해결할 수 있었다. 이러한 일련의 과정은 한국전쟁이 발발한 직후부터 진행된 것이고 물론 그것은 미국의 적극적인 의지에 따른 결과였다.

한국전쟁의 발발로 인한 미국의 극동정책의 전환은 당연히 일본에 직접적인 영향을 미쳤다. 미국은 일본과 강화조약을 추진하는 한편 일본정부에 한국전쟁에 미군과 유엔군을 도와 협력할 것을 요청하였으며 비무장이라는 원칙을 파기하는 내용의 재군비를 촉구하였다.[2] 당시 일본으로서도 평화협정이 비준된 1952년 4월 28일 독립할 때까지 미군정의 직접적인 통치를 받고 있었던 상황이었으므로 미군정의 요구에 따라 한국을 지원하는 것 이외에는 다른 선택의 여지가 있을 수 없었다.

결과적으로 일본은 평화협정의 체결과정을 통하여 과거 태평양전쟁의 전범국으로서 국제적 책임을 면하게 되었다. 아울러 일본에는 그것의 전제 또는 대가로 가시적인 행동이 요구되었으며, 그것은 곧 한국전쟁의 지원이라는 것으로 구체화되었다. 그러나 거기에는 몇 가지 적지 않은 문제

---

2) 1951년 1월 26일 미 덜레스 사절단이 방일하여 일본 정부와 강화원칙을 논의할 때, 그는 일본 정부에 경찰예비대를 조속히 32만 5천~35만으로 증강하도록 촉구하였다. 三木秀雄, 「支援という名の防衛戰略」 『防衛大學(社會科學篇)』 第51輯, 1960, p.140.

들이 내포되어 있었다. 우선 일본이 독립국가가 아니고 교전권이 없는 입장이었으므로 미국을 제외한 연합국들의 반대가 있었으며, 한국 역시 일본과의 관계로 인해 그들의 개입을 원하지 않았다. 또한 일본을 연루시킬 경우 소련과 중국의 반응 역시 우려하지 않을 수 없는 상황이었다.[3]

이런 연유로 미 군정당국과 일본정부는 한국전쟁에 관한 지원 문제를 극비리에 협의하였으며, 그 내용은 휴전이 된 이후에도 오랫동안 공개되지 않았다. 결국 그것이 바로 한국전쟁의 다른 주제에 비해서 일본의 관련 문제가 큰 주목을 받지 못한 이유 가운데 하나가 되었다.

일본의 한국전쟁 지원 문제에 관해서는 1970년 후반에 들어서면서 비로소 자료가 공개되기 시작하였으며, 그 후부터 몇몇 학자들의 관심을 받기 시작하였다. 일본의 한국전쟁 관련 외무성 자료가 1976년부터 공개되었으며 동시에 미국에서도 '미국의 외교관계(FRUS)'라는 자료집이 출간되었다.

그 후 관련 미군의 작전문서들과 참전자의 회고록, 수기 등이 공개되면서 미국과 일본에서 몇몇 관심 있는 논고가 발표되었으며, 국내에서도 최근들어 관심을 갖기 시작하였다.[4]

그러나 이러한 논고들은 주로 소해작전 특히 원산소해에만 관심의 초점

---

[3] 1950년 2월 14일에 조인된 중·소 우호동맹조약은 그 목적을 "양국의 군대는 일본 또는 일본과 결합한 제3국의 침략과 평화파괴행위를 저지할 목적으로 모든 필요한 조치를 합동으로 취한다"고 하였다.

[4] 국내에는 유석열, 「한국전쟁과 일본」『한국전쟁사』제5권, 전쟁기념사업회, 1993이 있으며, 미국에는 Reinhard Drifte, *Japan's Involvement in the Korean War*, Humanities Press International INC, 1989 ; U.S. Navy, *History of United States Naval Operations-Koraea*, 육군본부 역, 『미 해군 한국전 참전사』, 육군본부, 1985 ; Tamara Moser Melia, *Damn the Torpedoes-A short History of U.S. Naval Mine Countermasures(1777~1991)*, Naval Historical Center Department of the Navy, Washington, D.C., 1991 등이 있다. 三木秀雄, 앞의 논문 ; 鈴木正四, 「朝鮮戰爭と現代史」『歷史評論』, 1981. 5 ; 前田哲男, 『自衛隊は何をしてきたのか?』, 筑摩書房, 1990 ; 平間洋一, 「消海艇派遣-朝鮮戰時の敎訓」『中央公論』, 1991. 6 등 대표적인 연구가 있으며, 관계 회고록으로는 大久保武雄, 『海鳴りの日日』, 新浪曼, 1978 ; 能勢省吾, 「韓國戰爭へ出動した日本特別掃海隊」『朝日新聞』1991年 6月 6日字 ; 神谷武久, 「朝鮮戰爭の日本掃海部隊」『軍事研究』, 1994. 7 등이 있다.

을 두고 원산 이외의 다른 지역의 기뢰소해작전이나 그 밖에 일본인 노무자 및 기술자의 지원이라는 측면에서는 주목하지 못하고 있다.

따라서 본 고에서는 한국전쟁 당시 미국의 극동기지의 확보와 일본의 독립이라는 이해관계가 부합하여 미군정하에 있던 일본이 평화헌법에 위배됨에도 불구하고 전쟁을 지원하게 되었다는 전제하에서 다음과 같은 문제들을 주목하고자 한다.

즉 병참기지로서의 일본의 역할, 소해정파견의 규모와 그 활동, 한반도에 투입된 일본인 노무자, 경찰예비대의 투입논의 등을 중심으로 살펴보고자 한다. 이를 위해 필자는 관련 극동군사령부의 문서, 작전보고서 등 새로이 공개된 자료들을 분석하였으며, 연구의 대상은 주로 군사적인 측면으로 제한하였다.

2. 평화헌법과 경찰예비대 창설
1) 평화헌법의 한계

일본 평화헌법의 시행은 개정 초기부터 많은 논쟁과 논란이 있어 왔다. 이것은 1889년에 제정된 제국주의 헌법인 '명치헌법'을 최초로 개정한 헌법이었다. 제2차 세계대전이 종전된 직후 일본정부는 두 차례에 걸쳐 새로운 헌법 개정안을 맥아더(Douglas A. MacArthur) 사령부에 제출하였으나, 그 안은 천황의 법적권한에 관하여 별다른 수정이 없고, 시민의 기본권을 제한하며, 군사력 폐지에 관한 의사가 없다는 등의 이유로 거부되었다.

당시 군정정책의 목표는 포츠담선언의 취지에 따라 일본의 비군사화를 통해 일본을 무력화한다는 것이었는데, 비무장 평화국가로 만들기 위해서는 민주화정책도 병행할 필요가 있었다. 사령부는 일본정부가 제출한 개정안에 대한 보수성을 비판하면서 1946년 2월 13일 총사령부 측의 초안(맥아더 안)을 작성하였으며, 마침내 이를 토대로 1947년 5월 3일부터 평

화헌법이 시행되었다.[5]

새로 개정된 평화헌법 가운데 군사문제에 관해 핵심내용이라고 할 수 있는 제9조의 군사력 폐지 내지는 비무장화의 내용은 다음과 같다. 즉 "일본 국민은 정의와 질서를 기조로 하는 국제평화를 성실히 희구하고 국권의 발동인 전쟁과 무력에 의한 위협 또는 무력의 행사를 국제분쟁을 해결하는 수단으로써 영구히 포기한다. 전항의 목적을 달성하기 위하여 육해공군과 기타의 전력을 보유하지 않는다. 국가의 교전권은 인정되지 않는다"라는 것이었다.[6]

따라서 일본은 평화헌법에 따라 침략의 목적이든 자위의 목적이든 전쟁을 포기하며, 전력과 교전권을 보유할 수 없게 되었으며, 그것이 바로 새로 개정된 헌법의 주요한 입법취지가 되었다. 1948년에 확대 개편된 해상보안청법 제25조에도 역시 "해상보안청 또는 그 직원이 군대로서 조직, 훈련되거나, 또는 군대의 기능을 보유하는 것을 인정하지 않는다"라고 규정하고 있다.[7] 또한 점령군은 일본의 재군비를 경계하고 특히 민정국은 해상보안청으로부터 구 군인을 배제하고 소해작업을 위해 공직추방령의 적용제외가 되었던 보안청 구 군인을 특례기한이 된 1950년 10월 31일에는 추방하는 것으로 되어 있다.

그러나 이러한 평화헌법에 관한 해석은 미·소 간의 동서대립이 점차 심화되면서 포츠담선언에서 천명한 일본 비군사화라는 원래의 취지에서 점차 벗어나기 시작하였다. 1950년 1월 맥아더는 연두교서에서 "일본국 헌법의 규정이 어떠한 내용을 나열하였다 하더라도 상대방에서 감행해 온 공격에 대한 자기방어라는 침해될 수 없는 권리를 전적으로 부정하고 있다고는 해석할 수 없다"라고 하여 평화헌법이 자위권마저 부정하는 것은 아니라는 점을 간접적으로 시사하였다.[8]

---

5) 김병엽, 『군사전략 전망과 대한반도 안보영향』, 안보연구소, 1992, pp.71~74.
6) 幣原道太郎, 「新憲法制定の謀略と第九條の疑問」, 軍事硏究 (1977.12.), p.79.
7) 平間洋一, 앞의 논문, p.127.

한국전쟁의 발발로 주일미군이 한국으로 이동함에 따라 일본의 전략적 가치는 더욱 부상하였으며, 이에 따라 맥아더는 일본정부에 1950년 7월 8일 육상자위대의 전신인 경찰예비대를 창설하고 아울러 해상보안청의 규모를 확대하는 것을 허락하였다. 다만 이때 경찰예비대의 창설목적을 경찰임무에 한정한다고 규정하여, 국제적인 또는 일본 내의 여론에 대해 다소 조심스런 입장을 보이고 있었다.[9]

그러나 다음 해인 1951년 9월 8일 샌프란시스코에서 개최된 미·일 평화조약에서는 일본의 자위권을 공식적으로 인정하고 있었다. 그 조약의 서문 내용을 보면, "일본은 무장 해제되었음으로 평화조약의 효력발생 시 고유의 지휘권을 행사할 수 있는 유효한 수단을 갖고 있지 않다. 미국은 일본이 공격적인 위협을 받게 되거나 또는 유엔헌장의 목적에 따라 평화와 안정을 증진시키는 목적 이외에 사용되는 군비를 갖게 되는 것을 항상 회피하면서, 직접 또는 간접침략에 대한 자국의 방위를 위하여 점진적으로 스스로의 책임을 담당하게 되는 것을 희망한다"라고 명시하고 있다.[10]

이에 따라 일본은 국제적으로 재무장에 관한 명분을 획득하게 되었으며, 자위를 목적으로 하는 경우 교전권이 인정되었다. 그리하여 1952년 3월 6일 일본 수상 요시다 시게루(吉田茂)는 "헌법에서 금지되어 있는 것은 국제분쟁의 수단으로 삼는 군사력 보유를 금지하고 있을 뿐이지, 자위수단의 군사력 보유를 금지하고 있는 것은 아니다"라고 선언함으로써 평화헌법의 비무장화 입법취지를 전면 부정하기에 이르렀다.[11]

일본정부는 그해 4월 28일 미군정으로부터 독립하면서 해상경비대를 창설하였고, 10월 15일 보안청을 신설하여 경찰예비대를 보안대로, 해상경비대는 경비대로 개편하는 보안청법을 확정하였다.

---

8) 유석열, 앞의 논문, p.503.
9) 石井榮三, 「自衛隊誕生秘史」 『軍事研究』(1977.3), p.98.
10) 국방부 전사편찬위원회 역, 『국방조약집』 제1집, p.882.
11) 박길승, 「일본의 전략방향」 『군사평론』 305호, 육군대학, 1993, p.55.

이 개편은 단순히 명칭상의 개편을 의미하는 것만은 아니었다. 새로 개편된 보안청법에 의하면 "보안청의 임무는 평화와 질서를 유지하고 인명 및 재산을 보호하기 위한 특별한 필요가 있을 경우에 행동하는 부대로서의 관리 및 운영을 수행한다"라고 규정함으로써 군대의 성격을 드러내기 시작하였다.[12] 이것은 전술한 이전의 보안청법인 "해상보안청은 군대로서 조직, 훈련되거나 군대의 기능을 인정하지 않는다"라는 내용을 완전히 번복하는 것이었다.

따라서 이러한 일본 군비확장의 과정을 통해 볼 때, 일본헌법의 평화조항은 일본방위에 관한 소요가 적어도 자위에 관한 것인 한 아무런 의미를 갖지 못함을 알 수 있다. 그럼에도 불구하고 일본이 지금까지 헌법을 개정하지 않는 이유는 국내의 반대여론을 무시할 수 없고 또 다른 나라들 특히 일본의 침략을 경험한 주변 국가들에게 군국주의로의 복귀라는 자극을 주지 않기 위해서가 아닐까 생각된다.

일본은 현재까지 헌법의 평화조항을 개정하지 않고서도 지속적으로 군비를 확장해 오고 있다. 최근 일본 정부와 국회가 걸프전에서의 자위대 파견문제를 놓고 "파견이니 파병이니, 무기는 휴대하지 않고 민간 신분을 바꾸어 출동시키자"라는 등등의 어구해석만을 논의하면서 결과적으로 초헌법적인 파병안을 결정하고 그 후 방위비 GNP 1% 유지, 비핵화원칙, 해외파병금지 등의 규제를 모두 무너뜨린 사실도 위와 같은 맥락에서 이해할 수 있을 것이다.[13]

2) 戰爭勃發에 대한 日本의 立場

한국전쟁이 발발하기 이전에 패전국 일본은 육·해·공군이 해체된 상황에서 미군 점령하에 있었다. 당시 일본국민들은 제2차 세계대전의 참화

---

12) 위의 논문, p.54. 1952년 6월 9일 일본 보안대 및 경비대는 방위청 설치법과 자위대법안이 공포됨으로써 육·해·공 자위대로 탄생된다.
13) 쭈間洋一, 앞의 논문, p.126 ; 김병엽, 앞의 논문, pp.74~75.

3부 ―한국전쟁과 미국·일본

속에서 전쟁을 혐오하고 경제적·정신적으로 어려움을 겪고 있었으며, 전쟁포기를 선언하는 평화헌법(1947.5.3)의 시행에 따라 평화를 갈구하고 있었다. 그러나 산업은 아직 부흥의 계기를 마련하지 못하고 있었고 좌우익 대립의 열기가 전국을 풍미하여 국론은 크게 분열되어 있었다.[14]

대체로 당시의 일본 국민들은 일본이 재무장을 하게 될 경우, 또 다른 전쟁에 참전하게 될 것이라 우려하였으며, 일본의 안보는 재무장을 하지 않더라도 미국에 의해 지켜질 것이라고 믿고 있었다. 한편 미국은 일본의 대공산 전략적 가치를 높게 평가하여 일본 정부와 강화조약 체결에 관한 문제를 논의 중이었으며 이러한 상황에서 한국전쟁이 발발하였다.

한국이 공산화될 경우 일본의 안보에도 직접적인 영향이 미치게 될 것은 분명하였으며, 일본은 전쟁으로 인해 공산세력의 확대에 대한 위기의식을 크게 우려하고 있었다.[15] 전쟁 이전까지 일본을 전략 기지화하는 데 합법적인 근거를 찾지 못하고 있던 미국으로서는 전쟁으로 인해 미군이나 유엔군을 지원하기 위해 일본산업시설을 부흥시킨다는 명분을 내세우게 되었고 그것은 곧 미군에게 병참지원을 제공하고 대일원조를 줄일 수 있는 양면적인 효과를 가져다 주었다.[16]

한편, 전쟁의 발발은 일본 공산당 세력을 크게 약화시키는 계기가 되었다. 극동군사령부는 6월 26일 일본 공산당 기관지 아까하타(赤旗) 신문을 한국전에 관한 오보로 30일간 정간한 데 이어 도쿄의 30여 개의 좌익 신문을 정간하였으며, 이에 따라 일본 내의 공산당원도 1950년 2월 108,000명에서 동년 9월에 이르러 72,378명으로 감소되었다.[17]

전쟁발발 직후(1950.7.14) 요시다 수상은 한국전에 대한 일본정부의 입

---

14) 三木秀雄, 앞의 논문, p.137.
15) Japanese Public Attitude on the Rearmament of Japan, 25 Oct 1950, MFSN. 632(MFSN은 군사편찬연구소 마이크로 필름 자료번호, 이하 같음).
16) Reinhard Drifte, ibid., p.125.
17) 극동군사령부의 여론조사 결과(1950.7.27. 및 8.3) 전쟁발발 후 일본인의 재무장에 관한 지지도는 점차 증가하고 있었다. MFSN.632, 앞의 문서 참조.

장을 "일본이 군사력을 이동하는 데 미국과 협력할 것이며, 정부는 헌법의 범위 내에서 이러한 목적에 대처하기 위해 필요한 단계적 조치를 취할 것이다. 비록 일본이 적극적인 역할을 수행할 위치에 있지 않다고 할지라도 도울 수 있는 한 도울 것이다. 우리나라는 점령국이 점령목적을 위해 장비 등을 요구할 경우 이에 협조해야 한다. 민주주의 수호를 위한 한국전쟁이 일본 민주주의 수호와 전혀 별개의 것이 아니다."[18]라고 표명하였다.

일본정부는 헌법이 인정하는 범위 내에서 미군이 요구할 경우 협조할 것이라는 입장을 밝혔으며, 사회당 아사누마(淺沼) 당수도 유엔에 대한 입장을 '정신적, 평화적 협조'로 규정하여 유엔에 대한 사회당의 입장을 밝혔다.[19]

한편, 맥아더는 국내치안유지를 위한 부대창설에 관한 요시다의 요청을 전쟁이 발발하기 이전까지는 수차례 거절하였으나, 전쟁이 발발하자 1950년 7월 8일 일본정부에 대하여 뒷장에서 후술할 경찰예비대의 창설과 해상보안청의 증원을 허락하였다.[20]

당시 미국이 영국과 일본 문제를 논의하기 위해 준비한 외교문서에 의하면, 일본재무장에 관한 미국의 입장을 이해할 수 있다. 즉 "극동상황 특히 한국전과 공산 중국의 부상에 비추어 일본이 극동지역에서 공산세력에 대하여 중요한 전략적 위치에 있다. 따라서 일본은 자신의 안보와 자위, 아시아의 다른 나라에 대해 최대한의 공헌을 해야 하며, 거기에는 특별한 안보준비가 있어야 한다"[21]라고 강조하여, 극동에 있어 일본의 전략적 가치를 높게 평가하고 재무장에 관한 미국의 입장을 구체적으로 밝히고 있다.

이러한 입장에 따라 1951년 1월 26일 미국의 덜레스(Jhon F. Dulles)

---

16) Reinhard Drifte, ibid., p.122.
17) GHQ SCAP Military Intelligence Section, Press Anaysis, 27 Aug 1950, MFSN.267.
18) 三木秀雄, 앞의 논문, p.139.
19) September Foreign Ministers Meetings, 7 Sept 1950, Proposed Discussion of Japan with the British Foreign Minister-Japanese Peace Treaty, SN.1187.

사절단이 방일하여 미 정부의 대일 강화7원칙을 논의할 때, 그는 요시다 수상에게 일본이 한국전쟁에 대해 공헌하기를 기대하였으며, 아울러 경찰예비대를 조속히 약 35만 명 규모(10개 사단)로 증강하도록 역설하였다.[22]

전쟁이 발발한 후부터 일본에서 재무장에 관한 논의가 공식적으로 거론되고 또 여론의 일부가 변화되고 있었던 것도 사실이지만, 그럼에도 불구하고 일본 국민의 대다수는 여전히 미국의 기대와는 달리 전쟁지원이나 재무장은 헌법에 위배된다고 생각하고 있었다.[23] 반면, 일본정부는 표면적으로 '다만 정신적인 협조'라고 국민들을 설득하면서 재무장과 전쟁지원에 대한 미군의 요청에 대응해야만 하는 상황이었다.

따라서 당시 일본이 한국전쟁발발과 함께 직면하였던 주요 관심 문제는 전후복구, 일본의 평화협정에 의한 국제적인 지위 획득, 미국의 요청에 따른 전쟁지원 및 재무장 문제 등으로 축약될 수 있을 것이다.[24]

3. 경찰예비대의 창설

한국전쟁으로 인해 주일미군이 한국으로 이동하였기 때문에 현실적으로 미국본토로부터의 병력증원은 수개월 내에는 불가능하였다. 더구나 일본에는 해외로부터의 공격에 대해서는 물론 국내반란으로부터도 일본정부나 주일미군의 기지를 보호할 지상군 병력이 없었다. 일본은 군함·항공기·전차·화포·기관총 등의 무장해제로 완전히 무방비상태에 있었다. 1950년 7월 초 극동군총사령부는 미군의 이동과 관련하여 일본의 문

---

22) 김병엽, 앞의 논문, p.90. 대일강화7원칙의 기본내용은 지원, 조약당사국, 일본의 유엔 가입, 일본의 영토, 안전보장, 정치, 통상협정, 대일배상청구권포기, 청구권에 관한 분쟁처리 원칙 등이다.
23) MFSN.632, ibid.
24) Department of State, Intelligence Report No.5961, 14 Jul 1952, MFSN.632 ; 군정종식 후 미군정에 대한 일본국민들의 평가는 '좋다' 47%, '아니다' 14%, '모르겠다' 39%로 대체로 긍정적인 평가를 보이고 있었다. Intelligence Report No.6005, 2 Sept 1950, MFSN.632.

제를 다음과 같이 판단하고 있었다.

즉 "일본 경찰은 소총을 장비하고 있으나 다른 장비가 부족하며, 미 4개 사단에 대신하는 부대가 없으면 일본의 법과 질서를 유지하는 것이 불가능하다. 현재의 구성으로 일본의 경찰은 어떠한 파괴행위로부터 주요 군사시설을 방위할 능력이 없다. 일본의 군대는 해체되었고 일본헌법은 국제 분규를 해결할 수단으로서 무력행사를 금지하고 있다"[25]라고 하여, 일본 방위의 공백을 우려하고 있었다.

그리하여 맥아더는 1950년 7월 8일 요시다에게 "나는 일본정부에 대하여 인원 75,000명 정도의 국립경찰예비대를 창설하고 현재 해상보안청 예하의 인원을 다시 8,000명 증가하는 권한을 허락한다"라는 요지의 서한을 보냈다.[26]

결국 맥아더는 평화헌법 제9조에 의거하여 일본 군대는 창설할 수 없었으나, 당시 한국전쟁이 발발하여 주일미군이 한국으로 출동해 일본의 치안유지가 시급하게 되고 또 대외적으로는 소련의 일본침략 기도를 봉쇄하기 위해 주일미군을 대신하여 일본 안보를 지킬 수 있도록 준군사적 조직체의 필요성이 절실하였으므로, 경찰예비대를 창설하도록 허락하지 않을 수 없었던 것이다.

이에 극동군사령부는 그로부터 약 1주일이 지난 후인 7월 14일, "7만 5천 명의 경찰예비대는 각 1만 5천 명의 4개 보병사단으로 가능한 한 빨리 편성한다. 최초 30구경의 미군 카빈총으로 장비하고 그 후 경기관총·중기관총·박격포·로켓발사기·경전차·105mm유탄포 및 기타 미군보병사단에 현재 표준 공여되어 있는 병기를 추가한다. 당초 6개월간의 유지비용은 184억 500만 엔이며 그것은 1950년 일본 일반회계로부터 지출

---

[25] Intelligence Report No.5375, Oct 24 1950, MFSN.632 ; 守屋健郎 編, 『再軍備軌跡』(讀賣新聞社, 1981), p.420. 1950년 7월 6일 스캡(SCAP)에서는 경찰예비대 창설을 둘러싸고 토론이 있었으며, 한국전으로 인해 재무장에 관한 여론지지도가 증가하였다고 판단되고 있었다.

[26] 石井榮三, 앞의 논문, p.79(맥아더 원수의 書翰 全文 참조).

한다. 경찰예비대의 모집과 창설 완료의 목표는 1950년 9월 15일이다"라는 경찰예비대 창설에 관한 구체적인 계획안을 결정하였다.[27]

이와 같이 극동군사령부는 약 2개월간에 걸쳐 일본의 준군사조직체인 경찰예비대 병력을 4개 보병사단 규모로 편성하도록 계획을 구체적으로 수립했던 것이다. 그러나 경찰예비대의 편성은 실제 사령부의 계획보다는 다소 지연되어 7만 5천 명의 인원이 8월 하순부터 시작하여 10월 하순까지 소요되었으며, 총 11회로 나누어 각 병력이 미군기지에 배치되었다.[28]

한편, 맥아더의 서한에 의해 경찰예비대 창설과 함께 조직이 확대된 해상자위대의 전신인 해상보안청은 미군이 1945년 이래 일본 海域 주변에 방치되어 있던 기뢰를 소해하기 위해 이미 '일본 구해군 소해부대 병력 약 1만 명, 함정 438척을 해산시키지 않은 채 운용'[29]하고 있었기 때문에, 엄격한 의미에서는 경찰예비대의 창설과는 직접적인 관계가 없는 별개의 조치였다고 할 수 있다.

육상자위대의 전신인 경찰예비대는 문자 그대로의 '경찰의 예비병력'이 아니었다. 맥아더의 서한에 의하면, 그것의 창설 목적은 일본의 평화와 질서를 유지하고 공공의 복지를 보장하기 위해 필요한 한도 내에서 국립지방경찰 및 자치제 경찰의 경찰력을 보완하는 데 있으며, 경찰예비대의 활동도 경찰임무에 한정된다고 하였으나, 창설계획이 발표되면서 "경찰예비대는 군대이며, 재무장이다"라는 비난이 국내외에서 잇따르고 있었다.[30]

당시 일본에는 1947년 12월 경찰법에 의해 공인된 경찰이 자치제경찰 9만 5천 명과 국립지방경찰 3만 명 등을 포함하여 총 12만 5천 명이 있었다.[31] 경찰예비대가 이 같은 기존 경찰과 가장 크게 다른 점은 경찰예비대

---

27) 三木秀雄, 앞의 논문, p.157.
28) 石井榮三, 앞의 논문, p.84.
29) 平間洋一, 앞의 논문, p.127.
30) 石井榮三, 앞의 논문, p.98.
31) Intelligence Report No.5507, April 18 1951, MFSN.632.

는 내각의 직접통제를 받는다는 것이었으며 임무와 기능 면에서 기존경찰과는 완전히 독립되어 있었다는 점이었다.32)

그 후 일본정부는 1952년 2월 경찰예비대에 전차·대공포·레이다와 같은 중장비를 무장할 계획을 세우고, 또 해상보안청(1만 3천 명 인가)을 5만 명으로 확대할 계획을 수립하고 있었다. 2개월 후 1952년 4월 28일 일본은 마침내 미군정으로부터 독립하면서 해상경비대를 창설하였다.33)

요시다 수상은 1952년 8월 4일 "경찰예비대는 새로운 군대의 기초가 되며 이러한 새로운 군대를 만들기 위한 보안대를 창설할 것"이라고 비로소 군대창설에 관한 내용을 공식적으로 발표하였다.34) 그리하여 일본정부는 10월 15일 보안청을 신설하면서 경찰예비대를 보안대로, 해상경비대를 경비대로 개편하는 보안청법을 확정하기에 이르렀다.

한편 경찰예비대의 창설과 더불어 미 국가안전보장회의(NSC)에서는 이를 한반도에 투입할 문제를 고려한 바 있으며,35) 일본정부 일각에서는 官房長官 오카자키(岡崎勝男) 등이 "미군의 출동이 유엔의 경찰조치인 이상 일부의 인원이 점령군의 명령에 따라 전투행위 등에 종사하는 것은 당연하다"라고 발표하였고, 나아가 과거 전범자인 고다마 요시오(兒玉吉尾)는 7월 20일 맥아더에게 일본인 자원자를 한국전선으로 보낼 수 있도록 허가해 줄 것을 요청하기도 하였다.36)

그러나 이러한 일본정부 내의 재무장 주장과는 달리 많은 정치지도자들을 비롯하여 대부분의 일본 여론은 아직 패전의 상처가 가시지 않은 상황

---

32) GHQ SCAP, Prefectural Press Analysis, 27 Aug 1950, MFSN.267.
33) GHQ SCAP, ibid. ;『京都新聞』1952년 2월 3일자 ; 1952년 4월 28일 극동해군사령관은 일본 선박 통제국을 해산한 후 일본 고용선단 운용 계획을 수립하였으며, 일본으로 하여금 해안경비대를 조직하도록 조력하고 초계함과 상륙함정을 일본에 이관하는 과정을 감독하였다. 해군본부 역, 앞의 책, p.516.
34) Intelligence Report No.6005, Sept 10 1952, MFSN.632.
35) Reinhard Drifte, ibid. ; 三木秀雄, 앞의 책, p.140 ;『讀賣新聞』1980년 10월 30일자.
36)『讀賣新聞』1980년 10월 30일자 ; 사토 다치야, 이재선 역,『한반도의 군사지도』, 과학과 사상, 1987, p.45.

이었으므로 "유엔의 명령이라면 병력지원이 비헌법적인 것은 아닐지라도, 한일의 역사적인 관계 때문에 바람직하지 못하다"라고 한 사또(佐藤) 의장의 발언이나, "정부가 헌법을 어기고 자원자를 전장으로 보낸다면 세계는 일본을 여전히 군국주의라고 여길 것이다"라고 하는 반대의견을 지지하는 것이 지배적이었다.[37]

결론적으로 미국은 일본의 경찰예비대 자원 병력을 한국전쟁에 연루시키지 않도록 공식화하였다. 이와 같은 결정은 당시 경제상황과 국내외 여론을 고려한 것이었으며, 무엇보다 맥아더 자신이 경찰예비대의 사용을 반대하는 입장이었기 때문이었다.[38]

그럼에도 불구하고 당시 매스컴에는 일본군이 한국전쟁에 참가하고 있다는 보도와 주장이 있었다. 아사이(朝日) 신문을 비롯하여 여러 언론에, "일본인이 한국전선에서 유엔군과 함께 싸우고 있다"라는 보도가 있었다.[39] 또 워싱턴의 극동위원회에서는 소련대표가 "일본인도 종군하고 있다"고 미국에 항의하였으며, 북한도 "일본인이 참전하고 있다. 그 증거로 일본인 포로가 있다"라고 주장하였다.[40]

그러나 그와 같은 주장은 대체로 당시 소련과 북한이 유엔의 정치적 관심을 불러 일으켜 전쟁에 반영하고자 했던 것으로서 사실과는 거리가 있었다. 다만 전장에 있었던 일본인에 관해서는, 후술할 일본인 소해대원, 기술자, 노무자, 기자 등이 있었고 또 모국어에 익숙하지 못한 자원한 재일교포 학도병과 젊은이들이 1950년 10월 중지될 때까지 725명이 응모하여 참전하였으므로, 그러한 사실이 오전된 것이라고 생각된다.[41]

---

37) GHQ SCAP, ibid.
38) Reinhard Drifte, ibid., pp.127~128.
39) GHQ SCAP, ibid. ; 「朝日新聞」 1952년 9월 30일자.
40) 三木秀雄, 앞의 논문, p.141 ; 최근 러시아 군사연구소 가브렐 코로트코프 연구원이 1992년 10월 12일 연합통신에서 "경찰예비대 소속의 일본인이 한국전쟁에 참전하였으며, 그에 관한 자료를 갖고 있다"고 발표한 바 있다.
41) 三木秀雄, 앞의 논문, p.141 ; 유석열, 앞의 논문, p.515 ; 참고로 GHQ ATIS, Interrogation Rpts에 유엔군 신문 관중 일본명으로 기록된 것이 다수 발견되고 있으나, 현

4. 전쟁지원 활동
1) 군수품의 생산 및 수송 활동

한국전쟁기간 동안 일본은 장비와 보급품의 병참기지로서 역할을 수행하였으며 전쟁의 특수 수요는 일본의 외화획득의 주요한 원천이 되었다. 일본의 산업계는 활기를 되찾고 있었으며 1950년, 1951년 일본경제의 급속한 확장을 자극하였다. 일본 재계에서는 그것을 두고 '천우신조'라고 할 정도였다.[42]

전쟁발발 후 일본은 1년간 46%의 생산 상승률을 기록하였으며, 1951년과 1952년 공사 간의 총투자가 국가총생산의 1/4을 나타내고 있어 중공업화의 중요한 계기를 마련하였다.[43] 따라서 본 절에서는 주로 일본 경제복구의 계기가 되었던 전쟁특수로 인한 장비와 보급품의 수리, 생산과 일본의 수송활동 등에 대해 살펴보도록 한다.

전쟁 직후 일본의 공장들은 미군의 특수주문을 받아 장비 및 보급품을 생산, 수리하기 시작하였다. 개전 초의 한국전쟁에 대한 미군의 보급물자 중 대전차지뢰 재고량이 극히 부족하여 7월 6일 일본에서 생산, 개시하여 18일 1차로 3,000개가 부산에 도착하였다. 동월 10일부터 의약품과 위생물자를 공급하기 시작하였으며, 자동차의 생산 공급 수는 1950년 하반년도까지 10,258대, 자동차 수리는 1950년 7월까지만 해도 8,000여 대에 이르렀다.[44]

전쟁발발 후 1951년 6월까지 1년 동안 일본이 생산한 장비 및 군수품의

재로서는 구체적으로 확인하기가 곤란하다.
42) Depatment of State, Intelligence Report No.6769, 5 Mar 1952, MFSN.632.
43) Intelligence Report No.5961, 14 Jul 1952, SN.223 ; 개전 후부터 1952년 5월까지 작전의 규모가 크게 줄어들 때까지 특수조달이 크게 차지하였으며, 그 후 특수가 50%로 줄어들면서 서비스분야에 집중되었다. Intelligence Report No.6005, 10 Sept 1952, MFSN.632.
44) Roy E. Appleman, United States Army in the Korean War : *South to the Naktong, North to the Yalu*(Department of the Army, Washington, D.C. : Government Printing Office, 1961), pp.113~116 ; 陸戰史硏究普及會, 『朝鮮戰爭』第1卷, p.159 ; 有澤廣已, 稻葉秀三, 『資料前後20年史第2卷』(孝論社, 1967), p.161.

총액은 3억 3,816만 8,000달러였으며, 그 후 생산품의 종류는 마대·모포·면포·의류 등 섬유제품들과 철도화차·기관차의 차량·배터리 등 운수기계류·네이팜탄용통·항공기용 드럼통·철선·철조망·조립가옥 등으로 확대되었다.[45]

한편 극동군사령부는 1952년 3월 14일 병기생산 금지완화의 각서를 발표하였다. 그 요지는 1945년 9월 22일부로 극동군사령부 지령 제3호 제4조 1항에 "무기, 탄약, 전쟁용구 품목의 생산을 허가하지 않는다"라는 내용을 "극동군사령부가 허락하지 않는 것은 생산을 허가하지 않는다"라고 수정한 것이었으며, 이로써 일본은 모든 장비의 생산을 공식적으로 인정받아 박격포를 비롯한 각종 화포, 자동차, 비행기, 함선의 수리 및 제조 부문까지 확장하게 되었다.[46]

이에 따라 일본은 1952년 5월부터 684만 7,000달러 분의 박격포와 탄약류를 주문받아 생산 공급하고, 1952년 5월~1953년 6월 사이에는 대전차포 7,656문을 비롯하여 로켓탄 등 각종 포탄 230만 발, 수류탄 220만 발을 생산 공급하였다.[47]

따라서 일본은 전쟁기간 동안 1951년에 총 1억 9,130만 달러(일본 수출총액의 26%), 1952년에는 3억 5,360만 달러(수출총액의 37%) 분의 군수품을 주문받아 공급하였으며, 3년간 생산 공급한 무기와 의료 및 식품의 총액은 24억~25억 달러에 이르렀다.[48] 이러한 병참기지로서 일본의 역할에 대해 릿지웨이(Mathew Ridgway) 장군은 "일본의 차량수리 및 재생 실적이 없었더라면 한국전쟁은 3개월도 유지하지 못하였을 것이다"라고 평가하였다.[49]

---

45) 陸戰史研究普及會, 앞의 책, p.159 ; 吉岡吉典外, 『現代朝鮮論』, 頸所書房, 1966, p.90.
46) 三木秀雄, 앞의 논문, p.150 ; 日本兵器工業會, 『武器生産構造調査表』, 東京, 1957, pp.98~99.
47) 「日本經濟新聞」 1953년 7월 16일자.
48) Intelligence Report No.5961, 14 Jul 1952, SN.223 ; Intelligence Report No.6345, Jul 1953, MFSN.628.
49) 日本調達廳, 『占領軍調達史』, 東京, 1956, p.247.

한편 일본은 장비의 수리와 생산과 아울러 주일 미군의 병력과 보급수송을 위해 지원활동을 수행하였다. 먼저 지상수송을 살펴보면, 1950년 7월 초부터 전시수송체제로 전환, 화차 25,000대 가운데 절반인 12,000대를 미군의 병력과 군수물자 수송에 동원하였다. 군용으로 동원한 열차 수는 개전 직후 2주간에 245대(객차 7,434량, 화차 5,208량)로 일본국철의 군수송사에서 최대의 실적을 기록할 정도였다.[50]

한국전쟁 개전 당시 극동해군사령부에는 1946년까지 주일해군이 철수한 이후였으므로, 자연히 미극동군은 수송선의 절대수가 부족한 상황에 직면하였다. 이에 일본선박과 일본인 선원으로 조직된 미극동해군사령관 예하의 일본 선박통제국(Ship Control Administration Japan)이 화물선 12척과 상륙정(LST) 39척으로써 한국전선에 급송할 병력 및 물자의 수송을 담당하게 되었다.[51]

그러나 1950년 7월 초부터 맥아더장군의 지시에 따라 군 해상수송지원단(Military Sea Transportation Service)이 주로 해상수송을 담당함으로써 선박 통제국 선박 이외에 1950년 7월 10일 용선된 일본 수송선 70척이 확보되었으며, 이후 부산항에는 '○○환(마루)'이라는 이름의 일본 국적의 선박들이 일일평균 20척이 입항하였고, 7월 말까지 총 230척에 달하였다.[52] 미군의 작전문서에 의하면, 한국과 일본 사이를 왕래하는 일본 선박이 증가함에 따라, 극동군은 8월 27일부터 한국으로 이동하는 일본 수송선에 대해 아군기로부터 오인 공습을 받지 않도록 표식할 것을 지시하고 있었다.[53]

7월 1일부터 스미스부대와 미 제24사단의 후속부대들이 사세호(佐世保)와 세또(瀬戸)내해의 항구에서 일본 선박통제국 소속의 선박에 의해 부산

---

50) 「朝鮮研究」 第4號, 1966, p.18.
51) 해군본부 역, 앞의 책, p.60, 73.
52) 위의 책, pp.93~95.
53) GHQ SCAP, *Press Analysis No.1541*, 27 Aug 1950, MFSN.267.

으로 수송된 것을 시작으로, 주일미군이 한국으로 이동할 때 일본 선박이 대단히 유용하게 활용되었다.[54] 8월 17일 국군 제3사단의 장사동 해상철수작전 시 이용된 4척의 LST 가운데 3척은 선장 이하 선원이 모두 일본인이었으며,[55] 9월 5일 한반도로 출항하기 위해 요꼬하마(橫浜)에 대기하고 있던 260척의 선박 가운데 37척에도 역시 일본인 선원이 탑승하고 있었다.[56]

원산작전에서도 10월 26일 미 LST 1척과 일본 LST 8척이 원산부근 갈마반도에 접안하였고, 12월 1일 흥남철수작전에서도 일본 선박통제국 소속 LST 10척과 상선 7척 등이 동해안으로 진출하였다.[57] 이 과정에서 5만 포대의 밀가루를 적재한 일본 용선인 센잔 마루(穿山丸)가 기뢰와 충돌하여 큰 손상을 입은 채 구출되기도 하였으며, 이 밖에 유류수송을 위해서도 일본 유조선은 영국 유조선과 함께 지원에 참여하고 있었다.[58]

1950년 12월 흥남철수작전(1950.12.11~12.24)이 계획되었을 때 미 제2특수공병여단의 지휘하에 11월 말에 모선인 시나노 마루(信濃丸)와 함께 도착한 1,200명의 일본인 노무자들이 국군과 유엔 해군과 더불어 일본 함대, 상선 등에서 작전을 수행하였다.[59]

한편 전쟁 초기 미극동공군은 중폭격기 비행장으로서 가장 규모가 큰 미자와비행장을 아오모리(靑森)에 건설하였고, 오끼나와(沖繩)에도 25개의 비행장을 건설하여 공중수송의 원활을 기하였으며, 또 항공공병대대와 한국, 일본 건설업자를 동원하여 한국에 6개 비행장을 건설할 계획을 수립하였다.[60]

---

54) 해군본부 역, 앞의 책, pp.93~95.
55) 국방부 전사편찬위원회 역, 『한국전쟁사』제3권(국방부, 1970), p.395.
56) 『朝日新聞』1977年 6月 6日字.
57) 해군본부 역, 앞의 책, p.309, pp.335~336 ; 일본선박통제국 LST와 한국 선박들의 숫자는 총 40여 척이 가용되었다. 위의 책, p.370.
58) 위의 책, p.192, p.368.
59) 위의 책, p.362.
60) 합동참모본부, 『한국전사』(합동참모본부, 1984), p.802 ; 吉岡吉典外, 앞의 책, pp.83~84.

2) 해상보안청 요원의 기뢰소해 활동

한국전쟁발발 시 극동해군의 소해부대는 연안 소해함대의 목선 소해정(AMS) 6척과 철선 소해정(AM) 4척(1척은 취역 중, 3척은 예비) 등 총 10척의 소해정을 보유하고 있었으며, 이와 별도로 태평양함대에 총 12척이 미국 서해안, 진주만, 괌 등에 분산되어 있었다.[61]

1950년 9월 4일 개전 후 최초로 서해 이북 지역인 진남포 남쪽 초도 부근에 정찰 중이던 맥킨(MCKEAN ; DD784)호가 4개의 기뢰를 발견하고 즉시 포격으로써 파괴하였다.[62] 적이 부설한 기뢰가 탐지되면서 진주만에서 3척, 괌에서 2척의 소해정이 즉각 출동하였으나 절대수가 부족한 상황이었다.

반면, 북한군은 그들이 점령한 남한 지역을 포함하여 북한의 모든 주요 항구에 기뢰를 부설하였다. 당시의 정보 보고에 의하면, 약 3,500여 개의 적 기뢰가 남북한 동서해안에 설치되었으며 원산부근에는 약 1,500여 개가 집중 부설되어 있었다.[63] 개전 후 1주일 동안 소련은 열차로 기뢰를 수송하였고, 경험 있는 소련 장교들은 북한군의 기뢰부설을 도와주며 지도하였다. 한국수역에 부설된 기뢰는 러시아산으로서 계류기뢰(係維機雷 ; MK26 계류접촉관성형)와 자기기뢰(磁氣機雷 ; MK KB화학성 뿔형)의 두 종류였으며 북한군은 주로 계류기뢰를 널리 사용하였다.[64]

1950년 9월 하순 동해안에서 4대의 함정이 손상을 당하였고, 1대의 소해정(AMS25 맥피호)이 침몰당하였다.[65] 따라서 9월 하순부터 한국수역의 기뢰 문제가 심각히 대두되었으며, 더구나 기뢰로 인해 지상군에게 반드시 필요한 해상 군수지원마저 위협받게 되었다.

---

61) 해군본부 역, 앞의 책, p.290.
62) Commander Naval Forces Far East, Command & Historical Report, Sept~Nov 1950, SN.555.
63) 해군본부 역, 앞의 책, p.233.
64) Commander Naval Forces Far East, ibid., Sept~Nov 1950.
65) U.S. Naval Historical Center Department of the Navy, ibid., p.73.

기뢰제거 작전은 전문적으로 훈련된 군인들에 의해 수행되어야 했는데, 그 역할은 주로 일본의 구 해군 전문가들에 의해 수행되었다. 극동군사령부는 한국전쟁 이전에도 필리핀, 일본 등지의 기뢰제거를 위해 기술 인력이 필요했으므로, 당시 일본 구 해군들 중 일부는 해체되지 않고 있었다.

1946년을 마지막으로 주일 미 해군이 철수한 후부터 일본해역의 소해작업은 이미 일본 구 해군들에 의해 전담되고 있었다. 일본 운수성은 1946년 6월 22일 불법입국선박감시본부를 설치하고 연안 순시선 약 40여 척으로 해상경계임무를 수행하였으며, 그것이 1948년 5월 해상보안청으로 확대 개편되면서 구 해군 출신 중에서 3,000명을 새로이 채용하는 등 총인원 8,150명으로 조직되었다.[66]

해상보안청은 해상경찰과는 별개의 기구로 미 해군의 협조와 미 연안경비대 장교들의 직접 지도를 받으면서 발족하였으며, 설치법에 명시된 "해상보안청 또는 그 직원이 군대로서 조직, 훈련되거나 또는 군대의 기능을 하는 것은 인정하지 않는다"라고 한 것과는 달리 보안청의 임무는 처음부터 군사적인 성격이 강하였다. 해상보안청은 그 후 맥아더의 서한으로 인해 1950년 7월 8일부터 13,000여 명으로 증원됨으로써 상당한 병력규모를 가진 조직이 되었다.[67]

당시 일본 해상보안청의 구 해군들은 1950년 10월 31일까지 공직추방령의 대상에서 보류되고 있었으며, 그동안 기뢰소해작업에 있어 많은 성과를 거두고 있었다.[68] 맥아더의 직권으로 최초 20척의 일본소해정이 한국에서 작전하도록 고용계약되어 한반도 38도선 이남에서 처음으로 작전을 수행하게 되었다. 극동군사령부에는 작전에 필요한 기뢰 대응조치에 따라 소해함대와 소해 지역을 증대하는 단계가 취해졌다. 즉 '이용가능한 모든 소해정의 운용, 한국에서의 일본 소해정을 고용할 유엔군사령부의 권한, 대기뢰 전술부대의 편성, 극동에서 소해 능력을 증대할 권한' 등에

---

66) 김병엽, 앞의 논문, p.96.
67) Intelligence Report No.5811, 12 Feb 1952, SN.216.
68) 平間洋一, 앞의 논문, p.127.

관한 문제가 단계적으로 추진되었다.[69]

10월 2일 미 해군으로부터 소해지원요청을 받은 해상보안청장 오오구보(大久保)는 요시다 수상의 허락을 받은 직후 소해정 20척, 순시선 4척, 시항선 1척을 시모노세키(下關)에 집결하도록 지시하고 구 해군 대좌 다무라(田村久三) 항로계개본부장(航路啓開本部長)을 총지휘관으로 하는 4개 조의 소해대를 편성하였으며, 한편 10월 31일을 기한으로 만료되는 해상보안청 직원의 공직추방의 제한을 해제하고 전원 유임시켜줄 것을 극동군사령부에 요청하였다.[70]

유엔군이 원산상륙작전을 계획하였을 때 일본선박통제국과 군 해상수송지원단으로부터 함정을 차출하여야 했다. 9월 30일 최초로 수송선(AP) 20척과 화물선(AK) 25척을 지원부대에 요구하였다. 그 소요는 D-Day까지 총 66척으로 증가하였고, 이것은 극동해군 기동부대함정과 일본선박통제국의 LST함정들과 함께 임무 수행하는 데 충분하였다.[71]

그러나 이때 원산만 일대에 부설된 적의 기뢰 문제가 제기되었다. 원산항과 주변 지역은 다른 지역에 비해 1,500여 개의 기뢰가 집중적으로 부설되어 있었다. 따라서 상륙과 보급지원을 위해서는 기뢰소해작업이 선행되어야 하는 상황이었으므로 10월 20일로 계획된 상륙예정일은 불가피하게 6일간 연기되었다.

원산항의 기뢰제거를 위해 국군 소해정 1척(YMS-516)를 비롯하여 미군에 계약 고용된 8척의 일본소해정 JMS 즉, 제1소해대 : 구 해군 대좌 다무라-소해정 4척 순시선 ?대, 제2소해대 : 구 해군중좌 노세(能勢省吾)- 소해정 4척, 순시선 3척 등을 포함하여 총 22정의 소해정이 10월 10일 원산에서 합류하였다.[72]

---

69) Commander Naval Forces Far East, ibid. ; 해군본부 역, 앞의 책, p.291.
70) 유석열, 앞의 논문, p.508 ;「朝日新聞」1991年 6月 5日字.
71) 해군본부 역, 앞의 책, p.283.
72) Commander Naval Forces Far East, ibid. ; 平間洋一, 前揭論文, p.129 ;「朝日新聞」 1991年 6月 6日字.

먼저 미 다이아젠코(Diachenko ; APD-123)호가 유디티(UDT) 대원을 보내 기뢰를 파괴하였으며, 미 소해정 파이레이트(Pirate ; AM-275), 프릿지(Pledge ; AM-277), 인클레더블(Incredible ; AM-249)호가 소해작업을 시작하였다. 작전 중 12일 파이레이트호와 인클레더블호가 기뢰에 의해 침몰되고 92명의 희생자를 내면서 기뢰제거작업이 잠시 중단되었는데, 이틀 동안 조사를 거친 후 다시 소해가 계속되었다.[73] 그러나 17일 또 다시 일본소해정 1척(MS14호)이 침몰하는 사고가 일어나 구 해군 노세 중좌가 지휘하는 제2소해대가 일본으로 귀환하였으며, 다음 날에는 국군 소해정이 자기기뢰에 의해 침몰되고 한국 상선 1대가 크게 파손되는 등 적지 않은 손실을 입었다.[74]

노세 중좌가 이끄는 소해대가 귀환하여 문제가 발생하자 해상보안청장 오오구보는 24일 다무라 대좌에게 미군지시에 따라 적극적인 소해작전을 수행하도록 재차 강조함으로써 구 해군의 기뢰제거작업은 계속되었다. 최종적으로 원산소해작전은 10월 10일부터 상륙작전 이후인 11월 4일까지 수행되어 총 99개의 기뢰가 처리되었다. 원산작전이 종료된 후 북진 중이던 지상군의 군수지원을 위해 흥남 항구의 개방도 필요하였으므로 11월 7일부터 일본 소해대에 의해 기뢰소해작전이 전개되어 11일에 흥남항이 개항되었다. 곧이어 일본 소해대는 16일~19일 사이 송진으로 진출하였다.[75]

한편 구 해군 대좌 다무라는 원산항으로 출발준비를 갖추고 있을 때 10월 7일 서해안인 해주 일대도 소해하라는 명령을 받았다. 다무라는 즉시 대기 중에 있던 일본 소해대 가운데 야마가미(山上) 구 해군 중좌가 지휘하는 소해정 4척((MS02,04,07,20)과 처리함 1척(PS03)으로 구성된 '에이블단(Able Group)'을 해주로 투입하였으며, 이때 영국 구축함 '화이트 사운드(White Sound)'호가 이들에 대한 엄호임무를 수행하였다.[76]

---

73) Naval Historical Center Department of the Navy, ibid., p.75.
74) 平間洋一, 앞의 논문, p.129 ; 『朝日新聞』 1991年 6月 6日字.
75) Commander Naval Forces Far East, ibid.

해주작전에 투입된 일본 소해대는 최고의 악조건하에서 임무를 수행하였다. 너무 촉박한 출동명령으로 인해 통역자도 동반하지 못한 채 시모노세키를 출발하였으며, 병참지원이나 수리시설도 전혀 이용할 수 없었다. 기뢰소해작업 중에 이들은 영국 구축함의 해군들과 필담으로 의사소통을 할 수밖에 없었고 또 명령에 따라 통신도 침묵해야 했으므로 더욱 많은 어려움을 겪어야 했다.

야마가미 중좌는 해주 일대의 기뢰를 제거하고 시모노세키에 귀항한 후 다무라 대좌에게 그동안의 소해작전의 결과를 보고하였다. 보고서에 의하면, 해주 소해대 에이블단은 전혀 손실 없이 10월 12일에서 31일까지 20일간 해주지역을 소해하여 총 15개의 기뢰를 제거하는 데 성공하였다.

미 해군작전보고서에 의하면, 해주 일대에는 북한군이 간조 시의 수준에서 기뢰를 매설하고 있었으므로 소해대는 만조를 기다렸다가 소해함으로써 손실 없이 성공적으로 기뢰제거작업을 수행할 수 있었다고 하였다. 이와 별개로 38도선 이남 군산지역에서도 일본 소해대의 소해정 7척이 기뢰소해임무를 수행하고 있었다. 군산소해대는 10월 27일 작전 도중 소해정 1척(MS30호)이 기뢰에 걸려 침몰하는 손실을 입고 있었다.[77]

한편 해주작전과 아울러 10월 29일부터 미군 소해부대에 의해 진남포 소해작전이 전개되고 있었다. 먼저 두 대의 미 소해정 톰슨(Thompson ; DMS-38)호와 카믹(Carmick ; DMS-33)호에 의해 수면소해가 시작되었고, AMS 3척, 국군 소해정(YMS) 2척, LST, 헬리콥터 등이 보충되어 진남포소해 작전을 지원하였다.[78]

곧이어 오오구보의 명령에 따라 이를 지원하기 위해 일본 소해대가 출동하였다. 일본 소해대는 1차로 시항선(試航船; Guinea Pig) 다시오 마루

---

76) Command Naval Forces Far East, Action Report(Japanese Minesweeping in Korean Waters, 12~31 Oct 1950), 20 Nov 1950, SN.555.
77) 유석열, 앞의 논문, p.512 ; 『朝日新聞』1991年 6月 15日字.
78) Naval Historical Center Department of the Navy, ibid., p.80.

(田鹽丸)와 함께 11월 7일 진남포에 도착하였으며, 2차 소해대는 폭풍으로 기상조건이 악화되어 일주일 후인 15일에 도착하였다. 그리하여 진남포 일대에서 일본 소해대는 소해정 12척과 모함 2척이 11월 8일~29일까지 작전을 수행하였다. 이들은 매일 평균 8척의 소해정을 투입하여 진남포지역의 계류기뢰와 자기기뢰를 구분하여 소해하였으며, 매일 소해가 완료되면 최종적으로 다시오 마루가 시항하여 확인함으로써 작전을 마무리하였다.[79]

그 과정에서 11월 21일 일본 소해정 1척(M-26)이 침몰되었으나 다행히 인명손실은 없었다. 해군 작전보고서에 의하면, 진남포 기뢰소해에 투입되었던 구 해군 일본인들은 소해 경험이 대단히 풍부하며 우수한 능력이 있다고 평가를 받았다. 기뢰 시항(기니아 피그) 임무를 수행한 일본 구 해군 장교 중에는 60%가 이미 2, 3년간 시항 작업의 경험을 보유한 전문가들이었으며, 자기기뢰제거 요원들은 5년간의 작전경험이 있었다.[80]

한편 일본소해대의 해산은 오오구보에 의하면, 시항선 소우에이 마루(桑榮丸 : 2,860톤)만이 1951년 4월 6일~1952년 6월 30일까지 인천·목포·여수·마산·부산·진해 지역을 시항하였으며, 일본 특별 소해대는 기뢰제거 임무가 끝났으므로 1950년 12월 15일부로 모두 해산되었다고 증언하였다.

그러나 일본 특별소해대가 해산한 이후에도 적의 기뢰가 계속 위협이 되고 있었다는 사실을 고려하면, 소해대의 해산은 오오구보가 진술한 것처럼 한국연안의 소해작전이 완료되었기 때문이라기보다는 당시 국제 정세를 염두에 둔 결정이었다고 보는 편이 보다 정확할 것이다.[81] 결국 유엔 해군 함대는 한국 해안에 부설된 계류 및 자기기뢰로 인하여 일정한 거

---

79) Commander Task Element 95.69, 29, Nov 1950, Japanese Sweep Operations, SN. 555.
80) 미 해군 공간사에 의하면, "1950년 11월 7일부터 일본 선박이 진남포 일대를 통과함으로써 소해가 완료되었으며, 이무렵 일본소해정 12척이 2척의 모함과 함께 도착하여 이미 개방된 지역을 검색소해를 실시하였으나 전혀 손실은 없었다"라고 기술하고 있다. 해군본부 역, 앞의 책, pp.301~303.
81) 유석열, 앞의 논문, p.513.

리를 두고 지원임무를 수행해야 했으며 1년이 넘도록 기뢰의 위협에서 벗어나지 못하여 제한된 범위 안에서 작전을 수행해야 하였다.[82]

총 작전기간 동안 일본 특별 소해대는 미군의 요청에 의해 1950년 10월 2일~12월 15일까지 소해정 연 43척과 순시선 10척, 대원 연 1,200여 명을 투입하여 미 해군과 함께 한반도 동서해안의 원산・흥남・묵호・해주・군산・인천・진남포 지역의 소해작업을 수행하였으며, 327km의 수로와 607km² 연안의 기뢰소해임무를 수행하였다.[83]

작전기간 동안 일본 함정이 입은 총 손실을 정리하면 다음과 같다. 먼저 1950년 9월 26일~11월 14일간의 원산작전을 보고한 미 해군작전문서에 의하면, 10월 17일 적의 기뢰에 의해 원산 부근 여도 남쪽에서 소해정 1척(MS14)이 침몰하였으며,[84] 또 전술한 바와 같이 군산에서도 10월 27일 1척(MS30)이 침몰하였다.[85]

또 다른 해군보고서에 의하면 11월 14일 일본 함정 LT 636이 침몰하여 22명이 전사한 것으로 보고되었다.[86] 또 대동강 입구에서는 와라문가 함이 좌초되어 손상을 입고, 11월 21일 진남포 부근에서 소해정 1척(M-26)이 포격에 의해 침몰하였으며, 12월 초에는 밀가루 5만 포대를 수송 중이던 일본 용선 센잔 마루가 기뢰에 충돌하여 큰 피해를 입고 구출되었다.[87] 따라서 지금까지 확인되는 자료에 의하면, 일본 선박의 손실은 MS14, MS30, LT636, M-26 등 4대가 침몰하고 2대가 파손을 당한 것으로 나타났다.[88]

---

82) Commander Naval Forces Far East, ibid.
83) 平間洋一, 앞의 논문, p.130 ; Reinhard Drifte, ibid., p.130. 참전한 총 소해정과 병력의 규모는 연구에 따라 다소 차이가 있다.
84) Commander Task Element 95.69, ibid.
85) 『朝日新聞』1991年 6月 15日字.
86) Reinhard Drifte, ibid., p.130 ; 『朝日新聞』1977年 3月 18日字.
87) Command Naval Forces Far East, Action Report, SN.555 ; 해군본부 역, 앞의 책, p.341, 368.
88) 이 밖에 해군 작전문서에 의하면, "침몰된 소해정을 PC03으로 대체하려 한다"는 다무라 대

한편 일본 소해인원의 손실은 현재 공개된 자료로는 구체적인 숫자를 파악하기가 곤란하다. 그러나 일본의 공식문헌인 점령군조달사에 의하면 특수선원 업무상 사망 26명, 부상 208명, 업무상 질병 20명 등 총 254명이며, 한국해역 등지에서 특수수송업무상 사망한 인원이 26명(하역4명, 선원22명)이라고 밝히고 있어 그 단면 정도는 이해할 수 있을 것이다.[89]

일본인의 한국해역에서의 소해작전의 의의는 해상보안청장 오쿠보에 의하면, "행동으로써 국제연합의 신뢰를 드높이고 강화조약을 유리하게 추진시키려는 정부의 의도를 성공적으로 선도한 점, 구 해군의 공직추방을 유임케 하여 해상자위대로 이어지게 한 점, 일본 소해기술을 세계에 과시한 점" 등이다.[90]

결과적으로 일본은 한반도의 소해작전이 종료된 직후 오오구보가 1951년 1월에 도미하여 미 국무, 국방부와 협의하여 그동안 일본의 순시선이 최대 1,500t, 속력 15nt 이하 기관총만을 탑재하도록 제한한 규제를 철회하고 대포의 탑재, 초계용 항공기의 보유 등을 허락받았다. 이와 아울러 일본정부가 1951년 6월~10월 사이 전범자 12만 5,700여 명에 대한 공직추방령을 해제할 수 있게 된 것도 소해작전의 공로와 결코 무관하지 않다.[91]

결국 일본정부는 한국전쟁에 대한 일정한 공헌의 반대급부로서 당시 미국을 비롯하여 연합국들과 협의 중이던 강화조약 교섭을 유리하게 반영할 수 있게 되었으며 나아가 미군정으로부터의 독립을 훨씬 앞당길 수 있게 되었다.

좌의 보고가 있었으나, 이는 구체적이 설명이 없어 확인이 곤란하다. Command Naval Forces, ibid., SN.555.
89) 『점령군조달사』에 의하면, 일본인 사상자 수는 특수 항만하역자-업무사망 1명, 업무질병 79명, 기타 211명, 총 101명, 특수선원-업무사망 22명, 업무질병 20명, 사상 4명, 기타 208명 총 254명, 한국해역 등지에서 특수수송업무 사망 26명(하역 4명, 선원 22명)이다. 이재선 역, 앞의 책, p.45.
90) 유석열, 앞의 논문, p.514.
91) 平間洋一, 앞의 논문, p.131 ; 朝鮮中央通信社, 『解放後10年日誌』, 東京, 1955, p.287.

3) 민간인 기술자 및 노무자의 파견

일본인 소해대와 별도로 미군은 한국전쟁 초기부터 일본으로부터 해상 수송되는 막대한 양의 군수품을 하역하기 위해 일본인 기술자와 노무자를 고용하여 한국 항구에서도 운용하고 있었다. 주일 미국 대사(1952~1953년) 머피(Robert D. Murphy)에 의하면, "일본인의 선주와 철도전문가들이 그들에 소속된 숙련된 기술자와 함께 한국으로 가서 미군과 함께 유엔군사령부 예하에서 업무를 수행하였고, 이는 극비의 사안이었다. 결국 한국을 잘 알고 있는 일본인 수천 명의 도움이 없었다면 유엔군의 작전은 보다 많은 어려움을 겪었을 것이다"라고 당시의 상황을 진술하고 있다.[92]

극동군사령부는 일본 군정 초기부터 점령통치를 목적으로 일본인 노무자를 효과적으로 운용하고 있었다. 그 인원은 전국적으로 약 15만여 명에 이르렀으며, 그중에는 고도의 전문적인 분야에서 종사하는 부류도 많았고 또 심지어는 군사적으로 큰 문제가 없는 지역에서 경계임무를 수행하기도 하였다.[93] 한국전쟁이 발발한 후 미군이 부대이동과 하역 및 특수 노무 등을 위해 필요한 노무 인력을 빠른 시일 안에 투입할 수 있었던 것은 바로 이러한 일본이라는 배경이 있었기 때문이었다.

극동군사령부는 전쟁기간 중에 물론 한국인 노무자도 광범위하게 조직하여 운용하고 있었지만, 긴급을 요하는 일이나 특수한 전문적인 기술을 요하는 직종의 인력은 주로 경험이 풍부한 일본인 노무자를 운용하였다. 당시 극동군사령부는 태평양전쟁에서의 경험 많은 일본인 기술 인력을 확보하고 있었으며 또한 그들이 필요한 장비를 소유하고 있었기 때문에 적합하다고 판단하고 있었다.[94]

---

92) 三木秀雄, 앞의 논문, p.141.
93) Reinhard Drift, ibid., p.124 ; 전쟁의 발발로 일본인 노무자의 수는 더욱 증가하였으며, 1950년 11월까지 사세보에는 탄약작업에만 연인원 10만 명이 고용되었다. 해군본부 역, 앞의 책, p.465.
94) FEC/UNC G5 Secion, Command Report(1952.11.1~11.30), SN.512 ; Mark W. Clark, *From the Danube to the Yalu*, New York : Harper & Brothers, 1954, p.148. 극동군

한편 극동군사령부의 문서에 의하면, 극동군사령부는 부두하역, 수송선, 선원 등을 충당하기 위해 일본 회사와 따로 고용계약을 맺었다. 군수사령부의 검사관이 일본의 노무자를 조달하는 대리인 역할을 수행하였다. 그의 관할 아래에는 26명의 노무연락장교가 일본 지방노동 사무국과 연락을 유지하면서 징발(소집)에 관한 모든 문제를 처리하고 있었으며 필요한 범위 내의 인력을 적시에 선발하였다. 일본인 계약고용노무자는 미군이 발주한 도급계약에 따라 주로 항구에서 화물의 하역, 운송 등의 노동을 제공하였다.

그러나 현재로서 한국으로 투입된 일본인 노무자의 구체적인 숫자는 자료의 부족으로 그 전모를 파악하기가 곤란하며 다만 부분적으로 보고된 자료에 의해서 그 대체적인 윤곽만을 추산할 수 있을 뿐이다. 예로 1950년 9월 인천상륙작전 동안 보급품을 하역하기 위해 부두하역인부를 특수 조달한 경우이다. 인천작전에 투입된 일본인 노무자는 일본의 부두노동자 가운데 3,936명이 군수사령부와 직접 계약을 맺고 60일 계약으로 한국으로 수송되었다.[95]

이에 앞서 1950년 7월 극동군사령부는 후꾸오까(福岡)-쓰시마(對馬島)-부산 사이 해저 통신선을 수리 및 설치하기 위해 수백 명의 일본인 직고용 기술자를 동원하였으며, 그 후 또 일본 시모노세끼 하마다(浜田)로부터 부산 지포 사이의 해저 통신선을 설치하는 기술 인력을 동원하기도 하였다.[96]

한편 규슈(九州)에 집결한 미 제3사단이 군사작전을 수행하기에 부적절

사령부는 일반적으로 한국인 기술자들은 특별한 전문훈련이 필요 없는 분야에서 15~30일 동안의 훈련을 거친 후 임무를 수행할 수 있다고 판단하고 있었다.

95) Headquarters United States Army Forces, Far East & Eighth U.S. Army(Rear), *Logistics in the Korean Operations*, (San Francisco, 1954) Historical Manuscript File, call No.8-5, Vol. I , ch.3, p.42 ; 아사이 신문에 의하면, 인천상륙작전 시 2,600여 명의 일본인이 수송력을 강화하기 위해 고용되었다고 하였다. 『朝日新聞』 1977년 6월 6일자.

96) 吉岡吉典外, 앞의 책, p.101.

한 원산항으로 상륙하기 위해 준비하고 있을 때 보급과 장비의 양륙이 문제가 되었으며, 원산이 전선과 가까웠기 때문에 작전의 경험이 없는 한국인 노무자를 운용할 수가 없어 일본인을 투입하였다.

극동군사령부의 문서에 의하면, 제90기동전대에서는 각 보급선의 물자를 자체적으로 하역할 수 있도록 적절한 규모의 일본인 부두하역자를 요구하였으며, 제10군단에서도 부두하역자를 추가적으로 요구하였다. 이에 군수사령부의 수송담당 장교는 일본인 노동조직체가 자체적으로 운용되는 병영선(兵營船)에서 모든 보급을 담당할 수 있도록 요구하였다.

이러한 제안이 받아들여져 1950년 11월 11일 일본인이 소유한 병영선으로 2개 노동집단의 10개 조직체가 운반되었고, 각 조직체는 감독 1명, 원치(크랭크)기사 7명, 해치 탠더 7명, 부두하역 노동자 42명 등으로 구성되어 한국으로 출발하였다. 총 1,300명의 일본인 노동자가 이 작전에 참가하였고, 이들은 1950년 12월 31일까지 모두 일본으로 귀환하였다.

한편 한국작전을 지원하기 위한 군내의 수송단 인력, 하역자, 장비수리공도 부족하였기 때문에 부족 분은 일본인으로 고용·충당되었다. 그 함대에는 비 군사요원 총 4,438명이 탑승하였고, 이 중에 육군부 소속 민간인 87명과 일본인 직접고용 해상요원 1,860명, 유엔군사령부가 공인하고 일본인 선주가 고용한 노무고용인 2,491명 등으로 구성되었다.

당시 일본인 노무자의 임금은 미국 평균임금에 비해서는 낮은 편이었지만, 국내의 임금수준보다는 월등히 높은 것이었다. 노무자의 최고임금(가족·복지·연금·의료지원 등을 포함)은 한 달 평균 27,000엔(円)이었고 최소임금은 3,500엔이었다. 일본 내의 노무자의 임금은 점령과 관련된 업무에 대해 지불되는 기금으로부터 엔으로 정부가 지불한 반면, 작전을 직접 지원하기 위해 한국으로 투입된 노무자의 임금은 일본정부의 요구에 의해 달러로 지불되었다.[97]

---

97) Far East & Eighth U.S. Army(Rear), ibid., p.43.

한편, 한국정부는 작전 초기에는 작전의 위급함으로 말미암아 한국의 항구에 일본인 인력을 사용하는 데 어떠한 반대 의견도 제시하지 않았으나, 1952년 가을 주한일본인 인력과 장비를 한국인으로 대체해 줄 것을 유엔군사령부에 공식적으로 요구하였다. 이승만 대통령은 일본인 기술자와 노동자들을 철수시킬 것을 주장하였다. 다른 한편, 당시 주한 일본인 노무자들은 한국인과 다소의 마찰이 있었으므로 항상 미군기지 내에 기거하면서 미군의 보호를 받아야만 하는 상황이었다.[98]

한국정부가 한국에서 유엔군작전을 지원하는 일본인 노무자를 한국인으로 대체하도록 요구한 주요한 이유는 "한국의 달러 획득에 기여할 수 있으며, 한국인을 훈련시키고 경험을 쌓는 데 도움이 되고, 일본과의 정치적 문제에 연루되지 않을 것이며, 대민구호활동을 덜 수 있다"라는 것이 그 주요 골자였다.[99]

이에 유엔군사령부에서는 한국정부의 반대와 관련하여 1952년 11월 일본인을 한국인으로 대체하는 계획안을 수립하였다. 그것에는 1953년 3월까지 일본인과 장비를 철수시키고 한국인으로 대체할 것이라는 절차와 과정이 포함되어 있었다. 한국 정부는 교통부장관을 통하여 주한 미 군수기지사령부(KBS)와 그 계획안에 동의하였으며 또한 그것을 수행하기 위해 유엔-한국위원회의 대표를 임명하였다.[100]

그러나 유엔군사령부는 몇 가지 문제로 인해 그 대체계획을 매우 점진적으로 실행하였으므로, 최종적으로 철수하기로 계획된 1953년 3월까지 일본인 531명과 장비 51종만이 귀환하였을 뿐이었다. 대체가 지연된 가장 큰 이유 중 하나는 한국인 노무자들이 일본인과 같이 대형선박이나 장비 및 기술을 보유하지 못하고 있으며, 기술경험 면에서 일본인보다 뒤떨어지기 때문이라고 유엔군사령부는 주장했다. 결국 일본인 인력과 장비는

---

98) Mark W. Clark, ibid., p.148.
99) Far East & Eighth U.S. Army(Rear), ibid., p.44.
100) FEC/UNC G5 Secion, Command Report(1952.11.1~11.30), SN.512.

1953년 7월 31일까지도 한반도에서 완전히 철수한 것이 아니었으며 점진적으로 한국인 인력과 장비로 대체되고 있었다.[101]

5. 맺음말

　한국전쟁이 발발하기 이전부터 미국은 이미 일본을 전략기지화할 문제를 논의하고 있었으나 포츠담선언의 취지에 따라 비무장화를 골자로 하는 개정된 일본의 평화헌법으로 인해 뚜렷한 명분을 찾지 못하고 있었다.
　전쟁의 발발과 함께 미국의 대일본 재무장 정책은 급진전하였다. 맥아더는 1950년 7월 8일 요시다 수상에게 4개 사단 규모 75,000명의 경찰예비대 창설과 해상보안청 요원을 13,000명까지 증원할 수 있도록 허락하여 일본 재무장의 발판을 마련하였다. 반면, 일본으로서는 공산 세력에 대한 방위기지로서의 전략적 가치가 제고됨에 따라 전쟁지원과 재무장이라는 가시적인 행동을 통해 손쉽게 과거 전범국으로서의 죄과에서 벗어날 수 있게 되었다.
　한국전쟁 당시 일본은 유엔군사령부로부터 모든 장비의 생산을 공식적으로 인정받아, 3년간 미군에게 무기·탄약·의료·식품 등 각종 보급품과 장비 등 총 25억 달러 분을 생산·공급하였으며, 아울러 1950년 7월 초부터 미군병력과 보급수송을 담당하였다. 특히 당시 일본 상륙정(LST) 39척과 화물선 12척은 당시 수송선의 절대수가 부족한 미군을 도와 일본과 한국 사이를 왕래하며 수송을 지원하는 데 크게 활용되었다.
　한편 1950년 10월부터 일본 소해정과 구 해군이 미군을 도와 한반도 동서해안의 기뢰를 제거하기 위해 투입되었다. 10월 10일부터 11월 4일까지 원산항 소해작업에 8척의 일본 소해정이 투입되어 기뢰를 제거하였으며 11월 7일부터 19일까지 홍남, 송진 일대에서 기뢰제거작전을 수행하였다.

---

101) Far East & Eighth U.S. Army(Rear), ibid., p.44.

그 과정에서 원산항부근에서 1척(MS14호)이 침몰하고 1명이 사망, 15명이 부상을 입었다.

원산의 소해와 때를 같이하여 또 다른 일본 소해대는 서해안 해주 일대를 소해하였다. 소해정 4척, 처리함 1척으로 구성된 일본 소해대는 영국 구축함으로부터 엄호를 받으며 10월 12일에서 31일까지 해주 일대를 소해하였다. 이와 별개로 같은 기간에 7척의 일본 소해정이 군산 소해를 담당하고 또 다른 일본 소해정들이 38도선 이남의 동서해안을 소해하고 있었다.

해주소해의 뒤를 이어 다시 해상보안청으로부터 명령을 받은 일본 소해대는 소해정 12척과 시항선(기니아 피그)으로 11월 8일부터 29일까지 진남포 일대의 기뢰를 제거하였다. 진남포지역의 일본 소해대는 하루 평균 8대의 소해정을 투입하여 계류지뢰와 자기지뢰를 구분하여 소해하고 최종적으로 시항선이 확인하는 식의 작전을 반복하였다. 그 과정에서 소해정 1척(M-26)이 침몰하였다.

결국 일본 소해대는 1950년 10월 2일~12월 15일까지 소해정 연 43척과 순시선 10척, 구 해군 연 1,200명을 투입하여 미군을 도와 한반도 동서해안을 소해하였으며, 시항선 소우에이 마루만은 1951년 4월 6일~1952년 6월 30일까지 한국 해역의 시항을 계속하였다. 지금까지 확인된 자료에 의하면 작전기간 동안 일본 소해정의 총 손실은 4척(MS14, MS30, LT636, M-26)이 침몰되고 2척이 파손된 것으로 나타났다.

한편 소해정과 구 해군의 작전과는 별개로 일본정부는 많은 일본인 노무인력과 기술자를 한국으로 투입하여 미군을 지원하고 있었다. 1950년 9월 인천상륙작전 시 일본인 부두 노동자 3,936명이 미 군수사령부와 60일간의 직접고용계약을 맺고 한국에서 하역작업을 수행하였다.

미 제10군단의 부두하역을 위해 추가로 일본인 노무자가 고용되었으며, 1950년 11월 11일부터 병영선을 포함하여 1,300여 명의 일본인 기술자와 하역자가 한국에서 하역작업을 수행하였다. 또 수송인력, 장비수리공 등 총 4,438명의 비군사 요원 즉, 미 육군부 군속 87명, 일본인 직접고용 해상요원 1,860명, 공인 선주가 고용한 일본인 고용인 2,491명 등-이 한국을 왕래하며 수송 및 장비수리, 부두하역을 지원하였다.

일본인 운용에 대해 한국 정부는 과거 일제침략의 관계로 인해 일본이 미군을 도와 한반도에서 작전을 지원하는 것을 원치 않았다. 작전 초기에는 작전의 위급함으로 인해 한국의 항구에서 일본인 인력을 사용하는 미군의 조치에 반대할 수 없었으나, 1952년 가을 이를 공식적으로 항의하였다.

아울러 정부는 외화 획득과 기술축적 등을 이유로 일본인 기술자와 노동자, 수송인력 등을 한국인으로 대체해 줄 것을 주장하였다. 이에 1952년 11월 유엔군사령부에서 1953년 3월까지 일본인과 장비를 철수시키고 한국인으로 대체한다는 계획안을 수립하였고, 한국 정부는 교통부장관을 통해 그 계획안에 동의하였다. 그러나 그 계획안의 이행과정은 계획보다 지체되어 철수 만료일인 1953년 3월까지 일본인 531명과 장비 51종만이 철수하였으며 그 후 점진적으로 대체되었다.

한편 일본은 1952년 4월 28일 평화조약을 통해 미군정으로부터 독립함으로써 국제적인 지위를 회득하게 되었으며 나아가 동년 10월 보안청을 신설하고 1954년 6월 9일(7월 1일부 시행) 육상·해상·항공 자위대를 설치하였다. 그 후 일본은 전쟁특수를 발판으로 한 급속한 경제성장과 병행하여 현재까지 평화조항을 개정하지 않고도 '방위비 국민총생산 1% 유지, 비핵화 원칙, 해외파병 금지'의 내용을 모두 무너뜨리면서 지속적으로 군비를 확장하고 있다.

제4부

한국전쟁과 소련·중국

한국전쟁과 소련·중국

제4부
한국전쟁과 소련·중국

제11장
소련의 북한 전쟁준비 지원과 성격

1. 머리말

해방 이후 소련의 대한군사정책은 북한뿐만 아니라 한반도 전체에 큰 영향을 미치는 것이었다. 특히 1948~1950년의 시기에 소련은 원폭실험을 성공하여 미국의 핵 독점을 저지하게 되었고 중국은 공산혁명에 성공하게 되었다. 이에 미국도 마샬 플랜을 통한 '봉쇄'(containment)정책에 이어 반격전략(Roll-back)을 수립·검토하였으며, 극동에서는 일본 중심의 지역통합전략이라는 역코스를 본격적으로 추진해 나갔다.[1] 이러한 미·소의 역동적인 정책변화는 자연히 한반도에도 깊은 영향을 주었다.

소련의 대한정책에 관한 연구는 최근 소련과 북한의 자료가 공개되면서 한층 활성화되기 시작하였다.[2] 이러한 연구들로 해방 직후기 소련의 대한

---

1) Thomas H. Etzold and John Lewis Gaddis, eds., *Containment ; Documents on American Policy and Strategy 1945~1950*, N.Y., Columbia Univ. Press, 1978.
2) 전현수, 「소련군의 북한 진주와 대북한정책」『한국독립운동사연구』 9집, 1995 ; 박명림, 『한국전쟁의 발발과 기원』 1·2, 나남, 1996 ; 김광운, 「소련의 대북한 정책과 공산당 중앙지도기관의 결성」『역사와현실』 제22호, 1996 ; 기광서, 「소련의 대한반도 북한정책 관련 기구 및 인물분석 : 해방~1948.12」, 현대북한연구, 창간호, 1988. 전현수는 군정 초기 소군의 진주과정에서 나타난 소련정책의 경로와 성격을 분석하였고, 김광운은 군정 초기 소련의 대북한 정책을 통해 소련의 대한반도 정책구조를 해명하려 하였으며, 기광서는 소련의 대한반도 정책기구의 구성과 체계를 해당기구와 담당인물을 통해 분석하였다.

4부 ─ 한국전쟁과 소련·중국

군사정책에 관한 새로운 사실들이 많이 밝혀졌고 또 해명되기도 하였다. 그러나 이들 연구들은 대부분 해방 직후 군정 시기에만 관심이 집중되어 있으며 1948년~1950년 시기에 대한 관심은 상대적으로 부진한 편이라 할 수 있다. 지금까지 이와 관련된 연구로는 커밍스, 박명림, 그리고 김영호의 연구가 주목된다.[3]

먼저 커밍스에 의하면, 중국과 북한은 소련군 철수 이후 서로 급속도로 가까워졌으며, 결국 소련의 지시에 따른 북한에 의한 전쟁의 발발이라는 기존의 가설은 잘못되었다는 것이다. 그러나 북한과 소련, 중국의 관계는 러시아 외교문서와 북한의 문서[4]를 통해 볼 때 북한이 1950년 4월~5월 시점까지도 여전히 중국보다는 소련과의 관계에 비중을 두고 있었다는 것이 분명하게 드러나고 있다. 또 박명림은 북한의 국토완정론(國土完整論)을 강조하면서, 설령 '유도'가 있었다고 하더라도 전쟁 주체의 능동적이고 적극적인 선택이 없었으면 발발하지 않았을 것이라고 주장하였다. 그러나 그는 북한이 급진군사주의로 변모해 가는 과정이 소련의 군사정책과 크게 맞물려 있음을 주목하지 못하고 있다. 김영호는 스탈린이 동아시아 전략적 지대로 만주-북한-연해주를 설정하고 이를 전쟁을 위한 목적으로 사용하였다고 하였다. 그러나 그는 스탈린의 롤백정책에 지나치게 비중을 두고 북한의 입장을 부수적인 것으로 보고 있는 한계가 있다. 특히 위의 선행 연구들은 공히 자료 면에서 일정한 한계를 보이고 있다.

---

3) Bruce Cumings, *The Origin of the Korean War Vol. II* (The Roaring of the Contract 1947~1950), Princeton Univ. Press, 1990 ; 박명림, 위의 책 ; 김영호, 『한국전쟁의 기원과 전개과정』, 두레, 1998.

4) 노획문서는 북한 내부문서로써 한국전쟁 당시 미군들에 의한 노획되어 최근 공개된 것이다. 이 문서들은 미국 국립문서보관소(NA, RG.242)에 등록된 것을 국방군사연구소에서 재 수집 정리한 자료이다. 소련 측 자료로는 대한민국 외무부 역, 『소련 외교문서 1948~53년』 전4권(미간행)와 바자노프의 한국전쟁관련 러시아 문서자료 ; 국방군사연구소 역, 『김일성-불가닌 회담록』(미간행) ; 소련군총참모부, 「군철수 이후 잔류 인원」(1949.2.18), 러시아국방부중앙문서고 : 서울신문 연재, 「모스크바 새 증언」, 1995년 5월~6월 : 국토통일원 조사연구실 역, 『소련과 북한과의 관계(1945~80)』, 국토통일원, 1988 등이 이용되었다. 특히 『소련비밀외교문서』는 1993년 12월 14일 해제되어 외무부에서 총 4권으로 번역한 것이다.

따라서 본 연구에서는 최근까지 공개된 자료를 바탕으로 한반도 국제환경과 그 변화가 남북 관계에 어떻게 영향을 미쳤는가 하는 점과, 이와 반대로 남한과 북한의 국내적 요인이 소련의 군사전략에 어떠한 영향을 주고 있었는가 하는 점에 유의하면서 소련의 대한군사정책을 살펴보고자 한다. 이를 위해 소군철수문제와 소련의 북한군 증강계획, 북한군지원과 혁명기지의 강화 과정, 그리고 세계전략 재편에 따른 북한의 전쟁결정의 지지 과정 등을 분석하고자 한다.

2. 소련군 철수와 북한 지원

해방 직후 소련은 일본군 무장해제를 위해 38선 이북 지역에 진주하면서, 미국보다 먼저 소위 '확보한 지역에서의 사회주의 구축'[5]을 위한 행동을 취하기 시작하였다. 즉, 1945년 9월 20일 스탈린의 지령에 의하면, "북한의 민간행정에 대한 지도는 연해주 군관구 군사평의회에서 수행"[6]하도록 하였는데, 이는 북한에 독자적인 정권을 수립하는 것을 최우선 과제로 하는 소련군의 대북한 정책을 명확히 한 것이었다고 할 수 있다.

이러한 방침에 따라 소련은 본격적인 군정을 실시하였는데, 소군정은 1945년 10월 남한에서 아직 군대창설의 기미가 보이지 않던 시기부터 이미 모든 사설군사단체를 해산하고 2,000여 명의 보안대를 창설하였다.[7] 그리고 소련은 '한반도 내 우호적인 국가수립'이라는 기본목표를 이행하게 되는데, 이것은 소련 극동과에서 작성한 다음의 내용에서 확인된다.

한국이 장차 일본만이 아니라 극동으로부터 소련에 압박을 가하려는 임의

---

5) 박명림, 『한국전쟁의 발발과 기원』 1, p.190.
6) 전현수, 「소련군의 북한 진주와 대북한정책」『한국독립운동사연구』 9집, 1995, p.13
7) 「하지가 맥아더에게」(1945.11.2), 미 국무성, 김국태 역, 『해방3년과 미국』, 돌베게, 1984, p.120.

의 다른 강대국이 소련을 공격하는 전초기지로 전환되는 것을 저지할 수 있을 만큼 한국의 독립은 효과적이어야 된다. 소련과 한국의 우호적이고 긴밀한 관계를 확립하는 것이야말로 한국과 소련 극동지역의 안전을 보장하는 보다 현실적이고 올바른 방향이 될 것이다.[8]

소련의 대한정책 방향은 이미 2차 세계대전 중에 구상된 것이었으며, 소련에 對한반도의 전략적 가치는 소련을 공격하기 위한 전초기지가 되어서는 안 되며 장차 수립될 정부는 소련에 우호적인 정부여야 한다는 기본적인 목표를 설정하고 있었음을 알 수 있다.[9]

그러나 모스크바삼상회의에서의 한반도 문제를 구체화하려 했던 제1·2차 미·소 공동위원회가 결렬되어 미국이 한반도 문제를 유엔에 상정하게 되자,[10] 소련은 "유엔은 한국에 대한 관할권이 없으며 외국군은 통일정부 수립 전에 철수해야 한다"라고 주장하면서 점령국은 "즉시 군대를 철수시킨다"라는 대안으로 응수하였다.[11] 미국이 한 한국 문제의 유엔 상정은 신

---

[8] 소련외무성 극동과, 「한국의 조사보고」(1945. 6. 29), 소련외무성 문서보관소, Fond 0430, Opis 2, Papka 5, Delo 18, listi 18-30, 전현수, 앞의 논문, p.10에서 재인용.

[9] 이 시기 미국의 대한정책의 목표도 소련과 유사한 것이었다. 즉, 한국에 파견되었던 파울리특사는 "미군철수는 한국을 소련에 포기하는 것이 아닌 형태로 한국문제에 대해 어떤 해결방법을 얻어야 한다"라고 제시하였다. 이들 부대의 철수는 그 후에 소련이 일본에 대한 공격을 감행할 수 있는 군사기지를 남한에 설치하지 않는 한 극동군사령부의 군사적 입장에 손상을 초래하지 않을 것이며, 미국의 안정보장에 보다 긴요한 타 지역으로 전용해야 한다고 건의되었다. 『웨이드마이어의 보고』(1947. 9), *FRUS 1947*, Vol. Ⅵ, pp.796~803.

[10] 육군부장관 패터슨은 1947년 1월 초 국무부가 의회에 추가 자금의 배정을 요구하든지 아니면 철군의 필요성을 인정해야 한다고 주장하였고, 1947년 1월 29일 각부합동회의에서는 모스크바 삼상회의 결정은 포기되어야 하고 '남한공화국을 수립하는 것'이 그 대안이 되어야 한다고 주장하였다. 또 이것은 거의 같은 시기 국무장관 마샬이 "남한만의 정부를 수립하고 남한경제를 일본경제에 접속시키기 위한 계획을 기초하라"라는 지역통합전략과 맥을 같이 하는 것이었다. 李鍾元, 「戰後美國の極東政策と韓國の脫植民地化」, 岩波講座, 『近代日本と植民地』8, 岩波書店, 1993, pp.21~24 ; 朴瓚杓, 『韓國의 國家形成 - 反共體制樹立과 自由民主主義의 制度化, 1945~1948』, 고려대 정치외교학 박사학위논문, 1995, pp.280~285.

[11] 소련은 미·소공위 결렬직후인 1947년 9월 26일 스티코프가 '미·소양군이 1948년 초 철군하자'는 미·소양군 철수안을 제안한 이래 지속적으로 조기철군을 주장해 왔다. 장준익, 『북한인민군대사』, 서문당, pp.484~487 ; 소련은 미·소공위가 진행되는 동안 이미 1947년 7월부터 북한의 38경비대에 경비임무를 인계하기 시작하였고 1948년 말까지 전술상의 요지

탁통치를 더 이상 거론치 않고 유엔주도하에 독립정부를 수립한다는 것을 뜻하며 유엔의 도움을 얻어 소련의 의도를 차단한다는 것이었다.

한국 문제의 유엔이관과 단정안이 가시화되자 소련은 1948년 2월 8일 정규군 창설 선언과 함께 '조선인민군'으로 개편하고 인민군 총사령부의 설치를 발표하였다.[12] 인민군 창설 발표와 곧이은 북한의 헌법안에 대한 선거 발표는 미국으로 하여금 남한의 단독선거 실시를 더욱 가속화시켰다.

소련은 인민군 건설 초기부터 군사물자와 장비지원은 물론 군 수뇌부, 각 부대 및 학교기관을 지도하였다. 각 사단에는 대좌급 사단장 고문관을 비롯하여 중대급까지 150명을 배치하고, 전차・항공부대에도 전문고문관을 파견하여 전술훈련과 장비교환에서부터 정비 분야까지 담당하고 있었다.[13] 이들 군사고문관은 평양의 소련대사관에서 각 부문사절단을 통제하며 본부역할을 수행하였고 북한의 정책결정기구인 정치위원회에 영향력을 행사하였다.

남한의 정부수립 직후 북한은 1948년 9월 9일 '조선민주주의인민공화국' 수립의 공포와 더불어 인민군총사령부를 민족보위성으로 격상시키고 작전국 등 11개국으로 편성해 각 군의 업무를 관장하였다.[14] 정부수립 직후 김일성은 스탈린에게 소련과 외교관계를 설정하기를 희망한다는 서한을 보냈으며,[15] 이에 1948년 10월 12일 스탈린이 "인민공화국과 외교관계

를 장악하고 강력한 진지를 구축하였다.

12) 육군본부, 『북괴의 6・25 남침분석』, 1970, p.39~41.
13) USFIK, G-2 Rept 7, p.138 ; 소련 군사고문단의 총지휘는 미 군사고문단의 형태와 마찬가지로 고문단장(스미르노프)에 있는 것이 아니라 주북한 소련대사인 스티코프에게 있었다. 「바실리예프스키가 스티코프에게」(1949.4.21), 『러시아 외교문서』 제4권, p.15.
14) 북한의 「경비대예산」에 의하면, 1947년에는 병력 2만 5천 총 예산 1,566,133,140원이었으며, 1948년에는 기정 예산 1,989,854,000원으로 확대되었으며, 1948년 5월부터 병력으로 5만 명으로 증가하여 추가예산 3,577,497,342원으로 대폭 확대되고 있었다. 「조선경비대예산」(1948), SN.1(SN은 군사편찬연구소 소장자료 등록 번호, 이하 같음).
15) 중앙통신사, 『조선중앙년감』, 1949, p.69.

를 맺고 싶다"라는 의사를 표명함으로써 소련의 승인이 결정되었다. 뒤이어 10월 15일 몽골인민공화국, 17일 폴란드, 22일 체코슬로바키아, 그리고 유고슬라비아·루마니아·헝가리 등 동유럽 국가들의 승인이 이어졌다.[16]

남북에 각기 다른 정부가 수립되자 이후 주한외국군 철수 문제는 중요한 문제로 부각되었다.[17] 소련은 1948년 9월 북한정권의 외군 철수요구를 받아들이는 형식으로 소련군이 12월 말까지 철군을 완료할 것이라 발표하고 미국도 이에 상응한 조치를 취할 것을 요청하면서 10월 19일부터 철수하기 시작하였다. 1948년 12월 25일 소련은 북한에 주둔한 소군의 최종 철수를 보도하였다. 그 후 북한 내부에서는 '소련군 철퇴는 전 세계인민의 평화를 실현하고 미 제국주의의 야망을 폭로하는 길'을 주요 주제로 하는 군중집회가 전국적으로 개최되었다.[18] 또한 주북한 소군철수 보도를 접한 남한의 상당수 지도자들도 미군철수를 강력하게 주장하고 있었다. 그만큼 남북에 각기 다른 정부가 수립된 이후의 주한외국군 철수 문제는 중요한 문제로 부각되고 있었던 것이다.[19]

소련군은 철수 시 인민군에게 장비를 이양하여 1948년 9월 이후 네 개 사단으로 증편하고 소련군 전차사단의 지원하에 제105전차대대를 창설하였으며,[20] 또한 민족보위성 산하의 항공대대를 항공연대로 증편하였다.

---

16) 고려대 아세아문제연구소 편, 『북한관계자료집』 제1집, 1969, p.472.
17) 최초의 주한미·소양군 철수제의는 1947년 9월 26일 미·소 공동위원회에서 소련에 의해서였으며, 1947년 10월 28일 그로미코 외상의 한반도문제에 대한 유엔총회 정치위원회에서, 그리고 11월 13일의 유엔총회 본회의에서 제기되었다. 소련아카데미 동양학연구소 편, 국토통일원 역, 앞의 책, 『소련과 북한과의 관계, 1945~1980』, pp.60~86.
18) 「북조선노동당 인제군당 당조회의록」(1949.1~3), SN.849-1.
19) 최초 미·소 양군 철수제의는 1947월 9월 26일 미·소 공동위원회에서 소련에 의해서였으며, 1947년 10월 28일 그로미코 외상의 한반도문제에 대한 유엔총회 정치위원회에서, 그리고 11월 13일의 유엔총회 본회의에서 제기되었다. 소련아카데미 동양학연구소 편, 국토통일원 역, 『소련과 북한과의 관계, 1945~1980』, 1988, pp.60~86.
20) 북한에서의 전차부대의 발전은 1947년 5월 인민집단군 편성 시부터 시작되어 자질이 우수한 병력을 선발하여 교육훈련을 실시하는 한편 1948년 초 소련군 전차사단의 철수 시 잔류한 뾰돌 중령 지휘하의 소련군 전차부대(전차 150대, 병력 300명) 한인계 소련군 병력의 도

이때 북한의 군사업무는 이원화 체제를 유지하였다. 인민군은 민족보위성에서, 보안대와 국경경비대는 내무성에서 각기 관장하였다. 어느 것을 막론하고 소련군의 철수 때까지 소련군 정치사령부에서 주요한 역할을 담당하였으며 이후에는 소련군사사절단이 북한의 군사업무에 관여하였다.[21]

이렇게 군사업무 체계를 정비한 북한은 소련점령군의 장비를 인수받고 이어 중·소의 군사지원을 받아 급속히 군비를 확장해 나갔다. 소련 군사고문관은 1948년 말 2,000명 정도까지 증강되었으나, 소련군 철수와 동시에 대대급까지만 고문관을 유지함으로써 1949년부터는 군사고문관이 크게 감소하였으며 그 대신 특별군사사절단이 파견되어 인민군의 전력증강을 지도하였다.[22]

주북한 소련군 철수 문제에 관하여 최근에 공개된 러시아 국방문서에 의하면 의문이 제기된다. 이 문서에 의하면 군사고문단과는 별도로 북한에 머물면서 전쟁준비를 지원한 소련의 군사전문가나 군무원 숫자는 4,000명을 넘어선 것으로 기록되어 있다. 즉, 당시 군사전문가 잔류상황은 소련군 총참모부가 작성한 1949년 2월 18일자 보고서 '군 철수 이후 잔류인원 보고'에 총 4,298명이 북한에 남아 있으며, 이 중 4,020명은 군인이고 나머지 273명은 군무원으로 나타나 있다.[23] 당시 같은 시점에 남한에 잔류한 미군병력이 1개 연대전투단임을 고려할 때 이 숫자는 결코 적지 않음을 알 수 있다.

움으로 급속히 전기를 익혔다. 1948년 11월 뽀돌 중령과 그의 병력은 전차 60대·자주포 30문·사이드카 60대·차량 40대를 남겨놓고 철수하였으며 이를 바탕으로 1948년 12월 인민군 제115전차연대가 유경수를 연대장으로 평양부근 사동에서 창설되었다. 이 전차연대는 2개 전차대대·자주포병대대·공병중대·정찰중대·수송중대·의무파견대로 구성되었다. 국방부 전사편찬위원회, 앞의 책, 『한국전쟁사』 제1권, p.95.

21) 소련아카데미 동양학연구소 편, 국토통일원 역, 『소련과 북한과의 관계, 1945~1980』, pp.75~86.
22) USFIK, G-2 Rept 7, p.138.
23) 소련군총참모부, 「군 철수 이후 잔류인원 보고」(1949.2.18), 러시아국방부중앙문서고, 자료번호23, 목록번호173346, 문서번호73, 195.

이에 대해서는 북한과 소련 사이에 체결된 의정서를 통해 북한이 소군이 잔류하도록 요청하였고 이에 소군의 일부가 잔류하고 있었음을 알 수 있다. 즉, 의정서 제1조에 "소련정부는 남한에 미군군대가 주둔하고 있는 것에 주목하여 해군부대를 청진항에 잠정적으로 주둔시켜 달라는 북한의 요청을 받아들이기로 하였다. 소련정부는 해군부대의 주둔과 관련하여 모든 경비를 지불한다"라고 되어 있다.[24]

주북한 소군이 잔류하고 있을 가능성에 대해서는 미군 보고서에 의해서도 일부 확인되고 있다. 미 육군보고서에 의하면, 소련은 12월 25일 북한으로부터 점령군을 완전히 철수시켰다고 보도하였으나, 2,000명의 군사고문 요원과 1,000여 명의 경비 병력이 북한에 잔류한다는 증거가 있다고 분석하였으며,[25] 또 다른 정보 보고서에 의하면, 1949년 2월 소련군 1,500명이 평양에서 확인되고, 이반 메시코프의 지휘를 받는 소련 공군요원 211명이 주둔하고 기타 신천·차령·양양·철원·원산·연포·함흥·나남·청진에서 소련군이 관측되고 있다고 보고되었다.[26]

당시 남한 국회에서도 소련군 철수보도는 근거 없는 것이라는 주장이 있었으며,[27] 이승만 정부에서도 이에 대한 검증을 강력히 주장하였다. 또 월남자들의 진술을 통해서도 일부 소련군 잔류사실을 확인할 수 있었다.[28] 그러나 당시 이러한 주장들은 단순한 정치적 비난이며 근거 없는 것으로 받아들여졌다.

한편 소련은 1948년 12월 25일 북한에 주둔한 소군의 최종 철수보도로

---

24) 「북한·소련정부간 의정서」(1949.3), 『러시아 外交文書』 제3권, p.18. 미군철수 다음 날 스티코프는 "미군철수로 소련해군의 청진항과 평양과 강계의 공군사령부 유지가 곤란하고, 이의 철수가 바람직하다"고 보고하고, 아울러 "소련 해군전문가들과 고문관들의 잔류는 필요하며, 항공기술자들과 그 밖의 근무자들은 민간항공기 근무자로 위장시키는 것이 좋다"고 건의하였다. 「스키코프가 비신스키에게」(1949.7.1), 같은 자료, p.24.
25) General Correspondence Security Classified July 1947~Dec 1950, 「육군부장관이 국방부장관에게」(1949.1.25), SN.623.
26) FEC, Intell. Summary NO.2486 (1949.6.30), SN.223.
27) 대한민국국회, 『국회속기록』 제2회 24호(1949.2.7).
28) 『조선일보』 1949년 7월 1일 및 7월 20일자.

써 미군철수를 압박하면서, 다른 한편으로는 모스크바에서 북한인민군 전력증강에 관한 구체적인 대책을 마련하고 있었다. 즉, 소련 국방상 주제하에 북한·소련·중공의 군사대표자 전략회담을 개최하였으며, 이 회담에서 향후 18개월 내에 북한 인민군을 강력한 군사력으로 육성하기로 합의하였다.[29]

이에 따라 소련은 초대 주북한 대사로 임명된 스티코프 대장을 단장으로 5명의 장성과 12명의 대령 그리고 20여 명의 중령·소령·대위 등 총 40여 명으로 구성된 군사사절단을 12월 말에 북한에 파견하였다. 이때 파견된 소련군 장군들 대부분이 기갑전문가였다. 이 사절단은 도중에 하얼빈에서 조·중 실무진과 만나 동북의용군의 입북가능성을 확인한 뒤 1949년 1월에 평양에 도착하였다.[30] 이들과 함께 세계대전 당시 참전경험이 있는 소련군출신 한인병력 약 2,500명이 입북하여 민족보위성과 북한 인민군 사단에 배치되었다.[31]

이러한 사실은 소련의 대북군사정책이, 같은 시점 미국의 대남한정책의 목표가 전형적인 국내 치안확보에 있었던 것과는 달리, 북한군이 상대적인 우세 또는 적어도 열세하지 않는 전력을 보유하도록 하는 데 목적이 있었음을 보여준다.

---

29) 국방부 전사편찬위원회, 『해방과 건군』 제1권, 1976, p.705 ; 최태환, 『젊은 혁명가의 초상』, 공동체, 1989, p.95. 동 회담에서 북한대표로서 민족보위상 최용건, 포병사령관 무정, 북한노동당 중앙검찰위원장 방우용, 하얼빈 보안여단정치위원 주덕 등 6명이었다.

30) Kyrio Kalinov, *How Russia Built The North Korea Army*, The Reporter, 26 Sept 1950, 「소련은 어떻게 북한인민군을 건설했는가」 『북한』 1988년 6월호, pp.51~65. 1949년 초 평양에 파견된 약 35명의 소련특별군사고문단의 구성은 기갑병기의 권위자인 4명의 장군을 포함, 상륙작전의 전문가 및 정보, 포병, 수송, 보급의 전문가들이었다 ; 장준익, 앞의 책, pp.199~200. 이들은 인민군 기계화 부대가 사용할 유류문제 해결을 검토하여, 소련으로부터 원유수송이 용이한 원산부근에 연 10만 톤의 정유공장을 건설하고 또 함흥항으로부터 수송이 용이한 장진호 부근 지하에 연 12만 4천 톤의 정유공장을 건설할 것을 협의하였다.

31) Kyrio Kalinov, 위의 논문, p.62.

3. 북한군 증강과 기지 강화

소련군의 철수가 완료된 직후 김일성은 모스크바를 방문하였다. 그의 소련행은 명목상으로는 북한 경제지원과 군사지원 문제를 논의한다는 것이었지만, 주목적은 무력통일론에 대한 스탈린의 의향을 타진하는 것이었다. 즉, 스탈린은 1949년 3월 초 모스크바를 방문한 김일성 등의 북한대표들과 북한경제지원 및 군사력 증강 문제를 구체적으로 논의하고[32] 1차 모스크바 회담에서 경제협력과 무역, 1949년~1950년도 무역협정, 기술지원, 문화교육 분야의 협력, 북한 아오지-소련 크라스키노 사이 철도건설, 군사력 건설 등에 관한 광범위한 협의를 가졌다.

특히 이때 김일성과 박헌영 일행이 제의한 무력통일안에 대한 스탈린의 반응이 주목된다.[33] 스탈린은 북한군이 한국군에 대해 절대적인 우위를 확보하지 못한 상황에서 '선제공격'을 해서는 안 된다는 입장을 분명히 밝히고 있었다. 즉, "북조선인민군은 남조선군에 대해 확실한 우위를 확보치 못하고 있고 또 수적으로도 불리하며, 남조선에 아직 미군이 존재하고 있으므로 남침을 하면 당연히 미군이 개입할 것이고, 아직은 소련과 미국의 38선 분할에 관한 협정이 유효한 상황이기 때문에 먼저 위반하면 미군 개입을 막을 명분이 없다"라는 것이었다.[34]

스탈린은 남한에 대한 공세적 군사 활동은 "남한의 침략을 격퇴하는 경

---

32) 수행단 구성은 외상 박헌영, 부총리 홍명희, 국가계획위원장 정준택, 교육상 백남운, 통신상 김연주, 상업상 장시우, 주소대사 주영하 등이었다. 유문화 편, 『해방 후 4년간의 국내외 중요일지』, 민주조선사, 1949, p.237 ; 볼코고노프, 한국전략문제연구소 역, 『스탈린』 세경사, 1993, pp.365~369.
33) 「중앙위원회 정치국 제68회 회의 의사록」(1949.3.18), 『러시아 외교문서』 제3권, p.15 ; 「스탈린 동지와 해결해야 할 김일성의 질문」(수기로 기록), 같은 자료 제3권, p.11 ; 기존 연구에서는 남노당 간부들이 한국전쟁발발 시까지도 평화통일의 원칙을 고수했다고 주장하지만, 전쟁개시와 관련하여 박헌영은 시종일관 김일성과 의견을 같이하고 있었던 것으로 드러난다. 앞의 문서. 1950년 1월 남노당의 이승엽이 『근로자』 1호에 기고한 바에 따르면, "평화적인 방법으로서는 도저히 인민의 의사관철이 불능가지이므로 최후의 승리는 오직 무장투쟁이라는 결론에 당한다"라고 하여 이미 박헌영이나 이승엽이 무력통일을 지지하고 나섰음을 보여주고 있다.
34) 「모스크바의 새 증언」 (1), 『서울신문』 1995년 5월 15일자.

우에만 이루어질 수 있다"라는 점을 강조하여 제한된 반격작전만을 허용하는 입장을 피력하였다. 따라서 이 무렵 소련이 추진하고 있던 대북한 군사정책은 북침에 대비한 방어력에 비중을 두어 북한군을 증강시킨다는 것에 비중을 두고 있었음을 알 수 있다.

소련은 이 회담에서 북한의 경제부흥발전 계획을 위해 북한에 4,000만 달러의 차관 및 기술지원, 전문가 파견 등의 문제에 합의하였으며, 이때의 차관액 거의 대부분이 무기 및 장비구입에 사용되었음이 확인된다.[35] 이후 북한은 소련으로부터 소총 15,000정, 각 종 포 139문, T-34 전차 87대, 항공기 94대 등 많은 군사 장비를 인도받게 되었으며 특히 항공기와 전차 등의 지원은 이미 남한과 현격한 전력 격차를 유발시키고 있었다.

스탈린은 회담에서 남한의 군사력, 주한미군, 38도선 무력충돌 등에 관해 많은 관심을 가졌으며, 북한의 해군과 공군지원, 북한군 중 일부를 소련군사학교에 위탁 교육할 것을 약속하였다.[36] 여기에서 합의된 구체적인 지원사항은 곧이어 3월 12일 개최된 김일성과 소련 국방상 불가닌과의 회담에서 다시 구체적으로 논의되었다.[37]

이와 같은 합의 내용을 골격으로 3월 17일에는 소위 '지원의 성격, 소련에서의 북한군 교육 및 경제관계의 발전과 기타 문제들에 관한 조·소 협정'이 체결되었다. 당시 이들 간에는 '경제·문화협정'이 체결된 것으로 공식 발표되었을 뿐이었다. 그러나 이를 두고 지금까지 학계에서는 당시 군사비밀협정도 체결되었을 것이라는 일부의 추론이 있었는데, 이번에 공개된 크레믈린 문서에 의해 당시 회담과 협정의 중점이 군사력 지원에 있

---

35) 「스탈린·김일성회담 속기록」(1949.3.5), 『러시아 외교문서』 제3권, pp.6~12.
36) 「김일성·스탈린 회담 속기록」(1949.3.5), 『러시아 외교문서』 제3권, pp.9~10 ; 「모스크바가 스티코프에게」(1949.6.4), 같은 자료 제4권, pp.28~31. 그 내용은 6개 보병사단과 3개 기계화부대편성에 필요한 무기 및 장비의 추가원조, 7개 기동보안대대편성에 필요한 장비의 추가 원조, 공군이 충분히 훈련되었을 시 정찰기 20대, 전투기 100대, 폭격기 30대를 추가원조, 120명의 특별군사고문단을 1949년 5월 20일까지 파견, 1949년 5월 20일까지 10억원에 해당하는 물자지원 등이다.
37) 「김일성-불가닌 회담록」(1949. 3. 12), 군사편찬연구소 소장(사본).

었음이 밝혀졌다.[38]

　김일성이 대남전력을 낮게 평가하고 있었던 것[39]도 이러한 군사 장비를 보유하게 된 자신감에서 비롯된 것이었다고 할 수 있다. 1949년 4월 7일 모스크바 방문을 마치고 평양에 돌아온 김일성은 "우리 정부 대표단은 소비에트 동맹과 경제·문화협조에 관한 모든 교섭을 성공하고 돌아왔습니다. 공화국 남반부로부터의 외국군대의 철거와 조속한 조국통일과 완전독립을 얻기 위한 애국투쟁을 더욱 광범하게 전개할 것을 나는 전 조선인민들에게 호소합니다"라는 내용을 발표함으로써 소련과의 회담에서 큰 성과를 얻었음을 간접적으로 시사하였다.[40]

　스탈린은 김일성 일행과의 회담에서 북한과 중국 문제는 양국 간의 회담을 통해 논의하기로 합의하였다. 이에 관한 내용은 스티코프가 스탈린에게 보낸 보고서에서 구체적으로 확인되며, 북한-중국과의 회담에서도 무력통일론이 협의되고 있었음을 볼 수 있다.[41] 즉, 1949년 4월 28일 북한 노동당 중앙위원회 대표 겸 북한인민군 정치지도부 대표자 김일이 중국을 방문하였다. 그는 고강, 주덕, 주은래뿐만 아니라 모택동과 3월의 스탈린과의 합의내용 및 북한의 무력통일 방안 등에 대하여 협의하고 중공군 내의 한인사단의 북한 인민군 편입 문제를 확정지었다.

　모택동은 이때 한반도 정세에 대하여 "한국에서의 전쟁은 언제든지 일어날 수 있으며 빨리 끝날 수도 오래 끌 수도 있다. 지구전은 북한에 유리하지 않을 것이다. 일본이 끼어들어 남한정부를 지원해 줄 수도 있기 때문이다. 그러나 당신들 바로 곁에 소련이 있고 우리들이 만주에 있으므로 걱정할 필요 없다"라고 말하고, 이 경우 "중공군을 파병하여 일본군을 격퇴

---

38) 「김일성·스탈린 회담 속기록」(1949.3.5), 『러시아 외교문서』 제3권, pp.8~11.
39) 「툰킨의 암호전보, 남한군대의 상황」(1949.9.14), 『러시아 외교문서』 제3권, pp.28~32. 이에 의하면 남한군의 상황은 남한 내무부에 심어놓은 북한 첩자에 의해 소상하게 파악되었으며, 그 정보 분석을 토대로 김일성은 남한전력을 낮게 평가하고 있었다.
40) 김일성, 「조국의 통일독립과 민주화를 위하여」 제2권, 1949, pp.339~342.
41) 「스티코프가 스탈린에게」(1949.5.15), 『러시아 외교문서』 제3권, pp.19~22.

시킬 것이다"라고 하였다. 그러나 그는 이 시점에서는 국제 정세가 별로 유리한 상황이 아니며, 중국공산당이 국민당군과 전투 중에 있으므로 행동을 일정기간 유보하도록 김일성에게 권고하고 있었음을 볼 수 있다. 한인사단에 대하여는 2개 사단의 이관에 동의하였으며 나머지 1개 사단은 중국남부에서 국민당과 전투 중에 있으므로 후에 인계할 것을 약속하였다.

이러한 내용은 모택동으로부터 회담내용을 통고받은 주중·소련대사관의 코발료프가 스탈린에게 보낸 비밀전문에 의하면, "모택동과 김일 회담에서 중국은 병력과 장비가 필요하면 한인병력과 장비를 지원해 줄 것이지만, 아직 남침 시기는 기다려야 할 것이며 만약 1950년 초 국제 정세가 유리해질 경우 남침 가능성을 배제하지 않고 있다"라고 요약 보고한 내용에서도 재확인된다.[42] 이 회담은 만약 일본군이 투입된다면 이에 대응하여 중국군도 파병하겠다는 결연한 의지가 천명된 것이라는 점에서 특히 중요한 의미를 갖는다고 할 수 있다.[43]

이때의 북한과 중국이 합의한 구체적인 회담 내용은 모택동과 김일성에 의해 각각 1949년 5월 14일과 17일에 소련 대사를 통해서 스탈린에게 전달되었다. 이로써 북한·소련·중국 간에는 1949년 3월~4월 일찍부터 한반도 무력통일 방안이 논의되고 있었으며, 다만 그것의 이행은 북한군의 전력 미비, 주한미군의 문제, 그리고 중국내전의 상황 등으로 인하여 유보되고 있었음을 알 수 있다.

소련은 주한미군이 철수한 직후인 1949년 8월 김일성으로부터 "미군이 철수한 이후 38도선은 의미가 없고 인민군의 전력이 우세하며, 더욱이 남

---

42) 「코발료프가 필리포프에게」(1949.5.18), 『러시아 외교문서』 제3권, pp.20~21. 모택동은 병력과 군장비에 대한 지원을 요청하면 지원이 있을 것이며, 만일 1950년 초 국제정세가 유리하게 돌아간다면 우리는 북한 측에 의한 남한 공격개시 가능성도 배제하지 않고 있다고 하였으며, 일본군대가 한국의 상황에 개입한다면 우리도 가능한 한 빨리 우리 군대를 한국에 보내어 일본군대를 격퇴시킬 것이라고 하였다.
43) 한국전쟁 시 일본의 실제 참전 내용에 관하여는 양영조, 앞의 논문, 「한국전쟁시 일본의 군사적 역할」『정하명교수정년기념논총』, 1993 참조. 이에 의하면, 일본 해군함정 및 구해군 병력 등이 참전하여 한국 동서해안에서 소해작전을 전개하였다.

한이 조국전선의 평화제의를 거부하고 있으므로 우세한 인민군의 전력을 바탕으로 공격할 수밖에 없다"라는 무력남침 의도를 밝혔다. 이에 대해 소련은 다음과 같은 입장을 내세웠다.[44]

현 상태에서 북한은 남한과 비교해 볼 때 남침에 필요 불가결한 우월한 군사력을 보유하지 못하고 있는바 현재 남침은 준비되지 않았음을 인정해야 한다. 그러므로 전투적인 시각에서 이를 승인하기 매우 어렵다. 따라서 한국의 통일투쟁을 위한 현안의 과제는 반동체제의 파괴와 전 한국의 통일과제 달성을 위한 남한에서의 전 인민의 무장봉기 확산전개와 향후 북한인민군의 강화에 최대한의 힘을 집중시켜야 한다.[45]

이와 같이 소련은 남침을 위한 군사력이 확보되지 못하였다는 점을 들어 향후 남한에서의 무장봉기를 확산시키고, 북한인민군의 전력을 강화하는 것이 필요하다고 하였다. 요컨대 소련은 북한이 남침을 단행할 정도로 군사력이 확보되지 못하였다고 보고 있었다. 또한 소련 측은 곧이어 북한의 삼척 '해방구' 건설 문제와 옹진반도 점령 계획 등 제한적인 공격계획에 대해서도 반대의 입장을 분명히 하였다.[46] 그 구체적인 이유는 "현재 한반도에는 두 개의 국가가 존재하며 그중 남한은 미국 및 기타 국가에 의해 승인되어 북한의 공격 시 미국이 남한에 무기 탄약 공급뿐 아니라 일본군의 파견을 통해 남한을 지원할 가능성이 있다. 또 북한의 대남공격은 미국에 의해 대소련 모험전쟁에 이용될 수 있으며, 정치적 측면에서 북의 공격은 남북한 인민 대다수의 지지를 얻을 수 있으나 군사적 측면에서 볼 때 북한은 아직 남한에 대해 압도적 군사력을 갖추지 못하고 있다. 남한은 이

---

44) 「스티코프의 보고」(1949.8.12), 『러시아 외교문서』 제2권, pp.10~11 ; 「툰킨의 전보」 (1949.9.14), 같은 자료 제3권, pp.31~32.
45) 「주한소련대사에게 보내는 지시」, 같은 자료 제3권, pp.51~52.
46) 「스티코프 보고」『러시아 외교문서』 제2권, p.4.

미 상당히 강한 군대와 경찰을 창설하였다"라는 것이었다.[47] 이를 통해 볼 때 이때까지 소련은 북한의 군사력이 승리할 만큼 강하지 않다고 분석하고 있었고, 반면 김일성은 남한전력을 높지 않게 평가하고 있었음을 확인할 수 있다.

소련이 당시의 상황을 위와 같이 판단한 이유는 자칫 대남공격이 장기화될 경우 미군개입의 빌미를 제공하게 된다는 점에 유의했기 때문이다. 이에 9월 24일 스탈린은 스티코프 대사를 통해 소위 민주기지를 강화, 즉 남한 내에 빨치산 활동을 강화하고 소위 '반동체제'의 파괴와 남한에서 '인민봉기'의 확산, 인민군의 증강에 최대한 힘을 집중하도록 전달하였다.[48] 이는 당시까지 소련이 갖고 있던 북한에 대한 기본시각이었다고 하여도 좋을 것이다.

한편, 1949년 3월 모스크바 회담 이후 인민군의 전력은 크게 증강되고 있었다. 이에 고무된 김일성은 1949년 8월 12일 일시 귀국하는 스티코프 대사에게 대남선제공격을 준비해야겠다는 문제를 제안하였다. 미군이 철수함으로써 38도선은 더 이상 의미가 없고 또 38도선 분계선 충돌로 인해 인민군의 전력이 우세하다는 것이 입증되었으며, 더욱이 남한이 조국전선의 평화제의를 거부하고 있으므로 무력침공을 할 수밖에 없다는 주장이었다.[49]

김일성에 의해 제시된 구체적인 작전은 즉, 옹진반도의 남한 측 군대를 격파하고 그곳에 주둔해 있는 두 개의 연대를 격파하여 옹진반도를 점거

---

47) 「툰킨의 보고」(1949.9.12) 『러시아 외교문서』 제3권, p.32. 툰킨은 아직 내전이 시기적으로 부적절하고 인민군 또한 승리할 만큼 강하지 않다고 분석하였던 반면 김일성은 남한전력을 높지 않게 평가하고 있었음을 알 수 있다.
48) 「모스크바가 스티코프에게」『러시아 외교문서』 제3권, pp.51~53. 1949년 9월 24일자 공산당 중앙위의 지침에서는 "북한의 공격은 미국이 북한의 침략문제를 유엔총회에 제의하여 유엔으로부터 미군의 남한파병에 대한 승인을 받아낼 수 있는 구실을 제공할 수 있을 것"으로 반대이유를 제시하였다. 스티코프는 8월 12일에서 10월 4일까지 모스크바에 체류하고 있었다. (위의 자료 제2권, pp.4~6) 아마 그것은 중국공산정부의 수립, 소련의 원폭실험과 관련한 소련의 중요정책 토의의 목적이 아니었는가 추측된다.
49) 「스티코프의 보고」(1949.8.12) 『러시아 외교문서』 제2권, pp.10~11 ; 「툰킨의 전보」(1949.9.14), 같은 자료 제3권, pp.31~32.

한 뒤 그곳을 기점으로 동쪽 개성까지 영토를 차지한다는 것이었으며, 만약 남한 측 군대가 북한 측의 기습으로 사기가 저하되어 있다면 남쪽으로 계속 진격해도 무방할 것이고, 여전히 사기가 저하되지 않고 있다면 방어선을 단축하고 경계선의 방비를 더욱 굳건히 한다는 것이었다.[50]

그러나 소련은 이에 반대하는 입장이었다. 즉, 스탈린은 "다음은 8월 12일 면담에서 당신들이 제기했던 문제에 관한 모스크바의 입장이다. 현 상태에서 북한은 남한과 비교해 볼 때 남침에 필요불가결한 우월한 군사력을 보유하지 못하고 있는바 현재 남침은 준비되지 않았음을 인정해야 한다. 그러므로 전투적인 시각에서 이를 승인하기 어렵다", 따라서 "한국의 통일투쟁을 위한 현안의 과제는 첫째 반동체제의 파괴와 전 한국의 통일과제 달성을 위한 남한에서의 전 인민 무장봉기 확산전개와, 둘째 향후 북한인민군의 강화에 최대한의 힘을 집중시켜야 한다"라고 스티코프 대사에게 지시하였다.[51]

김일성은 대남공격이 소련의 반대로 실현될 수 없게 되자 38도선에 가까운 강원도 삼척에 '해방구' 건설 문제를 제기하였다. 이 역시 소련의 반대에 부딪히자, 또 옹진반도 점령 계획을 제시하였다.[52] 옹진 지역의 확보는 장차 공격작전에 유리한 발판이 될 뿐만 아니라 전선을 120km나 축소할 수 있다는 것이었다.

이 문제 역시 북한의 전력이 아직 미비하다는 소련의 반대에 부딪혀 무산되었다. 그 반대의 구체적인 이유는 "첫째, 현재 한반도에는 두 개의 국가가 존재하며 그중 남한은 미국 및 기타 국가에 의해 승인되어 북의 공격 시 미국이 남한에 무기 탄약 공급뿐 아니라 일본군의 파견을 통해 남을 지원할 가능성이 있으며, 둘째, 북의 대남공격은 미국에 의해 대소련 모험전쟁에 이용될 수 있고, 셋째, 정치적 측면에서 북의 공격은 남북한 인민 대

---

50) 위의 자료, pp.31~32.
51) 「주한소련대사에게 보내는 지시」, 같은 자료 제3권, pp.51~52.
52) 「스티코프 보고」 『러시아 외교문서』 제2권, p.4.

다수의 지지를 얻을 수 있으나 군사적 측면에서 볼 때 북은 아직 남에 대해 압도적 군사력을 갖추지 못하고 있으며, 넷째 남한은 이미 상당히 강한 군대와 경찰을 창설하였다"는 것이었다.⁵³⁾

소련은 군사작전 면에서 전쟁이 지구전이 될 경우 미군의 개입 동기를 제공하게 된다는 점에 유의하고 있었다. 스탈린은 소위 민주기지를 강화 즉, 남한 내에 빨치산 활동을 강화하고 '반동체제'의 파괴와 남한에서 인민봉기의 확산, 인민군의 증강에 최대한 힘을 집중하도록 스티코프 대사를 통하여 지시하였다.⁵⁴⁾ 또한 소련 공산당은 중앙인민위원회 회의를 통해 1949년 9월 24일 남한공격 시기가 적절하지 못함을 지적하면서 평화통일의 가능성을 너무 도외시하지 말 것을 강조하고 있었다.⁵⁵⁾

이상을 통해 볼 때 소련은 1949년 9월 시점까지도 북한의 무력통일론에 대해 신중한 입장을 고수하고 있었음을 볼 수 있다. 소련은 이 시점에서 미·소 공동위원회에서 합의된 사항에 관하여 조심스런 입장을 견지하고 있었으며 특히 북한의 공세로 인하여 미국이 자극을 받을 수도 있다는 점에 대다히 유의하고 있었다.

4. 극동정책의 전환과 남침 지지

1949년 후반에 접어들면서 동서진영은 소련의 원폭 보유, 중국공산정부 수립, 중·소회담 등의 문제로 큰 변화를 맞는다. 미국은 심각한 대공 위기감을 갖고 이에 대처하기 위해 급격히 재무장정책과 대소 강경정책을 검토하는 가운데 군사원조 계획으로서 상호 방위원조안을 확정한다. 이 시점 미·소 관계가 급격히 악화된 가장 직접적인 이유는 역시 소련의 원자폭탄 개발 때문이었다.

---

53) 「툰킨의 보고」(1949.9.12), 『러시아 외교문서』 제3권, p.32.
54) 「모스크바가 스티코프에게」, 『러시아 외교문서』 제3권, pp.51~53.
55) 「소 연방공산당 중앙위원회 회의록」(1949.9.24), 『러시아 외교문서』 제3권, pp.50~52.

4부

─한국전쟁과 소련·중국

　　미국은 1949년 9월 3일 미 공군정찰 편대가 일본에서 알래스카까지 정찰하여 소련의 방사능실험 흔적을 탐지하였고, 그 실험은 8월 29일 무렵 실시된 것으로 분석되었다.[56] 소련의 핵개발은 미국이 더 이상 핵무기의 독점국이 아님을 의미하는 것이었으며, 소련과 동북아의 새로운 상황에 직면한 미국은 전반적인 대외전략을 재검토하게 되었다.[57]

　　이러한 국제적 긴장 속에서 소련은 북한이 스탈린의 방침과 무관하게 1949년 10월 14일 대규모 병력을 동원하여 옹진을 공격하자, 이 사태처리에 대해서 미국보다 훨씬 더 조심스런 입장을 피력하고 있었다. 즉, 소련 중앙인민위원회는 스티코프에게 옹진공격의 사전계획과 행동에 관하여 보고하지 않은 사실에 대해 주의를 하달하였다.[58]

　　질책을 받은 스티코프는 "내무상 박일의 지령에 따라 제3국경경비여단장이 남한이 점령하고 있는 38도 이북에 위치한 주요 두 개의 고지를 탈취할 준비 중"이라는 사실을 보자긴 대령으로부터 보고받았다고 설명하였으며, 또 10월 31일 보자긴 대령이 감제고지이며 38선으로의 유일한 연락로인 은파산을 탈취할 필요가 있다고 하였다는 내용을 아울러 보고하였다.

---

56) Richard G Hewlett & Francis Duncan, A History of US Atomic Energy Commission, Vol.2,(Univ. Park, Pennsylvania, The Pennsylvania State Univ., 1969), pp.362~363.

57) 「NSC 48/2」(1949.12.30), *FRUS 1949*, Vol.Ⅶ, pp.1215~1220. 「NSC 48」시리즈는 미국의 대아시아정책으로서 48/1은 1949년 12월 23일 작성되어 12월 29일 48/1의 결론인 48/2의 형태로 대통령의 승인을 얻었다. 「NSC 48/1」은 「NSC 8/2」의 목표를 재확인하고 나아가 공산주의 팽창을 성공적으로 봉쇄할 수 있고 평화적인 통일을 달성하는 데 중추적인 역할을 할 수 있도록 한국정부를 강화할 것을 규정하고 있으며, 「NSC 48/2」는 몇 개의 선택된 주요국가에만 한정해서 군사적 안전보장을 공약하고 있다.

58) 「모스크바가 스티코프」(1949.10.26), 『러시아 외교문서』제3권, p.54. 스탈린은 스티코프에게 "귀 직에게는 중앙의 허가 없이 북한정부에게 남한에 대항하는 적극적인 활동을 추천하는 것이 금지되어 있으며, 38선에서 일어나는 사건과 계획된 모든 활동에 대해 본부에 바로 보고서를 제출하도록 지시하였으나, 이러한 지지들이 제대로 이행되지 않고 있다"라고 경고하였다. 「그로미코가 스키코프에게」(1949.11.20), 『러시아 外交文書』제3권, p.57 ; 김일성의 무력통일론에 관한 평가에서 "김일성이 1949년부터 전쟁을 구상하고 추진하였지만, 그는 아직 9월까지는 전쟁을 적극적으로 시도하려고 하지 않았다고 평가하고 북한 리더십은 내부적으로 1949년 말에 전쟁에 대한 합의나 결정이 이루어졌다고 추정되고 있다"는 분석이 있다.(朴明林, 앞의 논문, p.57, 93) 그러나 김일성과 박헌영이 적어도 1949년 1월 17일 이전부터 입장을 분명히 갖고 있었으며 다만 선제공격에 관한 스탈린으로부터 합의를 얻

그러나 소련 중앙인민위원회는 11월 20일 스티코프에게 "38선상의 충돌을 일으키지 말라는 본부의 명령을 충실히 이행할 것"을 재차 강조하였다.[59]

1949년 말의 시점은 미국과 소련이 각기 유럽과 아시아에서뿐 아니라 세계전략의 구도를 재편하고 있었던 중요한 시기였다. 따라서 그와 같은 소련의 대북방침은 선급한 북한의 국지적인 공세로 인하여 사태를 그르치지 않으려는 입장을 반영한 것이었다고 볼 수 있다. 아울러 이 시기 소련은 북한에 대해서도 구체적인 복안을 검토하고 있었음을 알 수 있다. 즉, 소련은 내부적으로 한반도에 장차 다가올 수 있는 전쟁에 대비하여 다음과 같은 구체적인 행동지침을 마련하고 있었다.

전쟁이 시작될 경우에 대비해 북조선에 있는 해군기지와 공군부대를 폐쇄할 것. 우리가 전쟁을 원치 않는다는 것을 전 세계에 과시하고 또한 적을 심리적으로 무장 해제시킨다. 이는 전쟁이 시작될 경우 우리의 개입을 방지하기 위해서이다.[60]

소련은 전쟁의 가능성을 예상하고 있었으며 전쟁이 발발할 경우 대외적 명분상 소련의 개입흔적을 남기지 않는다는 목표를 가지고 있었다. 내부적으로 소련은 전쟁에 대비하여 대북지원에 관한 계획을 수립하면서 다른 한편으로 중국과도 그 문제를 협의하였다. 스탈린은 1949년 12월 16일 모스크바를 방문한 중국 모택동과 1950년 2월 17일까지 2개월 동안 회담을 가지고 '중·소우호동맹상호조약', '장춘 철도·여순 및 대련에 관한 협정', '차관협정'을 체결하였다.[61]

지 못하고 있었으며, 그 이후 지속적으로 합의를 얻어내기 위하여 노력하고 있음을 간과하고 있다.
59) 「그로미코가 스키코프에게」(1949.11.20), 『러시아 외교문서』 제3권, p.57.
60) 「모스크바 새 증언」(1), 『서울신문』 1995년 5월 15일
61) 국방군사연구소 역, 『중공군의 한국전쟁』, 1994, p.93 ; 모택동 자신도 대만해방이 북한에 대한 군사지원과 밀접히 관련되었음을 강조하였다. 미국의 한국침략은 대만, 베트남 및 아

스탈린·모택동 회담은 표면적으로는 발표된 바와 같이 '중·소' 양국 간 문제에 국한된 것 같으나, 당시 국제 및 동아시아 정세로 보아 냉전체제하의 양국 간 결속 다짐은 물론 세계 공산혁명을 위한 역할 분담이 협의되었을 것이라고 추정되며, 또한 소련외교문서에 나타난 선제공격에 관한 김일성의 발언으로 미루어 북한의 전쟁지원 문제가 심도 있게 다루어졌음을 알 수 있다. 스탈린·모택동 회담은 소련의 핵실험 성공과 중국 공산정부 수립에 따른 세계전략 재편과의 깊은 관련 속에서 진행된 것이었다.

중·소 회담 직후 스탈린이 스티코프에게 하달한 전문에 의하면, 즉 "모택동 동지와의 회담에서 우리는 북조선의 군사력과 방어능력을 증대시키기 위해 이를 도울 필요성과 방안에 대해 논의했음을 통보했다"[62]라고 한 것으로 보아 중국과 소련이 긴밀하게 북한군의 병력 증강에 대해 협의하였음을 알 수 있다.

이와 관련하여 소련은 1950년 2월 북한의 추가 3개 사단을 장비할 각종 장비, 탄약, 기자재 등을 도입하기 위하여 1951년도 차관 분 1억 3,000만 루블을 1년 앞당겨 집행할 수 있도록 하는 데 합의하였으며,[63] 이들 장비의 도입은 1950년 4월 김일성의 제2차 모스크 회담을 계기로 더욱 촉진되었다.[64]

1950년 4월 스탈린은 김일성과의 비공개회담에서 남북한 통일의 방법, 북한 경제개발의 전망, 그리고 공산당 내부문제 등에 관하여 협의하였다. 이때 스탈린의 입장은 "국제환경이 유리하게 변하고 있음을 언급하고 북한의 통일과업을 위한 선제 남침을 개시하는 데 동의"하였으며, 이 문제의

시아에서의 침략활동의 일부분으로 연결되었기 때문에 미국을 조선에서 저지시킬 수 없을 때 그 마수가 대만에까지 뻗어 그 해방이 어려워진다는 것이다. 姚旭, 「抗美援助的英明決」, 한양대 중·소연구소 편, 『중·소연구』 제8권 4호, 1984, p.22.
62) 「스티코프가 비신스키에게」(1950.1.19), 『러시아 외교문서』 제3권, pp.60~62.
63) 「스티코프의 보고」(1950.2.7), 위의 자료 제4권, pp.46~48 ; 「스티코프가 비신스키에게」, 같은 자료, p.49.
64) 朱榮福, 『朝鮮人民軍の南侵の敗退』, ユリア評論社, 1979, pp.212~232.

최종결정은 "북한과 중국에 의해 공동으로 이루어져야 하며 만일 중국 측의 의견이 부정적이면 새로운 협의가 이루어질 때까지 결정을 연기"하기로 합의한다는 것이었다.[65]

스탈린의 조건적인 수용에 따라 김일성은 5월 13일 모택동을 방문하여 전쟁을 위한 구체적인 행동지침, 미군과 일본군의 참전 가능성 문제 등에 관하여 토의하였다. 이날 김일성 일행이 모스크바회담 결과를 설명하자, 모택동은 스탈린에게 직접 설명을 듣고 싶다고 요청하였다.[66] 모택동의 요청을 받은 스탈린은 다음과 같이 전하였다.

> 북한동지들과의 회담에서 필리포프(스탈린의 가명: 필자주)동지와 그의 측근들은 현 국제상황이 변하였으므로 남북한 통일사업에 착수하겠다는 북한 동지들의 제안에 동의하였음. 이와 관련하여 이 문제는 중국동지와 북한 동지 간에 사전에 합의가 되어야 하며, 만약 북한 측과 중국 측이 문제 해결방법에 있어 이견을 보일 경우 문제 해결을 위한 새로운 논의가 이루어질 때까지 미루어 두어야 함. 회담내용에 관한 사항은 북한 측에서 귀하에게 자세히 설명할 것임.[67]

스탈린은 국제 정세의 변화에 따라 통일에 착수하자는 조선 사람들의 제창에 동의하지만, 중국이 동의하지 않는 경우에는 다시 검토할 때까지 연기되어야 한다는 입장이었던 것이다. 결국 김일성 일행은 스탈린의 조건사항인 모택동으로부터 합의를 얻었으며 그 밖에 조·중 우호동맹상호

---

65) 『러시아 외교문서』 제2권, p.9, pp.23~24. 스탈린은 미국의 개입을 막을 명분으로서 "적들이 조만간 먼저 공격해 올 것이오, 그러면 절호의 반격기회가 생깁니다. 그때는 모든 사람이 동지의 행동을 이해하고 지원할 것이오"(「모스크바의 새 증언」(1), 『서울신문』 1995년 5월 15일자)라고 하여 소련의 미국개입에 대한 우려는 한국보다 월등한 군사력을 확보하여 '남조선해방이 앞당겨질수록 미국의 개입기회는 그만큼 줄어 든다'는 1950년 7월 1일자 전문에서 밝혀졌다. 「모스크바의 새 증언」(9), 『서울신문』 1995년 6월 2일자.
66) 「주중대사 로신이 필로포프에게」(1950.5.13), 『러시아 외교문서』 제3권, p.70.
67) 「필로프가 모택동에게」(1950.5.14), 『러시아 외교문서』 제3권, p.72.

원조 조약은 통일 후에 체결하기로 합의하고 5월 16일 평양으로 복귀하였다.[68]

이보다 앞서 이미 중국 측의 모택동은 주중 북한대사 이주연을 만난 자리에서 "조선의 통일은 평화로운 방법으로는 불가능하며 전쟁을 통하는 길밖에 없다"라고 하였으며, 미국에 대해서는 "이렇게 작은 영토를 위해 미국은 제3차 세계대전을 일으키지 않을 것이므로 두려워할 필요가 없다"라고 한 바 있었다.[69]

제2차 모스크바회담에서의 조·소 비밀정상회담 직후 소련 군사전문가들은 북한수뇌와 가진 회담에서 공군력의 지원을 강조한 북한 측의 요구를 수용하여 항공기를 추가로 공급하기로 하고 반면 지형을 고려하여 전차를 1개 사단으로 축소 조정하는 등 김일성·스탈린 회담의 합의사항을 현지실정에 부합되게 조정하면서 이의 이행에 착수하였다.[70] 소련 고문단은 4월부터는 소련에서 도입된 신형장비의 조작훈련 및 대부대훈련에서 나타난 결점을 보충하는 북한군의 부대훈련을 실시하였다.

이렇게 소련군 장교들에 의해 편성·훈련되고 소련에서 공급한 장비로 무장하는 등 소련의 강력한 지원을 받은 인민군은 1950년 전쟁 직전까지 육군 10개 보병사단, 해군 3개 위수사령부, 공군 1개 비행사단 규모의 군대로 성장하였다.[71]

---

68) 「주중대사 로신이 스탈린에게」(1950.5.15), 『러시아 외교문서』 제2권, pp.24~27.
69) 「슈티코프가 비신스키에게」(1950.5.12), 『러시아 외교문서』 제3권, pp.68~69. 주중국 대사 이주연이 김일성·박헌영의 회담 필요성에 관해 모택동과 주은래와 면담한 결과, 모택동은 가까운 시일 내에 남한을 상대로 전쟁을 시작하길 원한다면, 면담은 공식적이 아닌 비공식적인 것이 되어야 한다고 하였다.
70) Kyrio Kalinov, 앞의 논문, p.64. 스티코프는 제1극동전선군 군사회의 위원, 미·소 공동위원회 소련 측 수석 대표을 역임하였으며, 주북한 소련대사가 되었다. 그는 북한 정부의 수립과정과 북한군의 전력증강 그리고 김일성 정권 남침결정 과정 등에 깊숙이 개입하여 중요한 역할을 수행하였다.
71) 주북한 소련군사고문단은 1948년에는 북한군 각 사단에 150여 명씩 총 3,000명 정도가 있었으며, 1949년에는 각 사단에 20여 명으로 감소되고 1950년에 들어 각 사단 3~8명 정도가 잔류하고 있었다. U.S. Department of State, North Korea, USGPO, 1961, p.114. 1950년 3월 1일 현대 북한군에 배속된 소 군사고문단의 총수는 239명이었으나 148명 만이 북한

김일성은 모스크바에서 복귀 후 곧 남침공격 작전계획을 구체적으로 수립하도록 총참모부에 지시하였고, 결국 총참모장 강건과 새로 부임한 바실리에프 고문단장이 중심이 되어 1950년 5월 29일에 이를 완성하였다. 이 계획은 1개월 기간으로 3단계로 구성되었고,[72] 마지막으로 6월 16일 스티코프를 통해 스탈린의 동의를 받은 후 남침 일자는 6월 25일로 정해졌다.[73]

이 결정과정은 바로 북한이 왜 1950년 6월에 공격하기로 하였는가를 시사해 주는 대목이라고 할 수 있다. 소련과 중국의 입장에서는 핵의 보유, 중국과의 유대강화 문제 이외에도 당시 논의되던 미국과 일본 사이의 평화조약에 자극을 받았을 것이며, 전 한반도로의 공산통제 확대로 미·일 동맹체제의 전략적 가치를 상쇄하려고 의도하였을 가능성이 크다고 보여진다.[74]

소련이 북한·중국과 전쟁계획을 최종적으로 결정함에 있어 가장 고심

에 자류해 있었다. 『동아일보』 1995년 6월 20일자.
72) 「주중대사 로신 보고」(1950.5.15), 『러시아 외교문서』 제2권, p.26. 김일성은 모택동에게 제1단계에서는 군사력을 준비하고 이를 증강하는 것이고, 제2단계는 평화적 통일에 관해 대남 제의를 하고, 제3단계는 남한 측의 평화통일 제의 거부 후 전투행위를 개시하는 것이라 설명하였고, 모택동이 이에 찬성을 표명하였다 ; 「조선인민군 선제타격계획 작전지도」(사본), 연합통신자료실(1992.8.29). 이는 연합통신이 러시아 군역사연구소 수석연구원, 코르트크프 박사로부터 입수한 실제 상황도의 사본이다. 이 작전 상황도의 원본은 모스코바와 평양에 각기 1부씩 보관되어 있다.
73) 「스티코프가 스틸린에게」(1950.6.21), 『러시아 외교문서』 제2권, p.29 ; 전략문제연구소 역, 볼코고노프, 『스탈린』, 세경사, 1993, pp.372~373. 전투개시 일자에 관해 5월 29일 스티코프는 김일성과 면담 후 바실리예프 장군 및 포스크니코프 장군과 협의하여 6월 말로 의견을 교환하였다. 이때 소련 군사고문단은 7월로 주장하였으나 김일성이 장마가 오기 전에 개시하여야 한다는 주장에 따라 6월로 결정되었다. 김일성은 6월 21일 스탈린에게 6월 25일 작전개시를 알렸고 스탈린의 최종적인 동의를 받았다. Evgeniy P. Bajanov & Natalia Bajanova, 『소련비밀문서를 통해본 한국전쟁』(미간행), p.60.
74) 양영조, 앞의 논문, 「한국전쟁과 일본의 군사적 역할」, p.34. 이 무렵 극동지역에 대한 미국의 관심은 미일평화협정에 집중되고 있었다. 1950년 6월 중순 미 국방장관 존슨 일행은 합동참모의장 브래들리와 함께 극동과 태평양 군사시설을 확인하기 위해 순회하였으며 도쿄에서 맥아더와 광범한 토의를 가졌다. 이 토의의 주제는 주로 대일 평화협정에 관한 것이었지만 대만의 중요성도 아울러 강조되고 있었다. James F. Schnabel · Robert J. Watson, *The History of the Joint Chiefs of Staff*(Joint Chiefs Staff : 1978), 국방부 전사편찬위원회 역, 『미합동참모본부사 한국전쟁』(상), 1990, pp.44~45.

한 사항은 미군의 개입 가능성 문제였다.[75] 북한정권과 소련고문관들은 8월 15일 해방 5주년 기념일까지 서울에 통일 한국 새 공산정부를 수립하는데 시기적으로 알맞게 남한 점령을 완료하고 선거를 마칠 수 있다고 예상하였다.

즉, 1950년 6월 말에 전면 공격으로 신속히 서울을 점령하고, 인민봉기를 유발하여 한국정부를 전복하는 한편 인민군이 신속히 남해안까지 전개하여 증원되는 미군의 한반도 상륙을 막아 1개월 내에 전쟁을 종결시키며, 8월 15일 해방 5주년 기념일까지 서울에 통일된 인민정부 수립을 목표로 설정하였던 것이다.[76]

따라서 바실리예프 중장을 비롯하여 소련 군사고문관들은 개전 직전까지 북한군에 배속되어 전쟁준비에 참여하다가 북한군의 공격작전이 예정대로 진행되는 것을 확인하고 소련의 개입흔적을 지우기 위해 후방으로 잠적하였다. 이후 1950년 말까지 평양과 소련 외무성 간의 전보교신은 최소한으로 자제되고 있었다.[77]

---

[75] 김일성은 미국의 참전에 대해 크게 우려하지 않는 편이었다. 그는 "이승만 도당을 뒷받침하고 있는 미제국주의자들의 모든 행동을 모든 인민은 예리하게 감시해야 하면 경계심을 고조시켜야 한다"라는 정도로 인식하고 있었으며, 미국참전에 관한 우려는 주로 스탈린이 제기한 것이었다. 모택동의 입장도 "미국이 남한과 같은 작은 나라 때문에 3차대전을 시작하지는 않을 것이므로 미국의 개입을 두려워 할 필요가 없다"라는 입장이었다. 『러시아 외교문서』 제2권, pp.9~12 ; 『김일성저작집』 제6권, p.11.

[76] FEC GHQ, *History of North Korean Army*, 1952(미간행), p.4.

[77] 소련은 주북한 소련대사관의 암호전문도 기밀유지상 바람직하지 못하므로 향후 일체의 암호전문을 사용하지 않도록 지시를 내리고 있었다. (『러시아 외교문서』 제2권, p.29) 개전직전 북한군에 배속되어 남침준비에 참여한 소련 군사고문단의 숫자는 약 150여 명에 달하였으나 (『동아일보』 1995년 6월 20일자), 공격작전이 예정대로 진행되는 것을 확인하고 후방으로 잠적하였다. 개전 직후 스탈린이 핀시에게 보낸 전문에 의하면, "북한 측 지도부가 어떤 계획을 갖고 있는지 전혀 보고가 없다. 우리의 의견으로는 남으로의 진격은 계속되어야 한다고 생각하며, 남한을 보다 빨리 해방시킬수록 외세의 간섭기회가 적어질 것임"이라는 것으로 보아 인민군의 서울 점령 시까지 거의 보고가 없었음을 알 수 있다. 「핀시가 평양대사에게」(1950.6), 같은 자료 제3권, p.73.

5. 맺음말

해방 직후부터 미·소 공동위원회가 최종적으로 결렬되기 이전까지 소련은 한반도 내 "소련에 우호적인 정부를 구성한다"라는 기본목표를 추진하고 있었다. 이에 따라 소련은 해방 직후 북한에서 소위 '사회주의 구축'이라는 차원에서 한반도가 소련을 공격하기 위한 전초기지가 되어서는 안 된다는 것을 명확히 하고 있었다. 그것은 역시 소련이 인민군 건설 초기부터 군사물자와 장비지원은 물론 군 수뇌부, 각 부대 및 학교기관을 지도한 사실에서도 확인된다. 특히 소련 군사고문관은 평양의 소련대사관에서 각 부문사절단을 통제하며 본부역할을 수행하였으며 북한의 정책결정기구인 정치위원회에 영향력을 행사하였다.

주북한 소군은 1948년 말 철수 시 인민군에게 장비를 이양하여 4개 사단으로 증편하고 미군철수를 압박하면서 모스크바에서는 북한인민군 전력증강에 관한 구체적 대책을 마련하고 있었다. 이러한 사실은 소련의 대북군사정책이 같은 시점 미국의 대한정책의 목표가 국내 치안확보에 있었던 점과는 달리, 북한군의 상대적인 우세 또는 적어도 열세하지 않는 전력을 보유하도록 하는 데 있었음을 보여준다.

1949년 3월 초 스탈린은 모스크바를 방문한 김일성 등 북한대표들과 북한경제지원 및 군사력증강 문제를 논의하였다. 이때 스탈린은 북한군이 한국군에 대해 절대적인 우위를 확보하지 못한 상황에서 선제공격을 해서는 안 된다는 입장을 밝히고 있음이 주목된다. 이 회담에서 소련은 북한의 경제부흥발전 계획을 위해 북한에 약 4,000만 달러의 차관 및 기술지원, 전문가 파견 등의 문제에 합의하였으며, 이때의 차관액 거의 대부분이 무기 및 장비구입에 사용된 것으로 나타났다. 여기에서 합의된 지원사항은 곧이어 개최된 국방상 회담에서 구체적으로 논의되었다. 뿐만 아니라 소련은 이 회담과는 별도로 내부적으로 전쟁의 가능성을 예상한 구체적인 계획까지 구상하고 있었다.

이 과정에서 스탈린은 1949년 말부터 2개월간 모택동과 회담을 가지고

'중·소우호동맹상호조약', '장춘 철도·여순 및 대련에 관한 협정', '차관협정'을 체결하였다. 이 회담의 배경은 소련의 핵실험 성공과 중국 공산주의정부수립에 따른 세계전략 재편과 관련 있는 것으로서 당시 국제 및 동아시아 정세로 보아 냉전체제하의 양국 간 결속 다짐은 물론 세계 공산화를 위한 역할 분담이 협의된 것이었다.

스탈린은 이어 1950년 4월 김일성과의 비밀회담에서 남북한 통일의 방법, 북한 경제개발의 전망, 그리고 공산당 내부 문제 등에 관하여 협의하였다. 그는 "국제환경이 유리하게 변하고 있음을 언급하고 북한의 통일과업을 위한 선제 남침을 개시하는 데 동의하였다. 이 문제의 최종결정은 "북한과 중국에 의해 공동으로 이루어져야 하며 만일 중국 측의 의견이 부정적이면 새로운 협의가 이루어질 때까지 결정을 연기하기로 한다"는 것이었다. 스탈린의 조건적인 수용에 따라 김일성은 1950년 5월 13일 모택동을 방문하여 전쟁을 위한 구체적인 행동지침, 미군과 일본군의 참전 가능성 문제 등에 관하여 토의하였으며, 그 밖에 우호동맹상호원조 조약은 통일 후에 체결하기로 합의하였던 것이다.

이와 같이 소련은 미·소 공동위원회가 최종적으로 결렬되고 단정이 가시화되면서 정책목표를 수정하여 남한의 소위 '반동체제' 파괴와 전 한국의 통일과제 달성을 위한 남한에서의 '전 인민 무장봉기 확산', 북한인민군의 강화 등에 중점을 두고 있었다. 그 후 소련은 국제정세가 유리하다고 평가하면서 '선제남침에 의한 통일된 인민정부 수립'에 북한과 최종 합의하고 북한군의 전쟁준비를 적극 지원하였던 것이다. 이를 통해 볼 때 전쟁을 주도적으로 준비, 결정, 실행한 것은 북한이었으나 소련 역시 전쟁을 통한 대한반도 공산혁명의 의지를 분명히 갖고 있었고 또 전쟁의 최종결정 단계에까지 깊이 개입하고 있었음을 알 수 있다.

제 12 장
중국의 참전전략과 군사 현대화

1. 머리말

중국군은 한국전쟁 참전기간 동안 현대장비로 무장된 미군과 전투를 수행함으로써 현대전쟁(장비와 보급)의 중요성을 인식하게 되었고, 그 결과 중국은 점차 소련식 현대장비로 교체하여 "전쟁 중에 전쟁을 학습하자"는 구호 아래 군사개혁을 실천하였다.[1] 중국군은 이러한 군사개혁에 있어 전쟁기간 내내 중국 '인민지원군' 의 개혁 문제를 제기하였으며, 특히 1952년 4월부터 1953년 6월까지 중앙군위에서 근대화·정규화를 통한 새로운 군사전략 계획을 관철시키기도 하였다.

따라서 중국군이 한국전쟁에 참전하게 된 이면에는 자국의 안보와 국가이익이라는 이중적 목적이 복잡하게 뒤얽혀 있었다. 이에 대해 중국에서는 일반적으로 현실적 이익(애국주의)과 거시적인 이익(국제주의)이 상호 결합되어 참전한 것으로 평가되고 있다.[2]

중국군의 군사개혁은 한국전쟁 참전전략 속에서 나타난 것이었고, 또

---

1) 攝榮臻, 『攝榮臻回憶錄』, 解放軍出版社, 1982, pp.744~745.
2) 中國軍事科學院歷史研究部, 『抗美援朝戰史』 第1卷, 軍事科學出版社, 2000, p.246 ; 李捷, 「近年來中國學者對朝鮮戰爭研究的最新成果」, 군사편찬연구소, 「한·중 국제학술세미나 : 한국전쟁중 중국의 참전전략과 포로문제」, 2001.10, p.7.

전쟁의 추이 및 정세와 깊은 관련을 가지면서 발전된 것이었다. 그럼에도 불구하고 지금까지 중국군 참전과 군사개혁 문제는 학술적인 관심을 거의 받지 못하였다. 그것은 '조중연합사령원'이었던 팽덕회의 정치적 숙청과 관련이 있으며 군사개혁에 관한 기록들도 폄하되거나 제한되었기 때문이다.[3]

최근 들어 구소련자료와 중국자료가 일부 공개되면서 이에 관한 관심이 재고되고 있다.[4] 그러나 중국자료에 관해서는 중국정부가 관련 당안 자료를 선별적으로, 또 부분적으로 가공한 후 다시 선별적으로 공개하기 때문에 그 신뢰성 여부에 대해 의문이 제기되고 있다. 이를 보완하기 위해서는 구소련자료 등과의 교차확인이 필요할 것이다.[5]

본 고에서는 중국군이 참전 초기부터 지구전을 통해 소련군 장비와 교리에 의한 중국군의 개혁 의지를 굳게 견지하고 있었고, 그러한 개혁의지가 전쟁의 추이, 즉 전쟁의 장기화에 직접적인 영향을 주었음을 밝히고자 한다.

---

3) 景希珍・李太友, 『跟隨彭總』, 遼寧人民出版社, 1984 ; 中國人民革命軍事博物館, 『彭德懷元帥, 人民革命事博物館文獻資料選』, 上海人民出版社, 1985 ; 軍事科學院, 『彭德懷軍事文選』, 中央文獻出版社, 1988 ; 王焰等, 『彭德懷傳』, 當代中國出版社, 1993 ; 王焰(主編), 『彭德懷年譜』, 人民出版社, 1988 ; 當代中國人物傳記叢書編輯部, 『彭德懷傳』, 當代中國出版社, 1999 ; 宋梅, 『彭德懷軍旅生涯』(上・下), 黃河出版社, 1999 ; 彭德懷, 『彭德懷自述』, 人民出版社(내부발행, 년도미상).

4) 中國軍事科學院歷史研究部, 『抗美援朝戰爭史』 제1・2・3卷 ; 楊鳳安・王天成, 『北緯38度線-彭德懷與朝鮮戰爭』, 北京 : 解放軍出版社 2000 ; 楊奎松, 「중국의 조선출병시말」 『현대북한연구』 제3집 ; 박명림, 「스탈린・모택동・팽덕회・김일성의 구상과 전략」 『전략연구』 제17호, 제18호, 2000 ; 이종석, 『북한-중국 관계, 1945~2000』, 중심, 2000 ; 沈志華, 『中蘇領導人的政治考慮』, 世界社, 2001 ; 宋連生, 『抗美援朝再回首』, 昆明 : 云南人民出版社, 2002 ; 군사편찬연구소, 앞의 책 ; 박두복 편, 『한국전쟁과 중국』, 백산서당, 2001.

5) 中共中央文獻研究室, 『建國以來毛澤東文庫』 제4卷, 中央文獻出版社, 1987 ; 逢先知・李捷, 『毛澤東與抗美援朝』, 中央文獻出版社, 2000. 중국 공개자료들은 대한민국 정부기록보존소, 『한국전쟁관련 중국자료선집 - 한국전쟁과 중국』(Ⅰ・Ⅱ), 신진기획에 대부분 소개되어 있다. 2002. 구소련자료는 대한민국외무부, 『한국전쟁관련 소련외교문서』(미간행) ; 沈志華(編), 1994, 『朝鮮戰爭 : 俄國檔案館的解密文件』(上・中・下), 臺北 : 中央研究院史料叢刊, 2003 등이 참조된다.

2. 전쟁개입 전망과 내부 준비

한국전 발발 무렵 중국군은 내전을 마무리하면서 국내 경제와 정치 개혁에 한창 착수하고 있었다. 1950년 6월 초 7기 3중 전회에서 서북 군정위 주석 겸 인민해방군 제1야전군사령원인 팽덕회는 중앙 중남국 서기 등소평에게 "우리 같은 사람은 수십 년 동안 전쟁이나 해왔으니 전쟁밖에 모르는데 이제부터 경제건설 사업을 하려면 단단히 마음먹고 공부해야겠다"라고 하여 서북개혁에 주력하려는 의지를 밝히고 있었음을 볼 수 있다.[6]

한반도에서 전쟁이 발발한 후 중국군은 전쟁이 중국이나 동북 지역에 직접적인 위협이 될 것이라고는 생각하지 않았으나, 대체로 한반도의 정세변화에 상당한 관심을 기울이고 있었다. 즉, 중국군 지도부는 전쟁발발 직후 "조선인민군이 남방을 타도해 내려가면 미국이 가만있지 않을 것이고 그러면 문제가 생길 수 있다"라고 하여 초기부터 미군 참전 가능성을 예견하였다.[7]

중국군 지도부는 미군이 한반도 문제에 직접 개입함으로써 국제 정세가 더욱 복잡해졌고, 오히려 제공・제해권이 없는 상황에서 북한군의 병참선이 너무 길어져 후방이 차단될 위험이 있다고 평가하고 있었다.[8] 나아가 북한군이 낙동강 일대에 집중되어 있을 때 후방위기에 대한 조처를 취해야 한다고까지 평가하고 있었다.

1950년 8월 27일 모택동은 전쟁과 관련하여 서북군정위에 두 통의 중요한 전보를 연이어 발신하였다. 그중 한 통은 서북지구에 병력을 집결시켜 국가안보에 대비하라는 것이었고, 다른 한 통은 향후 대책을 논의하기 위해 다른 4명의 군구 사령원과 함께 북경에 오도록 지시한 것이었다.[9]

---

6) 柴成文 著・윤영무 譯, 『중국인이 본 한국전쟁』, 고려원, 1992. p.40.
7) 宋連生, 『抗美援朝再回首』, 云南人民出版社, 2002, p.223.
8) 楊鳳安・王天成, 『駕馭朝鮮戰爭的人』, 中共中央黨校出版社, 1993. p.44.
9) 『抗美援朝戰爭史』제1卷, p.229. 이 전문은 동북(고강)・서북(팽덕회)・중남(등소평)・중남(등자회)・화동(요수석) 등에게 각각 전달되었다.

한국전쟁과 소련·중국

중국군 지도부는 이때 비로소 중국군이 참전하게 될 경우나 중국이 미군으로부터 위협을 받을 경우에 대비한 제반사항에 대해 논의하였으며, '미국의 조선과 대만 침략'을 성토하고 "조선인민의 항미구국투쟁을 지원하자"는 결의대회를 거행하였다.[10]

1950년 9월 말~10월 초 중국군의 한반도에 대한 인식은 "북한에 대한 지원은 국제의무이며 순망치한"이라는 것이 대체적인 중론이었다.[11] 이러한 인식은 혈맹관계로서의 북한, 중국안보를 위한 완충지대로서의 북한을 고려해 적극 지원해야 한다는 것이었다. 그러나 직접 참전에 관련해서는 유보적이었고, 참전보다는 국내 정치·경제 개혁이 우선이라는 인식이 지배적이었다.

같은 시기 모택동은 주은래, 주덕, 유소기, 임표, 고강, 등소평, 지의, 등자회, 박일파 등 주요 수뇌와 군구사령관을 불러 의견을 교환하고 있었다. 이때 중국지원군 사령관으로 가장 유력시되던 임표가 병을 빙자하여 사령관을 고사할 뿐 아니라 참전 자체에 대해서도 강력하게 반대하였다.[12] 임표는 한달 전 한반도 북부의 전황을 파악하고 '출이부전'(出而不戰)이란 계획안을 제출한 바 있었고, 그런 관계로 모가 일찌감치 유소기, 주은래, 주덕 등과 협의하여 그를 사령관으로 내정하고 있었다.[13]

그러나 임표가 출병에 반대하자 모택동은 그 대안으로 팽덕회를 지목하여 10월 2일 중앙상임위원회에서 사령관 인선을 거론하였다. 이 회의에서 모택동은 그를 적임자로 거론하였고, 주덕이 찬성을 표시함으로써 내정되었으며, 회의가 끝난 직후 모택동은 즉시 팽덕회를 북경으로 호출하였다.[14]

---

10) 宋梅, 『彭德懷軍旅生涯』(下), p.630.
11) 楊鳳安·王天成, 『駕叱朝鮮戰爭的人』, pp.46~47.
12) 攝榮臻, 『攝榮臻回憶錄』, p.735 ; 고강의 입장에 대해서는 보다 면밀한 검토가 필요하다. 레도프스키 총영사의 보고에 의하면, 오히려 고강이 참전에 적극적이었다. 「레도프스키 총영사가 모스크바에게」(1950.10.25), 김광린 역, 『소련의 자료로 본 한국전쟁의 전말』, 열림, 1998, p.127.
13) 雷英夫, 「抗美援朝戰爭幾個重大決策的回憶」『黨的文獻』, 1994년 5期 中央文獻出版社, p.27.
14) 宋連生, 『抗美援朝再回首』, p.222. 팽덕회는 사령관 임명에 관해 10월 2일에 알았을 것이지만, 그동안 내색하지 않고 있었던 것은 정치적으로 조심스러운 입장 때문이라 생각된다.

제12장_ 중국의 참전전략과 군사 현대화 451

이에 팽덕회는 1950년 10월 4일 중앙에서 보낸 항공기를 이용해 당일 저녁 북경에 도착하여 그 즉시 중앙정치국 회의에 참석하였다.[1156] 회의에는 모, 주덕, 유소기, 주은래, 임필시, 진운, 강생, 고강, 팽진, 동필무, 임백거, 등소평, 장문천, 팽덕회, 임표, 이부춘 등이 참석하여 참전에 관한 입장을 토의하였으며 당시 회의에서의 전체 분위기는 참전반대 의견이 우위를 차지하고 있었다. 반대의 주된 이유는 "전쟁의 상처가 남아있고 토지개혁이 미완상태이며, 잔존한 국민당 무리를 완전히 숙청하지 못했고, 군장비와 훈련이 미비하다"는 것 등이었다.[16] 즉 정치·경제 개혁과제가 무엇보다 우선이라는 것이었다.

이날 회의에서 팽덕회는 전혀 발언을 하지 않고 있었으나, 그의 회고에 의하면, "내심으로 참전을 확고하게 지지하였을 뿐 아니라, 참전 시에는 대일전에서 행한 것과 같은 '지구전'으로 대처해야 한다고까지 생각하였다"고 하였다.[17]

다음 날(5일) 오후 속개된 중앙 정치국 회의에서 임표는 다시 참전반대 발언을 하였고, 주은래는 참전하지 않으면 "침략자는 멈추지 않을 것"이라고 강조하였다. 이어 팽덕회는 "빨리 공격하는 것이 현명하다"는 참전 지지입장을 밝혔다. 그는 "파병해서 조선을 원조해야 합니다. 전쟁에 좀 묶이더라도 해방전쟁이 좀 늦게 끝났다고 생각하면 됩니다. 만일 미군이 압록강과 대만에 다가와 있으면 아무 때나 구실을 만들어 침략전쟁을 걸어올 것입니다"라고 역설하였다.[18]

결과적으로 팽덕회의 지지발언은 모택동에게 큰 힘을 실어주어 회의 분위기를 반전시키는 데 중요한 역할을 하였으며, 참전 결정에 중요하게 작

---

15) 楊鳳安·王天成, 『駕馭朝鮮戰爭的人』, pp.53~57.
16) 『抗美援朝戰爭史』 제1卷, p.263 ; 「로신이 스탈린에게」(1950.9.22). 대한민국 외무부, 『한국전쟁관련 소련 외교문서』(미간행)에 의하면, 정치국 간부들은 대체로 반대 입장이었다.
17) 彭德懷, 『彭德懷自述』, 人民出版社, 1981, p.189.
18) 윤영무 역, 『중국인이 본 한국전쟁』, p.95.

용하였다. 회의 마지막에서 모는 "팽총의 발언은 매우 훌륭하였으며 참전하면 반드시 이익이 클 것이다"라고 하면서 참전을 확정지었다. 이날 분위기에 대해 섭영진도 후에 "팽덕회의 굳건한 태도는 나에게 깊은 인상을 남겼다"라고 회고하였다.[19]

아울러 이날 팽덕회는 모택동의 사령관 제의를 정식으로 수락하였고, 다음 날(10월 6일)부터 즉시 참전전략을 구상하기 시작하였다. 그는 지원군의 안전을 고려하여 압록강 북안에 지휘소를 설치하는 것이 어떠냐는 모택동의 견해에 대해 북한과의 협조를 위해 반드시 북한 지역에 설치해야 한다는 점을 강조하였다.[20] 팽덕회는 7일 밤 심양에서 북한의 연락책임자로 활동 중인 박일우를 만나 전황을 파악하였고 다음 날 비로소 예하주요 지휘관들을 처음으로 만났다. 이 자리에서 그는 "당신들은 해방전쟁 시기 내가 직접 지휘하지 않은 4야전 주력부대인데 잘 할 수 있을지 모르겠다"라고 하였으나 대부분이 적극적으로 환영하는 분위기였다.[21]

팽덕회가 '중국인민지원군사령관 겸 정치위원'에 공식적으로 임명된 것은 10월 8일 '명령 제1호'에 의해서였다. 아울러 이 명령은 일체의 후방지원에 대해서는 동북군구 고강에게 부여하였다. 팽이 사령관에 임명된 것은 모의 신뢰와 더불어 전쟁에서 수차례 열세한 병력을 가지고 우세한 병력을 이긴 경험 때문이었다.

팽덕회는 10월 9일 심양에서 동북군구 후근부장 이취규와 소련 군사고문 등을 만나 후방지원과 소련장비 수송 문제를 확정지었고 11일부터 북한으로 각종 저장용 물자를 수송하기 시작하였다.[22]

그러나 13일 소련의 공중 엄호계획이 무산되었다는 소식이 전해지자, 중국 정치수뇌들뿐 아니라 지원군 예하 지휘관들조차 심하게 동요하는 모

---

19) 攝榮臻, 『攝榮臻回憶錄』, p.735.
20) 洪學智, 『抗美援朝戰爭回憶』, 解放軍文藝出版部, 1990, p.20.
21) 洪學智, 『抗美援朝戰爭回憶』, p.20.
22) 『抗美援朝戰爭史』 제1卷, p.295.

습을 보였다. 중국 측은 최초 소련 측과의 참전 논의 과정에서 참전 조건으로 소련공군의 엄호와 무기장비 지원에 합의한 바 있었으며 그중에는 무기제작 설계도까지 포함되어 있었다.[23] 참전 D-Day를 얼마 남겨놓지 않은 상황에서 스탈린이 약속을 어기고 2개월 후에야 지원이 가능하다고 한 것이었다.

모택동은 소련 측의 위약사실을 보고받고 즉시 "참전을 해야 되는 것인가, 소련이 전쟁에서 완전히 발을 뺀 것은 아닌가" 하는 문제를 다시 검토하였다. 10월 17일 제13병단 지휘관들은 연명으로 "우리군의 고사포화력이 너무 약하고 또 공군지원 없이 출동하는 것은 단점이 많으며", 또 "2~3개월 내 장비지급과 공중엄호가 확실히 보증할 수 없으면 출동시간을 미루어야 한다"라고 주장하였다.[24]

그러나 이때 팽덕회는 "어려움이 아무리 많더라도 출동해야만 하며 그렇지 않으면 수동적인 상황에 처할 것"이라고 주장하였고, "어려움은 있겠지만 싸울 수 있고 특히 한국군 격파는 가능하다"라고 평가하였다.[25]

그는 이미 16일 저녁 정찰과 탐색을 위해 제42군단 124사단 370연대를 집안에서 30km까지 진입시켰다. 그 자신은 18일 밤 9시 최종 중공중앙으로부터 참전이 결정되자 19일 오후 5시 30분경 한 명의 참모와 두 명의 경호원, 무전기 한 대를 휴대한 채 지프차를 타고 압록강 철교를 건넜으며, 이날 신의주에서 북한 외무상 박헌영을 만났다.[26]

3. 소극적 참여에서 적극적 참여로 변경

팽덕회는 처음 사령관직에 임명될 때 중공중앙에서 수립한 입북작전계

---

23) 『抗美援朝戰爭史』 제1卷, p.255.
24) 南湘, 「항미원조의 출병 결정」 『한국전쟁관련 중국자료선집』 II, p.317.
25) 『抗美援朝戰爭史』 제1卷, pp.256~258.
26) 王焰(主編), 『彭德懷年譜』, p.337.

획을 수락하였으나, 상황이 급진전하자 그것을 전면적으로 수정해야 한다고 주장하였다.

중공중앙의 최초 작전방침은 "첫 번째 시기는 방어전만 하면서 소수의 적을 섬멸하고 각 방면의 상황을 상세히 이해하고 북한동지들과 함께 반격 한다"라는 것이었다.[27] 계획대로라면 근거지 정도는 점령할 수 있을 것이고 그때 미국을 압박하여 협상을 통해 문제를 해결할 수 있다고 예상한 것이었다.

그러나 팽덕회는 압록강 다리가 폭파되면 후속부대가 저지되어 적시에 배치될 수 없게 되고 결과적으로 큰 피해를 입게 될 것이라고 주장하였다. 그는 10일 즉시 "기회를 잃을까 우려하여 한번에 전부를 압록강 남안에 집결시키기로 원래의 계획을 변경한다", 그리고 "우선 안정된 자리를 확보한다는 방침을 기동 중에 상대를 섬멸시킨다는 방침으로 수정한다"라고 하는 소위 '이리섬적'(以利殲敵) 작전을 중앙에 건의하였다.[28] 이에 총참모부도 미군을 이용할 수 있을 것으로 파악하였고, 모택동은 다음 날 12개 사단 전부를 도하시키는 데 동의하였다.[29]

팽덕회의 입북작전 계획은 무엇보다 병력손실을 줄이기 위한 것이었고 중앙의 계획보다 오히려 적극적인 것이었다. 그는 미군이 38선을 넘은 후에도 신속하게 북진하지 못하자, 지원군의 방어배치 시간을 벌 수 있다고 판단하였다.

그는 전술적으로 과거 전쟁의 경험과 민첩한 전술전략을 운용하여 일시에 어려움을 극복하기를 기대하였으며, "단호하고 대담하게 근접전을 수행하면 적이 두려워할 것이고 진지구축과 위장, 분산과 은폐를 수행하면 적의 공격을 저지할 수 있다"고 판단하였다.[30] 그는 12일 "만약 지원군이

---

27) 『抗美援朝戰爭史』 제1卷, p.297.
28) 楊鳳安·王天成, 『駕馭坥朝鮮戰爭的人』, p.98.
29) 『抗美援朝戰爭史』 제1卷, p.291, 293.
30) 위의 책, p.293.

희천·강계 지역으로 진격할 수 있다면 싸우지 않고 무장과 훈련을 갖출 시간을 벌 수 있고, 또 한국군 일부를 섬멸하면 전세는 쉽게 풀릴 수 있다"라고 생각하였다.[31] 병력손실과 희생을 최소화하고 단기간에 적을 저지하기 위해서는 오히려 적극적인 공세를 취해야 한다고 생각한 것이었다.

그리하여 10월 22일 그는 모에게 "우리는 제공권이 없고 심지어 신의주를 포함한 동서 연안 도시들이 집중공격을 받아 주둔이 불가능합니다. 과감히 이전의 작전계획을 폐기하고 적을 분산시킴으로써 아군의 피해를 최소화하는 것이 필요합니다. 따라서 집중 타격함으로써 원산~평양 이북 산악 지역을 공고히 하고 이를 확대시킴으로써 남에서의 유격전을 지원하려 합니다"라고 건의하였다.[32]

이에 모택동은 23일 팽의 지휘 아래 전역계획을 결정하도록 지시하였고 다만, "첫 전투에서 반드시 승리를 거두어 전선의 상황을 전환시킬 수 있도록 해야 하며, 더욱 세심하게 계획하여 실시하라"라고 강조하였다. 팽은 작전 회의에서 원래의 '진지방어전'을 '기동전' 방식으로 수정하여 한국군과 유엔군을 포위·분할시킴으로써 첫 전투에서 승리를 얻어 전세를 안정시킨다는 것으로 수정하였다.[33]

아울러 팽덕회는 작전의 원활한 수행을 위해 10월 25일 지원군사령부를 급편하였다. 13병단사령부(예하 제38·제39·40·42군)를 지원군사령부로 전환시켰으며 50군과 66군을 병단직할로 배속받았다. 또한 그는 북한의 협조를 위해 북한군 지휘관이 필요하다고 판단하여 김일성과 상의한 후 박일우를 부사령원 겸 부정치위원으로 임명하였다.

결과적으로 1차 전역(1950.10.25~11.7)은 중국군이 공격을 개시하여

---

31) 『抗美援朝戰爭史』 제1卷, p.299. 김일성은 최초 미군을 공격하도록 요청하였다. 같은 책, p.291.
32) 「팽덕회가 모택동에게」(1950.10.22), 『한국전쟁사의 새로운 연구』 1, 부록자료Ⅲ, p.501.
33) 「펑더화이가 군사위원회에 보낸 전보」(1950.10.25), 『한국전쟁관련 중국자료선집』 Ⅱ, p.46. 이에 관해 牛軍은 1차 전역 계획과 그 영향 하에 재개된 2차 전역 계획 모두가 모택동에 의해 수립된 것이라고 주장하였다. 牛軍, 앞의 논문, p.478.

불의의 기습을 가함으로써 일단 북한의 민심을 안심시키고 중국군의 근거지를 확보하는 데 성공하였다. 그러나 중국군은 유엔군의 주력이 청천강 이남으로 철수하여 결정적인 타격을 주지 못하였기 때문에 더 이상 추격할 수가 없었다.[34]

1차 전역 시기 중국군은 2차 전역의 보급을 위해 소련이 보내주기로 한 수송차량 3,000대 중 500대를 우선 지원해 줄 것을 긴급 요청하였고, 모택동은 스탈린에게 36개 보병사단의 장비 공급을 긴급 요청하였다. 그러나 소련 측은 즉답을 피하고 있다가 11월 26일에야 보내주겠다는 답신을 보냈다. 이와 더불어 스탈린은 장차 중국군이 현대적인 군대로 발전해 나갈 수 있을 것이라는 말을 덧붙여 격려하였다.[35]

2차 전역도 1차 전역에 이어 대체로 전세전환이라는 목표로 진행되었다. 팽은 1차 전역이 끝날 무렵 "적이 다시 진격하면 깊이 유인하여 섬멸한다"는 계획을 수립하였다.[36] 중국군은 청천강 북방에서 7일간 미군을 압박하여 큰 성과를 거두었으나, 주력을 포위하여 타격을 주는 데는 이르지 못하였다.

팽은 2차 전역(1950.11.25~12.24)에 대해 "우리는 당시 고의로 약하게 보여 적이 제멋대로 움직이면서 우리를 얕보게 하는 유인전술을 펼쳤다"고 술회하여,[37] 자신이 소위 교묘화(巧妙化) 전술을 통해 작전에 성공하였다고 밝혔다. 그러나 팽덕회는 유엔군의 살상병력이 많지 않아 전세를 근본적으로 진환시키지 못하였음을 자인하였고, 2차 전역 직후 유엔군의 종심이 깊고 중국군의 휴식이 필요했기 때문에 38선 부근에서 추격을 정지하고 부대를 정비하도록 명령하였다.[38]

---

34) 『抗美援朝戰爭史』 제2卷, p.76.
35) 「모택동이 스탈린에게」(1950.11.7), 「스탈린이 모택동에게」(1950.12.1), 김광린 역, 앞의 책, pp.130~131 ; 「주은래가 필로포프에게」(1950. 11. 17), 「스탈린이 주은래에게」(1950. 11. 26), 외무부, 『한국전쟁 관련 소련 외교문서』 (미간행).
36) 沙江, 「항미원조전쟁의 군사목표와 전쟁지휘」 『한국전쟁관련 중국자료선집』 Ⅱ, p.321.
37) 彭德懷, 『彭德懷自述』, p.191.

이에 소련 군사고문단들이 중국군의 작전을 소극적이라고 비판하며 즉각적으로 항의하고 나섰다. 그들은 적을 쫓아 계속 추격했어야 했다면서 전투에서 물러난 것에 동의하지 않았다.[39] 또한 중국군 사령관이 전술적 성과를 작전 성공으로 전개할 능력이 부족하고 거의 모든 작전이 그의 단독으로 결정되었다고 신랄하게 비판하였다.[40]

계속해서 소련고문관들은 중국군이 병력과 장비를 효과적으로 활용하지 못하였으며 유엔군의 취약부를 공격하는 데 성공하지 못하였다고 평가하였다. 2차 전역이 종료된 직후 고문단은 "13병단은 제2제대가 편성되지 않아 전과를 확대하지 못하였고 가장 중요한 순간에 공격을 중단하였다. 9병단도 적을 포위한 후 여전히 완만하게 공격하였다"고 비판하였다.[41]

그러나 팽은 원칙 문제에 관한 한 양보하지 않았다. 그는 소련고문관들이 지형적 특수성을 보지 못하고 단순히 남진 공격하도록 주장하고 있으며 지나친 남진은 병참선 신장으로 자멸할 가능성이 있다고 맞섰다.

4. 장기전으로의 전환과 중국군 현대화

중국군은 3차 전역(1950.12.31~1951.1.8)의 작전계획 수립단계에서 38선 돌파 여부를 놓고 내부적으로 중국 정치지도부와 격론을 벌였으며 또 작전을 완료한 시점부터는 남진강행 문제를 놓고 북한 지도부 및 소련 군사고문단 등과 심각한 갈등을 겪었다.

최초 중국군 지휘관들은 2차 전역이 한창 진행되고 있을 때인 12월 8일 모택동에게 38선을 넘지 말고 충분히 준비를 한 후에 내년 봄 다시 전투를 재개하자고 제안하였다. 팽덕회는 "적을 섬멸하지 못하면 다시 38선에

---

38) 王焰(主編), 『彭德懷年譜』, p.459.
39) 위의 책, pp.442~443.
40) 군사편찬연구소, 『라주바예프 한국전쟁 보고서』 제2권, 신오성, 2001, pp.226~228.
41) 위의 자료집, pp.215~216.

서 작전을 종료하고 충분한 준비를 갖추어 후일을 도모하겠습니다"라고 건의하였다.[42]

그동안의 전투에서 볼 때 중국군이 절대 우세가 아닐 뿐만 아니라 병력들이 대단히 지쳐있으며 보급 부족, 병참선 신장 등으로 2~3개월간의 휴식과 정비가 필요하며 이를 보완하기 위해 장기전에 대비해야 한다는 것이었다.[43] 팽의 건의를 검토한 주은래도 그의 견해에 동의하여 "서울진격을 내년 3월까지 미루는 것을 고려하는 것이 어떻습니까. 신병을 배치할 수 있고 그때가 되면 공중출격이 가능합니다"라고 의견을 첨부하여 모택동을 설득하였다.[44]

그러나 모택동은 국제정치적인 관점에서 38선을 돌파해야 하며, 1951년 1월 15일 이전까지 완수하도록 지시하였다. 당시 모는 1, 2차 전역을 높게 평가하여 미군 축출이 가능하다고 판단하고 있었다. 모택동은 "이번 기회는 아군이 대거 적을 섬멸해 조선 문제를 근본적으로 해결하는 데 매우 좋은 기회이다"라고 하였다.[45] 그는 초기 작전목표를 확대하여 38선 돌파와 서울 점령을 달성하도록 결정하였던 것이고, 전장에서 주도권을 잡고 있는 상황하에서 장기적인 지구전 전략을 허용치 않았던 것이다.

팽덕회는 현지사령관으로서 어려움을 깊이 절감하여 1950년 12월 19일 중앙군위에 "내가 보기에는 조선전쟁은 상당히 장기적이고 힘들 것이다. 미군은 한두 차례 패한다 할지라도 조선에서 완전히 철수하지는 않을 것이다. 따라서 아군은 점진적으로 전진하는 공격방침을 사용해야 한다"라고 하여 현실적인 작전방침을 재차 건의하였다.[46] 그는 현재의 전력으로

---

42) 「펑더화이가 중앙군사위원회에게」 (1950.12.19), 『한국전쟁관련 중국자료선집』 II, p.103 ; 『抗美援朝戰爭史』 제2卷, p.163.
43) 『抗美援朝戰爭史』 제2卷, p.165.
44) 沙江, 「항미원조전쟁의 군사목표와 전쟁지휘」『한국전쟁관련 중국자료선집』 II, p.324.
45) 杜平, 『在支援軍總部』, 解放軍出版社, 1989, p.142 ; 洪學智, 『抗美援朝戰爭回憶』, p.99 ; 「마오쩌둥이 펑더화이에게」(1950.11.28), 『한국전쟁관련 중국자료선집』 II, p.84.
46) 沙江, 앞의 논문, p.325 ; 杜平, 『在支援軍總部』, p.152.

는 중국군이 대승을 거두는 것이 불가능할 뿐만 아니라 작전수행조차 어렵다고 인식하였던 것이다.

그러나 모택동은 소련과 북한 측의 요청-특히 스탈린의 입장-을 고려하여 재차 이유여하를 막론하고 38선을 돌파해 유엔군을 대량 살상하고 나아가 조기에 전쟁을 종결해야 한다는 정치적 결심을 전달하였다. 팽은 2차 전역 이후 병력의 상당수가 감소되었기 때문에 휴정(休整)하도록 조치해 놓고 있는 상황이었다.[47]

팽덕회는 어쩔 수 없이 모택동의 정치적 결정과 전선에서의 군사상황을 동시에 고려하여 계획을 다시 수립하였다. 이때의 방침은 38선을 돌파한 후 정황을 파악한 뒤 주둔을 결정하고 38선 이북으로 후퇴할 필요가 있으면 철수한다는 것이고, 적을 추격하여 남진하지 않는다는 것이었다.[48] 모는 12월 21일 팽의 주장을 받아들여 "이 전역이 끝난 후 전군 주력은 휴식과 정비에 유리한 지역까지 철수하여 한두 달 휴정해야 한다"고 하여,[49] 장거리 추격이나 전면 공격을 강요하지는 않았다.

그러므로 중국군의 3차 전역은 정치적 고려에 따라 결정된 것으로 정치적 목적과 군사적 임무를 모두 완수하는 것을 목표로 한 것이었다. 작전 결과 중국군은 38선을 돌파하여 서울을 점령하였고, 원래의 계획대로 1월 8일부터 추격중지 명령을 하달하여 휴정에 들어갔다. 이때 모는 "수원-홍천선에서 공세를 중단하고 부대정비를 할 것"이란 사실을 스탈린에게 알렸으며 "싸울 수 있을 것인지 아닌지는 2~3개월 내에 결정될 것이다"라는 의견을 덧붙였다.[50]

결과적으로 중국군은 3차 전역 때 미국을 압박하는 등 정치적인 측면에서 큰 성과를 거두었다. 그러나 중국군은 그것이 자력으로 성취한 것이 아

---

47) 『抗美援朝戰爭史』 제2卷, p.165 ; 彭德懷, 『彭德懷自述』, p.192.
48) 牛軍, 「중국군의 38도선 남진 배경」『한국전쟁사의 새로운 연구』 1, pp.484~485.
49) 沙江, 「항미원조전쟁의 군사목표와 전쟁지휘」, 『한국전쟁관련 중국자료선집』 II, p.325.
50) 「모택동이 스탈린에게」(1950.1.4), 김광린 (역), 앞의 책, pp.133~134 ; 위의 책, p.327.

니라는 사실을 전투과정을 통해 잘 알고 있었다. 그러므로 팽덕회는 서울을 점령한 후 전과에 대해 지나치게 선전하지 않도록 통제하였고, 소련장비의 투입 시기에 대해 재삼 확인하고 다음 전역에 관해 중앙군위와 협의하기 위해 북경으로 일시 귀국하였다.[51]

한편 중국군이 추격중지 명령을 하달하자, 북한 지도부와 소련 고문관 등이 강력하게 반발하고 나섰다.[52] 1951년 1월 10일 팽덕회는 계속적인 남진을 종용하기 위해 찾아온 김일성을 맞아 심각한 설전을 벌였다. 김일성은 적이 재정비할 시간을 주어서는 안 되며 영토를 확대하는 것도 매우 중요한 문제라고 강조하였다. 그러나 팽은 부대를 정비하기 전에는 대규모 작전을 수행해서는 안 되며, 적을 소멸하면 영토는 자연히 돌아오는 것이라고 주장하였다.[53]

팽과 김일성의 논쟁은 다음 날(11일) 저녁 재연되었다. 먼저 김일성은 아군이 추격하면 미군이 반드시 철수할 것이라고 주장하였고, 팽은 미군은 철수하지 않을 것이며 그럴 경우에 대비해야 한다고 강조하면서 북한 지도부가 승리의 요행을 바라고 있다고 격렬하게 비판하였다. 휴정을 위해서 2개월이 반드시 필요하다고 강조하였고, 언쟁이 격렬해지면서 팽덕회는 "내가 총사령관으로서 부적격하다고 생각하면 참수해도 좋다"고까지 하면서 흥분하였다.[54]

중국군과 북한 지도부 간의 갈등이 완화될 기미를 보이지 않자 스탈린이 중재에 나섰다. 그는 남진강행을 주장하는 소련 고문단의 의견을 비판하고 중국군의 군사계획이 더욱 일리가 있다는 데 동의하였다. 스탈린은 "팽덕회 등 연합사 지휘부의 판단이 정확했으며 그것을 이행해야 한다"는 의견을 제시하였다.[55]

---

51) 解方, 『關于朝鮮開城停戰談判的回憶』『한국전쟁관련 중국자료선집』II, p.215.
52) 洪學智, 『抗美援朝戰爭回憶』, p.110.
53) 「팽덕회와 김일성의 회담기록」(1951.1.10~11), 梁鎭三, 앞의 논문, p.599에서 재인용.
54) 王焰(主編), 『彭德懷年譜』, pp.465~466.

더불어 스탈린은 차량 등을 중국군에 지원하면서, "팽덕회는 열악한 무기와 장비를 가지고 세계에서 가장 강력한 미 제국주의를 격퇴시켰으며 유래가 없는 당대의 천재적인 군사지도자이다"라고 추켜세우면서 소련 고문단에 더 이상 중국군의 지휘에 간여하지 말도록 지시하였다.[56] 아울러 그는 3차 전역 직후부터 중국군 지원 문제에 더욱 적극성을 보였다. 그는 인천과 서울을 포기하지 않기를 바라면서 차량 6,000대와 37개 보병사단에 장비를 제공하고 무상으로 Mig-15기를 제공하며 격려하였다. 그리고 1951년 2월 소·중 군사차관 협정(12억 35백만 루블)을 체결하여 "1950년 10월 19일 참전 이전에 주문한 것은 전체가격을 모두 지불하고, 이후에 주문한 장비 및 탄약은 가격의 절반을 철로자재로 지불"하기로 협정하였다.[57]

미군의 전력소모를 목표로 하고 있던 스탈린의 입장은 중국군에 무기를 지원하고 모와 팽을 독려하여 당시 제기된 유엔의 5단계 평화방안을 중국이 거부하도록 하는 데 관심을 집중하고 있었다. 그런 점에서 그의 결정은 당연한 귀결이었을 것이다.

김일성은 스탈린의 이 같은 입장에 따라 양보하지 않을 수 없었다. 그는 16일 팽덕회와의 회담에서 "북한군 단독 남진은 모험적이며 중국군의 2개월 휴식도 동의한다. 이에 조·중 최고위급 연석회의를 개최하여 사상적 단결을 도모하자"고 제안하면서 논쟁을 접었다.[58]

한편 중국군은 3차 전역 직후 유엔의 정전제의 수락 여부와 4, 5차 전역 개시 문제를 놓고 또다시 내부적으로 정치적 갈등을 겪게 된다. 지구전을 통한 군사개혁에 마음을 두고 있었던 팽덕회가 4차 전역에 대해 완고하게

---

55) 「스탈린이 모택동에게」(1951.1.9), 김광린 역, 앞의 책, p.135.
56) 靑石, 「소련비밀문서로 본 조선정전의 내막」『한국전쟁관련 중국자료선집』Ⅱ, p.289 ; 洪學智, 앞의 책, p.602.
57) 楊奎松, 앞의 논문, p.533쪽 ; 『抗美援朝戰爭史』 제1卷, p.271.
58) 「마오쩌둥이 스탈린에게」(1951.1.26), 沈志華(編), 『俄國檔案館的解密文件』(中), pp.669~671.

반대 입장을 표명하였기 때문이었다.

당시 유엔은 1951년 1월 11일 중국의 요구사항 중 일부를 충족시키는 평화 5단계 정전방안을 제안하였다. 그것은 영국이 중심이 된 정전위원회가 작성한 방안을 최종적으로 미국이 받아들인 것이었다. 미국으로서는 3차 전역 결과로 인해 마지못해 대만 문제, 유엔가입 문제 등을 포함한 의제를 유엔안보리의 의사일정에 올리는 방안을 채택할 수밖에 없었고, 그 내용은 중국도 간절히 원하던 것이었다. 그러나 모택동은 최종적으로 1월 17일 거부를 결정하였다.[59]

현지 지휘관인 팽덕회는 유엔의 제의를 적어도 전략상 이용할 수 있는 기회로 평가하였고, 11일 곧바로 중국과 북한 양국이 한시적이라도 정전을 지지하자는 의견을 제시하였다.[60] 그러나 모택동의 생각은 달랐다. 그는 승기를 잡은 상황에서 흥정을 할 필요가 없다고 생각하였으며 미군의 반격이 개시되자 28일부로 공격을 명령하였다. 자신감에 차있던 모택동은 군사적으로 한반도 문제를 해결할 수 있고 나아가 그것을 소련의 기대에 충족되는 것으로 판단하였다.[61]

팽덕회의 정비 건의에도 불구하고 모는 4차, 5차 전역의 개시를 연속적으로 명령하였으나 중국군은 궤멸적인 손실을 입고 작전에 실패하였다. 4차 공세(1951. 1. 27~4. 21)를 개시한 후 팽은 김일성에게 2월 4일 "장기적인 준비가 필요하고 적을 경시하는 풍조를 극복해야 한다"고 하여 작전에 무리가 있음을 토로하였다.[62] 결과적으로 중국군은 1월 25일 미군의

---

59) U.S. Dept. of State, *Foreign Relations of the United States*(이하 FRUS) 1951, Vol. Ⅶ, USGPO, 1971, pp.95~96 ; 윤영무 역, 『중국인이 본 한국전쟁』, p.129. 이에 대해 북한 주재 중국무관이었던 柴成文은 "미국도 받아들이기 어려웠던 유엔 방안이 나타나 객관적으로 군을 정비할 기도와 맞아떨어졌다"라고 하여 처음으로 긍정적인 평가를 하였으며, 楊奎松도 중국이 그 제안을 받아들였어야 했다고 주장하였다. 앞의 논문, p.527 ; FRUS 1951, Vol.Ⅶ, pp.133~151.
60) 「펑더화이가 마오쩌둥에게」(1951.1.27), 『한국전쟁관련 중국자료선집』Ⅱ, p.327에서 재인용.
61) 楊奎松, 앞의 논문, p.603.
62) 「펑더화이가 김일성에게」(1951.2.4), 『한국전쟁관련 중국자료선집』Ⅱ, p.328.

반격을 받아 전장의 주도권을 상실하였으며 38선 부근으로 물러났다. 이러한 전선의 상황은 팽덕회가 계획한 2개월간의 휴식 및 정비계획도 무산시켰으며, 나아가 중국을 외교적으로 점차 수세로 내몰았다.

결국 1951년 3월 초 모택동은 스탈린에게 "우리군은 반드시 장기작전을 준비하여야 하며 수년간의 시간을 들여 수십만 명의 미국인을 소멸시켜 스스로 물러나도록 '순환 작전' 방침을 채택하려한다"고 전하였다.[63] 이 내용은 1950년 말에 팽덕회가 모택동에게 건의하였던 내용이었다.

결과적으로 중국군은 미군과의 두 차례 정면승부에서 크게 손실을 입었고, 그 후 진지를 통한 적극방어라는 새로운 전술을 취하게 되었다. 이 무렵의 전선 상황도 양측 모두가 휴전을 원하는 상황으로 바뀌었으며, 중국의 전쟁목표도 평화회담을 통해 전쟁을 종결한다는 것으로 수정되었다.[64] 그러나 소련 측은 휴전반대 입장을 강력하게 견지하고 있었다.

결국 중국군은 장기작전에 대비한다는 이유로 소련에 대규모의 군사장비 지원을 요청하였고, 스탈린도 중국군의 계속적인 전투의지를 격려하기 위해 적극적으로 장비지원을 제의하고 나섰다. 즉 그는 3월 15일 "안동의 2개 항공사단을 조선으로 이동시키기 위해 1개 추가사단을 안동에 배치하기로 결정하였다"고 전하였으며, 또 5월 22일 자진하여 "전투기 Mig-9기를 대체할 필요가 있으며, 우리는 중국 측에 Mig-15기 372대를 무상으로 공급할 것이다. 이에 대해서는 운송비만 차관으로 지불하면 되고 Mig-9기는 훈련용으로 계속 보유하기 바란다"고 하였다.[65]

실제 5차 작전(51.4.22~6.10)의 어려움을 겪고 있었던 중국군은 "어쩌면 평양-원산선 마저 상실하게 될지도 모른다"고 다소 과장된 보고를 하였다. 이 보고를 접한 스탈린은 평양을 철수해서는 안 된다는 입장을 강조

---

63) 「모택동이 스탈린에게」(1951.3.1), 김광린 역, pp.146~149.
64) 彭德懷, 『彭德懷自述』, p.194 ; 沙江, 「항미원조전쟁의 군사목표와 전쟁지휘」『한국전쟁관련 중국자료선집』Ⅱ, p.333.
65) 「스탈린이 중국지도자들에게」(1951.3.15), 김광린 역, 앞의 책, p.149 ; 「스탈린이 모택동에게」(1951.5.22), 같은 책, p.151.

하였고,[66] 중국군이 다시 소련군 장비와 군사고문단 등을 대폭 지원해 줄 것을 요청하였다.[67]

스탈린도 중국군의 계획에 동의하여 "장기전은 우선 중국으로 하여금 현대전을 배우게 해 줄 것이다"라는 답신을 전달하였다. 그는 정전협상이 개시된 이후부터 오히려 중국지원 문제에 더욱 적극적이었다. 그는 휴전회담 개시 직후부터 몇 달 사이에 안주 비행장 건설, 대공포연대 파견, 자하로프 원수를 대장으로 하는 소련 군사고문단 83명의 추가 파견, 6억 루블의 추가 군사차관에 동의, 10개 사단 훈련지원 등 일련의 중국군 지원을 확정하였다.[68]

이 시기 중국군은 실제 상당한 변화를 보이고 있었다. 이때 중국군의 수준은 당시 팽덕회의 발언 속에서 확인할 수 있다. 그는 1951년 8월 1일 예하 지휘관에게 "장비 면에서의 약점은 변화할 것이며 지금 변화하고 있다. 강력한 포병과 공군을 건설하기 시작하였고, 우리는 9개월간 전투에서 단련되었다"고 하였으며,[69] 다음 달 개최된 당위원회 확대회의에서 "우리는 충분한 준비를 갖추어야 하며 과거와 같은 방법으로 싸우는 것이 타당하지 않으며, 변화를 가속화해야 한다"고 강조하였다.[70]

중국군의 군사개혁은 전쟁기간 내내 강조되었다. 1952년 10월 팽덕회는 전군에 "지난 2년 동안의 성과는 탁월하며 소련의 선진적 군사과학을 학습하여 지휘기술을 제고하며 진지를 더욱 공고히 할 것"을 강조하였다.[71] 실제 중국군의 순환 보충계획도 1952년 가을부터 본격화되어 1953년까지 전체 부대의 2/3가 순환되어 현대식 군사장비를 갖추게 되었다.[72]

---

66) 「모택동이 팽덕회에게」(1951.5.27), 「스탈린이 모택동에게」(1951.5.29), 위의 책, pp.152~153.
67) 「팽덕회가 모택동에게」(1951.6.4), 「모택동이 스탈린에게」(1951.6.4), 위의 책, pp.154~156.
68) 「스탈린이 모택동에게」(1951.6.5), 위의 책, p.157 ; 「소련중앙이 모택동에」(1951.8.17), 「스탈린이 모택동에」(1951.8.11), (1951.9.10), 같은 책, pp.169~171.
69) 「평더화이의 연설」(1951.8.1), 「한국전쟁관련 중국자료선집-한국전쟁과 중국」Ⅱ, p.149.
70) 「평더화이의 당 위원회 확대회의 연설」(1951.9), 위의 책, p.168.
71) 「평더화이의 전군 발포명령」(1952.10.25), 위의 책, p.177.
72) 攝榮臻, 『攝榮臻回憶錄』, pp.742~743.

중공중앙은 팽덕회의 공적을 높이 평가하여 1952년 4월 12일 그를 중앙 군위로 불러들여 전체 중국군 개혁안을 수립해 군사개혁을 주도하도록 하였다. 그는 1953년 6월 18일까지 북경에 머물면서 참전경험에서 드러난 문제를 종합하여 중국군의 전통적인 후진성을 극복하고 현대전에 적합한 전략적 방향을 제시하였다.

또한 그는 1953년 말 전국 군사 고급간부회의에서 지난 1년 동안 준비한 "4년의 군사활동 총괄과 금후 군사건설상 기본문제"를 발표하여 군 개혁방향을 제시하였다. 그 후 그는 군사개혁을 본격적으로 주도하기 시작하였고, 군대건설과 군사개혁 전략을 국가 경제건설 계획과 집행 등을 연계시켜 발전시켜 나갔다.[73]

5. 맺음말

중국군은 최초 참전전략의 목표를 "최소한의 희생으로 유엔군을 방어하고, 또 소련으로부터 장비를 지원받아 중국군을 정규화한 다음 반격작전을 수행한다"는 것으로 설정하고 있었다. 이러한 중국군의 전략목표는 전황과 정세에 따라 다소의 변화를 겪게 되지만, 기본적으로는 지구전을 통한 중국지원군 개혁이라는 방향으로 나아갔다.

지원군 사령원 팽덕회는 한국전쟁 초기 그는 한반도 정세에 늘 관심을 기울이면서 혈맹관계에 있는 북한을 지원해야 하며 중국의 안보를 위해서도 완충지대로서의 북한이 보호되어야 한다고 인식하고 있었다. 그는 중앙정치국 회의에서 참전을 적극적으로 지지하여 회의 분위기를 반전시키는 데 결정적인 역할을 하였고, 나아가 '지구전에 의한 미군 격멸'을 주장하였다.

입북작전 시 중공중앙 군위의 작전계획을 수정하여 적극적인 계획안을 마련한 것도 희생을 최소화하기 위한 고려였으며, 또한 매 전역이 끝날 때

---

[73] 潘石英(主編), 『當代中國軍事思想精要』, 解放軍出版社, 1992, pp.157~158.

마다 소련에 대해 많은 양의 장비를 요청한 것도 반격 준비라는 명분을 앞세워 중국군에 현대장비를 갖추기 위한 포석의 성격으로 이해된다. 이러한 입장에 대해 스탈린도 간파하였고 지원을 담보로 중국군이 미군의 전력을 계속 소모시켜 줄 것을 기대하고 있었다.

초기 전역에서 중국군은 기동전에 의한 기습과 '교묘화' 전술을 이용하여 병력손실을 최소화하면서 한국군과 유엔군의 후방을 타격해 큰 전과를 올렸다. 당시 서방언론에서는 초기전역 직후 중국군 상황에 대해 "중공군이 연기처럼 사라졌다"고 보도할 정도였다. 3차 전역에서 팽은 모택동의 정치적인 고려와 자신의 군사적인 판단을 절충하였고, 결과적으로 유엔군이 미리 철수하고 중국군이 서울을 점령하면서 정치적으로 큰 성과를 달성하였다.

그러나 4차, 5차 전역은 전혀 성격이 다른 작전이었다. 중국군은 팽덕회의 우려대로 큰 손실을 입고 대패함으로써 외교적으로나 군사적으로 주도권을 상실하였다. 중국군의 가장 큰 패인은 현지지휘관의 강력한 반대에도 불구하고 최종 정책결정자인 모택동이 정치적인 고려를 앞세워 미군과 정면승부를 하였기 때문이었다.

결국 모택동은 중국군이 4차 전역에서 크게 손실을 입고 나서야 비로소 지구전을 수행해야 한다는 사실을 인정하였고, 미군 전투력의 위력을 실감한 후에야 현지지휘관의 건의를 받아들여 장기전 전략으로 수정하였다. 이때가 되어서야 지구전을 통해 중국군을 개혁하려던 전략이 비로소 받아들여졌던 것이다.

이후 중공중앙은 "충분한 준비를 통해 평화회담을 쟁취하여 종전"한다는 전쟁목표와 "지구전과 적극적 방어"라는 전략방침을 강조하였고, 스탈린도 "장기전은 중국으로 하여금 현대전을 배우게 해줄 것"이라는 입장을 부각시켰다. 소련은 역설적으로 정전협상이 개시된 이후부터 오히려 중국군 문제에 더욱 열성을 보였다.

찾아보기

찾아보기

ㄱ

가빈(Garvin): 275, 276
강문봉: 153, 154, 164
강화조약: 31, 386, 392, 410
개성: 72, 142, 172, 177, 215, 245
게릴라: 19, 81, 82, 91, 92, 101, 102, 111, 112, 118, 128, 151, 170, 172, 194, 200, 202, 215, 223, 248, 249, 370, 436
경찰예비대: 388, 390, 393, 394, 395, 396, 397, 398, 415
계엄사령부: 160, 161, 188, 200, 229, 238, 248
계류기뢰: 403, 408
9·28수복: 181, 182, 249
구호대책본부: 239, 240
국가안전보장회의(NSC): 31, 32, 34, 35, 36, 131, 133, 144, 145, 330, 332, 334, 336, 337, 339, 340, 341, 342, 344, 345, 346, 359, 376, 377, 397
국공내전: 19, 23, 44
국민방위군: 155, 166, 231, 244, 257, 267, 294, 301, 302, 306, 312, 325
극동사령부: 311, 314
긴급명령: 173, 245, 265, 279, 308, 325
김구: 66, 124, 331
김규식: 66, 71, 124
김달삼: 84, 85
김두봉: 60, 61, 74, 76, 77
김백일: 151, 153, 154, 218
김석원: 134, 139, 147, 149, 152, 154
김성수: 72, 73, 74, 76, 149, 156, 158, 160
김윤근: 151, 155
김윤영: 126

김일: 39, 40, 55, 432, 433
김일성: 38, 43, 52, 66, 78, 85, 92, 105, 112, 119, 145, 181, 182, 292, 371, 425, 430, 431, 432, 433, 435, 436, 440, 441, 443, 445, 446, 455, 460, 461, 462
김일성·스탈린 회담: 54, 55, 442
김일환: 153, 157
김종오: 153, 157, 176
김종평: 153, 161
김천: 102, 103, 201, 230, 293
김홍일: 147, 149, 152, 154

ㄴ

난민구호대책위원회: 234, 239
남로당: 60, 81, 83, 92, 105, 112, 116
남침위기설: 129, 139
노무사단: 301, 302, 303, 304, 305, 306, 307, 308
노무여단: 304, 305, 306
니츠: 344

ㄷ

단독정부: 16, 49, 83, 142, 330, 331, 332
대동수송회사: 275
대일강화조약: 23, 29, 30, 44
대일이사회: 20, 41, 45
대한독립촉성노동총연맹: 258
대한청년단: 139, 151, 155, 159, 266, 295
덜레스(Jhon F. Dulles): 344, 345, 393
도서방위전략: 340, 346
도쿄: 352, 358, 360, 392

동남아조약기구(SEATO): 29
등소평: 449, 450, 451

ㄹ

라이트너: 159, 161
라주바예프: 109
랜달(Randall): 341
러스크: 36, 158, 344, 365, 366
로신: 374
로얄 장군: 135, 333
리얀(Cornelius E. Ryan): 311
리지웨이: 211, 212, 353, 373

ㅁ

마샬 플랜: 421
마샬: 331, 366
마오쩌둥: 39, 42, 43
맥아더: 27, 126, 133
머피(Robert D. Murphy): 287, 411
모스크바 회담: 38, 57, 69, 79, 430, 435
모택동: 39, 55, 69, 78, 82, 106, 112, 114, 363, 364, 371, 375, 376, 377, 382, 432, 433, 439, 440, 441, 442, 445, 446, 449, 450, 451, 452, 453, 454, 455, 456, 457, 458, 459, 462, 463, 466
몽금포: 140
무력통일론: 49, 52, 67, 71, 78, 117, 120, 145, 430, 432, 437
무초: 25, 141, 185, 195, 211, 333, 341, 342
미·소 공동위원회: 41, 45, 49, 53, 58, 346, 424, 437, 445, 446

미군철수설: 124, 129, 135, 138, 144
민간인운반단(CTC): 253, 255, 278, 280, 282, 283, 294, 295, 300, 303, 306, 307, 309, 312, 325, 326
민국당: 149, 155, 156, 158, 160
민사부: 188, 228, 248
민족자주연맹: 71

ㅂ

바실리예프: 70, 443, 444
박일우: 452, 455
박정희: 148, 161
박헌영: 38, 53, 58, 66, 78, 87, 96, 112, 430, 453
반덴버그: 360, 380
배철: 92, 101
백선엽: 147, 151, 153, 154, 157, 163, 164, 165
백성욱: 72, 73, 74
밴플리트: 161, 163
버터워스: 23, 31
병사구사령부: 265, 266
병참지대사령부(KCOMZ): 316, 318, 320, 321, 324
보국대(保國隊): 253, 255, 262, 269, 306, 324
보도연맹원: 184, 192
보자긴: 59, 438
부산병참사령부: 279
부산분실(釜山分室): 266
부산정치파동: 148, 158, 161, 162, 166
북대서양조약기구(NATO): 21, 28
북로당: 67, 81, 88, 89, 91, 92
북진통일론: 115, 118, 128, 134, 142, 144, 165

찾아보기

불가닌: 39, 54, 431
불간섭주의: 16, 20, 41
브래들리: 336, 337, 366
비상계엄령: 165, 188, 248
비상향토방위령(非常鄕土防衛令): 265
빨치산: 58, 82, 94, 103, 112, 140, 435, 437

ㅅ

사곳: 174, 245
4·3사건: 86
4차 전역: 461, 466
3인위원회: 376, 377, 378
3차 전역: 457, 459, 461, 462, 466
상호방위조약: 16, 29, 37
샌프란시스코회담: 386
석주암: 153, 165
선제타격작전계획: 88, 91, 96, 105
셔만: 358
셰르바체: 203
송요찬: 153, 220
스탈린: 20, 38, 42, 52, 58, 68, 71, 78, 79, 88, 90, 98, 106, 107, 375, 422, 423, 425, 430, 431, 432, 433, 435, 436, 437, 438, 439, 440, 441, 442, 443, 445, 446, 453, 456, 459, 460, 461, 463, 464, 466
스튜어트: 30, 35
스티코프: 38, 42, 43, 55, 57, 58, 59, 68, 70, 98, 140, 141, 429, 432, 435, 436, 437, 438, 439, 440, 443
시모노세키(下關): 405, 407
10월 폭동: 86
신성모: 72, 123, 133, 149, 152, 192, 201

신태영: 147, 149, 152, 154, 159
신흥우: 72, 73, 74
실지회복론: 120, 121, 122, 128

ㅇ

아먼드 장군: 217, 218
아사이(朝日) 신문: 398
아오모리(靑森): 402
안재홍: 71
애치슨: 21, 25, 32, 35, 37, 365, 366, 379
얄타체제: 16, 41
양국진: 153, 157
양원제: 159
엔테잠: 376
여순 10·19사건: 84, 86, 90
여운홍: 71, 73
오끼나와(沖繩): 402
5·30선거: 71, 73, 149
5·10선거: 71, 117
5차 전역: 461, 462, 466
올리버: 128, 129, 130, 140, 335
옹진: 41, 42, 57, 78, 132, 142, 145, 172, 221, 245, 434, 435, 436, 438
요시다(吉田): 126, 211, 390, 392, 393, 394, 395, 397, 405, 415
용호도: 174, 245
우수츄안: 374
워커 장군: 103, 154, 196, 201, 202
웨이드마이어: 128, 332
유동열: 149, 152
유승렬: 147, 151
유엔군사령부: 109, 199, 206, 218, 236, 251, 274, 287, 351, 352, 353, 354, 360, 404, 411, 413, 414, 415, 417

유엔조선위원단: 64, 65, 72, 75
유엔한위: 62, 63, 124, 125, 126, 127, 137
유재흥: 151, 153, 154, 164
유진오: 175, 179, 183, 191
윤치영: 71, 72, 73, 74, 137, 154
의용군총사령부: 95, 106, 113
이기붕: 156, 157, 158, 159, 161, 162, 211
이기석: 95
이범석: 72, 126, 139, 152, 160, 162, 178
이승만: 21, 22, 44, 52, 63, 73, 88, 116, 122, 132, 142, 154, 163, 176, 211, 279, 331, 334, 335, 336, 337, 341, 414, 428
이승엽: 81, 89, 92, 111
이용문: 157, 160, 161
이윤영: 202
이응준: 123, 147, 149, 151, 152, 154
이종찬: 147, 151, 153, 154, 156, 157, 160, 161
이주연: 43, 442
이준식: 147, 157
2차 전역: 456, 457, 458, 459
이청천: 149, 152
2·7구국투쟁: 86
이한림: 153, 154
이현상: 84, 101, 108, 110, 111
이형근: 151, 153, 154, 157, 164
인민유격대: 84, 96, 108, 111, 113
인민지원군: 447
인민해방군: 449
인천항: 140, 174
1·4후퇴: 155, 169, 202, 206, 210, 212, 221, 231, 233, 236, 242, 250, 251, 295, 360, 362, 382
1차 전역: 455, 456
임병직: 21, 127
임표: 450, 451

ㅈ

자기기뢰(磁氣機雷): 403, 406, 408
잔류파: 182
장개석: 24, 44, 140, 374
장면: 21, 156, 157, 158, 159, 160, 161, 360
장석윤: 149, 155
장택상: 159, 162
정일권: 147, 152, 153, 154, 157, 164
조국전선: 40, 49, 56, 62, 73, 146, 434, 435
조국전선결성대회: 56, 61
조국전선결성준비위원회: 60
조병옥: 21, 71, 72, 103, 126, 127, 137, 138, 155, 159, 201, 202
조선민주주의인민공화국: 38, 62, 75, 425
조소앙: 71, 73, 74
주덕: 55, 432, 450, 451
주은래: 55, 374, 375, 377, 379, 432, 450, 451, 458
주한군수기지사령부(KBS): 291
중앙보충대: 313, 314
중앙확대위원회: 62, 72
지역통합전략: 29, 30, 31, 33, 34, 45, 421
징발보상령: 267

ㅊ

채병덕: 72, 134, 147, 152, 153, 178, 179
최용건: 292
최현: 109

ㅋ

케난: 34, 35
코민포름: 34
코발료프: 40, 56, 433
콜린스: 352, 353, 358, 360, 366, 380
퀴리노: 21, 23, 24, 25, 26, 27, 28
크레믈린 문서: 54, 431

ㅌ

태평양방어선: 37
태평양안전보장조약(ANZUS): 29
태평양연맹안: 16, 17, 21, 24, 44, 45
툰킨: 87, 88, 89
트루먼: 20, 37, 41, 44, 337, 342, 359, 365, 368
트루먼독트린: 130, 136, 144
트루먼-애틀리 영수 회담: 366, 368
티토: 34

ㅍ

파머(Palmer): 196
팽덕회: 363, 364, 371, 372, 373, 375, 377, 448, 449, 450, 451, 452, 453, 454, 455, 456, 457, 458, 459, 460, 461, 462, 463, 464, 465, 466
펜타곤 회의: 366
평화헌법: 388, 389, 390, 392, 395, 415
포츠담선언: 388, 389, 415

ㅎ

하갈우리: 217
한국노무단(KSC : Korean Service Corps): 253, 264, 283, 294, 306, 312
한국병참관구: 319, 320
한국수송회사(韓國輸送會社): 275, 276
합동참모본부: 306, 311, 336, 351, 353, 354, 355, 358
해방구: 57, 78, 140, 333, 434, 436
해상보안청: 389, 390, 391, 393, 395, 396, 397, 403, 404, 405, 406, 410, 415, 416
허성택: 95, 97
허정: 183, 224, 237, 239
허헌: 60, 61, 73
화전양면론: 68
확전론: 354
후르시초프: 69
휴전론: 354
휴전위원회: 355, 376, 377